In den „**Praxis-Spickern**“ sind pflegerische Inhalte für den Praxiseinsatz übersichtlich aufbereitet. So wissen Sie schnell, wie in bestimmten Situationen zu handeln ist. Dabei wird unterschieden, was Sie als Assistenzkraft tun können und welche Aufgaben nur die Fachkraft übernimmt.

Die „Praxis-Spicker“ bilden verschiedene Erscheinungen ab, die bei Auftreten eines Phänomens beobachtet werden können. Dabei soll jedoch nicht von einer Erscheinung auf ein Phänomen geschlossen, sondern die Gesamtheit der Beobachtungen als Kombination gesehen werden.

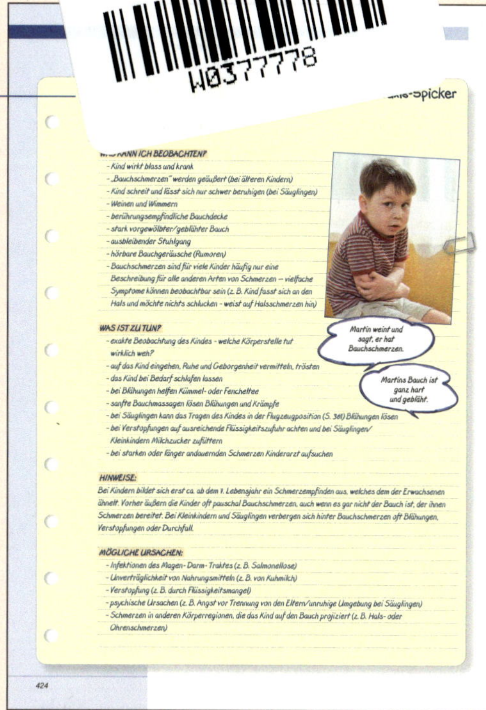
...xis-Spicker

[…] KANN ICH BEOBACHTEN?
- Kind wirkt blass und krank
- „Bauchschmerzen“ werden geäußert (bei älteren Kindern)
- Kind schreit und lässt sich nur schwer beruhigen (bei Säuglingen)
- Weinen und Wimmern
- berührungsempfindliche Bauchdecke
- stark vorgewölbter/geblähter Bauch
- ausbleibender Stuhlgang
- hörbare Bauchgeräusche (Rumoren)
- Bauchschmerzen sind für viele Kinder häufig nur eine Beschreibung für alle anderen Arten von Schmerzen – vielfache Symptome können beobachtbar sein (z. B. Kind fasst sich an den Hals und möchte nichts schlucken - weist auf Halsschmerzen hin)

WAS IST ZU TUN?
- exakte Beobachtung des Kindes - welche Körperstelle tut wirklich weh?
- auf das Kind eingehen, Ruhe und Geborgenheit vermitteln, trösten
- das Kind bei Bedarf schlafen lassen
- bei Blähungen helfen Kümmel- oder Fencheltee
- sanfte Bauchmassagen lösen Blähungen und Krämpfe
- bei Säuglingen kann das Tragen des Kindes in der Flugzeugposition (S. 381) Blähungen lösen
- bei Verstopfungen auf ausreichende Flüssigkeitszufuhr achten und bei Säuglingen/Kleinkindern Milchzucker zufüttern
- bei starken oder länger andauernden Schmerzen Kinderarzt aufsuchen

HINWEISE:
Bei Kindern bildet sich erst ca. ab dem 7. Lebensjahr ein Schmerzempfinden aus, welches dem der Erwachsenen ähnelt. Vorher äußern die Kinder oft pauschal Bauchschmerzen, auch wenn es gar nicht der Bauch ist, der ihnen Schmerzen bereitet. Bei Kleinkindern und Säuglingen verbergen sich hinter Bauchschmerzen oft Blähungen, Verstopfungen oder Durchfall.

MÖGLICHE URSACHEN:
- Infektionen des Magen-Darm-Traktes (z. B. Salmonellose)
- Unverträglichkeit von Nahrungsmitteln (z. B. von Kuhmilch)
- Verstopfung (z. B. durch Flüssigkeitsmangel)
- psychische Ursachen (z. B. Angst vor Trennung von den Eltern/unruhige Umgebung bei Säuglingen)
- Schmerzen in anderen Körperregionen, die das Kind auf den Bauch projiziert (z. B. Hals- oder Ohrenschmerzen)

424

Beispiele finden Sie in farblicher Hervorhebung. Ein orangefarbener Kasten zeigt Ihnen Erläuterungen der theoretischen Inhalte aus der Praxis.

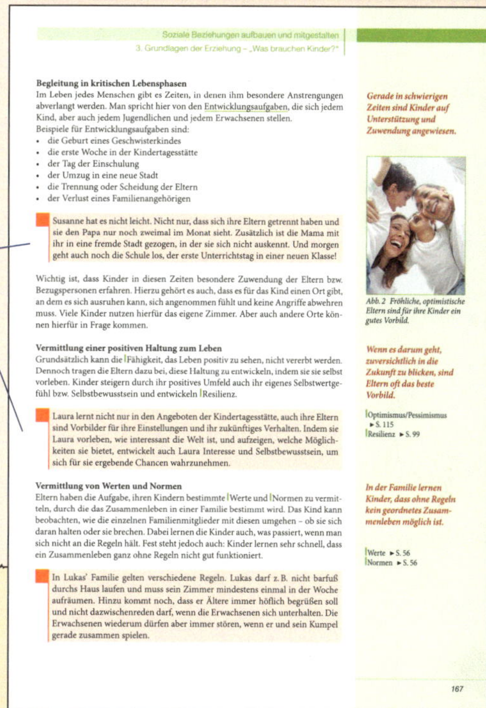
Soziale Beziehungen aufbauen und mitgestalten
3. Grundlagen der Erziehung – „Was brauchen Kinder?“

Begleitung in kritischen Lebensphasen
Im Leben jedes Menschen gibt es Zeiten, in denen ihm besondere Anstrengungen abverlangt werden. Man spricht hier von den Entwicklungsaufgaben, die sich jedem Kind, aber auch jedem Jugendlichen und jedem Erwachsenen stellen.
Beispiele für Entwicklungsaufgaben sind:
- die Geburt eines Geschwisterkindes
- die erste Woche in der Kindertagesstätte
- der Tag der Einschulung
- der Umzug in eine neue Stadt
- die Trennung oder Scheidung der Eltern
- der Verlust eines Familienangehörigen

Susanne hat es nicht leicht. Nicht nur, dass sich ihre Eltern getrennt haben und sie den Papa nur noch zweimal im Monat sieht. Zusätzlich ist die Mama mit ihr in eine fremde Stadt gezogen, in der sie sich nicht auskennt. Und morgen geht auch noch die Schule los, der erste Unterrichtstag in einer neuen Klasse!

Wichtig ist, dass Kinder in diesen Zeiten besondere Zuwendung der Eltern bzw. Bezugspersonen erfahren. Hierzu gehört es auch, dass es für das Kind einen Ort gibt, an dem es sich ausruhen kann, sich angenommen fühlt und keine Angriffe abwehren muss. Viele Kinder nutzen hierfür das eigene Zimmer. Aber auch andere Orte können hierfür in Frage kommen.

Vermittlung einer positiven Haltung zum Leben
Grundsätzlich kann die Fähigkeit, das Leben positiv zu sehen, nicht vererbt werden. Dennoch tragen die Eltern dazu bei, diese Haltung zu entwickeln, indem sie sie selbst vorleben. Kinder steigern durch ihr positives Umfeld auch ihr eigenes Selbstwertgefühl bzw. Selbstbewusstsein und entwickeln Resilienz.

Laura lernt nicht nur in den Angeboten der Kindertagesstätte, auch ihre Eltern sind Vorbilder für ihre Einstellungen und ihr zukünftiges Verhalten. Indem sie Laura vorleben, wie interessant die Welt ist, und aufzeigen, welche Möglichkeiten sie bietet, entwickelt auch Laura Interesse und Selbstbewusstsein, um sich für sie ergebende Chancen wahrzunehmen.

Vermittlung von Werten und Normen
Eltern haben die Aufgabe, ihren Kindern bestimmte Werte und Normen zu vermitteln, durch die das Zusammenleben in einer Familie bestimmt wird. Das Kind kann beobachten, wie die einzelnen Familienmitglieder mit diesen umgehen – ob sie sich daran halten oder sie brechen. Dabei lernen die Kinder auch, was passiert, wenn man sich nicht an die Regeln hält. Fest steht jedoch auch: Kinder lernen sehr schnell, dass ein Zusammenleben ganz ohne Regeln nicht gut funktioniert.

In Lukas' Familie gelten verschiedene Regeln. Lukas darf z. B. nicht barfuß durchs Haus laufen und muss sein Zimmer mindestens einmal in der Woche aufräumen. Hinzu kommt noch, dass er Ältere immer höflich begrüßen soll und nicht dazwischenreden darf, wenn die Erwachsenen sich unterhalten. Die Erwachsenen wiederum dürfen aber immer stören, wenn er und sein Kumpel gerade zusammen spielen.

Gerade in schwierigen Zeiten sind Kinder auf Unterstützung und Zuwendung angewiesen.

Abb. 2 Fröhliche, optimistische Eltern sind für ihre Kinder ein gutes Vorbild.

Wenn es darum geht, zuversichtlich in die Zukunft zu blicken, sind Eltern oft das beste Vorbild.

Optimismus/Pessimismus ► S. 115
Resilienz ► S. 99

In der Familie lernen Kinder, dass ohne Regeln kein geordnetes Zusammenleben möglich ist.

Werte ► S. 56
Normen ► S. 56

167

Zum Weiterarbeiten im Arbeitsbuch finden Sie am Ende der Kapitel Verweise zu den relevanten Lernsituationen.

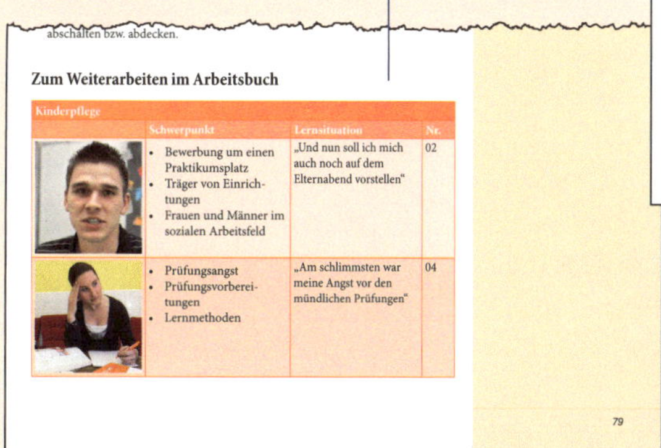
abschalten bzw. abdecken.

Zum Weiterarbeiten im Arbeitsbuch

Kinderpflege			
	Schwerpunkt	Lernsituation	Nr.
	• Bewerbung um einen Praktikumsplatz • Träger von Einrichtungen • Frauen und Männer im sozialen Arbeitsfeld	„Und nun soll ich mich auch noch auf dem Elternabend vorstellen“	02
	• Prüfungsangst • Prüfungsvorbereitungen • Lernmethoden	„Am schlimmsten war meine Angst vor den mündlichen Prüfungen“	04

79

Arbeitsbuch
Sprungbrett Soziales – Kinderpflege
Arbeitsbuch mit Lernsituationen
ISBN 978-3-06-455843-4

Sprungbrett Soziales

Kinderpflege
Sozialpädagogische Assistenz
Kindertagespflege

Autorinnen und Autoren:
Matthias Dahl
Silvia Gartinger
Tobias Greiner
Bianca Hempel
Stephanie Kiuncke
Edigna Martic
Michaela Messerer
Corina Rott-König
Gregor Schöffel

unter Mitarbeit der Verlagsredaktion

Herausgeberin:
(Berufliche Identität entwickeln,
Soziale Beziehungen aufbauen und mitgestalten,
Bildungs- und Beschäftigungsangebote):
Silvia Gartinger

Cornelsen

Wichtiger Hinweis:
Der Inhalt dieser Ausgabe wurde genauestens überprüft. Weder der Verlag noch die Herausgeberin sowie Autorinnen und Autoren können für dennoch bestehen gebliebene Fehler oder Konsequenzen nach Nutzung der nachstehenden Informationen verantwortlich gemacht werden bzw. können direkt oder indirekt Berechtigungen aus dem Inhalt dieser Ausgabe abgeleitet werden.
Die Wiedergabe von Gebrauchsnamen, Handelsnamen, Warenbezeichnungen, Eigennamen und medizinischen Produkten in diesem Buch berechtigt auch ohne besondere Kennzeichnung nicht zu der Annahme, dass solche Namen im Sinne der Warenzeichen- und Markenschutz-Gesetze als frei zu betrachten sind und daher von jedermann benutzt werden dürfen.

Redaktion: Carina vom Hagen
Bildredaktion: Peter Hartmann, Gertha Maly
Titelfotos: Shutterstock
Umschlaggestaltung und Auftaktseiten: Rosendahl Grafikdesign, Berlin
Layout und technische Umsetzung: Michael Anker, Checkplot Anker & Röhr, Berlin

Für die Erstellung dieses Werkes wurden zum Teil Inhalte übernommen aus: Sprungbrett Soziales – Sozialassistenz, In guten Händen Gesundheits- und Krankenpflege Band 1 und 2, Behandlungsassistenz in der Arztpraxis.

www.cornelsen.de

Die Internetadressen und -dateien, die in diesem Lehrwerk angegeben sind, wurden vor Drucklegung geprüft (Stand Mai 2010). Der Verlag übernimmt keine Gewähr für die Aktualität und den Inhalt dieser Adressen und Dateien oder solcher, die mit ihnen verlinkt sind.
Dieses Werk berücksichtigt die Regeln der reformierten Rechtschreibung und Zeichensetzung.
Bei den mit R gekennzeichneten Texten haben die Rechteinhaber einer Anpassung widersprochen.

1. Auflage, 1. Druck 2010

Alle Drucke dieser Auflage sind inhaltlich unverändert
und können im Unterricht nebeneinander verwendet werden.

Druck: CS-Druck CornelsenStürtz, Berlin

ISBN 978-3-06-455842-7

Inhalt gedruckt auf säurefreiem Papier aus nachhaltiger Forstwirtschaft.

Liebe Leserinnen und Leser!

Ihr Lehrbuch trägt den Namen **Sprungbrett Soziales** – Das Wort „Sprungbrett" weckte bei uns Autoren vielfältige Assoziationen: Aufbruch und Weite, aber auch Ungewissheit und Spaß. Und es verdeutlicht recht gut, welche Herausforderungen wir mit dem vorliegenden Buch angegangen sind, aber auch welche Herausforderungen Sie bei der Entscheidung für einen sozialpädagogischen Assistenzberuf vor sich haben.

Aufbruch – Soziale Berufe sind der Arbeitsmarkt der Zukunft. Sie bieten abwechslungsreiche Tätigkeiten im Kontakt mit anderen Menschen. Dabei können Sie verschiedene Qualifizierungsstufen erreichen, der Assistenzberuf ist keine „Einbahnstraße". Ziel dieses Fachbuches ist es, praxisrelevantes Basiswissen in verschiedenen Ausbildungsfächern zu vermitteln, dabei wird eine klassische Fächersystematik bewusst aufgebrochen.

Weite – Sie haben sich für eine Basisqualifikation im sozialen Bereich entscheiden, je nach Bundesland können Sie Kinderpflegerin, sozialpädagogische Assistentin oder Kindertagespflegerin werden. Einer damit einhergehenden thematischen Vielfalt wird im vorliegenden Buch Rechnung getragen.

Ungewissheit – Wie jeder Anfang geht auch der Beginn einer Ausbildung mit vielen Unwägbarkeiten und offenen Fragen einher. Deshalb möchte dieses Buch ein „Schülerinnen-Buch" sein. Wir haben als Autorenteam Wert darauf gelegt, in Gestaltung und Sprachwahl von den Schülerinnen auszugehen und ein angemessenes Verhältnis von Fordern und Verstehen umzusetzen. Sie sollen sich angesprochen fühlen und angeregt werden, damit sich Ungewissheit in Sicherheit sowie persönliche und fachliche Weiterentwicklung wandeln kann.

Spaß – Effektives Lernen funktioniert nicht ohne Freude und Motivation. Um dies auch für ein Fachbuch zu erreichen, finden Sie in den einzelnen Texten verschiedene Elemente zur „Auflockerung" der fachlichen Dichte, aber auch zur Anregung, sich mit den dargestellten Inhalten weiter zu beschäftigen. Selbstreguliertes Lernen ist ausdrücklich erwünscht.

Die Tätigkeit in sozialpädagogischen Arbeitsfeldern fordert fachliche Kompetenzen in gleicher Weise wie methodische und personale Fähigkeiten und Fertigkeiten. Im Fachbuch finden Sie daher, neben Kapiteln, die sich mit grundlegenden Lerntechniken befassen, Wissen aus den Bereichen Pädagogik, Pflege, Psychologie, Philosophie, Recht, Soziologie, Medizin oder Hauswirtschaft.

Ganz herzlich möchten wir den Mitarbeiterinnen des Cornelsen Verlages für die fachlich sehr kompetente und engagierte redaktionelle Betreuung danken. Wir wünschen allen Lehrenden und Lernenden viel Freude bei der Arbeit mit diesem Buch und einen erfolgreichen „Sprung in die sozialpädagogische Arbeit".

Es bleibt noch zum Schluss die ausdrückliche Bitte an alle Leserinnen, uns ihre Anregungen und Kritik mitzuteilen.

Berlin, im Mai 2010

Für das Autorenteam
Silvia Gartinger

Matthias Dahl, Jahrgang 1975

Studienrat, Schulpsychologe, Lehrer an einer beruflichen Schule für medizinische Assistenzberufe in München, staatlich examinierter Krankenpfleger, Praxisanleiter für Pflegeberufe

Gesundheits- und Hygieneerziehung, Säuglingspflege, Das kranke Kind, „Praxis-Spicker“

Silvia Gartinger, Jahrgang 1969

Diplom-Pädagogin, Schulbereichsleitung der Fachschule für Sozialpädagogik des Evangelischen Johannesstiftes Berlin, Rahmenplankommission der Fachschulen für Sozialpädagogik Berlin, Fachbeirat des Projektes der Robert-Bosch-Stiftung „Profis in Kitas“, Lehrkraft für sozialpädagogische und organisationsbezogene bzw. verwaltungsrechtliche Themen, systemische Therapeutin

Berufliche Identität, Sozialpädagogik, Beobachtung, Bildung und Beschäftigung

Tobias Greiner, Jahrgang 1976

Studienrat, Diplom-Berufspädagoge (univ.), Schulpsychologe, staatl. examinierter Krankenpfleger, Lehrbeauftragter für Fachdidaktik Gesundheits- und Pflegewissenschaften an der TU München, Lehrer an der Berufsschule II Rosenheim

Lernen lernen, Medienerziehung, Gesunde Ernährung

Bianca Hempel, Jahrgang 1977

Technikerin für Hauswirtschaft und Ernährung, Meisterin der städtischen Hauswirtschaft, Lehrerin an der Berufsfachschule für Hauswirtschaft und Sozialwesen Torgau

Hauswirtschaft

Stephanie Kiuncke, Jahrgang 1983

Studienrätin, Diplom- Berufspädagogin (univ.), Lehrerin am Staatlichen Beruflichen Zentrum Starnberg

Familie, Gruppe, Interkulturalität, Übergänge, Verhaltensauffälligkeiten

Edigna Martic, Jahrgang 1979

Studienrätin, Diplom-Berufspädagogin (univ.), Fachdidaktikerin für Gesundheits- und Pflegewissenschaften an der TU München, Lehrerin am Staatlichen Beruflichen Zentrum Starnberg

Sporterziehung

Michaela Messerer, Jahrgang 1976

Lehrerin an Grundschulen, bereiste mit dem Rucksack Asien und durchquerte Afrika, unterrichtete und arbeitete in Nepal und Namibia, fand die Universalität von Musik.

Musikerziehung

Corina Rott-König, Jahrgang 1961

Kunstpädagogin, freie plastische Arbeit mit Kindergruppen, Lehrerin an den Sozialen Fachschulen des Evangelischen Johannesstift, Berlin mit den Schwerpunkten Kunst, Spiel, aktive Medienpädagogik und Freizeitgestaltung; Praxisbetreuung

Werkerziehung und Gestaltung

Gregor Schöffel, Jahrgang 1972

Oberstudienrat, Lehrer am Staatlichen Beruflichen Zentrum Starnberg, Dozent an der Medizinischen Akademie Starnberg

Entwicklung, Pädagogik, Lerntheorien, Kinder mit Behinderungen

Berufliche Identität entwickeln

Berufliche Identität entwickeln

Soziale Beziehungen aufbauen und mitgestalten

Soziale Beziehungen aufbauen und mitgestalten

Beschäftigungs- und Bildungsangebote für Kinder schaffen

Beschäftigungs- und Bildungsangebote für Kinder schaffen

Beschäftigungs- und Bildungsangebote für Kinder schaffen

Einen Haushalt führen

Einen Haushalt führen

Gesundheit von Kindern erhalten und fördern

Gesundheit von Kindern erhalten und fördern

Gesundheit von Kindern erhalten und fördern

Montag	Dienstag	Mittwoch	Donnerstag
Hauswirtschaft	Deutsch	Spielgestaltung	Pflege
auswirtschaft	Deutsch	Spielgestaltung	Pflege
mmunikation	Englisch	Biologie	Politische Bild...
nunikation	Englisch		

Auch aus Steinen, die dir in den Weg gelegt wurden, kannst du etwas Schönes bauen.

Erich Kästner

3

Familienpolitik

Bundestag beschließt Ausbau der Kinderbetreuung

26. September 2008

Für jedes dritte Kleinkind soll es künftig einen Betreuungsplatz geben. Der Bundestag beschloss am Freitag das Kinderförderungsgesetz der großen Koalition. Danach ist bis 2013 ein Ausbau des Angebots für Kinder unter drei Jahren auf mehr als 700.000 Plätze vorgesehen. Ab dem 1. August 2013 soll ein Rechtsanspruch auf einen Betreuungsplatz für alle Kinder ab dem vollendeten ersten Lebensjahr gelten.

Familienministerin Ursula von der Leyen (CDU) wertete das Vorhaben als „Meilenstein" für die Vereinbarkeit von Familie und Beruf [...]

Quelle: faz-net.de; ddp

Adressliste Praktikumsinstitutionen:

Kita Sonnenhof
Ansprechpartner: Frau Bolle
Tel. 43 78 28 90

Kita Kleeblatt
Ansprechpartner: Frau Thielmann
Tel. 54 55 53 22

Förderschule für Körperbehinderte Neue Straße
Ansprechpartner: Herr Schulze
Tel. 53 21 54 19

Behinderten-WG Neustein
Ansprechpartner: Frau Franke-Hausinger
Tel. 66 70 65 21

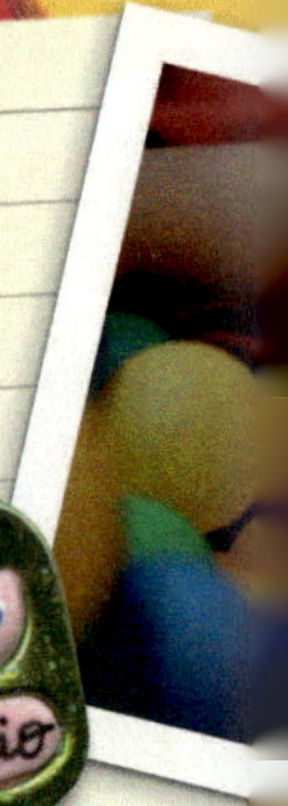

Berufliche Identität entwickeln

Biografische Erfahrungen beeinflussen die Entscheidung für den Beruf.

1. Berufsmotivation – „Woher komme ich, wohin gehe ich?"

1.1 Biografie und Berufswunsch – „Was hat die Familie mit der Berufswahl zu tun?"

1.1.1 Bedeutung biografischer Erfahrungen

Es gibt sicherlich viele verschiedene Gründe für Sie jetzt in diesem Moment, hier in dieser Schule Ihre Ausbildung im sozialen Arbeitsfeld zu absolvieren. Wie in allen Bereichen des Lebens, in denen es um Entscheidungen geht, hat auch die Auswahl des „richtigen" Berufes viele Aspekte. Einer davon ist unsere Biografie.

genetische Anlagen ► S. 100
Selbststeuerung ► S. 103

Es ist durchaus ein Unterschied, ob man als Mädchen oder Junge, in einer Kleinfamilie ohne Geschwister, in einer Großfamilie mit vielen Brüdern und Schwestern, bei einem alleinerziehenden Elternteil oder einer anderen Form der Familie, z. B. Patchwork, aufwächst. Diese Erfahrungen im sozialen Miteinander prägen das ganze Leben genauso wie die individuellen genetischen Anlagen und die Selbststeuerung. Das Leben ist immer eine Verbindung dieser Ebenen und Entscheidungen werden auf dieser Grundlage gefällt.

Familie ist bei Berufswahl wichtiger als Freunde

Bielefeld (dpa/tmn) Bei der Berufswahl von Mädchen spielen die Eltern eine wichtige Rolle. Dagegen ist der Einfluss Gleichaltriger eher gering. Das ergab eine qualitative Studie des Kompetenzzentrums Technik, Diversity, Chancengleichheit in Bielefeld. Vor allem bei Mädchen ist die Ausbildung zur Friseurin sehr beliebt.

In der Untersuchung wurden ausführliche Interviews mit Teilnehmerinnen des „Girls' Day" geführt. Die Befunde bestätigten andere Studien, in denen Mädchen und Jungen erklärten, ihre Eltern seien bei der Berufswahl die wichtigsten Ansprechpartner.
Die befragten Schulabgängerinnen gaben an, dass sie sich zwar mit Gleichaltrigen über ihre Berufsziele ausgetauscht haben. Sie sahen diese Gespräche aber nicht als besonders einflussreich an, so das Kompetenzzentrum.
www.main-netz.de/themen/beruf-bildung/dpa-serviceline/beruf_bildung/art7022,426709, download am 11.10.2008

1.1.2 Persönliche Motivation

Jeder sollte sich einmal ganz persönlich mit den Gründen beschäftigen, die ihn zu seiner Berufsentscheidung geführt haben.

Jeder Mensch sollte seine Berufswahl selber treffen.

Wann haben Sie von dieser Ausbildung erfahren und durch wen?
Was hat Ihnen an der Vorstellung, Kinderpflegerin zu werden, gefallen?
In welchem Bereich der Arbeit mit Kindern würden Sie gerne tätig sein und warum?
Warum halten Sie sich für geeignet, später in diesem Bereich zu arbeiten?
Wie hat Ihr Umfeld auf Ihre Berufsentscheidung reagiert? Wer hat Sie unterstützt, wer war skeptisch oder ablehnend?

Wenn Sie Ihre Antworten betrachten, können Sie die Frage nach dem Warum Ihrer Berufswahl jetzt vielleicht klarer beantworten. Sehen Sie sich als ein Produkt vielfältiger Einflüsse in Ihrem bisherigen Leben und die Entscheidung für einen Beruf als logische und richtige Konsequenz Ihrer bisherigen biografischen Erfahrungen.

Die Berufwahl sollte immer eine eigene Entscheidung sein und nicht von anderen getroffen werden.
Darüber hinaus darf die Entscheidung für eine Ausbildung keine spontane Idee sein, sondern deren Tragweite muss angemessen überdacht werden.

Bei der Entscheidung für einen Beruf spielen mehrere Faktoren eine Rolle.

1.2 Berufswahlmotive – „Es gibt viele Wege zum passenden Beruf“

Es gibt eine Vielzahl von Beweggründen (Motiven), sich für einen Beruf im sozialen Arbeitsfeld zu entscheiden:
- „Mein kleiner Bruder ist zehn Jahre jünger als ich. Ich habe mich oft um ihn gekümmert und denke, das kann ich ganz gut. Außerdem würde mir die Arbeit mit kleinen Kindern Spaß machen.“
- „Ich mache Babysitting, seit ich zwölf Jahre alt bin, und kann mir gar nichts anderes vorstellen, als später mit Kindern zu arbeiten.“
- „In der Schule wurde uns die Ausbildung vorgestellt, und da ich nicht so richtig weiß, was ich machen will, dachte ich mir, ich versuche mal diese Ausbildung.“

Der Sozialpädagoge Armin Krenz hat sich mit den häufigsten Berufsmotiven für den Beruf der Erzieherin beschäftigt und diese in acht Bereiche eingeteilt:
- Motiv „Abgrenzung“
- Motiv „Leben mit Kindern“
- Motiv „Selbstverwirklichung“
- Motiv „Aktivität“
- Motiv „Vorbereitung auf die eigene Familie“
- Motiv „Wiedergutmachung“
- Motiv „gefühlsbetonte Tätigkeit“
- Motiv „Abwesenheit von Stress“

Diese Motive lassen sich auch auf das gesamte soziale Arbeitsfeld übertragen. In der Praxis liegt häufig eine Kombination dieser Motive für eine Berufentscheidung vor.

Ausschluss anderer Berufsfelder kann eine Motivation sein.

Motiv „Abgrenzung“

Häufig fällt die Entscheidung für einen sozialen Beruf, weil man bestimmte Tätigkeiten auf gar keinen Fall tun will. Oft berichten Schülerinnen, dass sie nicht im Büro sitzen oder mit Maschinen arbeiten wollen. Wer bestimmte berufliche Alternativen auf diese Weise von vornherein ausschließt, „landet“ oft im sozialen Arbeitsfeld.

Diese Form der Entscheidungsfindung ist nicht unproblematisch, da es eigentlich keine klare Entscheidung für etwas, sondern nur gegen etwas ist. Im Verlauf der Ausbildung kann man von der Wirklichkeit im Arbeitsfeld enttäuscht sein.

Motiv „Leben mit Kindern“

Auf den ersten Blick erscheint diese Begründung sehr wichtig für die Berufsentscheidung. Natürlich sollte man Freude am Umgang mit Menschen jeglichen Alters haben, wenn man sich dazu entschließt, in sozialen Einrichtungen zu arbeiten.
Doch die Anforderungen an die Mitarbeiterinnen hier sind umfassend und vielfältig. Außer der Beschäftigung mit den zu betreuenden Menschen zählen dazu z. B.:

- pflegerische Tätigkeiten
- Tätigkeiten in der Hauswirtschaft
- Zusammenarbeit mit Kolleginnen und anderen Fachkräften oder Einrichtungen sowie Ämtern
- Dokumentationsaufgaben und Bürotätigkeiten
- Zusammenarbeit mit Eltern und Angehörigen

Wichtig ist, dass man sich dieser Anforderungen bewusst ist und diese Vielfalt in die Berufsentscheidung mit einbezieht.

Ein Beruf im sozialen Arbeitsfeld bedeutet mehr als der Umgang mit Menschen.

Motiv „Selbstverwirklichung“

Im sozialen Arbeitsfeld kann man sich im lebendigen Austausch mit anderen Menschen auch gut selbst verwirklichen. Als alleinige oder bestimmende Motivation besteht aber die Gefahr, dass die zu betreuenden Menschen, die eigentlich Mittelpunkt der Arbeit sind, zur „Nebensache“ werden. Zentral ist es, sich immer wieder auf die Lebenssituation und die Bedürfnisse dieser Menschen einzustellen und sie individuell zu begleiten.

Selbstverwirklichung als Grund für die Berufswahl reicht nicht aus.

Aktivität und Ruhephasen sollten in einem ausgewogenen Verhältnis stehen.

Motiv „Aktivität"

Dieses Motiv beschreibt den Wunsch, im Beruf viel mit anderen Menschen zu erleben. Nicht nur in der Betreuung von Kindern und Jugendlichen ist Aktivität ein wichtiges Element, um Entwicklungs- und Bildungsprozesse anzuregen bzw. zu begleiten, auch in der Arbeit mit alten Menschen und Menschen mit Behinderung muss eine Mitarbeiterin aktivierend und „belebend" wirken. Dennoch sollte diese Lebendigkeit nicht in einen „Aktivitätsdruck" umschlagen. In der heutigen Zeit beklagen sich viele Menschen über eine permanente Hektik und zeitlichen Druck. Kinder werden oft von einer Aktivität zur nächsten gebracht: erst in die Schule, dann zum Sportverein, danach zum Musikunterricht.
Wichtig ist auch für Tätige im sozialen Arbeitsfeld, einen „Tempowechsel" umzusetzen, auf Ruhephasen im Tagesablauf der von ihnen betreuten Menschen zu achten.

Die professionelle Ausbildung im sozialen Arbeitsfeld ist viel mehr als die Vorbereitung auf die eigene Elternrolle.

Motiv „Vorbereitung auf die eigene Familie"

Diese Begründung wird häufig von Frauen angeführt, die sich vor allem für den Bereich der Kinderbetreuung interessieren. Sie hoffen, über ihre berufliche Ausbildung und spätere Tätigkeit in die Mutterrolle hineinzuwachsen, und betonen in ihrer Arbeit besonders den Aspekt der Fürsorglichkeit.

Im heutigen modernen Verständnis der sozialen Arbeit ist diese Betonung allerdings zu einseitig. Gerade in der Kindertagesbetreuung stehen unter anderem folgende Aufgaben im Vordergrund:

- individuelle Anregung und Begleitung von Bildungsprozessen
- Vermittlung ethischer und sozialer Werte
- Erziehung zur Selbstständigkeit und Eigenverantwortlichkeit
- Förderung der Konfliktfähigkeit

Deutlich werden diese umfassenden Ziele z. B. im gesetzlichen Auftrag der Kindertageseinrichtungen:

Recht in der Kindertagesbetreuung ► S. 34

SGB VIII (KJHG)
Dritter Abschnitt
Förderung von Kindern in Tageseinrichtungen und in Kindertagespflege
§ 22 Grundsätze der Förderung
(2) Tageseinrichtungen für Kinder und Kindertagespflege sollen
1. die Entwicklung des Kindes zu einer eigenverantwortlichen und gemeinschaftsfähigen Persönlichkeit fördern,
2. die Erziehung und Bildung in der Familie unterstützen und ergänzen,
3. den Eltern dabei helfen, Erwerbstätigkeit und Kindererziehung besser miteinander vereinbaren zu können.

(3) Der Förderungsauftrag umfasst Erziehung, Bildung und Betreuung des Kindes und bezieht sich auf die soziale, emotionale, körperliche und geistige Entwicklung des Kindes. Er schließt die Vermittlung orientierender Werte und Regeln ein. Die Förderung soll sich am Alter und Entwicklungsstand, den sprachlichen und sonstigen Fähigkeiten, der Lebenssituation sowie den Interessen und Bedürfnissen des einzelnen Kindes orientieren und seine ethnische Herkunft berücksichtigen.

Ziel der sozialpädagogischen und sozialpflegerischen Arbeit ist es, Menschen jeden Alters zu begleiten und dabei zu unterstützen, ihren eigenen Lebensweg zu gehen.

Motiv „Wiedergutmachung“
Gerade wenn man selber keine angenehmen Erfahrungen gemacht hat oder schlechte Erinnerungen an die eigene Kindheit bzw. Familie hat, entscheidet man sich oft aus idealistischen Beweggründen für einen sozialen Beruf. Dem liegt der Wunsch nach Wiedergutmachung selbst erfahrener Ungerechtigkeiten und Unfreiheiten zu Grunde, die man anderen Menschen (Kindern, Jugendlichen) ersparen möchte. Eigene Kindheitserlebnisse werden mit Hilfe der beruflichen Tätigkeit verarbeitet. Nicht selten führt dies zu Tendenzen der Überbehütung, die, wie im Motiv „Vorbereitung auf die eigene Familie“ beschrieben, dem Recht des Einzelnen auf Selbstbestimmung entgegenstehen.

Die Arbeit im sozialen Bereich darf kein „Therapieersatz“ sein.

Grundgesetz
Artikel 2
(1) Jeder hat das Recht auf die freie Entfaltung seiner Persönlichkeit, soweit er nicht die Rechte anderer verletzt und nicht gegen die verfassungsmäßige Ordnung oder das Sittengesetz verstößt.

Einfühlungsvermögen ist wichtig, aber die professionelle Handlungsfähigkeit muss erhalten bleiben.

Motiv „gefühlsbetonte Tätigkeit“
Eine Tätigkeit im sozialen Arbeitsfeld hat auch immer etwas mit dem Umgang mit fremden und eigenen Gefühlen zu tun. Empathie ist ein grundlegender Baustein einer professionellen Grundhaltung. Aber über die emotionale Eignung hinaus gibt es weitere wichtige Kompetenzen, die eine gute Betreuerin im sozialen Arbeitsfeld auszeichnen, z. B.:

- fachliches Wissen
- Zuverlässigkeit und Sorgfalt
- Verantwortungsbewusstsein
- Bereitschaft zur Arbeit im Team

Emotionalität kann einen Menschen besonders in Entscheidungsprozessen oder schwierigen Situationen handlungsunfähig machen.

Es ist wenig hilfreich, wenn ein vierjähriges Mädchen im Kindergarten über Bauchschmerzen klagt, sich mitfühlend mit Tränen in den Augen mit ihr in die Kuschelecke zu legen. Hier ist fachlich fundiertes Handeln gefragt. Sie informieren die Erzieherin, die dann die notwendigen Schritte einleitet.

Motiv „Abwesenheit von Stress“
Ein verbreitetes Bild in der Gesellschaft ist das des sozialen Arbeitsfeldes als idyllischer Ort ohne Leistungs- und Zeitdruck – im Gegensatz zu einer Tätigkeit in der freien Wirtschaft. Dieses Vorurteil kann ein Entscheidungskriterium für die Berufswahl sein. Die Wirklichkeit sieht in den meisten sozialen Einrichtungen allerdings ganz anders aus. Die Mitarbeiterinnen sind häufig Belastungen wie Personalmangel, Notfallsituationen und anderen Herausforderungen, die eine hohe Belastbarkeit erfordern, ausgesetzt.

Greine, Rita: Stress war gestern – Mehr Gelassenheit im Kita-Alltag. Cornelsen Scriptor, Berlin 2008

Das Ausbauprogramm im Bereich der Kindertagesbetreuung droht am Fachkräftemangel zu scheitern
(...)
Durch den Ausbau des Angebots ergibt sich in den nächsten Jahren insbesondere in den alten Bundesländern ein zusätzlicher Bedarf an pädagogischen Fachkräften für Kindertageseinrichtungen.

Dieser Bedarf lässt sich nur schwer quantifizieren. Er hängt unter anderem auch davon ab, ob es gelingt, die geplanten Ausbauzahlen bei der Kindertagespflege zu erreichen. Können hier nicht genügend Kindertagespflegepersonen gewonnen werden, steigt der Bedarf an pädagogischen Fachkräften in Kindertageseinrichtungen zusätzlich.
(...)
(Positionierung der BAG der Freien Wohlfahrtspflege zum Fachkräftebedarf in den Kindertageseinrichtungen vom 06.10.2009)

Die Betreuung von Menschen unterschiedlichen Alters ist eine große Herausforderung.

Die eigenen Motive für die Berufswahl sollten auf jeden Fall immer kritisch hinterfragt werden, um im gewählten Arbeitsfeld auch zufrieden tätig sein zu können.

1.3 Eigene Erfahrungen und die Ausbildung im sozialen Arbeitsfeld – „Wo ich meine Erfahrungen einbringe“

1.3.1 Rollenerwartungen

In der Gesellschaft gibt es gegenüber Berufen im sozialen Feld bei den meisten Menschen bestimmte Erwartungen. Oft wird das Bild, das wir von einem Beruf haben, bestimmt durch unsere eigenen biografischen Erfahrungen.

Eine Kinderpflegerin, die sich um die Betreuung, Erziehung und Bildung von Kindern kümmert, sollte geduldig, einfühlsam und „kinderlieb“ sein.

Mit dem Begriff der Rolle werden die Erwartungen an die Verhaltensweisen einer Person zusammengefasst. Dabei wird die soziale Rolle als die Gesamtheit der Erwartungen an das soziale Handeln eines Menschen, der innerhalb eines sozialen Systems (z. B. einer Gruppe) einen bestimmten Platz einnimmt, beschrieben.

Rollenerwartungen werden auf Grund der eigenen Erfahrungen formuliert.

Ein Mensch hat viele Rollen. Diese richten sich nach der Situation, in der er sich gerade befindet. In der Arbeitsstelle werden andere Rollenanforderungen gestellt als in der Freizeit oder in der Familie. Klassische Rollen sind z. B.:

- Kind (im Umgang mit den Eltern)
- Freundin oder Vertraute (im Umgang mit Freunden)
- Schülerin (in der Ausbildung)

Klare Erwartungen formulieren auch Einrichtungen, z. B. in Stellenausschreibungen.

Katholische Kirchengemeinde sucht Kinderpfleger/in für den Gruppendienst in einer Kindertageseinrichtung (Krippenbereich)

1 Vollzeitstelle: 38,5 Wochenstunden
Für die Betreuung von Kindern von 10 Monaten bis 3 Jahren suchen wir eine/n Mitarbeiter/in, der/die sowohl im pädagogischen Bereich als auch in der Kinderpflege erfahren ist.

Unsere Erwartungen:
Sie arbeiten in einer Kindergartengruppe mit und betreuen die Kinder in partnerschaftlicher Zusammenarbeit mit dem/der Gruppenerzieher/in. Zusammenarbeit mit den Eltern ist dabei ein selbstverständlicher Bestandteil Ihrer Arbeit. Sie wirken an der Umsetzung der Konzeption der katholischen Kindertageseinrichtung aktiv mit.

Voraussetzungen:
Abschluss zum/r staatlich anerkannten Kinderpfleger/in
Flexibilität und Einsatzbereitschaft; Team- und Kontaktfähigkeit, Erfahrung in der Arbeit mit Krippenkindern
Zugehörigkeit zu einer christlichen Kirche
Vergütung: nach Vereinbarung

Einstellungstermin: sofort

1.3.2 Rollenkonflikte

Durch unterschiedliche Erwartungen können Konflikte entstehen. Man kann zwei Formen von Rollenkonflikten unterscheiden:

Unterschiedliche Erwartungen an das Rollenverhalten können Konflikte auslösen.

Abb. 1 Rollenkonflikte können zu Überforderung führen.

Intrarollenkonflikt
Von einem Intrarollenkonflikt spricht man, wenn man innerhalb einer einzigen Rolle, die man ausfüllt, in einen Konflikt gerät.

In der Krippengruppe sollen Sie nach Rücksprache mit der begleitenden Lehrkraft in den ersten Tagen zunächst nur die Kindergruppe kennen lernen. Die Anleiterin teilt Sie für den zweiten Tag aber bereits für die Spielplatzaufsicht ein. Sie sind verunsichert und fühlen sich als Praktikantin in Ihrer Rolle überfordert.

Sie arbeiten als Kinderpflegerin in einer Wohngruppe der stationären Jugendhilfe. Die Erwartung der Wohngruppenleitung ist, dass Sie alle Kinder und Jugendlichen in der zur Verfügung stehenden Zeit betreuen. Ihre eigene Anforderung an sich als Kinderpflegerin ist, dass Sie Ihren Dienst erst beenden, wenn alle Kinder gut versorgt sind, auch wenn so Überstunden entstehen.

Interrollenkonflikt
Von einem Interrollenkonflikt spricht man, wenn verschiedene Rollen, die ein Mensch einnimmt, und die damit verbundenen Verhaltenserwartungen nicht vereinbar sind.

In der Kindertagesstätte sind Sie als Betreuerin (Rolle 1) aller Kinder tätig. In der Gruppe befindet sich seit ein paar Tagen auch Ihr eigener kleiner Bruder. Ihre Mutter sagt Ihnen morgens bei der Verabschiedung des Bruders: „Gut, dass du hier arbeitest, kümmere dich als Schwester mal ein bisschen um ihn.“ Bei der Freispielaufsicht ertappen Sie sich immer wieder dabei, sich (in der Rolle 2 als Schwester) stärker um Ihren Bruder als um die anderen Kinder zu kümmern.

Ihr Bruder lebt mit Trisomie 21 und braucht in vielen alltäglichen Dingen besondere Unterstützung. Sie kümmern sich gemeinsam mit Ihren Eltern sehr intensiv um sein Wohlergehen und übernehmen betreuerische Tätigkeiten (Rolle 1). Manchmal möchten Sie so gerne einfach nur seine Schwester sein (Rolle 2).

Um Rollenkonflikte zu lösen, ist es notwendig, sich der eigenen Erwartungen an die jeweilige Rolle bewusst zu werden und sich auch mit anderen Menschen über deren Erwartungen auszutauschen.

1.4 Kompetenzerwerb in der Ausbildung – „Der ganze Mensch ist gefragt“

1.4.1 Fach-, Human- und Sozialkompetenz

Ist man in einem sozialen Arbeitsfeld tätig, sind Fähigkeiten und Fertigkeiten in vielen Bereichen gefragt. Es gibt verschiedene Möglichkeiten, diese zu strukturieren. Die folgende Einteilung basiert auf dem Konzept beruflicher Handlungskompetenz.

Berufliche Handlungskompetenz ist die Fähigkeit und Bereitschaft, in beruflichen Zusammenhängen fachgerecht, selbstreflektiert und gesellschaftlich verantwortlich zu handeln. Sie kann unterteilt werden in:
- Fachkompetenz
- Humankompetenz
- Sozialkompetenz

Die Kompetenzbereiche lassen sich jedoch auf Grund der Ganzheitlichkeit beruflicher Handlungen nicht klar voneinander trennen und bedingen einander.

Die Betreuung von Menschen fordert die Mitarbeiterinnen in allen Kompetenzbereichen.

Fachkompetenz
Fachkompetenz meint die Fähigkeit, Aufgaben und Probleme zielorientiert, sachgerecht, methodengeleitet und selbstständig zu lösen und das Ergebnis zu beurteilen. Folgende Fähigkeiten sind in der Betreuung und Begleitung von Kindern unterschiedlicher Altersgruppen unter anderem gefragt:

- individuelle Betreuung von Säuglingen/Kleinkindern
- pädagogische Betreuung von Kindern/Jugendlichen zur Förderung der individuellen und sozialen Kompetenzentwicklung (z. B. durch spielerische Angebote)
- Durchführung gesundheitsfördernder Maßnahmen
- Haushaltsführung
- Kochen
- Wäsche- und Kleiderpflege

Abb. 2 Mal- und Bastelangebot in einem Hort

Humankompetenz
In der Arbeit mit Menschen ist es wichtig, über eine grundlegende persönliche Eignung zu verfügen. Die Humankompetenz bezieht sich auf die Entwicklung der individuellen Persönlichkeit und durchdachter Wertvorstellungen.
Besonders wichtig sind hierbei z. B.:
- Selbstständigkeit
- Kritikfähigkeit
- Selbstvertrauen
- Zuverlässigkeit
- Verantwortungs- und Pflichtbewusstsein

Außerdem ist die Fähigkeit zur (freischwebenden) Aufmerksamkeit eine weitere wichtige Kompetenz. Man ist umsichtig und wachsam, hat den „Rundumblick“, ohne auf etwas Bestimmtes Acht zu geben.

Sozialkompetenz
Sozialkompetenz brauchen wir, um Beziehungen zu anderen Menschen zu gestalten. Wichtig ist hierbei auch die Entwicklung sozialer Verantwortung und Solidarität. Zu diesem Kompetenzbereich zählen unter anderem:

- die Kontaktbereitschaft und -fähigkeit
- die Kommunikationsfähigkeit
- die Kooperationsfähigkeit
- die Fähigkeit zuzuhören

Lern- und Methodenkompetenz ► S. 63

Lern-, Methoden- und Sprachkompetenz bilden darüber hinaus die Basis für eine erfolgreiche Ausbildung.

1.4.2 Berufsspezifischer Kompetenzerwerb

Die fachtheoretische Ausbildung in der Schule wird durch fachpraktische Ausbildungsphasen ergänzt.

In der Ausbildung werden Basisqualifikationen im Sinne einer beruflichen Handlungskompetenz im schulischen Unterricht und während der Praktikumszeiten erworben und vertieft. Eine Weiterentwicklung erfolgt durch die weitere Anwendung der Kenntnisse, Fähigkeiten und Fertigkeiten in der späteren Berufslaufbahn.
Da sich eigene Interessen verändern können bzw. auch die beruflichen Anforderungen in den verschiedenen Arbeitsfeldern wechseln, ist es notwendig, sich ständig fortzubilden.

Lebenslange Fort- und Weiterbildung ist wichtig.

Immer auf dem Laufenden

Soziales Engagement, Liebe zum Mitmenschen und die Bereitschaft, anderen Menschen zu helfen, reichen längst nicht mehr aus, um sich als Mitarbeiter in einem sozialen Beruf wohlzufühlen.
Bei Berufen im Sozialwesen kommen ständig neue pädagogische und therapeutische Methoden und Ansätze auf den Einzelnen zu. Darüber hinaus müssen Beschäftigte die aktuellen gesetzlichen und informationstechnischen Entwicklungen verfolgen.
Um der starken Belastung im Sozialwesen besser standhalten zu können und die eigenen Fähigkeiten und Kenntnisse stets auf dem Laufenden zu halten, ist gezielte Weiterbildung erforderlich.
Die schulische Fortbildung im Gesundheits- und Sozialwesen ist landesrechtlich geregelt. Daneben gibt es Bildungsgänge mit ähnlichen Inhalten, die von privaten oder kirchlichen Einrichtungen angeboten werden. (...)
(Bundesagentur für Arbeit, BBZ 10, Ausgabe 2007/2008)

2. Berufsfeld Sozialpädagogik – „Hauptsache, was mit Kindern“

2.1 Soziale Arbeit – „Kein Beruf wie jeder andere“

„Die Profession Soziale Arbeit fördert den sozialen Wandel, Problemlösungen in menschlichen Beziehungen sowie die Ermächtigung und Befreiung von Menschen, um ihr Wohlbefinden zu heben. Unter Nutzung von Theorien menschlichen Verhaltens und sozialer Systeme vermittelt soziale Arbeit am Punkt, wo Menschen und ihre sozialen Umfelder aufeinander einwirken. Dabei sind die Prinzipien der Menschenrechte und sozialer Gerechtigkeit für die soziale Arbeit fundamental.“

(Internationale Definition der Profession Soziale Arbeit im 21. Jahrhundert, Weltkonferenz des IFSW / International Federation of Social Workers, vom Juli 2000 in Montreal, Kanada)

Unter dem Begriff der sozialen Arbeit werden alle Berufe zusammengefasst, die sich auf die Beziehungen der Menschen untereinander und mit dem sie umgebenden sozialen Umfeld richten. Aufgabe von Mitarbeiterinnen in sozialen Berufen ist es, die von ihnen begleiteten Menschen darin zu unterstützen, die eigenen Möglichkeiten (Ressourcen) zu nutzen und in einem sozialen Miteinander zu bleiben.

Soziale Arbeit wird in sozialpflegerischen und sozialpädagogischen Arbeitsfeldern geleistet.

Ziel der Ausbildung in sozialen und pflegerischen Assistenzberufen, wie z. B. Sozialassistentin, Kinderpflegerin oder sozialpädagogische Assistentin, ist die Vermittlung von Kenntnissen, Fähigkeiten und Fertigkeiten, die erforderlich sind, um in sozialpädagogischen und sozialpflegerischen Institutionen nach Anweisung (in begrenztem Umfang auch verantwortlich) tätig zu sein. Die Schülerinnen erwerben Basisqualifikationen für eine weiterführende Ausbildung an Fachschulen.

Die Bezeichnung „Soziale Arbeit“ als Überschrift für die beschriebenen Arbeitsbereiche setzte sich seit Beginn der 1990er-Jahre zunehmend durch. Dabei werden sozialpflegerische und sozialpädagogische Berufe zusammengefasst.

Um die aktuelle berufliche Situation in den einzelnen Tätigkeitsfeldern der sozialen Arbeit zu verstehen, ist es wichtig, sich einen Überblick über die Geschichte dieser Berufe zu verschaffen.

Geschichtlicher Überblick über die Entwicklung der Berufe in der „Sozialen Arbeit“

Abb. 1 Diakonissenanstalt in Kaiserwerth

Pädagogik ► S. 150

Man geht davon aus, dass sich die ersten sozialen Berufe mit dem beginnenden 19. Jahrhundert entwickelten.

Im Bereich der Pädagogik liegen die Ursprünge in den damaligen Rettungs- und Waisenhäusern. Mit Blick auf diese Arbeitsfelder entstanden erste Ausbildungsgänge. So richtete der evangelische Theologe Theodor Fliedner (1800–1864) gemeinsam mit seiner Frau Friedericke (1800–1842) in Kaiserwerth eine Diakonissenanstalt (Abb. 1) als Ausbildungsstätte für evangelische Pflegerinnen und Kleinkinderlehrerinnen ein.

Abb. 2 Friedrich Fröbel

Fröbel-Pädagogik ► S. 154

Der weithin bekannte Pädagoge dieser Zeit war Friedrich Fröbel (1782–1852, Abb. 2), der Begründer des „Kindergartens“. Auf seine Initiative hin entstand ein Ausbildungsseminar zur „Kindergärtnerin“.

„Evangelische Pflegerin“ und „Kleinkinderlehrerin“ waren erste Berufe im Bereich der sozialen Arbeit.

Abb. 3 Florence Nightingale

Aber nicht nur im Bereich der Kleinkind- und Vorschulerziehung wurden Möglichkeiten der Qualifizierung von Fachkräften entwickelt. Es entstand die Berufskrankenpflege, deren bekannteste Vorreiterin die Krankenschwester Florence Nightingale (1820–1910, Abb. 3) war. Sie setzte sich für die öffentliche Anerkennung des Pflegeberufs als sozialen Lehrberuf ein und gründete 1860 in London die erste nicht konfessionelle, krankenhausunabhängige Krankenpflegeschule.

Abb. 4 Johann Hinrich Wichern

In der „Heimerziehung“ und „Sozialarbeit“ konzipierte der Pädagoge und Theologe Johann Hinrich Wichern (1808 bis 1881, Abb. 4) verschiedene soziale Berufsausbildungen, z. B. Hausvater, Pilgernde Brüder und die heute noch angebotene Ausbildung zum Diakon bzw. zur Diakonin.

Im 19. Jahrhundert entwickelten sich weitere soziale Ausbildungsberufe.

In den folgenden Jahrzehnten des Kaiserreichs differenzierte sich das Angebot an Ausbildungsberufen weiter aus und im Jahre 1911 wurde die erste staatliche Ausbildungs- und Prüfungsordnung für eine soziale Berufsausbildung (zunächst für den Kindergärtnerinnenberuf und den Beruf der Jugendleiterin) erlassen. Viele weitere folgten.

Mit den gesellschaftspolitischen Veränderungen in der Weimarer Republik (1919 bis 1933) weitete sich das Angebot an sozialen Berufen aus. Es wurden neue Ausbildungsstellen errichtet, neue Arbeitsfelder in die Ausbildungsinhalte integriert und ähnliche Ausbildungsgänge zusammengelegt, z. B. die Ausbildung für den Vorschul- und Hortbereich.

Amthor, R. C.: Die Geschichte der Berufsausbildung in der Sozialen Arbeit. Auf der Suche nach Professionalisierung und Identität, Juventa, 2003

Insgesamt fand eine Öffnung der fast ausschließlich für Frauen erlaubten sozialen Berufe für männliche Interessenten statt. Darüber hinaus entstanden im Bereich der immer umfangreicheren Angebote der Wohlfahrtspflege neue Ausbildungszweige und Möglichkeiten von Zusatzausbildungen, ähnlich den heutigen Strukturen.

Die Zeit des Nationalsozialismus (1933–1945) wurde zum Niedergang der sozialen Ausbildung. Diese wurde vollständig ideologisiert und verkam zur „Volkspflege". Besonders die Entwicklungen im Bereich der Heilpädagogik, aber auch der beruflichen Qualifizierung, z. B. in der Heimerziehung und Familienpflege, an Schulen wie auch Hochschulen wurde eingeschränkt oder völlig unterbrochen, trotz steigender Zahl der Ausbildungsstätten.
Nach 1945 kam es zu einem Neubeginn in der sozialen Arbeit. Ende der 1960er-Jahre entstand aus den vormaligen Berufen der „Kindergärtnerin und Hortnerin" sowie der „Heimerzieherin" die Ausbildung zur „Erzieherin".

Abb. 5 „Braune Schwester" der NS-Zeit

Die Ausbildung zur Erzieherin entstand Ende der 1960er-Jahre.

§ Erst in den 1950er-Jahren wurde der Beruf der „Altenpflegerin" als ein von den Pflegeberufen unabhängiger neuer sozialer Beruf mit einem eigenen sozialpflegerischen Profil eingerichtet. Seit einer Grundsatzentscheidung des Bundesverfassungsgerichtes (24. 10. 2002) ist der Beruf der Altenpflege ein Heilberuf im Sinne des Grundgesetzes und die Ausbildung wird seit der Verabschiedung des Altenpflegegesetzes (25. 08. 2003) bundeseinheitlich geregelt.

Die Fachhochschulen wurden Anfang der 1970er-Jahre gegründet und es entstand das Studium zur „Sozialpädagogin". An den Hochschulen wurden „Diplompädagoginnen" ausgebildet. Eine deutliche Ausweitung der grundständigen Ausbildungen geschah auch in der Arbeit mit Menschen mit Behinderungen. Die Ausbildung zur „Heilerziehungspflegerin" entstand. Der Beruf der „Heilpädagogin" wurde als Zusatzqualifikation sowie als Studienangebot der Fachhochschulen initiiert.

Es gibt heutzutage im sozialen Bereich eine große Vielfalt unterschiedlicher Berufe auf verschiedenen Qualifikationsstufen, z. B. Sozialassistentin, Kinderpflegerin, Familienhelferin, Altenpflegerin, Heilerziehungspflegerin, Heilpädagogin, Erzieherin, Diplom-Sozialpädagogin und Diplompädagogin (bzw. Bachelor- und Masterabschlüsse in diesen Fächern). Darüber hinaus bestehen zahlreiche Möglichkeiten der beruflichen Weiterqualifizierung, die jedoch häufig bundeslandspezifisch bzw. trägerbezogen angeboten werden.

Trotz der Offenheit sozialer Ausbildungen für Frauen und Männer ist die soziale Arbeit bis heute ein von Frauen dominiertes Feld.

! Insgesamt lässt sich feststellen, dass die Tätigkeit im sozialpflegerischen und sozialpädagogischen Bereich nach wie vor ein ausgeprägter „Frauenberuf" ist. In der Kindertagesbetreuung arbeiten z. B. 96 % weibliche Beschäftigte.
(Quelle: bmfsfj, 2005)

2.2 Soziale Berufe – „Kinderbetreuung & Co"

Im sozialpädagogischen Bereich gibt es eine große Auswahl von unterschiedlichen Arbeitsfeldern. Einen guten Überblick liefert die Einteilung in familienergänzende und familienersetzende Einrichtungen, sowie Einrichtungen für Kinder und Jugendliche mit besonderem Förderbedarf.

Familienergänzende Einrichtungen	Familienersetzende Einrichtungen
Integrative Einrichtungen	
Einrichtungen für Kinder/Jugendliche mit besonderem Förderbedarf	

2.2.1 Familienergänzende Einrichtungen

Familie ► S. 163

Viele Angebote der Tagesbetreuung ergänzen die Erziehung in der Familie.

Hierunter versteht man Betreuungsangebote, die die Erziehung und Betreuung des Kindes oder Jugendlichen in der Familie ergänzen, also zusätzlich bestehen. Für den frühkindlichen Bereich sind dies z. B. Krippen bzw. Kindertageseinrichtungen für Kinder vor dem Schuleintritt. Ältere Kinder werden schulbezogen ergänzend im Hort oder dem Freizeitbereich der Ganztagsschule betreut. Auch verschiedene Arten von Jugendfreizeiteinrichtungen machen familienergänzende Angebote.

Abb. 1 Tageseinrichtung

Kindertageseinrichtungen / Tagespflege	
Zielgruppe	• 0- bis 3- jährige Kinder (Krippe) • 3 Jahre bis Schuleintritt (Kindergarten)
Betreuungszeiten	ganztägig; in besonderen Einrichtungen auch 24-Stunden-Betreuung möglich
Aufgaben / Ziele	• Bildung, Erziehung und Betreuung (auch Pflege) in individualisierter, dem Entwicklungsstand des Kindes angemessener Form durch pädagogische Begleitung, Angebote etc. • auch vorschulische Bildung (Schulvorbereitung) • Zusammenarbeit mit Eltern und Schule
Organisationsform	• altershomogene und -heterogene Gruppen • offene und halb offene Arbeit
Hort/Freizeitbereich der Ganztagsschule	
Zielgruppe	Kinder und Jugendliche ab Schuleintritt
Betreuungszeiten	vor, während und nach dem Unterricht als ergänzende Betreuung bis zum späten Nachmittag
Aufgaben	• pädagogische Begleitung im Rahmen des Unterrichts und der Hausaufgabenbetreuung, Freizeitangebote • Zusammenarbeit mit Eltern, Schule und im Sozialraum
Organisationsform	neben festen Betreuungsangeboten (z. B. in der Hausaufgabenbetreuung) auch offene Arbeit

Im Rahmen einer Unterstützung im familiären Kontext, auch bei der Haushaltsführung, werden Familienhilfe und Haushaltshilfe angeboten.

2.2.2 Familienersetzende Einrichtungen

Hierunter versteht man Angebote der stationären Jugendhilfe, bei denen der Betreuungsmittelpunkt für einen gewissen Zeitraum aus der Herkunftsfamilie in eine Einrichtung verortet wird.
Kinder und Jugendliche, die aus den verschiedensten Gründen nicht mehr bei ihren Eltern leben können oder wollen, werden u. a. in Pflegefamilien, sozialpädagogischen Wohngruppen, Erziehungswohngruppen und Kinderheimen betreut.

Familienersetzende Angebote bieten Kindern und Jugendlichen für eine gewisse Zeit ein Zuhause außerhalb der Herkunftsfamilie.

Entziehung des Sorgerechts ► S. 43
Pflegefamilie ► S. 294
Kinderheim ► S. 294

Stationäre Jugendhilfe: z. B. Sozialpädagogische Wohngruppe	
Zielgruppe	Kinder und Jugendliche mit problematischem Familienhintergrund von 0 bis 18 Jahren (als Hilfen zur Erziehung)
Betreuungszeit	24-Stunden-Betreuung
Aufgaben	• Schaffung eines stabilen Bezugsrahmens (u. a. pädagogischer Neubeginn, emotionale Entlastung) • Unterstützung der individuellen Persönlichkeitsentwicklung (Alltagsbewältigung, Verselbstständigung etc.) • Zusammenarbeit mit Eltern, Jugendamt, Therapeuten etc.
Organisationsform	Verbundsystem verschiedener Angebote (z. B. Wohngruppen, Wohngemeinschaften, betreutes Wohnen); in der Regel familienanalog

Hierzu zählen z. B. auch Internate, Kur- und Erholungsheime und Kinderstationen in Krankenhäusern.

2.2.3 Einrichtungen für Kinder und Jugendliche mit besonderem Förderbedarf

Kinder und Jugendliche mit Beeinträchtigungen sollen integrativ in Regeleinrichtungen betreut und erzogen werden.
Wenn Integration von Kindern und Jugendlichen mit Beeinträchtigung in der Regeleinrichtung nicht möglich ist, bieten sonderpädagogische Einrichtungen ein Angebot.
Das bedeutet, für den besonderen (Förder-)Bedarf von Kindern und Jugendlichen mit Beeinträchtigungen werden z. B. speziell ausgebildetes Fachpersonal, spezifische Beratungs- und Fortbildungsangebote, ein höherer Betreuungsschlüssel, eine angemessene Raumgestaltung und -ausstattung etc. bereitgestellt. Das Ziel ist die Integration, d. h. ein gemeinsames Leben und Lernen von Kindern und Jugendlichen mit und ohne Behinderung und damit eine Eingliederung in die Gesellschaft.

Kinder und Jugendliche mit Beeinträchtigungen ► S. 130

Sozialpädagogische Einrichtungen bieten eine spezifische Betreuung von Kindern und Jugendlichen mit Beeinträchtigungen.

Darüber hinaus gibt es sonderpädagogische Einrichtungen, um in Fällen, in denen eine integrative Betreuung nicht oder noch nicht möglich ist, eine individuelle Förderung und Therapie zu gewährleisten. Hierzu zählen im Bereich der Tagesbetreuung u. a. sozialpädiatrische Zentren, Sonderkindergärten bzw. -schulen.
Stationäre Angebote sind z. B. heilpädagogische Wohnheime und -gruppen sowie betreutes Einzelwohnen.

Abb. 2 Kinder in einer integrativen Kindertagesstätte

Interdisziplinäre Zusammenarbeit ist eine wichtige Grundlage der Arbeit in allen Einrichtungen.

Abb. 1 Teambesprechung

2.2.4 Kooperation mit anderen Fachleuten

Gerade auf Grund der vielfältigen Anforderungen des sozialpädagogischen Arbeitsfeldes und der besonderen Herausforderungen für die Mitarbeiterinnen ist es hilfreich, in einem Team mit verschieden ausgebildeten Kolleginnen (interdisziplinäres Team) zu arbeiten. Ein Team in einer Wohngruppe für Menschen mit Behinderung kann z. B. aus Heilerziehungspflegerinnen, Erzieherinnen, Altenpflegerinnen, Krankenschwestern und Kinderpflegerinnen bestehen.

Diese Form der Zusammenarbeit ermöglicht einen intensiven Austausch, in dem sich jeder mit seinen spezifischen Kenntnissen und individuellen Erfahrungen einbringen kann. So lassen sich in schwierigen Situationen (z. B. Konfliktsituationen) besser Lösungswege finden und beschreiten.

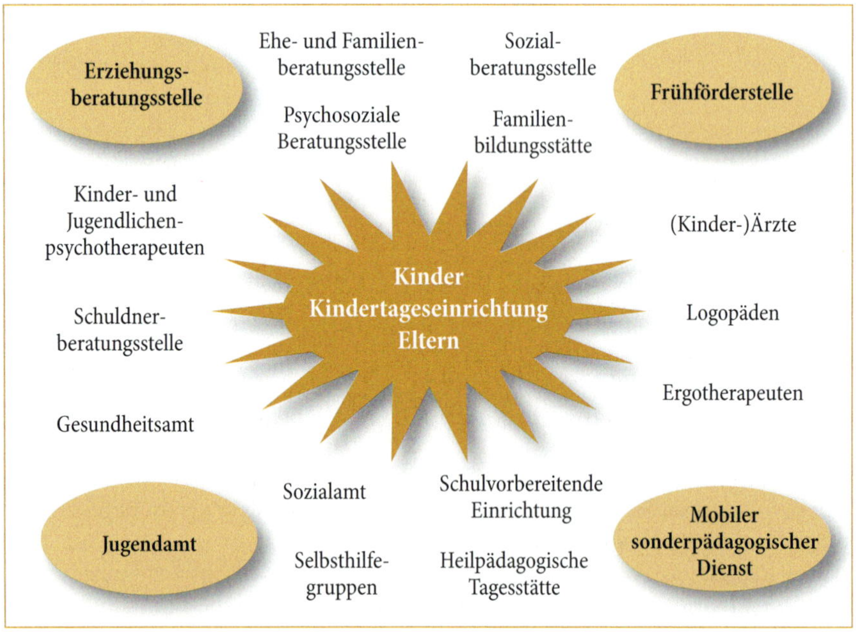

Möglichkeit der Vernetzung einer Kindertageseinrichtung mit externen Institutionen (aus Textor, M.: Verhaltensauffällige Kinder fördern, Cornelsen Scriptor, 2004)

2.3 Recht in der Kindertagesbetreuung – „Alles geregelt?!“

rechtliche Bestimmungen
▸ S. 45

Jede Mitarbeiterin im sozialen Arbeitsfeld sollte sich mit rechtlichen Fragen beschäftigen.

In sozialen Berufen gilt es zahlreiche rechtliche Bestimmungen zu kennen und in der Praxis zu beachten.
Besonders haftungsrechtliche, aber auch arbeitsrechtliche Vorschriften legen den Rahmen der sozialen Arbeit fest. Schließlich übernehmen die im sozialen Arbeitsfeld beschäftigten Mitarbeiterinnen eine verantwortungsvolle Aufgabe, indem sie Sorge für Menschen tragen, die ihrer Unterstützung bedürfen.

Wichtige rechtliche Fragen betreffen in der Praxis z. B. die Aufsichtspflicht, die Unfallverhütung sowie Vertraulichkeit und Datenschutz. Diese werden über straf- und zivilrechtliche Bestimmungen geregelt im

- Grundgesetz GG,
- Strafgesetzbuch StGB,
- Bürgerlichem Gesetzbuch BGB.

Aus den gesetzlichen Grundlagen leiten sich die folgenden rechtlichen Bestimmungen ab:

- Grundgesetz GG:

z. B. Art. 2 Abs. 2 GG garantiert das Recht auf Leben, körperliche Unversehrtheit und Freiheit der Person; Art. 3 GG garantiert den Gleichheitsgrundsatz aller Menschen ungeachtet ihres Geschlechtes, ihrer Herkunft, Rasse oder Hautfarbe.

Abb. 2 Hinweisschild in einer Einrichtung

Unfallverhütung

Mitarbeiterinnen in sozialen Einrichtungen haben die Pflicht, darauf zu achten, dass die von ihnen betreuten Menschen keinen Schaden nehmen (vgl. auch Aufsichtspflicht). Um die Gefahr von Unfällen gering zu halten, gibt es Vorschriften zur Unfallverhütung. In diesem Zusammenhang sind z. B. Brandschutzbestimmungen (Abb. 2) und Vorgaben zur Ausstattung der Einrichtungen zu nennen.

- Strafgesetzbuch StGB:

z. B. § 171 StGB Verletzung der Fürsorge- oder Erziehungspflicht; § 323c StGB unterlassene Hilfeleistung

Verletzung der Fürsorge- oder Erziehungspflicht ► S. 43

Aufsichtspflicht

Betreuungspersonen haben die Pflicht, dafür Sorge zu tragen, dass die ihnen anvertrauten Menschen weder selber Schaden nehmen noch anderen Personen (Dritten) Schaden zufügen.
Im Bereich der Kindertagesbetreuung delegieren die Eltern ihre Aufsichtspflicht zunächst für die Zeit der Betreuung an den Einrichtungsträger. Dieser wiederum kann dann eine Übertragung der Aufsichtspflicht an die Gruppenleitung bzw. die betreuenden Fachkräfte vornehmen. Einer Assistenzkraft bzw. einer Praktikantin in einem sozialen Beruf kann die Aufsichtspflicht übertragen werden, wenn beim Delegierenden die Einschätzung besteht, dass dies verantwortbar ist. Folgende Faktoren sind hierbei z. B. wichtig: Verantwortungsbewusstsein, Zuverlässigkeit und Erfahrung.
Wird die Aufsichtspflicht verletzt (fahrlässig oder vorsätzlich), kann dies sowohl zivilrechtliche als auch strafrechtliche und arbeitsrechtliche Folgen haben. Rechtlich zur Verantwortung gezogen wird hierbei die delegierende Person.

Arbeitsrechtliche Grundlagen ► S. 46

- Bürgerliches Gesetzbuch BGB: z. B. eine arbeitsrechtliche Folge bei der Verletzung von Vertraulichkeit kann die fristlose Kündigung sein (in vielen Fällen sind darüber hinaus auch strafrechtliche Konsequenzen zu erwarten)

Vertraulichkeit und Datenschutz

Grundsätzlich ist es unerlässlich, dass die Persönlichkeitsrechte der betreuten Personen gewahrt werden. Das bedeutet, dass keine personenbezogenen bzw. personenbeziehbaren Informationen ohne Einverständnis des Betroffenen an Dritte weitergegeben werden dürfen. Bei Kindern werden diese Rechte von den Eltern wahrgenommen. Personen, die unter Betreuung stehen, werden für Teilbereiche durch gesetzliche Vertreter in der Ausübung ihrer Rechte vertreten.
In der Praxis bedeuten diese Vorgaben auch, dass Betreuungspersonen diese vertraulichen Daten nicht in privaten Gesprächen mit Freunden oder Familienangehörigen weitergeben dürfen.

2.3.1 Bundesrechtliche Regelungen

Gesetzliche Grundlagen können sich verändern.

Für alle rechtlichen Regelungen, ob auf Bundes- oder Länderebene, gilt, dass sie dynamisch und einem permanenten Wandel unterworfen sind. So verändern sich Gesetze je nach (bildungs-)politischer Situation. Daher ist es wichtig, sich regelmäßig auf den neuesten Stand zu bringen. Ein Überblick über die gesetzlichen Regelungen kann daher nur auf allgemeiner Ebene erfolgen, mit dem Ziel, die grundlegenden Strukturen zu verdeutlichen.

SGB VIII / KJHG
Auf Bundesebene gibt es deutschlandweit einen einheitlichen gesetzlichen Rahmen für die Betreuung, Erziehung und Bildung von Kindern in den Tageseinrichtungen und der Tagespflege – das Kinder- und Jugendhilfegesetz (SGB VIII).
Jedes Bundesland hat zu dieser rechtlichen Grundlage eigene Ausführungsgesetze verfasst, z. B. in Bayern das Bayerische Kinderbildungs- und -betreuungsgesetz (BayKiBiG) mit Ausführungsordnung und in Baden-Württemberg das Kindergartengesetz sowie das Gesetz zur Änderung des Kindergartengesetzes.

Weitere bundesrechtliche Regelungen
Darüber hinaus gibt es weitere Gesetze auf Bundesebene, die den Rahmen festlegen, in dem die Arbeit mit Kindern und Jugendlichen erfolgen muss. Hierbei werden u. a. wichtige Fragen wie Förderansprüche, Personalschlüssel und Finanzierung der Einrichtungen rechtlich für das jeweilige Bundesland festgeschrieben:

- Tagesbetreuungsausbaugesetz (TAG)
- Gesetz zur Weiterentwicklung der Kinder- und Jugendhilfe (KICK)
- Kinderförderungsgesetz (KiföG) in Deutschland

2.3.2 Länderspezifische Regelungen

Jedes Bundesland konkretisiert die allgemeinen Gesetze zur Kinder- und Jugendhilfe in Ausführungsvorschriften. Diese bilden dann die Grundlage für die praktische sozialpädagogische Arbeit vor Ort. Hierbei sind z. B. zu nennen:

Weitere Informationen zu rechtlichen Grundlagen finden Sie im Internet unter
www.jugendhilfeportal.de
www.bildungsserver.de

Bundesrecht (z. B. SGB VIII)

Landesrechtliche Regelungen (z. B. Ausführungsvorschriften, Bildungspläne)

Träger- und einrichtungsbezogene Regelungen (z. B. Kita-Ordnung, Dienstvereinbarung, Konzeption)

- Bayerisches Kinderbildungs- und -betreuungsgesetz (BayKBIG)
  www.stmas.bayern.de/kinderbetreuung/baykibig/index.htm
- Gesetz zur Weiterentwicklung des bedarfsgerechten Angebotes und der Qualität von Tagesbetreuung (Kindertagesbetreuungsreformgesetz)
  www.berlin.de/imperia/md/content/sen-familie/rechtsvorschriften/kitafoeg.pdf
- Gesetz zur Ausführung des Kinder- und Jugendhilfegesetzes (AG-KJHG NRW)
  www.lwl.org/LWL/Jugend/Landesjugendamt/LJA/jufoe/3agkjhgnrw/

Bildungspläne und Bildungsprogramme

Darüber hinaus bilden Bildungspläne und -programme die Grundlage, auf der die sozialpädagogische Arbeit in den einzelnen Bundesländern erfolgen soll. Hier sind die Grundsätze der Bildungs- und Erziehungsarbeit und die einzelnen Bildungsbereiche (auf der Grundlage der Empfehlung der Kultusministerkonferenz) festgelegt und es werden praktische Hinweise zur Umsetzung der Bildungsziele für die Arbeit mit Kindern bis Schuleintritt bzw. Abschluss der Grundschulzeit gegeben, z. B.:

Bildungspläne geben die Zielrichtung der sozialpädagogischen Arbeit in der Kindertagesbetreuung vor.

Bildungsbereiche
► S. 212

- Der bayerische Bildungs- und Erziehungsplan für Kinder in Tageseinrichtungen bis zur Einschulung
  www.stmas.bayern.de
- Berliner Bildungsprogramm für die Bildung, Erziehung und Betreuung von Kindern in Tageseinrichtungen bis zu ihrem Schuleintritt
  www.berlin.de (Suchwort: Berliner Bildungsprogramm)
- Bildungs- und Erziehungsplan für Kinder von 0 bis 10 Jahren in Hessen
  www.hessisches-kultusministerium.de

Bildungs- und Erziehungsbereiche aus dem bayerischen Bildungs- und Erziehungsplan für Kinder in Kindertageseinrichtungen bis zur Einschulung:
- Werteorientierung und Religiosität
- Emotionalität, soziale Beziehungen und Konflikte
- Sprache und Literacy
- Informations- und Kommunikationstechnik, Medien
- Mathematik, Naturwissenschaften und Technik
- Umwelt
- Ästhetik, Kunst und Kultur, Musik
- Bewegung, Rhythmik, Tanz und Sport
- Gesundheit

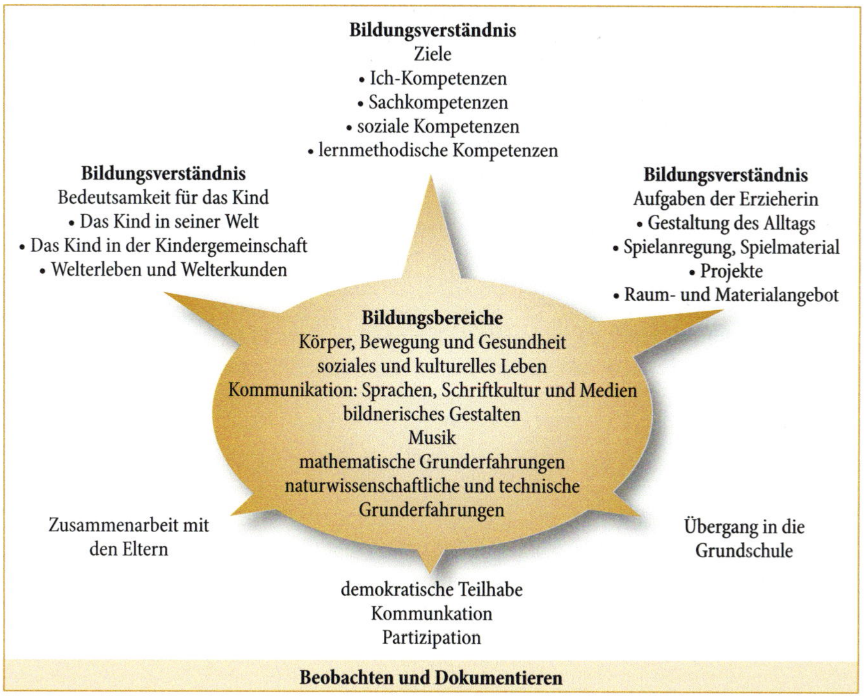

Abb 1. Übersicht zur Struktur des Berliner Bildungsprogramms

Trägerschaft

Neben den Ausführungsgesetzen der Länder und den Bildungsplänen bestimmt auch die Trägerschaft die Ausrichtung der pädagogischen Arbeit. Alle Einrichtungen im Bereich der sozialpädagogischen Arbeit werden von Trägern betrieben. Diese sind verantwortlich für die Umsetzung der bundes- und landesrechtlichen Vorgaben, welche wiederum durch die Kita-Aufsicht überwacht wird.

Man unterscheidet:

Öffentliche Träger	Freie Träger
z. B. Bund Landkreise kreisfreie Städte Stiftungen öffentlichen Rechts	z. B. Caritas/katholische Kirche www.caritas.de Diakonisches Werk der Evangelischen Kirche www.diakonie.de Arbeiterwohlfahrt www.awo.de Deutscher Paritätischer Wohlfahrtsverband www.der-paritaetische.de

Freie Träger ermöglichen eine größere Vielfalt pädagogischer Konzepte.

- Öffentliche (staatliche) Trägerschaft: hiermit werden Einrichtungen beschrieben, die von kommunalen Organisationen betrieben werden, so z. B. von Bund, Landkreisen, kreisfreien Städten, aber auch Stiftungen öffentlichen Rechts.
- Freie (freie gemeinnützige bzw. gewerbliche) Trägerschaft: hiermit sind Einrichtungen gemeint, die von Trägern der freien Wohlfahrtspflege betrieben werden, so z. B. Arbeiterwohlfahrt, Deutscher Caritasverband, Deutscher Paritätischer Wohlfahrtsverband oder Diakonisches Werk der Evangelischen Kirche Deutschland.

Bildungsbereiche ► S. 212

Freie Träger haben in Abgrenzung zu öffentlichen Trägern keine hoheitlichen Befugnisse. Das bedeutet: Im Falle von Rechtverstößen (z. B. bei Kindeswohlgefährdung) sind Einrichtungen in freier Trägerschaft verpflichtet, staatliche Stellen einzuschalten.

Um eine große Vielfalt an Weltanschauungen und Konzepten pädagogischer Arbeit anbieten zu können, ist ein deutlicher Anteil an Einrichtungen in freier Trägerschaft gewollt. Hier halten sich staatliche Stellen bewusst zurück. Dies nennt man das Subsidiaritätsprinzip.

> Nach dem Subsidiaritätsprinzip soll eine staatliche Aufgabe so weit wie möglich von der jeweils unteren bzw. kleineren Einheit wahrgenommen werden.
>
> (Definition der Bundeszentrale für politische Bildung, 2005)

Die Finanzierung in freier Trägerschaft erfolgt überwiegend aus kommunalen Mitteln, aber auch zum Teil aus Eigenmitteln der Träger/Trägeranteil (z. B. Spenden, Vereinsbeiträge).

2.3.3 Einrichtungsinterne Regelungen

Auf der Ebene der einzelnen ambulanten und stationären Betreuungs- und Bildungsangebote bestehen träger- bzw. einrichtungsbezogene Regelungen.
In der Kindertagesbetreuung schließen die Eltern bzw. Erziehungsberechtigten z. B. einen Betreuungsvertrag mit den Eltern.

In diesem Vertrag werden u. a. festgelegt:
- Betreuungszeit
- Aufnahmebedingungen und -datum
- vereinbarte Leistungsart
- Leistungsentgelt und ggf. Elternbeiträge (für Sonderausgaben, z. B. Eintrittsgelder, Materialkosten o. Ä.)
- Kontoverbindung, ggf. Einzugsermächtigung
- Verhalten im Krankheitsfall, Notfallregelungen
- abholberechtigte Personen
- Mitwirkungsrechte der Eltern in der Einrichtung, auch regelmäßige Teilnahme an Elterngesprächen, Elternabenden
- Unfallschutz in und auf dem Weg von bzw. zur Einrichtung
- Haftungsrecht, z. B. im Rahmen der Aufsichtspflicht oder für vom Kind mitgebrachte Gegenstände
- Kündigung des Betreuungsvertrages
- Hinweis auf grundsätzlich geltende Regelungen des BGB

Aufsichtspflicht ► S. 35

Regelungen des BGB ► S. 35

Der Betreuungsvertrag regelt den äußeren Rahmen der Betreuung.

Der Betreuungsvertrag wird mit den Unterschriften der Einrichtungsleitung und der Erziehungsberechtigten rechtsgültig.
Häufig beinhaltet der Betreuungsvertrag auch viele Anhänge, die mit der Unterschrift ebenfalls anerkannt werden und die Inhalte des Vertrages konkretisieren. Eine Anlage dieses Vertrages ist u. a. die Kindergartenordnung, in der wichtige Regelungen zum gemeinschaftlichen Miteinander von Kindern, Eltern und Mitarbeiterinnen in der Einrichtung festgehalten sind. Hier werden z. B. auch die konzeptionellen Grundlagen und Ziele der pädagogischen Arbeit in der Einrichtung sowie Grundsätze des Qualitätsmanagements ausgeführt.

§ 5 Besuch des Kindergartens
- Öffnungszeiten -

1. Das Kindergartenjahr beginnt am 01. August und endet am 31. Juli des darauffolgenden Jahres.
2. Im Interesse des Kindes und der Gruppe soll der Kindergarten regelmäßig besucht werden.
3. Fehlt ein Kind länger als 3 Tage, ist die Gruppen- oder Kindergartenleitung zu benachrichtigen.
4. Der Kindergarten ist regelmäßig, mit Ausnahme der gesetzlichen Feiertage oder Ferien, geöffnet. Die Öffnungszeiten werden durch den Träger bedarfsgerecht festgelegt.
5. Die Kinder sind keinesfalls vor Öffnung der Einrichtung zu bringen und bis spätestens zum Ende der Öffnungszeit abzuholen.

(Auszug aus einer Kindergartenordnung)

Kommt es zu Vertragsverletzungen durch einen oder beide Parteien, kann dies zivilrechtliche und strafrechtliche Folgen haben.

2.3.4 Regelungen zur Zusammenarbeit mit Eltern

Grundsätze der Zusammenarbeit
Im sozialpädagogischen Kontext spielt die Zusammenarbeit mit Eltern bzw. Angehörigen eine große Rolle. So ist z. B. die Kontaktaufnahme zu und Beziehungspflege mit den Eltern in der Kindertagesbetreuung notwendig, um weiterführende Informationen über das Kind zu erhalten und dessen Verhalten besser zu verstehen.
In der Arbeit in Einrichtungen für Kinder und Jugendliche sind die individuelle Begleitung der Heranwachsenden und die Unterstützung von Entwicklungs- und Bildungsprozessen zentrale Anforderungen an die dort Tätigen. Über die konkrete Betreuung und Begleitung des Kindes bzw. Jugendlichen hinaus muss auch das jeweilige soziale Umfeld in die Arbeit miteinbezogen werden.

Die Zusammenarbeit mit den Eltern muss auf „gleicher Augenhöhe" geschehen.

Bildungsprogramme und -pläne ► S. 37

Rolle der Eltern im Erziehungs- und Bildungsprozess
Näheres zur Rolle der Eltern im Erziehungs- und Bildungsprozess wird in den jeweiligen Bildungsprogrammen und -plänen der einzelnen Bundesländer formuliert.

> „Kindertageseinrichtung und Eltern begegnen sich als gleichberechtigte Partner in gemeinsamer Verantwortung für das Kind. Eltern sind in ihrer Elternkompetenz wertzuschätzen, ernst zu nehmen und zu unterstützen. (...)
>
> Anzustreben ist eine Erziehungspartnerschaft, bei der sich Familie und Kindertageseinrichtung füreinander öffnen, ihre Erziehungsvorstellungen austauschen und zum Wohle der ihnen anvertrauten Kinder kooperieren. (...)
>
> Diese Erziehungspartnerschaft ist auszubauen zu einer Bildungspartnerschaft. Wie die Erziehung soll auch die Bildung zur gemeinsamen Aufgabe werden, die von beiden Seiten verantwortet wird."
> (aus Bayerischer Bildungs- und Erziehungsplan, S. 438)

Im Rahmen des Ausbaus von familienergänzenden Einrichtungen in der Kindertagesbetreuung zu Familienzentren kommt der Zusammenarbeit mit Eltern eine zunehmend größere Bedeutung zu. Diese sollte viele Bereiche abdecken:

Gespräche können situativ oder terminiert erfolgen.

- Gespräche:

Die Aufnahme eines Kindes beginnt mit einem Gespräch, in dem sich die Eltern ein Bild von der Einrichtung und der pädagogischen Konzeption machen können. Die Mitarbeiterinnen bzw. die Leitung erfahren etwas über das Kind und die familiären Hintergründe. Tür-und-Angel-Gespräche sind situative Möglichkeiten des Austausches, häufig im Rahmen der Bringe- und Abholsituation.

Abb. 1 Gespräch mit einem Vater in einer Kita

Austausch ► S. 90

Bei regelmäßig stattfindenden Entwicklungsgesprächen bleiben Eltern und Einrichtung in Kontakt und besprechen gemeinsam die aktuelle Situation und Entwicklungsperspektiven des Kindes. Kurz vor dem Übergang in die Grundschule findet ein Abschlussgespräch statt.

Übergang in die Grundschule ► S. 181

- Aushänge:

In allen Einrichtungen findet man Pinnwände oder Ähnliches, um Eltern, Kolleginnen oder Besucher über das Leben in der Einrichtung zu informieren. Das können u.a. Aushänge sein zu: Krankheiten (z.B. Läusebefall, nützliche Tipps zum „Loswerden“ der Krabbeltiere), Einladungen zu Veranstaltungen (z.B. dem bevorstehenden Elternabend, einen Kurs zur Säuglingspflege für interessierte Eltern, das Sommerfest), Hinweise zur Organisationsstruktur und Ansprechpartner/innen (z.B. eine Liste der Kindergruppen mit den jeweils zuständigen pädagogischen Fachkräften, Sprechzeiten der Leitung, Vorstellungsplakat der neuen Praktikantin), aber auch kreativen und anderen Angeboten (z.B. Bastelergebnisse der Kinder, Fotodokumentation zum Weihnachtsplätzchenbacken oder der Projektwoche „Bewegung“, Fotos und ein Bericht vom letzten Ausflug).

Schwarzes Brett ► S. 90

Nachbereitung von Angeboten ► S. 216

- Elternabende

Diese Kooperationsform bietet viele Möglichkeiten der Gestaltung. Ein Elternabend kann ein gemütlicher Austausch, z.B. bei einem Grillfest, zum Kennenlernen oder Klärung von Unstimmigkeiten zwischen den Eltern einer Gruppe und dem pädagogischen Team sein. Anlass zum Treffen kann auch das gemeinsame Tun mit und ohne die Kinder bieten, z.B. das Basteln von Weihnachtsschmuck für die Dekoration der Kita in der Adventszeit. Nicht zuletzt dienen Elternabende der Wahl von ElternvertreterInnen, die sich dann im Rahmen der Gremienstruktur die Interessen der Elternschaft vertreten und mit den Fachkräften auf dieser Ebene zusammenarbeiten. Auch Veränderungen in der pädagogischen Arbeit (z.B. die Einführung der Bildungspläne oder Durchführung eines Qualitätssystems in der Einrichtung) können Anlass bieten, Eltern einzuladen, um sie über die verschiedenen Themen zu informieren. Weitere Themen für Elternabende kommen häufig von Eltern, die an bestimmten pädagogischen Fragestellungen interessiert sind, z.B. Sauberkeitserziehung, Umgang mit Trotz etc.

Bildungspläne ► S. 37

- Gremienarbeit

Eltern haben die Möglichkeit, die Arbeit in der Kindertageseinrichtung über die Mitwirkung in sogenannten Gremien, z.B. im Elternbeirat, mit zu gestalten.

- Elterncafé

Dies ist ein offenes Angebot für alle Eltern. Hier besteht die Möglichkeit, sich im Rahmen der Bring- oder Abholsituation einfach spontan noch mit anderen zusammenzusetzen und z.B. bei einem Kaffee auszutauschen, zu verabreden etc. Im Gesamtkontext eines Familienzentrums bietet das Café die Möglichkeit, sich z.B. nach einem im Haus wahrgenommenen Kurs (Schwangerengymnastik, Stillgruppe) mit anderen über die Kindertageseinrichtung zu informieren und auch erste Kontakte zum pädagogischen Team zu knüpfen. So kann manchen Eltern die „Schwellenangst“ genommen werden, sie „wachsen“ sozusagen in die Gemeinschaft der Einrichtung hinein.

Familienzentren setzen die Kooperation mit Eltern in den Mittelpunkt ihrer Arbeit.

In Formen der aufsuchenden Arbeit, z.B. in der Familienhilfe, ist die Mitarbeiterin direkt vor Ort in der Familie eingesetzt und hilft z.B. bei der Versorgung der Kinder mit. Dabei ist es besonders wichtig, die eigene Rolle zu kennen und ausfüllen zu können. Gerade die Arbeit in einem komplexen System wie der Familie erfordert ausgeprägte soziale Kompetenzen.

Abb. 2 Elterncafé

Gemeinsame Aufgaben von Eltern und Einrichtung
Es gibt definierte Aufgaben, die Eltern und Einrichtung gemeinsam bewältigen. Ziel ist immer, die Kinder zu lebenstüchtigen und verantwortungsbewussten Menschen zu erziehen.

In der Einrichtung übernehmen pädagogische Fachkräfte für die Betreuungszeit die Verantwortung für die Kinder und Jugendlichen.

Familie ► S. 163

Hierbei sollte man daran denken, dass Eltern diese Aufgaben als Erziehungs- und Sorgeberechtigte ausfüllen und sie in der Zeit der außerhäuslichen Betreuung an die pädagogischen Fachkräfte als Vertreterinnen öffentlicher Erziehung delegieren. Gesetzlich festgelegt ist der Vorrang der Familie gegenüber allen pädagogischen Einrichtungen.

§ Art. 6, Abs. 2 GG
(2) Pflege und Erziehung der Kinder sind das natürliche Recht der Eltern und die zuvörderst ihnen obliegende Pflicht. Über ihre Betätigung wacht die staatliche Gemeinschaft.

Folgende Aufgaben zum Wohl des Kindes werden während der Betreuungszeit delegiert, z. B.:

- Gesundheitsfürsorge

In der Praxis gehören hierzu u. a. die pflegerische Versorgung, eine regelmäßige und ausreichende Ernährung, das regelmäßige und gründliche Zähneputzen etc.

Ernährung ► S. 384
Zähneputzen ► S. 375

- Erziehung

In der Praxis heißt dies z. B. das Vermitteln von Kulturtechniken und die Anregung und Begleitung der Entwicklung grundlegender sozialer Fähigkeiten auch im Hinblick auf gesellschaftliche Zusammenhänge

Vermitteln von Kulturtechniken ► S. 152

- Bildung

Ergänzend zur elterlichen Bildungsverantwortung wird in den Einrichtungen ein breit gefächertes Bildungsangebot gemacht. Die Kinder werden in ihrem individuellen Entwicklungsprozess angeregt und begleitet.

Bildungsangebot ► S. 212

Besondere Lebenslagen von Kindern und Jugendlichen
Ist das Wohl eines Kindes oder Jugendlichen gefährdet, muss der Staat eingreifen. Das oben beschriebene Recht bzw. die Pflicht der Eltern zur Betreuung und Erziehung ihrer Kinder kann gesetzlich eingeschränkt (z. B. bei der elterlichen Weigerung, ihr Kind ärztlich versorgen zu lassen, obwohl dies unbedingt geboten ist) bzw. ganz entzogen werden. Wenn Sorgeberechtigte ihren Pflichten nicht in ausreichendem Maße nachkommen, ist ein Eingreifen des Staates notwendig. Zunächst erfolgt dies über das Angebot von Hilfen zur Erziehung (SGB VIII). Erst wenn diese nicht angenommen werden bzw. nicht erfolgreich sind, kann eine Entziehung des Sorgerechtes erfolgen.

§ **Art. 6, Abs. 3 GG**
(3) Gegen den Willen der Erziehungsberechtigten dürfen Kinder nur auf Grund eines Gesetzes von der Familie getrennt werden, wenn die Erziehungsberechtigten versagen oder wenn die Kinder aus anderen Gründen zu verwahrlosen drohen.

In der Folge werden die betroffenen Kinder dann oft in familienersetzenden Einrichtungen untergebracht, z. B. Pflegefamilien, Erziehungswohngruppen u. Ä. Dabei ist das Ziel der stationären Unterbringung in der Regel eine Rückführung in die Herkunftsfamilie. Auf dieser Grundlage erfolgt die Zusammenarbeit mit den Eltern und dem Jugendamt.

familienersetzende Einrichtungen ► S. 33

Besonders wenn Sie in einer stationären Einrichtung der Jugendhilfe tätig sind, haben Sie es oft mit Kindern und Jugendlichen zu tun, die bereits viele belastende Erfahrungen in ihrem Leben hinter sich haben. Die Mitarbeiterinnen müssen in der Lage sein, mit schwierigen biografischen Hintergründen der betreuten Personen umzugehen und diese auch persönlich auszuhalten. Jeder Mensch hat hierzu eigene Strategien, wie er belastende Erlebnisse am besten verarbeiten kann, z. B. durch Gespräche oder durch sportliche Betätigung.

Selbstpflege ► S. 336

Zum Weiterarbeiten im Arbeitsbuch

Kinderpflege			
	Schwerpunkt	Lernsituation	Nr.
	• eigene Biografie • Berufswahl und berufliches Handeln • berufliche Perspektiven • Weiterbildung	„Und nach der Ausbildung will ich Erzieherin werden“	01
	• Bewerbung um einen Praktikumsplatz • Träger von Einrichtungen • Frauen und Männer im sozialen Arbeitsfeld	„Und nun soll ich mich auch noch auf dem Elternabend vorstellen“	02

3. Sozialpädagogische Berufskunde – „Wie geht's los und wie geht's weiter?"

3.1 Stellung der Kinderpflegerin in Ausbildung und Beruf – „Entdecke die Möglichkeiten"

Eine angemessene Ausbildung im sozialpädagogischen Arbeitsfeld braucht schulische und fachpraktische Anteile.

Kompetenzen ► S. 27

Sie beginnen Ihre Ausbildung zunächst in der Schule, aber bereits nach kurzer Zeit steht das erste Praktikum an.
In der sozialpädagogischen Ausbildung ist es wichtig, dass sich schulische Phasen der theoretischen Aneignung von Fachwissen mit Praxisphasen ergänzen. Im Praktikum haben Sie Gelegenheit, die Lerninhalte zu vertiefen und in der Interaktion mit anderen Menschen (Kindern, Jugendlichen und Mitarbeiterinnen) in einem angeleiteten Rahmen zu erproben. Dies führt zu einer Ausweitung Ihrer eigenen Kompetenzen.
Manche Erfahrungen kann man im Unterricht nicht machen, hier ist eine „Verzahnung" mit der fachpraktischen Ausbildung in sozialpädagogischen Praxisfeldern notwendig. Sie erlangen neue Einsichten, überprüfen theoretische Erkenntnisse und gehen mit weiterführenden Fragen zurück in die Schule.
Die fachpraktische Ausbildung bzw. das Praktikum ist also ein wichtiger Bestandteil der Qualifizierung für einen sozialpädagogischen Beruf. Um sich angemessen auf diese Phasen in der Ausbildung vorzubereiten, sollte man sich mit den spezifischen rechtlichen Grundlagen auskennen.

3.1.1 Rechte und Pflichten im Praktikum

Wird ein Praktikum im Rahmen einer schulischen Vollzeitausbildung absolviert, spricht man von einem Schulpraktikum. Darüber hinaus gibt es auch Berufspraktika.
Da Schulpraktika nicht unter das Berufsbildungsgesetz fallen, haben Schulpraktikanten auch keinen Arbeitnehmerstatus. Es wird demnach auch kein Vertrag mit der Praxisstelle geschlossen und Schulpraktikantinnen werden z. B. auch nicht entlohnt. Verantwortlich für die Durchführung des Praktikums im Ganzen bleibt die Schule (schulische Veranstaltung) und damit gelten die Schulgesetze der Bundesländer, die landesrechtlichen Bestimmungen für die Berufsfach- bzw. Fachschulen sowie spezifische Ausbildungsordnungen. Manche Praxisstellen treffen jedoch sogenannte Praktikumsvereinbarungen mit dem Praktikanten, in denen z. B. die Einhaltung der Schweigepflicht schriftlich niedergelegt ist.

Es ergeben sich für die Praktikumszeit folgende Rechte und Pflichten:

Praktikantin	Anleiterin
• sorgfältige Ausführung der aufgegebenen Aufgaben • auch Einhaltung der Schweigepflicht	• Anleitung, Aufsicht, Überprüfung • Weisungsrecht • Freistellung für schulische Veranstaltungen • haftungsrechtliche Verantwortlichkeit • Prüfung der konkreten Eignung

3.1.2 Dienst- und Weisungsstrukturen

Für Schulpraktikantinnen ist es wichtig, die Strukturen und die formale Hierarchie in Ihrer Praxisstelle zu kennen. Einen ersten Überblick über die Organisationsstrukturen und den Informationsfluss in einer Einrichtung erhalten Sie z. B. durch die Darstellung in einem Organigramm.

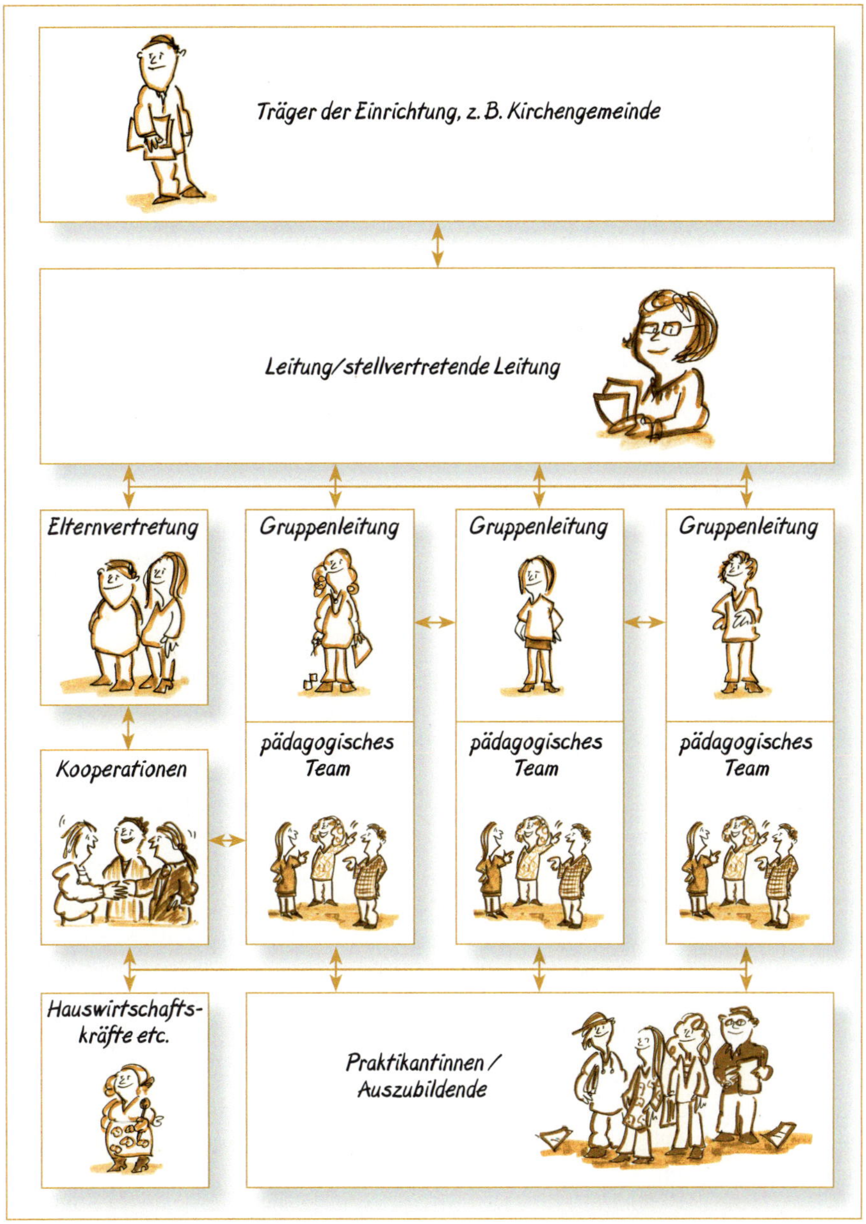

Die grundlegenden Strukturen werden in der Dienstordnung ausdifferenziert und detaillierter festgelegt. So erhalten Sie einen Überblick, wer in der Einrichtung für welche Aufgaben oder Mitarbeiterinnen verantwortlich ist. Darüber hinaus informiert die Dienstordnung über die Grundlagen des Beschäftigungsverhältnisses in der Einrichtung, die Aufgaben der Leitung, Vertretungsregelungen sowie die Aufgaben des Personals (auch Dienstpflichten und Arbeitszeitregelungen).

Neben einem Organigramm bietet die Dienstordnung eine verbindliche Übersicht über einrichtungsbezogene Regelungen.

3.1.3 Rechte und Pflichten aus dem Arbeitsvertrag

Nach erfolgreichem Abschluss der Berufsausbildung findet ein Wechsel vom Status der Schulpraktikantin in den Status der Arbeitnehmerin statt.
Dazu wird mit Aufnahme der Berufstätigkeit ein Arbeitsvertrag mit dem Arbeitgeber (z. B. Personen des öffentlichen bzw. privaten Rechts oder Privatpersonen) abgeschlossen. Im Bereich des Arbeitsrechts unterscheidet man individualrechtliche und kollektivrechtliche Regelungen:

Arbeitsrechtliche Gesetze und Verordnungen

- **Individualrecht (Verhältnis zwischen Arbeitgeber und Arbeitnehmer)**
  - **Recht des Arbeitsverhältnisses**
    - Lohnfortzahlungsgesetz
    - Bundesurlaubsgesetz
    - Berufsbildungsgesetz
  - **Arbeitsschutzrecht**
    - Arbeitsschutzgesetz
    - Mutterschutzgesetz
    - Jugendschutzgesetz
    - Schwerbehindertengesetz
    - Arbeitsstättenverordnung
- **Kollektivrecht (Verhältnis zwischen Arbeitnehmerseite als Gesamtheit und Arbeitgeberseite als Gesamtheit)**
  - **Tarifrecht**
    - Tarifvertragsgesetz
  - **Betriebsverfassungsrecht**
    - Betriebsverfassungsgesetz
    - Personalverfassungsgesetz
    - Mitarbeitervertretungsordnung

§ Grundsätzliche Regelungen zum Arbeitsrecht finden Sie im Bürgerlichen Gesetzbuch (BGB), zum Arbeitsvertrag speziell die §§ 611 – 630 BGB.

Alle Regelungen des Arbeitsvertrages stehen unter dem Grundsatz, dass der Arbeitnehmer in der Regel einen Angestelltenstatus hat. Das heißt, er hat festgelegte Rechte und Pflichten und steht in einem Abhängigkeitsverhältnis.

Im Arbeitsvertrag werden die Grundlagen des Arbeitsverhältnisses schriftlich niedergelegt.

Ein Arbeitsvertrag muss grundsätzlich schriftlich niedergelegt werden (bei Nichteinhaltung dieser Vorschrift ist er ungültig (§ 125, Satz 1 BGB)). Er muss spätestens einen Monat nach dem vereinbarten Beginn des Arbeitsverhältnisses niedergeschrieben, unterzeichnet und in den wesentlichen Vertragsbedingungen an den Arbeitnehmer ausgehändigt worden sein (§ 2 des Nachweisgesetzes).

Ein Arbeitsvertrag enthält folgende Regelungen, z. B.:

§ 1 Beginn des Arbeitsverhältnisses/ Probezeit § 2 Tätigkeit § 3 Arbeitszeit § 4 Arbeitsvergütung § 5 sonstige Leistungen (z. B. Sonderzahlungen) § 6 Urlaub § 7 Krankheit	§ 8 Verschwiegenheitspflicht § 9 Nebentätigkeit § 10 Vertragsstrafe § 11 Beendigung des Arbeitsverhältnisses § 12 Verfall- und Ausschlussfristen § 13 zusätzliche Vereinbarungen § 14 Vertragsänderungen und Nebenabreden

- Der Arbeitsvertrag wird im sozialpädagogischen Arbeitsfeld oft durch eine Dienstordnung ergänzt.
- Grundsätzlich gilt: Arbeitnehmer sind zur Leistung von Diensten verpflichtet und weisungsgebunden. Arbeitgeber sind zur Zahlung einer Vergütung verpflichtet.

Dienstordnung ► S. 45

Pflichten des Arbeitnehmers	Pflichten des Arbeitgebers

• Arbeitspflicht
• Treuepflicht, das heißt auch
  • Aufsichtspflicht
  • Schweigepflicht
  • Sorgfaltspflicht
  • Verkehrssicherungspflicht
	• Lohnzahlungspflicht, d. h. auch
	  • Lohnfortzahlungspflicht, z. B. im Krankheitsfall
	  • Gewährung des Urlaubsanspruches
	• Fürsorgepflicht

Mitarbeiterinnen in sozialen Einrichtungen haben die Pflicht, darauf zu achten, dass die von ihnen betreuten Menschen keinen Schaden nehmen (vgl. auch Aufsichtspflicht. Um die Gefahr von Unfällen gering zu halten, gibt es Vorschriften zur Unfallverhütung. In diesem Zusammenhang sind z. B. Brandschutzbestimmungen, Arbeitsschutzbestimmungen und Vorgaben zur Ausstattung der Einrichtungen zu nennen.

Aufsichtspflicht ► S. 35

Folgen von Pflichtverletzungen seitens des Arbeitnehmers bzw. des Arbeitgebers können sowohl strafrechtliche (z. B. Strafverfahren als Folge der Verletzung der Aufsichtspflicht) als auch arbeitsrechtliche (z. B. Klage auf Zahlung von Abfindungen) Konsequenzen haben.
Für die Beendigung eines Arbeitsverhältnisses gibt es verschiedene Gründe. Ein befristetes Arbeitsverhältnis muss nicht gekündigt werden. Es ist mit Ablauf der Befristungsdauer beendet.
Darüber hinaus können beide Vertragspartner ein Arbeitsverhältnis mittels eines Aufhebungsvertrages beenden, sofern dies in beiderseitigem Einvernehmen erfolgt. Bei einer ordentlichen Kündigung ist die Einhaltung gesetzlicher Kündigungsfristen Voraussetzung und in der Regel geht einer Kündigung mindestens eine Abmahnung voraus. Eine außerordentliche Kündigung bedarf eines wichtigen Grundes und kann von beiden Seiten unter Angabe des Grundes ausgesprochen werden. Sie muss innerhalb von zwei Wochen nach Kenntnisnahme des Kündigungsgrundes erfolgen, sonst ist sie unwirksam.
Bestimmte Personen(gruppen) stehen unter einem besonderen Kündigungsschutz, z. B. Schwangere (Mutterschutz).

Zum Weiterlesen: Hockling, Weigelt: Arbeitsrecht, 2. Aufl. Cornelsen Verlag; Mürbe, Rieber, Tammen: Politik, Sozial-, Gesetzes- und Berufskunde. Beltz Verlag 2005

3.1.4 Tarifrechtliche Vertretung

Die Organisation in Berufsverbänden und Gewerkschaften verleiht den Anliegen von Arbeitnehmern ein größeres Gewicht.

Alle Arbeitnehmer und Arbeitgeber haben nach dem Grundgesetz das Recht, sich ohne Einfluss durch den Staat zusammenzuschließen und ihre Interessen zu vertreten. Mitarbeiterinnen im sozialpädagogischen Arbeitsfeld sind auf Bundesebene in Berufsverbänden (z. B. Arbeitsgemeinschaft evangelischer Erzieher in Deutschland e.V., AEED, Katholische Erziehergemeinschaft Deutschlands, KEG) und Gewerkschaften (z. B. Gewerkschaft für Erziehung und Wissenschaft, GEW, Vereinigte Dienstleistungsgewerkschaft Ver.di) organisiert.

Weitere Informationen finden Sie z. B. unter www.keg-deutschland.de www.aeed.de, www.gew.de, www.verdi.de

Die Aufgaben der Berufsverbände bestehen z. B. in der Mitwirkung an

- der Weiterentwicklung sozialpädagogischer Ausbildungen,
- der Verbesserung der Arbeitsbedingungen in verschiedenen Tätigkeitsfeldern,
- der Eingruppierung verschiedener Berufsgruppen in die Tarifstrukturen.

Viele Gewerkschaften haben sich unter dem Dach des Deutschen Gewerkschaftsbundes (DGB) zusammengeschlossen, der die Aufgaben der Gewerkschaften folgendermaßen beschreibt:

Abb. 1 Logo des DGB

> Die Mitgliedsgewerkschaften des DGB handeln mit den Arbeitgebern Tarifverträge, u. a. zu Einkommen, Arbeitszeiten, Urlaub, aus. Im Falle eines Arbeitskampfes organisieren sie den Streik und zahlen den Mitgliedern Streikunterstützung.
> Sie helfen bei der Gründung von Betriebsräten, unterstützen die Beschäftigten bei betrieblichen Konflikten und vertreten sie bei Streitigkeiten mit ihrem Arbeitgeber. Gewerkschaftsmitglieder genießen kostenlosen Rechtsschutz.
>
> (aus www.dgb.de)

Abb. 2 Erzieherinnen und Erzieher fordern in einem Streik mehr Anerkennung für ihre Arbeit.

Die Mitgliedschaft in einem Berufsverband oder einer Gewerkschaft ermöglicht es Arbeitnehmerinnen, ihre Interessen in einem größeren Rahmen mit anderen Betroffenen zu diskutieren und gemeinsame Forderungen (auch auf Bundesebene) aufzustellen.

3.2 Möglichkeiten der Weiterqualifizierung – „Das kann doch nicht alles gewesen sein"

Eine Ausbildung in einem sozialpädagogischen Assistenzberuf kann ein Sprungbrett in weitere Berufe sein. Es gibt eine Vielzahl an Weiterbildungen und Qualifizierungsmöglichkeiten, um die eigene berufliche Kompetenz zu vertiefen, zu erweitern oder einfach eine höhere Qualifizierungsstufe zu erwerben (z. B. einen höheren Schulabschluss bzw. einen Studienabschluss). Nach dem erfolgreichen Abschluss der Ausbildung in einem sozialpädagogischen Assistenzberuf stehen verschiedene Möglichkeiten der Weiterqualifizierung zur Auswahl. Grundsätzlich unterscheidet man Fortbildung und Weiterbildung:

Fortbildung	Weiterbildung
zeitlich von eher kurzer Dauer	hoher Zeitaufwand
Vertiefung und Erweiterung berufsspezifischer Fertigkeiten oder die persönliche Weiterentwicklung, z. B. Erste Hilfe bei Kindern, Umgang mit Stress im Berufsalltag	Erweiterung eigener Handlungskompetenzen mit dem Ziel eines beruflichen Aufstiegs, z. B. Integrationserziehung, Pflegepädagogik

Quelle: www.erzieherin-online.de

Informationen, z. B. über die jeweils erforderlichen Zulassungsvoraussetzungen, die Ausbildungsstruktur und die Ausbildungsinhalte, erhalten Sie direkt bei den Ausbildungsstätten bzw. den Trägerverbänden oder der Arbeitsagentur. Bei allen Möglichkeiten gilt, dass es keine einheitlichen Regelungen im Bereich der Fort- und Weiterbildung gibt. Es ist wichtig, sich über die Angebote, deren Struktur und inhaltliche Ausgestaltung im jeweiligen Bundesland zu erkundigen.

Sozialpädagogische Assistenzberufe bieten den Einstieg in die Qualifizierung zur Fachkraft.

Internetseiten der Trägerverbände für Fort- und Weiterbildungen:
- www.berufenet.arbeitsagentur.de (Agentur für Arbeit)
- www.dbsh.de (Berufsverband für soziale Arbeit)
- www.awo.de (Arbeiterwohlfahrt)
- www.der-paritaetische.de (Deutscher Paritätischer Wohlfahrtsverband)
- www.caritas.de (Caritas / katholische Kirche)
- www.diakonie.de (Diakonisches Werk der evangelischen Kirche)
- www.zwst.de (Zentralwohlfahrtsstelle der Juden)

Weitere Informationen zu Möglichkeiten der Weiterbildung finden Sie auch auf den Websites der (Fach-) Hochschulen.

Berufsfeldbezogene Fortbildungen werden von vielen Einrichtungsträgern, aber auch von freien bzw. privaten Anbietern konzipiert. Es ist hier sinnvoll, sich im Vorfeld genau über die Struktur, Inhalte und Kosten zu informieren.

Unter www.die-bonn.de/esprid/dokumente/doc-2006/die06_01.pdf finden Sie eine Checkliste zu Qualitätskriterien für eine passende Weiterbildung.

3.2.1 Weiterqualifizierung im Bereich Sozialpädagogik

Die Ausbildung zur Erzieherin kann an einer Fachschule oder einer Fachakademie absolviert werden.

Für diesen Tätigkeitsbereich gilt, dass es sich bei der Ausbildung zur Kinderpflegerin bzw. zur sozialpädagogischen Assistentin um eine unterstützende Basisqualifikation in der sozialpädagogischen Arbeit handelt. Einschränkungen bestehen hier z. B. in der eigenständigen Führung und Beaufsichtigung einer Kindergruppe, in der alleinigen Elternzusammenarbeit, in Absprachen mit Ämtern.
Zur eigenverantwortlichen Übernahme aller sozialpädagogischen Handlungen muss eine weiterführende Ausbildung zur Erzieherin (staatlich anerkannt) an einer Fachschule bzw. Fachakademie absolviert werden.

Erzieherinnen und Erzieher bilden, erziehen und betreuen Kinder und Jugendliche. Sie fördern und unterstützen deren Entwicklung sowie die ihrer Familien in unterschiedlichen sozialen Situationen und Lebenslagen. Sie planen und dokumentieren Hilfe- und Erziehungsprozesse sowie die hierfür geeigneten und passenden pädagogischen Maßnahmen.
Erzieherinnen und Erzieher arbeiten mit anderen sozialpädagogischen Fachkräften oder Institutionen zusammen. Sie stehen in engem Kontakt zu Eltern und Erziehungsberechtigten, die sie informieren und beraten.
(aus www.caritas-soziale-berufe.de)

Sie arbeiten hauptsächlich in Kinderbetreuungseinrichtungen, z. B. in kommunalen und kirchlichen Kindergärten, Kinderkrippen, Schul- und Betriebskindergärten sowie Horten oder Heimen für Kinder und Jugendliche. Sie sind auch in Erziehungs- oder Jugendwohnheimen, Jugendzentren, Familien- oder Suchtberatungsstellen, Tagesstätten, Wohnheimen für Menschen mit Behinderung oder in ambulanten sozialen Diensten tätig. Weitere Beschäftigungsmöglichkeiten bieten Kinderkliniken, kirchlich-religiöse Einrichtungen der Kinderbetreuung, Grund- und Sonderschulen oder Internate, Jugendorganisationen und Interessenvertretungen sowie Erholungs- und Ferienheime. (...)
Die Ausbildung zum/zur Erzieher/in ist eine landesrechtlich geregelte schulische Aus- bzw. Weiterbildung an Fachschulen, Berufsfachschulen, Berufskollegs und anderen Bildungseinrichtungen.
Die Aus- bzw. Weiterbildung dauert 2 bis 4 Jahre. Dabei können auch Zusatzqualifikationen erworben werden. Auch immer mehr Hochschulen bieten bereits Bachelor- und Master-Studiengänge für Erzieher/innen an.
(aus www.berufenet.arbeitsagentur.de)

Darüber hinaus gibt es die Möglichkeit, wenn man die Zugangsvoraussetzung (Abitur bzw. Fachabitur) erfüllt, ein Hochschulstudium aufzunehmen. Folgende Studiengänge sind für die fachliche Weiterqualifizierung z. B. interessant:
- Sozialarbeiterin/Sozialpädagogin
- Pädagogin
- Psychologin

3.2.2 Weiterqualifizierung im Bereich Heilerziehungspflege und Heilpädagogik

Für die Begleitung von Menschen mit Behinderungen muss man sich fachlich weiterqualifizieren.

Kinder und Jugendliche mit Beeinträchtigungen ► S. 130

Vielleicht haben Sie im Praktikum bereits mit Kindern und Jugendlichen mit Beeinträchtigungen zu tun gehabt und es als eine besonders interessante Herausforderung erlebt. Nun möchten Sie sich spezifisch weiterqualifizieren.
Um in der Arbeit mit Menschen mit Einschränkungen eigenverantwortlich tätig sein zu können, muss eine weitere Ausbildung für diesen Bereich erfolgreich absolviert werden. Dabei kommen z. B. folgende Ausbildungen in Frage:
- Heilerziehungspflegerin (staatlich anerkannt)
- Heilpädagogin (staatlich anerkannt)
- Fachlehrerin (staatlich geprüft) an Sonderschulen

Heilerziehungspflegerinnen sind sozialpädagogisch-heilpädagogisch und pflegerisch ausgebildete Fachkräfte, die in stationären und teilstationären Einrichtungen, in ambulanten Diensten und als selbstständige Unternehmerinnen bei Menschen mit Behinderungen tätig sind. Das zeitgemäße Aufgabenverständnis der Heilerziehungspflege umfasst die Erziehung, Begleitung, Assistenz, Beratung, Unterstützung, Bildung und Pflege von Menschen mit Behinderungen aller Altersstufen in ihrem Lebensumfeld. Eine ganzheitliche und zugleich individualisierende Sichtweise prägt das professionelle Handeln der Heilerziehungspflegerin.
(aus www.bag-hep.de)

Die Ausbildung zum/zur Heilerziehungspfleger/in ist eine landesrechtlich geregelte schulische Aus- bzw. Weiterbildung an Fachschulen bzw. Berufskollegs. Die Aus- bzw. Weiterbildung dauert in Vollzeit 2 bis 3 Jahre, in Teilzeit 3 bis 4 ½ Jahre, je nachdem, ob Zusatzqualifikationen Bestandteil der Aus- bzw. Weiterbildung sind.

Darüber hinaus gibt es die Möglichkeit, sofern man die Zugangsvoraussetzung (Abitur bzw. Fachabitur) erfüllt, ein Hochschulstudium aufzunehmen. Folgende Studiengänge sind für die fachliche Weiterqualifizierung z. B. interessant:
- Heilpädagogin (Hochschule)
- Psychologin

3.2.3 Weiterqualifizierung im Bereich Fach- und Betriebswirtschaft in der sozialen Arbeit

Eine Weiterqualifizierung im Bereich Betriebswirtschaft bereitet auf Managerpositionen im sozialen Arbeitsfeld vor.

Bei besonderem Interesse an organisatorischen und administrativen Abläufen sowie Aufgaben im sozialpädagogischen Arbeitsfeld besteht auch hier die Möglichkeit, sich entsprechend weiterzuqualifizieren. In Fachschulen wird die Ausbildung zur Betriebswirtin für Sozialwesen angeboten. Darüber hinaus bietet sich die Qualifizierung zur Fachwirtin für Erziehungswesen zur Erweiterung der beruflichen Kompetenzen an.

Betriebswirte und Betriebswirtinnen für Sozialwesen nehmen Managementpositionen in sozialen Organisationen, Einrichtungen und Diensten sowie der öffentlichen Verwaltung wahr. Dort sind sie in den Bereichen Betriebswirtschaft, Fundraising, Personalwesen, Organisation, Sozialmarketing, Controlling, Management oder Finanz- und Rechnungswesen tätig.
Hauptsächlich arbeiten sie in Einrichtungen des Sozialwesens, z. B. in Jugend- oder Altenwohnheimen, Tagesstätten oder sozialen Beratungsstellen. Darüber hinaus können Betriebswirte und Betriebswirtinnen für Sozialwesen in Krankenhäusern oder bei Krankentransport- und Rettungsdiensten beschäftigt sein. Gesundheitsämter oder Sozialversicherungsträger bieten weitere Beschäftigungsmöglichkeiten.

Die Ausbildung zum/zur Betriebswirt/in für Sozialwesen ist eine intern geregelte Weiterbildung an privaten Bildungseinrichtungen. Im Vollzeitunterricht dauert die Weiterbildung zwischen 8 und 11 Monate, als Blockveranstaltung ca. 3 Jahre, im Teilzeitunterricht zwischen 3 und 18 Monate, im Fernunterricht ca. 1 Jahr.
(aus www.berufenet.arbeitsagentur.de)

3.3 Soziale Arbeit – „Ein Tätigkeitsfeld mit Zukunft"

Der Bedarf an qualifizierten Mitarbeitern in allen Feldern der sozialpädagogischen Arbeit wird auch langfristig steigen.

Auf Grund der Veränderungen in der Altersstruktur der Bevölkerung in Deutschland kommt den Berufen in der sozialpädagogischen Arbeit eine immer größer werdende Bedeutung zu.

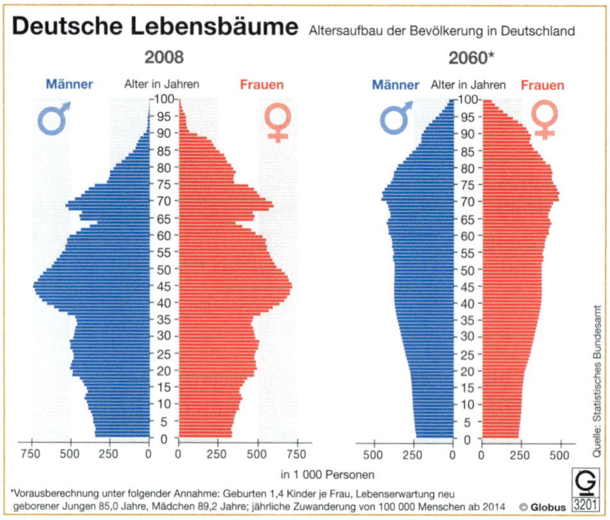

Die Zahl der Kinder geht zurück und gleichzeitig wächst ihre Bedeutung für die Gesellschaft. Kinder werden seltener und damit kostbarer. Deutlich ablesbar ist dieser Trend am Ausbau und an der Verbesserung der frühkindlichen Betreuung und Bildung sowie an politischen Entscheidungen zur Reform der schulischen Ausbildung.

Krippenkinder kommen öfter aufs Gymnasium

Von Katrin Schmiedekampf

Die Bildungschancen von Kindern steigen deutlich, wenn sie in eine Krippe gehen. Gerade benachteiligte Familien profitieren, zeigt eine neue Studie. Die klare Botschaft: Schluss mit den „Rabenmütter"-Schmähungen, gute Kinderbetreuung lohnt sich – auch für den Staat.

„Was? Dein Kind ist nicht mal zwei Jahre alt und geht schon in die Krippe?" Diesen Satz muss die Osnabrücker Studentin Yasmin (Name wurde von der Redaktion geändert) sich immer wieder anhören. Viele ihrer Freunde und Bekannten können einfach nicht verstehen, dass die 23-Jährige ihren kleinen Sohn schon so früh in fremde Hände gibt – nur weil sie studieren will. Und schon gilt Yasmin als Rabenmutter: Es schade doch dem Kind, für mehrere Stunden am Tag von seiner Mama getrennt zu sein.

Wirklich? Eine neue Untersuchung zeigt: Es schadet nicht, es nützt. Denn Kinder, die eine Krippe besuchen, haben später deutlich höhere Bildungschancen. Das ergab eine Studie im Auftrag der Bertelsmann-Stiftung. Schweizer Forscher untersuchten die Bildungskarrieren von über tausend Kindern, die zwischen 1990 und 1995 in Deutschland geboren wurden. Sie waren alle zwischen wenigen Monaten und drei Jahren alt. (...)

(Mit Material von AP und dpa)

Quelle: www.spiegel.de/schulspiegel/0,1518,539032,00.html; download am 01.02.2009

Ein zweiter Grund für den steigenden Bedarf an sozialpädagogisch ausgebildeten Mitarbeiterinnen ist die steigende Nachfrage nach Betreuungsplätzen in der Kindertagesbetreuung, gerade auch im Bereich der Unter-Dreijährigen, durch berufstätige Mütter. Bildungspolitisch wird der Ausbau an Betreuungseinrichtungen besonders im Krippenbereich, in der Tagespflege und auch im Bereich der Ganztagsbetreuung an Schulen durch entsprechende Gesetze vorangetrieben.
Das sozialpädagogische Personal muss gut ausgebildet sein und sich regelmäßig fortbilden bzw. weiterqualifizieren.

Gesellschaftliche Entwicklungen beeinflussen den Bedarf an sozialpädagogisch ausgebildetem Personal.

Tagesbetreuungsausbaugesetz ► S. 36

Die Berufe in der sozialen Arbeit werden auf Grund des stetig steigenden Bedarfs zu den „Zukunftsberufen" gezählt, in denen auch in den kommenden Jahrzehnten mit einer deutlichen Zunahme von Erwerbstätigen zu rechnen ist.

Besonders im Bereich der stationären bzw. familienersetzenden Betreuung warnen Experten vor einem Mangel an gut ausgebildetem Personal. Nicht zuletzt, weil sich viele junge Menschen auf Grund der häufig sehr belastenden Arbeitssituation (z. B. Schichtdienst, psychische und körperliche Belastungen, Zeitmangel) gegen eine Tätigkeit in diesem Bereich entscheiden.

Gerade um die Situation im Arbeitsfeld zu verbessern, ist es notwendig und sinnvoll, kompetente und engagierte Mitarbeiterinnen auszubilden, die eine professionelle Betreuung und Unterstützung von Kindern und Jugendlichen aller Altersstufen gewährleisten. Darüber hinaus ist die Entwicklung zu multidisziplinär ausgebildeten Teams ein wichtiger Schritt, um dem ausgeprägten Anforderungsprofil im sozialpädagogischen Arbeitsfeld gerecht werden zu können.
Für die eigene Gesunderhaltung ist es wichtig, sich mit den Themen „Selbstpflege" und „gesunde Lebensführung" zu beschäftigen, um den Herausforderungen im Beruf auch langfristig gewachsen zu sein.

Selbstpflege ► S. 336
gesunde Lebensführung ► S. 336

Zum Weiterarbeiten im Arbeitsbuch

Kinderpflege			
	Schwerpunkt	Lernsituation	Nr.
	• eigene Biografie • Berufswahl und berufliches Handeln • berufliche Perspektiven • Weiterbildung	„Und nach der Ausbildung will ich Erzieherin werden"	01
	• Berufsrolle, Praktikantenrolle • Tageseinrichtungen für Kinder • rechtliche und organisatorische Rahmenbedingungen	„Was darf ich und was nicht?"	03

4. Werte und Normen – „In was für einer Gesellschaft willst du leben?“

4.1 Grundfragen des Menschseins – „Was macht den Menschen zum Menschen?“

Menschen bewerten ihr Handeln. Ob als gut oder schlecht – hier gehen die Meinungen auseinander.

Ein guter Mensch ist, wer gut handelt. Das hört sich zunächst recht einfach an. Doch woher können wir wissen, ob ein Verhalten gut oder schlecht ist?
Stark vereinfacht könnte man sagen: „Gut ist, wer nicht lügt und immer ehrlich ist.“ Schon der Philosoph Immanuel Kant sagte, das Gebot „Du sollst nicht lügen!“ gilt immer und muss unter allen Umständen eingehalten werden. Doch hat Kant recht? Verwendet nicht jeder Mensch an jedem Tag eine Menge von Notlügen? Gibt es nicht Situationen, in denen die Lüge gerechtfertigt ist – z. B. wenn jemand geschützt werden soll? Muss man z. B. Eltern unter allen Umständen, ohne Rücksicht auf ihren Zustand oder ihre Belastbarkeit, über die Schwächen ihrer Kinder aufklären?

Abb. 1 Auch berufliches Handeln muss sich immer wieder eine Bewertung gefallen lassen.

Andere Philosophen empfehlen, das Gute am Nützlichen auszurichten. Gut ist, was mir oder der Gesellschaft nützt. Doch was nützt mir – was nutzt einem anderen? Ist der Nutzen etwas ganz Individuelles, das wir erkennen können, indem wir fragen, was uns guttut, angenehm ist oder einfach Spaß macht? Nicht alles, was guttut, angenehm ist oder Spaß macht, ist auch wirklich gut. Süßigkeiten zu essen kann unangenehme Folgen haben, z. B. für die Zähne. Sporttreiben kann mitunter anstrengend und unangenehm sein, ist aber gut für die Gesundheit. Das Internet bietet viele nützliche Informationen, kann aber auch süchtig machen.

Internet ► S. 272

Es ist schwierig, einfach zu sagen, was gut oder schlecht ist. Und doch müssen wir immer wieder – eigentlich täglich – Prinzipien des Handelns als gut oder schlecht bewerten. Die Auseinandersetzung mit solchen Fragen ist für eine verantwortliche Lebensführung und Berufsausübung notwendig.
Berufliches Handeln erfordert somit ein strukturiertes Nachdenken über die Maßstäbe unseres Handelns. Dieses Nachdenken hilft uns, im Privaten und im Beruflichen so zu handeln, dass wir uns selbst und den Menschen in unserem Umfeld bestmöglich gerecht werden. Ein Leitwert, an dem wir uns dabei orientieren, ist das Wohl derer, die sich in unserer Obhut befinden. Das sind Menschen, mit denen wir in Kontakt treten, für die wir sorgen oder die mit Fragen an uns herantreten.

4.1.1 Menschenbilder

Wie wir mit einem anderen Menschen umgehen, ist abhängig davon, wie wir diesen Menschen sehen, also von unserem Menschenbild. Sehen wir unser Gegenüber als hilfebedürftig oder selbstkompetent? Hiervon ist abhängig, wie wir uns für ihn einsetzen oder was wir bereit sind für ihn zu tun.
Aber was ist der Mensch? Was macht den Menschen zum Menschen? In unserer Gesellschaft existieren vor allem das christliche, das naturwissenschaftlich-medizinische und das humanistische Menschenbild.

Von unserem Menschenbild ist abhängig, wie wir den anderen gegenübertreten.

Naturwissenschaftlich-medizinisches Menschenbild	Christliches Menschenbild	Humanistisches Menschenbild
Der Mensch ist die Summe seiner Teile und von anatomisch-physiologischen (körperlichen) Funktionen, die „repariert“ und behandelt werden können.	Der Mensch ist eine von Gott geschaffene Einheit von Körper, Geist und Seele und wird von Gott geliebt. Das verleiht ihm Würde, unabhängig von seinem Tun. Die Würde gehört zum Menschen und geht auch durch Alter oder Krankheit nicht verloren.	Der Mensch ist ein potenziell aktives, ganzheitliches Wesen, das die Fähigkeit zum Denken, Wollen, Fühlen, Entscheiden und Handeln besitzt. Er tritt in Beziehung zu seiner Umwelt und zu seinen Mitmenschen.

4.1.2 Menschenwürde

In Art. 1 Abs. 1 des deutschen Grundgesetzes heißt es: „Die Würde des Menschen ist unantastbar.“ Dem Staat erwächst daraus eine Schutzpflicht für die Würde des Einzelnen.

Erst durch einen von Würde geprägten Umgang der Menschen miteinander ist ein Leben in gegenseitiger Anerkennung möglich.

Die Würde des Menschen beinhaltet:
1. Schutz der körperlichen Unversehrtheit durch Schutz vor Folter und sonstigen erniedrigenden und grausamen Strafen
2. Schutz der elementaren Lebensgrundlagen, etwa durch die Garantie des materiellen Existenzminimums
3. Schutz der persönlichen Ehre, etwa durch Schutz vor Erniedrigungen und schwersten Beleidigungen
4. Schutz der personalen Identität, beispielsweise vor Eingriffen in die Intimsphäre ebenso wie vor Eingriffen in den sexuellen Bereich
5. Schutz elementarer Rechtsgleichheit

Dass dem Menschen Würde zukommt, dass er geachtet werden soll, ist eine alte Überzeugung. Durch das Christentum wurde diese Überzeugung ins allgemeine Bewusstsein gehoben. Die Verbrechen des Zweiten Weltkrieges haben der Welt jedoch aufs Schmerzlichste gezeigt, dass die Achtung der Würde und des Wertes der menschlichen Persönlichkeit keine Selbstverständlichkeit ist. Deshalb wurde sie als grundsätzliches Recht aller Menschen formuliert.

Unter www.friedenspaedagogik.de, Suchbegriff „Menschenrechtsverletzungen“, finden Sie aktuelle Informationen zur weltweiten Umsetzung der Menschenrechte.

! In der Charta der Vereinten Nationen vom 26. 06. 1945 – knapp zwei Monate nach dem Ende der nationalsozialistischen Diktatur – wird das Bekenntnis zur Achtung der Menschenwürde als Ziel der Vereinten Nationen ausgesprochen. Am 10. 12. 1948 folgte die Verkündung der „Allgemeinen Erklärung der Menschenrechte“ vor der Generalversammlung der Vereinten Nationen. Doch nicht alle Staaten der Weltgemeinschaft setzen die Menschenrechte so um, wie sie in der westlichen Welt verstanden werden.

4.1.3 Keine Gesellschaft ohne Werte und Normen

Normen und Werte prägen unser Miteinander und schaffen Orientierung.

Werte und Normen bilden die Grundlage aller menschlichen Entscheidungen und allen menschlichen Handelns. Sie prägen unser Miteinander und bieten dem Einzelnen Orientierung für sein eigenes Verhalten sowie die Handlungen anderer. Wichtig ist, die gegebenen Handlungsmöglichkeiten kritisch abwägen zu können und erst auf der Grundlage der eigenen Wertebasis umzusetzen.

Werte	Normen
Ein Wert ist das, was im Handeln als wertvoll angesehen und deshalb angestrebt und geschützt wird. Es ist eine von der Mehrheit einer Gruppe (z. B. einer Berufsgruppe, der Gesellschaft) geteilte Vorstellung darüber, was gut oder schlecht, was erwünscht oder unerwünscht ist. Werte bestimmen unsere Handlungen. Sie unterliegen einem Wandel und können in jeder Gesellschaft oder Gruppe anders sein. Auch wir selbst können durch Reflexion unser Denken und unsere Werte ändern.	Normen sind verpflichtende Verhaltenserwartungen bzw. Regeln, die vorschreiben, wie man in bestimmten Situationen handeln soll. Kinder lernen die Normen in ihrem Umfeld und ihrer Kultur von Anfang an, sie sind eng mit der Sozialisation verknüpft. Normen können als geschriebene Gesetze vorliegen (z. B. unser Grundgesetz oder die Zehn Gebote der Bibel) oder wie Sitten oder Bräuche als selbstverständlich gelten. Die Einladung zu einer Sportveranstaltung z. B., zu der wir nicht so gerne gehen wollen, lehnen wir wegen der Norm der Höflichkeit, nicht einfach ab, sondern versuchen, unsere Entscheidung zu erklären.
Beispiele: Freundschaft, Liebe, Fairness, Gerechtigkeit	Beispiel: Du sollst nicht töten.

Sozialisation ► S. 153

Sowohl im alltäglichen Zusammenleben als auch gerade im Rahmen der Ausbildung zur Kinderpflegerin oder sozialpädagogischen Assistentin kann es manchmal schwerfallen, das eigene (erzieherische) Handeln zu begründen. Dabei hilft es, sich bewusst zu machen, dass nahezu jede Handlung auf verinnerlichten Werten und Normvorstellungen beruht.

Informieren Sie sich im Internet unter www.verfassungen.de/de/by/bayern46-index.html über die Inhalte des Artikels 131 der Bayerischen Verfassung. Unter www.landtag.nrw.de/portal/WWW/GB_II/II.2/Gesetze/Verfassung_NRW.jsp gibt Ihnen Artikel 7 Auskunft über die Bildungsziele des Landes Nordrhein-Westfalen.

In den Verfassungen der Bundesländer ist festgelegt, welche Werte als Grundlage der Erziehung dienen sollen. So steht z. B. in Artikel 131 der Bayerischen Verfassung, welche Bildungsziele die Schulen im Freistaat Bayern anstreben sollen. Da die Kinder in den Kindertagesstätten anschließend die Schule besuchen und entsprechend auf ihre Schulzeit vorbereitet werden müssen, gelten die hier gemachten Vorgaben indirekt auch für die Arbeit in den Kindergärten und der Kindertagespflege.

Aber auch die Kirchen, Träger, Verbände und Vereine haben feste Vorstellungen darüber, welche Einstellungen oder auch Fähigkeiten den Kindern vermittelt werden sollen. Auch sie nehmen Einfluss auf das gesellschaftliche Miteinander und gestalten sowohl Ihren Alltag als auch Ihre künftige Berufstätigkeit ganz wesentlich mit.

> Kinderpflegerin Carola arbeitet in einem katholischen Kindergarten. Zentrale Eckpunkte der Konzeption dieser Einrichtung sind die Vermittlung der „Ehrfurcht vor Gott" sowie der „Achtung der Würde aller Menschen". In ihrer Freizeit hilft Carola, die Mädchen der Fußballmannschaft ihres Ortes zu trainieren. Hier gelten die Grundprinzipien „Teamgeist" und „Leistungsbereitschaft".

Ohne Werte und Normen wäre der Einzelne überfordert und ein geordnetes Zusammenleben nicht möglich.

Schließlich stellt sich die Frage nach der Bedeutung der Werte und Normen für das gesellschaftliche Miteinander. Gäbe es keine Werte und Normen, die unser tägliches Handeln steuern würden, wüssten wir weder, wie wir unser eigenes Verhalten einzuschätzen hätten, noch welche Verhaltensweisen der Kinder wir anstreben bzw. verwerfen sollten. Werte und Normen stellen somit eine wichtige Orientierungshilfe für alle Handlungen und erzieherischen Bemühungen dar.

4.2 Wertevielfalt im Beruf – „Auch wenn ich finde, dass es anders besser wäre…"

Durch unterschiedliche Vorstellungen über Werte können sich Konflikte entwickeln.

Nicht selten treffen im Alltag, aber auch im Beruf Menschen mit unterschiedlichen Vorstellungen über Werte zusammen. Häufig entwickeln sich daraus auch mehr oder minder starke Konflikte. Um Konflikte im Umgang mit Menschen meistern zu können, ist es hilfreich, sich in schwierigen Situationen an fünf Zielprinzipien zu orientieren, die Reinhard Lay ausgearbeitet hat.

- Förderung von Wohlergehen und Wohlbefinden
- Förderung von Autonomie und Selbstständigkeit
- Gerechtigkeit und Fairness
- Aufrichtigkeit
- dialogische Verständigung

4.2.1 Werte und Erziehungsziele können sich unterscheiden

Marikas Mutter lässt ihre vierjährige Tochter vieles ausprobieren und viele selbstständige Entscheidungen treffen. Sie verfolgt das Erziehungsziel der „Selbstständigkeit" und erwartet von den Mitarbeitern der Kindertagesstätte, sie in dieser Zielsetzung zu unterstützen.
Jonas Vater hingegen erweckt den Eindruck, seinem Sohn nur selten Wahlfreiheit zu lassen. Er gibt ihm vieles vor – schließlich möchte er nur das Beste für sein Kind und behütet ihn dementsprechend.

Wenn Eltern oder Mitarbeiter in pädagogischen Einrichtungen Kinder begleiten, geht es ihnen immer auch darum, Werte zu vermitteln. Welche Erziehungsziele Eltern, aber auch Kinderpflegerinnen und andere Mitarbeiter der Einrichtung verfolgen, wird von den Werten und Normen beeinflusst, die diese im Rahmen ihrer eigenen Persönlichkeitsentwicklung übernommen haben oder die sie im aktuellen Kontext erwerben. Entscheidend hierfür können zum Beispiel die folgenden Faktoren sein:

Erziehungsziele entwickeln sich aus den Erfahrungen und der Gesamtheit der Lebensumstände eines Menschen heraus.

Primärgruppen ► S. 120
Sekundärgruppen ► S. 120
Interkulturalität ► S. 170

- **eigene Sozialisationserfahrungen** (das heißt, Gegebenheiten und Bedingungen, unter denen ein Mensch aufgewachsen ist)
- die **aktuelle familiäre Situation** (z. B. legt eine allein erziehende Mutter unter Umständen mehr Wert auf Selbstständigkeit als die Mutter in einer Großfamilie)
- der **Einfluss der Primär- und Sekundärgruppen** (das heißt, je nach persönlicher Bedeutung übernehmen Menschen die Einstellungen von Menschen, die ihnen wichtig sind und als Vorbilder erscheinen)
- die **Zugehörigkeit zu einem bestimmten Kulturkreis und/oder Glauben** (z. B. ist es vielen türkischen Eltern äußerst wichtig, dass die Jungen die Rolle des Beschützers und Mädchen die der Hausfrau einnehmen),
- **aktuelle gesellschaftliche, wirtschaftliche und politische Ereignisse** (z. B. beeinflusst die aktuelle Bildungsdiskussion in der Politik sowie die Situation auf dem Arbeitsmark die Eltern dahingehend, welche Bedeutung sie der frühen Bildung und den späteren schulischen Leistungen ihrer Kinder zuschreiben)
- eigene **Wünsche, Bedürfnisse und Zukunftsperspektiven**.

Abb. 1 Verschiedene Zeitepochen haben unterschiedliche Erziehungsziele hervorgebracht (hier Kinder zur NS-Zeit).

Werte und Erziehungsziele im Wandel der Zeit
Erziehungsziele unterliegen auch dem Wandel der Zeit. In praktisch jeder Epoche galt es, abhängig vom Wissensstand und dem jeweiligen Machtinhaber, andere Werte zu realisieren und damit Erziehungsziele zu verfolgen, um dem Kind den Eintritt in die es umgebende Gesellschaft zu ermöglichen.

! Während es in Deutschland im Mittelalter als höchstes Gebot galt, die Kinder zur Frömmigkeit und zum Glauben an die Kirche heranzuziehen, ging es in der Zeit des Nationalsozialismus darum, Kinder zum unbedingten Gehorsam und zur Disziplin zu erziehen, ohne bestimmte Sachverhalte zu hinterfragen. Schließlich sollten sie spätestens mit Eintritt in das junge Erwachsenenalter ihr Vaterland auch militärisch verteidigen können. In den 1970er-Jahren sollten die Kinder vor allem „frei sein“. Gerade nach den Erfahrungen des zurückliegenden Krieges wurde jeder Zwang und Druck strikt abgelehnt. Man spricht heute von der sogenannten antiautoritären Erziehung. Heutzutage steht der mündige Bürger im Mittelpunkt, der ehrgeizig und intellektuell leistungsbereit dazu beiträgt, die Demokratie und Wirtschaftskraft des Landes fortzusetzen.

antiautoritäre Erziehung ► S. 157

Natürlich ist der Wandel der Erziehungsziele und gesellschaftlichen Wertegrundsätze nicht abgeschlossen. Gerade im Rahmen einer zunehmend multikulturellen Gesellschaft vermischen sich die Wertvorstellungen und Zielsetzungen durch den engen Kontakt der Kulturen zunehmend. Von den einzelnen am Erziehungsprozess eines Kindes beteiligten Personen erfordert dies eine große Anpassungsleistung bzw. den Willen zum wertschätzenden Austausch.

Ausgehend von der zunehmenden Multikulturalität in den Kindertagesstätten, wandeln sich die dort geltenden Erziehungsziele.

Werte und Erziehungsziele im Zusammenhang mit pädagogischen Ansätzen
Bezogen auf die Praxis der Kindertagesstätte, zeigen sich die unterschiedlichen Wertevorstellungen und Erziehungsziele auch in der Vielfalt der Träger und den von diesen verfolgten Erziehungszielen und Handlungskonzepten bzw. pädagogischen Ansätzen. Jedes Erziehungskonzept unterscheidet sich von den anderen darin, wie es das Wesen des Kindes und seine Entwicklung beschreibt. Entsprechend kommt auch dem pädagogischen Personal je nach Sichtweise eine andere Rolle bzw. Bedeutung zu. Als Angestellte bei einem Träger sollen Ihre persönlichen Zielvorstellungen in der Regel auch mit den Werten und Zielvorgaben Ihres Arbeitgebers übereinstimmen. Sie haben eine vergleichbare Sichtweise auf das Ihnen anvertraute Kind (z. B. als kompetentes, lernfähiges und lernwilliges Wesen) und stimmen, daraus abgeleitet, auch darin überein, welche Ziele Sie verfolgen und welche Aufgaben Sie sich selbst zuschreiben. Fehlt diese Übereinstimmung, kann es leicht zu einem Konflikt zwischen Ihnen und dem Träger, aber auch Ihnen und Ihren Kolleginnen kommen, die sich der Umsetzung der vorgegebenen Ziele verschrieben haben. Kommt es zu einer solchen Situation, ist es unerlässlich, dass Sie über die bestehenden Unterschiede sprechen und das jeweilige Für und Wider gemeinsam abwägen.

pädagogische Ansätze ► S. 154
Träger ► S. 38

Sonja arbeitet als Kinderpflegerin im Montessori-Kindergarten „Pusteblume“. Nach einer vertieften Diskussion mit Freundinnen aus der Ausbildung ist sie vom Konzept der Waldorf-Pädagogik begeistert. Sie kauft auf eigene Kosten Materialien und setzt diese bei ihrer Arbeit im Kindergarten gezielt ein. Die Kolleginnen sind verärgert, die Kinder und deren Eltern verwirrt. In einem Gespräch versuchen die Kolleginnen, Sonja ihre Bedenken zu erläutern, und gehen mit ihr gemeinsam noch einmal die Konzeption des Montessori-Kindergartens und die damit verbundenen Ziele durch.

4.2.2 Persönliche Überzeugungen und die Folgen für den pädagogischen Umgang mit Kindern

Sowohl Eltern und pädagogische Fachkräfte als auch die Mitarbeiterinnen einer Einrichtung untereinander können unterschiedliche Werte vertreten und eventuell jeweils andere Zielsetzungen verfolgen.
Wichtig ist nun, dass Sie sich darüber bewusst sind, dass Ihre persönlichen Überzeugungen entscheidenden Einfluss darauf haben, wie Sie den pädagogischen Umgang mit den Kindern gestalten und welche Erziehungsziele Sie formulieren.

Persönliche Einstellungen wirken direkt auf die Arbeit der Kinderpflegerin zurück.

Erziehungsziele ► S. 152

> Kinderpflegerin Tina stammt aus einer eher wohlhabenden Familie. Bereits als Kind hat sie gelernt, nur das zu tun, was sie glücklich macht und ihr Erfüllung bietet. Diese Einstellung möchte sie auch den Kindern ihrer Gruppe mit auf den Weg geben und ermuntert sie deshalb in erster Linie, das zu tun, was ihnen Spaß macht.
> Thomas, der Erzieher der Gruppe, sieht das ein wenig anders. Er beobachtet mit Sorge, welche Anforderungen sich bereits den Schulanfängern stellen, und möchte „seine“ Kinder möglichst optimal vorbereiten. Deshalb arbeitet er selbst dann an den Vorschulmappen, wenn der schönste Sonnenschein eigentlich zum Spielen im Garten einlädt.

Seien Sie sich darüber im Klaren, dass die Ihnen anvertrauten Kinder einzelne Verhaltensweisen durchaus auf dem Weg der Belohnung, aber auch Bestrafung erlernen. Einen mindestens ebenso großen, wenn nicht gar noch größeren Anteil hat jedoch Ihr eigenes Verhalten.

Lernen durch Verstärkung ► S. 159
Lernen durch Beobachtung ► S. 160

Kinder beobachten ganz genau, ob die von Ihnen eingeforderten Wertvorstellungen und Normen auch von Ihnen selbst eingehalten werden und wie Sie selbst mit eventuellen Regelverstößen umgehen. Nur wenn Sie Ihre eigenen Werte auch vertreten und die von Ihnen aufgestellten Regeln selbst konsequent einhalten, erleben Sie die Kinder als stimmige Persönlichkeit.

> In der Kindertagesstätte „Regenbogen“ herrscht Einigkeit darüber, dass die Hände vor dem Essen gründlich zu waschen sind. Nina, der Erzieherin, fällt auf, dass sie die Kinder immer häufiger auffordern muss, dieser Regel auch tatsächlich nachzukommen. Nach dem Grund gefragt antwortet die vierjährige Nadya, dass Jessica, die Kinderpflegerin, das schließlich auch nicht tue. So sei sie auch immer die Erste am Tisch.

Ist man sich des Einflusses der eigenen Werthaltungen auf das pädagogische Handeln bewusst geworden, gilt es, sich abschließend vor Augen zu halten, dass es bei der Erziehung der Kinder weniger darauf ankommt, welche Werte man für das eigene Leben hervorhebt, sondern welche Werte dem Kind dienen.
Nie darf ein Kind dazu benutzt werden, eigene Ziele durchzusetzen oder eigene Schwächen kaschieren zu wollen. Es darf vielmehr stets nur darum gehen, Erziehungsziele so zu formulieren, dass sie das Kind fördern und beim Aufbau seiner Kräfte unterstützen.

Entscheidend für das erzieherische Handeln müssen diejenigen Werte und Ziele sein, die den anvertrauten Kindern dienen.

4.2.3 Reflexion als sozialpädagogische Handlung

Eine gezielte Reflexion ermöglicht eine systematische Auseinandersetzung mit einer offenen Fragestellung oder Problemsituation.

Bedeutung biografischer Erfahrungen ► S. 18

Es gibt Situationen, in denen es notwendig wird, sich mit der eigenen Person und Geschichte intensiv auseinanderzusetzen – wenn z. B. eine Zielsetzung hinsichtlich des Erfolgs oder Nutzens für das betroffene Kind fraglich wird, man jedoch nicht bereit ist, die eigenen Ziele ohne weiteres aufzugeben. In einem solchen Fall kann es hilfreich sein, sich über Sichtweisen und Beurteilungen bewusst zu werden und die Hintergründe zu erfahren, um den anvertrauten Kindern gerecht zu werden.

Gerade einschneidende Erlebnisse oder eigene Erziehungserfahrungen können pädagogische Fachkräfte zu Zielvorstellungen verleiten, die für die ihnen anvertrauten Kinder nicht ausschließlich gut sind. Hierüber muss sich die betroffene Fachkraft, zum Beispiel im Gespräch mit vertrauten Kollegen, Klarheit verschaffen und um eine professionelle Kompromisslösung bemühen.

Kinderpfleger Jens hat seine eigene Kindheit eher als unangenehm in Erinnerung. Stets musste er auf die kleinen Geschwister aufpassen und, als die Mutter schwer erkrankte, gemeinsam mit dem Vater für den Familienunterhalt sorgen. Die Liebe seiner Eltern hat er nur sehr schemenhaft in Erinnerung.
Als Kinderpfleger will er es besser machen. Er lässt den ihm anvertrauten Kindern viele Freiräume und nimmt ihnen möglichst viele Aufgaben ab. Von den Großen verlangt er nicht, sich um die Kleineren zu sorgen. Schließlich sind sie selbst noch Kinder.
Als die Erzieherin Jens mehrfach darauf hinweist, dass die Kinder aus der Übernahme von Verantwortung und kleineren Aufgaben in der Gruppe auch profitieren können, wird Jens stutzig und beginnt sich Gedanken zu machen.

Lässt sich eine pädagogische Fachkraft (alleine oder im Team) auf einen Prozess des „Bewusstmachens“ ein, spricht man in der Fachsprache davon, dass sie die gegebene Situation gründlich reflektiert.

Reflexionen können in verschiedenen Momenten der pädagogischen Arbeit sinnvoll sein.

Reflektieren meint, sich die eigenen Werte und Einstellungen, aber auch bestehende Widersprüche zwischen der vorhandenen Einstellung und dem gezeigten Verhalten bewusst zu machen und zu überdenken. Auch geht es darum, die Ursachen für die vertretenen Werthaltungen und das eigene Handeln aufzudecken.

Reflexionen können in Vorbereitung auf eine Situation, inmitten der Situation oder im Rückblick auf das Geschehene erfolgen. Die Personen (Abb. 1 und 2), die hieran teilnehmen, variieren je nach Situation und Fragestellung.

Abb. 1 Kinderpflegerin in einem Reflexionsgespräch mit Kolleginnen im großen Team

Abb. 2 Kinderpflegerin im Austausch mit einer einzelnen Kollegin

Verschiedene Aspekte der beruflichen Reflexion

extern:
an Verantwortliche übertragen, die nicht selbst eingebunden sind

retrospektiv:
im Rückblick auf Geschehenes, um es zu verstehen und sich auf ähnliche Situationen vorzubereiten

Reflexion:
Bewusstmachen eigener Werthaltungen als Ursache für das pädagogische Handeln

prospektiv:
vorausblickend, wenn eine Schwierigkeit ansteht

intern:
Besprechung im verantwortlichen Team

Ziele der Reflexion

Sich Zeit zu nehmen, um intensiv über Erlebtes oder Bevorstehendes nachzudenken, bietet zahlreiche Möglichkeiten für die eigene Persönlichkeit, aber auch die Qualität des beruflichen Handelns:

Die Reflexion der eigenen Handlungen hilft dabei, eine Situation transparent zu machen.

- **die eigene Wahrnehmung eines Kindes oder einer Situation kritisch durchdenken** (Wird ein Kind z. B. als unselbstständig wahrgenommen, obwohl es seinem altersgemäßen Entwicklungsstand bereits vollauf entspricht?)

- **die Bewertung konkreter Situationen oder Handlungsweisen hinterfragen** (Wird z. B. ein Kind als feinmotorisch eher ungeschickt bewertet, obwohl es entwicklungsgerecht ist, dass es mit drei Jahren noch keine gebogene Linie schneiden kann?)

- **die eigenen Erziehungsziele daraufhin zu überprüfen, ob sie mit den eigenen Überzeugungen, aber auch konkreten Vorgaben durch die Leitung, den Träger und die Gesetze übereinstimmen** (Die Mitarbeiterin eines kirchlichen Trägers hat es z. B. zur Aufgabe, die Kinder dahingehend zu erziehen, das sie auf „Gott vertrauen“. Dies wird ihr nicht gelingen, wenn sie Gott in ihrer Arbeit regelmäßig in Frage stellt und die Kinder auffordert, nur auf sich selbst zu bauen.)

- **die eigenen Handlungen daraufhin zu prüfen, ob sie mit den formulierten Erziehungszielen übereinstimmen bzw. ihnen dienlich sind** (Dies ist z. B. nicht der Fall, wenn eine pädagogische Fachkraft ein Kind zur Selbstständigkeit erziehen möchte, ihm aber keinerlei Entscheidungsfreiheit zugesteht und alles vorweg plant.)

Ablauf einer Reflexion
Reflexionen können individuell gestaltet werden, folgen jedoch im Wesentlichen bestimmten Strukturen und Fragestellungen (hier am Beispiel des Jungen Dominik, der mit einer geistigen Behinderung zur Welt kam):

Kinder mit Behinderungen ► S. 130

Abb. 1 Die Reflexion einer beruflichen Situation kann sowohl alleine als auch im Team stattfinden

Struktur	Fragestellungen
1. Bewusstmachen der Problematik der Situation und Formulieren von Fragestellungen	z. B.: Warum habe ich Probleme, unbefangen mit Dominik zu spielen? Gelingt es mir tatsächlich, Dominik ebenso wie alle anderen Kinder in meine Angebote zu integrieren?
2. Sammeln von Informationen, die für die Beantwortung der Frage entscheidend sind	z. B.: Was unterscheidet Dominik von den anderen Kindern? Habe ich z. B. bereits negative Erfahrungen im Umgang mit Kindern mit Behinderungen gesammelt? Gab es einen negativen Kontakt mit den Bezugspersonen des Kindes? Habe ich Angst, etwas falsch zu machen oder zu versagen?
3. Neubewertung der Situation	z. B.: Ist mein Verhalten dem Kind gegenüber gerecht? Worum geht es mir in erster Linie? Steht das Wohl des Kindes im Mittelpunkt oder was steuert mein Verhalten? Habe ich mich ausgiebig genug mit Dominiks Beeinträchtigung auseinandergesetzt?
4. Treffen einer Einscheidung	z. B.: Ich benötige weitere Informationen, um zu wissen, welche Aufgaben er selbst erfüllen kann und was ich im Notfall zu tun habe. Ich werde ein Gespräch mit der Erzieherin suchen, um mir Ratschläge einzuholen, wie ich mit Dominik spielen und ihn zugleich besser fördern kann.

Zum Weiterarbeiten im Arbeitsbuch

Kinderpflege			
	Schwerpunkt	**Lernsituation**	**Nr.**
	• Entscheidungen bei inneren Konflikten • Wiederkehrende Routinearbeiten • Wertschätzender Umgang mit Kindern • Rollenklärung als Praktikantin	„Aber das Kind hörte nicht auf zu quengeln“	05

5. Lern- und Methodenkompetenz – „Mit der richtigen Technik leichter lernen“

5.1 Lernen als Verknüpfung von Erfahrung und Wissen – „Was ist Lernen eigentlich?“

5.1.1 Der Begriff „Lernen“

Lernen wurde in den verschiedensten Kulturen sehr unterschiedlich definiert. Allerdings ist allen Definitionen eines gemeinsam: Unter dem „Lernen“ wird das Aufnehmen, Verarbeiten und Umsetzen neuer Informationen verstanden. Lernen ist demnach ein lebenslanger Prozess, der zu Veränderungen im Verhalten führt und auf gewonnene Erfahrungen aufbaut. Dieser Änderungsprozess erfolgt – im Gegensatz zur Reifung oder Prägung – durch Übung.

Gelernt wird in allen Situationen und in jedem Alter. Das Lernen beginnt bereits vor der Geburt im Mutterleib. Wissenschaftler haben herausgefunden, dass das, was Föten im Uterus erleben und empfinden, bestimmte Reaktionen provoziert, aus denen Lernerfahrungen entstehen können. Und selbst die Gehirnstrukturen älterer Menschen können sich durch kontinuierliche Lernvorgänge noch ändern.

Reifung ► S. 101

Was wir beim Lernen aufnehmen und wie tief es sich einprägt, hängt von unterschiedlichen Bedingungen ab. Emotionen, Motivation und Lernbedingungen tragen ebenso dazu bei, ob wir uns etwas merken, wie die Struktur unseres Gedächtnisses. Hierbei lassen sich zwei Formen des Gedächtnisses unterscheiden:

- das explizite Gedächtnis, das bewusst erinnertes Sachwissen speichert, und
- das implizite Gedächtnis, das Verhalten und Handlungswissen speichert, das wir manchmal einsetzen können, ohne es beschreiben zu können (so können wir auch nach Jahren Pause schnell wieder Fahrrad fahren).

Lernen ist abhängig von Emotionen, Motivationen und Lernbedingungen.

5.1.2. Der Lernprozess und das Gehirn

Im Gehirn findet die Verarbeitung und Speicherung von Informationen statt.

Die Speicherung und Verarbeitung von Informationen findet im Gehirn statt. Die Informationen kommen dabei über die verschiedenen Sinneskanäle (Ohr, Nase, Auge etc.) in unser Gehirn. Je mehr Sinne bei der Informationsaufnahme gleichzeitig beteiligt sind, desto besser können wir uns Einzelheiten merken. Das Gehirn speichert das Gelernte ab, und je häufiger es trainiert wird, desto leichter gelingt ihm die Speicherung.

Im Gehirn sind Milliarden von Nervenzellen für die Informationsverarbeitung zuständig. Sie sind untereinander verbunden und kommunizieren über elektrische Ströme miteinander. Die Verbindungen (die so genannten Synapsen) zwischen den Nervenzellen sind vergleichbar mit Wegen oder Straßen zwischen zwei Orten. Wenn im Wald viele Menschen über einen Pfad laufen, dann wird dieser immer breiter und irgendwann baut man dort vielleicht eine Straße, weil die Strecke so wichtig ist. Ähnlich funktioniert es mit den Nervenbahnen in unserem Gehirn. Wenn wir etwas mehr lernen bzw. öfter wiederholen, dann entsteht eine bessere Nervenverbindung.

Für uns ist es natürlich viel einfacher, einen Gedanken oder eine Information wiederzufinden, wenn diese auf einer breiteren Straße entlangsausen kann. Immer wenn wir etwas wiederholen, verstärken wir also die Verbindung zwischen den Nervenzellen – das heißt, wir „trampeln" den Weg aus. Wenn wir aber nie wiederholen, dann passiert das Gleiche, was mit einem Waldpfad passiert, den niemand mehr benutzt. Der schmale Pfad wächst wieder zu und bald kann man ihn gar nicht mehr finden.

Linke Gehirnhälfte
(Hemisphäre)

- Fähigkeiten zum Rechnen, Lesen und Schreiben
- rationales, logisches Denken
- linear/analytisch: Schritt für Schritt
- regelhaft
- abstraktes Denken, Denken in Symbolen
- Sprachzentrum

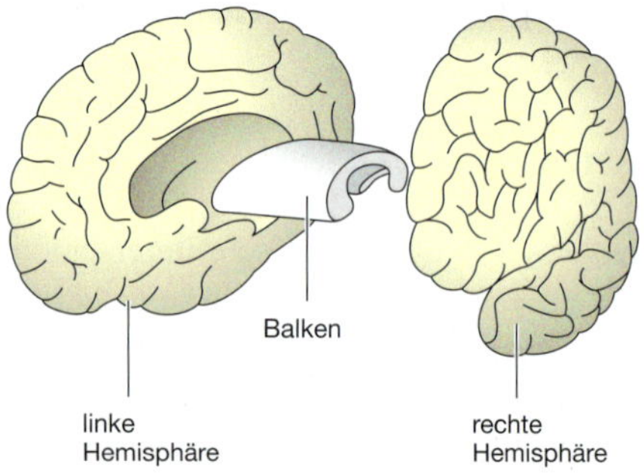

Rechte Gehirnhälfte
(Hemisphäre)

- Sprachverständnis, räumliches Vorstellungsvermögen, Musikverständnis
- kreatives, intuitives Denken
- gestaltend
- anschauliches Denken, Denken in Bildern oder auch Klängen

Abb. 1 Linke und rechte Gehirnhälfte mit ihren Schwerpunkten

Die beiden Großhirnhälften sind für unterschiedliche Denkprozesse zuständig.

Das menschliche Gehirn ist sehr kompliziert. Selbst Gehirnforscher können sich viele Vorgänge im Gehirn noch nicht erklären. Einige Dinge, die für das Lernen sehr wichtig sind, weiß man aber schon. Das menschliche Gehirn besteht aus zwei symmetrischen Großhirnhälften, die durch einen Balken miteinander in Verbindung stehen und Informationen austauschen. Jede dieser Hälften arbeitet auf eine andere Weise. Sehr oft benutzen wir aber vor allem die linke Gehirnhälfte, welche für das begriffliche, logische Denken und eher für das Merken von Einzelheiten zuständig ist. Die rechte Gehirnhälfte ist für Zusammenhänge und bildliches Denken zuständig.

Wahrnehmung ► S. 187

Die Verknüpfung und Nutzung der sich ergänzenden Gehirnhälften ist bei jedem Menschen anders und führt somit zu einer individuellen Wahrnehmung. Für alle Menschen gilt, dass beim Lernen immer beide Gehirnhälften aktiviert werden sollten, um das Lernen zu verbessern.

Menschen mit einer Linkshirndominanz ...	Menschen mit einer Rechtshirndominanz ...
• können sich sprachlich gut ausdrücken. • können sehr gut mit Symbolen (Zahlen, Buchstaben, Rechenzeichen) umgehen. • sammeln alle ihnen verfügbaren Fakten, bevor sie eine Entscheidung fällen. • haben eine große Sachkenntnis. • können ihre Gedanken gut zu Papier bringen. • beginnen eine Sache gradlinig von Anfang an, bleiben dabei, bis sie ein logisches Ergebnis haben.	• lassen sich eher von ihren Gefühlen leiten. • haben eine große Fantasie. • schweifen während eines Vortrages schnell mit den Gedanken vom Thema ab, besonders wenn der Vortragende sein Thema nicht visualisiert. • werden von Mustern, Farben und Formen stark angesprochen. • verstehen Körpersprache, erfühlen Gedanken. • müssen Dinge anfassen bzw. eine Sache tun, damit sie sie verstehen.

5.1.3 Arten des Lernens

Es gibt verschiedene Möglichkeiten, die Arten des Lernens einzuteilen. Eine einfache Unterscheidung ist die Komplexität des gelernten Verhaltens.

Art des Lernens	Erklärung	Beispiel
Habituation (Gewöhnung)	Die Habituation läuft ständig und unbewusst ab und sie ist kaum zu vermeiden. Sie ist eine einfache Reaktion auf einen wiederholt präsentierten und sich als unbedeutend erweisenden Reiz. Man spricht auch von einer erlernten Verhaltensunterdrückung oder einer Gewöhnung.	Ein ständig vorhandenes, gleich lautes Geräusch wird nach einer gewissen Zeit nicht mehr wahrgenommen. So nehmen Menschen, die nahe einer Autobahn oder einer Eisenbahn wohnen, nach einiger Zeit den Verkehrslärm nicht mehr oder nur noch gering wahr.
Klassisches Konditionieren (siehe S. 185)	Bei der klassischen Konditionierung geht es darum, eine natürliche, angeborene Reaktion des Organismus auf einen bestimmten und bekannten auslösenden Reiz mit einem anderen (ursprünglich neutralen) Reiz zu koppeln. Reaktionsauslösende Eigenschaften des Stimulus werden somit durch Erfahrung erworben. Dieses Lernen läuft ebenfalls automatisch ab.	Öffnet man eine Tüte „saure Pommes“, dann läuft einem schon das Wasser im Mund zusammen, obwohl man noch gar keine in den Mund gesteckt hat. Man weiß schon aus Erfahrung, dass da was Saures kommt. Häufig reicht sogar schon der Gedanke an etwas Saures aus, um einen erhöhten Speichelfluss zu bekommen.
Operantes Konditionieren	Beim operanten Konditionieren lernt man, dass auf eine Aktion eine bestimmte Konsequenz folgt. Das heißt, erhält man auf ein Verhalten eine positive Reaktion, dann verstärkt man das Verhalten in Zukunft. Wird auf ein Verhalten jedoch negativ reagiert, tritt es zukünftig seltener auf.	Die Schüler wissen: Wenn sie anständig im Unterricht mitmachen, gibt der Lehrer weniger Hausaufgaben auf. Folglich werden sie sich in der Schule öfter bemühen, damit sie dann nachmittags mehr Freizeit haben.
Komplexes Lernen	Das komplexe Lernen geht über das einfache Lernen hinaus. Der Mensch hat die Fähigkeiten, bei der Problemlösung mehrere Möglichkeiten im Geiste durchzuspielen. Der Lernende muss quasi in der Lage sein, sich auf seiner geistigen Landkarte zurechtzufinden.	Ein erfahrener Schachspieler ist gedanklich immer ein paar Spielzüge voraus. Auf Grund seiner bisherigen Spiele kann er mögliche Spielzüge seines Gegners im Geiste durchspielen und angemessen darauf reagieren.

5.2 Informationen strukturieren – „Das Lernen vorbereiten“

5.2.1 Informationen sammeln

Als Grundlage zur Unterrichtsvorbereitung dient das in der jeweiligen Schule gängige Lehrbuch. Es reicht häufig nicht aus, sich auf eine einzige Quelle zu konzentrieren. Bei Bedarf sollte Fachliteratur hinzugezogen werden. Um die richtige Literatur zu finden, gibt es im Unterricht und in Lehrbüchern Literaturhinweise oder Empfehlungen.

Fachinformationen bekommen Sie z. B. in der Bibliothek, im Internet oder durch Gespräche mit Experten.

Quellen zur Sammlung von Informationen sind z. B.:
- ausbildungsspezifische Literatur
- Fachbücher (z. B. in Biliotheken)
- Zeitungs- und Zeitschriftenartikel
- Internet (z. B. in Mediatheken von Fernsehsendern)
- Experten, Lehrende und Kolleginnen

Abb. 1 Enzyklopädien und andere Nachschlagewerke erleichtern den Einstieg in die Recherche.

Recherche in Bibliotheken
Bevor die Suche in einer Bibliothek beginnt, ist es gut zu wissen, wonach genau man sucht und wie die Bibliothek sortiert ist. Die Mitarbeiter von Bibliotheken unterstützen dann die gezielte Suche. Generell gilt:
- Zum Einstieg in eine Thematik eignet sich ein Fachlexikon oder eine Enzyklopädie (Abb. 1).
- Für aktuelle Informationen oder Vertiefung in Spezialthemen kann man Fachzeitschriften oder aktuelle Zeitungsartikel nutzen.
- Für grundlegende Auseinandersetzungen über ein bestimmtes Thema benötigt man Fachliteratur und Originalliteratur.

Abb. 2 Online-Katalog

Bevor Sie sich entscheiden, ein Buch oder einen Aufsatz zu lesen, werfen Sie einen ersten Blick auf den Umschlag: Die Klappentexte sind meist kurze inhaltliche Zusammenfassungen. Hilfreich ist, wie bei Fachartikeln auch, der Blick auf das Inhaltsverzeichnis oder die Gliederung.
Wenn spezielle Literatur benötigt wird, stehen in den Bibliotheken unterschiedliche Kataloge zur Verfügung:
- Autorenkataloge, wenn der Autor bereits bekannt ist
- Sachkataloge, um Texte zu einem bestimmten Themengebiet, Stichwort oder Schlagwort zu finden

Die Kataloge sind inzwischen meist digitalisiert, sodass wie bei Internetsuchmaschinen mit Stichwörtern gesucht werden kann (Abb. 2). Dies kann häufig auch „online“ von zu Hause aus geschehen.

Quellenangaben der Fachliteratur werden folgendermaßen angelegt:
- Autor
- Titel
- evtl. Zeitschrift mit Jahrgang (Publikationsjahr) und Heftnummer
- Verlag mit Ort, Erscheinungsjahr
- Seitenzahl

Bsp: Kiphard, Ernst: Wie weit ist ein Kind entwickelt?; Verlag Modernes Leben Dortmund, 2006, S. 53

Informationen aus dem Internet

Im Internet findet man Unmengen an Texten, die von sehr unterschiedlicher Qualität sind. Es gibt keine Kontrollsysteme, die die Qualität von Dokumenten automatisch überprüfen. Experten gehen davon aus, dass ca. 90 % der Informationen im Internet als Datenmüll bezeichnet werden können. Weshalb ein oberflächliches Surfen nicht ausreicht.

Um zu verhindern, dass Dinge gelernt werden, die falsch oder veraltet sind, gilt es zuverlässige Daten zu finden. Durch die richtigen Suchbegriffe kann die Menge an Treffern gesteuert und reduziert werden. Die gefundenen Dokumente müssen dann sehr kritisch beurteilt werden, was länger dauern kann als die Suche selbst. Dies ist aber unabdingbar und kann trainiert werden.

Formale Kriterien wie die Frage nach der Herkunft der Texte, den Autoren und deren Zielen können helfen, die Menge an zu lesenden Texten zu reduzieren. Sie wirken wie ein Filter, der Brauchbarkeit und Qualität überprüft.

Mit bestimmten Kriterien kann die Brauchbarkeit und Qualität von Texten überprüft werden.

Überprüfungskriterien	Erläuterung der Kriterien (Die Bewertung und Gewichtung der Antworten hängt davon ab, wofür der Text benötigt wird.)
Herkunft des Textes	Kann durch die Herkunft erschlossen werden, wie gut der Text ist? Texte aus Bibliotheken oder Zeitschriften sind bereits überprüft. Texte auf Homepages von Universitäten und wissenschaftlichen Instituten lassen meist auf eine hohe Qualität schließen.
erster Eindruck	Wie brauchbar und interessant erscheint die Seite, der Text? Prüfen der Struktur: Aufbau und Übersichtlichkeit, Überschriften.
Zielgruppe	Ist der Text bzw. die Seite für Laien oder Experten verfasst? Ist es ein Angebot, mit dem Geld verdient werden soll?
Inhalt	Sind die beschriebenen Informationen für die Fragestellung wichtig und glaubwürdig?
Verständlichkeit	Wie verständlich und wie gut nutzbar ist der Text?
Aktualität	Wie aktuell sind die Daten des Dokumentes? Wann wurde der Text verfasst?
Fachkenntnis	Wer ist für den Inhalt der Seite verantwortlich? Welche Erfahrungen können die Verfasser vorweisen? Welches Ziel verfolgen sie? Welcher Institution gehören sie an?
Objektivität	Wie klar und fundiert ist die Meinungsbildung der Verfasser? Werden unterschiedliche Aspekte, Ansichten und Informationsquellen, Literaturangaben und Verweise erbracht?
Glaubwürdigkeit	Wie glaubwürdig sind die Inhalte und Zusammenhänge? Welche Quellen wurden verwendet?
visuelle Darstellung	Wie sind die Inhalte aufbereitet (z. B. Grafiken, Statistiken, Fotos, Bilder etc.)?
Verlinkung	Mit welchen Internetseiten sind die Inhalte verknüpft und was sagt das über die Inhalte aus?

Achten Sie darauf, dass Sie immer mehrere Quellen miteinander vergleichen. Die Quellen können außerdem ergänzt und gegenübergestellt werden.

5.2.2 Informationen verarbeiten und gliedern

Zwischenüberschriften, Signalwörter und Randbemerkungen helfen, erste Informationen über den Text zu bekommen.

Umgang mit Fachliteratur (Lese- und Markierungstechniken)
Beim Lesen werden die wichtigsten Inhalte und Aussagen herausgefiltert. Wenn nach einem Blick auf den Klappentext und das Inhaltsverzeichnis klar ist, welche Kapitel notwendige Informationen enthalten, können diese erst einmal überflogen werden. Dabei helfen Zwischenüberschriften, Randbemerkungen, Signalwörter sowie erläuternde Zeichnungen, Bilder und Diagramme. Dann wird entschieden, welche Beiträge genauer gelesen werden.

! Beim Markieren, z. B. mit einem Textmarker, oder beim Herausschreiben aus Texten gilt „weniger ist mehr“. Wenn mehr als 20 % des Textes markiert sind, wird es unübersichtlich. Das Markieren eines Textes gilt natürlich nur für Kopien des Textes oder eigene Materialien.

Fünf-Schritt-Lese- und -Erarbeitungstechnik

1. Verschaffen Sie sich einen Überblick: Überfliegen Sie den Text mit Blick auf Kapitelüberschriften, Untertitel, Zusammenfassungen oder Hervorhebungen im Fließtext.
2. Stellen Sie Fragen: Nachdem Sie den Text überflogen haben, formulieren Sie konkrete Fragen an den Text. Überlegen Sie sich hierbei, was Sie besonders interessiert und ob der Text neue Informationen bzw. Aspekte bringt.
3. Nehmen Sie Detailinformationen auf: Lesen Sie den Text im Hinblick auf Ihre Fragen. Markieren oder notieren Sie Kernaussagen, überlegen Sie, ob Sie den Text verstanden haben, und schlagen Sie Fachwörter nach.
4. Überdenken Sie, was wichtig ist, und fassen Sie es zusammen: Rufen Sie nach jedem längeren Abschnitt das Gelesene ins Gedächtnis und halten Sie das Wesentliche in Stichworten fest. So reduzieren Sie die Informationen sinnvoll.
5. Überprüfen Sie Ihre Notitzen und reflektieren Sie diese unter Fragestellungen wie: „Was wurde Neues erarbeitet?“, „Welche Zusammenhänge konnten erschlossen werden?“, „Was ist für mich besonders wichtig?“

Dokumentieren von Fachinformationen
Die Dokumentation von Fachinformationen erfolgt z. B. durch:

1. Mitschriften und Protokolle in der Schule
   Mitschriften im Unterricht oder bei einer Gruppenarbeit sind ein erster Schritt der Informationsverarbeitung. Deshalb werden sie nach bestimmten Regeln verfasst. So geht es nicht darum, jedes Wort zu Papier zu bringen, sondern aktiv zu entscheiden, welche Information wichtig ist. Je übersichtlicher und strukturierter die Mitschrift, desto hilfreicher ist sie. Notieren Sie auf übersichtlichen karierten DIN-A4-Blättern auch offene Fragen. Mitgeschrieben werden Informationen,
   - die evtl. nur an dieser Stelle in dieser Form vermittelt werden,
   - auf die die Vortragenden ihre Betonung legen,
   - die für den eigenen Lernprozess oder bestimmte Themengebiete, mit denen man sich auseinandersetzt, relevant sind,
   - wie Grundaussagen, Schwerpunkte, Fachbegriffe und Definitionen,
   - wie wesentliche Argumente, die die Sprechenden zu ihrer Sicht veranlassten,
   - wie Daten, die das Dargestellte unterstreichen und untermauern,
   - wie Entscheidungen, die gefällt wurden, und Arbeitsaufträge.

2. Sitzungs- und Arbeitsprotokolle
Bei Protokollen von Sitzungen oder Gruppenarbeiten wird neben den Namen der Anwesenden und den wesentlichen Inhalten notiert, wer welche Aufgaben übernommen hat und bis wann diese zu erledigen sind. Außerdem werden Beschlüsse festgehalten. Ein Ergebnisprotokoll enthält nicht jeden einzelnen Schritt der Sitzung, sondern die wesentlichen Beiträge, Erkenntnisse und Pläne in Stichpunkten oder Sätzen. Das muss im Gegensatz zum Verlaufsprotokoll nicht streng chronologisch geschehen, sondern kann nach einer inhaltlichen Logik angeordnet sein. Das Protokoll wird häufig als Einstieg in die nächste Sitzung besprochen. Fehler oder Missverständnisse werden umgehend verbessert.

Modul: Erziehungsstile — Datum: 29.04.10
Gruppe: POL B
Moderation: Andreas — Protokollantin: Wiebke

Protokoll

Vorbereitung Gruppenarbeit: „Den eigenen Erziehungsstil reflektieren“

Brainstorming zur Frage: Was ist ein Erziehungsstil?
Wichtige Aussagen:
- grundsätzliche Art und Weise zu erziehen
- abhängig von eigener Haltung und Überzeugung
- geprägt von eigenen Erfahrungen (positiv oder negativ)
- man hat nicht immer nur einen Erziehungsstil.
- verschiedene Modelle bekannt (Lewin, Tausch)

Austausch: Gibt es den idealen Erziehungsstil?
Kontroverse Diskussion / Kernaussagen:
- Ja, nur der demokratische Erziehungsstil fördert die Entwicklung des Kindes, trägt zu einer wertschätzenden Atmosphäre und einem gelungenen Miteinander bei, achtet das Gegenüber entsprechend.
- Nein, der Erziehungsstil muss dem Kind, dem Erzieher und der Situation entsprechen. Bestimmte Situationen (Beispiel: akute Gefährdungssituationen) erfordern autoritäres Handeln. Auch der Laissez-faire-Stil hat seine Berechtigung, da pädagogisches handeln nicht immer „durchgestylt“ sein kann.

Frage: Schließen sich die verschiedenen Stile wirklich gegenseitig aus?

Aufgaben bis zum nächsten Treffen (03.05.10):
- Texte lesen (siehe Anhang)
- Übereinstimmungen/Unterschiede der Modelle kennzeichnen
- Frage beantworten
- Beispiele für den eigenen Erziehungsstil anhand von selbst erlebten Situationen sammeln

3. Schriftliche Praktikumsberichte
Praktika geben Gelegenheiten zur berufsbezogenen Orientierung und zur Reflexion persönlicher Voraussetzungen, Interessen und Lernerfolge sowie von Problemen des Arbeitens in einem institutionellen Rahmen. Dies wird in einem Praktikumsbericht aufgearbeitet. Inhalte und Länge von Praktikumsberichten variieren und hängen z. B. von der Dauer des Praktikums oder auch der Einrichtung ab.

Häufig wiederkehrende Inhalte eines Praktikumsberichtes sind:
- Deckblatt
- Inhaltsverzeichnis
- Praktikumsbescheinigung
- Kurzbeschreibung der Praktikumsinstitution (z. B. Aufgabenstellung, Kontaktpersonen, Ziele, Zielgruppe, Größe, Personalstruktur, Träger, Besonderheiten)
- Begründung der Praktikumsauswahl
- Beschreibung der Praktikumsaufgaben
- persönliche Erfahrungen
- Reflexion von Lernergebnissen, Erkenntnissen, erworbenen Kompetenzen, aber auch von Problemen in der Aufgabenerfüllung
- offene Fragestellungen, selbst gestellte Aufgaben für kommende Einsätze oder andere Konsequenzen für das persönliche Handeln
- evtl. Literatur- oder Quellenverzeichnis

Abb. 1 Das Verfassen von Praktikumsberichten dient der Aufarbeitung und der Vertiefung des Lernprozesses.

5.2.3 Zeitmanagement beim Lernen

Leistungskurve und Biorhythmus

Konzentrationsfähigkeit und Leistungsbereitschaft eines Menschen sind abhängig von Gewohnheiten und vom persönlichen Biorhythmus. So gibt es Nachteulen oder Lerchen. Während die „Lerchen" das Gefühl haben, morgens am produktivsten zu sein, haben „Eulen" eher nachmittags und abends ihre arbeitsintensivste Phase.

! Forschungen zufolge liegen gemeinsame Leistungshochs gegen 11:00 Uhr und um 16:00 Uhr. Leistungstiefs um 8:00 Uhr und um 14:00 Uhr sowie nachts gegen 2:00 Uhr. Beobachten Sie Ihren eigenen Rhythmus, wählen Sie danach für Sie günstige Lernzeiten aus.

Lernzeiten sollten eingeplant und in einem festen Zeitplan notiert werden.

Zeit- und Arbeitspläne

Wann immer möglich, sollten feste Lernzeiten geplant werden. In einem Zeitplan wird notiert, wann und wie viel Zeit für die Ausbildung (Theorie oder Praxis) nötig ist und welche anderen Termine in einer typischen Woche ihren Raum bekommen. In einer Art Stundenplan (Abb. 1) ist auf den ersten Blick zu erkennen, wo sich noch Freiräume zum Lernen finden. Bei der Entscheidung für eine Lernzeit wird die persönliche Leistungskurve berücksichtigt. Schon bei der Planung kann mit bedacht werden, dass beim Lernen vom Einfachen zum Schwierigen übergegangen wird. Der Stoff wird gegliedert, um nicht zu große Lernmengen auf einmal aufnehmen zu müssen. Um die Ermüdung hinauszuzögern, wird zwischen Stoffgebieten und Tätigkeiten gewechselt. Arbeits- und Erholungsphasen werden klar getrennt.

	Montag	Dienstag	Mittwoch	Donnerstag	Freitag	Samstag	Sonntag
8.00 – 10.00	Schule	Schule	Praxistag		Schule	Arbeiten	
10.00 – 12.00	│	│	│	Schule	│	│	
12.00 – 14.00	↓	│	│	│	↓	↓	
14.00 – 16.00	Pause	↓	│	│	Lerngruppe	Pause	LERNEN
16.00 – 18.00	LERNEN	Sport	↓	↓	Sport	LERNEN	Sport
18.00 – 20.00	Arbeiten	LERNEN	Pause	Pause	Pause	LERNEN	↓
20.00 – 22.00	↓	LERNEN	↓	LERNEN	LERNEN		LERNEN
Σ möglicher Lernzeiten	2h	4h	0h	2h	4h	4h	4h

Abb. 1 Wochenarbeitsplan vor einer großen Prüfung

Lernpausen

Gehirn ► S. 64

Lernpausen sind fast genauso wichtig wie das Lernen an sich, da sich das Gehirn erholen und die neuen Informationen abspeichern kann. Man sollte Pausen unbedingt im Vorhinein einplanen. Folgende Pausen haben sich bewährt:

- Gedankenpause/Verschnaufpause: Machen Sie alle paar Minuten eine kurze Verschnaufpause, damit Sie das eben Gelernte nachwirken lassen können.
- Minipause: Machen Sie nach 30 Minuten eine kleine Pause von 3–5 Minuten. Stehen Sie dabei kurz von Ihrem Arbeitsplatz auf und bewegen Sie sich.
- Entspannungspause: Spätestens nach 1,5–2 Stunden sollten Sie eine Pause von 15–20 Minuten einlegen. Verlassen Sie dabei, wenn möglich, Ihr Arbeitszimmer und tun Sie etwas Angenehmes oder trinken bzw. essen Sie etwas Leichtes.
- Freizeitpause: Gönnen Sie sich nach 3–4 Stunden Lernarbeit 1–2 Stunden Erholungspause und genießen Sie die freie Zeit mit einer völlig anderen Tätigkeit.

5.3 Lernen organisieren – „Wie kriege ich das alles in meinen Kopf?“

5.3.1 Lerntypen und Lernkanäle

Der Lernstoff gelangt über die beteiligten Sinnesorgane in unser Gehirn. Da die Sinnesorgane bei jedem Menschen unterschiedlich stark ausgeprägt sind, ist auch die Aufnahme von Informationen und Reizen über diese Kanäle individuell verschieden. Dies hat zur Folge, dass es unterschiedliche Lerntypen gibt:

Gehirn ► S. 64

Auditiver Lerntyp	Lernen durch Hören: Dieser Lerntyp lernt am leichtesten, wenn er den Lernstoff hört (z. B. über Hörbücher), indem er sich den Text selbst laut vorliest oder einem anderen dabei zuhört.
Visueller Lerntyp	Lernen durch Sehen: Dieser Lerntyp kann sich Informationen am besten merken, wenn er sie liest oder z. B. bestimmte Abläufe beobachten kann. Er arbeitet gerne mit Schaubildern, Grafiken oder Videos.
Kommunikativer Lerntyp	Lernen durch Gespräche: Dieser Lerntyp braucht den sprachlichen Austausch und die Unterhaltung zum Lernen. Für ihn ist die Auseinandersetzung mit dem Lernstoff im Gespräch wichtig.
Motorischer Typ	Lernen durch Bewegung: Dieser Lerntyp lernt, indem er Handlungsabläufe selbst durchführt („Learning by doing“) und nachvollzieht. Er muss den Sachverhalt sozusagen am eigenen Leib erfahren können.

Aber niemand lernt nur mit einem Sinn. Letztlich sind alle Menschen Mischtypen, und es empfiehlt sich, beim Lernen möglichst viele Sinne anzusprechen, das heißt die Lernkanäle miteinander zu kombinieren. So könnten Sie z. B. während der Betrachtung von Grafiken das Gesehene laut beschreiben.

Sinnesorgane ► S. 187

5.3.2 Konzentration

Die Fähigkeit zur Konzentration ist Voraussetzung für gutes Lernen und kann geübt werden.

Damit ein Lernprozess erfolgreich abläuft, muss sich der Lernende möglichst gut konzentrieren, das heißt seine Aufmerksamkeit ganz auf die Lerntätigkeit ausrichten. Allerdings ist dies nicht immer leicht. Die Konzentration ist keine Eigenschaft, die immer und jederzeit vorhanden ist, sondern sie wird von mehreren Dingen beeinflusst – so ist sie z. B. von der aktuellen Laune oder der jeweiligen Tagesform des Lernenden abhängig. Es ist jedoch nicht allein die Situation, sondern auch das Thema, mit dem wir uns beschäftigen, welches Einfluss auf unsere Konzentration hat. Es ist ein Unterschied, ob wir eine Sache für interessant oder nur als eine langweilige Pflichtaufgabe empfinden. Entscheidend ist auch, ob uns die Arbeit Spaß macht und wir das, was wir erledigen müssen, überhaupt können.

Abb. 1 Konzentrationsfördernder Arbeitsplatz

Es gibt viele Hindernisse, die der Konzentration auf den Lernstoff schaden, da die Aufmerksamkeit ständig zwischen mehreren Dingen wechselt. Aber es gibt einige Tricks, die Ihnen helfen können, Ihre Gedanken zu bündeln:

- Lernen Sie immer am gleichen, aufgeräumten Arbeitsplatz, denn dann fällt es Ihnen leichter, sich zu konzentrieren.
- Schalten Sie äußere Störungen aus (z. B. Fernseher, Telefon, andere Personen).
- Achten Sie auf eine gesunde Ernährung, da das Gehirn zum Arbeiten auch Energie braucht. Allerdings niemals zu viel vor dem Lernen essen, den „ein voller Bauch studiert nicht gern“!
- Beginnen Sie mit leichtem Lernstoff oder etwas, das Spaß macht.
- Lernen Sie immer nur in Etappen und machen Sie zwischendurch Pausen. Ein 16-jähriger Schüler kann sich im Durchschnitt 30 Minuten konzentrieren, dann braucht er eine Pause. In dieser sollte er etwas völlig anderes machen (z. B. sich hinlegen, entspannen, an die frische Luft gehen).

gesunde Ernährung ► S. 384

5.3.3 Lern- und Arbeitstechniken

Um die Konzentrationsfähigkeit zu trainieren, kann man verschiedene Techniken anwenden.

Ein Training der Konzentrationsfähigkeit ist in jedem Alter möglich, ja notwendig. Hierzu gibt es unterschiedliche Techniken.

- **Eselsbrücken**

Eselsbrücken sind Merksprüche, -sätze, -worte, Reime und Rhythmen, die mit Bildern und Symbolen arbeiten. Gerade wenn die Sprüche witzig oder auch irrsinnig sind, bleiben sie im Gedächtnis. Es kommt darauf an, kreativ zu sein. Die fettlöslichen Vitamine E, D, K und A lassen sich z. B. mit dem Namen der Lebensmittelkette EDEKA merken.

- **Wiederholung**

Damit das Gelernte abrufbar bleibt, gilt es bei der Wiederholung des Lernstoffes auf bestimmte Rhythmen zu achten. Wiederholt wird

1. kurz nach der ersten Aufnahme der neuen Informationen,
2. am darauffolgenden Tag, meist für wenige Minuten, da der Inhalt noch präsent ist,
3. nach etwa einer Woche,
4. nach etwa einem Monat.

Eine sinnvolle und wenig anstrengende Wiederholung ermöglicht ein Gespräch mit Freunden über die Lerninhalte.

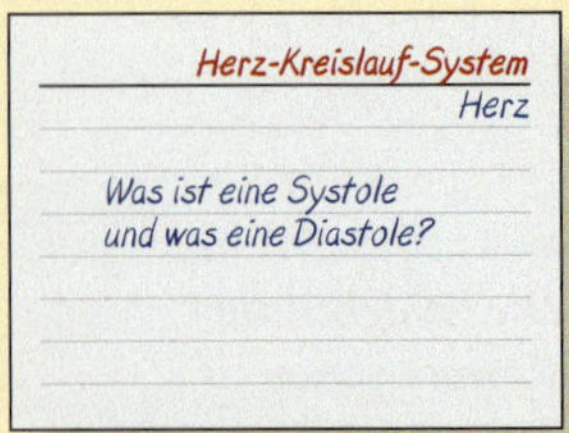

Abb. 1 Mögliche Gestaltung einer Karteikarte

- **Lernkartei**

Wenn eine große Menge an neuen Begriffen gelernt werden soll, kann neben einem Vokabelheft eine Lernkartei (Abb. 2)angelegt werden.
Die übliche Form der Karteikarten ist DIN A 6, zum Vokabellernen können sie auch kleiner sein. In der Kopfzeile der Karte (Abb. 1) werden Fachgebiet und Thema (evtl. mit Nummerierung) eingetragen, auf der Vorderseite z. B. eine Frage oder ein Fremdwort und auf der Rückseite die Antwort bzw. die Übersetzung. Als Aufbewahrungs- und Sortierungssystem kann ein Karteikasten genutzt werden.

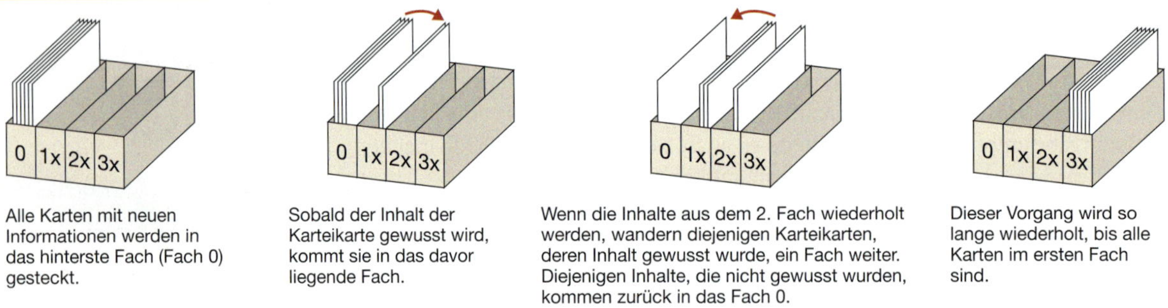

Abb. 2 Lernkartei

- **Assoziationskette**

Die Methode hilft, sich Begriffe in einer bestimmten Reihenfolge zu merken. Begriffe werden verbildlicht und immer zwei Bilder miteinander verknüpft.

Schülerin Magda will sich die Begriffe Selbstpflege und aktives Zuhören einprägen. Sie stellt sich vor, wie sie sich die Zähne putzt (sich selbst pflegt) und dabei aktiv ihrer Zahnbürste zuhört, die Magda von ihren Erlebnissen erzählt.

- **Chunking (neu ordnen und Klumpen bilden)**

Es ist dem Gedächtnis nicht möglich, eine unüberschaubare Menge an neuen Informationen innerhalb einer kurzen Zeit aufzunehmen. Deshalb gilt es diese so zu bündeln, dass die Anzahl von Einzelinformationen reduziert wird.
Es ist nicht ganz leicht, eine Zahlenreihe wie die folgende auswendig zu lernen: 3 6 5 0 0 7 2 9 2. Mit der zusätzlichen Vorstellung, soeben 365 Millionen und 7292 Euro im Lotto gewonnen zu haben, würde dies wahrscheinlich leichterfallen.
Unabhängig von der verständlichen emotionalen Reaktion auf eine solche Mitteilung hat das einfachere Merken an dieser Stelle auch damit zu tun, dass die Information neu geordnet und als ganze aufgenommen wird. Die Zahlen werden in Gruppen (Chunks) zusammengefasst und erhalten so eine zusätzliche Bedeutung.

Beim Chunking werden Informationen gebündelt und so die Anzahl von Einzelinformationen reduziert.

Kinderpfleger Chris möchte sich die Telefonnummer einer Praktikumsstelle merken, da er gerade nichts zu schreiben dabei hat. Er bildet aus den Ziffern 86492337 „Zweierpäckchen" (Chunks) und merkt sich 86-49-23-37. Damit reduzieren sich die Einzelinformationen also von 8 Zahlen auf nur 4 Zahlen und Chris kann sich die Telefonnummer leichter merken.

- **Mindmapping**

Gedankenlandkarten ähneln den Verknüpfungen unseres Gehirns und helfen so, schwierige Zusammenhänge klar darzustellen. Der Vorteil von Mindmaps ist, dass bei ihrer Entwicklung beide Gehirnhälften aktiviert werden. Sowohl zur Prüfungsvorbereitung als auch um Unterrichtsinhalte zusammenzufassen, können sie genutzt werden.
Mittig auf dem Papier (im Querformat) steht zu Beginn eine zentrale Aussage oder ein Stichwort. Von dort gehen „Äste" mit wichtigen Stichpunkten aus (Abb. 3). Wie bei einem Baum gibt es starke Äste und kleine Zweige (Einzelheiten oder spezielle Informationen). Querverbindungen von Informationen ergeben weitere Verzweigungen. Für eine gute Lesbarkeit wird nur das Wesentliche eingetragen und es können kleine Symbole genutzt werden.

Mindmaps sind Gedankenlandkarten, die schwierige Zusammenhänge einfach darstellen.

Gehirn ► S. 64
Gehirnhälften ► S. 64

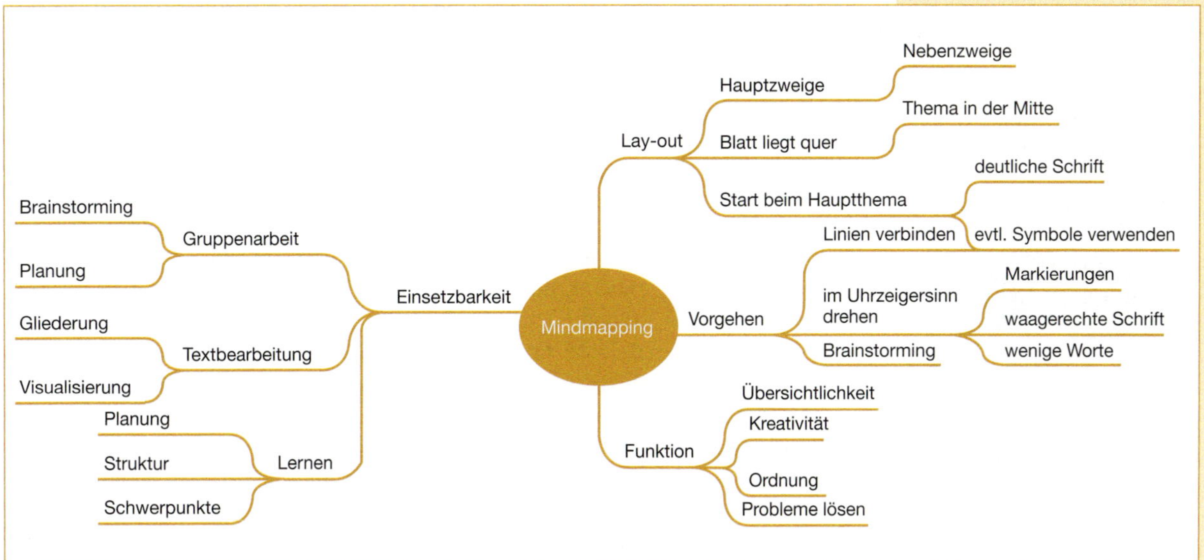

Abb. 3 Mindmap zum Thema „Mindmapping"

Abb. 1 Soziales Lernen im Klassenverband

Gruppe ► S. 118
Familie ► S. 163

5.4 Lernen in der Gruppe – „Gemeinsam geht es leichter"

Neben dem Lernen in Einzelarbeit wird es in Ihrer Ausbildung immer wieder Anlässe für das Lernen in der Gruppe geben. Das Lernen im sozialen Austausch beginnt in der Familie und setzt sich in gesellschaftlichen Institutionen wie Kindergarten und Schule (Abb. 1) fort.

5.4.1 Vorteile gemeinsamen Lernens

Die Gruppenarbeit hat gegenüber der Einzelarbeit zahlreiche Vorteile:

- Manche Aufgaben sind so schwierig, dass sie am besten von Teams erledigt werden. Nach dem Motto: Mehr Augen sehen und mehr Gehirne arbeiten mehr.
- Darüber hinaus bietet die Gruppensituation die Möglichkeit, neue Sichtweisen und Perspektiven kennen zu lernen und vom Wissen anderer zu profitieren.
- Arbeitet man in der Gruppe, hat jedes Gruppenmitglied einen gewissen Druck mitzuarbeiten. Jeder will zum Ergebnis beitragen und man fühlt sich gegenüber den anderen verpflichtet. Für ein Gruppenergebnis einen Beitrag geleistet zu haben stärkt wiederum das Selbstwertgefühl jedes Einzelnen.
- Die Gruppenmitglieder teilen ihr Wissen, helfen sich (im Idealfall) gegenseitig und beeinflussen sich somit auch. Deshalb ist die gemeinsam erbrachte Gruppenleistung in der Regel auch höher als die Einzelleistung.
- Gruppenarbeit befriedigt das menschliche Bedürfnis nach Respekt, Anerkennung und Austausch mit anderen.

Kooperatives Lernen in der Gruppe kann in verschiedenen Formen stattfinden.

5.4.2 Kooperatives Lernen

Arbeitsgruppen bieten die Möglichkeit des kooperativen Lernens. In gemeinsamen Gesprächen erkennen die Gruppenmitglieder, dass es mehrere Sichtweisen auf ein Problem gibt. Die Gruppenmitglieder teilen sich eine Gesamtaufgabe auf, lösen diese in Teilaufgaben und verbinden die individuellen Lösungen zu einem Gesamtergebnis, indem sie sich gegenseitig unterstützen. Dem kooperativen Lernen liegen fünf grundlegende Elemente zu Grunde:

- Positive Abhängigkeit: Ein Gemeinschaftsgefühl kommt dann zu Stande, wenn alle Mitglieder einer Gruppe sich darin verbunden fühlen, ein gemeinsames Ziel zu erreichen.
- Individuelle Verantwortungsübernahme: Jedes Gruppenmitglied fühlt sich für die anderen mitverantwortlich und hat Anteil am Erfolg der Gruppe.
- Prozessreflexion (durch die Gruppe): Die Reflexion tritt auf, wenn Gruppenmitglieder ihren gemeinsamen Arbeitsprozess beurteilen und eine zukünftige Verbesserung anstreben.
- Soziale Fähigkeiten: Die Gruppe kann erst durch den Erwerb bzw. Ausbau sozialer Fähigkeiten effektiv funktionieren. Dies ermöglicht wiederum eine gute Kommunikation, das Vertrauen untereinander, den konstruktiven Umgang mit Konflikten und eine Entscheidungsfreudigkeit.
- Direkte Interaktion: Grundelement kooperativen Lernens ist die direkte Interaktion der Gruppenmitglieder miteinander.

Abb. 2 Gruppenarbeit kann bei entsprechenden Rahmenbedingungen auch mal „im Grünen" stattfinden.

Es gibt zahlreiche Möglichkeiten, um kooperatives Lernen bei Kindern und Jugendlichen zu fördern. So kann das Lernen in der Gruppe z. B. in Form eines Rollenspiels, einer Debatte/Diskussion, einer Projektarbeit oder eines Gesprächskreises stattfinden.

Diskussion ► S. 91

5.4.3 Voraussetzungen für gemeinsames Lernen

Voraussetzung für eine erfolgreiche Gruppenarbeit sind klare Aufgabenstellungen, eine arbeitsbereite, arbeitsfähige Gruppe und gutes Informationsmaterial. Da eine Gruppenarbeit gut geplant und organisiert sein muss, spielt die Gruppengröße eine erhebliche Rolle. Idealerweise liegt diese bei 3–5 Personen, denn je größer eine Gruppe ist, desto schwieriger ist auch die Koordination der Arbeit. Die Mitglieder sollten leistungsmäßig in etwa gleich sein, sodass alle die Chance haben, einen Beitrag zum Gruppenergebnis zu leisten. Folglich gibt es niemanden, der den Arbeitsprozess zu sehr dominiert, und keinen, der sich total „ausklinkt“ und selbst nichts beisteuert. Problematisch wird die Gruppenarbeit, wenn durch mangelnde Beteiligung und Kommunikation oder Missstimmungen die Aufgaben nicht oder nur wenig zufriedenstellend erledigt werden können. Disziplin, gegenseitige Akzeptanz, Offenheit und Kooperation ermöglichen einen Entwicklungsprozess. Voraussetzungen dafür werden geschaffen, indem z. B. gemeinsam Gruppenregeln vereinbart werden.

Klare Aufgabenstellungen und ein gutes Lernklima sind Voraussetzungen für Gruppenarbeit.

Beispiele für Gruppenregeln:

- Es spricht immer nur eine Person. Ihr geht es um den Inhalt und nicht um die Selbstdarstellung.
- Alle fassen sich möglichst kurz und drücken sich klar aus.
- Alle bringen ihr Können und Wissen ein und bleiben an Aufgabenstellung und Ziel orientiert.
- Unterschiedliche Meinungen werden diskutiert, aber nicht bewertet, und führen vor allem nicht zum persönlichen Angriff.

5.4.4 Der Arbeitsprozess in der Gruppe

Rollen- und Aufgabenverteilung

Gruppenarbeit ist Teamarbeit. Die Mitglieder des Arbeitsteams übernehmen unterschiedliche Rollen oder teilen sich Rollen zu:

- Moderatorin zur Leitung des Treffens
- Protokollantin, um die Ergebnisse zu sichern und immer einsehen zu können
- Zeitwächterin, um die Aufgaben in der gegebenen Zeit fertigstellen zu können
- Präsentierende, um gemeinsam das Ergebnis angemessen vorzustellen

Rollenkonflikte ► S. 26

Moderierende gliedern den Sitzungsverlauf und passen auf, dass alle Teilnehmenden zu Wort kommen und sich sinnvoll einbringen. Sie achten darauf, dass kleine Pausen gemacht werden und die Arbeit weitergeht. Inhaltlich halten sie sich in größeren Gruppen zurück, fassen Meinungen zusammen, ohne zu kommentieren. In kleineren Gruppen arbeiten sie häufig mit, um den Erfahrungs- und Wissensspielraum groß genug zu halten. Sie achten auf die Erstellung und Einhaltung von Gruppenregeln sowie darauf, dass die Arbeitssitzungen mit einer kurzen Reflexion über den aktuellen Stand und dem Befinden der Teilnehmenden hinsichtlich der Zusammenarbeit abschließt.

Feedback ► S. 94

Möglicher Verlauf einer Gruppenarbeit

1. Vorbereitung: Was ist konkret zu tun?
   - Ankommen (z. B. Tische so stellen, dass mit der ganzen Gruppe Blickkontakt möglich ist)
   - Lesen der Arbeitsaufgabe, Sichten des Informationsmaterials
   - Klärung von evtl. aufkommenden Fragen oder Verständnisschwierigkeiten

2. Wie soll vorgegangen werden? Was ist das Ziel?
   - Klärung der Fragestellungen und Zielsetzungen, unter denen die Aufgabe bearbeitet werden soll

3. Durchführung: Wie werden welche Aspekte in welcher Aufgabenverteilung bearbeitet?
   - Informationssammlung (z. B. Texte, Bilder)
   - Auswählen und Sortieren der gesammelten Beiträge
   - Fragen und Ziele überprüfen und evtl. neu anlegen, ausrichten oder konkretisieren
   - die Lernziele in Einzelarbeit, Untergruppen oder in der Gruppe erarbeiten und überprüfen
   - sich die Arbeitsergebnisse mit Blick auf die Zielsetzung vorstellen und ggf. diskutieren

Informationssammlung ► S. 66

4. Abschluss: Wie soll das Ergebnis aussehen und präsentiert werden?
   - Arbeitsergebnisse zusammenstellen und der Zeitvorgabe anpassen
   - endgültige Absprache, Aufteilung und Vorbereitung der Präsentation

5. Bewertung: Wie ist die gemeinsame Arbeit verlaufen?
   - Evaluation/Feedback: Reflexion des Gesamtablaufes und des Gruppenprozesses

Feedback ► S. 94

5.5 Präsentationstechniken – „Wie bring ich es rüber?"

Einen Vortrag, der mit Folien oder Schautafeln unterstützt wird, nennt man Präsentation.

Wird ein Vortrag oder ein Referat visualisiert, also mit Folien oder Schautafeln bebildert, spricht man von einer Präsentation. Das Vorstellen von Ausarbeitungen ist eine Möglichkeit, Wissen mit anderen zu teilen und die Ergebnisse darzustellen.

5.5.1 Planung einer Präsentation

Der Weg zur Präsentation (Abb. 1) wird strukturiert, um erfolgreich zu sein:

- Ziele setzen, grobe Gliederung entwerfen
- Literatur beschaffen
- ausgewählte Texte bearbeiten
- Informationen auswählen (Prioritäten, Themenbezug)
- Gliederung konkretisieren und aktualisieren
- Handzettel (Thesenpapier/Hand-out) für die Präsentation ausarbeiten
- Visualisierung konkret planen und vorbereiten
- Präsentation üben

Visualisierung ► S. 78

Abb. 1 Eine erfolgreiche Präsentation muss gut geplant werden.

Vorüberlegungen

Thema Stoffsammlung	Was sind Hauptaussagen und Ziele der Präsentation? (Information, Überzeugung, Anleitung, Selbstpräsentation etc.) Wie können Bezüge zum bisherigen Unterricht und zu anderen Präsentationen hergestellt werden? Wie können die Inhalte am besten dargestellt werden? Was ist mir/uns besonders wichtig? Wie viel Zeit steht für die Präsentation zur Verfügung?
Zuhöreranalyse Zielgruppe	Welches Vorwissen haben die Zuhörenden? Welche Erwartungen haben sie an den Vortrag, welche Interessen? Welche Haltung haben sie zu dem Thema und wie kann ich/können wir das konstruktiv aufnehmen bzw. darauf eingehen? Wie kann das Publikum mit einbezogen werden?
Gestaltung des Einstieges	Wie gewinne ich/gewinnen wir das Interesse des Publikums? Was will ich/wollen wir der Präsentation noch vorausschicken oder ankündigen?
Gliederung	Gestaltung der Inhaltsübersicht Platz der Gliederung im weiteren Verlauf
Untergliederung	Wie werden die Aufgaben geteilt? Wie wird zwischen den Vortragenden oder Schwerpunkten übergeleitet?
Medieneinsatz	Welche Hilfsmittel eignen sich besonders für die Darstellung? Wie wird das Informationsmaterial übersichtlich gestaltet? Was sollen die Zuhörenden mitschreiben und was bekommen sie wann ausgehändigt?
Gestaltung der Zusammenfassung	Wie werden die wesentlichen Aussagen zusammengefasst? Wie können ein Ausblick oder Anregungen gegeben werden?
Gestaltung des Abschlusses	Mit welchen Fragen und Meinungen ist zu rechnen? Wie kann eine Diskussion angeregt werden? Wie wird die gesamte Präsentation (deutlich) beendet?

Die in der folgenden Feinstruktur benannte Zeiteinteilung für die Einleitung, den Hauptteil und den Schluss der Präsentation variiert, wenn das Publikum am Schluss viele Rückfragen stellt.

Struktur	Ziel	Inhalte	Zeitanteil
Einleitung	• Kontaktaufbau • Ansprechen des Publikums • Interesse wecken • Orientierung geben • Motivieren	• Begrüßung, Eröffnung • Vorstellung der Person oder Gruppe, der Thematik oder Fragestellung • Einbindung in den Gesamtzusammenhang/ Grobgliederung	15 %
Hauptteil	• Inhalte überzeugend und sinnvoll vermitteln • Argumente klar darstellen und vertreten • die richtige Auswahl treffen	• Informationen • Schwerpunkte • Argumente	75 %
Schluss	• positiver Abschluss • Aufforderung zur Reflexion und Handlung • Transfer anregen • Schwerpunkte betonen	• Zusammenfassung der Kernaussage • Ausblick oder Handlungshinweis • Möglichkeit für Rückfragen • Abschluss	10 %

5.5.2 Vortragstechniken

Abb. 1 Gestik

Körper- und Sprechhaltung beim Referieren
Der Auftritt der vortragenden oder präsentierenden Person ist von großer Bedeutung. Körpersprache und Aussprache des Redners bestimmen maßgeblich die Wirkung der Rede:

Körper/Körpersprache 55 %	Stimme und Sprechtechnik 38 %	Inhalt 7 %
Mimik Gestik (Abb. 1) Haltung (Abb. 2) Blickkontakt Stand Kleidung	Betonung Stimmmodulation Sprechtempo Atmung Pausen	inhaltliche Sicherheit klare Struktur angemessene Wortwahl klarer Ausdruck

Abb. 2 Haltung

Beachten Sie folgende Aspekte, um Ihre Wirkung zu verbessern:
- Richten Sie Ihren Blick zum Publikum (nicht auf eine Person fixieren).
- Achten Sie auf eine positive Mimik, z. B. bei Rückfragen das aufmerksame Zuhören auch nonverbal signalisieren. Lächeln Sie zwischendurch.
- Verwenden Sie eine offene, nicht zu ausladende Gestik.
- Stehen Sie nicht zu steif oder zu lässig, fest mit beiden Beinen auf dem Boden.
- Variieren Sie in Ihrer Betonung, vermeiden Sie monotones Vortragen.
- Wählen Sie der Situation angemessene Kleidung.

Unsicherheit und Lampenfieber
Wer kennt das nicht: Kurz vor der Präsentation kommt das „Muffensausen“. Das ganze Wissen scheint wie weggeblasen und auch sonst ist der Körper nicht mehr richtig unter Kontrolle. Folgende Gegenmaßnahmen können helfen:
- gute inhaltliche Vorbereitung
- Einsatz von unterstützenden und funktionierenden Hilfsmitteln
- Blickkontakt zu einer stärkenden Person im Publikum
- lautes und deutliches Sprechen und Mut zu Pausen
- Vorbereitung eines guten Einstiegs und Abschlusses
- wenn der Faden reißt: kurz nachdenken und zum nächsten Punkt übergehen

5.5.3 Gestaltung und Einsatz von unterstützenden Medien

Zur Unterstützung eines Vortrages können verschiedene Medien eingesetzt werden.

Zur Unterstützung der Argumentation und zur abwechslungsreichen Gestaltung des Vortrages können je nach Thema, Zeit, Anforderungen, räumlichen Bedingungen, Publikum und Vorbereitungszeit Medien hinzugezogen werden, z. B.:
- Schreibtafel/Whiteboard
- Metaplanwand/Flipchart/Wandplakat
- Beamer/Diaprojektor
- audiovisuelle Medien

Bei den Überlegungen bezüglich der Mediennutzung sollte man sich immer auch von dem Motto „Weniger ist mehr“ leiten lassen. Überladen Sie einen Vortrag nicht, da der Zuhörer ansonsten zu sehr vom Inhaltlichen abgelenkt wird. Der Einsatz der Medien sollte im Vorfeld vorbereitet und geübt werden. Wenn die Technik nicht funktioniert und die Zuhörer lange warten müssen oder die Medien nicht wie geplant eingesetzt werden können, entsteht oft eine unnötig belastende Situation. Üben vermittelt Sicherheit und reduziert das Lampenfieber.

Foliengestaltung

Für die Foliengestaltung, auf klassischen Folien oder bei einer Power-Point-Präsentation, gelten folgende Maßstäbe:

- klare Gliederung
- jede Folie hat eine Überschrift
- eher Stichworte als Sätze
- Farben zurückhaltend einsetzen
- angenehme Schriftgröße, nicht mehr als drei Schriftgrößen auf einer Folie
- Folien nicht überladen – „weniger ist mehr“
- nicht mehr als 10 Zeilen pro Seite, ausreichend Abstand zwischen den Zeilen
- Großbuchstaben sind schwerer lesbar – zurückhaltend einsetzen
- nicht zu viele Spielereien – die Ernsthaftigkeit betonen
- Quellen benennen (v. a. bei Zitaten und Bildern)

Bei größeren Themengebieten bietet es sich an, ein Hand-out mit den Schwerpunkten zu verteilen. Dessen Gliederung hilft, konzentriert bei der Sache zu bleiben. Die Länge sollte zumeist nicht mehr als 1–2 Seiten betragen.

Abb. 3 Folien für einen Vortrag sollten klar strukturiert sein.

Gelingender Medieneinsatz

- Allen eine freie Sicht ermöglichen, sodass die Inhalte gut lesbar sind.
- Es braucht Zeit, die Inhalte zu erfassen. So kann z. B. nicht gleichzeitig gehört und gelesen werden.
- In Erklärungen immer wieder einen Bezug herstellen (wie mit einem Laserpointer oder einem Zeigestock).
- Während des Medieneinsatzes den Blickkontakt zum Publikum aufrechterhalten.
- Raum, Materialien und ggf. Sitzordnungen frühzeitig vorbereiten, Folien nummerieren, Stifte überprüfen.
- Eine Medienschlacht vermeiden. Wenn ein Medium nicht mehr genutzt wird: abschalten bzw. abdecken.

Zum Weiterarbeiten im Arbeitsbuch

Kinderpflege			
	Schwerpunkt	Lernsituation	Nr.
	• Bewerbung um einen Praktikumsplatz • Träger von Einrichtungen • Frauen und Männer im sozialen Arbeitsfeld	„Und nun soll ich mich auch noch auf dem Elternabend vorstellen“	02
	• Prüfungsangst • Prüfungsvorbereitungen • Lernmethoden	„Am schlimmsten war meine Angst vor den mündlichen Prüfungen“	04

Einladung

Kita Blumenthal
Rosenstr. 8-11/ Schönhausen

zum

„Tag der offenen Tür"

Wir würden uns sehr d… euen, wenn du uns am **4. April 2009** von **14.0** … **Uhr** besuchen kommst!

Salzteigrezept

Zutaten:
1 Tasse Salz
1 Tasse Mehl
6–8 Esslöffel Wasser

Alle Zutaten in eine Schüssel geben und kräftig zu einem geschmeidigen Teig kneten. Zu trockener Teig bekommt noch etwas Wasser, zu feuchter Teig bekommt noch etwas Mehl. Tischfläche vor dem Ausrollen des Teiges mit Mehl bestäuben. Backblech mit Backpapier auslegen. Salzteig ausstechen oder Figuren formen. Die fertigen Salzteigwerke werden im Backofen ca. 30 Minuten bei 150°C gebacken.

Soziale Beziehungen aufbauen und mitgestalten

1. Kommunikation – „Verstehen wir uns richtig?“

1.1 Miteinander kommunizieren – „Quatschen, Simsen, Chatten & Co.“

Jeder Mensch ist ständig mit seiner Umwelt in Kommunikation.

Wir tauschen mit unseren Mitmenschen ständig Informationen aus. Sei es in einem Gespräch, mit einer SMS, beim Chatten, durch ein Telefonat, einen Blick oder eine bestimmte Körperhaltung.

Der Kommunikationsforscher Paul Watzlawick stellte fest: „Wir können nicht nicht kommunizieren.“ Auch wenn wir dies gar nicht beabsichtigen, senden wir Botschaften aus, die von anderen aufgenommen und gedeutet werden. Sitzen wir z. B. schweigend in einem Raum und starren auf den Boden, so kommunizieren wir: „Ich möchte nicht gestört werden.“

Kommunikation ist abhängig davon, mit wem wir kommunizieren. Mit Kindern kommunizieren wir anders als mit Erwachsenen. Im Berufsleben oder in der Schule sind Art und Inhalt der Kommunikation anders als im Umgang mit Freunden. Mit Familienmitgliedern werden andere Themen besprochen als mit Vorgesetzten und Kolleginnen.

Nicht jede Kommunikationsform ist jedem Anlass und Kommunikationspartner angemessen. Eine Krankmeldung für den Dienst kann nicht per SMS erfolgen, eine Verabredung mit Freunden schon. Die Freunde würde man nicht mit einem Geschäftsbrief zu sich einladen, eine Bewerbung um einen Arbeitsplatz erfolgt immer förmlich und schriftlich.

1.1.1 Grundlagen der Kommunikation

Man unterscheidet zwischen verbaler, also sprachlicher Kommunikation, und nonverbaler, also nicht-sprachlicher Kommunikation.

Es wird zwischen verbaler und nonverbaler Kommunikation unterschieden.

Kommunikation

- **sprachlich/verbal**
  - **gesprochen**
    - Lautstärke
    - Sprechgeschwindigkeit
    - Sprechpausen
    - Stimmvariationen
  - **geschrieben**
    - Schreibstil
    - Fachwörter
    - Textlänge
- **nicht-sprachlich/nonverbal**
  - **Körper**
    - Körperhaltung (Gestik)
    - Körperkontakt
    - Blickkontakt
    - Gesichtsausdruck (Mimik)
  - **Objekt**
    - Kleidung
    - Statussymbole
  - **Raum**
    - räumliche Distanz zwischen den Komunikationspartnern

Verbale Kommunikation
Die verbale Kommunikation erfolgt auf unterschiedlichen Wegen:
- im direkten Gespräch
- in einem Telefonat
- per Fax, E-Mail, Brief oder SMS

Verschiedene Aspekte gestalten die verbale Kommunikation mit und tragen dazu bei, dass die Gesprächspartner in Kontakt treten und einander verstehen:
- Sprechtempo
- Aussprache
- Lautstärke
- Sprachniveau (Wortwahl, Satzbau)
- Ausdrucksweise

Vor allem müssen bei einem Gespräch beide Kommunikationspartner den gleichen Sprachcode besitzen. In einem Krankenhaus ist den Patienten z. B. die medizinische Fachsprache oft nicht bekannt, es können schnell Verständigungsprobleme entstehen.

Nonverbale Kommunikation

Die nonverbale Kommunikation umfasst

- Mimik (z. B. Bewegungen von Augen und Mundpartie),
- Gestik (z. B. Bewegungen von Händen, Armen oder Kopf),
- Verhalten im Raum (z. B. Nähe und Distanz zum Gesprächspartner) und
- Körperhaltung (z. B. Haltung des Oberkörpers und der Beine).

nonverbale Kommunikation

Gestik

Durch Bewegungen mit Händen und Füßen werden die Worte unterstrichen, zu viel Gestik kann auch auf Unsicherheit deuten.

Blickkontakt

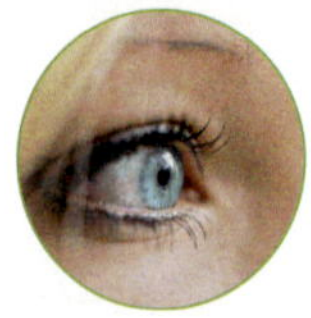

Ein Kommunikationspartner kann in die Augen blicken oder ausweichen.

Körperhaltung

Eine offene Haltung signalisiert Offenheit und Wohlbefinden, hängende Schultern können auf Erschöpfung oder Unwohlsein hinweisen.

Mimik

Der Gesichtsausdruck zeigt Emotionen wie Freude, Angst, Trauer oder Zorn.

Körperkontakt

Berührung oder gezielte Distanz verweisen auf den Vertrautheitsgrad oder das Nähebedürfnis bzw. auf den Wunsch nach eigenem Raum.

Kleidung

Die Zugehörigkeit zu bestimmten Gruppen oder ein Lebensstil kann durch Kleidung symbolisiert werden.

Bewegung

Reduzierte Bewegungsaktivität kann auf Schmerzen oder Gleichgewichtsmangel hindeuten, Bewegungsüberschuss auf Unruhe, Angst oder Bewegungsbedarf.

Nonverbale Kommunikation kann das gegenseitige Verstehen erleichtern, denn schon der Blick auf einen Gesichtsausdruck oder die Körperhaltung hilft zu erkennen, wie es einem Menschen geht. Freut er sich, hat er Schmerzen, ist er interessiert oder eher verschlossen?
Menschen kommunizieren stimmig, wenn sich ihre verbalen und nonverbalen Signale gegenseitig ergänzen und unterstützen.

Nonverbale Kommunikationssignale werden oft unbewusst gesendet und können im Widerspruch zur verbalen Kommunikation stehen. Dann kann es zu Missverständnissen kommen.

! Das erste „echte“ Lächeln eines Babys ist im Alter von etwa sechs Wochen zu beobachten. Lächeln seine Eltern dann zurück, strahlt das Baby bald häufiger und immer mehr: So entsteht eine wertvolle vorsprachliche, nonverbale Kommunikationsform zwischen Eltern und Kind.

1.1.2 Kommunikationsmodelle

Wenn Menschen miteinander kommunizieren, gibt es immer wieder Missverständnisse und Fehlschlüsse. Diese treten auf, wenn sie sich falsch verstanden oder angegriffen fühlen oder Informationen mehrdeutig sind.
Um die Ursache hierfür zu finden, ist es wichtig, die Bedingungen zu kennen, die die Kommunikation beeinflussen. Dazu kann man auf verschiedene Kommunikationsmodelle zurückgreifen. Diese helfen zu erklären, weshalb Kommunikation einmal gelingt und ein anderes Mal nicht.

Kommunikationsmodelle helfen dabei, Kommunikation zu verstehen.

Sender-Empfänger-Modell
Dieses Grundmodell der Kommunikation besagt, dass Kommunikation mindestens drei Anteile hat: einen Sender, eine Nachricht und einen Empfänger. Der Sender codiert (verschlüsselt) die Nachricht, die dann vom Empfänger decodiert (entschlüsselt) wird. Dieses Modell wird durch Medium und Wirkung ergänzt.

Element	Bedeutung für die Kommunikation
Sender	Wer sendet eine Botschaft? Wer vermittelt eine Information?
Nachricht/ Information	Was wird gesagt? Worum geht es in der Botschaft? Welche Inhalte werden vermittelt?
Empfänger	An wen richtet sich die Nachricht?
Intention	Mit welcher Absicht wird etwas gesagt?
Kanal/Medium	Auf welchem Weg (z. B. direkt, Telefon) wird die Nachricht vermittelt?
Wirkung/ Effekt	Mit welcher Wirkung wird etwas gesagt? Was löst die Nachricht beim Empfänger aus?

Die Rollen des Senders und des Empfängers wechseln ständig. Wenn der Empfänger auf eine Nachricht reagiert, wird er damit zum Sender, und umgekehrt.
Wie der Empfänger Kommunikationsinhalte wahrnimmt und versteht, hängt von verschiedenen Faktoren ab. Diese Faktoren bzw. Einflüsse können z. B. durch das Kommunikationsquadrat nach Schulz von Thun analysiert werden.

Die eigene Rolle bei der Kommunikation wechselt ständig zwischen Sender und Empfänger.

Kommunikationsquadrat nach Schulz von Thun ► S. 86

Nach Schulz von Thun werden Nachrichten auf vier verschiedenen Ebenen gehört und auch gesendet.

Kommunikationsquadrat nach Schulz von Thun

In seinem Kommunikationsmodell stellt der Psychologe Friedemann Schulz von Thun die Bezüge der Kommunizierenden und die Einflüsse, die auf sie wirken, in einem Quadrat dar und unterscheidet vier Anteile einer Nachricht:

- Sachinhalt: „Darüber informiere ich dich."
- Selbstoffenbarung: „Das lasse ich von mir wissen, das gebe ich von mir preis."
- Beziehungshinweis: „Das halte ich von dir und so stehen wir zueinander."
- Appell: „Dazu möchte ich dich veranlassen."

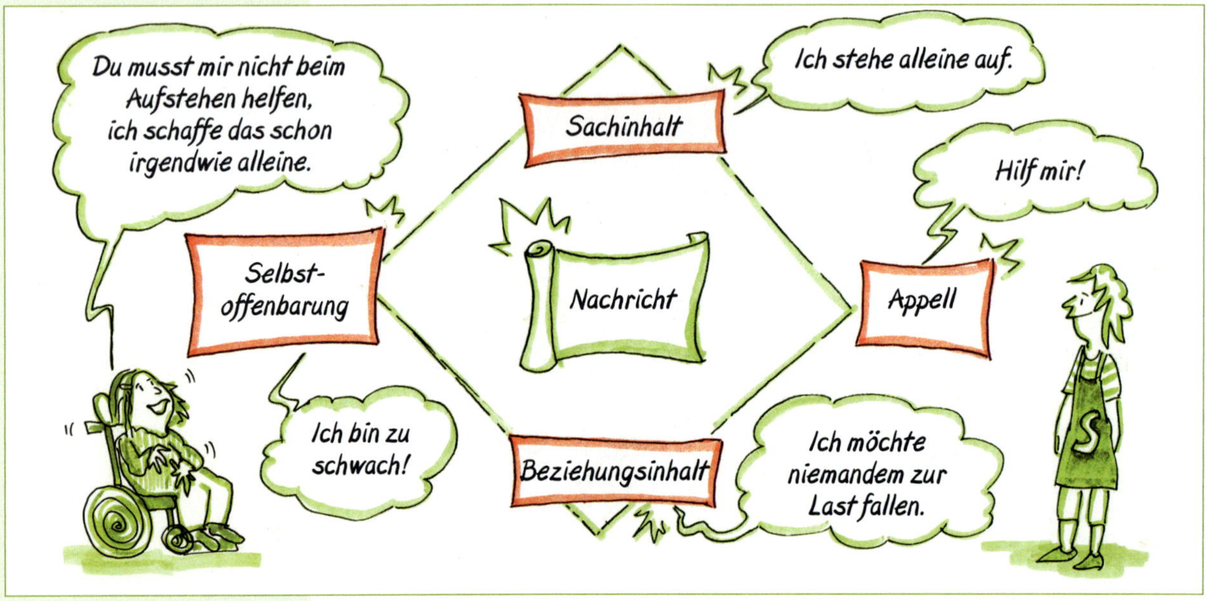

Mit Hilfe des Kommunikationsquadrates lassen sich Nachrichten analysieren und so mögliche Störungen aufdecken. Dazu müssen die vier Ohren des Empfängers einbezogen werden, denn jede Nachricht löst eine Reaktion aus. Das bedeutet, dass wir auch immer auf einer der genannten Ebenen „besser" hören:

- Sachohr: Was will er mir sagen? Worüber redet er?
- Selbstoffenbarungsohr: Was ist das für ein Mensch? Was ist gerade mit ihm los?
- Beziehungsohr: Wie sagt er mir das? Was kann ich seinem Tonfall entnehmen? Wie denkt er über mich? Was halte ich von ihm?
- Appellohr: Was will er von mir? Welche Reaktion erwartet er?

Feedback ▸ S. 94

Reagiert ein Empfänger auf eine Nachricht, wird er selbst zum Sender. Gelungene Kommunikation ist beschrieben durch das Senden verschiedener und eindeutiger Signale sowie eine „ausgewogene Vierohrigkeit". In der Regel hört aber jeder Mensch auf einem der „vier Ohren" besonders gut. Aufgabe des Empfängers ist es, Inhalts- und Beziehungsaspekte der Nachricht zu entschlüsseln und auf diese zu reagieren. Ist Ihnen z. B. bekannt, dass Ihr Gesprächspartner auf dem „Beziehungsohr" besonders sensibel hört, können Sie den Beziehungsaspekt ansprechen, um Missverständnisse zu vermeiden. Dies ist z. B. durch eine Frage nach dem aktuellen Befinden oder durch Feedback möglich.

Jede empfangene Nachricht ist also eine Konstruktion des Empfängers. Das Gesendete und das Empfangene sind nie ganz identisch, denn alle Botschaften müssen interpretiert werden, um ihnen einen Sinn zu verleihen. Das, was beabsichtigt wurde, kann sich von dem, was verstanden wurde, unterscheiden.

Die gesendete und die empfangene Nachricht sind nie ganz identisch.

Luca (5) kommt aus dem Garten in den Gruppenraum, wo die Praktikantin Jenny bereits auf ihn wartet. Luca sagt: „Meine schöne Hose ist schmutzig.“

Luca (Sender) könnte folgende Botschaften auf den vier Ebenen mitsenden:
Sachinhalt: „Meine Hose ist schmutzig.“
Selbstoffenbarung: „Ich habe beim Spielen nicht auf meine Kleidung geachtet. Das ist mir nun peinlich.“
Beziehungshinweis: „Ich weiß, dass du möchtest, dass ich mich nicht schmutzig mache. Sei bitte nicht böse.“
Appell: „Bitte gib mir eine andere Hose, damit ich nicht so nach Hause komme.“

Die Empfängerin Jenny könnte auf den vier Ebenen folgende Botschaften verstehen:
Sachohr: Er informiert mich darüber, dass die Hose schmutzig ist.
Selbstoffenbarungsohr: Er wühlt einfach so gerne im Dreck und vergisst dabei alles und jetzt ist ihm das doch peinlich.
Beziehungsohr: Er weiß, dass er sich auf mich verlassen kann, und geht davon aus, dass ich wegen solcher Dinge nicht böse auf ihn bin.
Appellohr: Er will, dass ich ihm aus der Patsche helfe, und weiß noch nicht, wie ich reagieren werde.

„Einseitige“ Hörgewohnheiten oder Sendeabsichten stehen in Bezug zu Vorerfahrungen, Gewohnheiten, der Lebenssituation sowie der Beziehung von Sender und Empfänger.

1.2 Mit unterschiedlichen Zielgruppen kommunizieren und Gespräche führen – „Mit wem sprichst du?“

Die Kommunikationsmöglichkeiten unterscheiden sich in verschiedenen Lebensaltern und Situationen.

Neben allgemeinen Regeln und Hilfsmitteln zur Kommunikation gibt es situations- und altersspezifische Formen der Gesprächsführung. Das Gespräch orientiert sich immer an dem, was der andere braucht, und setzt bei seinen Stärken an. So kann es notwendig sein, folgende Punkte einzubeziehen bzw. dem Gesprächspartner anzupassen:

- vorausgegangene Ereignisse
- augenblickliche und nachfolgende Situation
- Anredeform, Stimmlage, Betonung und Körperhaltung, Körperkontakt
- Sprachniveau und Wortwahl
- Themenauswahl

1.2.1 Kommunikation mit Kindern und Jugendlichen

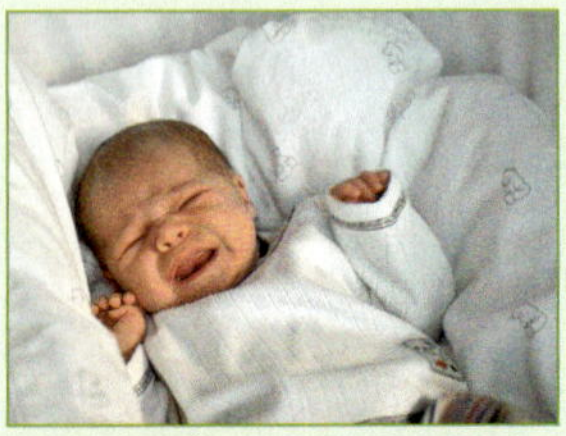

Abb. 1 Babys kommunizieren hauptsächlich nonverbal. So müssen ihre Signale gedeutet werden.

Altersgerechte Kommunikation mit Kindern

Kinder brauchen oft Zeit, um Vertrauen zu Kommunikationspartnern aufzubauen und sich in einem Gespräch wohlzufühlen. Sie brauchen Raum, um ihre Gefühle zu verarbeiten. Sie möchten, dass man ihnen zuhört und sie ernst nimmt. Sie reagieren empfindlich, wenn Erwachsene ihnen nicht offen und ehrlich begegnen. Vielen Themen nähern sie sich spielerisch an und kommunizieren mit ihren Gesprächspartnern teils direkt und teils mit Hilfsmitteln wie ihrem Teddy oder einem Buch, aus dem sie „vorlesen“. Durch aktives Zuhören, Beobachten und Offenheit für das kreative Denken der Kinder kann verstanden werden, was sie ausdrücken wollen.

aktives Zuhören ► S. 93
Beobachten ► S. 189

Kinder möchten, dass ihre Gesprächspartner ihnen in die Augen sehen. Durch den Blick ins Gesicht kann das Kind leichter erkennen, wie ernst es dem Gesprächspartner mit seiner Aussage, Bitte oder Grenzziehung ist.

Das sollten Sie bei der Kommunikation mit Kindern beachten:

- Sprechen Sie mit einer klaren, ruhigen und überzeugenden Stimme.
- Nutzen Sie eine eindeutige Sprache mit kurzen, verständlichen Sätzen und vertrauten Worten.
- Seien Sie ehrlich zu Kindern.
- Formulieren Sie Bitten um Verhaltensänderungen oder Anregungen zu Vorgehensweisen deutlich und begründet, z. B.: „Bitte zieh in der Spielecke die Hausschuhe an, damit der Straßendreck nicht an die Spielsachen kommt.“
- Fordern Sie Kinder bei Erklärungen, ohne sie zu überfordern.
- Beziehen Sie Kinder in Entscheidungen und Tätigkeiten mit ein.

Über Kommunikationsmöglichkeiten mit Kindern mit Behinderungen können Sie sich unter www.behinderte-kinder.de/uk/uk.htm informieren.

! Kinder hören mehr, als man denkt, und beobachten genau. Sie erkennen, ob die Aussagen, die gemacht werden, mit dem Verhalten übereinstimmen. Sie sind verwirrt, wenn sie sehen, dass Erwachsene bedeutungsschwere Blicke austauschen oder leiden und ihnen gegenüber Normalität „spielen“. Die Kinder machen sich dann ein eigenes Bild von der Situation, das ist vielleicht sogar schlimmer als die Wahrheit.

Kommunikation mit Jugendlichen

Jugendliche haben ihre eigene Sprache. Sie haben diese in Cliquen, durch Medien und den Wunsch nach Eigenständigkeit geprägt und entwickelt. Für Emotionen oder Verhaltensweisen existieren eigene Begriffe, die meist nur innerhalb einer bestimmten Gruppe verstanden werden.

Abb. 2 Cliquen haben oft eigene Kommunikationsmuster.

Um ein Gespräch mit Jugendlichen zu führen, muss eine Vertrauens- und Verständnisgrundlage geschaffen werden. Man benötigt viel Feingefühl, denn Her-anwachsende können sehr sensibel auf Gesprächsangebote reagieren. Jedoch erfahren sie im Gespräch, dass sie ernst zu nehmende Kommunikationspartner sind. Versuchen Sie, die Sichtweisen der Jugendlichen nachzuvollziehen, und verstärken Sie positive Ansätze.
Wichtig im Umgang mit ihnen ist die Achtung ihrer Person und ihrer individuellen Haltung. Dennoch brauchen und wollen Jugendliche klare Absprachen und Grenzen. Auch für Sie selbst ist es in Ihrer beruflichen Rolle wichtig, Grenzen einzuhalten.

Jugendliche brauchen klare Absprachen und Grenzen.

! Das persönliche Gespräch spielt bei vielen Jugendlichen nur noch eine untergeordnete Rolle. Zwei Drittel der unter 20-Jährigen kommunizieren gern per Chat im Internet. Laut einer Umfrage des Instituts für Demoskopie Allensbach zieht jeder Zweite auch ein ausgiebiges Telefonat und das Schreiben einer SMS oder E-Mail dem Meinungsaustausch mit einem direkten Gegenüber vor. Die Folge: Durch den regelmäßigen SMS-Verkehr wird jeder dritte Teenager bei den ungewohnten längeren Gesprächen recht schnell ungeduldig.
Quelle: www.pchome.de; download vom 02. 04. 09

Chat ► S. 272
SMS ► S. 273
E-Mail ► S. 272

1.2.2 Kommunikation in und mit Familien

Familien haben eigene Kommunikationsstrategien. Insbesondere bei kleinen Kindern muss die Erfahrung der Angehörigen genutzt werden, um das Gespräch zu gestalten. Das Kind wird entwicklungsgerecht direkt in das Gespräch einbezogen. Damit sammelt es positive Erfahrungen und kann eigene Wünsche und Bedürfnisse benennen und vertreten.
Eltern wollen wissen, wie es ihren Kindern geht. Der Austausch mit den Familien erfolgt über spontane oder geplante Gespräche, über Elternabende und mit Hilfe von schriftlichen Informationen.

Familie ► S. 163

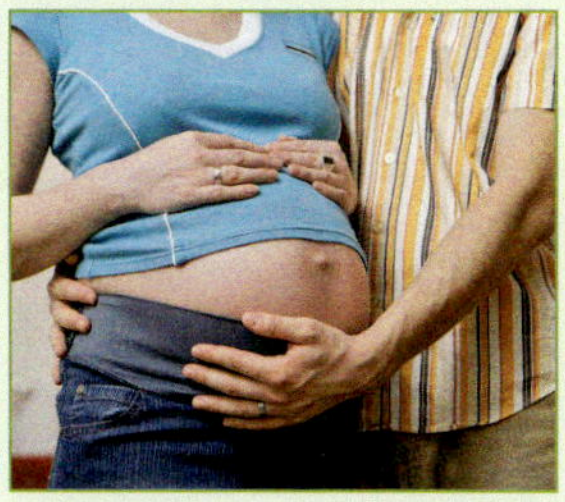

Abb. 3 Mit der Geburt eines Kindes wird aus einem Paar ein Elternpaar, dem der Austausch über ihr Kind wichtig ist.

Eltern wollen in die Betreuung ihrer Kinder eingebunden werden. Die Integration von Eltern, ob in der Kindertagesstätte oder im Krankenhaus, unterstützt die Entwicklung des Kindes. So werden Angehörige in Entscheidungen einbezogen, aktuell informiert und unterstützt. Ohne den Austausch mit Eltern und Angehörigen ist eine fachliche Arbeit mit den Kindern und der Familie kaum möglich.

Familienstrukturen können problembelastet sein. Hier ist der Einsatz von Kommunikationstechniken wichtig. Sie dienen der Unterstützung der Familien, aber auch dem Selbstschutz. Manche Konflikte können nicht umgehend gelöst werden, deshalb gilt die Konzentration der aktuellen Situation und der Stärkung des Kindes. Das Kind sollte dabei jedoch nicht aus dem komplexen System Familie herausgelöst werden.

Über die Bundeskonferenz für Erziehungsberatung e.V.
www.bke.de
findet man eine Übersicht von verschiedenen Beratungsstellen für Erziehungs- und Familienberatung.

1.3 Erfolgreich kommunizieren im Beruf – „Wie kann ich meine Kommunikation verbessern?"

Die Fähigkeit, sich auf andere Menschen einzulassen, ist Voraussetzung für gute Kommunikation.

Kommunikation ist eines der wichtigsten Instrumente der sozialen Arbeit. Sie begleitet alle praktischen Hilfen und Angebote, ermöglicht schriftliche, mündliche sowie nonverbale Mitteilungen. Ohne Kommunikation können die beruflichen Beziehungen zu Kollegen oder Kindern nicht gestaltet, Hilfen und Angebote nicht geplant, Ergebnisse und Veränderungen nicht benannt und festgehalten werden.
Voraussetzung für die Entwicklung guter Kommunikationsfähigkeit ist, dass wir uns auf andere Menschen einlassen, ihnen zuhören, hilfreiche Kritik annehmen und auch umsetzen. Diese Grundhaltung, sich in andere einzufühlen, deren Meinungen und Lebensstile wertzuschätzen und anzuerkennen und anderen Menschen grundsätzlich aufgeschlossen, positiv und ehrlich zu begegnen, ist für die Arbeit mit Menschen bedeutsam. Sie ist immer die Voraussetzung für eine gelungene Beziehungs- und Kommunikationsgestaltung, jenseits aller Techniken und Strategien.
In der sozialen Arbeit arbeiten Sie häufig im Team, also in einer Gruppe. Eine Gruppe bildet eine gemeinsame Identität aus, die sich in ihrer Kommunikation ausdrückt. Es gibt gruppenspezifische Formen der Gesprächsgestaltung, der positiven und negativen Kritik und der Diskussionsführung. Das gilt für jede Schulklasse, jedes Mitarbeiterteam, aber auch jede Familie.

1.3.1 Kommunikationsanlässe im Beruf

Dokumentation ► S. 196

Konfliktgespräche ► S. 95

In sozialen und pflegerischen Berufen wird schriftliche und mündliche Kommunikation mit Kolleginnen, Ausbildern, Vorgesetzten, Kindern und deren Angehörigen benötigt. Es müssen Absprachen getroffen und Informationen weitergegeben werden. Auch Lieferanten, Behörden und andere Fachkräfte sind wiederkehrende Kommunikationspartner. Im Rahmen der schriftlichen Kommunikation sind vor allem die tägliche Dokumentation durchgeführter Tätigkeiten und der aktuellen Situation, Hilfeplanung sowie Berichte zu nennen. Jede Einrichtung und jede Angebotsform hat hier ihre Standards. Wichtig ist die genaue Einarbeitung und sorgfältige Ausführung schriftlicher Kommunikation, von ihr hängt die Qualität der täglichen Arbeit und der Zusammenarbeit mit anderen Kolleginnen ab.
Innerhalb der mündlichen Kommunikation treten sehr unterschiedliche Anforderungen auf, z. B. Gespräche mit Kindern und deren Angehörigen, Konfliktgespräche mit Kolleginnen oder fachliche Diskussionen im Team.

Abb. 1 An „schwarzen Brettern" in Kindertagesstätten werden Informationen an die Eltern weitergegeben.

Abb. 2 Absprachen unter Kolleginnen sind eine wichtige Form der verbalen Kommunikation im Beruf.

Diskussion

Diskussionen dienen dem Austausch von unterschiedlichen Haltungen, Standpunkten und Informationen. Sie können im direkten Kontakt oder aber auch über Medien wie Briefe, Radio, Fernsehen oder Internet erfolgen. Dienst- und Teambesprechungen, Klassengespräche, aber auch Kritik- und Streitgespräche sind Formen der Diskussion.

In einer Diskussion tauscht man sich über unterschiedliche Standpunkte aus.

Medien ► S. 267
Fernsehen ► S. 271
Internet ► S. 272

Eine gelungene Diskussion ist von Respekt geprägt. Sie findet unter Einhaltung von Gesprächsregeln statt und wird häufig von einer Person moderiert. Diese bringt sich inhaltlich eher nicht ein.

Moderatoren einer Diskussion
- koordinieren die Redebeiträge,
- fassen Ergebnisse zusammen,
- achten auf die Einhaltung der Zeit,
- eröffnen und beenden die Diskussion.

Bei großen Gruppen kann es auch vorkommen, dass bestimmte Personen dafür eingeteilt werden, auf die Zeit zu achten.

Telefongespräche

Berufliche Telefongespräche zu führen ist eine alltägliche Anforderung. In ihnen werden z. B. Anfragen, Informationen, Terminwünsche und Kritik vermittelt. Auch wenn die Gesprächspartner sich beim Telefongespräch (ohne Bildtelefon oder Kamera) nicht ins Gesicht sehen können, ist es wichtig, während des Gesprächs auf Mimik und Körperhaltung zu achten. Ob ein Gesprächspartner gemütlich im Sessel hängt, ob er lächelt oder Grimassen zieht, das ist auch am Telefon „hörbar“. Die Stimme verändert sich mit. Wichtige Telefonate sollten deshalb im Sitzen oder gar im Stehen geführt werden.

Auch bei Telefongesprächen sind Körperhaltung und Mimik von Bedeutung.

Wie Sie sich zu Beginn des Telefonates vorstellen:
- Nennen Sie den Namen der Einrichtung.
- Nennen Sie Ihren eigenen Namen und evtl. Ihre Funktion.
- Begrüßen Sie den Gesprächspartner.
- Fragen Sie, wie Sie dem Anrufer weiterhelfen können.

Um am Telefon verständlich zu sein, wird in klaren Sätzen laut und deutlich gesprochen. Da man Mimik und Gestik des Partners nicht sehen kann, sind Betonung und Pausen wichtig. Jedes Telefonat wird dokumentiert. Telefonate für andere Ansprechpartner werden an diese weitergeleitet. Ist z. B. eine Kollegin nicht erreichbar, so werden wichtige Daten notiert und schnellstmöglich weitergeleitet.

Dokumentation eines Telefongesprächs:

- Datum, Uhrzeit, Gesprächspartner des Telefonats

- Name und Telefonnummer des Anrufers
- Anliegen und Dringlichkeit
- zusätzliche Daten und Hinweise
- Absprachen und Termine (Datum, Uhrzeit, Ort)

1.3.2 Gesprächsverläufe

Jedes Gespräch ist bestimmt durch seinen Anlass und unterscheidet sich in Inhalt, Aufbau und Verlauf. Ein Vorstellungsgespräch gestaltet sich anders als ein Kritikgespräch, eine Besprechung anders als ein Verkaufsgespräch.

Der Verlauf eines Gespräches ist von verschiedenen Einflussfaktoren abhängig.

Auf den Verlauf eines Gesprächs haben z. B. Einfluss
- der Zeitpunkt,
- die Vorbereitung,
- der Raum,
- die Teilnehmer und
- die Sitzordnung.

Viele Gespräche folgen einem Grundaufbau in sechs Phasen:

Phase	Erläuterung
Eigene Vorbereitung	Stellen Sie den Gesprächsbedarf fest. Klären Sie Ihr eigenes Interesse.
Kontaktaufnahme	Sprechen Sie Ihre Gesprächspartner an und stellen Sie eine positive Gesprächsbasis her.
Bestimmung des Anlasses und des Ziels	Stellen Sie Ihren Gesprächspartnern Ihr Anliegen und Ihre Absichten kurz dar.
Inhaltlicher Austausch	Tauschen Sie sich mit den Gesprächspartnern über Informationen, Standpunkte und Fragen aus. Halten Sie den Kontakt aufrecht, hören Sie genau zu und bleiben Sie beim Thema.
Abschluss	Halten Sie Ergebnisse, Ziele und offene Punkte fest. Verabreden Sie, wenn nötig, weitere Termine. Beenden Sie das Gespräch in einer positiven Weise.
Auswertung	Reflektieren Sie Verlauf, Inhalte und Ergebnisse des Gesprächs. Halten Sie dies, wenn nötig, schriftlich fest.

Die Kontaktaufnahme ist entscheidend für den weiteren Erfolg eines Gesprächs.

Nicht auf jedes Gespräch kann man sich lange und gezielt vorbereiten, seine Argumente überlegen und sich Fragen zurechtlegen. Oft entstehen Gespräche aus einer passenden Situation heraus. Bereits die Kontaktaufnahme entscheidet wesentlich über die Kommunikationsbereitschaft und Offenheit der Gesprächspartner, was besonders bei Kritikgesprächen und unangenehmen Themen bedeutsam ist.

Wichtig bei der Gesprächsführung ist
- ein ausgewogenes Gewicht der Redebeiträge,
- zuzuhören,
- nachzufragen und
- einen konstruktiven Abschluss zu finden.

Gespräche sollten nicht zu umfangreich werden, indem viele Nebenthemen hinzugezogen werden. Es ist sinnvoll, einen Zeitrahmen zu verabreden oder für komplizierte und langwierige Themen gesonderte Termine zu vereinbaren, damit alle gut vorbereitet sind.

Abb. 1 Auch im Gespräch mit Freunden ist Zuhören wichtig.

1.3.3 Hilfreiches Kommunikationsverhalten

Gelingende Gespräche setzen die Kommunikationsfähigkeit der Gesprächspartner und günstige äußere Bedingungen voraus. Der bewusste Einsatz von Gesprächstechniken erleichtert das Gespräch. Sie sichern ab, dass das Gespräch erfolgreich verläuft und die Gefahr von Missverständnissen sinkt.

Gesprächsförderer beeinflussen die Kommunikation positiv, Gesprächshemmer negativ.

In der nachfolgenden Tabelle werden Verhaltensweisen beschrieben, die ein Gespräch positiv beeinflussen (Gesprächsförderer), und andererseits Verhaltensweisen, die Ursache für schwierige Gesprächsverläufe sein können (Gesprächshemmer).

Gesprächsförderer	Gesprächshemmer
Aktiv zuhören: Gute Gespräche brauchen konzentrierte Aufmerksamkeit. Geben Sie Ihrem Gesprächspartner die Chance, seine Ansichten und Wünsche zu beschreiben.	**Unterbrechen:** Vermeiden Sie es, Ihren Gesprächspartner nonverbal (wie mit verdrehten Augen oder umherschweifendem Blick) oder verbal zu unterbrechen, wenn er zu lange braucht, um „auf den Punkt" zu kommen.
Ich-Botschaften senden: Formulieren Sie Ihre persönlichen Ansichten, Gefühle und Wünsche in der „Ich-Form". So wird die Verantwortung für Ihre Einschätzung, Bedürfnisse und Gefühle deutlich.	**Du-Botschaften senden:** Diese klingen schnell bestimmend, wertend und vorwurfsvoll oder besserwisserisch. Damit verletzen Sie den Angesprochenen oder lösen einen Streit aus. Eine Formulierung in der „Man-Form" ist oft wenig greifbar.
Paraphrasieren und Respekt zeigen: Wiederholen Sie zentrale Punkte des Gehörten, um sicherzugehen, dass Sie alles richtig verstanden haben.	**Eigene Erfahrungen und Ratschläge in den Vordergrund stellen:** Jeder Mensch hat seine eigene Vorgehensweise. Arbeiten Sie gemeinsam Lösungsansätze heraus, statt eigene Handlungsweisen weiterzuempfehlen.
Rückfragen stellen: Wenn Sie etwas nicht verstehen, fragen Sie frühzeitig nach, um dem Gespräch besser folgen zu können. Das Fragen zeigt Ihr Interesse.	**Bewerten statt akzeptieren:** Verletzende Rückmeldungen und Verhaltensweisen blockieren das Gespräch. Vermeiden Sie persönliche Angriffe, auch wenn die Lösungsansätze des anderen nicht logisch erscheinen.
Zugewandt sein: Konzentrieren Sie sich auf Ihren Gesprächspartner und seine Aussagen. Das vermittelt ihm ein positives Gefühl.	**Unkonzentriert sein:** Planen Sie so, dass Sie während eines Gespräches nicht weitere Absprachen, z. B. Telefonate, „nebenher" erledigen müssen.
Feedback geben: Geben Sie konstruktive und wertschätzende Rückmeldungen dazu, wie Sie den Gesprächspartner und die Situation wahrnehmen.	**Herunterspielen:** Reagieren Sie nicht mit Hinweisen auf Menschen, die es noch schwerer haben, oder dass alles nicht so schlimm sei.
Ausreden lassen: Um sich gegenseitig richtig zu verstehen, ist es wichtig, dass jeweils nur ein Gesprächspartner spricht. In einem guten Gespräch wechselt der Sprechende regelmäßig. Ein Sprecherwechsel ist am Ende eines Satzes möglich.	**Ins Wort fallen:** Reden Sie Ihrem Gesprächspartner nicht dazwischen. Wenn er länger braucht, um sich auszudrücken, und laufend unterbrochen wird, fällt es ihm schwerer, seinen Standpunkt zu vertreten. Unterbrechungen sind nur dann erlaubt, wenn für ein Thema ein anderer Gesprächspartner zuständig ist oder wenn auf Grund der Zeitplanung ein Gesprächstermin neu vereinbart werden muss.

Weitere Gesprächshemmer sind z. B. Befehle, Anordnungen, Warnungen, Drohungen, Angebote fertiger Lösungen, zu lange eigene Redebeiträge, zu komplizierte Ausführungen, Belehrungen, Verurteilungen, unangemessene Kritik, Beschimpfungen oder Interpretationen.

Unter Feedback versteht man die Rückmeldung an eine Person zu deren Verhalten.

Feedback – Rückmeldung zur Verbesserung der Kommunikation

Feedback umfasst die Rückmeldung auf ein bestimmtes Verhalten einer Person oder einer Gruppe. Das kann unbewusst geschehen, z. B. durch eine nonverbale Reaktion wie ein Kopfnicken oder ein Lächeln, oder auch zielgerichtet wie durch ein Klatschen oder eine verbale Rückmeldung. Feedback kann spontan sein oder erbeten werden.

Durch eine Rückmeldung erfährt man von der Einschätzung des Gesprächspartners. Dies kann sich z. B. so anhören:

- „Das sehe ich genauso.“
- „Da kann ich Ihnen nicht zustimmen.“
- „Ich schätze Ihr geduldiges Engagement sehr.“

Durch Feedback können Sie Ihre Selbstwahrnehmung und die Fremdwahrnehmung überprüfen. Wir wirken auf andere oft anders, als wir es uns selber vorstellen. Nicht jeder Gesprächspartner erlebt uns auf die gleiche Weise. Empfindet jemand eine Verhaltensweise als lustig und hilfreich, kann jemand anderes das gleiche Verhalten als störend und distanzlos einschätzen. Gibt ein Gesprächspartner gar keine Rückmeldung, so kann das sehr irritierend sein. Wir legen uns dann automatisch eine Deutung zurecht.

Wie Feedback sein sollte:

- erbeten bzw. erwünscht
- beschreibend, klar formuliert, brauchbar, zielgerichtet
- angemessen und nicht wertend oder interpretierend
- konkret und nicht allgemein
- sachlich richtig, verhaltens- und nicht charakterbezogen
- frühzeitig und rechtzeitig
- neue Informationen beinhaltend

Feedback gelingt erst dann richtig, wenn es auch angenommen wird. Wir sollten

- es uns ruhig anhören,
- die Information darin suchen, nicht die Wertung,
- nachfragen, was wir nicht verstehen,
- nicht abwerten, entschuldigen, relativieren,
- den positiven Nutzen und Wert für uns erkennen,
- uns bewusst entscheiden, unser Verhalten zu ändern oder nicht zu ändern.

Die Kinderpflegerin Tina ist neu in der Tagesstätte und soll zum ersten Mal ein Herbstfest für die Kinder organisieren. Sie ist unsicher, ob ihre Ideen für das Fest gut sind, und stellt ihr Konzept zunächst den erfahrenen Kolleginnen vor, um sich ein Feedback zu holen.

Nach der Gruppenstunde möchte Praktikant Tom, dass die Skatergruppe des Jugendclubs Maxim ihm ein Feedback zur Übungsstunde gibt. Kurz und knapp kann sich so jeder äußern, was ihm gefallen hat und was nicht. Anfangs hat das die Jugendlichen genervt. Jetzt finden es alle gut, dass sie am Schluss der Stunde sagen können, wie es ihnen geht und was sie gestört hat.

1.3.4 Schwierige Gespräche führen

Umgang mit Beschwerden

Wenn Menschen sich nicht verstanden, nicht ausreichend betreut oder ungerecht behandelt fühlen, beschweren sie sich evtl. über die Auslöser des Unmuts. Wenngleich eine Beschwerde peinlich oder schmerzhaft sein kann, geht es an erster Stelle nicht um eine Verteidigung der eigenen Position, sondern um die Lösungsfindung.

Beim Umgang mit Beschwerden geht es um das Finden einer gemeinsamen Lösung.

Deshalb wird zunächst Kritik angenommen und eingehend betrachtet:
- Wodurch wurde das Empfinden des anderen ausgelöst?
- Wo liegen evtl. Schwierigkeiten oder Fehler vor?
- Was könnte von wem geändert werden?
- Welche Schritte, Absprachen, Umgangsformen sind jetzt angebracht?
- Kann die Situation allein geklärt werden oder ist der Rat anderer Personen (z. B. einer Kollegin oder eines Vorgesetzten) notwendig?

Auch für das Beschwerdegespräch selbst gibt es Regeln:
- Jede Beschwerde wird zeitnah und mit den richtigen Gesprächspartnern bearbeitet.
- Die Beschwerdeführer können ausreden, um ihren Ärger loszuwerden.
- Die wichtigsten Aussagen werden zusammengefasst. Es wird nachgefragt, um das Verständnis abzusichern.
- Es werden Rückmeldungen gegeben und erläutert, weshalb was passiert ist oder wie die Problematik geklärt werden kann.
- Das Bedauern wird ausgedrückt und Lösungswege werden aufgezeigt.

Als Frau Semirci ihre Tochter Indira von der Kinderkrippe abholt, riecht sie gleich, dass Indira eine volle Windel hat: „Ich sehe mir das jetzt schon seit Wochen an. Es kann nicht sein, dass die Kinder hier keine frischen Windeln kriegen. Ich glaube, ich muss mal die Leitung sprechen.“ Beim Elternabend wird vereinbart, dass Beschwerden immer direkt besprochen werden. Wenn ein Kind kurz vor dem Nachhausegehen in die Windel macht, werden die Eltern gleich informiert.

Konfliktgespräche

Streitigkeiten oder Konflikte kann man mit sich selbst (z. B. Rollenkonflikte), anderen Personen oder auch Gruppen haben. Sie können offen oder verdeckt sein. Ausdrücken können sie sich in kleinen Spannungen bis hin zu heftigen Streitgesprächen. Gespräche in Konfliktsituationen nehmen in der sozialen Arbeit und in Teams eine besondere Stellung ein. Wird in einem Anfangskonflikt kein gemeinsamer Nenner gefunden, gestaltet sich die Zusammenarbeit schwieriger. Es sollte deshalb frühzeitig ein klärendes Gespräch geführt werden. Auch bei kleinen Konflikten können wir uns förderlich oder hinderlich verhalten und die Konfliktentwicklung beeinflussen.

Rollenkonflikte ► S. 26

Abb. 1 Konflikte in der Zusammenarbeit sollten frühzeitig geklärt werden.

Viele Konflikte entstehen aus Missverständnissen.

4-Ohren-Modell ► S. 86

Konfliktentstehung

Konflikte entstehen häufig aus Kommunikationsmangel. Menschen hören einander nicht empathisch genug zu, akzeptieren unterschiedliche Auffassungen nicht, reagieren auf der angesprochenen Ebene einer Botschaft oder unterliegen einseitigen Kommunikationsgewohnheiten. Der Faktor Zeit spielt eine wichtige Rolle, Zeitmangel verhindert oft die notwendige Ausführlichkeit der Kommunikation.

Wenn eine Situation von verschiedenen Seiten beleuchtet wird, werden die Problematik und die Rolle der Konfliktpartner deutlich. Eine gute Argumentation wägt Gründe für und gegen eine Behauptung, Handlung oder Sichtweise gegeneinander ab. Sie ermöglicht es, dass Missverständnisse aus dem Weg geräumt werden und die Konfliktpartner eine gemeinsam akzeptierte Lösung entwickeln. Um ein Zerwürfnis zu klären und den unterschiedlichen Interessen und Ansichten gerecht zu werden, werden Konfliktgespräche genutzt. Können im Zweiergespräch oder im Team keine Lösungen gefunden werden, ist Hilfe von außen notwendig.

Vorüberlegungen zur Planung eines Konfliktgesprächs:

- Wer ist an dem Konflikt beteiligt?
- Wie ist der Konflikt entstanden? Was ist die Ursache?
- Was sind die Bedürfnisse der Konfliktpartner? Wie verhalten sie sich?
- Wie kann die Situation gelöst werden?
- Welche Vor- und Nachteile hat welche Lösung?
- Welche Vereinbarungen müssen getroffen werden?

Nicht immer treffen gleichberechtigte und gleichwertige Interessen und Konfliktpartner aufeinander. Konflikte mit Vorgesetzten oder Hilfebedürftigen unterliegen bestimmten Rahmenbedingungen. Hier kann eine Einigung mit Gewinn für beide Seiten nicht in jedem Fall erzielt werden.

Konfliktlösung

Konflikte können auf verschiedene Art und Weise gelöst werden:

	1. Die stärkere Person oder Gruppe setzt sich durch. Der Gewinner fühlt sich meist gut und der Verlierer fühlt sich schlecht oder ärgert sich.
	2. Es kommt zu keiner Lösung, weil alle auf ihrer Position und Ansicht beharren. Dann kann sich das Einbeziehen eines neutralen Partners anbieten.
	3. Beide Partner ziehen ihre Ansichten und Forderungen so weit zurück, dass sie sich auf dem „kleinsten gemeinsamen Nenner“ einigen können, ihr Gesicht wahren und einen Kompromiss bilden.
	4. Beide Konfliktpartner ziehen einen Gewinn aus der Situation. Sie haben gemeinsam eine neue Lösung entwickelt, die nicht nur die Nachteile im Gleichgewicht hält, sondern auch wirkliche Veränderungen ermöglicht.

Phasen kooperativer Konfliktlösung

Phase	Beispiel
1. Der Konflikt wird benannt, das gemeinsame Anliegen betont.	„Wir haben uns zusammengesetzt, um Probleme bei der Verteilung der Wochenenddienste hier in unserer Kindertagesstätte zu klären."
2. Der Ist-Zustand wird beschrieben. Über den konkreten Konflikt sollte Einigkeit bestehen.	„Alle wollen höchstens zwei Nachmittage in der Woche bis 18 Uhr arbeiten. Das ist jedoch nicht immer möglich. So kam es zu Reibereien. Manche fühlten sich ungerecht behandelt."
3. Allen Beteiligten wird ermöglicht, ihre Meinung zu sagen.	„Nicht jeder von uns kann gleich oft einspringen und Dienste bis 18 Uhr übernehmen." „Für jeden ist die Belastung vergleichbar. Nur weil man keine eigene Familie hat, hat man trotzdem ein Recht auf Privatleben." „Die Kolleginnen, die schon lange im Team sind, mussten zu Beginn ihrer Tätigkeit auch mehr einspringen, das ist eben so."
4. Der Konflikt wird bearbeitet. Es werden mögliche Vorgehensweisen und Alternativen benannt, ein Lösungsweg ausgewählt bzw. erarbeitet.	„Ich schlage vor, dass wir für das Einspringen eine Art Bereitschaftsplan erstellen, bis wir wieder alle Stellen besetzt haben." „Wir sollten die Nachmittagsdienste für das nächste Vierteljahr fest vorplanen, jeder sollte alle zwei Wochen frei haben." „Wir versuchen gemeinsam, eine gerechte Vorplanung zu erstellen. Wer am Nachmittag flexibel ist, sollte dann auch am Vormittag frei haben."
5. Offene Fragen werden geklärt.	„Gibt es noch irgendwelche Fragen?" „Wie wollen wir mit den Mehrstunden verfahren, die beim Einspringen entstehen?" „Können wir wie für das Einspringen auch eine Art Bereitschaftsplan für zusätzliche freie Tage entwickeln?"
6. Der Erfolg des Gespräches wird gesichert und Anerkennung ausgesprochen sowie die Verbindlichkeit betont.	„Ich freue mich sehr, dass wir so schnell eine Lösung gefunden haben. Die getroffene Vereinbarung ist bis zu einer neuen Entscheidung für alle gültig."

Zum Weiterarbeiten im Arbeitsbuch

Kinderpflege			
	Schwerpunkt	**Lernsituation**	**Nr.**
	• Kommunikation • Erziehungsstile • Zusammenarbeit mit Eltern	„Ich möchte nicht, dass ihr meinem Sohn dabei helft"	06

2. Verhalten des Menschen – „Warum bin ich, wie ich bin?“

2.1 Entwicklung des Menschen – „Wird man denn nie fertig?“

2.1.1 Der Mensch verändert sich

Die Entwicklung des Menschen findet in der gesamten Lebensspanne statt.

Menschliche Entwicklungen sind Veränderungen im Laufe des Lebens, die sich einer bestimmten Altersstufe zuordnen lassen, aufeinander aufbauen und die dauerhaft sind. Die Entwicklung beginnt mit der Zeugung und hört mit dem Tod auf. Das heißt, sie endet nicht nach der Pubertät, wie manchmal behauptet wird, sondern spielt auch im Erwachsenenalter eine wichtige Rolle. Entwicklung findet also in der gesamten Lebensspanne statt.

Folgende Prinzipien spielen bei der Entwicklung des Menschen eine Rolle:

Logische Reihenfolge: Die Entwicklung verläuft nicht sprunghaft, sondern kontinuierlich. Der Mensch lernt zuerst das Krabbeln, erst später das Laufen – eine Umkehrung ist nicht möglich. Die einzelnen Schritte bauen logisch aufeinander auf. Es gibt aber auch Kinder, die nicht krabbeln und gleich laufen lernen.
Kanalisierung: Von Geburt an hat der Mensch eine Fülle von Möglichkeiten, sein Verhalten zu entwickeln. Aber durch Einflüsse aus der Umwelt werden diese Möglichkeiten eingeschränkt. Zur Umwelt gehören z. B. Eltern, Geschwister oder der Freundeskreis. Sprechen die Eltern Deutsch, lernen die Kinder die gleiche Sprache, obwohl sie auch jede andere lernen könnten. Die riesige Menge an Möglichkeiten wird kanalisiert, also reguliert.
Verfestigung: Die kanalisierten Möglichkeiten werden zu festen Gewohnheiten. Ein Kind, das Deutsch lernt, eignet sich diese Sprache an und verfestigt sie. Eine neue Sprache zu lernen würde Kindern und Erwachsenen sehr schwer fallen.
Sensible Phase: Zu bestimmten Zeiten herrscht eine höhere Empfänglichkeit für das Erlernen bestimmter Fähigkeiten. In diesen Phasen lernt das Kind besonders intensiv und motiviert. Wird die Zeitspanne verpasst, können die Fähigkeiten nur mit hoher Anstrengung und großem Willen erlernt werden. Der Erwerb von Fremdsprachen fällt z. B. Erwachsenen schwerer, da sich das Entwicklungsfenster für die Aneignung dieser Fähigkeit immer weiter schließt.

2.1.2 Individuelle Entwicklung

Menschen entwickeln sich völlig unterschiedlich. Manche Kinder sprechen früher, andere später. Entwicklungstabellen machen einen Vergleich zwischen den Individuen möglich. So lässt sich der Entwicklungsstand eines Menschen abschätzen. Allerdings kann man nur grobe Aussagen über den Verlauf der Entwicklung eines Menschen treffen. Die eine oder andere Phase durchläuft man schneller oder eben langsamer. Finden die Fortschritte insgesamt in den entsprechenden Zeiträumen statt, so spricht man von einer normalen oder altersgemäßen Entwicklung. In Ausnahmefällen kann die individuelle Entwicklung von der Norm abweichen, entweder ist dann die Entwicklung beschleunigt oder verlangsamt. Die beschleunigte Entwicklung nennt man Akzeleration. Die verlangsamte Entwicklung heißt Retardation. Hier ist dann eine besondere Förderung des Kindes notwendig. Dabei kann ein Bereich, z. B. die Sprache oder die Bewegung, oder aber auch die Gesamtentwicklung betroffen sein. Es muss immer die ganze Entwicklung einbezogen werden. Eine Beurteilung des Entwicklungsstandes auf Grund nur eines Bereiches ist nicht ausschlaggebend. In den Vorsorgeuntersuchungen für Neugeborene, den Früherkennungsuntersuchungen für Kinder und Jugendliche achtet der Kinderarzt auf den individuellen Entwicklungsstand.

Die beschleunigte Entwicklung nennt man Akzeleration. Die verlangsamte Entwicklung heißt Retardation.

Entwicklungstabellen ► S. 199

Menschen werden im Laufe des Lebens mit schwierigen Lebenssituationen konfrontiert. Dies können Enttäuschungen oder besonders angespannte Sachlagen sein. Optimalerweise lernt das Kind mit solchen Frustrationen umzugehen und diese Anforderungen zu bewältigen. Dies wird Resilienz (Widerstandsfähigkeit) genannt. Genau das Gegenteil davon ist Vulnerabilität (Verletzbarkeit). Dem Kind fällt es schwer, mit belastenden Situationen angemessen umzugehen. Es reagiert ängstlich, aggressiv oder wird krank.

Resilienz bedeutet Widerstandsfähigkeit gegen Frustrationen und schwierige Lebenssituationen.

Resiliente Kinder verfügen meist über bestimmte soziale und emotionale Faktoren:
- Optimismus: Sie haben eine positive Einstellung zum Leben.
- Hohe Sozialkompetenz: Sie können gut mit Menschen umgehen.
- Feste soziale Bindungen: Resiliente Menschen sind in ihre soziale Umwelt, also insbesondere die Familie, gut eingebunden.
- Große Kontrollüberzeugung: Sie glauben, dass sie die meisten Probleme selbst lösen können.

Familie ► S. 163

Anlage, Umweltfaktoren und Selbststeuerung bestimmen die Entwicklung des Menschen.

2.1.3 Die Entwicklung des Menschen wird beeinflusst

Jeder Mensch entwickelt sich zu einem einzigartigen Individuum. Die Ursachen dafür sind unterschiedliche Faktoren, die das Aufwachsen des Kindes, des Jugendlichen und des Erwachsenen beeinflussen. Das sind
- Anlagen, also Erbanlagen,
- Einflüsse aus der Umwelt und
- der eigene Wille, also die Selbststeuerung.

So bilden sich individuelle Fähigkeiten und Verhaltensweisen heraus.

Anlage

Mit der Ei- und Samenzelle geben Mutter und Vater ihre Erbanlagen an ihre Kinder weiter. Die Gene bestimmen von Anfang an die Entwicklung des Individuums entscheidend mit: Haar-, Augen- und auch die Hautfarbe werden von den Vorfahren übernommen. Dies sind ganz offensichtliche Zeichen der Vererbung. Aber wird auch Verhalten vererbt? Wenn ein Kind aggressiv ist, hat es seine Aggressivität dann z. B. vom Vater oder von der Mutter geerbt? Oder hat jeder Mensch eine etwa gleiche Veranlagung zu einem bestimmten Verhalten? Dann würde dieses Verhalten ein Produkt der Umwelt und der eigenen Entscheidungen sein. In vielen Untersuchungen hat sich herausgestellt, dass nicht nur Äußerlichkeiten vererbt werden, sondern auch Verhalten.

Es kann die Tendenz zu einem bestimmten Verhalten vererbt werden, nicht aber konkrete Verhaltensweisen. Das Verhalten wird eben nicht nur von den Genen, sondern natürlich auch von der Umwelt und dem Individuum selbst bestimmt. Deshalb ist menschliches Verhalten nicht unbedingt durch die Gene festgelegt, aber beeinflusst.

! Psychologen nutzen die Zwillingsforschung, um den Zusammenhang zwischen Erbanlagen und Verhalten nachzuweisen. Zwillinge wachsen meist unter sehr ähnlichen Bedingungen auf, das heißt, deren Umweltbedingungen sind gleich.

Abb. 1 Genetisch gleiche Zwillinge empfinden oft auch gleich.

Nun kann man das Verhalten oder die Gefühle von eineiigen oder zweieiigen Zwillingen untersuchen. Eineiige Geschwister haben genau die gleichen Gene, während bei zweieiigen die Gene zu 50 % unterschiedlich sind. In einer Langzeitstudie zeigte sich, dass Menschen mit den exakt gleichen Genen auch eine ähnliche Grundstimmung haben, also sich beispielsweise glücklich fühlen. Bei Menschen mit unterschiedlichem Erbmaterial gibt es im Gefühlsleben eher keine Übereinstimmung. Das heißt, die Gene beeinflussen offensichtlich unser Gefühlsleben. Ein „Glücksgen“ wurde bisher allerdings noch nicht gefunden.
(Quelle: Zimbardo: Psychologie, Pearson Studium, 16.Aufl., S.75)

Es können auch schwere psychische Erkrankungen, wie Schizophrenie, vererbt werden. Nicht jeder, dessen Eltern schizophren sind, wird selbst irgendwann an dieser Krankheit leiden, aber die Wahrscheinlichkeit ist überdurchschnittlich hoch, selbst wenn die Kinder in Adoption leben und ihre biologischen Eltern nicht kennen. Man nennt diese Anlagen innere (endogene) Faktoren. Endogene Faktoren beeinflussen auch die Intelligenz, die Neigung zur Aggressivität oder die innere Ausgeglichenheit.

Die Entwicklung des Menschen wird durch die Gene beeinflusst. Diese Einflüsse heißen endogene Faktoren.

Den Entwicklungsvorgang, der durch endogene Faktoren, also die Anlagen, ausgelöst und vorangetrieben wird, bezeichnet man als Reifung.
Die Reifung läuft dabei wie ein biologisches Programm ab, sodass die Veränderungen in der Entwicklung auch immer in einer bestimmten Reihenfolge auftreten, zum Beispiel beim Erlernen des aufrechten Gangs. Bevor das Kind mit durchschnittlich 13 Monaten selbstständig gehen kann, krabbelt es, steht allein frei und läuft mit Hilfe von Erwachsenen. Eine Umkehrung dieser Reihenfolge ist nicht möglich.

Reifung beschreibt Entwicklungsprozesse, die in einer bestimmten Reihenfolge durchlebt werden.

Umwelt
Weitere wichtige Faktoren, die die Entwicklung entscheidend lenken, sind Einflüsse aus der Umwelt des Menschen, sogenannte exogene Faktoren. Die Entwicklung des Menschen wird von der Befruchtung bis zum Tod von direkten und indirekten äußeren Eindrücken beeinflusst.

Die Umwelteinflüsse, denen die Entwicklung des Menschen ausgesetzt ist, lassen sich in unterschiedliche Faktoren aufteilen:

Die Umweltreize, welche die Entwicklung des Menschen beeinflussen, nennt man auch exogene Faktoren.

- natürliche Faktoren: z. B. das Klima, die Landschaft, die Ernährung
- ökonomische Faktoren: z. B. die persönlichen Vermögensverhältnisse, die Wohnverhältnisse, die Wohnungseinrichtung
- soziale Faktoren: z. B. die Zugehörigkeit zu einer bestimmten Schicht, die Familienverhältnisse, die Stellung in der Geschwisterreihe
- kulturelle Faktoren: z. B. der Einfluss verschiedener Medien (Bücher, Fernsehen, Internet) und der Religionen

Familie ► S. 163

Medien ► S. 267

Menschen leben in einer bestimmten materiellen und sozialen Umwelt, in einer bestimmten Kultur, unter bestimmten ökonomischen Bedingungen und zu einem bestimmten historischen Zeitpunkt. Zusammen bilden diese Umstände die soziokulturelle Umwelt im Leben des Menschen.

Interkulturalität ► S. 170

Bedeutend für die Entwicklung ist die soziokulturelle Umwelt in der Kindheit. Eltern, Geschwister, Erzieherinnen, Freunde, aber auch das materielle Umfeld, in dem Kinder leben, also Wohnung, Wohngegend, Kindergarten oder Schule, spielen eine Rolle.
Kinder, die zum Beispiel in verwahrlosten Verhältnissen aufwachsen, haben leider schlechtere Entwicklungsmöglichkeiten als andere.
Auch bei psychischen Erkrankungen sind Umwelteinflüsse nicht ohne Bedeutung. Kinder aus sogenannten Problemfamilien entwickeln z. B. mit höherer Wahrscheinlichkeit Schizophrenie als Kinder in normalen Verhältnissen.

Anlage ► S. 100
Umwelt ► S. 101

Verhaltenseigenschaften des Menschen werden durch das gemeinsame Wirken von Anlage und Umwelt beeinflusst.

Zusammenwirken von Anlage und Umwelt
Die Entwicklung des Menschen wird sowohl von den Genen als auch von der Umwelt beeinflusst. Alle Verhaltenseigenschaften, z. B. Persönlichkeit, Intelligenz, Gefühle, werden durch das gemeinsame Wirken von Anlage und Umwelt hervorgerufen.

Warum sind Menschen so unterschiedlich?
Die Individualität der Menschen ist beeindruckend. Es gibt keinen Menschen doppelt, sondern jeder ist absolut einzigartig. Die Unterschiede bestehen nicht nur im Aussehen, sondern auch in anderen Dingen, wie z. B. Temperament, Intelligenz und Emotionalität.
Die Unterschiede ergeben sich bereits in frühester Kindheit. Manche Kinder schauen sich Gegenstände lange an, andere spielen sofort damit. Auch Kinder aus derselben Familie sind oft sehr unterschiedlich, obwohl sie ähnliches Genmaterial und eine ähnliche Umwelt haben. Abgesehen von eineiigen Zwillingen stimmt die biologische Anlage bei Geschwistern nur zu 50 % überein.

! **Hospitalismus**
Es entstehen immer wieder Umstände, unter denen Kindern die Zuwendung fehlt. Ein Mangel an engen und liebevollen Beziehungen beeinflusst das Wachstum und sogar das Überleben negativ. Bereits vor 100 Jahren berichtete ein Arzt vom renommierten John Hopkins Hospital (Baltimore/USA), dass viele der Kleinkinder in den Waisenhäusern der Stadt innerhalb eines Jahres starben, obwohl sie eine angemessene körperliche Versorgung bekamen. Jahrelang wurde dieses Phänomen untersucht und festgestellt, dass die Waisenkinder trotz guter Ernährung an Krankheiten unbekannter Herkunft litten.

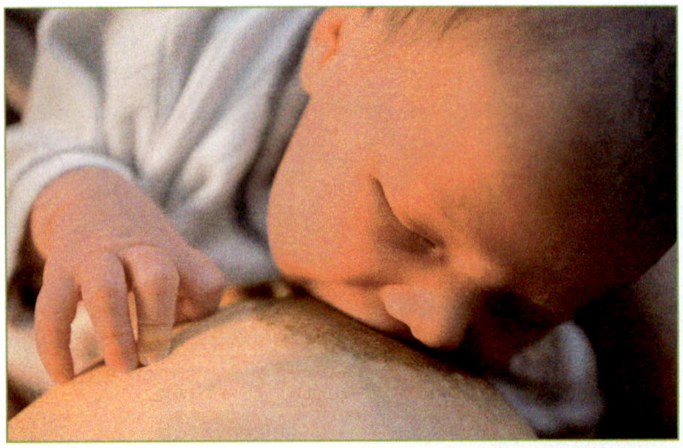

Abb. 1 Das Säugen des Kindes an der Brust der Mutter ist auch körperliche Zuwendung.

Die wichtige Gewichtszunahme beim Säugling bleibt aus und der Körper verfällt mehr und mehr. Zusätzlich lassen sich oft schwere emotionale Störungen feststellen. Das heißt, ohne Zuwendung aus der Umwelt ergeben sich psychische Störungen. Die Gesamtheit aller körperlichen und seelischen Schäden, die durch eine Kontaktarmut bei Kindern entstehen können, nennt man Hospitalismus.

Deprivation
Negative Umweltbedingungen wirken sich ebenfalls schlecht auf die Entwicklung aus. So konnte festgestellt werden, dass misshandelte und vernachlässigte Kleinkinder (zwischen ein und drei Jahren) nicht angemessen auf das Leid eines gleichaltrigen Kindes reagierten. Der Zustand der mangelnden Umsorgung oder Vernachlässigung wird als Deprivation bezeichnet.

Sozialentwicklung/Bindungstheorie ► S. 112

Aktive Selbststeuerung
Das Verhalten des Menschen wird nicht nur durch Anlage- und Umweltfaktoren beeinflusst. Menschen tragen auch durch aktive Selbststeuerung und Selbstbestimmung zu ihrer individuellen Entwicklung bei.

Durch aktive Selbststeuerung wird die eigene Entwicklung beeinflusst.

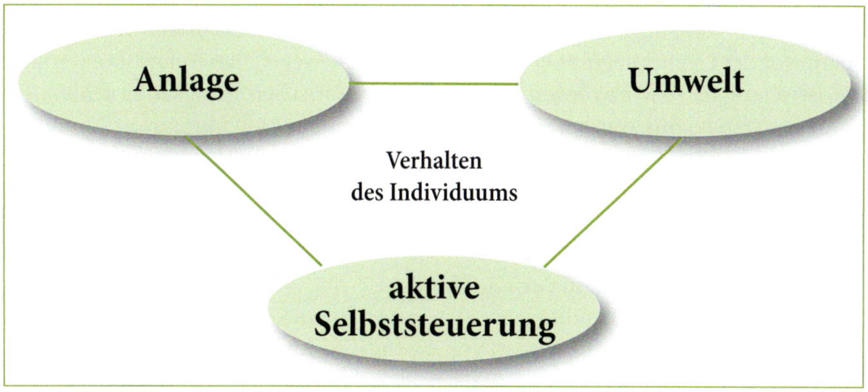

Bereits bei Kleinkindern und Säuglingen lässt sich der wichtige Beitrag erkennen, den das Individuum selbst beisteuert. Säuglinge beeinflussen ihre Entwicklung in erster Linie dadurch, worauf sie ihre Aufmerksamkeit richten (Abb. 2). Sie schauen auf Dinge, die sich bewegen, und lernen so wichtige Teile der Welt kennen. Besonders Gesichter stehen im Mittelpunkt der Aufmerksamkeit und sie erkennen auch Personen. Bereits im ersten Lebensmonat entscheiden sich Kinder für den Blick zur Mutter, wenn mehrere Gesichter zur Wahl stehen. Dies ist sogar wichtig für die weitere Entwicklung, denn so entsteht die intensive Bindung zwischen Mutter und Kind.

Abb. 2 Aufmerksamer Säugling

Bindung ► S. 112

Abb. 3 Die Eigenschaften von Bauklötzen werden durch Herunterfallenlassen erkundet.

Beim Erlernen der Sprache ist der eigene Beitrag ersichtlich. Wenn Kinder zwischen neun und 15 Monaten mit dem Sprechen beginnen, „brabbeln“ sie oft, obwohl niemand reagiert oder auch nur im Raum ist. Dieses seltsame Verhalten ist sehr positiv, denn das motivierte Kind übt und verbessert die Sprache. Kinder spielen nicht nur, weil es ihnen Spaß macht, sondern sie lernen dabei auch. Zum Beispiel erfahren sie Eigenschaften von Gegenständen, wenn sie diese anfassen, aufeinanderprallen oder herabfallen lassen (Abb. 3). Unmotivierte Kinder lernen ihre Umwelt viel langsamer kennen.

Sprachentwicklung ► S. 108

Motivation ► S. 114

Während bei Kindern in der Regel die Eltern die Umgebung bestimmen, entscheiden Jugendliche und Erwachsene selbst, ob sie außer Haus gehen, sich mit Freunden treffen, sich fortbilden oder auch gewalttätig sind. Diese Entscheidungen können für die Zukunft weitreichende Folgen haben. Wer sich z. B. entscheidet, in der Schule regelmäßig zu lernen (Abb. 4), schreibt gute Prüfungen, bekommt einen guten Job und ausreichendes Gehalt.

Abb. 4 Auch zu Hause kann man Lernfortschritte aktiv steuern.

2.1.4 Entwicklung der Motorik

Bewegungen entwickeln sich

Alle Bewegungen eines Menschen werden als Motorik bezeichnet. Unter Grobmotorik versteht man die Bewegungen von Kopf, Rumpf, Beinen und Armen. Die Bewegungen von Fingern, Zehen und Gesicht sind die Feinmotorik.
Schon vor der Geburt beginnt der Mensch, sich zu bewegen. Bei Neugeborenen sind die Bewegungen sehr unkoordiniert, weil die motorischen Fähigkeiten fehlen. Im Laufe der ersten Jahre werden sie entwickelt, bis sie dem Individuum voll zur Verfügung stehen. Mit dem Alter verkümmert das motorische Vermögen wieder auf Grund körperlicher Einschränkungen. Die Motorik entwickelt sich über die gesamte Lebensspanne hinweg.

Entwicklung der Motorik in der Kindheit

Reflexe sind die ersten Handlungsmuster in der Entwicklung der Motorik. Sie sind angeborene Reaktionen und werden von einem Reiz ausgelöst.

- Durch den Schmerzreflex, also das Zurückziehen vom Schmerzreiz, schützen sich Menschen.
- Der Greifreflex wird beim Säugling in Gang gesetzt, wenn die Handinnenflächen berührt werden.
- Die Berührung der Wange in der Nähe des Mundes löst den Suchreflex aus. Das Kind dreht den Kopf in Richtung der Berührung und öffnet den Mund. Es erwartet die Brust der Mutter.
- Sobald der Mund an der Brust ist, wird der Saugreflex ausgelöst. Diese Bewegungen steuert das Kind nicht mit seinem Willen, sondern sie laufen automatisch ab.

Die meisten kindlichen Reflexe verschwinden im Laufe der Zeit, einige bleiben erhalten, z. B. der Hustenreflex, wenn ein Fremdkörper in die Atemwege gelangt, der Niesreflex, das Blinzeln oder der Schmerzreflex.
Um die grundlegenden menschlichen Bewegungsmuster zu erreichen, machen kleine Kinder schnelle Fortschritte (Abb. 1). Das freie Laufen ermöglicht es den Kindern, ihren Erfahrungsraum erheblich zu erweitern. Sie sind nicht mehr von anderen abhängig, sondern entdecken ihre Umwelt auf eigene Faust.

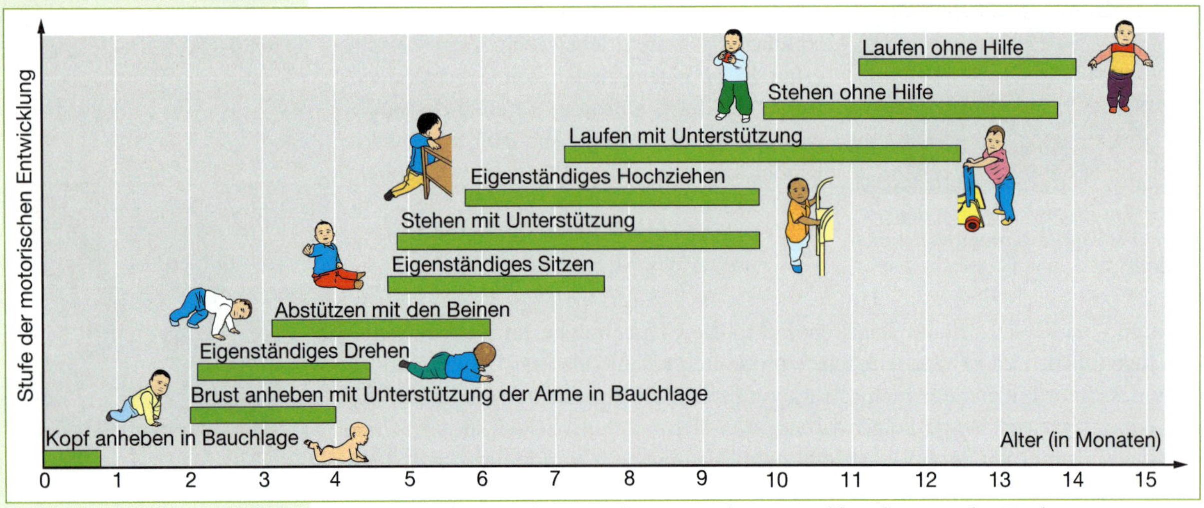

Abb. 1 Wichtige Meilensteine der motorischen Entwicklung bei gesunden Kindern

Beeinträchtigungen der Bewegungsentwicklung
Bei manchen Kindern entwickeln sich die motorischen Fähigkeiten deutlich langsamer als bei gleichaltrigen Spielkameraden. Sie zeigen Schwächen in einzelnen Bewegungsabläufen. In anderen Bereichen verläuft die Entwicklung aber ganz normal. So sind sie normal intelligent und weisen auch keine anderen Beeinträchtigungen auf, wie z. B. in der Wahrnehmung oder in der sozialen Entwicklung.

Wahrnehmung ► S. 187
soziale Entwicklung ► S. 112

Störungen in der motorischen Entwicklung können z. B. sein:
- Unsicherheiten in der Gesamtmotorik: Das Kind lernt nur langsam gehen, laufen, hüpfen, Treppen steigen oder es ist sehr unsicher und ungeschickt im Gehen, Rennen, Klettern, Hüpfen, Balancieren.
- Ungeschicklichkeiten in der Grob- und Feinmotorik: Das Kind lässt Sachen häufig fallen. Es kann manche Arbeitsmaterialien nicht so halten, wie andere Kinder in diesem Alter, z. B. Stifte oder Kreide. Es tut sich schwer damit, etwas auf- und zuzuknöpfen, einen Ball zu werfen und zu fangen oder das Schleifenbinden zu lernen. Das Kind hat z. B. auch Schwierigkeiten, Bausteine aufeinanderzulegen, Konstruktionsspielzeug oder die Teile eines Puzzles anzuordnen.

Störungen in der Motorik beeinflussen die weitere Entwicklung des Kindes:
Wenn kein normales Bewegungsverhalten entwickelt wird, besteht die Gefahr, dass auch die emotionale Entwicklung gefährdet ist, weil das Selbstvertrauen und das Selbstwertgefühl der Kinder leiden. Deshalb zeigen solche Kinder oft auch Verhaltensprobleme, werden ängstlich oder auffällig durch aggressives Verhalten. Es kann sich auch eine Retardierung im sozialen Bereich ergeben, weil die Kinder dann mit anderen, z. B. auf dem Spielplatz, nicht mithalten können.

aggressives Verhalten ► S. 140
Retardierung ► S. 99

Wie kann man die motorische Entwicklung unterstützen?
- Durch Teilnahme an Sport- oder Spielgruppen können Kinder sich zusammen mit anderen bewegen. Das macht Spaß und fördert zusätzlich die soziale Entwicklung.
- Zuwendung und Verständnis für die Probleme des Kindes bestärken es nicht zu resignieren. Dabei ist es am effektivsten, sich auf dessen Fähigkeiten und Stärken zu konzentrieren.
- Das Kind sollte so oft wie möglich Gelegenheit haben, sich draußen und drinnen zu bewegen und vielfältige Bewegungserfahrungen zu machen.
- Das Kind darf ruhig auch mal hinfallen, wenn Bewegungen ausprobiert werden.

Bewegungserziehung ► S. 252

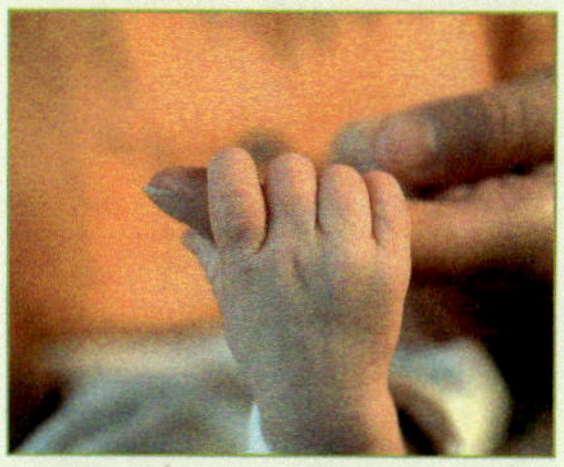

Abb. 2 Greifen mit einer bestimmten Hand

Linkshändigkeit
Kinder, bei denen die linke Hand dominant ist, haben keine „schlechte Angewohnheit". Sie können genauso gut malen und basteln wie rechtshändige Kinder. Die Händigkeit, also welche Hand bevorzugt für feinmotorische Tätigkeiten benutzt wird, ist angeboren und vermutlich vererbt. Die meisten Kinder ziehen nach dem achten Lebensmonat eine bestimmte Hand beim Greifen vor (Abb. 2) und im dritten Lebensjahr ist die Links- bzw. Rechtshändigkeit meist deutlich und stabil ausgeprägt. Wenige Kinder wechseln noch bis zum fünften oder sogar sechsten Lebensjahr die dominierende Hand. Wichtig ist, dass noch vor Schuleintritt die Schreibhand feststeht, denn das Schreiben führt bei Linkshändern leicht zu einer verkrampften Haltung. Linkshändige Kinder müssen deshalb eine lockere Schreib- und Malhaltung (Abb. 3) gezeigt bekommen und diese üben.

Abb. 3 Unverkrampfte Malhaltung eines Linkshänders

2.1.5 Entwicklung des Denkens

Das Denken in der Kindheit

Wissenschaftler waren schon immer fasziniert von der Entwicklung der kognitiven Fähigkeiten am Anfang des Lebens – also wie sich das Denken von frühester Kindheit an entwickelt. Große Pionierarbeit leistete der Schweizer Forscher Jean Piaget. Piaget teilte die kognitive Entwicklung des Kindes in vier Stadien ein. Alle Kinder durchlaufen diese vier Stufen, können keine überspringen, jedoch ist die Geschwindigkeit unterschiedlich. Manche Kinder entwickeln ihr Denken schneller, andere langsamer.

Das sensumotorische Stadium

Saug- und Greifreflexe ► S. 104

Das sensumotorische Stadium dauert von der Geburt bis zum Alter von ca. zwei Jahren. Am Anfang ist das Denken noch nicht sehr ausgeprägt, denn die meisten Handlungen des Säuglings sind instinktorientiert, wie das Saugen oder das Greifen. Sobald die Kinder aber entdecken, dass ihre Handlungen Auswirkungen auf die Umwelt haben, wird auch das Denken angeregt. Sie erkennen, dass Dinge existieren, unabhängig von den eigenen Handlungen. Es ist eine wichtige Einsicht für Kinder, dass Objekte da sind, auch wenn sie außerhalb der eigenen Sichtweite liegen. Piaget nannte dies Objektpermanenz.

Abb. 1 Dieses sechsjährige Mädchen erkennt, dass beide Gläser gleich viel Früchtetee enthalten.

Abb. 2 Jetzt wird der Früchtetee in ein hohes und schmales Glas umgefüllt.

Abb. 3 Das sechsjährige Mädchen denkt nun, dass im hohen, schmalen Glas mehr Früchtetee enthalten ist.

Das präoperatorische Stadium

Das präoperatorische Stadium dauert von zwei bis zu ca. sieben Jahren. Diese Zeit ist vom Egozentrismus geprägt. Kinder sehen die Welt nur aus der eigenen Perspektive und sind nicht in der Lage, sich in eine andere Person hineinzuversetzen.
Sie können sich nicht auf mehr als ein Merkmal konzentrieren. Ein Beispiel dafür ist der Umschüttversuch, dabei achten die Kinder in der Regel auf die Höhe des Wasserstandes. Demnach geben sie an, dass in einem Glas A und B gleich viel Wasser ist (Abb. 1). Schüttet man das Wasser in ein hohes Glas (Abb. 2), glauben sie, dort wäre jetzt mehr Wasser, weil der Wasserstand höher ist (Abb. 3). Sie berücksichtigen nur dieses Merkmal und nicht weitere, wie z. B. die Breite des Glases. Das Fehlen dieser Fähigkeit nannte Piaget Zentrierung.

Das Stadium der konkreten Denkoperationen

Dieses Stadium erstreckt sich vom siebten bis zum elften Lebensjahr. Dann können Mädchen und Jungen den Umschüttversuch aus dem präoperatorischen Stadium richtig beantworten. Sie können sich auf mehrere Merkmale gleichzeitig konzentrieren. Kinder in dieser Phase stellen sich den Versuch auch geistig vor. Durch logisches Denken sind sie in der Lage, eigene Rückschlüsse zu ziehen.

Das Stadium der formalen Denkoperationen

Dieses Stadium kann mit dem elften Lebensjahr beginnen. In der letzten Phase wird das Denken abstrakt. Jugendliche fangen dann oft an, sich über bestimmte Fragen Gedanken zu machen, wie z. B. die Daseins-Frage (Wer bin ich?). Sie können sich, um ein Problem zu lösen, systematisch einen Überblick verschaffen, logische Schlussfolgerungen ziehen und neue Lösungen finden.

Jean Piagets Untersuchungen der kognitiven Entwicklung bieten eine umfangreiche Theorie, wie sich das Denken bei Kindern verändert. Dadurch können Kinder besser verstanden und gezielter gefördert werden.
Zum Teil hat Piaget die Entwicklung der Kinder unterschätzt. Die Versuche lassen sich mit jüngeren Kindern auch schon erfolgreich durchführen.

Stand des Kindes in seiner Entwicklung

Erziehende betreuen konstant eine Gruppe von gleichaltrigen Kindern in einer Einrichtung. Sie stellen geübt und sicher vorhandene Entwicklungsrückstände fest. Wenn Hilfe notwendig ist, können sie Kontakt zu einem Psychologen zur genauen Diagnostik von Entwicklungsrückständen und zur Feststellung ihrer Ursachen herstellen.

Gruppe ► S. 118

In den meisten Fällen holen die Kinder die Retardierung recht schnell wieder auf. Aber ein Teil weist auch im Vorschulalter Verzögerungen in der geistigen Entwicklung auf, so muss unter Umständen eine Rückstellung von der Einschulung in Betracht gezogen werden.

Retardierung ► S. 99

Ursachen für Schwächen in der kognitiven Entwicklung

Störungen der geistigen Entwicklung sind häufig angeboren oder auf Schwangerschafts- oder Geburtsprobleme zurückzuführen. Auch Unfälle können das Gehirn schädigen, sodass eine normale Entwicklung schwierig wird. Konflikte in der Familie oder Krankheiten können die Ursache für eine verzögerte geistige Entwicklung sein, aber auch mangelnde Anregungen und Erfahrungsmöglichkeiten (z. B. bei übermäßigem Medienkonsum). Störungen in anderen Entwicklungsbereichen, beispielsweise in der motorischen Entwicklung oder unerkannte Sehschwächen oder Hörstörungen führen oft zu Rückständen. Deshalb ist es unerlässlich, solche angeborenen oder erworbenen Schwächen frühzeitig zu erkennen und zu behandeln.

Störungen bei der geistigen Entwicklung eines Kindes müssen frühzeitig erkannt und behandelt werden.

Behinderungen ► S. 130
Familie ► S. 163
Krankheiten ► S. 407
Medienkonsum ► S. 270
motorische Entwicklung ► S. 104

Fördermöglichkeiten bei Rückständen in der kognitiven Entwicklung

- In jedem Fall hat das nahe Umfeld des Kindes, also Familie und die Betreuungseinrichtung, eine zentrale Bedeutung. So sollten die Lebensbedingungen so gestaltet werden, dass sich das Kind entwickeln kann. Sehr gut kann das Spiel im Vorschulalter genutzt werden, um dem Kind Lerngelegenheiten und -anreize zu geben. Das Spiel der Erziehenden mit dem Kind kann so aussehen, dass nur ein Vorschlag zum Material und Inhalt des gemeinsamen Spiels erfolgt und das Kind die weitere „Führung“ voll übernimmt. Strukturierte Programme mit festgelegten einzelnen spielerischen Schritten können ebenfalls eine Herausforderung für das kindliche Denken sein, aber natürlich nur, wenn sich auch positiv erlebte Erfolge einstellen.

Abb. 4 Kind spielt mit Lego.

- Das Freispiel ohne pädagogische Anleitung erweist sich als förderlich für das Denken, denn es verlangt Kreativität, Planungsfähigkeit und problemlösendes Verhalten.

- Bei Konstruktionsspielen mit Baukästen entwickeln sich viel Aufmerksamkeit und Konzentration und damit schon vor der Schule eine erste selbstgesteuerte Lernhaltung. Beispielsweise fördert die Verwendung von Bauteilen mit einer unterschiedlichen Anzahl von Löchern (Abb. 4) das Zählen und den Umgang mit Zahlen.

Abb. 5 Rollenspiel

- Rollenspiele von zwei oder mehr Kindern (Abb. 5), in dem für einzelne Rollen auch Puppen oder Spielfiguren benutzt werden, fördert neben der Sprache auch die Planungsfähigkeit und die allgemeine Intelligenz. Die Kinder lernen durch das Vereinbaren von Rollen und die gegenseitige Beobachtung bei der Ausführung der Rollen, sich in andere Kinder hineinzuversetzen, in ihr Denken, ihre Wünsche und Gefühle, und dadurch andere besser zu verstehen. Es werden Kompetenzen der sozialen Interaktion, der Regulation positiver bzw. negativer Gefühle und das Erkennen und Lösen kleiner sozialer Konflikte gefördert.

Rollen ► S. 25, 124

Komplexe Sprache steht nur den Menschen zur Verfügung. Das Erlernen vollzieht sich in einer rasanten Geschwindigkeit.

2.1.6 Entwicklung des Sprechens

Der Anfang des Sprechens

Stufe der Sprachentwicklung	Alter (circa)	Erläuterung
Schreiperiode	bis zum 3. Monat	Säuglinge verfügen über sieben Varianten des Schreiens, z. B. für Hunger oder Langeweile
Lallmonologe	6 Monate bis 1 Jahr	Aneinanderreihung von Silben, z. B. „Dadada“
Einwortsätze	1 bis 1½ Jahre	mit einem Wort wird ein ganzer Satz ausgedrückt, z. B. „Ball“ für „Ich will den Ball haben“
Zwei- und Mehrwortsätze	1½ bis 2 Jahre	Wörter werden aneinandergereiht; erstes Fragealter
Auf- und Ausbau	2 bis 3 Jahre	einfache Satzgefüge entstehen, Grammatik wird immer besser, zweites Fragealter
Festigung	3 bis 4 Jahre	Grammatik wird sicherer, Sätze werden umfangreicher
vollständige Beherrschung	4 bis 5 Jahre	Grammatik und Wortschatz werden beherrscht
Verfeinerung	5 bis 6 Jahre	Sprache wird perfektioniert

Neugeborene Kinder hören eine sehr große Summe von Geräuschen um sich herum. Sie begreifen, dass bestimmte Signale für die Kommunikation zwischen Menschen wichtig sind. Sie filtern Schallereignisse heraus, die Sprache sind und keine Geräusche aus der Umwelt. Die Fähigkeit, diese Laute zu unterscheiden, ist angeboren. Bis zum achten Monat muss das Kind die Unterscheidung verinnerlicht haben, sonst kann es Sprache nicht erlernen. Dafür benötigt es ein gesundes Hörvermögen. Mögliche Entwicklungs- bzw. Sprachstörungen werden bei den Vorsorgeuntersuchungen erkannt.

Sprachstörungen ► S. 110
Vorsorgeuntersuchungen ► S. 348

Babys geben die ersten vokalartigen Laute ganz beiläufig ab, beim Atmen, Verdauen oder Schreien. Mit etwa zwölf Wochen beginnt das „Juchzen“, wenn das Kind vor allem auf Gesichter oder andere interessant aussehende Dinge um sich herum reagiert.

Sechs Monate alte Kinder beginnen zu brabbeln oder zu lallen. Vokale (a, e, i, o, u) und Konsonanten (alle anderen Buchstaben) werden zu einsilbigen „Wörtern“ verbunden. Zwei Monate später versuchen Kinder, einzelne Silben nachzumachen, und üben diese auch, z. B. „da da da“. Einige der Silben werden nun schon mit bestimmten Objekten in Verbindung gebracht und es entstehen so mit einem Jahr die ersten Wörter. Das Kind verwendet diese bereits gezielt. So kann mit „da da da“ der Vater, die Mutter oder der Babysitter gemeint sein.
In den weiteren Monaten eignet sich das Kleinkind einige hundert Wörter an, verwendet aber nur ein oder zwei Wörter in einem Satz. Mit dem Wort „Milch“ kann gemeint sein, dass das Kind Milch haben will, dass Milch verschüttet wurde oder „Das ist Milch“.

Ein- und Zweiwortsätze treten in erster Linie nur in der Kindheit auf. Es fehlen ihnen viele Merkmale der Erwachsenensprache, aber dennoch übermitteln sie Sinn. Dem Kind ist es dadurch möglich, mit seiner Umwelt ausgiebig in Kontakt zu treten.

Mit dem Ende des dritten Lebensjahres beherrschen Kinder schon über tausend Wörter und stellen immer kompliziertere Sätze zusammen. Es können an die Umwelt erste Fragen gestellt werden. Mit der Einschulung verfügen Kinder über eine Sprache, die von der Erwachsenensprache kaum zu unterscheiden ist.

Warum ist Sprache wichtig?
Durch Sprache lassen sich
- neue Kontakte knüpfen,
- soziale Beziehungen aufrechterhalten,
- eigene Gefühle und Gedanken ausdrücken und
- Gedanken strukturieren.

Die Sprache ist für andere Entwicklungsbereiche von großer Bedeutung.

In der Schule erfassen Kinder den Lehrstoff viel besser, wenn sie die Sprache gut beherrschen. Kinder müssen geschriebene Texte und Erklärungen gut verstehen und auch produzieren können, wenn sie erfolgreich sein wollen. Die Sprache gliedert die Gedankengänge beim Überlegen und Lernen. Sie spielt also auch für die kognitive Entwicklung eine wichtige Rolle.
Sprache ist für den sozialen Bereich von großer Bedeutung. Durch zunehmende Sprachentwicklung werden Kinder auch immer selbstsicherer und selbstständiger. Sie können jemanden fragen, irgendetwas begründen oder beschreiben, wie sie sich fühlen. Dadurch haben Eltern z. B. die Möglichkeit, besser auf ihre Kinder einzugehen oder bestimmte Maßnahmen auch zu rechtfertigen. Sprache ist also auch für die emotionale Entwicklung förderlich.

kognitive Entwicklung
► S. 106

Die sprachliche Entwicklung beim Kind fördern
Ammensprache
Eltern passen sich oft durch die Ammensprache dem Sprachniveau der Kinder an. Sie sprechen in einer höheren Tonlage, verwenden kurze Sätze sowie kindgemäße Bezeichnungen und betonen bestimmte Silben. Dadurch bauen die Eltern eine positive Beziehung zum Kind auf und schaffen auch eine Basis für Verständigung. Durch die Ammensprache wird die emotionale Beziehung zum Kind gestärkt. Säuglinge bevorzugen die höhere Stimmlage, weil ihre Hörschwelle höher ist als bei Erwachsenen. Die an das Kind gerichtete Sprache gibt dem Verhalten des Kindes Bedeutung und bietet Kontakt und Beziehung, die soziale Funktion von Sprache wird erlernt. Neben dem singenden Auf und Ab der Ammensprache reagieren Kinder von Anfang an besonders positiv auf einfache Lieder. Bei großer Aufregung und heftigem Schreien können Melodie und Tonfall zur Beruhigung und Entspannung des Säuglings beitragen.

A, B, C, die Katze lief im Schnee...

A B C, die Katze lief im Schnee,
und als sie dann nach Hause kam,
da hatt', sie weiße Stiefel an.
O jemine, o jemine,
die Katze lief im Schnee.

(aus Thüringen)

Kinder lernen Begriffe und Laute kennen. Sie verstehen diese aber nur, indem der Erwachsene den Gegenstand zeigt oder die Tätigkeit vormacht, z. B. „winke – winke“. Das Kind ahnt, dass das Gesprochene etwas mit Tätigkeit zu tun hat. Somit versucht das Kind, das Gesprochene nachzusprechen. Die Ammensprache ist nicht mit Verniedlichung zu verwechseln.

Unter www.kinderreimeseite.de finden Sie viele Reime, Gedichte und Lieder für Kinder.

Lernen durch Beobachtung ► S. 160

Die Eltern als Vorbild

Kinder lernen Sprache durch Beobachtung und Nachahmung. Damit sie besser verstehen und nachahmen können, müssen die Bezugspersonen ein gutes Vorbild abgeben. Die Wörter sollten langsam und deutlich gesprochen werden, die Sätze einfach, aber vollständig sein. Der Umfang des Wortschatzes, den ein Kind lernt, hängt stark vom Umfeld ab – je öfter die Eltern mit dem Kind sprechen, desto mehr Wörter können gelernt werden.

Abb. 1 Gemeinsam in Büchern zu lesen macht Spaß.

Literacy-Erziehung

Unter Literacy versteht man Lesen, Erzählen und Schreiben. Die Möglichkeiten, mit Kindern in diesem Bereich etwas zu tun, sind vielfältig, z. B. Bilderbücher ansehen, Gutenachtgeschichten vorlesen, Märchen erzählen oder Puppenspiele ausdenken. Kinder, die mit vielfältigen Literacy-Erfahrungen aufgewachsen sind, haben häufig deutliche Entwicklungsvorteile im Bereich der Sprach- und Lesekompetenz. Als besonders sinnvoll hat sich das „dialogisierende Lesen“ erwiesen.

Je nach dem Alter des Kindes und der Art des Bilderbuches gibt es verschiedene Möglichkeiten des dialogisierenden Lesens:

- Einfaches Benennen: Das Kind wird aufgefordert, das Gesehene zu benennen: „Was siehst du hier?“
- Definieren, umschreiben, erweitern: Kinder fangen an zu fragen: „Was ist das?“ Kinder erweitern die Frage: „Wozu braucht man das?“ – „Was macht die Frau da?“
- Beziehungen und Abfolge zwischen einzelnen Bildern und Szenen herstellen: „Wie schaut das Mädchen?“ – „Warum schaut es so?“
- Bezüge zum Leben des Kindes herstellen: „Ist dir das auch schon mal passiert?“ – „Was würdest du tun, wenn dir das passiert?“
- Vorausdeuten: „Was könnte der Junge jetzt tun?“ – „Wie geht die Geschichte wohl zu Ende?“

Sprachstörungen

Kinder mit einer Sprachstörung brauchen besondere Zuwendung. Eine professionelle Unterstützung bieten Fachpersonen wie Logopäden. Durch ständiges Verbessern geht die Freude am Sprechen verloren, dies sollte vermieden werden. Probleme in der Sprachentwicklung haben in den letzten Jahren stark zugenommen. Ursachen können Defekte an den Sprachorganen sein, z. B. am Kehlkopf. Ebenso können auch soziale Faktoren, wie mangelnde Ansprache, ein übertrieben autoritärer Erziehungsstil oder Überforderung, Sprachstörungen auslösen:

autoritärer Erziehungsstil ► S. 157

- Stammeln ist eine Störung der Aussprache. Einzelne Laute können dabei nicht richtig ausgesprochen werden, also ein Laut wird ausgelassen („Sonne“ – „Onne“), durch einen anderen ersetzt („Kuh“-„Tuh“) oder falsch gebildet (lispeln).
- Beim Dysgrammatismus handelt es sich um eine Störung des Sprachaufbaus. Sätze können grammatikalisch nicht richtig gebildet werden. In seiner schwersten Form sind die Äußerungen sehr kurz. Es bestehen Schwierigkeiten, den Sinn des Gesagten zu erschließen. (z. B. statt „Mama fährt mit dem Auto“ – „Das Auto Mama.“)
- Stottern kommt bei Kindern zwischen 2 ½ und 3 ½ Jahren sehr häufig vor. Diese Redeflussstörung verschwindet nach drei bis vier Monaten oft von allein.
- Näseln tritt in zwei unterschiedlichen Formen auf. Das offene Näseln ist das Reden durch die Nase durch organische Schäden oder psychische Belastungen. Das geschlossene Näseln klingt, als ob die Nase zugehalten wird. Ursache sind eine verstopfte Nase, große Rachenmandeln oder Schwellungen.

Bilingualität – Aufwachsen mit zwei Sprachen
Nicht nur Kinder aus Migrantenfamilien, die mit der Landessprache der Eltern aufwachsen und Deutsch im Kindergarten lernen, sondern auch Mädchen und Jungen, deren Eltern aus verschiedenen Ländern stammen, wachsen zweisprachig, also bilingual, auf. Es ist zu beachten, dass das Kind dabei eine sehr große Leistung zu erbringen hat.
Die Familie eines zweisprachig erzogenen Kindes hat im Hinblick auf die Sprachförderung eine besondere Bedeutung. Nicht-deutschsprachige Eltern sollten mit ihrem Kind in abgegrenzten Situationen ausschließlich in ihrer Muttersprache sprechen, möglichst nie in einer Mischung aus beiden Sprachen. Sonst bringt das Kind die beiden Sprachen durcheinander. Manchmal gibt es jedoch in der Landessprache der Eltern keine Wörter für z. B. „Ostern", „Supermarkt", „Weihnachten" oder „U-Bahn" und die Begriffe werden auf Deutsch verwendet. Damit erlernen gerade Kinder aus Migrantenfamilien eine Mischsprache.

Weitere Informationen zur Zweisprachigkeit finden Sie unter:

www.zweisprachigkeit.net

Zweisprachigkeit – mehrere Sprachen von Geburt an

...was tun, wenn die Eltern unterschiedliche Muttersprachen haben oder das Kind in einem Land aufwächst, das nicht das Geburtsland der Eltern ist?
Nach neuestem Forschungsstand haben zweisprachig erzogene Kinder nicht mehr Probleme beim Spracherwerb als Kinder, die einsprachig aufwachsen. Offenbar hat das menschliche Gehirn genügend Platz für mehr als eine Muttersprache, und zwar von Geburt an.
Demnach kann die sogenannte Erstsprache auch aus zwei Sprachen bestehen. Kinder, die mit dieser „muttersprachlichen Zweisprachigkeit" groß werden, haben meist keine Probleme, ihre beiden Sprachen auseinanderzuhalten. Bewährt hat sich hier das Prinzip „Eine Person – eine Sprache", bei dem sich Mutter und Vater für jeweils eine Sprache entscheiden, in der sie mit dem Kind kommunizieren.
Zwar kann es in den ersten Jahren zu gelegentlichen Überlagerungen der beiden Erstsprachen kommen, doch sehen Fachleute darin kein Problem. Auf die allgemeine Intelligenzentwicklung hat die Zweisprachigkeit, wenn überhaupt, dann einen leichten positiven Effekt: Die Kinder gehen oft bewusster mit Sprache um.

Quelle: Onmeda-Redaktion, www.onmeda.de, Alles über Medizin und Gesundheit im Internet, Stollwerckstr. 7a, 51149 Köln

Da das Kind von der Zweisprachigkeit sehr profitiert, lohnt es sich, diese früh zu fördern. Der sprachliche Entwicklungsstand des Kindes sollte überprüft werden, um festzustellen, ob es in seiner Sprache überhaupt altersgerecht entwickelt ist. Ein Kind, das in der Muttersprache bereits Defizite hat, hat natürlich auch Schwierigkeiten, die deutsche Sprache zu lernen, und muss besonders betreut werden.

Das Kind kann beim Zweitspracherwerb in der Kita z. B. folgendermaßen unterstützt werden:
- Schaffen Sie eine sprachanregende Atmosphäre, z. B. durch Stuhlkreisgespräche oder Fragesituationen.
- Ermöglichen Sie genaues Zuhören und Rückfragen in alltäglichen Situationen.
- Korrigieren Sie die Kinder nicht, sondern verbessern Sie sie, indem Sie die richtige Form als eine Feststellung oder Frage formulieren.
- Beschreiben Sie die alltäglichen Tätigkeiten und Inhalte, damit die Kinder Handlungen und Situationen verstehen.
- Spielen Sie Spiele in der gewünschten Sprache, hören Sie mit dem Kind deutsche Lieder oder lesen Sie deutsche Bücher vor.

2.1.7 Entwicklung des Sozialverhaltens

Umwelt ► S. 101

In der persönlichen Entwicklung des Menschen ist nichts wichtiger als der Aufbau befriedigender Verhältnisse zu seiner sozialen Umwelt. Wir brauchen schon im Kindergarten Spielkameraden, Freunde aus der Schule begleiten uns oft ein ganzes Leben. Aber wie verändern sich die sozialen Beziehungen in Laufe des Lebens?

Soziale Beziehungen bei Kindern

Hospitalismus ► S. 102
Sozialisation ► S. 153

Für Kinder hängt das Überleben davon ab, ob sie funktionierende Beziehungen zu anderen Menschen herstellen können. Sie müssen sich in die Gesellschaft integrieren und ein Verhalten entwickeln, wie sie mit anderen Personen umgehen.

! Bei manchen Tierarten wird der Nachwuchs auf das erste sich bewegende Objekt geprägt, das er sehen oder hören kann. Dadurch binden sich die Tiere in der Regel an die Elterntiere. Beim Menschen sind solche instinktiven Bindungsmechanismen nicht in diesem Ausmaß vorhanden. In fast allen Krankenhäusern versucht man aber, die Mutter-Kind-Bindung zu fördern, indem man der Mutter unmittelbar nach der Geburt das Kind auf den Bauch legt.

Kinder binden sich

Unter Bindung versteht man die enge emotionale Beziehung zwischen einem Kind und einer Person, die sich regelmäßig um das Kind kümmert.

Mit der engen und gefühlvollen Beziehung zwischen Mutter und Kind beginnt die soziale Entwicklung. Diese intensive Beziehung zu Mutter, Vater oder auch einer anderen Bezugsperson bezeichnet man als Bindung. Ihre wichtigste Funktion ist die Sicherung des Überlebens, weil Säuglinge noch nicht in der Lage sind, sich allein zu versorgen.

Abb. 1 Körperliche Zuwendung und die Bindung an eine Bezugsperson sind wichtig für die Entwicklung.

Angeborene Verhaltensweisen des Kindes, wie Lächeln oder Schreien, fördern die Nähe zwischen Kind und Bindungsperson. Sie signalisieren, dass andere reagieren sollen. Ob die Bindung ein Erfolg wird, hängt davon ab, ob das Kind Signale sinnvoll aussendet und wie der Erwachsene auf diese Signale reagiert. Das Kind wird mit demjenigen Menschen eine enge Bindung eingehen, der kontinuierlich und angemessen auf die Signale antwortet. Die körperliche Zuwendung ist für die Bindung ebenso wichtig. Kinder, die nicht auf den Arm genommen werden und nicht gestreichelt werden, entwickeln selbst kein normales Sozialverhalten. Sie haben später Schwierigkeiten, normale soziale und geschlechtliche Beziehungen einzugehen.

So um den achten Lebensmonat beginnen die Kinder zu fremdeln. Das heißt, sie stehen fremden Personen abwehrend gegenüber. Kinder fangen an, vertraute Personen von fremden zu unterscheiden. Nimmt eine unbekannte Person das Kind auf den Arm, versteift sich die Körperhaltung, es fängt an zu weinen oder zu schreien. Wenn es von der Bindungsperson in einer unbekannten Umgebung allein gelassen wird, reagiert das Kind ebenfalls unsicher und ängstlich. Man spricht von Trennungsangst.

Um herauszufinden, wie das soziale Umfeld funktioniert und was das Kind bewirken kann, legt es zwischen dem ersten und zweiten Lebensjahr ein sehr trotziges Verhalten an den Tag. Kinder sind in diesem Alter bestrebt, ihre Eigenständigkeit zu erproben. Man nennt diese Phase auch Trotzphase oder Autonomiealter.

Beziehungen zu Gleichaltrigen
Schon während des Säuglingsalters nehmen Kinder Kontakte zu anderen Kindern auf. Eine zunehmend wichtige Rolle spielen Interaktionen mit Gleichaltrigen ab dem dritten Lebensjahr. Kinder spielen dann nicht mehr allein oder nebeneinander, sondern tauschen sich im Spiel aus. Dies zwingt sie, mit dem eigenen Standpunkt zurechtzukommen, insbesondere dann, wenn der Spielpartner eine andere Auffassung vertritt. Dies trägt sehr zur Entwicklung der sozialen Fähigkeiten und zum Aufbau der dauerhaften Beziehungen des Kindes zu anderen Menschen bei. Es lernt dabei zum Beispiel,

- nachzugeben,
- sich durchzusetzen,
- Kompromisse zu schließen,
- zu teilen und zu geben,
- Vermeidung von schädlichen Verhaltensweisen wie Schlagen oder Stehlen.

Auffälliges Sozialverhalten
Der Umgang eines Menschen mit seinen Mitmenschen wird ebenfalls bereits in der Kindheit erlernt. Kinder müssen bestimmte soziale Fähigkeiten lernen, um mit anderen Menschen friedlich zusammenleben zu können. Dazu gehören:

- Selbstkontrolle: Unter emotional anstrengenden Bedingungen verlieren manche Menschen die Selbstkontrolle. Sie „rasten aus“, bekommen einen „Weinkrampf“ (Abb. 2). Der Verlust der Selbstbeherrschung erschwert den Umgang mit Menschen.
- Kontaktfähigkeit: Oft ist es ziemlich schwierig, neue Kontakte zu knüpfen. Man muss sich überwinden, sich auf einen Unbekannten einlassen und mit ihm reden.
- Frustrationstoleranz: Es ist ganz normal, dass es im Leben immer wieder zu Enttäuschungen kommt, z. B. bei schlechten Noten in der Schule. Jugendliche müssen mit solch anstrengenden Gefühlssituationen umgehen können, ohne in Depressionen oder Aggressionen zu verfallen.

Abb. 2 Aggressives Verhalten bei einem dreijährigen Kind

Nur wenn diese Fähigkeiten ausreichend gelernt wurden, können soziale Kontakte gelingen. Falls nicht, kommt es zu Störungen im Sozialverhalten. Diese Störungen können übertriebene Hilfsbereitschaft, Überangepasstsein oder Ängstlichkeit sein. Auf der anderen Seite können sich Störungen auch als Aggression, Verwahrlosung oder Suchtverhalten zeigen.

Förderung des Sozialverhaltens
Grundlage der sozialen Entwicklung ist die feste und sichere Bindung zur Bezugsperson vom Beginn des Lebens an. Übergänge von der Familie in die Krippe oder später in den Kindergarten sind für viele Kinder nicht leicht zu verkraften. In solchen Situationen ist dem Kind besonders viel Aufmerksamkeit zu widmen. Sinnvoll ist ein langsames Eingewöhnen in die neue Umgebung, z. B. indem man dem Kind am Anfang der Krippen- oder Kindergartenzeit noch mehrere Stunden beisteht. Ein geordneter Tagesablauf und feste Rituale erleichtern den Übergang ebenfalls.
Im Autonomiealter ist es schwer, immer genügend Geduld aufzubringen, um die Trotzanfälle zu ertragen. Dennoch ist oberstes Gebot, ruhig zu bleiben, denn die Kinder wollen ihre Grenzen erfahren.
Möglichst früh sollten gerade Einzelkinder mit Gleichaltrigen zusammengebracht werden, damit Sozialverhalten besser erlernt werden kann. Zu guter Letzt hat das Vorbild durch Erwachsene entscheidenden Einfluss. Das Kind schaut sich z. B. ab, wie die Mutter mit ihrer Freundin umgeht oder die Erzieherin mit ihren Kollegen.

Eine feste Bindung zu einer Bezugsperson ist die Grundlage unserer sozialen Entwicklung.

2.1.8 Entwicklung der Motivation

Motivation ist die Kraft, die uns zu einem bestimmten Verhalten antreibt.

Warum handelt der Mensch überhaupt? Warum engagiert sich ein Mensch sozial? Warum ist der eine in der Schule fleißiger als der andere? Warum macht jemand Sport? Warum sind manche Menschen in ihrem Verhalten konsequenter als andere? Warum machen Sie eine Ausbildung?
Unterschiedliche Menschen verhalten sich in gleichen Situationen völlig anders. Manche Menschen treiben Sport, andere aber nicht. Dies sind Verhaltensunterschiede bei verschiedenen Menschen. Sie sind motiviert, etwas zu tun, oder auch nicht. Motivation ist die Kraft, die Menschen zu einem bestimmten Verhalten antreibt, dieses steuert und aufrechterhält.
Es gibt auch Unterschiede beim Verhalten ein und derselben Person. Manchmal wird sie joggen gehen, manchmal kann sie sich nicht aufraffen, sich zu bewegen.
Es gibt unterschiedliche Faktoren, die die Motivation fördern:

Triebe
Wenn wir Durst empfinden, trinken wir, wenn wir Hunger verspüren, essen wir. Dies sind innere Triebe, die auf Grund biologischer Bedürfnisse entstehen. Unser Organismus wird immer versuchen, diese lebenswichtigen Bedürfnisse zu befriedigen. Wenn Sie am Computer spielen, kann es aber sein, dass Sie eine Mahlzeit vergessen, weil Sie das Spiel so sehr fesselt. Das Bedürfnis, Ihren Hunger zu stillen, tritt mit dem Trieb, das Spiel zu beenden, in Konkurrenz. Es besteht offensichtlich ein enger Zusammenhang zwischen Triebstärke und Bedürfnisstärke. Obwohl Sie zu wenig gegessen haben, ist kein Bedürfnis entstanden. Bevor Sie aber verhungern, würde die Triebstärke zur Ernährung ansteigen und das Bedürfnis nach dem Computerspiel sinken.

Computer ► S. 272

Menschliche Bedürfnisse
Bedürfnisse lenken und leiten unser Leben. Der Psychologe Abraham Maslow ordnete sie in eine Bedürfnispyramide (Abb. 1) ein. Auf der untersten Ebene stehen rein biologische Grundmotive, wie Hunger und Durst. Erst wenn niedere Verlangen erfüllt sind, strebt der Mensch nach der Befriedigung höherer Motive. So wird kaum ein Mensch seinen Wunsch nach Wissen stillen wollen, wenn er gerade verhungert. Auf den Ebenen weiter oben findet man Bedürfnisse zur Selbstverwirklichung, wie Macht, Wissen oder sinnvolle Ziele im Leben. Viele Verhaltensweisen lassen sich in die Maslow'sche Bedürfnispyramide einordnen, aber nicht jede: Wer hat nicht schon einmal seine Begierde nach Nahrung ignoriert, wenn man verliebt mit seinem Partner zusammen war?

Bedürfnis nach ...

Abb. 1 Bedürfnispyramide nach Abraham Maslow

Leistungsmotivation

Warum ist ein Mensch sehr erfolgreich, während andere weniger Erfolg haben? Warum gewinnen manche Leute Goldmedaillen, während andere nur am Fernseher zuschauen? Der Grund für diese Unterschiede liegt natürlich einerseits an den Erbanlagen. Manche Menschen entwickeln genetisch einen sportlicheren Körperbau. Andere haben von Geburt an eine höhere Intelligenz. Aber manche Menschen wollen auch erfolgreicher sein als andere. Das Interesse, ein höheres eigenes Niveau zu erreichen, ist die Leistungsmotivation.
Bereits in der Kindheit wird das Fundament der späteren Leistungsmotivation gelegt. Eltern leben Kindern die eigene Leistungsbereitschaft vor.
Ein ehrgeiziger Vater ist z. B. im Beruf sehr erfolgreich. Er lebt dem Kind vor, dass beruflicher Erfolg sehr wichtig im Leben ist.

Abb. 2 Für viele Erfolge ist eine hohe Motivation erforderlich.

Ein gewisser Leistungsdruck in der Kindheit bewirkt auch Leistungsmotivation im Erwachsenenalter. Aber Achtung: Übertriebener Leistungsdruck bei Kindern demotiviert sie eher und setzt sie unter Druck. Eltern sollten die Schulleistungen ihrer Kinder kontrollieren und sie bei guten Noten regelmäßig loben.

Bei Kindern und Erwachsenen ist gleichermaßen wichtig, wie sie sich selbst ihren Erfolg oder Misserfolg erklären. Daraus resultiert dann die weitere Motivation.
Nach einem Erfolg bzw. Misserfolg haben Menschen eine der folgenden beiden Grundhaltungen:

- Pessimismus, also eine eher negative Stimmung: Pessimistische Menschen glauben, dass sie immer wieder versagen und nie erfolgreich sein werden. Stellen sich im Leben des Pessimisten Erfolge ein, erklärt er: Der Erfolg ist rein zufällig und ihm in den Schoß gefallen, er selbst ist am Erfolg unbeteiligt. Diese pessimistische Grundhaltung führt dazu, dass es ziemlich sinnlos erscheint, höhere Leistung zu bringen, weil man sowieso zum Misserfolg verdammt ist. Die Leistungsmotivation ist damit gesunken.
- Optimismus, also eine eher positive Stimmung: Optimistische Menschen glauben, dass Erfolgserlebnisse nur auf ihr eigenes Vermögen zurückzuführen sind. Misserfolge dagegen führen sie auf externe Ursachen zurück: „Der Test war unfair." Oder „Ich hätte die Aufgabe leicht erfüllen können, aber ich habe mich nicht richtig angestrengt."

! Optimisten sind auf Grund ihrer positiven Sichtweise im Leben wesentlich erfolgreicher. Sie gehen mit höherer Lebenszufriedenheit, mehr Glück und besserer Grundstimmung durchs Leben.

Anreize sind Ziele, die ein Mensch verfolgt. Durch diese Ziele ist man motiviert.

Anreize sind Ziele, die ein bestimmtes Verhalten beim Menschen ausüben. Zu unterscheiden sind dabei positive und negative Anreize. Positive Anreize versuchen, Menschen zu erreichen. Für einen Schüler ist der positive Anreiz der Schulabschluss, den er erreichen will. Für den Läufer ist es ein positiver Anreiz, ein Rennen zu gewinnen oder die Strecke in einer bestimmten Zeit zu schaffen. Positive Anreize motivieren zur Leistung.
Negative Anreize motivieren ebenfalls, nämlich bestimmte Situationen zu vermeiden. Für den Schüler ist das Wiederholen der Klasse ein negativer Anreiz, den er umgehen will. Der Geschäftsmann möchte nicht pleite gehen.

Lernen durch Verstärkung
► S. 159

2.1.9 Entwicklung der Sexualität in der Kindheit

Alle Kinder werden mit bestimmten körperlichen Anlagen geboren, die sie befähigen, auf sexuelle Reize zu reagieren. Männliche Säuglinge können bereits Erektionen des Penis haben, bei weiblichen Säuglingen kann es zum Feuchtwerden der Vagina kommen. Säuglinge sind aber noch nicht sexuell festgelegt. Eher unüberlegt reagieren sie auf jede Art Reize und ihre Reaktionen sind noch nicht aufeinander abgestimmt und koordiniert. Erst im Verlauf sozialer Lernprozesse beginnen Kinder, ihr Sexualverhalten in solche Bahnen zu lenken, die den kulturellen Voraussetzungen ihrer Umgebung entsprechen. Das heißt, dass sie nicht nur die „richtige“ Reaktion erlernen, sondern sie lernen auch, die „falsche“ Reaktion zu unterdrücken und zu vergessen.

Reize ► S. 101

Für Säuglinge ist die hauptsächliche Quelle sinnlicher Reize die Mutter. Indem sie gestreichelt, umarmt und gestillt werden, lernen sie, geliebt und akzeptiert zu werden und Vertrauen zu fassen. Körperliche Nähe gibt ihnen ein Gefühl von Sicherheit, das sie brauchen, um sich gesund zu entwickeln.

Bindung ► S. 112

Schon früh lernen Kinder, sich mit ihrem biologischen Geschlecht auch als soziale Rolle zu identifizieren.

Erlernen der Geschlechterrolle

Kinder lernen bereits in frühem Alter, sich mit ihrem Geschlecht zu identifizieren. Gleichzeitig lernen sie auch, sich in gewissen Situationen „wie ein Mann“ oder „wie eine Frau“ zu verhalten, dann eine männliche oder weibliche Geschlechtsrolle anzunehmen.

Rolle ► S. 124

Die Eltern, Verwandten, Freunde und Nachbarn wollen nach der Geburt eines Kindes sofort wissen, ob es ein Junge oder ein Mädchen ist. Ein Blick auf die äußeren Geschlechtsorgane des Kindes klärt diese Frage, die Antwort hat unmittelbar soziale Konsequenzen. Ein Erwachsener tritt gewöhnlich Mädchen und Jungen sehr unterschiedlich gegenüber. So wird z. B. ein männliches Kind seiner Stärke wegen gelobt und ein weibliches Kind eher wegen eines hübschen Gesichts oder Kleides. Im westlichen Kulturkreis kleidet man Jungen meist blau und Mädchen rosa. Man stellt ihnen auch unterschiedliche Spielsachen zur Verfügung und leitet sie zu unterschiedlichen Spielen (Abb. 1 und 2) an.

Geschlechtsorgane ► S. 343

Abb. 1 Junge beim Indianerspielen

Abb. 2 Mädchen spielt in einer Küche

Wenn Jungen heranwachsen, wird ihnen immer wieder gesagt, dass „große Jungen“ nicht weinen sollen und dass sie ihre Gefühle kontrollieren sollen. Von einem Mädchen dagegen wird Zärtlichkeit und Zuneigung erwartet. Deshalb merken Jungen rasch, dass sie für leises und sanftes Auftreten nicht belohnt werden, Mädchen lernen, ihre aggressiven Impulse zu unterdrücken. Die Kinder identifizieren sich sehr stark mit dem Elternteil gleichen Geschlechts, nach weiteren Jahren ist die Selbstidentifikation als männlich oder weiblich normalerweise unwiderruflich festgelegt. Aber selbst vier- bis fünfjährige Kinder können die männlichen und weiblichen Geschlechtsorgane immer noch verwechseln. Sie unterscheiden Männer und Frauen nach ganz anderen Kriterien, z. B. nach ihrer Größe, Kleidung, Gestalt oder Frisur.
Kinder entwickeln erst im Laufe der Zeit eine Vorstellung von Sexualität. Sie werden aber immer angewiesen, sich als männlich oder weiblich zu identifizieren und sich entsprechend zu verhalten. Aber das Trainieren einer Geschlechtsrolle beinhaltet viele Dinge, die erst nach der Pubertät eine sexuelle Bedeutung bekommen. Man kann deshalb sagen, dass Kinder zum Teil geschlechtsspezifische Verhaltensmuster lernen, bevor sie deren eigentliche Bedeutung begreifen. Kleine Mädchen tragen beim Baden in Europa oft schon zweiteilige Badeanzüge, während Jungen nur eine Badehose anziehen. Dies ist jedoch kaum nachvollziehbar, denn schließlich sehen der männliche und der weibliche Oberkörper vor der Pubertät gleich aus.

! Wenn bei alleinerziehenden Müttern der Vater in der Familie fehlt, fällt es Jungs manchmal schwer, geeignete Vorbilder für die „Männerrolle" zu finden. Oft finden sie auch in Krippe, Kindergarten und Schule häufig nur weibliche Vorbilder in den zahlenmäßig überlegenen Kinderpflegerinnen, Erzieherinnen und Lehrerinnen.

Sexuelle Spiele mit anderen Kindern

Kinder sind von Natur aus neugierig und sie versuchen im Laufe ihres Heranwachsens, alles über sich selbst und über die Welt, in der sie leben, herauszufinden. Wenn sie den eigenen Körper erforscht haben, wollen sie wissen, ob er sich von dem anderer Kinder unterscheidet. Dies gilt vor allem für Kinder, die ihre Eltern oder Geschwister nie nackt gesehen haben. Spiele geben ihnen die Gelegenheit, ihre Körper gegenseitig in Ruhe zu untersuchen, ihre Geschlechtsorgane zu berühren und abzutasten. Das geschieht normalerweise, indem sie „Doktor" oder „Vater und Mutter" spielen. Dieses Verhalten ist aber nicht als sexuell im Sinne der Erwachsenen zu bezeichnen. Solche kindlichen Spiele sind nur eine andere Art, sich mit der menschlichen Anatomie vertraut zu machen.

Geschlechtsorgane ► S. 343

In der Krippe oder im Kindergarten findet man auch andere soziale Formen, die die frühkindliche Sexualität widerspiegeln. Dazu gehört auch das „Um-die-Wette-Urinieren" oder von Erwachsenen übernommene sprachliche Ausdrucksweisen, wie Witze oder Wörter aus der Vulgärsprache.

Sexualerziehung

Bei der Sexualerziehung geht es nicht nur darum, möglichst viel Wissen über die Sexualität der Menschen zu vermitteln. Gerade in den USA werden den Kindern bestimmte Handlungsabläufe antrainiert, die dann das Kind bei der Gefahr des sexuellen Missbrauchs abrufen kann.

Unter www.bzga.de
▷ Suchbegriff: Sexualerziehung im Kindergarten
finden Sie einen kostenfreien Download des Magazins FORUM Sexualaufklärung zum Thema.

! Sexueller Missbrauch: Eltern und Erziehende sind auf Grund der in den Medien veröffentlichten spektakulären Gewalttaten alarmiert und entsetzt, aber es gibt ungezählte versteckte und verschwiegene sexuelle Missbräuche. Drei Viertel aller Missbrauchsfälle finden innerhalb der Familie, der Verwandtschaft oder im sozialen Umfeld statt (Quelle: Anette Engfer, „Sexueller Missbrauch", 1998). Dies bedeutet, dass der Täter oder die Täterin in der Regel dem Kind seit längerem bekannt ist.

Die in den USA praktizierte Sexualerziehung reicht jedoch nicht aus, um Kindern ein vernünftiges Verhältnis zur Sexualität mit auf den Weg zu geben. Vielmehr sollte darüber hinaus die Förderung der emotionalen, körperlichen und sozialen Persönlichkeit angestrebt werden. Gerade eine gesunde Körperwahrnehmung und der sprachliche Ausdruck von Gefühlen können auch schon Kindern vermittelt werden. Beim Erziehenden setzt das voraus, dass er dem Kind den notwendigen Raum gibt, nicht-sprachliche und sprachliche sexuelle Ausdrucksformen zu erproben und dabei zu entwickeln. Das heißt natürlich nicht, dass alles toleriert werden kann (z. B. Ausdrücke wie „Du Nutte!" oder „Du schwule Sau!"). Dabei werden die Erziehenden oft eine Art Balanceakt vollziehen müssen, indem sie sich ständig zwischen den beiden Polen „Grenzen aufzeigen, das geht zu weit" und „Erfahrungen zulassen" befinden. In jedem Fall ist es günstig, wenn Kinder und Erziehende gelernt haben, offen über alle wichtigen Bedürfnisse und Erlebnisse zu sprechen.

Abb. 3 Koffer zur Sexualaufklärung im Kindergarten der BzgA

2.2 Gruppe – „Arbeiten mit mehreren Kindern“

2.2.1 Kindergartenkinder sind eine Gruppe

Eine Gruppe zeichnet sich durch charakteristische Merkmale aus.

Auf den ersten Blick bildet jede kleinere oder größere Menschenansammlung eine Gruppe. Doch eine Gruppe ist mehr als eine Menge Menschen, die sich zeitgleich auf einem Flecken Erde befinden. Erst wenn bestimmte Merkmale gegeben sind, spricht man im psychologischen Sinn von einer Gruppe. Man kann diese Merkmale auch bei einer Kindergartengruppe feststellen.

Merkmale einer Gruppe	In einer Kindergartengruppe...
Ein Zusammengehörigkeitsgefühl der Gruppenmitglieder kann sich zum Beispiel in einem gemeinsamen Kennzeichen, einer gemeinsamen Sprache o. Ä. äußern.	... fühlen sich die Kinder in der Regel einer festen Gruppe zugehörig (z. B. Igelgruppe). Ihre Zugehörigkeit zeigen sie gerne anhand von kleinen Igelfiguren oder Bildern. Auch ihre Freunde finden sie vor allem in der eigenen Gruppe (Abb. 1).
Beständigkeit über einen bestimmten Zeitabschnitt, der über ein kurzes Zusammentreffen hinausreicht.	... gehört das Kind nicht selten bis zur Einschulung einer festen Gruppe an.
Direkte Kontakte zwischen den Gruppenmitgliedern, aber auch das gegenseitige Reagieren der Gruppenmitglieder aufeinander.	... steht das einzelne Kind in ständigem Kontakt zu anderen Kindern, zur Erzieherin und zur Kinderpflegerin. Alle Beteiligten wirken unmittelbar aufeinander ein.
Gemeinsame Gruppenziele, die von den einzelnen Gruppenmitgliedern als verbindlich angesehen werden.	... beteiligen sich die Kinder an Aktivitäten und Angeboten. Als gemeinsames Ziel kann zum Beispiel die Schulreife betrachtet werden.
Gemeinsame Normen und Wertvorstellungen, die von den Gruppenmitgliedern befolgt werden und den Zusammenhalt der Gruppe fördern.	... gelten feste Regeln, an die sich alle Kinder halten. So ist es beispielsweise verboten, andere Kinder zu ärgern oder ohne Jacke in den Garten zu gehen.
Unterschiedliche Rollen, die sich in der Gruppe entwickeln und jeweils mit konkreten Verhaltenserwartungen verbunden sind.	... treffen verschiedene Kinder mit unterschiedlichen Temperamenten und Bedürfnissen aufeinander. Entsprechend verhalten sich die Kinder unterschiedlich und nehmen in der Gruppe jeweils eine andere Rolle ein.

Bezieht man die aufgeführten Merkmale ein, lässt sich der Begriff Gruppe (nach Margarete Blank-Mathieu, 2006) wie folgt definieren:

Rolle ► S. 124

Eine Gruppe besteht aus mindestens drei Personen, die in einem bestimmten Zeitraum regelmäßig und in relativ beständigen Beziehungen wechselseitig in Verbindung stehen. Eine Gruppe zeichnet sich weiterhin durch gemeinsame Ziele, Regeln und Werte sowie eine feste Struktur und bestimmte Rollenverteilungen aus.

Abb. 1 Kinder aus einer gemeinsamen Gruppe spielen im Sandkasten.

Nina und André (beide 4 Jahre) gehen in den Kindergarten „Sonnenschein“. Während André die „Igelgruppe“ besucht, ist Nina in der „Katzengruppe“ untergebracht. Die Kinder in den Gruppen kennen sich schon, seitdem alle zusammen in den Kindergarten gekommen sind. Sowohl Nina als auch André haben in ihren Gruppen bereits gute Freunde gefunden. An den Türen der Gruppenräume sieht man ein Katzen- oder ein Igelbild. Wenn Nina und André am Nachmittag abgeholt werden, berichten sie ihren Eltern stolz, was „ihre Gruppe“ heute unternommen und gelernt hat.

2.2.2 Bedeutung der Gruppe für das Kind

Eine Gruppe stellt für jedes Kind ein unersetzbares Lernfeld dar.

Menschen sind soziale Wesen und auf Kontakt und Beziehungen zu ihren Mitmenschen angewiesen. In manche Gruppen wird das Kind hineingeboren (Familie) oder wird praktisch zwangsläufig Mitglied (Kindergartengruppe, Schulklasse). Anderen Gruppen schließt es sich freiwillig an (z. B. Chor, Feuerwehr, Sportverein).

Die Gruppe als Lern- und Erfahrungsraum
Innerhalb „seiner" Gruppe kann sich das Kind ausprobieren, vergleichen, austauschen, miteinander und voneinander lernen. Im Rahmen seiner Gruppenzugehörigkeit erwirbt es verschiedene Kompetenzen.
Zu den personellen Kompetenzen gehören z. B.:
- sich selbst darstellen zu können
- Selbstvertrauen und Vertrauen aufbauen zu können
- mit dem eigenen Geschlecht und Geschlechterrollen umgehen zu können
- eine eigene Identität entwickeln zu können
- konstruktiv mit Konflikten umgehen zu können
- emotionale Zuwendung, Sicherheit und ein Gefühl von Geborgenheit zu erfahren und davon zu profitieren.

Zu den sozialen Kompetenzen gehören z. B.:
- miteinander kommunizieren zu können
- einen Status und eine Rolle einnehmen zu können
- andere zu respektieren/ sich in andere hineinversetzen zu können (Empathie)
- Rücksicht zu nehmen, teilen zu können, tolerant zu sein
- ein Zusammengehörigkeitsgefühl entwickeln zu können, Kontakte zu knüpfen und aufrechtzuerhalten

Kommunikation ▸ S. 82

Gruppen sind insgesamt wichtig für die geistige, körperliche und seelische Entwicklung eines Kindes. Dies wird umso deutlicher, wenn Sie Berichte über sogenannte „wilde Kinder" betrachten. Diese Kinder leben in Einsamkeit und ohne den Kontakt zu anderen Menschen. Somit lernen sie nicht, wie Menschen miteinander umzugehen, zu spielen oder überhaupt miteinander zu sprechen. Sie bleiben wie Tiere weitestgehend auf Instinkte reduziert.

Ohne soziale Kontakte ist ein Kind in seiner Gesamtentwicklung stark beeinträchtigt.

! Kamala und Amala waren zwei sogenannte Wolfskinder, die am 9. Oktober 1920 im westbengalischen Distrikt Midnapore in Indien von Joseph Amrito Lal Singh gefunden wurden. Nach den Tagebucheinträgen ihres Finders wurden die Mädchen in der Höhle einer Wölfin gefunden, die sie und zwei Wolfsjunge mit ihrem Leben verteidigte. Kamala war damals etwa sieben Jahre alt, Amala etwa 18 Monate. Die beiden Mädchen kamen in das Waisenhaus von Midnapore. In menschlicher Obhut zeigten sie die für Wolfskinder typischen Verhaltensweisen. Sie ließen sich z. B. nicht anziehen, kratzten und bissen Menschen, lehnten gekochte Nahrung ab und gingen auf allen vieren. Ihre Wahrnehmung soll durch die Sinneswelt der Wölfe so stark geprägt gewesen sein, dass sie für Menschen unmögliche Sinnesleistungen vollbringen konnten: So seien sie im Stande gewesen, Fleisch aus einer Entfernung von über 60 Metern zu riechen und für zivilisierte Menschen nicht wahrnehmbare Geräusche zu hören. Amala starb 1921 an einem Nierenleiden. Ab diesem Zeitpunkt wurde Kamala zugänglicher. Sie lernte einige Wörter zu sprechen und – mühevoll – aufrecht zu gehen. Sie starb 1929 an Typhus.
Michael Newton: Wilde Kinder. Schicksale jenseits der Zivilisation (2004)

Abb. 2 Eines der Wolfskinder beim Trinken

Kinder sind nicht von Geburt an fähig, mit anderen zu kooperieren. Diese Fähigkeit müssen sie erst entwickeln.

Familienformen ► S. 164

Gruppenfähigkeit erwerben
In Gruppen lernt das Kind, sich einzuordnen, unterzuordnen, Beziehungen aufzubauen und zu gestalten sowie arbeitsteilig vorzugehen. Dieses Zielverhalten bezeichnet man als „Gruppenfähigkeit“ des Kindes. Das Kind lernt auch, dass andere Kinder andere Interessen haben können, es lernt, damit umzugehen und gegebenenfalls Kompromisse zu schließen. Hierzu brauchen gerade Kinder unter fünf Jahren zunächst die Unterstützung von Ihnen als Kinderpflegerin.
Teilweise bedingt durch die Veränderungen der Familienformen, ergeben sich für die Arbeit in Kindertagesstätten vielfältige neue Aufgaben. Zum Beispiel verbringen viele Kinder ihre Freizeit heutzutage als Einzelkind allein vor dem Fernseher oder am Computer. Diese Kinder brauchen den Aufenthalt in Gruppen und den Umgang mit anderen Kindern zwingend. Andernfalls kann eine altersgemäße Entwicklung dieser Kinder gefährdet sein.

2.2.3 Arten von Gruppen

Die Gruppen, denen ein Kind angehört, sind vielfältig und können je nach Größe und Art voneinander unterschieden werden.

Kleingruppen… • zeichnen sich durch eine überschaubare Zahl an Mitgliedern aus, die sich kennen und in engem Kontakt stehen.	**Großgruppen…** • sind durch eine Mitgliederzahl ab 20 Personen gekennzeichnet.
Primärgruppen (Bezugsgruppen)… • sind Gruppen, in denen der Mensch sehr früh Mitglied wird (v. a. die Familie). • zeichnen sich durch einen direkten Kontakt ihrer Mitglieder aus. • sind relativ dauerhaft. • Ihre Mitglieder stehen meist in einer engen, emotionalen Beziehung zueinander. • Bedingt durch die meist geringe Gruppengröße, haben die Gruppenmitglieder einen hohen Einfluss aufeinander und unterstützen sich gegenseitig.	**Sekundärgruppen…** • sind Gruppen, in denen das Individuum erst später in seinem Leben Mitglied wird (z. B. die Kindergartengruppe, die Schulklasse, Vereine). • umfassen eine größere Anzahl von Mitgliedern und sind zumeist zweckorientierter als Primärgruppen. • sind oft vorübergehend oder kurzfristig. • Zwischen den Gruppenmitgliedern herrschen i. d. R. vergleichsweise unpersönliche und weniger emotionale Beziehungen vor.
Formelle Gruppen… • sind fest organisiert und werden planmäßig geleitet. • Es existieren klar vorgegebene Ziele, Normen und Rollen.	**Informelle Gruppen…** • sind nicht fest organisiert, entstehen spontan. • Die Mitglieder sind nicht an eine festgelegte Ordnung und Struktur gebunden; ihre Ziele stecken sie selbst.
Eigengruppe (In-group)… • ist die Gruppe, mit der sich der Einzelne verbunden fühlt und mit der er sich identifiziert. • Besteht zwischen den Mitgliedern ein starkes Gefühl der Verbundenheit, grenzen sich Mitglieder der Gruppe bewusst von den „anderen“ ab.	**Fremdgruppe (Out-group)…** • ist eine Gruppe, mit der das Individuum keine sozialen Beziehungen verbindet. • steht nicht selten in Gegnerschaft zur Eigengruppe und wird entsprechend oft negativ beurteilt.

Expertenmeinungen zu den Vor- und Nachteilen altershomogener und altersheterogener Gruppen finden Sie unter www.kindergartenpaedagogik.de/29.html

Gruppen in Kindertagesstätten sind zumeist Kleingruppen, die für das Kind je nach Alter und Dauer der Zugehörigkeit eine sich ändernde Bedeutung haben. Zusätzlich zu den aufgeführten Unterscheidungen kann in der pädagogischen Arbeit mit Kindern noch zwischen altershomogenen und altersheterogenen Gruppen differenziert werden:

- altersheterogene Gruppe = Kinder unterschiedlichen Alters
- altershomogene Gruppe = Kinder gleichen Alters

Insgesamt verbringt ein Kind spätestens ab seinem dritten Lebensjahr zunehmend mehr Zeit in verschiedenen Gruppen. Sein ganzes Leben spielt sich von dort an in Gruppen wie Familie, Kindergartengruppe, Schulklasse oder Betrieb ab. Die Erfahrungen, die die Kinder gerade in den frühen Jahren in Gruppen machen, werden mitentscheidend dafür sein, wie sie sich später in anderen Gruppen zurechtfinden können.

Mit zunehmendem Alter nimmt die Anzahl der Gruppen im Leben eines Kindes zu.

Egal, wo sich Simon (4 Jahre) befindet oder was er gerade tut, er ist stets Teil einer Gruppe. Als Baby ausschließlich in seiner Familie, später war er Mitglied in der Krabbelgruppe, der Krippengruppe. Heute gehört er zur „grünen" Kindergartengruppe und später wird er Teil einer Schulklasse sein. Und dann gibt es da ja noch seine Freunde, mit denen er gerne noch nach dem Kindergarten spielt, und die Jungen und Mädchen von der Musikschule.

2.2.4 Gruppenstruktur

Das Verhalten der Kinder in der Gruppe wird nicht nur von den eigenen Wünschen und Bedürfnissen bestimmt, sondern hängt sehr stark davon ab, wie man sich in bestimmten Situationen verhalten soll oder darf. Was genau erlaubt und was verboten ist, regelt jede Gruppe durch Normen.

Normen ► S. 56

Normen sind Verhaltensregeln, die innerhalb einer Gruppe entstanden sind bzw. vorgegeben werden. Sie dienen den Gruppenmitgliedern zur Orientierung für das erwünschte Verhalten des Einzelnen. Weicht ein Mitglied von der Norm ab, muss es sich dafür verantworten.

Klare Normen regeln das Miteinander in einer Gruppe. Das gibt dem Kind Sicherheit.

Diese Vorgaben können von Gruppe zu Gruppe stark variieren. In jedem Fall aber geben sie dem Kind Gewissheit darüber, wie es sich verhalten soll. Zu viele Vorschriften oder unnötige Regeln jedoch engen ein und belasten die Atmosphäre in der Gruppe.

Ebenfalls nicht in ihrer Bedeutung zu vernachlässigen sind die sogenannten „unausgesprochenen Regeln". Auch sie beeinflussen das Kind in seinem Verhalten. Konflikte können hierbei immer dann entstehen, wenn sich die Kinder nicht darüber im Klaren sind, welche Regeln überhaupt gelten, bzw. wenn sie ganz andere Vorstellungen haben als Erzieherin und Kinderpflegerin.

Florian ist neu in der Gruppe. Für ihn ist von Anfang an und ohne Erklärung klar, dass die beiden Erwachsenen in der Gruppe diejenigen sind, an die er sich wenden sollte, wenn er Fragen hat oder ausnahmsweise nicht am Bastelangebot teilnehmen möchte.
Nicht klar ist ihm jedoch die Regel, dass er die Spielzeugautos beim Aufräumen nicht einfach in die Kiste werfen darf, sondern sie einsortieren soll. Ordentliches und sorgfältiges Aufräumen gilt für die pädagogischen Fachkräfte aber auch unausgesprochen als Vorschrift, an die sich alle Kinder halten müssen.

Die Entwicklung einer Gruppe verläuft in verschiedenen Phasen.

Gruppenphasen

Gruppen sind nicht zu jeder Zeit gleich, sondern befinden sich immer in Bewegung. Ähnlich wie die Entwicklung eines Kindes kann auch die Entwicklung einer Gruppe in Phasen eingeteilt werden.

Nach der Erkenntnis von Bernstein & Lowy (1975) durchläuft eine Gruppe fünf Phasen. Das Wissen um diese fünf Phasen hilft Ihnen, Alltagssituationen besser zu verstehen und entsprechend zu reagieren.

Phase	Merkmale	Verhalten der Kinderpflegerin
1. Fremdheitsphase	• Kinder sind aufgeregt, unsicher, aber auch neugierig • erste Versuche, einander kennen zu lernen • wenig Vertrauen in die Gruppe, jeder denkt zunächst an sich • Kinder spielen häufig alleine • es ist noch unklar, welche Normen vorherrschen und wer welche Rolle einnimmt	• den Kindern den Freiraum geben, selbst zu erkunden • eine gemütliche, lockere Atmosphäre schaffen • das Verhalten der Kinder aufmerksam beobachten • darauf achten, das kein Kind von den anderen ausgeschlossen wird • schüchterne Kinder ermuntern • gemeinsames Spielen anregen
2. Positions- und Rollenklärungsphase (Orientierungsphase)	• Kinder ringen um Funktionen und Rollen (Rangkämpfe) • Spannungen und Unruhe, erhöhtes Aggressionspotenzial gegenüber anderen Kindern und dem Fachpersonal • eventuell Ausschließen Einzelner, oft eher schwacher Kinder	• Aggressionen und Machtkämpfe klären • Grenzen setzen • schwache Kinder stützen, stärkere Kinder eventuell bremsen • neutral bleiben und Vorbild sein • alle zu Wort kommen lassen
3. Vertrautheits- und Intimitätsphase	• Kinder gehen direkt auf andere zu, versuchen, positive Kontakte zu knüpfen • Gruppenstruktur stabilisiert sich • Zusammengehörigkeitsgefühl der Gruppe wächst • jeder fühlt sich als Teil der Gruppe • Kinder sammeln gemeinsam Erfahrungen • beginnende Abgrenzung zu anderen Gruppen	• die Gruppe in ihrem Tun unterstützen • den Kindern zunehmend mehr Selbstverantwortung übertragen • sich einzelnen Kindern zuwenden und mit ihnen arbeiten • eventuell noch ausstehende Konflikte bewusst machen und bei ihrer Lösung helfen • der Bildung von Cliquen entgegenwirken

4. Differenzierungsphase	• Kinder haben ein ausgeprägtes „Wir-Bewusstsein“ entwickelt • Gruppe ist stabil, es gibt wenig Machtprobleme • alle Beteiligten vertrauen einander und akzeptieren ihre Unterschiedlichkeit • Konflikte und Entscheidungen werden sachlich gelöst bzw. gefällt	• immer mehr in den Hintergrund treten, nur noch die notwendigsten Impulse und Anregungen geben • sich auf die Persönlichkeitsentwicklung der einzelnen Kinder konzentrieren • Beziehungen auch zu anderen Gruppen anbahnen
5. Abschluss- und Trennungsphase	• veränderte Interessen der Mitglieder, Aufnehmen der Beziehung zu anderen Gruppen • abnehmende Bereitschaft, etwas gemeinsam zu unternehmen • eventuell Zeigen von Trennungsschmerz	• gemeinsam mit den Kindern zurückschauen und die gemeinsame Zeit auswerten • den Anschluss an andere Gruppen ermöglichen • offene Gespräche über das Ende der Gruppe führen • die Wiederbegegnung nach der Trennung ermöglichen

Die fünf Phasen können je nach Gruppe unterschiedlich lange dauern und sind mal mehr, mal weniger intensiv. Auch ist es möglich, dass eine Gruppe auf einer der Stufen stagniert oder sich gar zurückentwickelt.

Seit einem Jahr sind die Kinder der „Hasengruppe“ in der Kita „Regenbogen“ ein eingeschworenes Team, jeder weiß, was von ihm erwartet wird. Als ihre Gruppe im neuen Kindergartenjahr mit der „Eichhörnchengruppe“ zusammengelegt wird, müssen die Kinder sich untereinander erst wieder kennen lernen. Die Erzieherin und die Kinderpflegerin versuchen, die Kinder durch Gruppenspiele so einzubinden, dass der Unsicherheit der Kinder entgegengewirkt wird.

Verhalten in der Gruppe

Innerhalb einer Gruppe treffen Kinder aufeinander, die sich in ihren Interessen, Bedürfnissen, Fähigkeiten und Eigenschaften zum Teil erheblich unterscheiden. Zeigt ein Kind ein bestimmtes Verhalten immer wieder, werden letztlich an dieses Kind Erwartungen gerichtet, die in eine soziale Rolle münden.

Innerhalb einer Gruppe nimmt jeder Teilnehmer eine individuelle soziale Rolle ein.

soziale Rolle ► S. 25

Eine soziale Rolle einzunehmen heißt, sich nach einer bestimmten, von den anderen Gruppenmitgliedern erwarteten Art und Weise zu verhalten.

Die Einnahme einer Rolle gibt dem Kind Sicherheit darüber, wie es sich innerhalb der Gruppe verhalten soll bzw. welches Verhalten seine Mitmenschen von ihm erwarten. Wird die übernommene Rolle bzw. das Kind, das die Rolle übernommen hat, von vielen sehr geschätzt, nimmt es innerhalb der Gruppe einen hohen Status ein. Ein hoher Status ist stets mit viel Anerkennung und einem hohen Einfluss innerhalb der Gruppe verbunden. Andere Rollen sind mit einem geringen Status und damit einer Geringschätzung durch die anderen Kinder sowie weniger Einfluss auf das Gruppengeschehen verbunden.

Jede soziale Rolle ist mit einem bestimmten Status in der Gruppe verknüpft.

Eine Gruppe zeichnet sich auch durch ihre Rollenvielfalt aus.

Rolle ► S. 25

Gruppenrollen

Innerhalb einer Gruppe können Kinder verschiedene Rollen einnehmen. Umso wichtiger ist es für Sie als Kinderpflegerin, mit einzelnen Gruppenrollen vertraut zu sein. Die verschiedenen Rollen können auf viele Gruppen übertragen werden, sind jedoch nicht statisch. In gut funktionierenden Gruppen gibt es oftmals z. B. keinen Außenseiter oder Sündenbock. Manchmal sind die Rollen auch nicht klar erkennbar. Zudem muss bedacht werden, dass ein Kind seine Rolle immer innerhalb einer bestimmten Gruppe einnimmt. So kann ein Kind in der einen Gruppe der Außenseiter und in der anderen Gruppe ein unauffälliger Mitläufer oder der „Clown" sein.

Es gibt unter Experten verschiedene Rollenmodelle in Gruppen. Die folgenden Rollen sind Beispiele, die zur Veranschaulichung dienen sollen, aber je nach Gruppe entsprechend ergänzt oder reduziert werden können. Natürlich können alle genannten Rollen sowohl auf Mädchen als auch auf Jungen zutreffen.

- Anführer/Star

Die Rolle des Anführers kommt in jeder Gruppe vor und kann von einem Kind übernommen werden oder auf mehrere Kinder aufgeteilt sein. Kinder, die diese Rolle innehaben, zeichnen sich zumeist durch besondere Beliebtheit aus, die sich auf besonderen Fähigkeiten oder besonders günstigem Verhalten für die anderen Gruppenmitglieder begründet. Diese Eigenschaft können Sie nutzen, wenn Sie die Gruppe für etwas begeistern wollen. Allerdings kann der Anführer einer Gruppe auch negative Eigenschaften aufweisen. So kann ein Kind diese Rolle auch einnehmen, indem es die Gruppe einschüchtert und auch vor Gewalt nicht zurückschreckt, um seine Position zu verteidigen.

- Mitläufer

Viele Kinder besitzen nicht genügend Selbstbewusstsein, um sich in den Vordergrund zu stellen oder sich durchzusetzen. Andere haben eventuell kein Interesse daran, sich in den Vordergrund zu stellen und eigene Entscheidungen zu treffen. Sie ordnen sich lieber unter. Um nicht aufzufallen, passen sie sich der Meinung und dem Verhalten des Anführers an und äußern ihre eigenen Wünsche und Bedürfnisse nicht. Auch wenn ein nicht auffälliges Kind zunächst „bequem" ist, sollten Sie dieses Verhalten nicht einfach hinnehmen. Diese Kinder gilt es unbedingt in ihrem Selbstvertrauen und ihrer Bereitschaft zur Übernahme von Verantwortung zu stärken.

- Schläger/ Tyrann

Tyrannen versetzen andere Kinder in Angst und Schrecken. Sie nutzen ihre Stärken, um ihre Interessen gegenüber kleineren oder schwächeren Kindern durchzusetzen, oder versuchen, mit ihrem Verhalten auf eigene Probleme aufmerksam zu machen. Als Kinderpflegerin müssen Sie in einem solchen Fall sofort reagieren und dem Kind Grenzen aufzeigen, sollten aber zugleich für ein klärendes Gespräch zur Verfügung stehen, um die Hintergründe des Verhaltens zu erfahren.

- Rebell

Diese Kinder haben bereits ein starkes Selbstbewusstsein, können sich aber nur schwer unterordnen. Sie lassen sich nicht gerne etwas vorschreiben und geraten deshalb oft mit dem Anführer der Gruppe, aber auch mit Ihnen als Kinderpflegerin aneinander. Hier gilt es nun einfühlsam vorzugehen und die Stärken des Kindes in den Vordergrund zu stellen.

- Außenseiter

Die Rolle des „Außenseiters“ lässt sich nicht allgemeingültig definieren. Manche Außenseiter werden für ihr Anderssein geachtet und verehrt. Andere werden abgelehnt, ignoriert oder innerhalb der Gruppe isoliert, weil sie von der geltenden Norm abweichen.
Es ist von großer Bedeutung, dass es der Kinderpflegerin stets zeitnah gelingt zu erkennen, wenn einzelne Kinder von der Gruppe abgelehnt werden oder selbst nicht in die Gruppe integriert werden möchten. Ist das Problem erst einmal offensichtlich, ist es umso schwerer, rasch und effektiv gegenzusteuern.

- Sündenbock

Wird das Gruppengeschehen häufig durch ein Kind gestört, gerät dieses Kind bald in die Rolle des Sündenbocks. Die anderen Kinder nutzen den Sündenbock, um ihm die Schuld für alles in die Schuhe zu schieben.
Als Kinderpflegerin müssen Sie diesen Kindern unbedingt Ihre positive Aufmerksamkeit schenken, um sie aus dieser Rolle zu befreien.

Stellenweise gibt es auch Überschneidungen und Zusammenhänge zwischen den aufgezeigten Rollen. Nicht selten wird ein „Außenseiter“ zum „Sündenbock“ oder der „Rebell“ als „Außenseiter“ aufgefasst. Fühlt sich das Kind im Unrecht und benachteiligt, kann es ebenfalls dazu tendieren, seinen negativen Gefühlen Luft zu machen, und durch sein scheinbar „unangemessenes“ Verhalten auffallen.
Nicht vernachlässigt werden darf dabei auch die Rolle des Fachpersonals. Durch verbale Äußerungen und Ihr Verhalten tragen Sie maßgeblich dazu bei, einem Kind eine Rolle zuzuschreiben.

- Meckerer

Diese Kinder haben an allem etwas auszusetzen, niemand kann es ihnen recht machen. Sie nörgeln an allem herum, stören dabei auch oft die anderen Kinder. Versuchen Sie herauszufinden, was dem jeweiligen Kind Spaß macht, und versuchen Sie, es auf diesem Weg in die Gruppe zu integrieren.

- Clown

Kinder, die keine Ruhe finden und ständig herumkaspern, können sehr lustig sein, aber auch sehr störend wirken, wenn sie die Gruppe bei besonders interessanten Angeboten oder Aktivitäten permanent unterbrechen. Oftmals verstecken sich diese Kinder nur hinter einer Maske, um ihre wahren Gefühle zu verbergen und um Anerkennung und Aufmerksamkeit zu erhalten. In der Regel können sie keine Grenzen einhalten und werden deshalb ständig ermahnt. Versuchen Sie, dass, Kind nicht zu verurteilen, sondern einen Zugang zu ihm zu finden. Andernfalls gerät es rasch auch in die Rolle des Sündenbocks oder die des Außenseiters.

Sie sollten bei Ihrer Arbeit immer beachten, dass Ihre Kindergartengruppe einen Zusammenschluss von Einzelpersönlichkeiten darstellt. Jedes Kind muss in seiner Individualität und in seiner eigenen Art angenommen und wertgeschätzt werden. Vermeiden Sie auch ein „Schubladendenken“, wenn ein Kind Merkmale eines bestimmten Rollenmusters zeigt.

Gruppen sind immer in Bewegung. Es bilden sich neue Untergruppen und Kinder können neue Rollen einnehmen.

Gruppendynamik

In einer Gruppe finden Kinder oftmals gute Freunde, zerstreiten sich aber auch wieder und gehen mit anderen Kindern neue freundschaftliche Beziehungen ein. Auf diesem Weg entstehen ständig neue Untergruppen, die das Gruppengeschehen bestimmen. Die so immer wieder stattfindenden Veränderungen können unter dem Begriff Gruppendynamik zusammengefasst werden.

Beobachtung ► S. 189

Da sich auch die Rollen der einzelnen Kinder im Verlauf der Gruppenentwicklung immer wieder wandeln können, gilt es die Gruppe immer gut zu beobachten. Als konkrete Methode, den Aufbau der Gruppe und Gruppenvorgänge zu erfassen, bietet sich die Durchführung eines soziometrischen Tests an. Hierbei wird jedes Kind einzeln zu seinen persönlichen Einstellungen gegenüber den anderen Kindern befragt.

Mögliche Fragen für eine soziometrische Befragung:

- Mit welchem Kind spielst du am liebsten?
- Welches Kind würdest du gerne zu deinem Geburtstag einladen?
- Neben wem möchtest du im Morgenkreis gern sitzen?

Eine Soziomatrix gibt Aufschluss über die soziale Position der einzelnen Gruppenmitglieder.

Die Ergebnisse der Befragung aller Kinder werden gesammelt und anschließend in einer tabellarischen Übersicht, einer sogenannten **Soziomatrix**, festgehalten. Wenn das Kind Maja z. B. Louis zu seinem Geburtstag einladen möchte, dann wird an dieser Stelle ein Kreuz gemacht. Wenn Maja auch gern neben Louis sitzt, bekommt dieser ein weiteres Kreuz in der Soziomatrix.

	Maja	Chris	Kim	Sonia	Joshua	Ben	Lydia	Otto	Olivia	Lena	Kieran	Louis
Maja		x		xx			x		xxx	x		x
Chris					x							x
Kim					x							
Sonia	x	x					xx					
Joshua			x								xxx	
Ben		x								x		
Lydia			x	x						x		
Otto		xx				x						
Olivia												
Lena			x			x		x				x
Kieran					xxx							
Louis	xx	x				x		x				

Anhand der Antworten der Kinder erfahren Sie anschaulich etwas darüber, welche Rolle dem Kind innerhalb der Gruppe zukommt. So können Sie für das Kind mit den meisten Stimmen schlussfolgern, dass es beispielsweise den „Star“ der Gruppe verkörpert. Ein Kind, das keine Stimmen erhält, wird eher die Rolle des Außenseiters oder auch Mitläufers einnehmen.

Um die so erfassten Beziehungen der Kinder untereinander grafisch anschaulich darzustellen, bietet sich anschließend das Erstellen eines **Soziogramms** an. Anhand von im Vorfeld festgelegten Symbolen, z. B. Kreisen und verschiedenen Pfeilen, wird verdeutlicht, ob die Kinder im Mittelpunkt stehen, unter welchen Kindern bereits ein reger positiver Kontakt besteht und welche Kinder noch stärker in die Gruppe integriert werden müssen. Außenseiter beispielsweise stehen somit auch optisch oft am Rand und haben nur wenige oder gar keine Freundschaften.

Außenseiter ► S. 125

Dem Fachpersonal bieten sich so Erkenntnisse über bestehende Untergruppen innerhalb der Gesamtgruppe. Nicht selten erklären sich auf diesem Weg auch die Hintergründe des Geschehens innerhalb der Gruppe.

Ein Soziogramm hilft, die Beziehungen der Kinder untereinander und somit auch deren Rollen sichtbar zu machen.

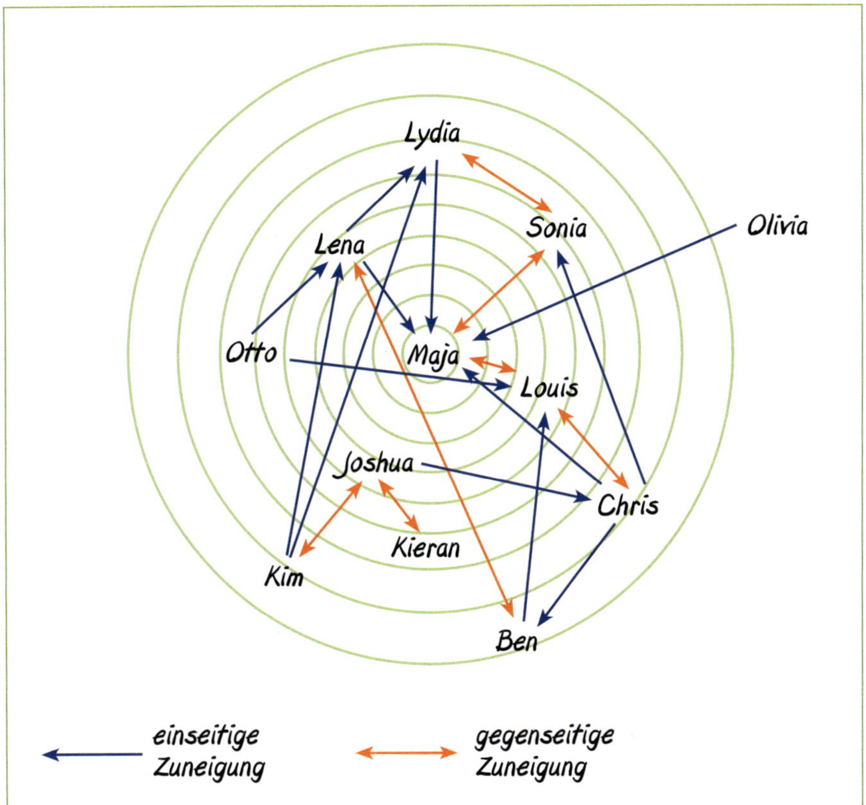

Abb. 1 Ein Soziogramm verdeutlicht die Rollen sowie die Beziehungen der Kinder untereinander.

Natürlich müssen Sie sich stets vor Augen halten, dass ein solches Soziogramm nur eine Momentaufnahme der Gruppensituation darstellt. Die Beziehungen der Kinder untereinander können sich jederzeit wieder verändern, weshalb es auch nicht ausreicht, eine derartige Erhebung nur einmal durchzuführen.

Hinzu kommt, dass mit Hilfe eines Soziogramms zwar die augenblickliche Struktur der Gruppe gut erfasst und dargestellt werden kann. Völlig offen bleibt jedoch, warum zwischen zwei oder mehreren Kindern eine Abneigung besteht bzw. sich ein Kind in der Rolle des Außenseiters (oder auch des Stars) befindet.

2.2.5 Arbeiten mit der Gruppe

Unter www.kindergartenpaedagogik.de/215.html finden Sie einen Artikel zum Prinzip der Mitbestimmung und zum Thema „Kinderkonferenzen“.

Der Arbeit mit der Gruppe kommt in Ihrem beruflichen Alltag eine entscheidende Rolle zu. Wissen Sie darüber Bescheid, welche Gruppenphasen durchlaufen werden und welche Rollen die Ihnen anvertrauten Kinder einnehmen können, haben Sie alle Möglichkeiten, die Gruppe erfolgreich zu begleiten. Hilfreich ist dabei das Wissen um folgende wichtige Prinzipien bei der Arbeit mit Kindergruppen.

Prinzipien der Arbeit mit Kindergruppen

Prinzip der Individualisierung
Als Kinderpflegerin ist es Ihre Aufgabe, sowohl die gesamte Gruppe im Blick zu haben als auch den einzelnen Kindern Hilfe anzubieten und sie zu fördern. Jedes Kind ist unterschiedlich veranlagt, begabt und entwickelt und benötigt deshalb eine individuell auf seine Bedürfnisse abgestimmte Unterstützung. Zum Beispiel sind manche Kinder bereits sehr selbstbewusst, andere noch sehr schüchtern; manche können bereits gut zählen, andere brauchen hier noch vielfach Unterstützung.
Prinzip der Ressourcenorientierung
Jedes Kind verfügt über eigene Stärken, die in der Fachsprache als Ressourcen bezeichnet werden. Ihre Aufgabe als Kinderpflegerin ist es, auch bei „schwachen“ Kindern starke Seiten zu finden und zu fördern. Die Bestätigung ihrer „Vorzüge“ verschafft den Kindern Erfolgserlebnisse und lässt sie Selbstvertrauen aufbauen, das sich wiederum positiv auf die Entwicklung der Gruppe und den Umgang miteinander auswirken kann. Zum Beispiel verfügen sehr ruhige oder auch aggressive Kinder nicht selten über ein ungeahntes Maß an Kreativität oder sind sehr sportlich. Hier bieten sich Ansätze für die weitere Arbeit mit dem jeweiligen Kind.
Prinzip der Mitbestimmung (Partizipation)
Ein wichtiger Entwicklungsschritt ist es, dass die Kinder lernen, Entscheidungen gemeinsam und verantwortungsvoll herbeizuführen. Hierzu müssen sie unter Ihrer Anleitung lernen, sich zu beraten, abzustimmen und gemeinsam Kompromisse zu schließen (z. B. durch die Mitgestaltung eines gemeinsamen Festes oder die Einführung regelmäßiger Kinderkonferenzen).
Prinzip der Teamarbeit
Gerade weil es in unserer heutigen Gesellschaft nicht unüblich ist, für eigene Zwecke „die Ellenbogen“ gegen andere zu benutzen, ist es unerlässlich, den Kindern die Bedeutung und die Vorteile einer Gruppe aufzuzeigen. Durch gezielte Angebote können Sie den Kinder zur gegenseitigen Hilfe und Unterstützung, zum Teilen, Kooperieren und weiteren sozialen Fähigkeiten verhelfen. Zum Beispiel lernen Kinder bei verschiedenen Sportspielen, dass man ein Ziel oftmals schneller erreichen kann, wenn man zusammenhält.
Die Gruppe abholen, wo sie steht
Natürlich haben Sie als Kinderpflegerin viele gute Ideen für Angebote und klare Vorstellungen darüber, in welchen Bereichen Sie die Ihnen anvertrauten Kinder fördern möchten. Nicht immer stimmen Ihre Absichten jedoch mit den Interessen und Bedürfnissen der Kinder überein. Vielmehr ist jede Gruppe unterschiedlich, weshalb die Arbeit mit den Kindern stets bei dem ihren Ausgangspunkt finden muss, was die Kinder als Gruppe aktuell bereits zu leisten vermögen. Auch das Tempo der Arbeit muss individuell der Gruppe angepasst werden, um eine Überforderung einzelner Kinder zu vermeiden. Zum Beispiel sind Kinder, die sich gerade erst neu in einer Gruppe zusammenfinden müssen, von größeren Gruppenarbeiten noch völlig überfordert. Viel geeigneter ist in einer solchen Situation der Einsatz von kleinen Kennenlernspielen, bei denen sich der Schwierigkeitsgrad langsam steigert.
Sich überflüssig machen
Zu guter Letzt die wohl schwierigste Aufgabe. Während die Kleinsten noch in hohem Maß auf die Hilfe der Kinderpflegerin angewiesen sind, müssen die Kinder zunehmend auch lernen, „auf eigenen Füßen zu stehen“. Für Ihre Arbeit bedeutet dies, sich mit Unterstützungen und Ratschlägen mit zunehmendem Alter der Kinder zurückzuhalten. Ihre Rolle verändert sich von der Rolle der Anregenden hin zu einer Beraterin, die es den Kindern ermöglicht, eigene Wege zu gehen und für sich und die anderen Gruppenmitglieder Verantwortung zu übernehmen. Gerade anfangs benötigen die Kinder noch viel Hilfe, um den Tagesablauf bewältigen zu können. Später kennen sie das Vorgehen in der Gruppe und müssen z. B. nicht mehr ausdrücklich auf den zeitlichen Ablauf und Regeln hingewiesen werden.

Weitere wichtige Aufgaben bei der Begleitung einer Gruppe
Die Umsetzung der in der Übersicht gezeigten Prinzipien zur Arbeit mit Kindergruppen verlangt aufmerksames Handeln und ständige Reflexion der eigenen Arbeit sowie dem eigenen Verhalten. Folgende Punkte gilt es besonders zu verinnerlichen:

Selbst Vorbild sein
Kinder lernen, indem sie andere Menschen beobachten und nachahmen. Wollen Sie Kinder darin unterstützen, Freundschaften zu schließen und mit Ängsten, Streit oder Konflikten konstruktiv umzugehen, so müssen Sie selbst stets mit gutem Beispiel vorangehen. Dies kann sich im Umgang mit anderen Kindern, aber auch in Ihrem Verhalten gegenüber Eltern und Ihren Kolleginnen äußern.
Neue Kinder integrieren / Übergänge gestalten
Gerade für eher zurückhaltende oder schüchterne Kinder ist es oftmals schwierig, in einer neuen Gruppe Anschluss zu finden. Für sie stellt der Wechsel in eine Kindergartengruppe eine hohe Belastung dar, zumal sie auch vom Fachpersonal nicht selten übersehen werden. Da es gerade auch Eltern häufig sehr schwer fällt, ihre Kinder erstmals alleine zu lassen, müssen Sie auch auf deren Fragen und Bedenken gezielt eingehen.
Eigenes Handeln der Gruppe anpassen
Gruppen verändern sich, da sich die Kinder stets weiterentwickeln, neue Kinder in die Gruppe eintreten oder andere Kinder die Gruppe, bedingt durch Umzug oder Schuleintritt, wieder verlassen. Jede Veränderung stellt neue Anforderungen an Ihre Arbeit. Bleiben Sie in der Arbeit mit einer Gruppe nie stehen, sondern stellen Sie sich auf Ihre jeweilige Gruppe stets neu ein. Seien Sie sich dessen bewusst, dass sich Ihr Handeln immer direkt auf die Gruppenstruktur und die Gruppenprozesse auswirkt.

Da Gruppen ganz unterschiedlich sein können, unterscheidet sich auch die konkrete Ausrichtung der Arbeit mit den Kindern. Je nach Zusammensetzung der Gruppe und den damit entstehenden Bedürfnissen und eventuell auch Problemen wird eine Einrichtung ihren Arbeitsschwerpunkt setzen. Beispiele hierfür können sein:

Integrative Erziehung ► S. 136
Kinder mit Behinderung ► S. 130

- Integrative Erziehung, das heißt, Kinder mit und ohne Behinderung werden gemeinsam erzogen.
- Interkulturelle Erziehung, das heißt, Kinder aus verschiedenen Kulturen werden gemeinsam erzogen, um voneinander zu lernen und ein harmonisches Miteinander zu fördern.
- Koedukative Erziehung, das heißt, die gemeinsame Erziehung von Jungen und Mädchen wird angestrebt, um alle Begabungspotenziale voll auszunutzen.
- Erziehung in offenen, halboffenen oder geschlossenen Gruppen, das heißt, die Kinder sind unterschiedlich eng an eine feste Gruppe gebunden.
  In offenen Gruppen können sich die Kinder komplett frei durch den ganzen Kindergarten bewegen. Oftmals gibt es verschiedene Räume für verschiedene Themengebiete oder Angebote. Geschlossene Gruppen stellen das genaue Gegenteil dar. Es gibt kaum gruppenübergreifende Projekte, jede Gruppe arbeitet für sich. Geschlossene Gruppen gibt es vor allem in eingruppigen Kindergärten oder Waldkindergärten. Am häufigsten finden sich halboffene Gruppen. In dieser Betreuungsform sind die Kinder einer festen Gruppe zugeordnet (Stammgruppe), es werden allerdings neben gruppeninternen Aktivitäten auch gruppenübergreifende Projekte durchgeführt, an denen sich beispielsweise alle Kinder einer Altersgruppe beteiligen können. Weiterhin dürfen die Kinder nach Absprache mit den pädagogischen Fachkräften auch andere Gruppen besuchen.

Abb. 1 Integrative und interkulturelle Erziehung kann auch gleichzeitig stattfinden.

Abb. 2 Mädchen und Jungen spielen Bauarbeiter – ein Beispiel für koedukative Erziehung.

2.3 Kinder mit Behinderungen – „Alles ganz anders?“

In Deutschland leben ca. acht Prozent der Bevölkerung mit einer Schwerbehinderung.

Ungefähr acht Prozent der Bevölkerung in Deutschland leben nach Angaben des Statistischen Landesamtes (Stand Ende 2005) mit einer Schwerbehinderung. Der größte Anteil daran sind erwachsene Menschen. Das Phänomen Behinderung kann medizinisch oder sozial gedeutet werden: Sozial gesehen, ist Behinderung eine Beeinträchtigung der Teilhabe am Leben in der Gemeinschaft. Medizinisch betrachtet, ist eine Behinderung die Folge einer Schädigung oder Krankheit und bedeutet eine längerfristige Beeinträchtigung der Lebensmöglichkeiten.
Die Weltgesundheitsorganisation WHO (World Health Organization) geht bei der Definition von Behinderung als Folge einer Schädigung aus, die zu einer Beeinträchtigung und folglich einer Behinderung führt:

1. Schädigung	Mängel oder Abnormitäten der anatomischen, psychischen oder physiologischen Funktionen und Strukturen des Körpers
2. Beeinträchtigung	Funktionsbeeinträchtigung oder -mängel auf Grund von Schädigungen, die typische Alltagssituationen behindern oder unmöglich machen
3. Behinderung	Nachteile einer Person aus einer Schädigung oder Beeinträchtigung

§ Im Sozialgesetzbuch wird Behinderung im Kap. IX § 2 Abs. 1 folgendermaßen definiert: „Menschen sind behindert, wenn ihre körperliche Funktion, geistige Fähigkeit oder seelische Gesundheit mit hoher Wahrscheinlichkeit länger als sechs Monate von dem für das Lebensalter typischen Zustand abweicht und daher ihre Teilhabe am Leben in der Gesellschaft beeinträchtigt ist. Sie sind von Behinderung bedroht, wenn die Beeinträchtigung zu erwarten ist.“

Vielen Menschen sieht und merkt man ihre Behinderung jedoch nicht sofort an, denn z. B. auch Krebskranke gelten als Menschen mit Behinderung. Beeinträchtigungen bei Kindern können sich von leichten Entwicklungsverzögerungen über Körperbehinderungen bis zu Schwer- und Mehrfachbehinderungen erstrecken.

2.3.1 Ursachen und Formen von Behinderungen

Ursachen von Behinderungen

Behinderungen können angeboren oder erworben sein.

Man unterscheidet zwischen angeborenen und erworbenen Ursachen für eine Behinderung. Angeborene Behinderungen entstehen entweder durch Vererbung, Gendefekte (z. B. Trisonomie 21) oder vor der Geburt. Das Kind kann von der Mutter während der Schwangerschaft z. B. durch Röteln, Drogen- oder Alkoholmissbrauch, Tablettenkonsum oder bestimmte Infektionen geschädigt werden.
Behinderungen können während der Geburt (z. B. durch Sauerstoffmangel) oder danach entstehen, z. B. durch Krankheiten, Unfälle oder auch Gewalteinwirkung. Ungefähr 95 % aller Behinderungen sind erworben, meist im Erwachsenenalter.
Bei Mehrfachbehinderungen kann es sein, dass eine zweite Behinderung (Folge- oder Sekundärbehinderung) eine Folge der ersten Behinderung (Primärbehinderung) ist. Ein gehörloser Mensch kann so auch eine Sprachbehinderung erwerben.

Florian hat von Geburt an eine Hörschädigung (Primärbehinderung). Er ist gehörlos und versteht kaum, wenn er angesprochen wird. Da er die Sprache nicht hören konnte, hat er diese nicht erlernt und kann sich sprachlich nur schwer ausdrücken. Die Folge seiner Hörschädigung ist seine Störung im Spracherwerb und die Sprachbehinderung (Sekundärbehinderung).

Verschiedene Formen von Behinderungen

Behinderungen und Behinderungszusammenhänge lassen sich grob in verschiedene Formen bzw. Bereiche einteilen. Dabei treten körperliche Beeinträchtigungen am häufigsten auf. Oft liegen auch Mehrfachbehinderungen vor, das heißt, Behinderungen begleiten sich, z. B. kann eine Sinnesbehinderung mit Lernschwierigkeiten einhergehen. Kinder sind statistisch nur zu einem kleinen Teil von einer Behinderung betroffen.

Kinder sind nur zu einem kleinen Teil von Behinderung betroffen.

Sinnesbehinderung:
Zu den Sinnesbehinderungen oder den Beeinträchtigungen der Sinne gehören:

- Sehbeeinträchtigung bis hin zur kompletten Blindheit
- Hörbeeinträchtigungen (von der Schwerhörigkeit bis zur Gehörlosigkeit)
- Des Weiteren gibt es Beeinträchtigungen der Nahsinne: Geruchs-, Geschmacks- und Tastsinn. Deren Förderung steht aus pädagogischer Sicht nicht im Vordergrund, sondern wird begleitend oder ergänzend eingesetzt.

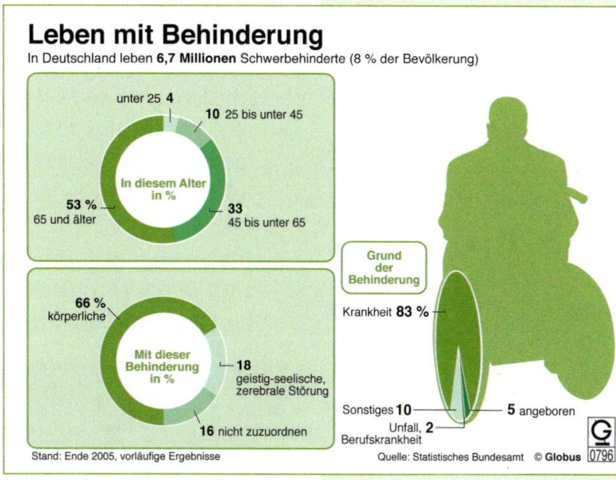

Lernbehinderung:
Zur Feststellung von Lernbehinderungen gibt es keine eindeutigen Kriterien. Von Lernbehinderung wird dann gesprochen, wenn ein Kind erhebliche Schwierigkeiten hat, sich Wissen anzueignen. Oft stehen Schwächen in der Merkfähigkeit oder der Konzentration im Vordergrund. Manche Kinder mit einer Lernbehinderung weisen auch deutliche Rückstände in der Sprachentwicklung oder der motorischen Entwicklung auf. In der Regel geht eine Lernbehinderung mit einer Beeinträchtigung der Intelligenz einher (Intelligenzquotient von 70 bis 84). Ein negatives Selbstbild, welches sich bei Kindern in Aussagen wie „Ich bin dumm" oder „Ich verstehe nie etwas" äußern kann, führt oft zu einer Abneigung gegenüber jeder Form von Lernen. Eine solche Haltung erschwert zusätzlich weitere Lernerfolge.

Geistige Behinderung:
Der Begriff geistige Behinderung bzw. Beeinträchtigung bezeichnet einen andauernden Zustand unterdurchschnittlicher kognitiver Fähigkeiten eines Menschen. Man unterscheidet verschiedene Grade der Intelligenzminderung:

Intelligenzminderung (IM)	Intelligenzquotient (IQ-Punkte)	Charakteristika
Leichte IM	69–50	Lernschwierigkeiten in der Schule. Viele Erwachsene können arbeiten, soziale Beziehungen unterhalten und ihren Beitrag zur Gesellschaft leisten.
Mittelgradige IM	49–35	Deutliche Entwicklungsverzögerung in der Kindheit. Die meisten können aber ein gewisses Maß an Unabhängigkeit erreichen und eine ausreichende Kommunikationsfähigkeit und Ausbildung erwerben. Erwachsene brauchen in unterschiedlichem Ausmaß Unterstützung im täglichen Leben und bei der Arbeit.
Schwere IM	34–20	Andauernde Unterstützung ist notwendig.
Schwerste IM	19–0	Die eigene Versorgung, Kontinenz, Kommunikation und Beweglichkeit sind hochgradig beeinträchtigt.
Lernbehinderung	84–70	Entwicklungsstörung schulischer Fertigkeiten, Lernstörung bzw. Störung des Wissenserwerbs

Körperliche Behinderungen können genetisch bedingt, angeboren, durch einen Unfall oder eine Krankheit bedingt sein.

Körperliche Behinderung:
Kinder mit einer körperlichen Behinderung haben individuelle Beeinträchtigungen ihrer Körperfunktionen, die vergleichsweise schwer sind und langfristig bestehen. Es gibt unterschiedliche Arten von Beeinträchtigungen.
Die Ursachen hierfür können genetisch bedingt bzw. angeboren, durch Krankheit oder Unfall bedingt sein.

- Zentralnervensystem: Durch frühkindliche Hirnschädigung (z. B. auf Grund von Geburtsschäden oder auch durch Tumore, Infektionen oder Unfälle) können etwa spastische Lähmungen verursacht werden. In Verbindung mit solchen Hirnschädigungen können zusätzlich Anfallsleiden (Epilepsien) auftreten.
- Muskulatur und Skelettsystem: Dazu gehören Muskelschwund-Erkrankungen und Wachstumsstörungen wie z. B. Fehlbildungen des Skeletts, Gelenkfehlstellungen, Rückgratverkrümmung oder Kleinwüchsigkeit. Dabei können auch das Rückenmark und die Wirbelsäule (z. B. Querschnittslähmung) betroffen sein oder Infektionen (z. B. Kinderlähmung) den Körper verändern.
- Innere Organe: Einschränkungen in der Bewegungsfähigkeit werden mitunter auch durch chronische Erkrankungen wie z. B. Rheuma oder Herz-Kreislauf- und Gefäßerkrankungen verursacht.

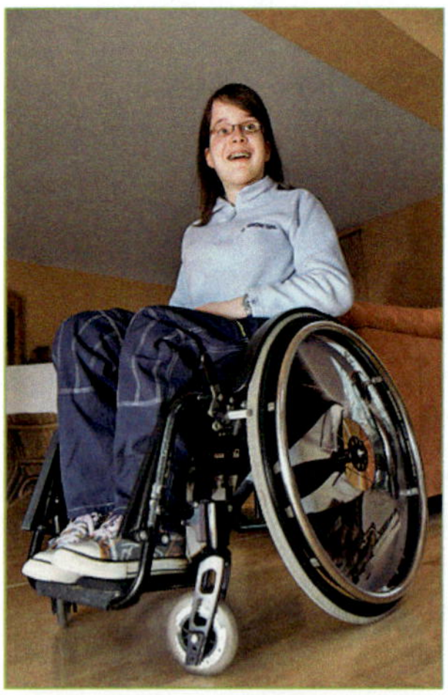

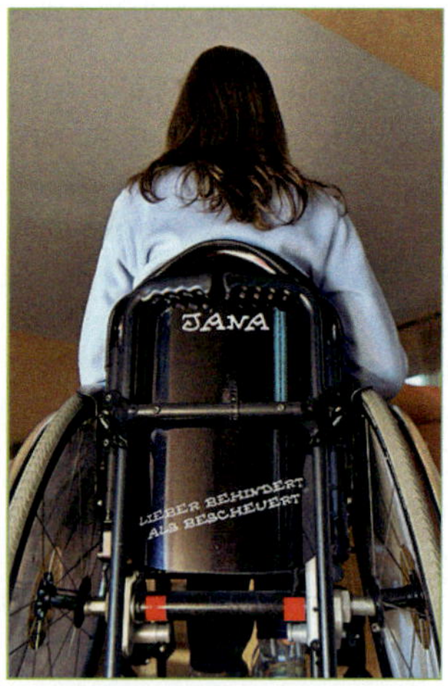

Abb. 1 13-jähriges Mädchen, das auf Grund der Folgen einer Spina bifida, auf ihren Rollstuhl angewiesen ist.

Sprachbehinderung:
Angeborene oder erworbene Sprachschädigungen wirken sich auf

- Sprachaufbau (richtiger Aufbau von Sätzen und das korrekte Verwenden der Grammatik),
- Sprechen (Sprachlaute können nicht korrekt und flüssig gebildet werden), z. B. Stottern, Poltern (verwaschene Aussprache), Stammeln oder auch Störungen der Sprechmotorik,
- Schriftsprache (Schreiben) und
- Sprachverständnis (die Fähigkeit, Sinn und Bedeutung von Lautäußerungen zu erfassen) aus.

verbale Kommunikation ► S. 83
Sprachstörungen ► S. 110

Häufig treten bei Kindern Sprachentwicklungsstörungen auf, die z. B. auf Hörstörungen, geistige Behinderungen oder auch Autismus zurückzuführen sind.
Da die Sprache für das menschliche Miteinander eine große Bedeutung hat, ist die Behandlung von Sprachstörungen sehr wichtig.

Seelische (psychische) Behinderung:
Als seelische (psychische) Behinderung wird die Auswirkung psychischer Erkrankungen auf einen Menschen bezeichnet. Der Begriff der seelischen Behinderung kann nicht scharf abgegrenzt werden. Grundsätzlich können alle psychischen Störungen im Kindes- und Jugendalter zu einer seelischen Behinderung führen. Wie bei Erwachsenen kann auch bei Kindern eine Reihe von psychischen Beeinträchtigungen auftreten, z. B.:

- Autismus: Dieser Begriff kann auch mit Abkapselung oder Rückzug übersetzt werden. Autismus kann in völlig unterschiedlichen Schweregraden und in Kombination mit anderen Behinderungen in Erscheinung treten. Autistische Kinder haben starke Einschränkungen in der sozialen Interaktion (auch mit den eigenen Eltern) sowie im Verständnis der Beweggründe menschlichen Handelns und können keine Emotionen zeigen. Schon Babys können autistische Symptome zeigen, werden z. B. nicht gern auf den Arm genommen, reagieren nicht auf ein Lächeln oder interessieren sich nicht für Spielzeuge.
- Depressionen: Ein Zustand psychischer Niedergeschlagenheit, der auch bei Kindern vorkommt. Erziehende spüren und erkennen die Weinerlichkeit und die traurige Grundstimmung, eine Teilnahmslosigkeit und emotionale Leere. Manchmal zeigt sich die Depression aber auch durch eine überwältigende Unzufriedenheit und eine Gereiztheit. Auch Angst kann ein Symptom sein.
- Posttraumatische Belastungsstörungen: Diese Störungen können nach einem äußerst belastenden Erlebnis, z. B. einer Misshandlung, einem Unfall, Kriegserfahrungen oder einem Todesfall in der Familie des Kindes auftreten.

Psychische Störungen im Kindes- und Jugendalter können zu einer seelischen Behinderung führen.

Unter www.familienhandbuch.de ▹ Suchbegriff: Seelische Behinderungen finden Sie Erläuterungen zu seelischen Behinderungen bei Kindern.

Unter www.buendnis-depression.de ▹ Inhaltliche Schwerpunkte ▹ Kinder und Jugendliche finden Sie Informationen zu Depressionen bei Kindern und Jugendlichen.

Mehrfache Beeinträchtigungen:
Darunter versteht man das gleichzeitige Vorhandensein mehrerer Beeinträchtigungstypen, z. B. das gemeinsame Vorliegen einer Körperbehinderung und einer geistigen Behinderung. Kinder mit einer Mehrfachbehinderung bedürfen oft von Geburt an einer besonderen Begleitung und Unterstützung ihrer Entwicklung.

2.3.2 Auswirkungen von Behinderungen

Vorurteile

Von vielen im heilpädagogischen Bereich arbeitenden Personen werden negative Einstellungen bzw. Vorurteile gegenüber Menschen mit Behinderungen als eines der größten Probleme bei der Eingliederung Behinderter in die Gesellschaft gesehen.

Heilpädagogik ► S. 134
Vorurteile ► S. 174

§ Die Gesellschaft ist aufgefordert, Strukturen zur Unterstützung von Menschen mit Behinderungen zu schaffen. In Deutschland findet dies Ausdruck in Artikel 3 Abs. 3 Satz 2 des Grundgesetzes: „Niemand darf wegen seiner Behinderung benachteiligt werden."

Die Ausgrenzung von Menschen mit Behinderungen vollzieht sich leise. Erwachsene Menschen mit Behinderungen sehen sich isoliert, weil Menschen ohne Behinderungen Angst haben, falsch zu reagieren, und deshalb gar keinen Kontakt aufbauen. Wo Kontakte zu Stande kommen, bleiben sie oft befangen. Kinder gehen oftmals offener mit Menschen mit Behinderungen um. Wesentliches Ziel der Erziehung ist daher eine umfassende Teilhabe am Leben nichtbehinderter Menschen. Gleichzeitig ist darauf zu achten, dass die nichtbehinderten Kinder Akzeptanz lernen.

Vorurteile tragen zu einer Ausgrenzung von Menschen mit Behinderungen bei.

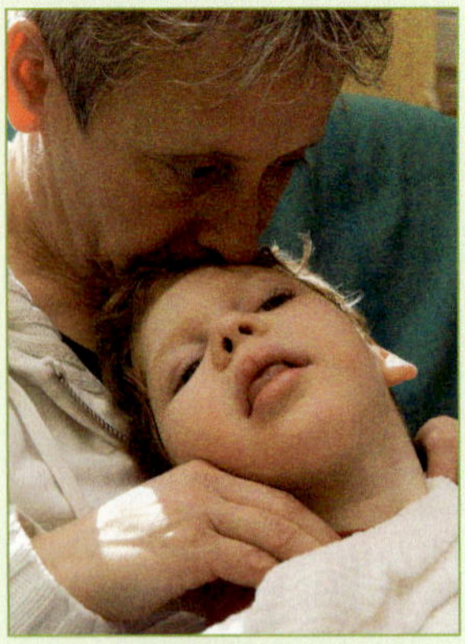

Abb. 1 Alle Väter und Mütter möchten für ihr Kind das Beste.

Eltern von Kindern mit Behinderungen

Eltern von Kindern mit Behinderungen sprechen lieber von einer Beeinträchtigung und möchten, genau wie alle anderen Eltern auch, das Beste für ihr Kind. Es soll, wie andere Kinder auch, einen Kindergarten und eine Schule besuchen. Die wenigsten Eltern möchten, dass ihr Kind in eine Sondereinrichtung geht, in der es ausschließlich Kontakt zu Gleichaltrigen mit Behinderung hat.

Die Väter und Mütter von Kindern mit Behinderung befinden sich zumindest zeitweise in einer sehr schwierigen Lebenssituation, die von Trauer, gesellschaftlicher Isolation und Überlastung gezeichnet sein kann. Von Geburt an setzen sie sich mit Experten für die Versorgung und Entwicklung ihres Kindes auseinander. Sie erhalten Unterstützung von Fachdiensten (z. B. Logopäden, Physiotherapeuten, Pflegediensten) und beratenden Institutionen.

Sie sollten im Kontakt mit den Eltern Verständnis, Empathie und Geduld aufbringen. Aber vergessen Sie bei den Familien, die ein Kind mit Behinderung großziehen, nicht, neben den vielen Problemen auch das Gelingen des Familienlebens zu sehen. Das Leben der Eltern muss sich, nicht nur bei Kindern mit Behinderungen, den Bedürfnissen des Kindes anpassen. Versuchen Sie, die Familien bei der Bewältigung der neuen Lebenssituation zu unterstützen.

Kinder möchten ohne Ausgrenzung spielen, lernen und sich entwickeln.

Die Perspektive des Kindes mit Behinderung

Jedes Kind hat laut den Grundrechten der Kinder ein Recht auf Gleichbehandlung und ein Recht auf Betreuung bei Behinderung. Für alle Kinder, unabhängig von einer Behinderung, ist das Gefühl des Angenommenseins, der Geborgenheit und des Vertrauens zu seinen Eltern und Betreuungspersonen unglaublich wichtig. Kinder möchten spielen, lernen und sich entwickeln, ohne Ausgrenzung und Etikettierung, wenn notwendig, mit den individuellen pädagogischen und therapeutischen Hilfen.

2.3.3 Konzepte der Heilpädagogik

Erziehungsziele ► S. 152

Bei der pädagogischen Begleitung von Kindern mit Behinderungen gelten grundsätzlich die gleichen Ziele, Inhalte und Methoden wie für Kinder ohne Behinderungen. Aber oft erschwert eine Behinderung die Erziehung. Eine Kinderpflegerin stößt häufig an ihre Grenzen. Kinder mit Behinderungen sind außerdem oft in ihrer körperlichen Entwicklung, der Kompetenzentwicklung und Entwicklung hin zum selbstständigen Individuum eingeschränkt.

Heilpädagoginnen und Heilerziehungspflegerinnen betreuen als pädagogische Fachkräfte Menschen mit verschiedenen Beeinträchtigungen und unterschiedlichen Alters.

Die Heilpädagogik hat den Ansatz, dass nicht allein Behinderung oder erschwerte Bedingungen und deren Behebung Gegenstand der Pädagogik sein dürfen, sondern der ganze Mensch (mit seinen Fähigkeiten, Problemen und Ressourcen sowie seinem sozialen Umfeld) bei der Bearbeitung und Lösung von Problemen zu betrachten und mit einzubeziehen ist. Die Kompetenzen von heilpädagogischen Mitarbeitern werden auch genutzt in sogenannten integrativen Kindertagesstätten oder Integrationskindertagesstätten, in denen Kinder mit Behinderungen und Kinder ohne Behinderungen gemeinsam betreut werden.

Integrative Pädagogik ► S. 136
Einrichtungen für Kinder mit besonderem Förderbedarf ► S. 33

§ In mehreren Bundesländern ist in den letzten Jahren die gemeinsame Erziehung und Bildung in Gesetzen verankert worden, z. B. in Berlin: „Keinem Kind darf auf Grund der Art und Schwere seiner Behinderung oder seines besonderen Förderbedarfs die Aufnahme in eine Tageseinrichtung verwehrt werden.“ (§ 6 des Berliner Kindertagesförderungsgesetzes vom 23. 06. 05)

Normalisierungsprinzip

Das Normalisierungsprinzip bedeutet, dass das Leben von Menschen vor allem mit geistiger Behinderung so „normal“ wie möglich gestaltet werden soll. Die Teilhabe an der Gemeinschaft wird ermöglicht. Dazu gehören z. B. die Gestaltung eines Tagesrhythmus, also der Besuch des Kindergartens, und auch zusätzliche Angebote. Nach dem Kindergarten sollen auch Kinder mit einer Behinderung möglichst eine Regelschule besuchen.

Nach dem Normalisierungsprinzip soll das Leben von Menschen mit Behinderung so „normal“ wie möglich gestaltet werden.

Nichtbehinderte und behinderte Kinder sollen gemeinsam lernen

Die meisten behinderten Kinder in Deutschland werden getrennt von Nichtbehinderten in Förderschulen unterrichtet. Behindertenverbände wollen das ändern.

Julia Wäschenbach

Berlin – Es soll normal und keine Ausnahme sein, dass behinderte und nichtbehinderte Kinder gemeinsam in einer Klasse unterrichtet werden. Das haben Behindertenverbände auf einer Konferenz des Sozialministeriums mit dem Titel „Vereint für gemeinsame Bildung“ in Berlin gefordert. Nachdem die Bundesregierung die UN-Behindertenrechtskonvention Anfang des Jahres ratifiziert hat, soll nun eine schnelle Umsetzung vor allem in der Bildung folgen. Für behinderte Kinder sei es wichtig, „nicht mit dem Gefühl aufzuwachsen, von Anfang an ausgegrenzt und aussortiert zu werden“, so Bundessozialminister Olaf Scholz (SPD).

In Deutschland lernen die meisten behinderten Kinder derzeit noch getrennt in sogenannten Förderschulen. Nur 16 Prozent besuchen Regelschulen – „eine Schande für ein reiches und zivilisiertes Land wie unseres“, sagt Karin Evers-Meyer (SPD), die Behindertenbeauftragte der Bundesregierung. Denn Deutschland läge damit weit unter dem europäischen Schnitt. In den meisten Ländern gingen 85 Prozent der behinderten Kinder gemeinsam mit ihren nichtbehinderten Altersgenossen zur Schule.

Baden-Württemberg hat am Montag den Zwang für behinderte Kinder aufgegeben, eine Sonderschule zu besuchen. Das ist in den meisten Bundesländern nicht mehr der Fall. Einige integrative Schulen, die sich auf behinderte Kinder einstellen, gibt es bereits. Nun soll nach Wunsch der Behindertenverbände ein Wandel zur inklusiven Bildung stattfinden, bei der alle Kinder von Anfang an in ihrer Unterschiedlichkeit gemeinsam lernen können. „Wir wollen die Förderschulen nicht abschaffen“, sagt die Sprecherin des Deutschen Behindertenrates, Hannelore Loskill. Eltern sollten aber künftig die Wahl haben, ihr behindertes Kind in eine Regelschule zu schicken.

Doch bis dahin gilt es finanzielle und soziale Herausforderungen zu meistern. Kleine Klassen und entsprechend ausgebildete Lehrer, auch Sonderpädagogen, sind laut Karin Evers-Meyer nötig. Die Schulgebäude müssten einerseits barrierefrei werden. Zum anderen müssten auch die Barrieren in den Köpfen der Eltern nichtbehinderter Kinder schwinden. „Von gemeinsamem Unterricht profitieren alle“, sagt die Behindertenbeauftragte.

(Erschienen im gedruckten Tagesspiegel vom 07.05.2009)

Besonderheiten der Heilpädagogik

Die Heilpädagogik hat einen ganzheitlichen pädagogischen Ansatz.

Erziehungs- und Bildungsziele ► S. 152
Wahrnehmung ► S. 187
Lernprozess ► S. 64
Sprache ► S. 108
Motorik ► S. 104
Heilpädagogen ► S. 51

Um die Erziehungs- und Bildungsziele zu erreichen, muss die Heilpädagogik ganzheitlicher, aber auch langsamer und reduzierter als eine Regelpädagogik arbeiten. Besonderes Augenmerk legt man in dieser speziellen Pädagogik auf folgende Grundsätze:

- Von Anfang an muss viel mehr Wert auf grundlegende Kompetenzen gelegt werden. Dazu gehören Wahrnehmungsprozesse, Lernprozesse, Sprache und Förderung der Motorik.
- Spezialisten fördern die Kinder nach ihrer speziellen Behinderung. So sind oft Heilpädagogen im Einsatz, Ergotherapeuten fördern z. B. die Motorik oder Logopäden unterstützen z. B. die Sprachentwicklung.
- Kinder mit Behinderungen werden in kleineren Gruppen betreut, sodass eine individuelle Förderung möglich ist.
- Die Nutzung von Hilfsmitteln (z. B. Rollstühlen) muss, z. B. durch eine behindertengerechte Raumgestaltung, gewährleistet sein (Barrierefreiheit).
- Eine Vielzahl verschiedener Methoden wird eingesetzt, z. B. bei Sprach- oder Sinnesbeeinträchtigungen die Gebärdensprache oder andere Hilfsmittel der unterstützten Kommunikation (z. B. Symboltafeln).
- Die Betreuung von Kindern mit Behinderungen erfordert manchmal einen höheren Zeitaufwand, z. B. bei der Einführung von neuen Übungen, bei der Körperpflege, bei der Unterstützung der Nahrungsaufnahme oder beim Ankleiden.

Integrative Pädagogik

Integrative Pädagogik akzeptiert die individuellen Fähigkeiten und Ressourcen eines jeden Kindes.

Die integrative Pädagogik ist ein Ansatz, der Unterschiede bezüglich des Entwicklungsstandes, der Fähigkeiten und Ressourcen als selbstverständliches und als individuelles kindliches Entwicklungsziel akzeptiert. Integration gelingt dann, wenn Menschen ohne Behinderung es als nicht ungewöhnlich ansehen, mit Menschen mit einer Behinderung gemeinsam zu leben und zu arbeiten. Dieses Denken soll bereits von Kindheit an gefördert werden.

Früher gab es zur Förderung und Pflege von Kindern und Erwachsenen mit Behinderungen spezielle Einrichtungen wie z. B. Sonderkindertagesstätten oder Sonderschulen, in denen medizinische, psychologische, heil- und sonderpädagogische Maßnahmen im Vordergrund standen und entsprechende Spezialisten eingesetzt wurden.

Abb. 1 In integrativen Einrichtungen lernen Kinder mit und ohne Behinderung gemeinsam.

Beobachtung ► S. 189
Bewegung ► S. 252

Neben Beobachtung und Projektarbeit ist die Bewegung ein wichtiger Bestandteil einer integrativen Pädagogik. Durch Bewegungsimpulse und Sinneseindrücke werden alle Kinder zu einer aktiven Auseinandersetzung mit ihren eigenen Fähigkeiten und mit unterschiedlichen Materialien und Spielgeräten angeregt.

Kinder mit Behinderung können in den Regelkindergarten gehen. Aber es gibt noch viel mehr Angebote für die Betreuung, für ganz kleine Kinder z. B. Krabbelgruppen von Eltern von Kindern mit und ohne Behinderung, Tagesmütter und Tagesväter, sozialpädagogische Spielkreise oder Kinderkrippen. Und es gibt Angebote für Kinder, die älter als 3 Jahre sind, z. B. Kindertagesstätten oder Vorschulen.

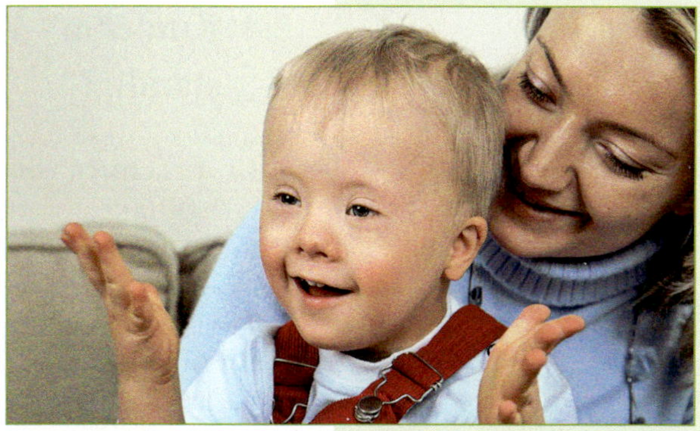

Abb. 2 Eltern können mit ihren Kindern verschiedene Angebote, wie z. B. einen sozialpädagogischen Spielkreis, nutzen.

Um Isolation abzubauen und dem Integrationsgedanken gerecht zu werden, gibt es inzwischen ein sehr viel größeres Angebot an Einrichtungen und Konzepten der Behindertenhilfe. Dazu gehören auch verschiedene Formen einer gemeinsamen Förderung von Kindern mit und ohne Behinderungen in Kindertageseinrichtungen:

- Einzelintegration von Kindern mit Behinderungen in Nachbarschaftskindergärten
- integrative Gruppen in Regelkindergärten (neben Regelgruppen)
- integrative Gruppen in Sonderkindergärten (neben Sondergruppen)
- integrative Kindergärten mit durchgängigem Prinzip gemeinsamer Erziehung in allen Gruppen

All diese Einrichtungen haben ein spezielles Konzept der Betreuung von Kindern mit und ohne Behinderungen entwickelt und bieten neben der spezifischen pädagogischen Ausrichtung zusätzliche Hilfen an. Aufgabe und Ziel eines integrativen Kindergartens ist die Realisierung eines gemeinsamen Lern-, Lebens- und Spielalltags und des Gruppenlebens selbst.

Ein gemeinsamer Lern-, Lebens- und Spielalltag ist Aufgabe und Ziel eines integrativen Kindergartens.

Durch ihre gemeinsame Betreuung profitieren sowohl die Kinder mit Behinderungen als auch die Kinder ohne Behinderungen in ihrer Entwicklung. Sie können miteinander und voneinander lernen und gegenseitige Akzeptanz aufbauen. Sie erleben, wie unterschiedlich Kinder sein können.

Inklusion

Der Ansatz der Inklusion (Einschließung) richtet sich nicht nur auf die gesellschaftliche Teilhabe von Kindern und Jugendlichen mit Behinderungen, sondern bezieht sich auf alle Menschen in ihrer Vielfalt und unterschiedlichen Herkunft, mit ihren Fähigkeiten, Schwierigkeiten oder Lebensformen. Es wird gefordert, dass die allgemeine Pädagogik die Verschiedenheit aller Kinder und Jugendlichen grundlegend anerkennt und aufbaut. Eine inklusive Gesellschaft ist so beschaffen, dass alle Menschen in ihr so leben können, dass sie an der Gemeinschaft teilhaben.

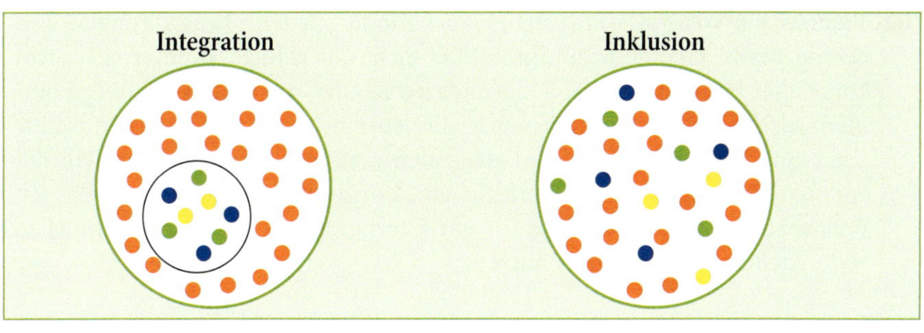

Abb. 3 Schematische Darstellung der Begriffe Integration und Inklusion

2.4 Kinder mit Verhaltensauffälligkeiten – „Warum störst du ständig?“

2.4.1 Erkennen von Verhaltensauffälligkeiten

Oft verhalten sich Kinder in bestimmten Situationen auffällig, also anders als sonst. Manche Kinder weinen sehr schnell, sie wirken allein und sehr traurig. Anderen Kindern scheint es fast unmöglich zu sein, sich zu konzentrieren oder ruhig zu sitzen. Von Zeit zu Zeit fallen auch Kinder auf, die in sich zurückgezogen sind und große Probleme haben, auf andere zuzugehen.

Nicht jedes augenscheinlich auffällige Verhalten ist eine Verhaltensauffälligkeit im psychologischen Sinne.

Um zu bestimmen, ob das Verhalten der Kinder als normal oder als auffällig zu bezeichnen ist, ist es wichtig zu klären, was man unter „auffälligem“ Verhalten versteht:

Nicht jedes auffällige Verhalten eines Kindes ist mit einer Verhaltensauffälligkeit gleichzusetzen. Die beobachteten Verhaltensweisen müssen dauerhaft, d.h. über einen längeren Zeitraum hinweg, gezeigt werden. Auch muss das Verhalten erheblich auffällig sein und offensichtlich von der geltenden Norm abweichen.

Norm ► S. 56

Um das eventuelle Vorliegen einer Verhaltensauffälligkeit bestimmen zu können, muss das Kind möglichst von mehreren Personen in verschiedenen Situationen beobachtet werden. Hierzu kommen neben Ihnen und den Eltern des Kindes auch andere in der Einrichtung tätige Erzieherinnen und Kinderpflegerinnen in Betracht. Zusätzlich müssen Sie auch die Bezugsgruppe des Kindes im Auge haben. Mit der Bezugsgruppe sind hier Kinder gleichen Alters in derselben Situation gemeint.

Beobachtung ► S. 189
Bezugsgruppe ► S. 120

Auffällig ist ein Verhalten also dann, wenn es dauerhaft und erheblich von dem abweicht, was der Norm entspricht und was die meisten Mitglieder der Bezugsgruppe tun oder empfinden.

Thomas, ein Vorschulkind, erscheint der Kinderpflegerin Lena als ungewöhnlich aggressiv. Gerade wenn ihm etwas nicht gut gelingt, kann er sich nicht kontrollieren und beschimpft alle anderen Kinder, die ihm in den Weg kommen. Als sie ihre Beobachtungen der Erzieherin Astrid mitteilt, fordert diese Lena auf, Thomas genauer zu beobachten und sein Verhalten mit dem der anderen Vorschulkinder zu vergleichen. Astrid möchte die dokumentierten Beobachtungen als Grundlage für ein Elterngespräch und zum eventuellen Heranziehen weiterer Hilfen nutzen.

2.4.2 Ursachen von Verhaltensauffälligkeiten

Verhaltensauffälligkeiten gründen oftmals im Kummer der Kinder, der verschiedenste Ursachen haben kann. Es gibt unter Experten verschiedene Erklärungsmodelle für Verhaltensauffälligkeiten. Je nach Modell werden verschiedene Maßnahmen gewählt.

Die Ursachen für Verhaltensauffälligkeiten können vielfältig sein.

Verhaltensauffälligkeiten können ihren Ursprung im medizinischen Bereich, in der psychodynamischen Entwicklung und im sozialen Umfeld des Kindes haben. Oftmals gibt es mehrere Bedingungsfaktoren, die zeitgleich auftreten, sich gegenseitig noch verstärken und schließlich zu einem auffälligen Verhalten führen.

Entscheidend ist natürlich auch, wie es dem Kind gelingt, mit bestehenden Problemen umzugehen. Nicht selten ist ein auffälliges Verhalten auch ein SOS-Signal, ein Hilferuf eines Kindes, das das starke Bedürfnis hat, mit einer belastenden Situation umzugehen.

Verhaltensauffälligkeiten sind häufig ein Hilferuf des Kindes.

Mögliche soziale Bedingungsfaktoren von Verhaltensauffälligkeiten:
- ungünstiger Erziehungsstil der Eltern (z. B. lieblose Erziehung, stark autoritäre Erziehung, einschüchternde Erziehung, übermäßiges Verwöhnen des Kindes)
- Überforderung des Kindes durch übertriebenen Leistungsdruck
- Arbeitslosigkeit oder Erkrankung der Eltern (Nicht selten überfordert eine solche Situation die Eltern selbst, weshalb es ihnen in solchen Momenten oft schwerfällt, ausreichend auf die Bedürfnisse ihrer Kinder, z. B. nach genügend Bewegung, Anregungen durch gemeinsame Ausflüge o. Ä., einzugehen.)
- ungünstige Wohnverhältnisse (kein eigenes Zimmer, beengtes Raumangebot)
- disharmonische Familienverhältnisse (Trennung oder Scheidung der Eltern)
- erhöhter Medienkonsum in der Familie

Erziehungsstil ► S. 157
Medien ► S. 267
Familie ► S. 163

Mögliche medizinische Bedingungsfaktoren von Verhaltensauffälligkeiten:
- Hirnfunktionsstörungen des Kindes
- Störungen der Funktion der Sinnesorgane, z. B. erschweren Hörprobleme das Wahrnehmen von Regeln
- Störungen der Motorik, z. B. mangelnde Selbstkontrolle, die von anderen als aggressives oder hyperaktives Verhalten gedeutet wird

Kinder mit Behinderungen ► S. 130
Förderung von motorisch auffälligen Kindern ► S. 265

! Das Etikettieren als verhaltensauffällig durch die Eltern, Bezugspersonen in der Kindertagespflege oder Fachpersonal in Kindertagesstätten und eine daraus folgende Verfestigung auffälligen Verhaltens. Wissenschaftler sprechen in diesem Zusammenhang auch vom Ansatz des „Labeling-approach", wonach Verhaltensauffälligkeiten überhaupt erst dadurch entstehen, dass ein Verhalten als auffällig oder unangemessen bewertet wird.

> Der Mensch ist ein Körper-Seele-Geist-Wesen. So muss man bei der Suche nach den Ursachen von Verhaltensauffälligkeiten von einem der Wirklichkeit entsprechenden ganzheitlichen Menschbild ausgehen, also somatische (körperliche), emotionale und psychische Faktoren berücksichtigen. Der Mensch lebt aber nicht isoliert, sondern in verschiedenen Systemen. Deshalb muss eine ganzheitliche Betrachtung auch Einflüsse von Familie, Kindertageseinrichtung, Peers usw. berücksichtigen. Sucht man nach den Ursachen von Verhaltensauffälligkeiten, ist somit grundsätzlich von ihrer Multikausalität (mehrere Auslöser) auszugehen.
>
> (Martin R. Textor in: Erich Stutzer (Hrsg.): Praxisratgeber Kindertagesbetreuung. Merching: Forum-Verlag Herkert, Aktualisierungslieferung Juni 2006, Teil 5.5)

2.4.3 Formen auffälligen Verhaltens

Ungefähr jedes fünfte Kind ist in irgendeiner Form verhaltensauffällig.

Trotz schwankender Zahlen kann davon ausgegangen werden, dass etwa jedes fünfte Kind in irgendeiner Form verhaltensauffällig ist. Häufige Formen auffälligen Verhaltens in Kindertagesstätten bzw. der Kindertagespflege sind vor allem

- Aggressivität,
- (nicht entwicklungsbedingte) Ängstlichkeit und
- Hyperaktivität.

Abb. 1 In der Kindereinrichtung richten Kinder Aggressionen häufig gegen andere Personen.

Aggressivität bei Kindern

Medien berichten häufig über aggressives Verhalten bei Jugendlichen. Dabei wird oft übersehen, dass solches Verhalten in allen Altersstufen auftritt. Entsprechend ist es schon in Kindertagesstätten wichtig, den Anfängen zu wehren und die Grundlagen für ein geregeltes und gewaltfreies Miteinander zu legen.

Als Aggressionen bezeichnet man alle absichtlichen Verhaltensweisen, die darauf abzielen, andere Lebewesen oder Gegenstände direkt oder indirekt zu verletzen oder zu schädigen.

Manchmal kann aggressives Verhalten berechtigt und überlebenswichtig sein, meistens kommt es aber auch unberechtigt zum Ausbruch. Berechtige Aggressionen können z. B. das Abwehren eines Angreifers sein. Unberechtigt sind Aggressionen, wenn damit das einseitige Schädigen eines anderen Menschen oder einer Sache verbunden ist.

Im Kindergarten „Sonnenschein“ basteln die Kinder Papierblumen. Als sich die fünfjährige Maria verschneidet, schmeißt sie die Schere quer über den Tisch, rempelt die Kinder, die neben ihr sitzen, an, rennt in die Bauecke und stößt gegen den Turm, den die Gruppe vorhin mühevoll gemeinsam errichtet hat.

Aggressionen können verschiedene Formen annehmen:

Aggressionen gegen andere Personen	• können direkt sein, z. B. Schlagen, Treten, Schubsen • können auch verdeckt (indirekt) gezeigt werden, z. B. Provokationen, Sticheleien, Auslachen, Ausgrenzen anderer • richten sich häufig gegen schwächere Kinder oder Kinder aus fremden Kulturen
Aggressionen gegen sich selbst	• meint sich selbst Verletzungen zuzufügen, z. B. Ritzen der Unterarme • ist auch ein Ausdruck von Ereignissen, mit denen das Kind nicht anders umzugehen weiß • ist stets als ein Hilferuf des Kindes zu behandeln
Aggressionen gegen Sachen	• meint das Beschädigen oder Zerstören von Gegenständen • kann sich auf eigene oder fremde Gegenstände richten • kann sich auch gegen Sachen der Allgemeinheit richten (z. B. Zerstören von Telefonhäuschen, Beschmieren von Wänden)

In erster Linie stellen Sie sich natürlich die Frage, warum sich das Kind aggressiv verhält. Die Gründe hierfür können unterschiedlich sein. Das Kind kann das Verhalten nutzen, um seinen Unmut über eine konkrete Situation zum Ausdruck zu bringen. Es kann aber diese Verhaltensweisen auch gezielt einsetzen, um auf sich aufmerksam zu machen und um als Persönlichkeit wahrgenommen zu werden.

Abb. 2 Kinder ahmen aggressive Verhaltensweisen der Eltern oder Geschwister häufig nach.

Mögliche Ursachen für aggressives Verhalten bei Kindern können sein:
- Das Kind erlebt ein Ereignis als frustrierend (z. B. Sticheleien, Misserfolge, Nichteinhalten der vereinbarten Abholzeit).
- Das Kind hat nicht gelernt, mit Misserfolgen konstruktiv umzugehen.
- Das Kind verfügt über kein ausreichendes Regelbewusstsein.
- Das Kind ist sehr temperamentvoll, kann sich in bestimmten Situationen nur schwer kontrollieren.
- Das Kind erfährt ein ablehnendes, geringschätzendes und häufig strafendes Erziehungsverhalten.
- Das Kind beobachtet aggressive Vorbilder und ahmt diese nach (Abb. 2) (z. B. die Eltern, Geschwister, Medienmodelle).
- Das Kind erfährt durch sein Verhalten Bestätigung/wird belohnt.
- Das Kind ist durch den ständigen Wandel seiner Lebensumstände verunsichert.
- Das Kind erfährt bereits in frühen Jahren selbst Gewalt und integriert diese als „normal“ in seinen Lebensalltag.

Erziehung ► S. 150
Medien ► S. 267
Lernen durch Belohnung ► S. 159

Auch wenn die genannten Faktoren das Risiko für aggressives Verhalten erhöhen, heißt das Vorhandensein eines oder mehrerer Faktoren nicht, dass das Kind tatsächlich aggressiv und gewalttätig ist. Entscheidend ist, dass das aggressive Verhalten massiv und über einen längeren Zeitraum hinweg gezeigt wird. Auch verfügen manche Kinder bereits früh über Strategien, um mit Einschränkungen oder negativen Erfahrungen konstruktiv umzugehen. Pädagogen bezeichnen diese Kinder als besonders resilient gegenüber akuten Stresssituationen und anhaltenden Belastungen im Lebensalltag.

Nicht jede ungünstige Situation führt zwangsläufig zu Aggressionen.

Resilienz ► S. 99

Insgesamt ist es für die praktische Arbeit wichtig, dass Sie aggressives Verhalten nicht nur erklären, sondern auch gezielt reduzieren können. Dazu können Sie verschiedenste Maßnahmen ergreifen und auch miteinander kombinieren. Für welche Strategie Sie sich entscheiden, ist auch davon abhängig, wie Sie das gezeigte Verhalten im Einzelfall begründen. Insgesamt betrachtet, können z. B. die folgenden Strategien als zweckmäßig betrachtet werden:
- Vermeiden Sie für das Kind frustrierende, überfordernde Situationen.
- Helfen Sie dem Kind, mit Misserfolgen besser umzugehen, indem Sie alternative Verhaltensweisen oder anspannungsabbauende Übungen aufzeigen.
- Geben Sie Raum für Mitgefühl, wenn sich ein Kind in einer schwierigen Lebenssituation befindet und sich deshalb eventuell anders verhält als gewöhnlich.
- Stärken Sie das Selbstwertgefühl des Kindes, indem Sie ihm bedingungslose Wertschätzung entgegen bringen.
- Thematisieren Sie in der Gruppe Gewalt und Aggressionen, ermöglichen Sie einen Perspektivenwechsel (z. B. durch Rollenspiele).
- Achten Sie konsequent auf die Einhaltung von Regeln und Grenzen; dulden Sie aggressives Verhalten nicht.
- Seien Sie selbst Vorbild im Umgang mit Misserfolgen und Konflikten.
- Belohnen Sie angemessenes Verhalten durch anerkennende Worte oder auch eine besonders spannende Aktivität. Auf Süßigkeiten sollten Sie der Gesundheit zuliebe verzichten.

Die Wahl der richtigen Strategie hängt auch davon ab, wie Sie sich das gezeigte Verhalten erklären.

Informieren Sie sich im Internet zu verschiedenen Programmen zur Reduktion aggressiven Verhaltens, z. B. unter

www.faustlos.de

Konflikte ► S. 95
gesunde Ernährung ► S. 384

Abb. 1 In für sie neuen Situationen sind Kinder häufig sehr ängstlich.

Ängstlichkeit bei Kindern

Jeder Mensch hat Angst – und das ist auch gut so. Ohne das Gefühl von Angst würde der Mensch Gefahrensituationen und Bedrohungen nicht als solche wahrnehmen und auch nicht vor ihnen flüchten bzw. mit einer Strategie begegnen.
Generell ist Angst ein Gefühl, das jeder Mensch unterschiedlich empfindet. Eine Situation, die dem einen viel Freude bereiten würde, z. B. einen großen Schäferhund zu treffen und zu streicheln, löst bei anderen blankes Entsetzen aus.

Angst kann sich vielfältig äußern:
- kognitiv (z. B. Konzentrationsschwierigkeiten, Vergesslichkeit)
- körperlich (z. B. Herzklopfen, Schwitzen der Hände, Bauchschmerzen, Übelkeit)
- im Verhalten (z. B. weglaufen, weinen, erstarren, am Daumen lutschen)

Gerade Kinder können bestimmte Erlebnisse oder Situationen noch nicht richtig einordnen und empfinden rasch Angst (Abb. 1). Das ist normal. Zum Problem wird die Angst aber dann, wenn sie extrem und dauerhaft auftritt, dem Entwicklungsstand des Kindes nicht angemessen ist und das Kind in der Ausübung seines Tagesablaufes und in der Gestaltung seiner sozialen Beziehungen beeinträchtigt.

Ein Kind ist dann überängstlich oder auffällig ängstlich, wenn die Angst das Alltagsleben bestimmt und ein altersgemäßes Leben nicht geführt werden kann.

Der vierjährige Christian möchte sich auf kein Angebot und auch kein Spiel mit den anderen Kindern einlassen, weil er Angst hat, sonst die Wiederkehr seiner Mutter zu verpassen. Auch die Beteuerung der Kinderpflegerin, es seien noch mehrere Stunden bis zur Abholzeit können Christian nicht beruhigen. Er beharrt auf seinem Platz am Fenster, von dem aus er sowohl die Straße als auch die Eingangstüre im Blick hat.

Kinder fürchten sich in den unterschiedlichsten Situationen. Die folgende Tabelle gibt einen Überblick über verschiedene Anlässe, die Kindern Angst bereiten können:

Form der Angst und Merkmale	Mögliche Ursachen	Folgen für das Kind
Angst vor Trennungen • übermäßige Angst vor bzw. bei der Trennung von Bezugspersonen • „Verfolgung“ der Bezugspersonen („An-den-Rockzipfel-Hängen“) • extremes Heimweh bei Trennungen	• traumatische Trennungserfahrungen • keine stabile Bindung zu einer Bezugsperson • Unzuverlässigkeit der Bezugspersonen • Einengen des Kindes durch die Bezugsperson	• nur eingeschränkte Fähigkeit zu selbstständigem Handeln • Blockade in allen Entwicklungsschritten, die mit dem Erlangen von Unabhängigkeit verbunden sind • unter Umständen Ablehnung durch die Bezugsperson
Angst vor Unbekanntem • anhaltende Angst und Misstrauen gegenüber unvertrauten Personen • nur sehr zögerliche Kontaktaufnahme zu Fremden	• keine beständige Beziehung zu einer zuverlässigen Bezugsperson • unangemessener Erziehungsstil • traumatische Erfahrungen im Umgang mit fremden Menschen	• Ausschluss vom sozialen Miteinander/Isolation • nur geringe Anzahl an Sozialkontakten • erschwertes Eingliedern in Kindertagesstätte, Schule und später auch den Arbeitsplatz

Bindung ► S. 112

Form der Angst und Merkmale	Mögliche Ursachen	Folgen für das Kind
Angst, etwas falsch zu machen • unbekannte Situationen oder Personen werden gemieden • Weigerung, eine neue Kindertagesstätte, Kindertagespflegestelle oder Schule zu besuchen	• starke Unsicherheit hinsichtlich der eigenen Fähigkeiten • ausgeprägter Wunsch, gut zu sein und anerkannt zu werden • keine positiven Rückmeldungen oder Ermunterungen seitens der Bezugspersonen	• Verweigerung von wichtigen Lernsituationen • Kinder können sich nur schwer in Gruppen eingliedern • ständige Anspannung
Angst vor Prüfungen • das Gefühl, Prüfungssituationen oder Leistungssituationen hilflos ausgeliefert zu sein • Angst zu versagen	• zu hohe eigene Erwartungen bei nur geringer Leistungsfähigkeit • Misserfolgserlebnisse • hoher Leistungsdruck seitens der Bezugspersonen	• Blockieren in Leistungssituationen und dadurch schlechte Prüfungsergebnisse • schlechte Chancen in Schule und Beruf • beständige Anspannung • Ausgrenzung auf Grund von Unverständnis
Angst vor allem (generalisierte Angst) • häufiges Zeigen der Anzeichen von Angst • scheinbar alles wird bedrohlich erlebt • Gefühl, allein gelassen worden zu sein	• traumatische Erlebnisse in frühester Kindheit • ungünstiger Erziehungsstil ohne Wertschätzung und Anerkennung	• anhaltende innere Anspannung blockiert sämtliche Handlungen • wenige Freundschaften, da nur sehr zögerliche Kontaktaufnahme • eigentliche Fähigkeiten bleiben ungenutzt

Unabhängig davon, um welche Art der Angst es sich handelt, sollten Sie im Umgang mit überängstlichen Kindern z. B. Folgendes beachten:

- Nehmen Sie die Angst eines Kindes immer ernst und versuchen Sie, sich in das Kind hineinzuversetzen. (Zum Beispiel: „Ich verstehe, dass du Angst davor hast, alleine zu sein. Hier ist noch alles neu und fremd für dich.“)

- Bieten Sie dem Kind Zuwendung und Geborgenheit (Abb. 2). Lassen Sie es fühlen, dass es mit seiner Angst nicht alleine ist und versuchen Sie jede Form der Überforderung zu vermeiden. (Zum Beispiel: „Wenn du nicht weiterweißt, kannst du jederzeit zu mir kommen. Es ist nicht schlimm, wenn du bei etwas noch Hilfe benötigst.“)

- Helfen Sie dem Kind dabei, alternatives Verhalten aufzubauen, damit es künftig selbstständiger mit seinen Ängsten umzugehen weiß. (Zum Beispiel: „Wenn du das nächste Mal Angst hast, dass dich deine Mama nicht abholt, dann such dir eine schöne Beschäftigung, zum Beispiel ein Malbuch. Beim Malen vergeht die Zeit bis zum Abholen viel schneller.“)

Abb. 2 Kinderpfleger sollten dem Kind Zuwendung und Geborgenheit bei Ängsten bieten.

Verpassen es die für die Erziehung und Entwicklung verantwortlichen Personen, auf die Angst des Kindes rasch und angemessen zu reagieren, kann sich die Angst verstärken. Letzten Endes können sich sogar psychische Erkrankungen im Sinne von tiefgreifenden Angststörungen entwickeln.

psychische Erkrankungen
► S. 133

Ein Zeichen für ADHS kann z. B. ein erhöhtes Bedürfnis nach Bewegung sein.

Hyperaktivität bei Kindern

Kennen Sie die Geschichte vom „Zappelphilipp“? Dann kennen Sie die Kinder, die ihrem Umfeld auffallen, weil sie scheinbar nie konzentriert bei einer Sache bleiben können, sich leicht ablenken lassen und ein erhöhtes Bedürfnis nach Bewegung haben. In der Fachsprache zeigen diese Kinder Anzeichen für eine Aufmerksamkeitsdefizit-Hyperaktivitätsstörung (ADHS). Ungefähr 3–10 % der Kinder haben Anzeichen von ADHS.

Abb. 1 Die Geschichte vom Zappelphillip

Die Kernsymptome von ADHS sind Hyperaktivität, Aufmerksamkeitsschwäche und Impulsivität.

Nicht immer ist es einfach, ein besonders lebhaftes Kind von einem Kind mit ADHS abzugrenzen. Folgende drei Kernsymptome können dabei helfen:

- Hyperaktivität: Das Kind hat z. B. ein übergroßes Bedürfnis, sich zu bewegen. Es kann kaum ruhig sitzen bleiben, ist immer „on tour“.

- Aufmerksamkeitsschwäche: Das Kind kann sich z. B. nur schwer auf etwas Vorgegebenes konzentrieren. Es hat Schwierigkeiten aufmerksam zuzuhören, und lässt sich auch bei der Durchführung einer Aufgabe oder eines Spiels sehr leicht auch von nebensächlichen Dingen ablenken. Die so wahrgenommenen Reize kann das Kind wiederum nicht ausreichend verarbeiten und nicht entsprechend angemessen reagieren.

- Impulsivität: Das Kind kann z. B. nur schwer abwarten, bis es an der Reihe ist. Es ist stets ungeduldig, platzt voreilig mit Antworten heraus und unterbricht andere mitten im Gespräch.

Eine Aufmerksamkeitsdefizit-Hyperaktivitätsstörung liegt vor, wenn die Kernsymptome über einen Zeitraum von mindestens sechs Monaten deutlich ausgeprägt sind, in mehreren Lebensbereichen auftreten und das Verhalten von der altersgemäßen Entwicklung abweicht.

Folglich ist auch ein stark impulsives Kind nicht automatisch dieser Form der Verhaltensauffälligkeit zuzuordnen. Es müssen alle drei Kernsymptome deutlich ausgeprägt sein und auch über einen längeren Zeitraum auftreten.
Auch müssen Sie das Alter der Kinder in Ihre Beobachtung einbeziehen. Gerade bei jüngeren Kindern ist es völlig normal, dass sie sich noch nicht lange konzentrieren können und manchmal aufbrausend sind, weil sie die geltenden Regeln noch nicht verinnerlicht haben. Bei größeren Kindern muss jedoch darauf geachtet werden, ob das gezeigte Verhalten bereits von der altersgemäßen Entwicklung abweicht.

Um tatsächlich von ADHS sprechen zu können, müssen viele Einflussfaktoren beachtet werden.

Entwicklung ► S. 98

Es genügt weiterhin nicht, wenn sich das Kind lediglich bei dem wöchentlichen Vorschulangebot schlecht konzentriert. Ebenso ist es nicht hinreichend, wenn das Problem lediglich in der Kindertagesstätte auftritt. Auch die Eltern müssen das Verhalten zu Hause, bei Ausflügen, beim Spiel allein oder mit anderen Kindern usw. beobachten können.

Der sechsjährige Martin fällt auf, weil er während der Vorschule nie ruhig sitzen kann. Auch wenn er mit seiner Aufgabe noch nicht fertig ist, springt er auf, läuft durch den Raum, verteilt seine Stifte auf dem Boden und neckt die anderen Kinder. Den Erklärungen der Erzieherin kann er nur schwer folgen, weil er sich von allem ablenken lässt, was um ihn herum passiert.

Die Ursachen von ADHS können vielfältig sein. Da die Veranlagung zur Hyperaktivität angeboren sein kann (es fehlt dann ein Botenstoff, der im Gehirn die Fähigkeit zur Selbststeuerung regelt), zeigen sich oftmals bereits frühzeitig erste Anzeichen des beschriebenen Verhaltens. Bereits als Säuglinge werden diese Kinder von ihren Eltern als besonders anstrengend empfunden und auch unmittelbar nach dem Eintritt in eine Kindertageseinrichtung fallen sie als außerordentlich lebhaft auf.

Dass sich die Symptome häufig mit Eintritt in die Schule verstärken, hat auch damit zu tun, dass auch die Umwelt des Kindes einen großen Einfluss darauf hat, in welchem Umfang sich ADHS darstellt. Hohe Anforderungen an Konzentration und Leistung erhöhen den Druck auf die Kinder. Mangelnde Möglichkeiten, sich zu bewegen und auszutoben, führen weiterhin zu einer erhöhten Auffälligkeit des Kindes. Das Verhalten von Erziehungspersonen und Lehrkräften beeinflusst den Grad der Ausprägung der Störung. Offensichtliche Ungeduld, häufiger Tadel und strenge Strafen bewirken nicht selten eine Verschlechterung des Verhaltens.

Die Veranlagung zu ADHS kann durch die Gestaltung der Umgebung des Kindes stark beeinflusst werden.

Bewegungserziehung ► S. 267

Auch wenn es unerlässlich ist, dass Sie die Ihnen anvertrauten Kinder stets daraufhin aufmerksam beobachten, ob eventuell Kernsymptome einer ADHS-Störung vorliegen, so kann die eigentliche Diagnose nur von einem Facharzt für Kinder- und Jugendpsychiatrie (Abb. 2) gestellt werden. Dies ist umso wichtiger, da mit der Diagnose ADHS auch ein Urteil gefällt wird, das für die betroffenen Kinder weitreichende Konsequenzen hat: Nicht selten werden sie ausgegrenzt und erhalten z. B. Medikamente zur Ruhigstellung.

Abb. 2 Ein Kinder- und Jugendpsychologe muss sorgfältig prüfen, ob die Diagnose ADHS vorliegt.

Die Diagnose ADHS darf nur von einem Facharzt gestellt werden.

Beobachtung ► S. 189

Kinder mit ADHS brauchen Unterstützung, um Aufgaben, aber auch bereits den Lebensalltag bewältigen zu können. Zu einer positiven Entwicklung ihrer Persönlichkeit können Sie beitragen, wenn Sie im Umgang mit hyperaktiven Kindern z. B. Folgendes beachten:

- Dem Kind das Gefühl geben, dass es ebenso wertvoll ist wie alle anderen Kinder auch. Auch wenn es eventuell etwas anstrengender ist, ein Angebot mit einem hyperaktiven Kind durchzuführen, so sollte das Kind dennoch nie zuletzt drankommen oder gar völlig ausgeschlossen werden.
- Dem Kind helfen, seine Stärken herauszufinden, und diese festigen. Beispielsweise sind viele hyperaktive Kinder sehr sportlich oder beweisen viel Kreativität.
- Dem Kind klare Strukturen geben und dabei helfen, Regeln wahrzunehmen und einzuhalten. Die Regeln sollten dabei stets transparent und für das Kind nachvollziehbar sein. Auch sollten Sie das Kind stets konsequent auf die Notwendigkeit hinweisen, die Regeln in der Gruppe auch zu beherzigen.
- Dem Kind feste Zeitregeln geben und festlegen, wann Zeit zum Spielen, Essen oder Draußensein ist.
- Sich mit Eltern und Kollegen über Erziehungsziele und -maßnahmen abstimmen, um dem Kind einheitlich und berechenbar zu begegnen. Klären Sie zum Beispiel gemeinsam mit der Erzieherin ab, welches Verhalten des Kindes Sie akzeptieren können. Kinder sind schnell überfordert und auch frustriert, wenn sie bei der Kinderpflegerin auch mal rumrennen dürfen, während die Erzieherin bei Angeboten und am Tisch stets konsequentes Stillsitzen einfordert.
- Gemeinsam mit dem Kind üben, wie es ist, auf etwas warten zu müssen. (z. B. durch Aufzeigen von Möglichkeiten, die Wartezeit sinnvoll zu überbrücken, wie das Anschauen eines Buches.)
- Das Kind sofort loben, wenn es gewünschtes Verhalten zeigt. Lobend können bereits ein paar anerkennende Worte, aber auch eine ganz besonders beliebte Aktivität sein.

Auf der Internetseite der Bundesgeschäftsstelle ADHS Deutschland e. V. finden Betroffene und Angehörige Beratung:
www.adhs-deutschland.de

! Kinder mit ADHS brauchen ganz klare Strukturen und auch Ansagen. Das heißt, dass Sie den Kindern nicht sagen sollten: „Wenn es später nicht regnet, dann können wir eventuell Drachen steigen gehen", sondern sagen Sie im relevanten Moment: „Es regnet gerade nicht, dann gehen wir jetzt Drachen steigen." Bleiben Sie im Hier und Jetzt mit Ihren Absprachen und vermeiden Sie ein „vielleicht".

2.4.4 Auswirkungen von Verhaltensauffälligkeiten

Verhaltensauffälligkeiten stellen nicht nur für das betroffene Kind eine große Belastung dar.

Kinder mit unerwünschten Verhaltensweisen leiden häufig ebenso unter der Situation, anders zu sein, wie dies auch für ihr unmittelbares Umfeld eine erhebliche Belastung darstellt. Sie benötigen viel Aufmerksamkeit und nehmen Zeit für sich in Anspruch, die Sie als Erziehungsperson dringend auch für die anderen Ihnen anvertrauten Kinder benötigen.

Kindern mit Verhaltensauffälligkeiten fällt es schwerer als anderen Kindern, Anschluss zu finden. Nicht selten werden sie auf Grund ihres Verhaltens ausgegrenzt, was sich sowohl auf ihre weitere Persönlichkeitsentwicklung als auch auf die Entwicklung des Sozialverhaltens nachteilig auswirkt.

Entwicklung des Sozialverhaltens ► S. 112

Mögliche Folgen von Verhaltensauffälligkeiten für das Kind selbst können sein:
- Das Kind hat das Gefühl, anders zu sein als alle anderen und den Anschluss zu verpassen. Im schlimmsten Fall rutscht es in Depressionen ab.
- Das Kind fühlt sich unverstanden. Dies kann es beispielsweise in Aggressionen gegenüber anderen Kindern, gegenüber sich selbst oder in der Ablehnung seiner Umwelt äußern. Möglicherweise sträubt es sich auch gegen Bemühungen, etwas an seinem Verhalten zu ändern, da es darin keinen Sinn sieht.
- Da das Kind oft nur eine geringe schulische Leistungsfähigkeit aufweist, erfährt es besonders häufig Misserfolge. Hieraus entwickelt sich nicht selten ein nur geringes Selbstwertgefühl.
- Möglich sind auch Folgen im körperlichen Bereich, wie zum Beispiel häufige Kopf- oder Bauchschmerzen, Daumenlutschen oder Einnässen.

Abb. 1 Auch das Kauen von Nägeln kann körperliche Folge einer Verhaltensauffälligkeit sein.

Praxis-Spicker:
Bauchschmerzen ► S. 424

Einnässen ► S. 379
Gruppe ► S. 118

Doch auch die Eltern und Bezugspersonen des Kindes sind betroffen und leiden unter der Situation (Abb. 2). Sie werden häufiger als andere Eltern zum Gespräch gebeten, weil ihr Kind die Gruppensituation stört. Hinzu kommt, dass ihre Kinder nur selten von anderen Kindern z. B. zu Geburtstagen oder zum Spielen eingeladen werden. Das verstärkt das Gefühl, isoliert zu sein. Da die Kinder am Nachmittag entsprechend oft zu Hause sind, sind ihre Probleme für die Eltern besonders auffällig. Dies wiederum trägt nicht selten dazu bei, dass das Gefühl der Überforderung zunimmt.

Abb. 2 Eltern erleben oft Überforderung im Umgang mit ihrem verhaltensauffälligen Kind.

Abb. 3 Mütter und Väter sollten nicht vergessen, die Ressourcen ihres Kindes zu berücksichtigen.

Einen Einblick in das Leben mit einem hyperaktiven Kind bietet der Artikel „Generation Nervensäge“. Abrufbar unter

www.adhs-deutschland.de/pdf/pdf0220.pdf

Erschwert wird der Umgang mit verhaltensauffälligen Kindern oftmals auch dadurch, dass Erziehungspersonen vor lauter Ärger und Frustration die Ressourcen des betroffenen Kindes aus den Augen verlieren (Abb. 3). So kommt es, dass vor allem verhaltensauffällige Kinder besonders häufig ermahnt oder kritisiert werden.

Hieran wird deutlich, dass auch die Umgebung des Kindes leidet und Eltern, aber auch Erzieher manchmal ohne fremde Hilfe nicht mehr weiterkommen. Ihre wichtigste Aufgabe ist somit auch darin zu sehen, Auffälligkeiten möglichst frühzeitig wahrzunehmen, um dem Kind zu helfen, bevor die Probleme überhandnehmen.

2.4.5 Umgang mit verhaltensauffälligen Kindern

Trotz der belastenden Situation muss einem verhaltensauffälligen Kind Wertschätzung entgegengebracht werden.

Da Sie die Kinder mehrere Stunden am Tag betreuen und beobachten können, kommt Ihnen auch bei der weiteren Arbeit mit den betroffenen Kindern (natürlich in Zusammenarbeit mit den Eltern) eine hohe Bedeutung zu.

Um den betroffenen Kindern, ihren Eltern und auch den anderen Kindern der Gruppe helfen zu können, sind besondere pädagogische Maßnahmen erforderlich. Auch wenn diese in erster Linie von der Erzieherin initiiert werden, sollten auch Sie darauf bedacht sein, dass Sie dem Kind trotz des oftmals belastenden Verhaltens Wertschätzung und Verständnis für seine Situation entgegenbringen. Seien Sie sich bewusst, dass Kinder mit auffälligem Verhalten nicht provozieren, weil sie „böse" sind, sondern Ihnen einen Hilferuf senden. Achten Sie jedoch zugleich auch auf sich und Ihr persönliches Maß der Belastbarkeit. Das Setzen eigener Grenzen kann Ihnen dabei helfen, sich selbst vor einer eigenen Überforderung zu schützen.

Selbstpflege ► S. 336

Abb. 1 Beim Umgang mit verhaltensauffälligen Kindern sollten auch Bedürfnisse der gesamten Gruppe im Auge behalten werden.

Natürlich dürfen Sie auch die anderen Kinder Ihrer Gruppe nicht vergessen. Auch sie belastet die Situation oftmals erheblich. Vielleicht ist ein Kind ja auch Opfer eines aggressiven Kindes geworden und benötigt entsprechend ebenso Ihre Hilfe und Unterstützung wie das verhaltensauffällige Kind. Hier kann hilfreich sein, wenn Sie die Problematik in einem gemeinsamen Gespräch mit der gesamten Gruppe transparent machen. Die Kinder werden dankbar sein, wenn sie erfahren, wie sie selbst mit schwierigen Situationen umgehen und an wen sie sich im Bedarfsfall jederzeit wenden können.

> Manuel bringt mal wieder alles durcheinander. Erst stört er Ihr mit viel Sorgfalt vorbereitetes Malangebot, indem er das Wasser absichtlich quer über die Blätter der anderen Kinder verteilt. Dann beschimpft er zwei kleinere Kinder, die zu weinen begonnen haben, und stürmt ohne Jacke hinaus in den Garten. Der Aufruhr ist groß, Ihr Angebot buchstäblich „ins Wasser gefallen".
> An dieser Stelle ist von allen pädagogischen Fachkräften viel Einsatz gefordert. Es gilt die Kinder zu beruhigen und aufzumuntern. Aber auch ein klärendes Gespräch mit Manuel ist erforderlich. Er hat sich gedrängt gefühlt und seine Reaktion war das Ventil für aufgestaute Emotionen. Nachdem die Bedürfnisse aller Beteiligten geklärt sind, lässt sich das Angebot in einer leicht veränderten Form und einer entspannten, fröhlichen Atmosphäre zu Ende bringen.

Gerade bei Kindern mit auffälligem Verhalten sollten Sie Ihre Absichten und Erwartungen stets transparent machen. Hat das Kind das Gefühl, ernst genommen zu werden und in Ihre Arbeit eingebunden zu sein, wird es motivierter sein, mitzuarbeiten und etwas an der Situation zu ändern.

In die Arbeit mit verhaltensauffälligen Kindern werden die Eltern und Fachkräfte einbezogen.

Der Umgang mit verhaltensauffälligen Kindern verlangt Ihnen eine ganze Menge ab. Wichtig ist es deshalb auch, dass Sie Ihre Kolleginnen, die Eltern des Kindes und natürlich auch Fachkräfte einbeziehen und von Ihren Erlebnissen berichten. Gemeinsam lassen sich Lösungen viel leichter realisieren.

Zum Weiterarbeiten im Arbeitsbuch

Kinderpflege			
	Schwerpunkt	Lernsituation	Nr.
	• Umgang mit verhaltensauffälligen Kindern • ADHS • Beobachtung	„Der nervt total“	11
	• Kommunikation • Erziehungsstile • Zusammenarbeit mit Eltern	„Ich möchte nicht, dass ihr meinem Sohn dabei helft“	07
	• Wahrnehmung und Beobachtung • Sprachentwicklung • Sprachförderung • Konfliktlösung	„Luta maht“	09
	• Umgang mit Kindern unter drei Jahren • Eingewöhnung • Zusammenarbeit mit den Eltern	„Bastian fing an, Karoline zu hauen“	13
	• Anders sein • Unterstützung der Lebensaktivitäten von Kindern mit Behinderungen • Einsatzort Schule mit Förderschwerpunkt	„Sie ruckt immer nur mit ihrem Kopf hin und her“	14

3. Grundlagen der Erziehung – „Was brauchen Kinder?"

3.1 Kinder erziehen – „Großziehen oder wachsen lassen?"

Erziehung ist die Förderung der Entwicklung eines Menschen und die Formung seines Charakters.

Unter Erziehung versteht man die Förderung der Entwicklung eines Menschen und die Formung eines Charakters. Neues Verhalten wird beim Kind durch Erziehung absichtlich und bewusst herbeigeführt. Die Wissenschaft, die sich mit Erziehung beschäftigt, wird Pädagogik genannt. Oft werden auch Formen der Erziehungspraxis als Pädagogik bezeichnet.

3.1.1 Erziehbarkeit und Erziehungsbedürftigkeit

Kenntnisse über die Wesensmerkmale des Menschen sind Voraussetzung für die Erziehung. Die Anthropologie ist die Lehre bzw. die Wissenschaft vom Menschen (griech. Anthropos = Mensch; logos = Lehrer). Sie untersucht das Wesen des Menschen, also z. B. wie der Mensch sich durch Erziehung verändert und entwickelt. Diese Forschungen liefern die Grundlage für die Pädagogik und somit die Erziehung.

Das Wesen des Menschen

Der Mensch wird nur mit Resten von Instinkten geboren, der niederländische Zoologe Nikolaas Tinbergen (1907–1988) bezeichnet den Menschen als instinktreduziertes Wesen. Instinktreste zeigen sich beim Säugling als Reflexe, z. B. als Suchreflex zum Auffinden der Brustwarze, als Saugreflex und als Augenlidreflex.

Reflexe ► S. 104

Der Mensch ist vergleichsweise ungeschützt seiner Umwelt ausgeliefert. Er hat keine natürlichen Angriffsorgane (z. B. Krallen oder ein starkes Gebiss), keinen Witterungsschutz (z. B. ein Fell), auch die meisten Tiere übertreffen ihn an Schärfe der Sinne (z. B. können Hunde wesentlich besser riechen, viele Vögel besser sehen). Der Mensch ist also ein „Mängelwesen" (nach Arnold Gehlen), welches jedoch eine Formbarkeit und Lernfähigkeit aufweist, die kein anderes Wesen besitzt.

Als „physiologische Frühgeburt" wird der Mensch bezeichnet, da er bei der Geburt hilflos und auf Totalversorgung angewiesen ist.

Der Mensch kann zudem als „physiologische Frühgeburt" gesehen werden, die zu früh geboren wurde. Wenn der Mensch sofort nach der Geburt das Leben wie vergleichsweise Tiere meistern sollte, müsste er viel reifer sein, das heißt gehen und sprechen können. Er durchlebt eine im Vergleich lange Entwicklungs- und Schutzzeit, was wiederum Voraussetzung für das Aufnehmen von sozialen Kontakten und Umwelteinflüssen ist.

! Der aus der Schweiz stammende Zoologe Adolf Portmann (1897–1982) prägte den Begriff der „physiologischen Frühgeburt", der besagt, dass der Mensch zum Zeitpunkt der Geburt völlig hilflos und auf Totalversorgung angewiesen ist. Er meint, dass Frauen eigentlich 21 Monate schwanger sein müssten, damit Säuglinge auf dem höheren Entwicklungsstand anderer Säugetiere (z. B. Pferde) wären.

Da der Mensch als Kleinkind ein völlig hilfloses Wesen ist, benötigt er Erziehung. Menschliche Verhaltensweisen erlernt er weitgehend, so z. B. Werte, Normen, Wissen und Strategien zur Lebensbewältigung.

Erziehungsfähigkeit des Menschen
Die Mängel an angeborenen Fähigkeiten werden durch eine andere Gabe ausgeglichen, die nur der Mensch in diesem Ausmaß zur Verfügung hat: die unendliche Lernfähigkeit. Er ist erziehbar bzw. erziehungs- und bildungsfähig. Also bedeutet Erziehbarkeit, dass der Mensch fähig ist, sich erziehen zu lassen.
Der Mensch ist von Anfang an ein weltoffenes, intelligentes Wesen, das die Erfahrungen, die es macht sowie die Vorbilder, die es nachahmt, für seine Entwicklung nutzt. Menschen können diese Erfahrungen in sich aufnehmen und weiterverarbeiten mit neuen Einfällen und Ideen. Der lernfähige Mensch ist auf Lehrende und Erziehende angewiesen, denn er ist prinzipiell ein zu erziehendes Wesen.

Die Fähigkeit des Menschen, sich erziehen zu lassen, wird als Erziehbarkeit bezeichnet.

Lerntheorien ► S. 158

Im Gegensatz zu allen anderen Wesen kann der Mensch sehr umfassend erzogen werden:
- Der Mensch ist ein denkendes Wesen. Er kann selbst entscheiden und frei handeln.
- Der Mensch kann als einziges Wesen über sich selbst und seine Umwelt nachdenken.
- Mit seiner ausgeprägten Sprache kann er sich mit anderen auseinandersetzen.
- Der Mensch ist darüber hinaus ein soziales Wesen. Kinder benötigen intensive Sozialkontakte, um sich positiv zu entwickeln. Gestörte soziale Beziehungen und mangelnde Bindungen können zu schwerwiegenden Entwicklungsverzögerungen bzw. Entwicklungsstörungen führen.
- Der Mensch handelt zielgerichtet und verhält sich nicht sinn- und zwecklos. Das Handeln des Menschen ist meist abhängig von kulturellen, natürlichen und sozialen Vorgaben, aber er kann sich in vielen Fällen frei entscheiden.
  Der Mensch hat also nicht nur die Fähigkeit, gezielt zu handeln, sondern auch die Fähigkeit, sich relativ frei Ziele zu setzen und sie zu verfolgen.

Umwelt ► S. 101

Entwicklung der Sprache ► S. 108

Bindungen ► S. 112

Der Mensch ist erziehungsbedürftig, er muss erzogen werden, weil er unfertig zur Welt kommt und sich allein nicht entwickeln bzw. überleben kann. Er braucht die Zuwendung anderer Menschen. Er benötigt die sozialen Beziehungen zu festen Bezugspersonen, wie z. B. den Eltern.

Die Notwendigkeit der Erziehung des Menschen bezeichnet man als Erziehungsbedürftigkeit.

Intentionale und funktionale Erziehung
Im Rahmen der Erziehung muss unterschieden werden zwischen
- intentionaler Erziehung (beabsichtigte, bewusst vollzogene, zielgerichtete Erziehung und
- funktionaler Erziehung (unbewusste Erziehung, die aus einer Situation heraus geschieht).

Ziele der Erziehung ► S. 152

Im Kleinkind- und Kindesalter hat die intentionale Erziehung noch großes Gewicht gegenüber der funktionalen Erziehung. In der Jugend nimmt in der Familie die intentionale Erziehung an Bedeutung ab. Der Einfluss der funktionalen Erziehung wird immer größer. Oft können sich Erziehungsprobleme daraus ergeben, z. B. durch den Einfluss des Freundeskreises, der für die Eltern nicht mehr kontrollierbar ist.

Abb. 1 In der Pubertät kann es zwischen Jugendlichen und Erziehenden auch zu Problemen kommen.

Familie ► S. 163

3.1.2 Ziele der Erziehung

Enkulturation, Sozialisation und Personalisation sind Ziele der Erziehung.

Mit der Erziehung eines Menschen sollen bestimmte Ziele erreicht werden:
- Enkulturation (das Hineinwachsen in eine Kultur)
- Sozialisation (die Anpassung an die Gesellschaft)
- Personalisation (die Entwicklung der Persönlichkeit)

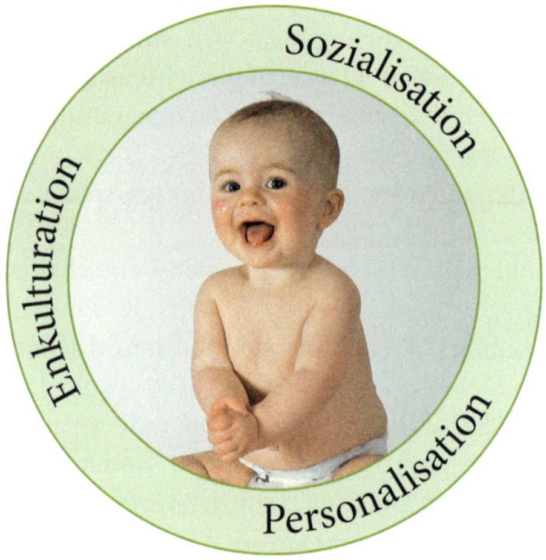

Enkulturation
Enkulturation ist der Prozess, eine Kultur anzunehmen und die Inhalte zu lernen. Die Aufgabe der Enkulturation ist es, dem jungen Menschen zu helfen, sich in die Kultur einer Gesellschaft einzugliedern.
Zu unserer kulturellen Lebensweise gehören z. B.:
- unsere Sprache
- wie wir Gefühle ausdrücken (Abb. 1), z. B. reagieren wir aggressiv oder friedlich, zeigen wir überhaupt Gefühle
- Regeln, die das Miteinander gestalten (Abb. 2), z. B. grüßen wir uns, kümmern wir uns um Freunde, respektieren wir andere Menschen
- Arbeitsformen, also z. B. seinen Lebensunterhalt verdienen, regelmäßiges Arbeiten
- Recht, z. B. die Regeln des Kaufvertrags, grundlegende Menschenrechte, Bestrafung von Kriminellen

Kaufvertrag ► S. 289

Abb. 1 Ein älteres Ehepaar zeigt sich seine Gefühle füreinander.

Abb. 2 Freunde gehen beim Sport fair und respektvoll miteinander um.

Sozialisation

Alle durch die Gesellschaft vermittelten Lernprozesse werden als Sozialisation bezeichnet. Sozialisation ist somit ein lebenslanger Prozess. Von Geburt an sind wir auf unsere Mitmenschen und sozialen Beziehungen angewiesen. Völlig auf sich allein gestellt könnte kaum ein Mensch überleben. Für unser Glück ist es ebenfalls wichtig, ein fundiertes soziales Umfeld, also einen verlässlichen Bekannten- bzw. Freundeskreis und am besten auch eine funktionierende Familie zu haben.

Sozialisation ist ein lebenslanger Prozess der Vermittlung von Werten, Normen und Rollenerwartungen.

Im Prozess der Sozialisation werden dem Menschen Normen (verbindliche Verhaltensvorschriften) und Werte (übergeordnete Regeln) vermittelt. Ohne solche Werte und Normen wäre ein Zusammenleben in unserer Gesellschaft gar nicht möglich. Sie bilden die Grundlage für viele unserer Entscheidungen, was wir tun oder besser lassen sollten.

Normen ► S. 56
Werte ► S. 56

Werte und Normen sind ganz unterschiedlich, je nachdem, welche Position Menschen in der Gesellschaft haben. Diese Position nennt man auch Rolle. Unter Rolle versteht man das Verhalten, das Menschen auf Grund ihrer Position in der Gesellschaft zeigen. Jeder Mensch hat eine Reihe von Rollen inne.
Ein Lehrer befindet sich z. B. in verschiedenen Rollen: In der Schule wird von ihm ein anregender Unterricht erwartet, während er zu Hause die Rolle des Ehegatten erfüllt und sich in der Partnerschaft ganz anders verhält. Es wird von der Gesellschaft erwartet, dass man sich auch so verhält, wie es die entsprechende Rolle vorgibt. Die Gesellschaft richtet an Menschen bestimmte Verhaltenserwartungen, nämlich dass sich der Einzelne an Werte und Normen bzw. seine Rolle hält.

Rollenerwartungen ► S. 25

In der Erziehung lernt das Kind, wie es sich in der Gesellschaft mit anderen Menschen zu verhalten hat. Anfangs orientiert es sich nur an Verboten oder Geboten, die ihm von Eltern oder Erziehenden auferlegt werden. Später verinnerlicht es diese Vorschriften. Daraus entsteht ein Gewissen. Es gibt Menschen Orientierung, was sie tun dürfen oder eben zu unterlassen haben. Das Gewissen überprüft als „innere Stimme“, ob das Verhalten mit den Normen und Werten übereinstimmt.

> Thorsten und Markus machen sich in der Schule über ihre pummelige Mitschülerin Martha lustig. Die Lehrerin findet das Verhalten von den beiden nicht in Ordnung und spricht Thorsten und Markus darauf an. So stellt sich bei ihnen ein schlechtes Gewissen ein, als sie darüber nachdenken, wie sich Martha dabei fühlt.

Personalisation

Personalisation ist die Bildung einer eigenen, unverwechselbaren Persönlichkeit, eines Individuums.
Der einzelne Mensch soll sich aber nicht nur den bestehenden Wert- und Normvorstellungen unterwerfen, sondern sich auch als einmalige und unverwechselbare Persönlichkeit begreifen. Personalisation bezeichnet den Prozess der Entwicklung dieser Persönlichkeit. Erziehung sollte bewirken, dass der Mensch lernt, seine individuellen Fähigkeiten zu entwickeln. Damit der Mensch sich zu einem Individuum entwickeln kann, gibt es bestimmte Voraussetzungen:

- Der Mensch kann sein Handeln selbst bestimmen.
- Der Mensch hat die Freiheit, frei zu entscheiden.
- Der Mensch kann sich selbst und auch seine Umwelt verändern.
- Der Mensch hat die Fähigkeit, über sein Handeln selbst nachzudenken.
- Der Mensch ist für sein Handeln verantwortlich.

3.1.3 Pädagogische Ansätze in der Erziehung

Die Erziehungsarbeit orientiert sich oft an pädagogischen Ansätzen.

Ein pädagogischer Ansatz ist wie ein roter Faden, der sich durch die Erziehungsarbeit, z. B. im Kindergarten, zieht und an dem man sich orientieren kann. Es gibt eine Reihe von verschiedenen pädagogischen Ansätzen, z. B.:
- die Fröbel-Pädagogik
- den situationsorientierten Ansatz
- die Montessori-Pädagogik
- die Waldorf-Pädagogik

Fröbel-Pädagogik

Die zentrale Kraft der Selbstentwicklung des Kindes ist laut Fröbel dessen Gestaltungs- und Tätigkeitstrieb.

Friedrich Fröbel (1782–1852) ist neben Maria Montessori einer der wichtigsten Pädagogen. Er gründete 1840 den ersten deutschen Kindergarten in Thüringen. Er meinte, dass Kinder von Natur aus gut sind. Die zentrale Kraft der kindlichen Selbstentwicklung ist deren Gestaltungs- und Tätigkeitstrieb. Nach Fröbel ist der Mensch dazu bestimmt, die Gesetze der Natur zu erkennen und eine Einheit zwischen Natur und Geist herzustellen. Dieses „ewige Gesetz“ nannte er Sphärengesetz.

Pädagogische Umsetzung:
Der natürliche Tätigkeitstrieb ist für Fröbel der Ausgangspunkt der Erziehung. Daraus folgt, dass Kindern möglichst viel Selbstständigkeit und Selbstbestimmung ermöglicht werden muss. Die beste Beschäftigungsform für das Kind ist das freie Spiel, bei dem sich Erwachsene möglichst nicht einmischen. Erziehende sollen sich mit dem Kind beschäftigen, aber sich nicht aufdrängen. Fröbel entwickelte ein umfassendes, aufeinander aufbauendes Beschäftigungssystem. In der frühen Kindheit sollen „Mutter- und Koselieder“, Fingerspiele und Bilderbücher im Mittelpunkt stehen.

Im Kindergarten hat er drei Angebote vorgesehen:
- Spielzeug: Durch einfache und klare Formen sollen die Kinder angeregt werden, zu konstruieren und zu experimentieren, z. B. einfache Bauklötze aus Holz (Abb. 1).
- Kreis- und Bewegungsspiele: Das Kind soll sich in der Gruppe zurechtzufinden.
- Gartenarbeit: Die direkte Verbindung zur Natur wird hergestellt.

Abb. 1 Bauklötze aus Holz

Situationsorientierter Ansatz

Der situationsorientierte Ansatz strebt eine ganzheitliche Entwicklung der Persönlichkeit an.

Personalisation ► S. 153

Beim situationsorientierten Ansatz ist die Personalisation besonders wichtig. Diese Pädagogik strebt eine ganzheitliche Entwicklung der Persönlichkeit an. Ganzheitlich heißt, dass Körper, Geist und Seele gefördert werden sollen. Die Kinder sollen lernen, mit sich selber, mit ihren Mitmenschen und mit einer Sache gut zurechtzukommen. Die Erziehungsziele dieses Ansatzes sind:
- Selbstbestimmung: Dies wird durch Personalisation erreicht.
- Solidarität: Menschen sollen einander respektieren und sich helfen.
- Kompetenz: Dies sind Fähigkeiten und Fertigkeiten, Probleme lösen zu können.

Diese Ziele werden durch die Verknüpfung von sachbezogenem und sozialem Lernen erreicht. Die Kinder erlernen gemeinsam bestimmte Kompetenzen und tauschen sich auch gegenseitig aus. Sie können Probleme selbst erkennen, selbstständig Lösungen suchen und dann auch Entscheidungen treffen.

Pädagogische Umsetzung:
Durch die Einrichtung von altersgemischten Gruppen profitieren die Jüngeren von den Erfahrungsvorsprüngen der Älteren. Die Älteren wiederum lernen, auf die Bedürfnisse der Jüngeren Rücksicht zu nehmen. Die Erziehung findet in realen Lebenssituationen statt, in denen Kinder besonders gut lernen können. Diese Situationen lassen sich in der Kindertagesstätte finden (z. B. die Schulung der Motorik am Klettergerüst) oder auch bei Ausflügen (z. B. das Lernen des sicheren Überquerens der Straße). Die Erziehenden schaffen Situationen und führen Projekte durch, sodass sich die Kinder fantasievoll und kreativ mit der Lebensumwelt auseinandersetzen können. Oftmals treten ganz spontan neue Lernsituationen ein, die dann genutzt werden können. Ein Kind findet z. B. einen Regenwurm, der dann untersucht und erklärt werden kann. Eine absolut festgelegte Planung kann es deshalb in einer Kindertagesstätte nach dem situativen Ansatz nicht geben. Der situationsorientierte Ansatz fördert auch die Integration von Kindern mit Migrationshintergrund und von Kindern mit Behinderungen. Dieses Zusammenleben bietet ein reichhaltiges Angebot, Wissen über den anderen auszutauschen, Verständnis aufzubauen und dadurch den anderen so zu akzeptieren, wie er ist.

Montessori-Pädagogik

Die Montessori-Pädagogik geht davon aus, dass das Kind Motor seiner Entwicklung ist.

Maria Montessori (1870–1952) wurde in Italien geboren. Sie praktizierte als Kinderärztin und lehrte als Professorin in Rom. Sie hatte eine hohe Achtung vor der Persönlichkeit des Kindes. Sie sah das Kind als eigenständiges Wesen, das zu seiner Entfaltung auf die Hilfe von außen angewiesen ist. Im Kind wirkt ein Trieb zur Aktivität, der auch die Entwicklung antreibt. Das Kind selbst ist also der Motor seiner eigenen Entwicklung. Bereits nach der Geburt lernt der Säugling unbewusst und unzensiert mit allen Sinnen, was um ihn herum geschieht. Auf Grund dieser vielen Eindrücke wird die Grundlage der Persönlichkeit gelegt.
Im Laufe der Entwicklung sind Kinder aber unterschiedlich empfänglich für bestimmte Reize aus der Umwelt. Diese zeitlich begrenzten Entwicklungsabschnitte, in denen gute Lernmöglichkeiten für spezielle Fähigkeiten bestehen, werden in der Montessori-Pädagogik sensible Perioden genannt. Die gesamte Entwicklung des Kindes läuft nach einem inneren Bauplan ab, in dem alle Entwicklungsschritte genau festgelegt sind.

Abb. 2 Montessori-Spielzeug, z. B. Farbzylinder

Abb. 3 Montessori-Spielzeug, z. B. Länder-Puzzle

Pädagogische Umsetzung:
Nach Montessori müssen sich Kinder selbst entwickeln wollen. Die Lust, etwas zu lernen, kommt am besten zu Stande, wenn die Kinder sich frei für eine Tätigkeit entscheiden können und auch selbst bestimmen, wie lange sie sich damit beschäftigen wollen. Dafür müssen auch das entsprechende Material und eine kindgerechte Umgebung bereitstehen. Durch genaue Beobachtung finden die Erziehenden heraus, wann Kinder bestimmte Spielzeuge/Materialien bekommen sollten, um sich damit zu beschäftigen. Der Erwachsene ist in der Montessori-Pädagogik eher ein Helfer, der das Kind nach dem Leitwort „Hilf mir, es selbst zu tun!“ unterstützt.
Montessori unterscheidet zwischen verschiedenen Materialbereichen, die Kindern zur Verfügung gestellt werden:

- Material zu den Übungen des praktischen Lebens (z. B. Eimer, Besen)
- Sinnesmaterial (z. B. Farbtäfelchen, Tastbrettchen, Geräuschdosen, Zylinder zum Einsetzen in Formen)
- Sprachmaterial (z. B. „bewegliches Alphabet“ aus Kartonscheiben, Sprachkästen zum Einsortieren von Kärtchen mit Wortarten)
- Material zur kosmischen Erziehung (z. B. spezielle Globen, deren Länder und Meere sich mit den Fingern ertasten lassen, Länder-Puzzle)

Grundlage der Waldorf-Pädagogik ist die Verbindung zwischen dem Körper, der Seele und dem Geist.

Waldorf-Pädagogik

Der Begründer der Waldorf-Pädagogik, Rudolf Steiner (1861–1925), wurde in Österreich in einfache Verhältnisse geboren. Er beschäftigte sich intensiv mit Philosophie und Pädagogik. Steiner sah im Menschen ein kosmisches Wesen. Er entwickelte eine eigene Philosophie, die er Anthroposophie nannte. Grundlage der Pädagogik der Anthroposophie ist die Verbindung zwischen dem Körper, der Seele und dem Geist.

Die Waldorf-Pädagogik teilt den Menschen in vier Wesensglieder:

- den physischen Leib, damit ist der Körper gemeint
- den Ätherleib, der die Wachstums- und Fortpflanzungskräfte in sich trägt
- den Astralleib, in dem sich die menschlichen Empfindungen befinden
- das Ich, das die Individualität und das Bewusstsein beherbergt

Auf die Entwicklung der einzelnen Wesensglieder versucht man in der Waldorfpädagogik einzugehen. Wenn sich z. B. der physische Leib gerade ganz besonders entwickelt, soll darauf auch besonders eingegangen werden. Zu frühe, zu späte oder unangemessene Anforderungen an das jeweilige Glied haben nach Ansicht der Waldorf-Pädagogen Entwicklungsstörungen oder Krankheiten zur Folge.

Die Entwicklung des Kindes verläuft im Siebenjahresrythmus. Jedes Jahrsiebt ist durch bestimmte Besonderheiten geprägt:

- 1. Jahrsiebt (0–7 Jahre): Das kleine Kind nimmt mit den Sinnesorganen die Umwelt auf und ahmt das Verhalten der Menschen nach.
- 2. Jahrsiebt (8–14 Jahre): Das Kind lernt durch die Autorität der Personen, die es erziehen. Es nimmt Gewohnheiten und Rhythmen an, die ihm später Kraft geben und die Selbstständigkeit verstärken.
- 3. Jahrsiebt (15–21 Jahre): Die Pubertät bestimmt diese Phase. Das jugendliche Kind erlebt starke Stimmungsschwankungen und intensives seelisches Erleben. Es überprüft die Erfahrungen von seinen Vorbildern kritisch und sucht seinen eigenen Lebensweg.
- 4. Jahrsiebt (22–28 Jahre): Der eigene Wille hat sich gebildet. Das nun erwachsene Kind entscheidet jetzt für sich selbst.

Sinnesorgane ► S. 187

Abb. 1 Bunte Naturwolle kann für Filzarbeiten verwendet werden.

Pädagogische Umsetzung:

In der Waldorf-Pädagogik sind elementare Sinneserfahrungen an Naturmaterialien, z. B. Wolle (Abb. 1), Holz, und natürlichen Urformen, z. B. Kreis, Dreieck, Viereck, die Grundlage des Lernens. Mit den natürlichen Materialien sollen Kinder ihre Fantasie entwickeln. Andere Spielsachen, wie Lernspiele (z. B. Memory, Puzzle) oder Konstruktionsspielzeug (z. B. Legosteine), findet man in waldorfpädagogischen Einrichtungen eher nicht.

Im Jahresablauf erleben die Kinder Erwachsene bei vielfältigen Arbeiten, wie Nähen, Backen, Säen oder Ernten. So lernen sie vielfältiges Arbeiten durch eigenes Mittun kennen. Das Rollenspiel ist ebenfalls ein wichtiges Element. Die Kinder spielen Märchen nach und lernen dadurch rhythmische Bewegungen, Gebärden und Lieder. Der seelische Bereich wird durch eine besondere Form der Bewegung, die Eurythmie, angesprochen. In Tänzen und Gesten werden Töne dargestellt und Gefühle ausgedrückt.

Die pädagogische Grundidee soll auch in der Raumgestaltung und der Architektur widergespiegelt werden. Die Räume sind oft rund und möglichst naturnah mit viel Holz konstruiert.

3.1.4 Erziehungsstile

Erziehungsstile sind Methoden und Grundsätze, die vor allem bei der Kindererziehung bewusst oder meist unbewusst angewendet werden. Man unterscheidet verschiedene Erziehungsstile, die jedoch in der Praxis überwiegend in Mischformen auftreten, also nicht klar abgegrenzt sind. Der Psychologe Kurt Lewin hat verschiedene Erziehungsstile in Gruppen untersucht und bestimmte Auswirkungen festgestellt.

Man unterscheidet verschiedene Methoden bei der Erziehung in Erziehungsstile.

<table>
<tr><th colspan="2">Autoritärer Erziehungsstil</th></tr>
<tr><td>• Der Erziehende lenkt und kontrolliert das Kind übermäßig.
• Das Kind führt nur das aus, was der Erziehende vorgibt.
• Beziehung zum Kind ist eher distanziert.
• Eigeninitiativen des Kindes sind unerwünscht.
• Es wird mit viel Tadel, Verboten, Drohungen oder sogar körperlichen Züchtigungen gearbeitet.</td><td>Kinderpfleger Tobias möchte mit der kleinen Alexandra auf den Spielplatz gehen.
Tobias: „Zieh deine Jacke an.“
Alexandra: „Warum?“
Tobias: „Zieh sie an!“
Alexandra: „Warum denn?“
Tobias: „Mach gefälligst, was ich dir sage!“
Alexandra: „Ich will aber nicht.“
Tobias: „Zieh dich sofort an, sonst kracht's!“</td></tr>
<tr><td colspan="2">Auswirkung: In autoritär geführten Gruppen herrscht eher ein aggressives, gereiztes und dominantes Verhalten. Aggressionen richten sich gegen Schwächere oder den Erziehenden. Häufig gibt es Außenseiter, die als „Sündenböcke“ fungieren. Sobald der Erziehende nicht anwesend ist, halten sich die Kinder nicht mehr an Anweisungen.</td></tr>
<tr><th colspan="2">Demokratischer Erziehungsstil</th></tr>
<tr><td>• Regeln der Gruppe/Familie ergeben sich aus einer Diskussion zwischen den Gruppenmitgliedern.
• Entscheidungen werden gemeinsam getroffen und dabei die Interessen des Kindes berücksichtigt.
• Der Erziehende lobt und tadelt sehr sachbezogen.
• Bei Problemen hilft der Erziehende den Kindern in persönlichen Gesprächen, er fördert die Eigenaktivitäten.
• Kinder werden als Partner behandelt, das Miteinander ist durch gegenseitiges Verständnis und Akzeptanz geprägt.</td><td>Tobias: „Zieh bitte deine Jacke an.“
Alexandra: „Warum?“
Tobias: „Weil wir zum Spielplatz gehen und es draußen kalt ist. “
Alexandra: „Warum?“
Tobias: „Weil du dich sonst erkältest und krank wirst.“
Alexandra: „Okay. Ich zieh sie an.“</td></tr>
<tr><td colspan="2">Auswirkung: Demokratisch geführte Gruppen zeigen ein sehr hohes Maß an schöpferischem und konstruktivem Verhalten. Die Atmosphäre zwischen den Kindern ist eher entspannt, freundlich und zufrieden. Es gibt kaum Außenseiter. Die Kinder beschäftigen sich auch selbstständig. Sie erhalten nicht nur vom Erziehenden Aufmerksamkeit und Anerkennung, sondern auch von anderen Kindern der Gruppe.</td></tr>
<tr><th colspan="2">Laissez-faire-Stil</th></tr>
<tr><td>• Der Erziehende hält sich völlig zurück, sodass die Gruppe unbeeinflusst entscheidet; er bietet nur Materialien an, damit die Kinder selbstständig weiterarbeiten können.
• Ergebnisse werden vom Erziehenden nicht kommentiert, es gibt weder Lob noch Tadel.
• Die Beziehung zum Kind ist eher neutral und unpersönlich.
• Das Kind kann grundsätzlich alles machen, was es will, es bestimmt selbst und ist für sich selbst verantwortlich.
• Der Erziehende greift nur ein, wenn das Kind gefährdet ist.</td><td>Tobias: „Zieh deine Jacke an.“
Alexandra: „Warum?“
Tobias: „Weil's einfach so ist.“
Alexandra: „Warum denn?“
Tobias: „Ist mir egal. Mach' s, wie du willst.“</td></tr>
<tr><td colspan="2">Auswirkung: Gruppen, die nach dem Laissez-faire-Stil „geführt“ werden, werden bald regellos. Die Gruppenziele werden nicht konsequent verfolgt, da sich die Kinder nicht einig werden. Die Beziehungen der Kinder untereinander sind eher gereizt und aggressiv, der Kontakt lose und instabil. Dem Erziehenden gegenüber verhalten sich die Kinder mal freundlich, mal hilfesuchend oder auch aggressiv.</td></tr>
</table>

3.2 Lerntheorien – „Wie lernen Menschen Verhalten?“

Lernen ist die dauerhafte Veränderung des Verhaltens, die auf Erfahrung und Übung zurückgeführt werden kann.

Lernen lernen ► S. 63

Die Fähigkeit zu lernen ist für Mensch und Tier eine Grundvoraussetzung dafür, sich den Gegebenheiten des Lebens und der Umwelt anpassen zu können, sich darin sinnvoll zurechtzufinden und sie gegebenenfalls im eigenen Interesse zu verändern. Lernen ist eine Methode der Verhaltensänderung. Der Vorgang des Lernens lässt sich nicht beobachten. Nur auf Grund des veränderten Verhaltens kann man darauf schließen, dass eine Person gelernt hat.

Im Folgenden wird theoretisch dargestellt, wie Menschen neues Verhalten erlernen. Die vier wichtigsten Lerntheorien sind

- die klassische Konditionierung oder das Signallernen,
- das Lernen durch Verstärkung,
- das Lernen durch Beobachtung und
- das Lernen durch Einsicht.

3.2.1 Klassische Konditionierung oder Signallernen

Beim Signallernen wird ein Verhalten durch einen neutralen Reiz hervorgerufen, das zunächst an einen biologisch bedeutsamen Reiz gebunden war.

Der russische Forscher Iwan Pawlow (1849–1936) war der Erste, der das Phänomen des Signallernens bzw. des klassischen Konditionierens beschrieben hat. Er untersuchte bei seinen Studien den Speichelfluss bei Hunden, wenn ihnen Futter angeboten wird. Wurde ihnen ein Glockenton präsentiert, reagierte der Hund nicht. Der Hund speichelte nicht, denn er bekam schließlich kein Futter.

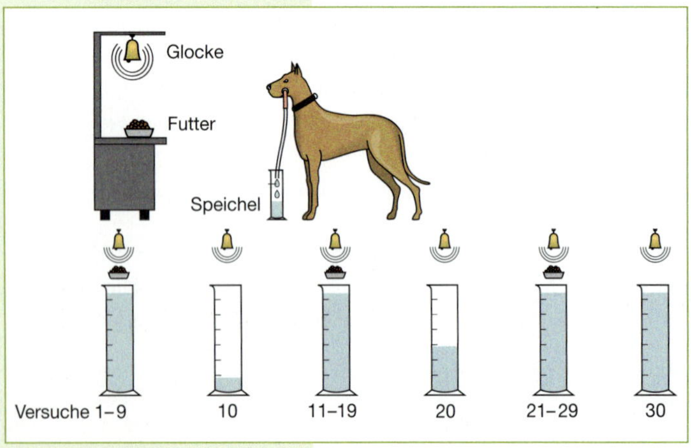

Abb. 1 Versuchsaufbau von Pawlow

Bekam er Futter, speichelte er natürlich. Pawlow präsentierte dem Hund nun etwas Futter (biologisch bedeutsamer Reiz) zusammen mit dem Ton (neutraler Reiz). Der Hund gab Speichel ab. Er wiederholte den Ton zusammen mit der Futtergabe immer wieder. Der Hund gab dann in der Folge auch Speichel ab, wenn man nur mit der Glocke schellte, ohne ihm Futter darzubieten. Die Konditionierung erfolgt, wenn die beiden Reize räumlich und zeitlich nah dargeboten werden. Nachdem mehrmals das Futter und der Ton zusammen präsentiert wurden, lernte der Hund, dass er nach dem Ton Futter bekommen wird, und speichelte.

Das Signallernen im Alltag
Im Alltag kommt das Konditionieren sehr häufig vor, insbesondere bei emotionalen Reaktionen. Ängste sind oft das Produkt einer Konditionierung. Nehmen Sie an, jemand erlebt wegen einer wilden Autofahrt schreckliche Angst, weil die Raserei mit einem Unfall und schlimmen Schmerzen endet. Die Ängste und Schmerzen wurden im Zusammenhang mit dem Reiz „Auto“ hervorgerufen. Das Auto an sich verursacht weder einen Unfall noch Furcht, ist also ein neutraler Reiz, so wie der Ton beim pawlowschen Hund. Dennoch ruft der Anblick eines Autos beim Unfallopfer später eine Angstreaktion hervor, weil sich der Reiz „Unfall“ bzw. „Schmerzen“ mit dem neutralen Reiz „Auto“ verbunden hat.

Signallernen in der Erziehung
Pawlows Lerntheorie lässt sich auch in der Erziehung verwenden. Man kann bewusst mit bestimmten Signalen für Ruhe oder für Wohlbefinden sorgen. Ebendiese Gefühle herzustellen kann in Krisensituationen helfen. Kinder verbinden mit einer Kuschelecke Ruhe und Geborgenheit, dort überwinden sie dann leichter Ärger, Wut oder Enttäuschungen.
Auch vor dem Zubettgehen lassen sich entsprechende Signale beim Kind einsetzen, sodass es automatisch ruhiger wird, z. B. Geschichten erzählen oder ein Lied vorsingen. Dennoch ist Pawlows Theorie der klassischen Konditionierung auf den Menschen nur bedingt übertragbar, denn Menschen funktionieren längst nicht immer auf „Knopfdruck".

! Auch die Werbung bedient sich des Konditionierens. Das Produkt ist der neutrale Reiz. Es wird nun mit einem biologisch bedeutsamen Reiz verbunden, der eine angenehme Reaktion auslöst. Durch wiederholtes Zeigen des Produkts mit dem angenehmen Reiz soll das Produkt auch angenehme Reaktionen beim Kunden auslösen.

3.2.2 Lernen durch Verstärkung

Burrhus Frederik Skinner (1904–1990) erkannte, dass durch Konsequenzen aus der Umwelt auf unser Verhalten ebenfalls gelernt wird. Er führte ein sehr interessantes Experiment durch: Eine Ratte läuft in einer kleinen Holzkiste (Skinnerbox) umher. Skinner hatte dort einen kleinen Futtertrog installiert, den die Ratte mit einem Hebel füllen konnte. Durch die Gabe von Pellets (Futter) lernt sie die Futterschale kennen. Zufällig berührt sie den Hebel und drückt ihn. Auf den Hebeldruck erhält sie sofort ein Pellet (Belohnung). Der Hebeldruck mit anschließender Belohnung durch Pelletgabe führt dazu, dass das Tier nach einer Weile vermehrt den Hebel drückt. Eine Handlung (Hebeldrücken) wird gelernt.

Ein bestimmtes Verhalten wird erlernt, wenn man eine angenehme Konsequenz herbeiführt.

Voraussetzung für den Versuch ist natürlich, dass das Tier hungrig, also motiviert ist. Seine Fressbereitschaft muss hoch sein. Der Ratte wurde ein Pellet als Belohnung gegeben, wenn sie das gewünschte Verhalten (Betätigen des Hebels) zeigte. Die Belohnung ist eine angenehme Konsequenz – sie wird auch positiver Verstärker genannt. Würde die Ratte beim Betätigen des Hebels einen Stromschlag bekommen, wäre dies ein negativer Verstärker. Sie würde das Verhalten nicht mehr wiederholen.

Lernen durch Verstärkung in der Erziehung
Lernen durch Verstärkung in der Erziehung findet einerseits durch Belohnung (auf ein gewünschtes Verhalten wird mit einem angenehmen Verstärker reagiert) und andererseits durch Bestrafung (auf ein unerwünschtes Verhalten erfolgt ein unangenehmer Verstärker) statt.

Verstärker sind die Verhaltenskonsequenzen, die das Auftreten eines Verhaltens erhöhen.

In der Schule bekommt David Anerkennung und Lob vom Lehrer, weil er sich gut am Unterricht beteiligt. Bei der Anerkennung handelt es sich um einen positiven Verstärker, der das Verhalten „Mitarbeit im Unterricht" unterstützt und wahrscheinlicher macht. Falls David den Unterricht stört, wird er vom Lehrer getadelt. Das Zurechtweisen ist ein negativer Verstärker.

3.2.3 Lernen durch Beobachtung

Nach der Theorie von Albert Bandura (geb. 1925) wird Verhalten meist durch die Beobachtung von Modellen erlernt. Modelle sind dabei Personen, die als Vorbilder dienen. Das Lernen durch Beobachtung beruht auf unserer Fähigkeit zu denken. Es wird deshalb auch als kognitives Lernen bezeichnet. Menschen nehmen dabei ein Modell wahr, sie sehen, wie es sich verhält. Sie nehmen sich das Modell zum Vorbild und verhalten sich auch so.

Lernen durch Beobachtung heißt, dass ein Mensch dadurch neues Verhalten lernt, dass er etwas beobachtet und nachahmt.

Beobachtung ► S. 189
Gedächtnis ► S. 63
Lernen durch Verstärkung ► S. 159
Signallernen ► S. 158

Der Lernende lernt, indem er etwas beobachtet. Er nimmt durch Lesen, Zuhören, Zusehen, Anfassen oder auf eine andere Art wahr. Diese Lernart scheint ein passiver Vorgang zu sein, bei dem der Lernende nichts tun muss. Der Beobachter ist aber sehr wohl aktiv: Er verarbeitet die ankommenden Informationen und speichert sie im Gedächtnis. Es gibt keine Verstärkung wie beim Lernen durch Verstärkung und auch keine Reizreaktion, die wir vom Signallernen kennen.

Wann orientieren sich Menschen an Modellen?

Voraussetzung für das Modelllernen	Beispiel
Das Modell muss positiv wirken und beliebt sein.	Der kleine Lukas ist vom Fußballspieler Michael Ballack ganz begeistert und findet ihn genauso toll wie seine Freunde auch. Er will jetzt auch Fußballprofi werden.
Das Modell muss mit seinem Verhalten erfolgreich sein.	David sieht, wie sein Freund bei einem Wettrennen am schnellsten läuft, nach dem Sieg über beide Ohren strahlt und den Pokal gewinnt. Er will das auch.
Der Beobachter muss sich selbst für fähig halten, das beobachtete Verhalten erfolgreich nachahmen zu können.	David ist genauso groß und ähnlich sportlich wie sein Freund. Wenn sich David anstrengt, kann er genauso schnell laufen.
Der Beobachter verspricht sich Erfolg oder Vorteile vom Nachahmen des Modells.	Alexandra sieht bei ihrer Freundin, wie schön es ist, einen Hasen zu streicheln. Jetzt will sie auch mit dem Tier kuscheln.
Der Nachahmende muss sich für das Verhalten des Modells interessieren.	Steffi schaut ihrer Mutter gespannt beim Schminken zu. Sie achtet auf jedes Detail. Als ihre Mutter weg ist, versucht sie es selbst.

Abb. 1 Das Verhalten eines Vaters kann sich das Kind zum Vorbild nehmen.

Abb. 2 Erfolgreiche Fußballer sind oft Vorbilder.

Lernen durch Beobachtung in der Erziehung

Wenn die Erzieherin das Kind zu einem anderen Verhalten animieren will, muss das Kind natürlich Gelegenheit haben, das erwünschte Verhalten zu beobachten. Die Erzieherin sollte die Verhaltensweisen mit Überzeugung und sicherem Auftreten demonstrieren. Eine positive Beziehung zum Kind steigert die Vorbildwirkung.

Die Kinder der Kita Sonnenblume sollen lernen, nur bei grüner Ampel die Straße zu überqueren. Die Erzieherin Frau Glockenmeier macht es richtig vor. Die Kinder nehmen sich die Erzieherin zum Vorbild und machen es nach. Sie warten auch an der Ampel und schauen nach links und rechts, bevor sie über die Straße gehen.

! Auf Lernen durch Beobachtung trifft man im Alltag sehr häufig. Mode wird von attraktiven Menschen vorgeführt. Viele Tausend Kunden kaufen sich daraufhin die Kleidungsstücke und tragen sie, weil sie selbst so aussehen möchten. Auch werden bestimmte Wortphrasen von einzelnen anerkannten Teenagern oder auch Stars geprägt und von vielen nachgeahmt.

Experiment „Rocky“ von Albert Bandura (1963):

Kinder im Alter von durchschnittlich vier Jahren wurden in drei Gruppen eingeteilt. Jede Gruppe sah zunächst den gleichen Film: Ein Erwachsener (Rocky) beschimpfte eine Puppe, schlug und trat sie. Den einzelnen Gruppen wurde ein unterschiedliches Filmende präsentiert:

- Erste Gruppe: Rockys Verhalten im Film wird belohnt.
- Zweite Gruppe: Rockys Verhalten im Film wird bestraft.
- Dritte Gruppe: Rockys Verhalten im Film hat keine Konsequenzen.

Nach dem Film spielten die Kinder in einem Raum mit vielen Puppen.
Diese Ergebnisse beobachtete Bandura:

- Die erste Gruppe ahmte Rockys Verhalten am häufigsten nach, da die Kinder sahen, dass Rockys Verhalten positiv bekräftigt wurde.
- Die zweite Gruppe ahmte Rockys Verhalten am wenigsten nach, da sie beobachtet hatten, dass das aggressive Verhalten negative Konsequenzen hat.
- In der dritten Gruppe wurde das aggressive Verhalten von einigen nachgeahmt; von mehr Kindern als in der zweiten Gruppe, von weniger Kindern als in der ersten Gruppe.
- Bandura stellte zusätzlich fest, dass Jungen das aggressive Verhalten mehr nachahmen als Mädchen.

3.2.4 Lernen durch Einsicht

Menschen lernen neues Verhalten, indem sie verschiedene Elemente einer Situation erkennen und neue Zusammenhänge herstellen.

Der deutsche Psychologe Wolfgang Köhler (1887–1967) führte 1917 Experimente mit Schimpansen durch. Die Schimpansen benutzten z. B. Stöcke als Instrumente, um sich weit vom Käfig entfernt liegende Bananen heranzuholen. Köhler beschreibt die Tiere so, als ob ihnen plötzlich die Lösung eines Problems gelingen würde, als ob sie zur Einsicht kommen würden. Ein Schimpanse konnte sogar Bambusstöcke ineinanderstecken, sodass er eine unerreichbare Banane heranziehen konnte. Offensichtlich hatten die Affen neues Verhalten durch Nachdenken gelernt.
Was Köhler bei Tieren erforschte, gibt es natürlich auch bei Menschen. Menschen lernen eine Verhaltensweise dadurch, dass sie geistig den Zusammenhang zwischen den verschiedenen Teilen einer Situation herstellen und ihre Beziehung erkennen. Das Erkennen des Zusammenhangs ist die Einsicht und oft ein sogenanntes „Aha-Erlebnis“.

Zur Veranschaulichung ein Beispiel:

Problem/Situation:	Nachdenken/Erkennen des Zusammenhangs:	Lösung:
Sie wollen von Wolfratshausen nach Olching (Abb. 1). Dazu haben Sie eine Landkarte zur Verfügung.	Sie werden sich wahrscheinlich die Karte genau anschauen und sich überlegen, welchen Weg Sie nehmen. Nach einer gewissen Zeit erkennen Sie den günstigsten Weg.	Sie speichern die Lösung als neues Verhalten in Ihrem Gedächtnis ab.

Abb. 1 Ausschnitt einer Landkarte von München und Umgebung

Aber es gibt noch bestimmte andere Faktoren, damit Lernen durch Einsicht funktionieren kann:

- Um das Problem zu lösen, müssen Sie alle Elemente der Situation kennen. Wenn Sie z. B. die Landkarte nicht haben, können Sie den Weg nicht finden.
- Sie müssen Gedanken neu strukturieren können und neue Zusammenhänge erkennen. Sie suchen sich also z. B. einen Weg vom einen zum anderen Ort.
- Sie müssen auch immer wieder das Problem von verschiedenen Blickwickeln sehen können. So ist es z. B. ein erheblicher Unterschied, ob Sie mit dem Auto oder mit dem Fahrrad fahren wollen.
- Es ist sinnvoll, wenn Sie auf bereits vorhandenes Wissen zurückgreifen können oder frühere Erfahrungen, in den Problemlösevorgang einbinden können. Wenn sie z. B. schon einmal von Wolfratshausen nach Olching gefahren sind, sollte es leichter sein, die Aufgabe zu lösen.

Lernen durch Einsicht in der Erziehung
Einsicht lässt sich nicht erzwingen, denn Einsicht muss ein Kind selbst finden. Der Erziehende kann das Problemlöseverhalten aber unterstützen.
Manchmal verstehen Kinder schlicht und ergreifend nicht, welches Problem vorliegt, weil sie mit bestimmten Situationen noch keine Erfahrungen haben. Erziehende können mit Denkanstößen helfen und die Situation erläutern. Die Problemstellung kann für das Kind genau gefasst werden. Oder man versucht, das Problem aus einem anderen Blickwinkel mit dem Kind zu betrachten.

Kinderpfleger Tobias will Alexandra erklären, dass ein Lkw-Fahrer kleine Kinder nur sehr schwer sieht. Alexandra sieht das zunächst natürlich nicht ein. Erst nachdem Tobias sie in den Lkw auf den Fahrerplatz setzt, erlangt sie die Einsicht, dass der Fahrer ein kleines Kind unmittelbar vor der Motorhaube nicht sieht.

3.3 Familie – „Wir gehören zusammen!"

3.3.1 Was eine Familie ausmacht

Wenn Sie darüber nachdenken, was eine Familie ausmacht, denken Sie wahrscheinlich als Erstes an einen Vater, eine Mutter und Kinder. Sie müssen sich jedoch darüber bewusst sein, dass sich das Bild und die Bedeutung einer Familie im Laufe der Zeit grundlegend gewandelt haben.

Das Bild und die Bedeutung der Familie haben sich im Laufe der Zeit geändert.

! Noch vor etwa 200 Jahren unterstanden alle in einem Haushalt lebenden Personen dem Hausherrn – meist dem Vater. Die Frau und auch die Kinder hatten genau wie die Dienerschaft nur sehr eingeschränkte Rechte. So durften Mädchen und Frauen zum Beispiel ihre Partner nicht frei wählen, nicht studieren und auch größere Anschaffungen nicht ohne die Zustimmung des Vaters oder Ehemannes tätigen. Im Gegensatz dazu hatten die Ehemänner das Recht, über ihre Frau zu herrschen und ihr Leben zu bestimmen.

Das heutige Verständnis von Mann und Frau in einer Ehe ist vielmehr eine Partnerschaft mit gleichberechtigten „Teammitgliedern". Auch die Rolle der Kinder in einer Familie hat sich grundlegend gewandelt.

Abb. 2 Eine Familie zu Beginn des 19. Jahrhunderts

Abb. 3 Eine moderne Kleinfamilie

Da heutzutage sehr viele Familienformen nebeneinander existieren, ist es schwierig, den Begriff „Familie" zu definieren. Ein Vorschlag für die Definition des Begriffs „Familie" könnte lauten:

Familienformen ► S. 164

Eine Familie zu sein bedeutet, dass mindestens zwei Generationen in einer dauerhaften Beziehung leben, die sich durch die gegenseitige Unterstützung, Sorge und Pflege aller Familienmitglieder untereinander auszeichnet.

! Laut einer Umfrage des Online-Meinungsportals „sozioland" im Jahr 2008 ist der Begriff „Familie" für 65% der insgesamt 2000 Befragten eng mit Liebe verbunden. Aber auch Geborgenheit (61%) und Zusammenhalt (52%) werden mit der Familie in Verbindung gebracht. Negative Aspekte wie Stress, Streit oder finanzieller Aufwand hingegen stehen stark im Hintergrund.
(Quelle: firmenpresse.de/presseinfo49321.html)

3.3.2 Familienformen im Überblick

Entwicklung ► S. 98

Bis zum Zeitpunkt der industriellen Revolution stellte die Großfamilie, in der auch die Großeltern sowie Tanten und Onkel lebten, den typischen und am weitesten verbreiteten Familientyp dar. Heute ist dieser Familientyp zur Seltenheit geworden. Es existiert eine Vielzahl neuer Familienformen.

Allen voran steht die Kernfamilie, die auch als Kleinfamilie bezeichnet wird. Aber auch dieser Familientyp befindet sich in einem Wandel. Es wächst die Anzahl alleinerziehender Mütter oder Väter sowie die Zahl der Elternpaare mit Kindern, die jedoch unverheiratet zusammenleben.

Abb. 1 Etwa die Hälfte der deutschen Bevölkerung machen Eltern und ihre Kinder aus.

Wie in der folgenden Übersicht aufgezeigt wird, bietet jede Familienform Vorteile, birgt aber auch Risiken. Entscheidend für die Entwicklung des Kindes ist, wie sich das Zusammenleben jeweils konkret gestaltet.

Familienformen	
Großfamilie 	**Merkmal:** • Mehrere Generationen leben unter einem Dach und sorgen füreinander. **Vorteile können sein:** • Das Kind hat mehrere feste Bezugspersonen. • Das Kind lernt rasch, sich in einer größeren sozialen Gruppe zurechtzufinden. **Schwierigkeiten können sein:** • Bei mehreren Kindern erhält das einzelne Kind oft weniger Aufmerksamkeit. • Es gibt weniger Möglichkeiten, einzelne Kinder individuell zu fördern.
Kernfamilie bzw. Kleinfamilie 	**Merkmal:** • Ein heterosexuelles oder auch homosexuelles Paar betreut und erzieht mindestens ein Kind. **Vorteile können sein :** • Das Kind befindet sich in einer kleinen, überschaubaren Beziehungswelt. • Die Eltern bieten dem Kind feste Betreuungs- und Bezugspersonen. **Schwierigkeiten können sein:** • Gerade in den ersten Lebensjahren hat das Kind oft nur wenig Kontakt zu anderen Kindern. • Unter Umständen bieten sich dem Kind weniger Möglichkeiten, soziales Verhalten einzuüben.

Ein-Eltern-Familie (Alleinerziehende) 	**Merkmal:** • Aus unterschiedlichsten Gründen erzieht ein Elternteil ein oder mehrere Kinder ohne festen Partner bzw. Partnerin. **Vorteile können sein:** • Das Kind steht im Mittelpunkt. Es erhält häufig sehr viel Aufmerksamkeit und Zuwendung von dem verbleibenden Elternteil. **Schwierigkeiten können sein:** • Die Ursachen für diesen Familientyp, zum Beispiel eine Trennung, Scheidung oder der Tod eines Elternteils, wirken sich oft massiv auf die Gefühle des Kindes aus. Oftmals fühlen sich die Kinder traurig oder einsam, sind wütend oder frustriert und lassen dies an einem der Elternteile oder ihrem Umfeld aus. • Der verbleibende Elternteil muss allein für die Versorgung des Kindes aufkommen. Durch die ganztägige Berufstätigkeit bleibt unter Umständen nur wenig Zeit für das Kind.
Patchwork- oder Stieffamilie 	**Merkmal:** • Die Mutter oder der Vater eines Kindes leben mit einem neuen Lebenspartner zusammen. Der neue Partner einer Mutter wird zum Stiefvater des Kindes. Er wird nicht Vater im rechtlichen Sinne. • Häufig bringt der neue Partner oder die neue Partnerin auch ein neues Kind mit in die Familie. **Vorteile können sein:** • Das Kind wächst in einer großen Familie auf. Es hat mehrere feste Bezugspersonen, die sich um es kümmern können. **Schwierigkeiten können sein:** • Dem Kind kann es schwerfallen, den neuen Elternteil und die neuen Geschwister zu akzeptieren. Vor allem, wenn in den einzelnen Familien bislang unterschiedliche Regeln und Wertevorstellungen geherrscht haben. • Ist die Kindertagesstätte nicht über die neuen Familienverhältnisse informiert, kann es zu Verwirrungen kommen, wenn der neue Partner oder die neue Partnerin das Kind allein abholen möchte.
Adoptivfamilie 	**Merkmal:** • Ein Kind wird in eine Familie aufgenommen, die nicht seine eigentliche Familie ist. Die Gründe hierfür können unterschiedlich sein. **Vorteile können sein:** • Ein Kind erhält langfristig Familienanschluss und feste Bezugspersonen. **Schwierigkeiten können sein:** • Oftmals haben Adoptivkinder bereits schlechte Erfahrungen in ihren Herkunftsfamilien gemacht. Es fällt ihnen schwer, Vertrauen in die neuen Eltern aufzubauen und sich als „richtiges" Familienmitglied zu fühlen. Eine psychologische Beratung der Adoptiveltern ist in jedem Fall unerlässlich.

3.3.3 Als Eltern Verantwortung übernehmen

Eltern zu sein ist mit vielen verschiedenen Aufgaben verbunden.

Früher wurden Kinder oft als Arbeitskräfte eingesetzt und waren für die Eltern eine Absicherung im Alter. Heute sind vielmehr die Eltern gegenüber ihren Kindern in der Pflicht: Ein Kind großzuziehen kostet viel Kraft, Zeit und Geld – schließlich ist es mit einer Vielzahl an Aufgaben verbunden.

Unter www.familie.de ▹ Suchbegriff: „Was es kostet ein Kind großzuziehen“ finden Sie eine Aufstellung der Kosten für ein Kind bis zum 18. Geburtstag.

Sicherstellung der materiellen Versorgung

Das Kind allein ist nicht überlebensfähig. Es kann als Baby nicht selbst für Nahrung sorgen (Abb. 1), einkaufen und kochen, die Wäsche waschen oder die Miete pünktlich zahlen. Es ist auf die materielle Versorgung durch seine Eltern angewiesen.
Aber auch hierbei gibt es Unterschiede: Die finanzielle Situation der Eltern entscheidet oft nicht nur darüber, wie abwechslungsreich und gesund das Kind ernährt wird. Sie entscheidet auch über die Freizeitmöglichkeiten, die dem Kind angeboten werden können. Ob das Kind über Spielzeug oder Markenkleidung verfügt und die Möglichkeit hat, an kostenpflichtigen Freizeitangeboten teilzunehmen, wirkt sich auch auf das Ansehen des Kindes in der Gleichaltrigengruppe und damit auf dessen Selbstverständnis aus.

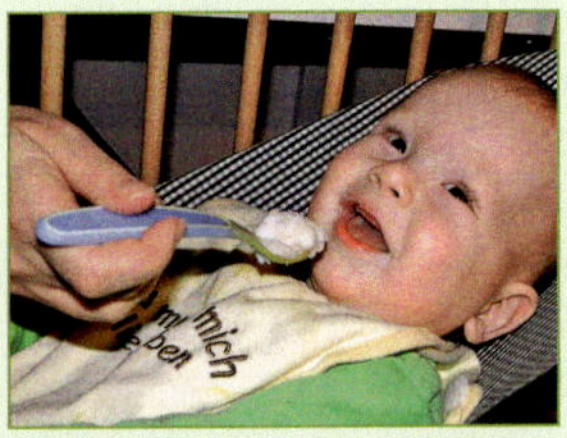

Abb. 1 Ein Baby wird von den Eltern mit Nahrung versorgt.

> Die 6-jährige Marie ist traurig. Ständig ziehen sie die anderen in der Gruppe wegen ihrer altmodischen Kleidung auf. Sie bekommt die getragenen Sachen von ihrer großen Schwester. Maries Eltern können ihr keine Markenkleidung kaufen, da sie nicht so viel Geld verdienen.

Unterstützung der seelischen Entwicklung

Oberstes Ziel der Erziehung ist die Entwicklung von Urvertrauen.
Indem Eltern oder andere konstante Bezugspersonen ihren Kindern zuverlässig Schutz und Geborgenheit bieten, vermitteln sie das Gefühl von Sicherheit. Ein Kind, das vor allem positive Zuwendung erfährt, entwickelt Urvertrauen, das heißt eine positive Einstellung zu sich selbst, zu anderen und zur Umwelt. Urvertrauen ist die Voraussetzung dafür, sich mit der eigenen Person und auch mit bislang unbekannten Dingen und Personen auseinanderzusetzen.

Urvertrauen ▸ S. 112

Ohne die Liebe der Eltern entwickeln Kinder Urmisstrauen.

Bindungstheorie ▸ S. 112

Erhalten Kinder die notwendige Zuwendung, Liebe und Anregungen nicht, entwickeln sie hingegen Urmisstrauen. Diese Kinder zeigen oftmals eine negative Einstellung zu sich selbst und zu anderen. Unbekanntes macht ihnen Angst, was wiederum weiteres Lernen blockiert.

> Liza kann sich auf ihre Mutter verlassen. Sie bespricht alle Probleme mit ihr. Liza weiß, dass ihre Mutter sie auch dann noch lieb hat, wenn sie mal nicht alles richtig macht.

Begleitung in kritischen Lebensphasen

Im Leben jedes Menschen gibt es Zeiten, in denen ihm besondere Anstrengungen abverlangt werden. Man spricht hier von den Entwicklungsaufgaben, die sich jedem Kind, aber auch jedem Jugendlichen und jedem Erwachsenen stellen.
Beispiele für Entwicklungsaufgaben sind:

- die Geburt eines Geschwisterkindes
- die erste Woche in der Kindertagesstätte
- der Tag der Einschulung
- der Umzug in eine neue Stadt
- die Trennung oder Scheidung der Eltern
- der Verlust eines Familienangehörigen

Gerade in schwierigen Zeiten sind Kinder auf Unterstützung und Zuwendung angewiesen.

Susanne hat es nicht leicht. Nicht nur, dass sich ihre Eltern getrennt haben und sie den Papa nur noch zweimal im Monat sieht. Zusätzlich ist die Mama mit ihr in eine fremde Stadt gezogen, in der sie sich nicht auskennt. Und morgen geht auch noch die Schule los, der erste Unterrichtstag in einer neuen Klasse!

Abb. 2 Fröhliche, optimistische Eltern sind für ihre Kinder ein gutes Vorbild.

Wichtig ist, dass Kinder in diesen Zeiten besondere Zuwendung der Eltern bzw. Bezugspersonen erfahren. Hierzu gehört es auch, dass es für das Kind einen Ort gibt, an dem es sich ausruhen kann, sich angenommen fühlt und keine Angriffe abwehren muss. Viele Kinder nutzen hierfür das eigene Zimmer. Aber auch andere Orte können hierfür in Frage kommen.

Vermittlung einer positiven Haltung zum Leben

Grundsätzlich kann die Fähigkeit, das Leben positiv zu sehen, nicht vererbt werden. Dennoch tragen die Eltern dazu bei, diese Haltung zu entwickeln, indem sie sie selbst vorleben. Kinder steigern durch ihr positives Umfeld auch ihr eigenes Selbstwertgefühl bzw. Selbstbewusstsein und entwickeln Resilienz.

Wenn es darum geht, zuversichtlich in die Zukunft zu blicken, sind Eltern oft das beste Vorbild.

Optimismus/Pessimismus ► S. 115
Resilienz ► S. 99

Laura lernt nicht nur in den Angeboten der Kindertagesstätte, auch ihre Eltern sind Vorbilder für ihre Einstellungen und ihr zukünftiges Verhalten. Indem sie Laura vorleben, wie interessant die Welt ist, und aufzeigen, welche Möglichkeiten sie bietet, entwickelt auch Laura Interesse und Selbstbewusstsein, um sich für sie ergebende Chancen wahrzunehmen.

Vermittlung von Werten und Normen

Eltern haben die Aufgabe, ihren Kindern bestimmte Werte und Normen zu vermitteln, durch die das Zusammenleben in einer Familie bestimmt wird. Das Kind kann beobachten, wie die einzelnen Familienmitglieder mit diesen umgehen – ob sie sich daran halten oder sie brechen. Dabei lernen die Kinder auch, was passiert, wenn man sich nicht an die Regeln hält. Fest steht jedoch auch: Kinder lernen sehr schnell, dass ein Zusammenleben ganz ohne Regeln nicht gut funktioniert.

In der Familie lernen Kinder, dass ohne Regeln kein geordnetes Zusammenleben möglich ist.

Werte ► S. 56
Normen ► S. 56

In Lukas' Familie gelten verschiedene Regeln. Lukas darf z. B. nicht barfuß durchs Haus laufen und muss sein Zimmer mindestens einmal in der Woche aufräumen. Hinzu kommt noch, dass er Ältere immer höflich begrüßen soll und nicht dazwischenreden darf, wenn die Erwachsenen sich unterhalten. Die Erwachsenen wiederum dürfen aber immer stören, wenn er und sein Kumpel gerade zusammen spielen.

soziale Rolle ► S. 25

Das Innehaben einer sozialen Rolle ist mit bestimmten Erwartungen an das Verhalten verbunden.

Hilfe geben beim Erlernen sozialer Rollen
In der Familie lernen Kinder nicht nur, Vertrauen zu haben und Normen einzuhalten, sondern auch, sich nach bestimmten Erwartungen zu verhalten. Man spricht davon, dass sie lernen, bestimmten sozialen Rollen gerecht zu werden bzw. diese zu hinterfragen.
Eine soziale Rolle zu haben bedeutet, mit einer Vielzahl von Verhaltenserwartungen konfrontiert zu sein, die eine Bezugsgruppe (z. B. die Familie) an eine Person (z. B. das Kind) heranträgt. Diese Person soll sich dann innerhalb der Gruppe so verhalten, wie es von ihr erwartet wird. Eine Rolle, mit der viele Kinder konfrontiert werden, ist die Geschwisterrolle. Je nach „Position“ in der Reihenfolge der Geschwister werden andere Erwartungen an das Kind gestellt. So soll der große Bruder auf die Kleinen aufpassen oder die Kleinen sollen sich bemühen, so zu werden wie die Großen.

Meist unbewusst vermitteln Eltern ihren Kindern typische Vorstellungen von Mann und Frau (Geschlechterrolle). Aber auch die Medien und oftmals sogar das Personal in Kindertagesstätten schreiben Jungen und Mädchen unterschiedliche Eigenschaften und Verhaltensweisen zu. Jungs gelten generell als aggressiv, technikbegabt und baubegeistert. Mädchen hingegen werden als eher friedlich und hilfsbereit eingeschätzt. Auch wollen Mädchen, so die allgemeine Meinung, anderen helfen, malen und basteln gerne.

> Max ärgert seine kleine Schwester, indem er ihre Puppen versteckt. Die Mutter schimpft: „Benimm dich doch gefälligst wie ein guter großer Bruder! Und außerdem sind die Puppen ja sowieso nichts für dich. Du hast doch die tollen funkgesteuerten Autos.“

Eltern müssen für ihre Kinder Entwicklungsanreize schaffen.

Förderung der geistigen und körperlichen Entwicklung
Gerade Eltern, die die gemeinsame Freizeit nutzen, mit ihren Kindern zu erzählen, zu basteln, zu spielen und zu toben, regen die weitere geistige und körperliche Entwicklung der Kinder an. Auch können Eltern so rasch feststellen, welche besonderen Interessen und Fähigkeiten ihr Kind hat, und es entsprechend fördern.
Auch hier gilt: Die Eltern selbst müssen Anreize schaffen und Vorbild sein. Kinder, deren Eltern eher interessenlos sind, entwickeln selbst auch wenig eigene Interessen.

Abb. 1 Toben macht Spaß und regt die Entwicklung der Kinder an.

3.3.4 Folgen für die Arbeit in der Kindertagesbetreuung

Familie ► S. 163

Während früher Kinder in Großfamilien wegen der vielen möglichen Betreuungspersonen oft gar nicht oder nur kurz vor dem Beginn der Schulpflicht außer Haus betreut wurden, besuchen Kinder heutzutage häufig bereits sehr früh eine Betreuungseinrichtung außerhalb der Familie. Gerade weil die Großeltern nicht in der Nähe wohnen und keine weitere verlässliche Bezugsperson in der Nähe ist, geben Eltern ihr Kind in eine Krippe, Kindertagesstätte oder in die Kindertagespflege. Die Notwendigkeit hierzu ergibt sich auch deshalb, weil nicht nur die Väter, sondern zunehmend auch die Mütter erwerbstätig sein wollen bzw. müssen.

Unter www.unesco.de, Stichwort Bildung/ frühkindliche Förderung, finden Sie Informationen zur Bedeutung der frühen Förderung in Kindertagesstätten und Kindertagespflege.

Hinzu kommt, dass gerade der Bildung von Kindern in unserer Gesellschaft eine wachsende Bedeutung zugemessen wird. Experten gehen davon aus, dass die frühe gezielte Förderung es den Kindern später erheblich erleichtert, den schulischen Anforderungen gerecht zu werden. Gelingt diese Vorbereitung, profitieren sowohl die Kinder als auch die Gesellschaft.

Doch was ergibt sich hieraus für Ihre Arbeit als Kinderpflegerin oder Sozialassistentin in einer Kindertagesstätte oder in der Kindertagespflege? Zunächst müssen Sie sich darüber bewusst werden, dass Sie als wichtige Bezugsperson eine bedeutende Rolle im Leben der Kinder einnehmen. Gemeinsam mit den Eltern ist es Ihre Aufgabe, die Kinder möglichst optimal zu betreuen und auf ihre Zukunft vorzubereiten. Hierbei ist es unerlässlich, dass Sie sich gemeinsam mit den Eltern als „Erziehungsteam“ verstehen und in einer Erziehungspartnerschaft zusammenarbeiten.

Bezugspersonen in der Kindertagesstätte unterstützen das Kind durch positive Zuwendung in seiner Entwicklung.

Voraussetzung dafür, Kindern eine echte Bezugsperson zu sein, ist es, dem Kind und seinen Bedürfnissen echtes Interesse entgegenzubringen. Nur dann erfährt das Kind die notwendige Zuwendung, die es so zwingend für die Entwicklung von Mut und Selbstvertrauen benötigt.

Verbunden mit der in Kindertagesstätten herrschenden positiven Atmosphäre finden Kinder auch hier häufig einen Rückzugsraum bzw. Ansprechpartner, die sich ihnen verständnisvoll annehmen (Abb. 2) und dabei helfen, hoffnungsvoll nach vorne zu blicken.

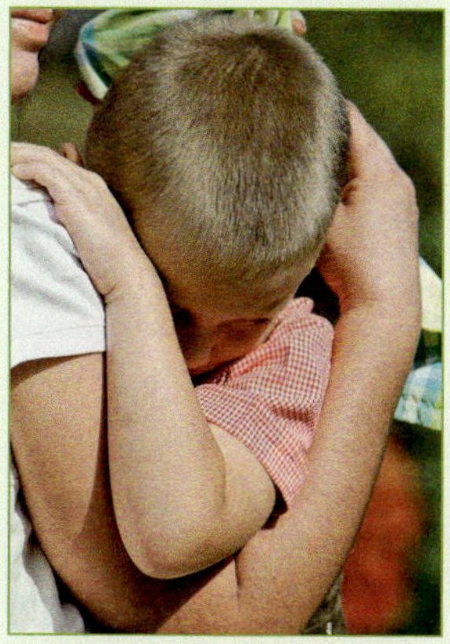

Abb. 2 Auch in Kindertagesstätten erhalten die Kinder viel Zuwendung und Trost.

Da Eltern ihre Kinder aus verschiedensten Gründen nicht selten nur wenige Stunden am Tag bewusst wahrnehmen können, ist es Ihre Aufgabe, die einzelnen Kinder in der Kindertageseinrichtung genau zu beobachten und sowohl den Kindern als auch den Eltern im Bedarfsfall Hilfe anzubieten. Andersherum sind Sie natürlich ebenso auf die Beobachtungen und Erfahrungen der Eltern angewiesen. Nur wenn das Kind in seiner Persönlichkeit ganzheitlich und von allen an seiner Erziehung beteiligten Personen wahrgenommen wird und diese vertrauensvoll zusammenarbeiten, kann es optimal auf sein späteres Leben vorbereitet werden.

Beobachtung ► S. 189

Kommt ein Kind neu in eine Gruppe, ist es oft neugierig und geht offen auf die anderen Kinder zu. Es kann aber auch überfordert und unsicher darüber sein, wie es sich verhalten soll. Durch klare Regeln und Normen, aber auch durch die Übernahme einer sozialen Rolle fällt es ihm bald leicht, sich in der Gruppe zurechtzufinden. Auch mit den Erwartungen anderer Kinder, aber auch der pädagogischen Mitarbeiterinnen oder der Eltern lernt es rasch umzugehen.

In der Kindertagesstätte vermittelte Normen und Werte können sich je nach dem Leitbild des Trägers unterscheiden, entsprechen aber stets den grundsätzlichen Wertevorstellungen der gesamten Gesellschaft. Hat ein Kind erst einmal verinnerlicht, dass das Zusammenleben nur mit gemeinsamen Regeln geordnet möglich ist, wird es auch sein späteres Leben an denjenigen Werten und Normen orientieren, die ihm die Familie, die Schule, die Arbeit oder die Gesellschaft vorgibt und die es für sich selbst vertretbar empfindet. Dies setzt voraus, dass die geltenden Regeln auch kritisch hinterfragt werden können. Hierzu benötigt ein Kind jedoch zunächst die Unterstützung eines Erwachsenen.

Gruppe ► S. 118
soziale Rolle ► S. 25
Träger ► S. 38

Kinder lernen durch Anregungen, die ihnen ihre Umwelt bietet. Durch gemeinsame Erzählungen und Angebote etc. schaffen Sie dem Kind wichtige Lernanreize für seine spätere Entwicklung.

Durch gemeinsames Spielen an der frischen Luft und gezielte Sportangebote lernen Kinder, ihren Körper wahrzunehmen. Die gezielten Angebote in Bezug auf sportliche Betätigung und auch die Möglichkeiten zum Freispiel im Kindergarten sind von enormer Bedeutung. Oft kommt es vor, dass Sie auf diesem Weg auch Fähigkeiten und Talente der Kinder entdecken, die sonst niemandem aufgefallen wären.

Bildungs- und Beschäftigungsangebote ► S. 204
Sport- und Bewegungserziehung ► S. 252

3.4 Interkulturalität – „Fremd sein, was ist das?“

3.4.1 Kulturelle Vielfalt in den Kindertagesstätten

Feste und Feiern im kulturellen Kontext ► S. 206

Blickt man in eine beliebige Kindertagesstätte in Deutschland, so ergibt sich gerade in größeren Städten ein buntes Bild. Kinder und Fachkräfte aus verschiedensten Ländern spielen, lernen und arbeiten gemeinsam. Verschiedene kulturelle Ereignisse und Feste runden das Miteinander in den einzelnen Gruppen ab.
Doch wie kam es zu der heutigen Situation? Seit jeher zogen Menschen aus dem nahen und fernen Ausland nach Deutschland und haben das Land zu einer multikulturellen Gesellschaft gemacht, in der Menschen verschiedener Nationen und Religionen zusammenleben.

Die Motive für eine Einwanderung nach Deutschland können vielfältig sein.

Die Motive der zuwandernden Menschen jedoch unterschieden und unterscheiden sich ganz deutlich. Folgende Einteilung in einzelne Zuwanderungsphasen soll einen Überblick über mögliche Beweggründe geben, die dazu geführt haben können, das eigene Heimatland zu verlassen und in Deutschland eine neue Heimat zu suchen:

Zeitliche Einteilung	Zuwanderungsgruppe	Vordergründige Motive
1950er-Jahre	„Gastarbeiter“ 	Der in der Nachkriegszeit in Deutschland herrschende Mangel an Arbeitskräften in der Landwirtschaft und Industrie führte zur massiven Anwerbung ausländischer Arbeitskräfte aus vorwiegend süd- und südosteuropäischen Ländern. Anfangs dachten die Politiker, dass diese nach einigen Jahren in ihre Heimatländer zurückkehren würden. Dieser Gedanke hat sich jedoch als falsch erwiesen. Nach dem Wiederaufbau der deutschen Wirtschaft hatten die Gastarbeiter ihren Lebensmittelpunkt in Deutschland gefunden und blieben. Auch die Familien zogen aus den Heimatländern nach und wurden hier sesshaft.
1980er-/ 1990er-Jahre	„Asylbewerber“/„Flüchtlinge“ 	Kriege und die damit verbundene wirtschaftliche Not, Hunger und auch politische oder religiöse Verfolgung zwangen in den 1990er-Jahren zahlreiche Menschen, ihre Heimatländer zu verlassen und in Deutschland oder anderen Industrieländern um Asyl zu bitten. Das Asylrecht wurde 1993 neu geregelt. Seit dieser Zeit sind die Möglichkeiten, in Deutschland Asyl zu finden, stark beschränkt und durch die Drittstaatenregelung streng reguliert.
1990er-Jahre	„Aussiedler“ 	Das Ende des Kalten Krieges ermöglichte vielen im Zweiten Weltkrieg ins östliche Russland und Kasachstan vertriebenen deutschen Familien die Rückkehr in ihr Heimatland. Diese sogenannten „Aussiedlerfamilien“ erhielten, anders als andere Zuwanderungsgruppen, nach ihrem Zuzug die deutsche Staatsbürgerschaft.
Seit 2004	„EU-Wanderer“ 	Mit dem Zusammenschluss mehr und mehr europäischer Länder zu einem gemeinsamen Europa ist es möglich geworden, innerhalb der mittlerweile 27 EU-Staaten ohne bürokratische Hindernisse umzuziehen und Arbeit aufzunehmen. Verschiedenste individuelle Gründe sprechen nun dafür, in einem anderen, meist selbst gewählten Land eine neue Heimat zu finden.

Insgesamt lassen sich somit bis heute u. a. die folgenden Motive für die Zuwanderung unterscheiden:

- vertraglich geregelte Anwerbung als Arbeitskraft (z. B. als Gastarbeiter)
- Zuwanderung zum Zweck der Familienzusammenführung
- Flucht vor Krieg, politischer bzw. religiöser Verfolgung, extremer Armut oder Umwelt- bzw. Naturkatastrophen
- Suche nach politischer Stabilität, religiöser Glaubensfreiheit und einer demokratischen Sozialkultur
- freiwillige Zuwanderung aus individuellen Gründen (z. B. Arbeitsmarkt- und Ausbildungssituation, kulturelles Interesse)

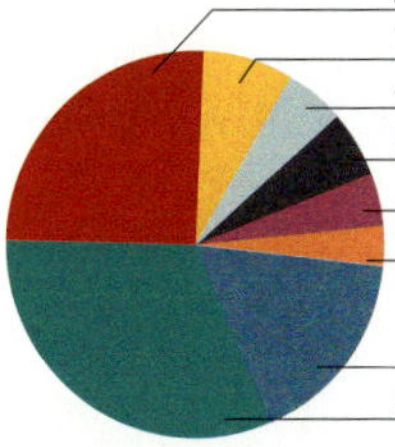

24,4%	Türkei	1.713.551
7,8%	Italien	528.318
4,9%	Serbien und Montenegro (inkl. ehem. Jugoslawien)	303.608
5,7%	Polen	384.808
4,4%	Griechenland	294.891
3,3%	Kroatien	225.309
16,7%	EU-Staaten ohne Italien, Griechenland und Polen	1128.130
31,7%	sonstige Staaten	2.139.264
	Gesamt	6.744.879

Quelle: Ausländerzentralregister, eigene Berechnungen

Abb. 1 Daten: die häufigsten ausländischen Bevölkerungsgruppen nach Staatsangehörigkeit, Stand 31.12.2007

Verteilung der Emigranten in Deutschland, Gesamtbevölkerung ca. 82 Mio. (2006/2007):
Spätaussiedler: 5 792
Ausländer, die in Deutschland leben: 6 744 849
Flüchtlinge: ca. 1 Mio.
Asylanträge: 19 164
(davon wurden 304 anerkannt, 6 893 erhielten Aufschiebeschutz)
(Quelle: Fischer Weltalmanach, 2009)

Je nachdem, welche Gründe für die Einreise vorliegen, unterscheidet sich auch, wie die Kinder und ihre Familien die Ankunft in Deutschland erleben. Gerade Kinder von Flüchtlingsfamilien leben meist monate-, manchmal auch jahrelang in schlecht ausgebauten Heimen oder gar Containern auf engstem Raum zusammen. Sie haben meist schreckliche Erfahrungen gemacht und bedürfen deshalb eines besonderen Schutzes im Kindergarten und im Alltag.

Auch der Grund der Zuwanderung entscheidet mit darüber, wie sich die Kinder in der neuen Heimat integrieren können.

Unabhängig davon, was Menschen zum Verlassen ihres Heimatlandes bewogen hat, wird für diese Bevölkerungsgruppe der Begriff der „Migranten“ verwendet. Das Verlassen des Heimatlandes und das Niederlassen in einem bis dahin fremden Land wird in der Fachsprache der Soziologie als Migration bezeichnet.

> Von Migration spricht man, wenn eine Person ihren Lebensmittelpunkt über eine sozial bedeutsame Entfernung verlegt, von internationaler Migration, wenn dies über Staatsgrenzen hinweg geschieht.
>
> (Migrationsbericht 2004, S. 4, gekürzt), www.bundesregierung.de

Aber nicht alle Kinder haben den Prozess des Auswanderns und die ersten Versuche des Zurechtfindens selbst miterlebt. Vom Migrationshintergrund eines Kindes wird jedoch auch dann gesprochen, wenn seine Eltern oder Großeltern vor dessen Geburt zugewandert sind. Dabei wirken nicht selten auch die Migrationserfahrungen älterer Familienmitglieder bei den jüngeren Familienmitgliedern noch nach, z. B. wird zu Hause die Sprache des Herkunftslandes verwendet. Man spricht in diesem Zusammenhang von einem Migrationshintergrund der zweiten Generation.

Kulturelle Werte
Häufig treffen in Kindertagesstätten und zunehmend auch in der Kindertagespflege Mädchen und Jungen aufeinander, deren Eltern kulturell bedingt stark voneinander abweichende Erziehungsziele verfolgen. Als Beispiel soll folgender Vergleich zwischen den Erziehungskonzepten zahlreicher arabischer und asiatischer Länder und den Erziehungszielen in Deutschland dienen, der jedoch in keinem Fall verallgemeinert werden darf.

Beispiele für Wertegrundsätze der arabischen und asiatischen Welt	Beispiele für Wertegrundsätze westlicher Kulturen
• Die Kinder stehen im Schutz der Großfamilie, sind dieser jedoch im Gegenzug Loyalität schuldig. • Das Kind lernt, die Bedürfnisse der familiären Gemeinschaft in den Vordergrund zu stellen. • Im Vordergrund stehen die Harmonie und das Vermeiden von Auseinandersetzungen. • Die Interessen der Familie bzw. Gruppe stehen vor den Interessen des Einzelnen. • Das Kind soll mit der Meinung der Familie übereinstimmen.	• Die Kinder werden dazu erzogen, für sich selbst zu sorgen. • Das Kind lernt, seine eigenen Bedürfnisse zum Ausdruck zu bringen. • Die höchsten Erziehungsziele sind die Selbstverwirklichung und Mündigkeit des Kindes. • Jedes Kind soll das Recht auf eigene Interessen und Privatsphäre haben. • Mit zunehmendem Alter wird erwartet, dass sich die Kinder eine eigene Meinung bilden.

(in Anlehnung an Hofstede, 1993)

Erziehungsziele ► S. 152

3.4.2 Zur Situation von Kindern aus anderen Kulturen

Welche Gründe auch zur Einwanderung der Familien geführt haben oder aktuell führen werden – in jedem Fall ist es wohl sowohl für die Eltern als vor allem auch für die Kinder nicht leicht, sich in dem für sie fremden Land zurechtzufinden. Gerade Kinder, die ihre ersten Lebensjahre im Heimatland verbracht hatten, haben Schwierigkeiten mit der deutschen Sprache. Von ihren Eltern, die der deutschen Sprache oft noch weniger mächtig sind, können sie häufig keine Unterstützung erhalten.

Vor allem sprachliche Barrieren erschweren die Integration in den Alltag der Kindertagesstätte.

Fehlt einem Kind der sprachliche Zugang zu den Kindern und Mitarbeitern der Betreuungs- und Bildungseinrichtungen in Deutschland, fällt es ihm schwer, am Alltagsgeschehen teilzuhaben und mitzuwirken. Es versucht ein Leben wie in seinem Herkunftsland weiterzuführen und hält z. B. überwiegend Kontakt zu anderen in Deutschland lebenden Familien seines Herkunftslandes.
Die Überwindung von Sprachbarrieren und die Integration der Kinder in die Bildungs- und Förderungsangebote sind sehr wichtig. Somit kann der Ablehnung und Ausgrenzung durch die Gruppe entgegengewirkt werden und auch spätere schulische Erfolge werden ermöglicht.

Gruppenpädagogik ► S. 128

! Einer Studie zufolge werden Kinder mit Migrationshintergrund „etwa doppelt so häufig auf eine Lernbehindertenschule überwiesen" wie Kinder aus einer deutschen Familie. (Diefenbach, 2004, S. 29)

Für jedes Kind, unabhängig von seiner Herkunft, sind die in der Familie oder anderen Betreuungseinrichtungen erlernten Regeln, Normen, Einstellungen und Verhaltensweisen von entscheidender Bedeutung. Diese werden als Teil der eigenen Persönlichkeit angesehen und geben Sicherheit darüber, wie man sich verhalten soll bzw. welches Verhalten von den Mitmenschen erwartet werden kann.

Normen ► S. 56
Verhaltensweisen ► S. 98

Treffen Kinder nun auf Menschen aus einem für sie anderen Kulturkreis mit einem für sie bislang unbekannten Wertesystem, werden die von den jeweiligen Personen gezeigten Verhaltensweisen und Einstellungen als fremd erlebt. Unsicherheit, Unverständnis, Angst, Aggressivität oder auch Ablehnung des Gegenübers können die Folge sein.
Je nachdem, wie gefestigt die Gruppenstruktur der aufnehmenden Kindergartengruppe ist und welche sozialen Rollen die Kinder innerhalb der Gruppe bereits einnehmen, werden diese unterschiedlich auf das „neue“ Kind und sein Verhalten reagieren. Nicht selten kommt auf Grund von Vorurteilen gerade Kindern anderer Nationen und Religionen auch die Rolle des Sündenbocks zu.

Verhaltensweisen, die in der eigenen Kultur typisch sind, lösen bei anderen nicht selten Unsicherheit und Angst aus.

Gruppenstruktur ► S. 121
soziale Rolle ► S. 25
Sündenbock ► S. 125

Zahlreiche Familien mit Migrationshintergrund haben sich im Laufe der Jahre in die deutsche Gesellschaft integriert, ohne jedoch ihre kulturelle Herkunft und Identität völlig aufzugeben. Nicht selten leben Kinder mit Migrationshintergrund heutzutage in zwei Kulturen und sprechen zwei oder manchmal auch mehrere Sprachen. Häufig ergibt sich hieraus eine starke Belastung, die es dem einzelnen Kind erschwert, eine eigene Identität zu entwickeln und Anschluss an das Alltagsgeschehen in den öffentlichen Einrichtungen zu finden. Andere Kinder hingegen entwickeln recht schnell eigene Strategien, zwischen den Kulturen hin und her zu wechseln. Diese Kinder verfügen über eine doppelte Identität und ein hohes Maß an Resilienz.

Kinder mit Migrationshintergrund müssen häufig zwischen zwei Kulturen und auch Sprachen hin und her pendeln.

Resilienz ► S. 99

Abb. 1 Kindern fällt es häufig leicht, zwischen den verschiedenen Kulturen hin und her zu wechseln.

> Die fünfjährige Nevin, ein Mädchen mit türkischer Herkunft, besucht die Kindertagesstätte „Wolkenschloss“. Der Kinderpflegerin Susanne fällt sie durch ihr Selbstbewusstsein und ihr Durchsetzungsvermögen in Diskussionen auf. Anderen Kindern gegenüber erscheint sie zum Teil sogar herrschsüchtig.
> Im Gespräch mit Nevin erfährt Susanne jedoch, dass zu Hause von ihr erwartet wird, gemeinsam mit der Mutter immer den Vater und ihre drei älteren Brüder zu bedienen und zu umsorgen.

Da es gerade jüngeren Kindern häufig leichtfällt, sich auf eine neue Kultur einzulassen und eine zweite Sprache zu erlernen, kommt diesen später die Aufgabe zu, ihre Eltern beim Zurechtfinden in der neuen Heimat zu unterstützen. Hierzu gehören zum Beispiel „Übersetzerdienste“ in Schulen und Behörden, aber auch das Erledigen des Schriftverkehrs und das Kümmern um Aufenthaltsgenehmigung etc. Nicht selten ändert sich somit auch die Rollenverteilung innerhalb der Familie.

Familie ► S. 163

3.4.3 Ursachen von und Umgang mit Vorurteilen

Beobachten ▸ S. 189
Lernen durch Beobachtung ▸ S. 160

Kein Kind wird mit Vorurteilen geboren, sondern erwirbt diese unter anderem durch das Beobachten der Erwachsenen. Bereits im Alter von drei bis vier Jahren übernehmen Kinder Verhaltenserwartungen, falsche Informationen, Ängste und negative Haltungen gegenüber Menschen fremder Kulturen von ihren Bezugspersonen. In diesen Fällen muss nicht einmal ein eigener Kontakt zu Vertretern der abgelehnten Gruppen stattgefunden haben.
Aber auch einzelne eigene negative Erfahrungen mit Vertretern einer anderen Kultur können zum Entstehen von Vorurteilen beitragen. Dies ist vor allem immer dann der Fall, wenn es versäumt wird zu hinterfragen, warum sich eine Person in einer bestimmten Situation so und nicht anders verhalten hat, und das gezeigte Verhalten einer Einzelperson verallgemeinert wird.
Auch Unwissenheit und Probleme, die nicht allein bewältigt werden können, tragen zur Entstehung von Vorurteilen bei.

Vorurteile entlasten den Menschen von der Komplexität des Alltags, die ihn sonst überfordern würde.

Unter Vorurteilen sind Vereinfachungen zu verstehen, die ein Mensch vornimmt, um komplexe, scheinbar unverständliche und nicht zu bewältigende Situationen verständlich zu machen. Sie werden nicht auf ihren Wahrheitsgehalt hin überprüft und reduzieren Komplexes auf wenige Merkmale. Vorurteile dienen der eigenen Entlastung, bieten Orientierung und machen es scheinbar leicht, eine Meinung zu vertreten und Stellung zu einem Thema zu beziehen.

Kinderpflegerin Julia arbeitet im Kindergarten „Pumuckl“. Während der Freispielzeit im Garten beobachtet sie, wie Ersin, Ugur und Gürkan (4 Jahre), die drei türkischen Jungen der Gruppe, nicht mit Jan (4 Jahre) spielen möchten. Nach dem Grund gefragt, antwortet Ugur, dass Jan als Deutscher immer alles bestimmen wolle. Und wenn es dann richtig rundgeht, darf er sich nicht mal dreckig machen. So mache ein Spiel einfach keinen Spaß. Jan ist traurig und wendet sich einer anderen Kindergruppe zu.

Im Kontakt mit Menschen einer anderen Kultur bieten derartige Vorurteile eine Menge Konfliktpotential und führen nicht selten zu Missverständnissen, da sie den anderen kränken und verletzen können. Das ist auch dann der Fall, wenn sie nicht bösartig gemeint sind, sondern nur „daher gesagt“ werden. Sie treiben den Verurteilten in die Isolation und verstärken die Unsicherheit mit der für ihn fremden Kultur. Aus dem Gefühl der Ohnmacht können sowohl ein verstärkter Rückzug als auch offensichtliche Wut und Aggressionen resultieren.

Aggression ▸ S. 140

Mit zunehmendem Alter der Kinder ist die Entstehung von Vorurteilen und der damit verbundenen Ablehnung auch von aktuellen politischen und wirtschaftlichen Ereignissen abhängig. Folgende Vorkommnisse und Entwicklungen haben in den letzten Jahren nicht unwesentlich zur ablehnenden Haltung gegenüber Migranten in Deutschland beigetragen, die jedoch mit Fakten widerlegt werden können:

- Die Terroranschläge in New York und Washington im Jahr 2001, die teilweise auf zuvor in Deutschland lebende Migranten zurückgeführt werden konnten.
- Die steigenden Arbeitslosenzahlen, für die eine Erklärung gesucht wird. Oft werden hierfür fälschlicherweise Menschen aus dem Ausland verantwortlich gemacht, die, so die Annahme, den deutschen Arbeitern die Arbeitsplätze wegnehmen.
- Die Statistiken der Jugendforscher, die eine Zunahme der Kriminalität von jugendlichen Migranten beobachten konnten.

Das Zusammenleben verschiedener Kulturen bringt die Notwendigkeit mit sich, sich mit eigenen, zum Teil unbewussten Ängsten und Vorurteilen gegenüber etwas Fremdem auseinanderzusetzen. Bestehen bei einem Kind oder auch Erwachsenen in einer Kindertagesstätte Vorurteile gegenüber Menschen aus anderen Kulturen, so dürfen diese nicht einfach ignoriert werden. Viel besser ist es, sie den Beteiligten ins Bewusstsein zu rufen und in einem Gespräch zu thematisieren. Auch die Weitergabe von Informationen, die die bestehenden Vorurteile relativieren, ist hilfreich. Auch für Sie als Kinderpflegerin oder sozialpädagogische Assistentin gilt es, sich selbst auf Vorurteile zu überprüfen und die eigene Einstellung zum „Anderssein“ bewusst zu machen.

Vorurteile dürfen nie ignoriert, sondern müssen stets bewusst thematisiert werden.

3.4.4 Möglichkeiten und Ziele der interkulturellen Erziehung

Auf Grund der beschriebenen Situation ergibt sich heutzutage für so gut wie alle Kinder die Notwendigkeit, aber vor allem auch die Chance des kulturellen Austauschs und des interkulturellen Handelns. Obwohl es unser gesellschaftliches Miteinander vielfach bereichert, ist es auch heute leider noch nicht selbstverständlich, mit Menschen anderer Kulturen zusammenzuleben. Viel zu häufig gibt es Vorurteile, die zu Anfeindungen oder gar Ausgrenzung führen.

Ein gemeinsames Miteinander von Menschen unterschiedlicher Kulturen ist auch heute noch keine Selbstverständlichkeit.

Vorurteile ► S. 174

Um dem entgegenzutreten, bietet allein bereits der frühe Besuch einer Betreuungseinrichtung einen guten ersten Schritt. Im Gegensatz zur Schule und später der Ausbildung und dem Arbeitsplatz ist die Kindertagesstätte ein Ort, an dem sich die Kinder häufig noch sehr unbefangen begegnen. Voraussetzung hierfür ist, dass das pädagogische Fachpersonal diese Chance bewusst nutzt und alle Kinder gleichermaßen darin unterstützt, sich auf die Schule und andere Entwicklungsaufgaben vorzubereiten.

Entwicklungsaufgaben ► S. 167

Folgende Zielsetzungen sind z. B. im Bayerischen Bildungs- und Erziehungsplan für Kinder in Tageseinrichtungen bis zur Einschulung aufgeführt:
- kulturelle Aufgeschlossenheit und Neugier
- die Wertschätzung von Zwei- und Mehrsprachigkeit
- Sensibilisierung für unterschiedliche Formen der Ausgrenzung
- Kompetenz im Umgang mit dem Fremden und kulturellen Differenzen

Unter www.bildungsserver.de und dem Stichwort „Bildungspläne der Länder“ finden Sie Informationen über die Ziele der frühen Bildung in Kindertagesstätten.

Diese Liste lässt sich leicht ergänzen um die Punkte
- Toleranz,
- Empathie,
- Akzeptanz,
- Selbstbewusstsein,
- die Fähigkeit zur Selbstreflexion und
- gegenseitige Wertschätzung.

Oft wird von einer Integration der Kinder mit Migrationshintergrund gesprochen. Integration meint dabei, ein Kind mit Migrationshintergrund so in eine bestehende Gruppe einzubinden, dass es seine eigene Identität nicht abgeben muss, sich aber dennoch als vollwertiges Mitglied der Gruppe fühlt.

Ansätze zur Integration von Kindern mit Migrationshintergrund
Hinsichtlich der angestrebten Integration von Kindern mit Migrationshintergrund stehen sich zwei Ansätze gegenüber, die es miteinander zu verzahnen gilt.
So besteht einerseits die Forderung, die Kinder müssten so schnell wie möglich die deutsche Sprache erlernen und sich den Gepflogenheiten des Landes anpassen. Hiermit ist auch die Forderung nach Kenntnissen über die Geschichte, die Traditionen und die Werte verbunden, die das Zusammenleben in unserer Gesellschaft ausmachen.
Zum anderen gibt es Stimmen, die sich für das Bewahren der kulturellen Identität aussprechen.

Anpassung an die Gesellschaft ⟷ **Bewahrung der eigenen Identität**

Ein insgesamt zentraler Aspekt ist, dass nicht die Unterschiede der Kulturen, sondern deren Verbindung im Mittelpunkt stehen. Das heißt, bezogen auf den Kindergarten: Es geht nicht darum, nach den Fehlern der anderen Ausschau zu halten („Der spricht so komisches Deutsch“), sondern darum, den eigenen Wahrnehmungsbereich zu erweitern („Er kann sich nicht nur in einer, sondern in zwei Sprachen verständigen“). Die Ressourcen und nicht die Defizite des Kindes sollten im Vordergrund stehen.

Die interkulturelle Arbeit in der Kindertagesstätte kann von verschiedenen Prinzipien begleitet werden.

Prinzipien der interkulturellen Erziehung
In jedem Fall jedoch gilt es in der Arbeit mit Kindern die folgenden Prinzipien zu beachten:

Prinzip der unbedingten Wertschätzung des Kindes, unabhängig von seiner Herkunft, Fähigkeiten und Talenten. Das Kind muss in jedem Fall das Gefühl vermittelt bekommen, auch tatsächlich willkommen zu sein.

Prinzip der Thematisierung der Vielfalt, das heißt, die Vielfältigkeit der Kulturen spiegelt sich auch in der Einrichtung, der Ausstattung mit Spielmaterial und Büchern sowie den alltäglichen Gepflogenheiten (Begrüßung, Verabschiedung etc.) wider. Wichtig ist hierbei, dass sich alle Kinder in diesem Alltag gleichberechtigt wiederfinden und niemand ausgeschlossen wird.

Prinzip der Individualisierung, das heißt, das Kind wird nicht darauf reduziert, Träger einer Kultur zu sein, sondern wird als eigenständiges Wesen mit individuellen Bedürfnissen und Zielsetzungen wahrgenommen. Hierzu ist es praktisch unerlässlich, auch die familiäre Situation des Kindes einzubeziehen.

Prinzip des Einbeziehens der Muttersprache, das heißt, die Muttersprache des Kindes nicht abzulehnen oder gar zu verbieten, sondern in das alltägliche Geschehen einzubinden. Gegebenenfalls kann hierfür auch Unterstützung von außerhalb der Einrichtung oder aus anderen Gruppen herangezogen werden.

Kinderpflegerin Michaela absolviert ihr Praktikum im Kindergarten „Villa Kunterbunt“. Gleich am ersten Tag ist ihr aufgefallen, dass in der Puppenecke Puppen aller Hautfarben zu finden sind. Und in der Bücherecke finden sich Bücher auch mit anderen Schriftzeichen und Märchen bzw. Erzählungen aus anderen Kulturen. Im Morgenkreis begrüßen sich die Kinder auf Deutsch, Englisch, Türkisch und Italienisch… Michaela ist fasziniert, wie offen und wertschätzend die Kinder und das Personal mit der Vielzahl an Kulturen in der kleinen Gruppe umgehen.

Die wichtigste Basis für eine erfolgreiche Zusammenarbeit mit den Kindern und Eltern anderer Kulturen ist sicherlich das Verfügen über zentrale Hintergrundinformationen(Abb. 1), z. B.:

- Welche berufliche Situation hatten die Eltern in ihrem Heimatland und in welcher Lage befinden sie sich jetzt?
- Welche Rolle spielt die Religion im Herkunftsland des Kindes?
- Welche Werte werden vermittelt und wie ist das dortige Schul- und Bildungssystem aufgebaut?

Abb. 1 Das Verfügen über Hintergrundinformationen ist der Schlüssel zu einer erfolgreichen Zusammenarbeit mit den Eltern.

Können diese und ähnliche Fragen beantwortet werden, kann das Personal individuell auf das Kind und seine familiäre Situation eingehen. Wie auch bei einer deutschen Familie gilt es dann die gegebene Geschichte und Zukunftsvorstellungen zu akzeptieren und sowohl dem Kind als auch seinen Eltern den nötigen Respekt entgegenzubringen.

Interkulturelles Verständnis zu fördern heißt, dass die Kinder lernen, jedem anderen Menschen, unabhängig von seiner Herkunft, Respekt und Achtung entgegenzubringen – auch wenn es der eigenen Einstellung einmal widerspricht. Diese Anforderung stellt sich sowohl für deutsche Kinder als auch für Kinder mit Migrationshintergrund.

Interkulturelle Erziehung zielt auf ein friedliches Miteinander der Kulturen ab. Die Kinder sollen befähigt werden, auch Konfliktsituationen mit anderen Menschen kommunikativ zu lösen, um friedlich miteinander zu leben.

Kommunikation ► S. 82

Das Angebot zur Umsetzung der aufgeführten Zielsetzungen ist vielfältig, wenn nicht gar unüberschaubar geworden. Wie die PISA-Studie gezeigt hat, ist es zwingend notwendig, Kinder mit Migrationshintergrund gezielt zu fördern. Anders kann ihnen der Anschluss gerade im Leistungsbereich nur schwer gelingen.
Dass sich hierfür gerade der frühe Besuch einer Kindertagesstätte anbietet, lässt sich bereits daraus ableiten, dass die Kinder hier meist völlig unbefangen und praktisch „von allein" miteinander ins Gespräch kommen. So erlernt sich eine neue Sprache ganz natürlich und schrittweise.
Steht die Einschulung bereits unmittelbar bevor, ist schließlich auch der Einsatz von Sprachkursen und gezielten Förderangeboten denkbar. Zusätzlich zum Alltag in der Kindertagesstätte können Sie dabei helfen, bestehende Sprachbarrieren zu überwinden. Da auch viele deutsche Kinder Sprachdefizite aufweisen, bietet sich hier ein weiterer Ansatzpunkt für ein gemeinsames Lernen der Kinder.

Informieren Sie sich unter
www.hippy-deutschland.de
über ein bekanntes Programm, das Eltern intensiv in die interkulturelle Arbeit einbezieht.

Einen anderen Einsatz liefern Konzepte wie der Einsatz von muttersprachlichem Fachpersonal, das heißt Kinderpflegerinnen und Erzieherinnen, die ihre Arbeit in der Muttersprache der Kinder oder auch bilingual, das heißt zwei- oder mehrsprachig gestalten. Nicht selten kann dies auf Grund der Vielzahl der gegebenen Sprachen und Kulturen nicht umgesetzt werden. Dennoch ist es gerade anfangs ein lohnender Ansatz, um mit neuen Kindern und Eltern in Kontakt zu kommen. Ist in der eigenen Gruppe kein Muttersprachler für die jeweilige Sprache gegenwärtig, kann eventuell ein anderes Elternteil übersetzen und so einen Kontakt anbahnen. Eine andere Möglichkeit ist es, wichtige Elterninformationen schriftlich in der jeweiligen Landessprache (Abb. 2) zu verfassen.

Abb. 2 Die Bundeszentrale für gesundheitliche Aufklärung (BzgA) verfasst Elterninformationen in anderen Sprachen.

Interkulturelle Kompetenz
Die Forderung nach „interkultureller Kompetenz“ ist somit auch als eine pädagogische Zielsetzung aufzufassen, die deutsche Kinder und Erwachsene sowie Kinder aus Migrantenfamilien und ihre Eltern gleichermaßen betrifft.
Der erste Schritt besteht nun in der Regel darin, dass alle Beteiligten einen Schritt aufeinander zugehen. Während Kinder dies oft ganz automatisch tun, haben Erwachsene zunächst meist einige Bedenken. Die Zielsetzung muss schließlich auf allen Seiten darin bestehen, sowohl die Gemeinsamkeiten als auch die Unterschiede wahrzunehmen und zu akzeptieren. Es darf nicht darum gehen, dass die zugezogenen Kinder ihre ursprüngliche Kultur aufgeben sollen und sich der deutschen anpassen müssen. Vielmehr soll es darum gehen, dass die Mitglieder aller vertretenen Kulturen lernen, Gemeinsamkeiten wahrzunehmen und die bestehenden Unterschiede zu akzeptieren, ihnen Achtung und Respekt entgegenzubringen bzw. sachlich darüber zu kommunizieren.

Die Arbeit in multikulturellen Gruppen erfordert auch von der Kinderpflegerin zahlreiche Kompetenzen.

Der Umgang mit der gegebenen Situation verlangt auch von Ihnen als Kinderpflegerin bzw. sozialpädagogische Assistentin grundlegende Kompetenzen. Man spricht in diesem Zusammenhang von der sogenannten interkulturellen Kompetenz, die es im Laufe des Lebens zu erwerben gilt. Interkulturelle Kompetenz lässt sich durch folgende Merkmale charakterisieren:

- Sie können die kulturelle Vielfalt in der Gruppe als Chance begreifen, verschließen die Augen jedoch auch nicht vor sich ergebenden Problemen und Konflikten.
- Es gelingt Ihnen, die eigene Wahrnehmung so zu sensibilisieren, dass die Begegnungen mit Kindern und Eltern aus zunächst fremden Kulturen als Lernchance begriffen werden.
- Sie verfügen über ein Repertoire vielfältiger Methoden, die es Ihnen erleichtern, den Austausch zwischen den Kindern verschiedener Kulturen anzuregen und in Konfliktsituationen angemessen zu reagieren.
- Sie sind den Kindern ein positives Vorbild, indem es Ihnen gelingt, den Kindern Menschlichkeit, Respekt und Empathie (Einfühlungsvermögen) vorzuleben.
- Sie selbst sind offen für den neuen, multikulturellen Rahmen Ihrer Arbeit und bereit, sich selbst ständig fortzubilden und möglichst viel über die Kulturen, Sitten und Gebräuche der Kulturen dazuzulernen.
- Sie vermeiden eine vorschnelle Meinung sowie Einordnung des Kindes und fassen die tatsächliche Lebenssituation des einzelnen Kindes ins Auge.

Um die Kinder und Eltern der Gruppe besser kennen zu lernen, haben sich beispielsweise die folgenden Fragen als hilfreich erwiesen:

Sollen Kinder und Familien anderer Kulturen und Religionen vermehrt für die Arbeit in der Kindertagesstätte gewonnen werden, so müssen die pädagogischen Fachkräfte sich darum bemühen, auch religiöse Feste und Rituale, z. B. den Ramadan, zu thematisieren. Häufig sind hier auch die Eltern der betroffenen Kinder gerne bereit, sich als Experten ihrer jeweiligen Familienkultur zur Verfügung zu stellen.

Auch Feste und Rituale der anderen Kulturen müssen in die pädagogische Arbeit einbezogen werden.

Feste und Feiern im kulturellen Kontext ► S. 206

Auch der Einsatz von Büchern und Projekten zu einzelnen Ländern oder unter dem Oberthema „Wir alle sind Kinder dieser Welt" (Abb. 1) kann Vorurteile abbauen sowie das Verständnis füreinander und somit den Zusammenhalt untereinander stärken. Dennoch darf interkulturelle Erziehung nicht bei einzelnen Projekten stehenbleiben, sondern muss zum Grundprinzip Ihrer pädagogischen Arbeit werden und alle Bereiche des Alltags in den Kindertagesstätten durchdringen.

Unter www.nibis.de/nli1/lesebus/bilderbuecher/interkulturelle_kinderbuecher.pdf finden Sie eine Liste empfehlenswerter Bilder- und Kinderbücher zum Thema interkulturelle Erziehung.

Abb. 1 Die Auseinandersetzung mit der Vielfalt der Kulturen kann helfen Vorurteile abzubauen.

Fast schon zwangsläufig wird es auch im Rahmen der interkulturellen Erziehung zu Konflikten kommen, da hier Menschen mit teilweise sehr unterschiedlichen Wertesystemen und Einstellungen miteinander in Kontakt kommen und erst lernen müssen, die bestehenden Unterschiede zu akzeptieren. Dies heißt nicht, dass Sie und auch die Kinder alles gutheißen müssen. Doch muss ein Infragestellen stets vor dem Hintergrund der eigenen Kultur stattfinden.

Konflikte ► S. 95

Welche Integrationsansätze auch gewählt werden, so sollte es stets im Vordergrund aller Bemühungen stehen, die mit der Multikulturalität gegebene Vielfalt als Chance für weiteres Lernen und nicht als Ausgangspunkt für weitere Konflikte zu sehen.

Zum Weiterarbeiten im Arbeitsbuch

Kinderpflege			
	Schwerpunkt	Lernsituation	Nr.
	• interkulturelle Arbeit in der Kindertagesstätte • Religionszugehörigkeit • Zusammenarbeit mit Eltern	„Sie durften nicht unter den Rasensprenger"	08

3.5 Übergänge gestalten – „Fit für Kita und Schule!?“

3.5.1 Übergänge und ihre Bedeutung

Veränderungen und das Einlassen auf neue Strukturen lösen bei vielen Menschen Vorfreude auf der einen, Ängste und Sorgen vor dem Unbekannten auf der anderen Seite aus. Entsprechend wichtig ist es, gerade Kinder auf anstehende Wechsel (z. B. von der Kita in die Grundschule) behutsam vorzubereiten.

Entwicklungsaufgaben ► S. 167

Das Leben von Kindern und auch Erwachsenen ist gekennzeichnet durch stets neue zu bewältigende Entwicklungsaufgaben. Gerade Übergangssituationen aus der Familie in eine Betreuungseinrichtung oder auch zwischen Betreuungs- und Bildungseinrichtungen sind mit Veränderungen und Herausforderungen verbunden:

Übergänge sind mit einer Vielzahl von persönlichen Veränderungen verbunden.

Rolle ► S. 25

- Übergänge verändern das Selbstbild des Kindes und schreiben ihm eine neue Identität zu. Mit dem Eintritt in die Schule nimmt sich das Kind als Schulkind, als eines von „den Großen“ wahr.
- Übergänge verlangen, dass das Kind in eine neue Rolle schlüpft, die wiederum mit neuen Erwartungen verbunden ist. Aus dem Kindergartenkind wird nun ein Schulkind, das sich an die in der Schule geltenden Regeln halten muss.
- Übergänge gehen mit dem Erlernen neuer Kompetenzen einher. In der Kindertagesstätte lernt das Kind z. B., Beziehungen zu anderen Kindern einzugehen, gemeinsam an einem Projekt oder Fest mitzuwirken und vieles mehr.
- Übergängen bedeuten auch den Verlust bestehender und das Knüpfen neuer Beziehungen. Zieht z. B. eine Familie in eine neue Stadt, müssen die bestehenden Freundschaften zu anderen Kindern zurückgelassen werden. Meist finden sich jedoch auch in der neuen Stadt rasch auch neue Freunde.

Lebensereignisse, in denen sich bestehende Lebensabschnitte verändern, nennt man Transitionen.

Übergänge werden in der Fachsprache als Transitionen bezeichnet. Transitionen sind Lebensereignisse, in denen sich die bestehenden Lebensabschnitte massiv verändern. Sie sind weiterhin Zeiten mit zahlreichen Anforderungen und Aufgaben, die es in kürzester Zeit zu bewältigen gilt.

> Der sechsjährige Jakob ist stolz. So lange hat er darauf gewartet, auch zu den „Großen“ zu gehören, und jetzt ist es so weit: Er ist ein Schulkind. Er zeigt allen Besuchern seinen Schulranzen und erinnert die Mutter jeden Abend daran, den Wecker zu stellen. Schließlich möchte er nicht zu spät kommen, während die anderen Kinder schon lesen, schreiben und rechnen lernen. Zu seinen Freunden aus der Kita hat Jakob jedoch nur noch wenig Kontakt, denn sie gehen auf eine andere Schule.

3.5.2 Von der Familie in die Betreuungseinrichtung

Familie ► S. 163

Bedingt durch den Wandel der Familie und auch ein Umdenken im Bereich der Entwicklungsforschung, müssen sich Kinder heute bereits sehr früh mit Übergängen und Veränderungen auseinandersetzen. Sowohl für die Kinder als auch für ihre Eltern ist dies nicht einfach. Waren die Eltern bislang die einzigen Bezugspersonen des Kindes, kommen nun noch Kinderpflegerin und Erzieherin hinzu.

Der Übergang in eine Betreuungseinrichtung ist für das Kind mit zahlreichen Entwicklungschancen verbunden. Es geht neue Beziehungen ein, baut Freundschaften auf und erwirbt Kompetenzen, die ihm später in der Schule, aber auch darüber hinaus von Vorteil sein werden. Zunächst stellt ein Übergang für ein Kind jedoch nicht selten einen massiven Umbruch dar. Es erlebt die (zeitweise) Trennung von der ihm vertrauten Umgebung und muss verschiedene Anforderungen bewältigen.

Damit es dem Kind gut gelingen kann, mit diesem Umbruch umzugehen und seine Identität zu erweitern, ist es auf Unterstützung angewiesen. Je jünger das Kind ist, umso mehr benötigt es Zuwendung und das Gefühl, trotzdem in Sicherheit zu sein. Auch braucht es eine helfende Hand, die ihm zeigt, wie es sich in der neuen Umgebung zurechtfinden kann. Von Ihnen als Kinderpflegerin erfordert dies ein Höchstmaß an:
- pädagogischen und psychologischen Kenntnissen sowie
- Feinfühligkeit im Umgang mit dem Kind und seinen Eltern.

Übergänge stellen sowohl das Kind als auch seine Eltern vor zahlreiche Herausforderungen, bei deren Bewältigung sie Ihre Unterstützung benötigen.

Bindung ► S. 112

Um den Übergang für alle Beteiligten möglichst stressfrei zu gestalten, haben Experten verschiedene Modelle erarbeitet, die als Leitfaden für die Praxis dienen sollen. Besonders bewährt hat sich im Laufe der Jahre das sogenannte „Berliner Eingewöhnungsmodell“. Zunehmend thematisiert wird jedoch auch das sogenannte „Münchner Eingewöhnungsmodell“, das verschiedene theoretische Ansätze integriert und allen Beteiligten eine aktivere Rolle in diesem Umbruchprozess zukommen lässt. Oberstes Ziel ist die sanfte Eingewöhnung des Kindes.

Unter www.meyermeyer.de/db/docs/Berliner_Modell.pdf finden Sie einen Überblick über das „Berliner Eingewöhnungsmodell“.

Münchner Eingewöhnungsmodell		
1.	Vorbereitung: Lange vor der Aufnahme der eigentlichen Eingewöhnung	
2.	Kennenlernen: 4–5 Tage (ohne Montag); zu unterschiedlichen Zeiten für 2–3 Stunden	1. Woche
3.	Sicherheit gewinnen: 6 Tage von Montag zu Montag, regelmäßig die Zeitspannen, die das Kind anschließend in der Kita bleiben soll (z. B. 9 Uhr bis zum Mittagsschlaf). Etwa zur Mitte der Eingewöhnungszeit: Rollentausch (Erzieherin übernimmt das Wickeln, Füttern…)	2. Woche
4.	Vertrauen aufbauen: Grundsatz: keine Trennung in den ersten 6 Tagen! Erste Trennung am 11. oder 12. Tag der Eingewöhnung, wenn das Verhalten des Kindes darauf hinweist, dass es genügend Sicherheit hat. Nach 10 Tagen: Elterngespräch über den weiteren Verlauf und den geeigneten Trennungszeitpunkt; Beginnen mit 30–60 Min. Trennung (bewusste, kurze Verabschiedung; Rückkehr und Beendigung der Anwesenheit an diesem Tag); in den nächsten Tagen verlängern sich die Abwesenheitszeiten der Mutter, das Kind bleibt nun meist schon den größten Teil der gebuchten Zeit in der Kita Variante: nach 6 Tagen verlässt die Mutter den Gruppenraum für kurze Zeitspannen, um dem Kind Sicherheit und Erkundungsfreiräume zu geben; bleibt aber in der Einrichtung, Kind ist darüber informiert	3. Woche 4. Woche
5.	Auswerten und Eingewöhnung abschließen	

Quelle: In Anlehnung an Winner, A.; Erndt-Doll, E. ANFANG GUT? ALLES BESSER!, Verlag Das Netz 2009, S. 60 ff

3.5.3 Schulbereitschaft und Schulfähigkeit

Nicht nur der Übergang aus der Familie in die Kindertagesstätte oder Kindertagespflege, auch der Wechsel vom Kindergarten in die Grundschule ist für das Kind und die es betreuenden Personen mit einer Vielzahl von Herausforderungen verknüpft.

Schulbereitschaft

Während man noch in den 1950er- und 1960-Jahre davon sprach, dass ein Kind „schulreif“ sein müsse, ist dieser Begriff heute durch den der „Schulfähigkeit“ bzw. „Schulbereitschaft“ ersetzt worden. Während das Konzept der Schulreife davon ausgeht, dass es allein einer bestimmten Anzahl an Lebensjahren bedarf, bis das Kind „reif“ für die Schule ist, verfolgt das Konzept der Schulfähigkeit einen gänzlich anderen Grundsatz. Ob ein Kind die Schulfähigkeit besitzt, ist nicht zwangsläufig an ein bestimmtes Alter gebunden. Vielmehr entscheiden die Anlagen des Kindes und die ihm zugedachte Förderung darüber, wann ein Kind in die Grundschule übertreten sollte. Entsprechend sind einige Kinder früher, andere später schulfähig.

Der Begriff der „Schulreife“ ist durch die Begriffe „Schulfähigkeit“ und „Schulbereitschaft“ ersetzt worden.

Das schulfähige Kind muss über zahlreiche Kompetenzen verfügen.

Schulfähigkeit
Nicht jedes 6-jährige Kind ist automatisch schulfähig. Entscheidend ist, über welche Kompetenzen und Fähigkeiten ein Kind in diesem Alter verfügt. Von der Schulfähigkeit eines Kindes kann ausgegangen werden, wenn das Kind in folgenden Kompetenzbereichen über einen als ausreichend betrachteten Entwicklungsstand verfügt:

Kompetenzbereiche	
Motorik	Das Kind muss über grundlegende fein- und grobmotorische Fertigkeiten verfügen (z. B. einen Stift problemlos zwischen Daumen und Zeigefinger halten können, das Gewicht des Schulranzens ausbalancieren können).
Wahrnehmung	Das Seh- und Hörvermögen des Kindes muss so weit entwickelt sein, dass es dem Unterricht ohne Einschränkungen folgen kann. Nur wer gut hört und sieht, kann auch lesen und schreiben lernen.
personale Kompetenzen	Das Kind verfügt über grundlegende Fähigkeiten wie konkret-logisch zu denken, sich Dinge zu merken, Probleme konstruktiv zu lösen, seine Aufmerksamkeit ausreichend lange auf eine Sache auszurichten und seine Bedürfnisse sprachlich auszudrücken. Auch ist es unerlässlich, dass das Kind über ein gewisses Maß an Selbstvertrauen verfügt, um sich von den vertrauten Kontakten zu lösen und auf die neuen Kinder und Lehrer zuzugehen.
soziale Kompetenzen	Das Kind soll in der Lage sein, sich angstfrei in eine Gruppe einfügen zu können, und den gegebenen Regeln und Rollenerwartungen entsprechen.
fachliches Vorwissen	Grundlegendes Wissen in den Bereichen Mathematik, Sprache, Umwelt und Natur (sog. schulische Vorläuferkompetenzen) sollte vorhanden sein.

Unter
www.oldenbourg.de/osv/zeitschriften/gsm/pdf/gsm2004_2.1.pdf
finden Sie eine Checkliste für das Feststellen der Schulfähigkeit.

Das sogenannte Schulfähigkeitsprofil gibt Aufschluss über das genaue Ausmaß der Kompetenzen, das jeweils gegeben sein muss. Entscheidend ist, dass der Entwicklungsstand des Kindes so weit fortgeschritten ist, dass von einer erfolgreichen Bewältigung des Anfangsunterrichts in der Grundschule ausgegangen werden kann.

Zahlreiche Eltern sehen in einer möglichst frühen Einschulung viele spätere Vorteile für ihr Kind.

Der Trend der letzten Jahre bewegt sich auf eine zunehmende Anzahl vorzeitiger Einschulungen hin. Eine Entwicklung, die sich ebenfalls aus den aufrüttelnden Ergebnissen der PISA-Studie ableiten lässt. Nachdem sich herausstellte, dass Kinder aus Ländern mit einer frühen Einschulungspraxis über scheinbar vielfältigeres Wissen und tiefer greifende Kompetenzen verfügten, sahen sich die Gesetzgeber in Deutschland dazu aufgerufen, die Einschulungsphase flexibler zu gestalten. Für die Praxis bedeutet dies, dass auch jüngere Kinder eingeschult werden können, wenn sie über die notwendige Schulreife und Schulbereitschaft verfügen. Nicht wenige Eltern streben eine frühe Einschulung ihrer Kinder an, weil sie sich hiervon spätere Vorteile in der Ausbildung und auf dem Arbeitsmarkt versprechen.

Schulbereitschaft
Bislang nicht thematisiert wurde der Aspekt der Schulbereitschaft des Kindes. Die Rede war von einzelnen Kompetenzbereichen, die es abzudecken gilt. Wenig beachtet wurde die Frage, ob das Kind auch hinreichend motiviert ist, die soziale Rolle des Schulkindes zu übernehmen. Erst wenn ein Kind auch neugierig auf die Schule ist und bereit ist, sich mit den neuen Anforderungen auseinanderzusetzen, ist der letzte Aspekt der Schulfähigkeit erfüllt.

soziale Rolle ► S. 25

3.5.3 Kinder auf die Schule vorbereiten

Der Eintritt in die Schule ist ein Übergang mit ganz besonderem Stellenwert für ein Kind. Viele Dinge die dem Kind bislang Sicherheit und Geborgenheit vermittelt haben, fallen mit dem Übergang in die Grundschule weg: die vertraute Umgebung und die wohlbekannten Betreuungspersonen, die erlernten Regeln und Normen sowie der eigene soziale Status und natürlich auch die Möglichkeit des freien Spiels während der Vormittagsstunden.

Regeln ► S. 56
Normen ► S. 56

Vorbereitung in der Kita
Viele Eltern stellen die Frage nach der Vorbereitung der Kinder auf den Wechsel in die Schule vor allem im letzten Besuchsjahr der Kindertagesstätte. Eine kontinuierliche Förderung der Kinder bereits vom ersten Jahr in der Betreuungseinrichtung (Abb. 1) an sichert jedoch am ehesten eine gute Vorbereitung auf die Schule.
Der Grad der Förderung entscheidet oft darüber, ob ein Kind den Anforderungen der Grundschule entspricht. Die Ergebnisse der PISA-Studie haben eine Diskussion darüber entfacht, ob nicht den Kindertagesstätten vermehrt ein Bildungsauftrag zu übertragen sei, um die zukünftigen Schulkinder besser auf die anstehenden schulischen Anforderungen vorzubereiten. Folgende berufliche Aufgaben sind mit der optimalen Förderung der Vorschulkinder verbunden:

- individuell abgestimmte Förderung der für die Schule relevanten Kompetenzbereiche
- Aufbau und Pflege von Kooperation mit Schulen und anderen die Entwicklung der Kinder betreffenden Einrichtungen und Fachkräften (z. B. Logopäden)
- Integrieren der Eltern in die Gestaltung des anstehenden Überganges

Ein Online-Handbuch des Bundesministeriums für Bildung und Forschung zum Übergangsmanagement finden Sie unter

www.uebergangsmanagement.info

Bildungsprogramme ► S. 37

Die Vorbereitung des Kindes auf die Schule ist mit einer Vielzahl an Aufgaben verbunden.

Kooperation mit Schulen ► S. 185
Zusammenarbeit mit Eltern ► S. 185

Der Wechsel von der Kindertagesstätte in die Grundschule stellt für die Kinder einen bedeutenden neuen Lebensabschnitt dar. Diesem können sie nur kompetent begegnen, wenn sie über die dafür notwendigen Fertigkeiten einschließlich eines gesunden Selbstbildes verfügen.

Doch wie können Sie als pädagogische Mitarbeiterin das Kind möglichst optimal vorbereiten? Ist es nicht nahezu unmöglich, Kinder unterschiedlicher Jahrgangsstufen zu betreuen und zugleich jedes Kind individuell zu unterstützen?
Es gibt zahlreiche Programme, die zum einen die Interessen der Kinder berücksichtigen und zum anderen auch die wichtigsten Kompetenzbereiche für die Bewältigung des anstehenden Überganges schulen. Aber auch im kleinen Rahmen finden sich immer wieder Gelegenheiten für Spiele, die die Kinder in den einzelnen Kompetenzbereichen stärken.

Abb. 1 Die Vorbereitungen auf die Schule beginnen bereits im ersten Kindergartenjahr.

Die Kinder im Kindergarten „Sonnenblume" unternehmen heute einen Ausflug in den Wald. Seit fast zwei Wochen haben sie sich auf diesen Tag vorbereitet: Sie haben sich über die Bewohner des Waldes informiert, gemeinsam Regeln vereinbart, wie man sich im Wald verhalten soll, planten die Mittagsverpflegung und überlegten gemeinsam, welche Dinge sie für einen Waldbesuch unbedingt brauchen.
Auf ihrem Weg in den Wald lauschen sie den Vögeln und zählen die Tannenzapfen am Wegrand. Jedes Kind trägt seine Verpflegung in einem kleinen Rucksack mit sich. Vor allem beim Klettern über die Wurzeln und Erdwalle erweist sich das Tragen des Gepäcks als nicht immer einfach. Wieder in der Einrichtung angekommen, erzählen die Kinder ihren Eltern stolz von den Erlebnissen im Wald.

Informieren Sie sich unter

www.phonologische-bewusstheit.de/programm.htm über konkrete Möglichkeiten, das Sprachverständnis der Kinder zu unterstützen.

Vorschulmappen

Feinmotorik ► S. 104

Auch Vorschulmappen werden in zahlreichen Einrichtungen eingesetzt, um die Kinder gezielt auf die Schule vorzubereiten. Die Kinder erhalten hierbei Arbeitsblätter, die sie allein oder in der Gruppe bearbeiten. Die hierbei angewandten Übungen sind vielfältig und reichen von Bastelaufgaben für die Schulung der Feinmotorik bis hin zu Denk- und Zuordnungsaufgaben, die die Fähigkeit zum logischen Denken und das räumliche Vorstellungsvermögen schulen sollen. Auch die Konzentrationsfähigkeit der Kinder sowie deren Bereitschaft, ausdauernd an einer Aufgabe zu arbeiten, sollen hierbei gefördert werden. Zum Einsatz von Vorschulmappen (Abb. 1) gibt es unter Experten gegenteilige Meinungen. Folgende Tabelle bietet hierzu einen Überblick:

Für den Einsatz der Vorschulmappen spricht:	Gegen den Einsatz von Vorschulmappen spricht:
• Mit ihre Hilfe können Kinder gezielt auf die Anforderungen der Schule vorbereitet werden. • Die Kinder können in einem geschützten Rahmen schulische Vorläuferkompetenzen einüben. • Die Kinder können sich auf Einzelaspekte bzw. -kompetenzen konzentrieren (die Gefahr einer Überforderung durch komplexe Lernsituationen sinkt).	• Die Arbeit mit Vorschulmappen ist nicht ganzheitlich, sondern vor allem kognitiv ausgerichtet. • Werden Vorschulmappen eingesetzt, ohne den Kindern eine Wahlmöglichkeit zu lassen, besteht die Gefahr einer „Verschulung“ des Kindergartens. • Die individuellen Lernvoraussetzungen der Kinder werden kaum berücksichtigt.

Abb. 1 Der Einsatz von Vorschulmappen ist unter Experten umstritten.

Wichtig ist, dass Sie sich als Fachkräfte innerhalb der Einrichtung, aber auch mit den Eltern und künftigen Lehrern der Kinder absprechen, welche Ziele Sie bei der Schulvorbereitung verfolgen, und dann über den Einsatz der Vorschulmappen entscheiden.

Abb. 2 Ein gelungener Übergang in die Schule wird nicht nur durch die Zuckertüte geschaffen.

Individuelle Förderung

Wie die Praxis zeigt, erlebt jedes Kind den Wechsel vom Kindergarten in die Schule individuell und muss entsprechend auf den Institutionenwechsel vorbereitet werden. Während einige Kinder bereits auf der Grundlage von kleinen Impulsen und Hinweisen große Fortschritte erzielen, brauchen andere Kinder gezielte Unterstützung und Förderung, um die angedachten Kompetenzen zu erwerben.
Um dem einzelnen Kind und seinen Bedürfnissen und Fähigkeiten gerecht werden zu können, muss eine individuelle Verhaltensbeobachtung und -dokumentation vorausgesetzt werden können. Auf der Grundlage der so gewonnenen Informationen kann ein Förderplan erstellt und der Austausch mit den Eltern und der Grundschule wesentlich erleichtert werden.

Beobachtung ► S. 189
Dokumentation ► S. 196

Eine optimale Schulvorbereitung der Kinder setzt eine gezielte Beobachtung durch die Fachkräfte voraus.

Letztlich gilt es natürlich auch, Fragen und Vorstellungen zu thematisieren, die die Kinder bezüglich des bevorstehenden Einrichtungswechsels haben. Viele Kinder freuen sich auf die Einschulung (Abb. 2), brauchen aber dennoch das Gefühl des Eingebundenseins in sichere und verlässliche Beziehungen. Gerade im Morgenkreis, aber auch in Gesprächen mit Kleingruppen lassen sich bestehende Erwartungen, aber auch Ängste aufgreifen und lösungsorientiert besprechen. Manche Grundschulen haben ein Patenkindersystem aufgebaut, bei dem sich zumeist ein Schüler bzw. eine Schülerin der vierten Klasse eines Kindes der ersten Klasse besonders annimmt. Hierbei ist es sinnvoll, wenn die Kinder ihre künftigen Paten schon vor dem Tag der Einschulung kennen lernen und mit allen offenen Fragen bestürmen können.

3.5.5 Zusammenarbeit mit den Eltern und der Schule

Wichtig ist, dass die Arbeit von Kindertagesstätte und Grundschule möglichst vielfältig miteinander verzahnt und aufeinander abgestimmt wird. Je stärker sich die Arbeitsweise der beiden Institutionen voneinander unterscheidet, desto schwieriger ist es für die Kinder, den anstehenden Wechsel zu bewältigen.

In zahlreichen Einrichtungen findet auch heutzutage leider kaum eine Kooperation oder eine strukturierte Zusammenarbeit der beiden Einrichtungen statt. Zwar besuchen viele Einrichtungen gemeinsam mit den Vorschulkindern einmal vor den Sommerferien die Grundschule. Darüber hinaus gibt es jedoch nur selten eine Verzahnung. Dies kann unter anderem daran liegen, dass pädagogische Fachkräfte die Kindertageseinrichtung häufig weiterhin als reine Betreuungseinrichtung, die Grundschule hingegen als Bildungseinrichtung betrachten, die zwei völlig voneinander getrennte Bereiche darstellen. Es mangelt an Wertschätzung der jeweils anderen Arbeitsschwerpunkte: spielerische Förderung auf der einen Seite, schulisches Lernen auf der anderen Seite.

Für die Zukunft ist es unerlässlich, dass Kindertagesstätte und Grundschule eine Einheit bilden.

Dennoch ist es zum Zweck der optimalen Vorbereitung und Durchführung des Überganges unerlässlich, dass sich die Fachkräfte in beiden Institutionen mehr Wissen über die Ziele und Arbeitsweisen der jeweils anderen Einrichtung aneignen. Auch die Bildungsvereinbarungen und Bildungspläne der einzelnen Bundesländer weisen explizit auf die zukünftig engere Verknüpfung der Arbeit in beiden Einrichtungen hin. Bislang gibt es noch keine einheitliche Regelung darüber, wie die beiden Institutionen genau zusammenarbeiten sollen. Es finden sich jedoch zunehmend Beispiele für eine gelungene Zusammenarbeit mit Kita und Schule.

Bildungspläne ► S. 37

Unter www.li-hamburg.de/projekte.Foer.havas/index.html finden Sie Informationen zu einer gelungenen Kooperation zwischen Schule und Kita im Bereich Sprachförderung.

Seien Sie sich in Ihrer täglichen Arbeit bewusst, dass der Übergang des Kindes in die Schule nicht nur für das Kind selbst, sondern auch für seine Eltern einen bedeutsamen und aufregenden Schritt darstellt. So ist die Einschulung des Kindes auch für die Eltern mit zahlreichen Erwartungen, Hoffnungen, aber auch Befürchtungen verbunden. Gerade die politische Diskussion um die Bedeutung früher Bildung hat bei Eltern vielfach Ängste und Sorgen geweckt. Viele Mütter und Väter suchen Rat in der Kindertagesstätte und finden diesen in allgemeinen Informationsgesprächen, auf Elternabenden oder individuellen Beratungsgesprächen mit den Fachkräften. Auch gemeinsame Elternprojekte (z. B. Planen eines Verabschiedungsfestes oder das gemeinsame Gestalten von Schultüten) oder Elternbriefe (Abb. 3) mit wichtigen Grundinformationen (bei Bedarf in verschiedenen Sprachen) geben den Eltern ein Gefühl des Verstandenseins und Sicherheit.

Abb. 3 Viele Eltern sind dankbar für die Unterstützung der pädagogischen Fachkräfte.

Zusammenfassend können also folgende konkrete Maßnahmen getroffen werden, um die für das Kind so bedeutsamen Übergänge zwischen allen Beteiligten möglichst optimal abzustimmen:

- Regelmäßige Treffen mit Vertretern der Grundschule organisieren, in denen gegenseitige Erwartungen und Überlegungen zu deren Umsetzung ausgetauscht werden.
- Auf die Eltern der Kinder zugehen und deren Erwartungen, aber auch Sorgen und Ängste ernst nehmen, da sich diese maßgeblich auf das Wohlbefinden des einzelnen Kindes auswirken.

Natürlich ist eine Abstimmung zwischen den Mitarbeiterinnen der Kindertagesstätte, den Fachkräften der Grundschule und den Eltern nur dann erfolgreich, wenn auch das Kind hinreichend und ernsthaft auf den anstehenden Wechsel vorbereitet wurde.

4. Wahrnehmen und Beobachten – „Ich sehe was, was du nicht siehst“

4.1. Wahrnehmung als alltägliches Handeln – „Mit allen Sinnen“

Wahrnehmen – mit dieser Fähigkeit erschließen wir uns die Welt. Wir nehmen wahr, was uns umgibt (z. B. die Temperatur im Raum, die Lichtverhältnisse), und nicht zuletzt die Menschen in unserem näheren und weiteren Umfeld (z. B. ihre Gestalt, ihren Geruch, ihre Stimme).

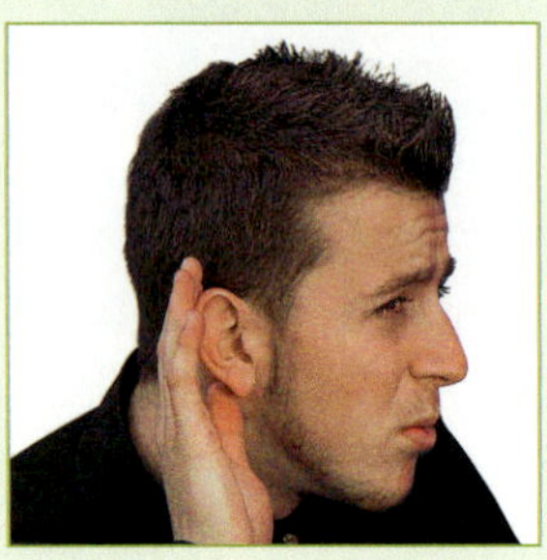

Das Ohr sieht mit

Hören und Sehen sind keine unabhängigen Sinneseindrücke, sondern beeinflussen sich gegenseitig. So entscheidet nicht nur das Aussehen, sondern auch die Stimme einer Person darüber, ob sie eher als männlich oder als weiblich wahrgenommen wird. Das haben amerikanische Forscher nachgewiesen, indem sie Versuchspersonen Gesichter mit nur schwach ausgeprägten weiblichen oder männlichen Merkmalen zeigten. Entscheidend dafür, welchem Geschlecht die Probanden die Gesichter zuordneten, war dabei die Höhe eines gleichzeitig eingespielten Tons, zeigte die Auswertung. Ihre Ergebnisse stellen die Wissenschaftler um Eric Smith von der Northwestern-University in Evanston/Illinois im Fachmagazin „Current Biology“ vor.

Quelle: DDP, Stern, Das Ohr sieht mit, 25. 10. 2007, (http://www.stern.de/wissenschaft/mensch/:Sinneswahrnehmung-Das-Ohr/600963.html) 15. 05. 2008

4.1.1 Prozess der Wahrnehmung

Unter Wahrnehmung versteht man die Aufnahme von Umweltreizen und deren Verarbeitung im Gehirn. Dieser Prozess verläuft in mehreren Stadien:
- Aufnahme der Reize
- Verarbeitung der Informationen in einen Erfahrungszusammenhang
- zuletzt die Sinngebung

Wahrnehmung erfolgt durch die Aufnahme, die Verarbeitung und die Sinngebung von Reizen.

Aufnahme von Reizen
Alle Umweltreize nehmen wir über die verschiedenen Sinnesorgane auf, diese bilden die Voraussetzung dafür, dass Wahrnehmung stattfinden kann (Abb. 1). Fünf Möglichkeiten der Sinneswahrnehmung stehen dem Menschen hierbei zur Verfügung:
- Sehen über das Sinnesorgan Auge
- Hören über das Sinnesorgan Ohr
- Riechen über das Sinnesorgan Nase
- Schmecken über das Sinnesorgan Zunge
- Tasten und Fühlen über das Sinnesorgan Haut

Sinnesorgane ► S. 187

Außerdem spricht man weiterhin vom Sinn für das Spüren von Temperaturen, dem Gleichgewichtssinn oder dem Sinn für das Empfinden vom eigenen Körper (der Lage, der Bewegung und der Kraft).

In den Sinnesorganen befinden sich Sinneszellen in unterschiedlicher Anzahl, die die Umweltreize aufnehmen und an das Gehirn weiterleiten.

Verarbeitung der Informationen in einen Erfahrungszusammenhang
In einem zweiten Schritt werden die aufgenommenen Informationen verarbeitet. Dabei werden frühere Erfahrungen herangezogen, um z. B. die Form und Größe feststellen zu können. Das Gehirn hat ein Abbild des wahrgenommenen Gegenstandes organisiert. Dieses Abbild wird mit Bildern, die wir bereits vielmals gesehen haben, verglichen. So können wir erkennen, um was genau es sich handelt (Abb. 2).

Sinngebung
Im Gehirn kommt es zur Einordnung der Informationen hinsichtlich ihrer Funktionen, dies geschieht im Zusammenhang mit früheren emotionalen Erfahrungen (z. B. ist die Information gut oder schlecht). Die Informationen (Abbilder) erhalten so einen individuellen Sinn (Abb. 3).

Abb. 1 Person nimmt mit dem Sinnesorgan „Auge“ etwas wahr.

Abb. 2 Das Gehirn setzt die wahrgenommenen Informationen zu bekanntem Bild „Hund“ zusammen: Fell, 4 Beine, Schwanz = Hund.

Abb. 3 Das Gesehene wird mit Erfahrungen verbunden: Hund wedelt mit dem Schwanz, ist freundlich.

4.1.2 Einflussfaktoren auf die Wahrnehmung

Die Wahrnehmung wird von vielen Faktoren beeinflusst.

Es gibt viele Faktoren, die Wahrnehmung beeinflussen. Ganz praktisch können das Bedingungen sein,
- die mit der Situation zu tun haben, in der Wahrnehmung geschieht,
- mit den am Wahrnehmungsprozess beteiligten Personen oder
- Bedingungen, die mit der Intensität des Reizes zu tun haben.

Situationsbezogene Aspekte

Ungünstige äußere Rahmenbedingungen, wie Lärm, Kälte oder Hitze, viele Menschen (viele Reize), Dunkelheit, beeinflussen die Wahrnehmung.

Beispiel: Herrscht im Klassenzimmer ein hoher Geräuschpegel (Lärm), ist es schwieriger, dem Unterricht zu folgen. Im Sommer kann man sich bei heißem Wetter oft nicht konzentrieren.

Personenbezogene Aspekte

Das körperliche Befinden (z. B. die Stimmungslage, Hunger, Durst, Schmerz), eigene Interessen, individuelle körperliche Voraussetzungen (Sinnesleistung, z. B. eine besonders ausgeprägte Fähigkeit zu schmecken), soziale Voraussetzungen und Vorerfahrungen (z. B. die eigenen Umwelterfahrungen) beeinflussen die Wahrnehmung.

Beispiel: Wenn man mit Hunger einkaufen geht, sieht und riecht man plötzlich viele leckere Lebensmittel.

Reizbezogene Aspekte

Der Reiz an sich beeinflusst die Wahrnehmung, z. B. wenn er besonders intensiv oder häufig auftritt.

Beispiel: Ein schreiendes, trotziges Kind, z. B. in der Kirche oder in einer Bibliothek, wo es sonst eher ruhig ist, fällt einem besonders stark auf.

Je nach Art und Intensität wirken die genannten Einflussfaktoren wahrnehmungsstörend (wahrnehmungseinschränkend) oder wahrnehmungsfördernd.

Eindrucksvoll erfahrbar wird die Beeinflussbarkeit der Wahrnehmung bei optischen Täuschungen. Diese beruhen auf der Tatsache, dass Wahrnehmung subjektiv ist und von Einstellungen und Erfahrungen beeinflusst wird:

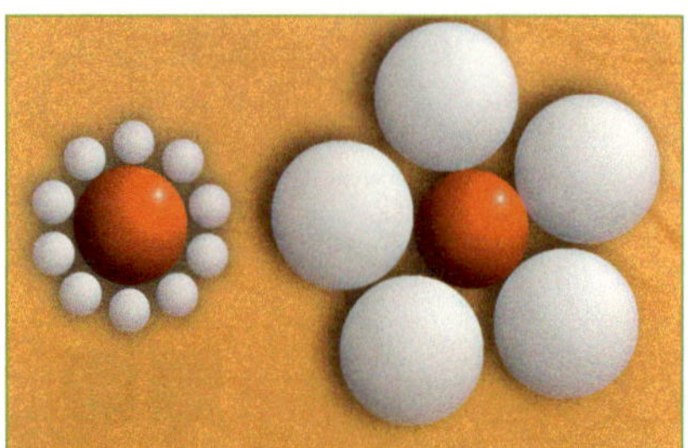

Abb. 1 Der linke rote Ball scheint größer als der rechte, obwohl ihre Größe identisch ist.

Abb. 2 Die Linien scheinen gekrümmt, sind aber gerade und parallel.

4.2 Fachliches Beobachten als Grundlage der sozialen Arbeit – „Nur Wahrnehmen ist zu wenig“

Täglich nehmen wir unsere Umgebung wahr, ohne dass wir damit ein bestimmtes Ziel verfolgen. Erfolgt Wahrnehmung jedoch zielgerichtet, spricht man von Beobachtung. Diese ist Grundlage für professionelle pädagogische und sozialpflegerische Arbeit mit Menschen verschiedener Altersstufen. Sie erfolgt immer dann, wenn ich eine Person und/oder ihr Verhalten unter einem bestimmten Gesichtspunkt einschätzen oder mein Handeln darauf abzielen möchte.
Es wird zwischen der Alltagsbeobachtung und der fachlichen Beobachtung unterschieden.

Unter Beobachtung versteht man die zielgerichtete Wahrnehmung von Reizen.

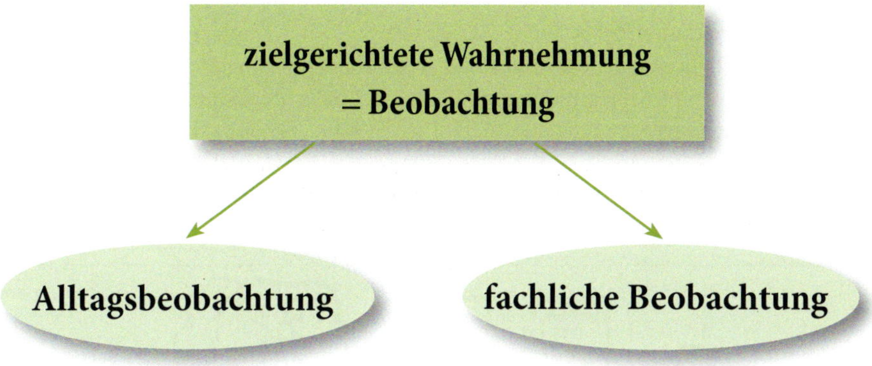

Alltagsbeobachtung
Will man grundsätzliche Informationen über einen Menschen sammeln, so geschieht das über eine Alltagsbeobachtung.

Im Bereich der Kindertagesbetreuung sollten Sie sich am Anfang Ihres Praxiseinsatzes zunächst einmal auf die Kinder einlassen. Versuchen Sie herauszufinden, welche Interessen die einzelnen Kinder haben, z. B. um später entsprechende Angebote machen zu können.

An Ihren ersten Praktikumstagen in einer Wohngruppe für Jugendliche ist es wichtig, die betreuten Jugendlichen erstmal unvoreingenommen kennen zu lernen. Das heißt, Sie versuchen, so viele Informationen wie möglich aufzunehmen, da Sie ja noch nicht wissen, welche in Zukunft bedeutsam sein werden. Wichtige Beobachtungen können hier z. B. Rituale und Gewohnheiten der Jugendlichen im Tagesablauf sein.

Um nicht voreilige Schlüsse zu ziehen und um möglichst viele Aspekte einer Situation zu erfassen, sollten Sie mit einer offenen Grundhaltung beobachten. Eine Strukturierung der Beobachtungen und Erfahrungen erfolgt dann später, z. B. im Gespräch mit den Mitarbeiterinnen der jeweiligen Einrichtung. So könnten Sie anschließend gefragt werden, was Ihnen an einer bestimmten Person bzw. Personengruppe hinsichtlich des Sozialverhaltens aufgefallen ist. Oder aber, was Sie bezüglich der Körperhaltung feststellen konnten.

Die fachliche Beobachtung ist planvoll, die Ergebnisse werden ausgewertet und in der täglichen Arbeit genutzt.

Fachliche Beobachtung

Fachliche Beobachtung ist gekennzeichnet durch eine Planung der Beobachtung und eine Auswertung der erfassten Ergebnisse. Die gewonnenen Informationen sind keine „Zufallsprodukte“, sondern zielgerichtet wahrgenommen, um weitere Handlungen anzuschließen oder Sachverhalte zu klären. Bei der fachlichen Beobachtung ist auch eine größtmögliche Objektivität und Wertfreiheit wichtig, daher erfolgen Beobachtung und Auswertung strikt voneinander getrennt.
Nur über eine klar definierte und konzentrierte Beobachtung erhalten Sie die Informationen, die Sie benötigen, um die von Ihnen betreuten Menschen individuell und sinnvoll in ihrem Leben zu begleiten und anzuregen. Bei einer fachlichen Beobachtung werden wichtige Punkte aus der Vielzahl an beobachtbaren Aspekten herausgegriffen.

Das kann z. B.
- das Sozialverhalten eines Kindes in der Gruppe einer Kindertagesstätte,
- die sprachliche Ausdrucksweise eines Jugendlichen im Jugendfreizeitheim,
- der Umgang der Kollegin mit einem Kind mit Behinderung oder
- das Ernährungsverhalten eines Jugendlichen sein.

Dokumentation ► S. 196
Auswertung ► S. 198

Nach der Dokumentation und Auswertung erfolgt die Nutzung der Ergebnisse in der täglichen sozialpädagogischen Arbeit.

Einer Mitarbeiterin im Kindergarten fällt auf, dass ein bisher eher ruhiges Mädchen in den letzten Wochen ein aggressives Verhalten gegenüber anderen Kindern zeigt. Sie informiert die Erzieherinnen, die nun gezielt das betreffende Kind beobachten. Dabei wird darauf geachtet, welche Formen das aggressive Verhalten annimmt, gegen wen es sich richtet usw. Die dokumentierten Ergebnisse bilden die Grundlage für ein Elterngespräch, um gemeinsam mögliche Hintergründe zu erkunden und die weiteren Maßnahmen festzulegen.

Eine Mitarbeiterin in einer Kindertagesstätte bemerkt, dass ein vierjähriger Junge in letzter Zeit immer so laut spricht. Sie beobachtet nun gezielt sein Kommunikationsverhalten und stellt fest, dass er sehr häufig etwas nicht versteht und wiederholt nachfragen muss. Manchmal gibt er irgendwelche Antworten, die nicht immer zur gestellten Frage passen. Die Mitarbeiterin dokumentiert diese Beobachtungen und informiert die Erzieherinnen. Diese veranlassen gemeinsam mit den Eltern eine ärztliche Untersuchung, bei der sich herausstellt, dass bei dem Jungen eine Schwerhörigkeit vorliegt. Dieser erhält daraufhin ein Hörgerät.

4.3 Grundlagen der fachlichen Beobachtung – „Mit Sinn und Verstand"

Um eine fachliche Beobachtung sorgfältig planen zu können, bedarf es einiger Vorüberlegungen zu dem Beobachtungsziel, der Beobachtungsmethode, den organisatorischen Voraussetzungen sowie dem Beobachtungsthema.

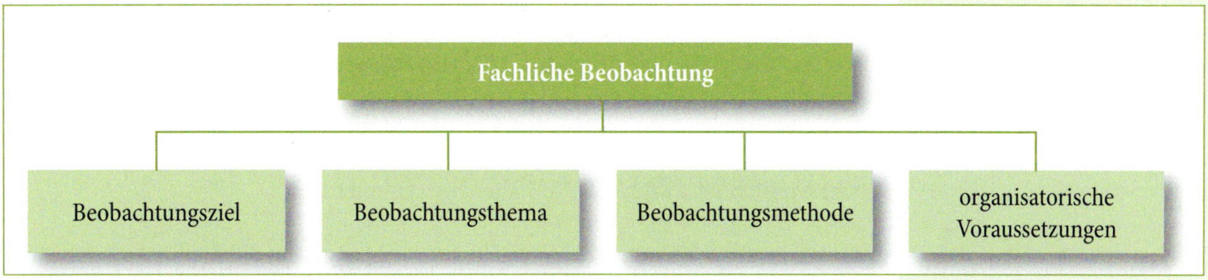

4.3.1 Beobachtungsziele

Soll eine Beobachtung durchgeführt werden, müssen Sie sich im Vorhinein darüber klar sein, welche Ziele mit der Beobachtung erreicht werden sollen. Je nachdem, was das Beobachtungsziel ist, müssen Sie eine oder mehrere Personen als Zielperson für die Beobachtung auswählen.

Fachliches Beobachten setzt ein klares Handlungsziel voraus.

Der Sozialwissenschaftler Dr. Hans-Rudolf Leu unterscheidet drei Beobachtungsziele:

Beobachtung zur Entwicklung einer individualisierten Perspektive:
Sie beobachten, um das Verhalten einer Person besser zu verstehen oder diesen Menschen kennen zu lernen.
Beispiel: Verhalten eines Kindes, das beim Spielen schlecht verlieren kann

Beobachtung zur Kontrolle von Fortschritten anhand klar definierter Normen:
Sie beobachten, um Informationen über den aktuellen Entwicklungsstand oder das Verhalten eines Kindes mit Behinderung zu erhalten, von denen Sie dann z. B. den Therapieerfolg oder den Unterstützungsbedarf ableiten können. Hierzu benötigen Sie eine Aufstellung klar definierter Normen, z. B. eine Entwicklungstabelle.
Beispiel: Fortschritte bei der Aussprache von „Sch"-Lauten bei einem Kind mit Sprachbeeinträchtigungen

Entwicklungstabelle ► S. 199

Beobachtung zum frühzeitigen Erkennen von Problemen und Störungen:
Bei dieser Betrachtungsebene beobachten Sie, um bereits vorhandene Hinweise auf Entwicklungs- bzw. Verhaltensstörungen zu überprüfen. Das bedeutet, dass Sie schon vorher den Eindruck hatten, es könnte eine Beeinträchtigung vorliegen, und diesen Eindruck mit einer gezielten Beobachtung und Auswertung kontrollieren möchten.
Beispiel: Erfassung der Häufigkeit eines bestimmten Verhaltens bei einem Kind (z. B. Schreien oder selbst- und fremdverletzendes Verhalten)

Je nach Ausrichtung der Beobachtung stehen verschiedene Dokumentationsmöglichkeiten zur Verfügung.

Dokumentationsmöglichkeiten ► S. 196

4.3.2 Beobachtungsmethoden

Es gibt viele Beobachtungsmethoden. Die Gelegenheitsbeobachtung ist die häufigste Art in der sozialen Arbeit.

In der sozialen Arbeit werden neben der fachlichen Beobachtung und der Alltagsbeobachtung verschiedene Beobachtungsarten unterschieden:
Man kann offen oder verdeckt, teilnehmend oder nicht-teilnehmend beobachten. Unabhängig davon können Beobachtungen unstrukturiert oder strukturiert sein. Die folgende Übersicht stellt die Beobachtungsmethoden vor.

Offene und verdeckte Beobachtung
Bei der offenen Beobachtung weiß der Beobachtete davon, dass er beobachtet wird. Diese Form hat den Vorteil, dass die Zielperson Bescheid weiß und sich nicht hintergangen fühlen kann. Allerdings kann das Resultat der Beobachtung dadurch verfälscht werden, dass die beobachtete Person sich nicht mehr „echt“ verhält und z. B. vermeintlich unerwünschte Verhaltensweisen unterlässt.

Demgegenüber bedeutet die verdeckte Beobachtung, dass die Zielperson nichts von der Beobachtung weiß und somit ein unbeeinflusstes Verhalten zeigt. Der Beobachtete kann sich bei späterer Offenlegung jedoch hintergangen fühlen.

Teilnehmende Beobachtung
Hier nimmt der Beobachter unmittelbar und direkt an der Situation teil, die er beobachten will (z. B. an einem Brettspiel mit Kindern). Dadurch kann er die Handlung, sich selbst, die beobachteten Personen und ihre Beziehung zueinander direkt erleben.

Die Praktikantin leitet heute den Morgenkreis bei den unter Dreijährigen. Sie übt ein neues Lied mit den Kindern ein, bei dem sie den Liedtext mit Bewegungen begleiten. Alle sind konzentriert bei der Sache und haben viel Spaß, plötzlich weint hinter der Praktikantin ein Junge. Was ist passiert?

Eine Mitarbeiterin einer sozialpädagogischen Wohngruppe blättert mit der fünfjährigen Lisa in einem Fotoalbum mit Bildern vom letzten Gruppenausflug. Sie hat das Gefühl, dass die Kleine oft nicht ganz bei der Sache ist.

Nicht-teilnehmende Beobachtung
Hier wird die Distanz zum Geschehen genutzt. Man hat die Möglichkeit, Beziehungen zwischen den Handlungen der beobachteten Personen zu entdecken, die sonst schwer zu erkennen sind. Ist man nicht in das Geschehen eingebunden, fehlen zwar die eigenen Gefühle, aber man kann bestimmte Aspekte besser beobachten, da man nicht abgelenkt ist.

Die Anleiterin der Praktikantin beobachtet das Geschehen im Morgenkreis. Sie sieht, dass ein Kind bei der Bewegungsübung einem anderen aus Versehen ins Gesicht schlägt, woraufhin der getroffene Junge zu weinen beginnt.

Eine Mitarbeiterin einer sozialpädagogischen Wohngruppe beobachtet, wie ihre Kollegin mit der fünfjährigen Lisa im Fotoalbum blättert. Vor dem Fenster läuft eine Kindergruppe vorbei, sodass die Kleine abgelenkt ist.

Unstrukturierte Beobachtung

- Gelegenheitsbeobachtung

Diese Beobachtungsmethode kommt in der sozialen Arbeit sehr häufig vor. Man hat die Möglichkeit, Hintergrundwissen aufzubauen, Neues und Unerwartetes zu erfahren sowie Entwicklungen, Wünsche, Bedürfnisse zu erkennen, um auf den einzelnen Menschen angemessen reagieren zu können. Die Gelegenheitsbeobachtung entspricht der Alltagsbeobachtung.

Alltagsbeobachtung ► S. 189

> Die Praktikantin ist zum ersten Mal in einer Familie, und sie beobachtet, dass sich der vierjährige Sohn gar nicht an den Gesprächen beteiligt. Sie bespricht ihre Beobachtung mit den Eltern.

> Beim Wechsel der Windel beobachtet die Praktikantin bei dem 6 Monate alten Luis eine rötlich gefärbte, raue Stelle auf der Haut im Bereich des Oberarmes. Sie setzt ihre Anleiterin darüber in Kenntnis.

Strukturierte Beobachtung

- Spezifische oder gezielte Beobachtung

Die Beobachtungsaufmerksamkeit wird auf ein bestimmtes Verhalten gelenkt. Es wird sehr gezielt beobachtet. Hierbei muss keine Systematik eingehalten werden, es kann sich auch um Einzelbeobachtungen handeln.

- Systematische Beobachtung

Bei dieser Beobachtungsart ist die Kontrolle und Wiederholbarkeit des Beobachtungsprozesses besonders wichtig. Die Dokumentation von Ergebnissen erfolgt oft in vorbereiteten Bögen oder Listen.

> Die Mitarbeiterinnen in der Kindertagesstätte haben den Eindruck, dass ein Mädchen immer alleine spielt und sich zu Gruppenspielen nur sehr schwer motivieren lässt. Um Klarheit zu dieser Frage zu erhalten, beobachten sie gezielt das Spielverhalten des Mädchens über eine gewisse Zeit und dokumentieren dies auf einem Beobachtungsbogen.

> Um herauszufinden, ob ein einjähriges Pflegekind mit Schluckbeschwerden ausreichend Flüssigkeit zu sich nimmt, beobachten die Pflegeeltern dessen Trinkverhalten und dokumentieren dies in einer Liste.

4.3.3 Organisatorische Voraussetzungen von Beobachtung

Bevor die Beobachtung überhaupt beginnen kann, müssen Sie verschiedene Dinge organisieren und abklären, z. B.:

- den Zeitpunkt der Beobachtung (z. B. morgens, nachmittags oder abends)
- die Räumlichkeiten (z. B. Innen- oder Außenräume)
- die Art der Dokumentation (z. B. schriftlich, Tonband, Videokamera)
- die Personalsituation in der Einrichtung (z. B. Vertretung während der Beobachtung)
- die finanziellen Möglichkeiten zur Beobachtung (z. B. Ausgaben für die Dokumentation)
- die rechtlichen Voraussetzungen (z. B. Datenschutz)

Datenschutz ► S. 197

4.3.4 Beobachtungsthemen

Je nach Arbeitsfeld spielen unterschiedliche Themen bei der Beobachtung eine Rolle.

Beobachtungsthemen in der sozialen Arbeit sind beispielsweise
- menschliche Handlungen (z. B. Sozialverhalten, Fein- und Grobmotorik),
- sprachliche und nicht-sprachliche Äußerungen (z. B. Mimik, Körpersprache, Gestik, Sprachvermögen),
- Veränderungen des Körpers (z. B. Hautfarbe, Hautveränderungen, Zittern) und
- soziale Merkmale (z. B. Kleidung, Symbole).

Bildungsbereich ► S. 212

Darüber hinaus leiten sich in der sozialpädagogischen Betreuung von Kindern und Jugendlichen Inhalte für Beobachtungen oft aus den Bildungs- und Entwicklungsbereichen ab. Wichtige Themen sind hier z. B.
- das Sozial- und das Konsumverhalten,
- die individuellen Lernwege der Kinder und Jugendlichen,
- das Spielverhalten sowie
- die kognitive Entwicklung.

Familie ► S. 163
Konflikte ► S. 95
Sprachentwicklung ► S. 108

Das soziale Miteinander in der Familie und der Umgang mit Konflikten sind wichtige Themen in diesem Arbeitsbereich. Aber auch die Beobachtung der Sprachentwicklung mit dem Ziel, diese frühzeitig zu unterstützen und besonderen Förderbedarf einzelner Kinder rechtzeitig zu erkennen, ist ein Schwerpunkt.

Frühzeitige Förderung in Kindertageseinrichtungen verbessert Bildungschancen

Mehr als ein Viertel der Kinder und Jugendlichen im Alter bis zu 25 Jahren in Deutschland stammt aus Zuwandererfamilien (27,2 Prozent). Das weist der Nationale Bildungsbericht 2006 aus. In der Altersgruppe der unter 6-Jährigen beträgt der Anteil fast ein Drittel.
(…)
Bei Kindern aus Zuwandererfamilien verbessert eine möglichst frühzeitige Förderung in Kindertageseinrichtungen ihre späteren Bildungschancen wesentlich. Der Anteil der Kinder aus Zuwandererfamilien in der Altersgruppe der über 4-Jährigen in Tageseinrichtungen ist mittlerweile so hoch wie der der Deutschen. In den jüngeren Altersgruppen bestehen hingegen noch deutliche Unterschiede: Nur ein Fünftel der zweijährigen Kinder aus Zuwandererfamilien besucht eine Kindertageseinrichtung.

Quelle: Die Bundesregierung, e.balance, Integration: Zahlen–Daten–Fakten, Nr. 054, 08/2007(http://www.bundesregierung.de/Content/DE/Magazine/emags/ebalance/054/sb-integration-zahlen-daten-fakten.html) 28. 04. 2010

Sprachliche Entwicklung		
Name des Kindes:	Datum:	
Alter: Jahre: Monate:	Name der Dokumentatorin:	
Schätzen Sie ein, ob die Fähigkeiten des Kindes denen der Gleichaltrigen entsprechen!	ja ☐	nein ☐
Wenn Sie „nein“ angekreuzt haben, dann beschreiben Sie, wodurch sich das ausdrückt!		
Beschreiben Sie, welche herausragenden Fähigkeiten das Kind im Bereich der sprachlichen Entwicklung besitzt, oder beschreiben Sie eine positive Besonderheit!		

Abb. 1 Die Sprachentwicklung des Kindes ist ein bedeutendes Beobachtungsthema in der sozialen Arbeit. (Quelle: Groot-Wilken, B.: Portfolioarbeit leicht gemacht. Cornelsen Scriptor, Berlin, Düsseldorf, Mannheim 2008)

4.4 Der Beobachtungsprozess – „Schritt für Schritt zum richtigen Handeln“

Der fachliche Beobachtungsprozess verläuft in vier Phasen: Planung, Durchführung, Beschreibung und Auswertung.

Der fachliche Beobachtungsprozess umfasst folgende Phasen: Planung, Durchführung, Beschreibung und Auswertung.

4.4.1 Planen von Beobachtungen

Zielperson	Wen möchte ich beobachten?
Beobachtungsziel	Was möchte ich mit der Beobachtung erreichen?
Beobachtungsthema	Was möchte ich beobachten?
Beobachtungsmethode	Welche Beobachtungsmethode wende ich an?
organisatorische Voraussetzungen	Wo, wann und wie oft beobachte ich? Womit beobachte und dokumentiere ich? Was benötige ich dafür?

Darüber hinaus wird die Beobachtungsplanung durch die individuellen Voraussetzungen des Beobachters sowie des Beobachteten (der Zielperson) beeinflusst. Wichtig sind z. B. die Lebensgeschichte und Erfahrungen (z. B. Verlusterfahrung durch die Scheidung der Eltern), individuelle Möglichkeiten und Beeinträchtigungen (z. B. eine Behinderung), Vorlieben (z. B. Vertrauen nur zu weiblichen Bezugspersonen).

4.4.2 Durchführen von Beobachtungen

Beim Beobachtungsprozess sind Planung und spontanes Handeln wichtig.

Bei der Durchführung von Beobachtungen ist es wichtig, die Rahmenbedingungen und Vorüberlegungen aus der Beobachtungsplanung möglichst vollständig umzusetzen. Es muss jedoch daran gedacht werden, dass sich plötzlich eine Störung oder Veränderung in der Situation einstellen und die Beobachtung nicht wie vorher geplant ablaufen kann. In diesem Fall ist es entscheidend, dass der Beobachter spontan handelt, d. h. auch einen Spielraum für Veränderungen in der Planung mitdenkt, den er nutzen kann, wenn er merkt, dass die geplante Beobachtung so nicht durchzuführen ist. Die Beobachtung sollte möglichst objektiv ablaufen, Beobachtungsfehler sollten vermieden werden.

Beobachtungsfehler ► S. 200

4.4.3 Dokumentation von Beobachtungen

Mit der Dokumentation wird das Ergebnis der Beobachtung festgehalten und die Qualität der Beobachtung gesichert. Sie unterstützt die soziale Arbeit in vielfacher Hinsicht:

- Sie sichert die Transparenz der Beobachtungen für alle Teammitglieder.
- Sie bildet die Grundlage für den fachlichen Austausch sowie die Auswertung im Team.
- Sie unterstützt die Einbeziehung von Angehörigen (z. B. Elterngespräch).
- Sie dient zur Darstellung der eigenen Arbeit nach außen (z. B. Träger der Einrichtung, Jugendamt usw.).

Das Festhalten von beobachteten Informationen kann auf vielerlei Art erfolgen. Man kann Situationen und Handlungen aufzeichnen, z. B. Videoaufnahmen mit der Kamera oder Tonaufnahmen mit dem Diktiergerät bzw. einem MP3-Player. Die häufigste und gebräuchlichste Form der Dokumentation ist jedoch das Aufschreiben. Hierbei lassen sich Beobachtungsbögen nutzen, die es in vielen verschiedenen Ausführungen gibt. Auch wenn das Beschreiben der Beobachtungen zeitintensiv sein kann, so sind die gewonnenen Informationen unerlässlich für eine gute Betreuungsarbeit. Da bei der Dokumentation persönliche Daten der betreuten Personen erfasst werden, muss in jedem Fall der Datenschutz beachtet werden.

Datenschutz ► S. 35

Zur Dokumentation von Beobachtungen gibt es offene und standardisierte Verfahren.

Die Dokumentation der Beobachtungen erfolgt in den Arbeitsfeldern der Behindertenhilfe auf Grund der institutionellen Rahmenbedingungen in der Regel mit standardisierten Verfahren (z. B. eine EDV-gestützte Bewohnerakte). Manche Einrichtungen verfügen über ein hausinternes Dokumentationssystem.

In der Betreuung von Kindern, Jugendlichen und Familien wird oft auf die Methode der systematischen Beobachtung zurückgegriffen. Verhalten oder Entwicklungen werden von den Mitarbeiterinnen im Rahmen einer Entwicklungs- oder Bildungsdokumentation notiert.
Darüber hinaus gibt es viele verschiedene Beobachtungsbögen, die man nutzen kann. Für den Bereich der Sprachentwicklung wird z. B. das Sprachlerntagebuch (Abb. 1) verwendet. Beobachtungsergebnisse werden im Bereich der Kindertagesbetreuung oft in kreativer Form gesammelt und präsentiert, z. B. als Portfolio.

Portfolio ► S. 216

Weitere Informationen zum Thema Förderung der Sprachentwicklung finden Sie unter:
www.dbs-ev.de/pdf/sprachentwicklung.pdf

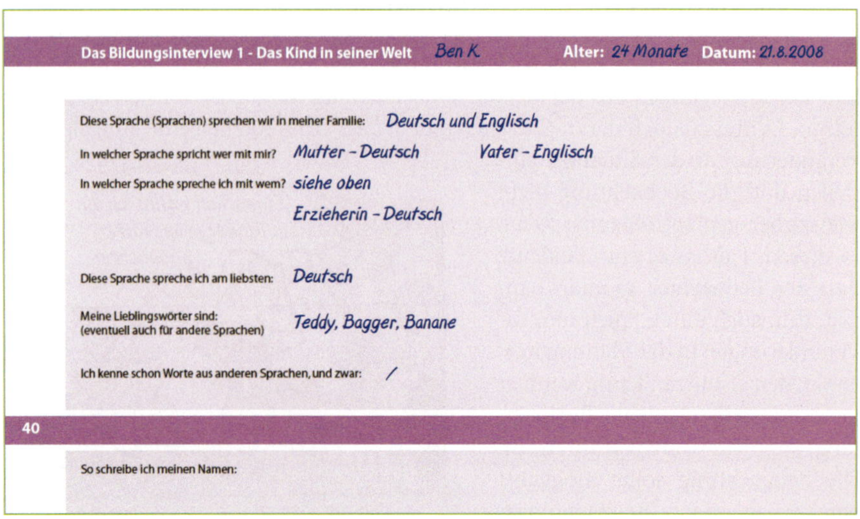
Das Bildungsinterview 1 - Das Kind in seiner Welt Ben K. Alter: 24 Monate Datum: 21.8.2008

Diese Sprache (Sprachen) sprechen wir in meiner Familie: Deutsch und Englisch
In welcher Sprache spricht wer mit mir? Mutter - Deutsch Vater - Englisch
In welcher Sprache spreche ich mit wem? siehe oben
Erzieherin - Deutsch
Diese Sprache spreche ich am liebsten: Deutsch
Meine Lieblingswörter sind: (eventuell auch für andere Sprachen) Teddy, Bagger, Banane
Ich kenne schon Worte aus anderen Sprachen, und zwar: /

40

So schreibe ich meinen Namen:

Abb. 1 Seite aus dem Sprachlerntagebuch

Datenschutz

Alle personenbezogenen Daten, also auch beschriebene Beobachtungen, unterliegen den Bestimmungen des Datenschutzes.

Verletzung der Vertraulichkeit ▸ S. 35

§ Ein vertraulicher Umgang mit Daten muss auch bei der Dokumentation von Beobachtungen selbstverständlich sein. Dies wird durch das Sozialgesetzbuch (SGB) geregelt: §§ 61–68 SGB VIII (jugendhilferechtlicher Sozialdatenschutz), §35 SGB I und §§ 67–85a (allgemeiner Sozialdatenschutz), SGB XI; Datenschutzgesetze der Länder.

Das bedeutet, dass man für die Aufzeichnung und Weiterverwendung von Daten das Einverständnis der betroffenen Person benötigt. Steht diese unter (gesetzlicher) Betreuung bzw. ist diese minderjährig, muss das Einverständnis durch die jeweiligen gesetzlichen Betreuungspersonen erfolgen. Dies sollte man besonders bedenken, wenn die Veröffentlichung von Beobachtungsergebnissen geplant ist.
Dabei ist es egal, auf welche Art die Beobachtungen dokumentiert wurden, z. B. als schriftlicher Vermerk oder als Foto.
Personenbezogene bzw. personenbeziehbare Daten unterliegen der Schweigepflicht und müssen in jedem Fall vertraulich behandelt werden. Das heißt auch, sie sind nicht allgemein zugänglich. In der Regel werden sie in verschließbaren Schränken aufbewahrt, sodass Unbefugte keinen Zugriff haben.

Weitere Informationen zum Thema Datenschutz finden Sie unter:

www.bfdi.bund.de und
www.kinder-Jugendhilfe.info
▹ Datenschutz

Datenschutz kritisiert Sprachlerntagebücher

Eltern wehren sich gegen Fragen in den Kindertagesstätten zur Religion und zum Privatleben

Von Florentine Anders

Die Sprachlerntagebücher in den Kitas sorgen nicht nur für Ärger bei vielen Eltern, sondern nun auch für Arbeit beim Datenschutzbeauftragten des Landes Berlin. Etliche Eingaben gingen in den vergangenen Wochen bei Datenschützer Alexander Dix ein. „Wir haben erhebliche Zweifel an der Rechtmäßigkeit dieses Sprachlerntagebuchs", sagt der stellvertretende Datenschutzbeauftragte, Thomas Petri. Allerdings sei die Prüfung noch nicht ganz abgeschlossen.

(...) Auf Grund von Beschwerden hat die Senatsverwaltung nun noch einmal betont, dass diese Selbstauskunft gesondert von dem offen zugänglichen Sprachlerntagebuch in einem geschlossenen Schrank aufbewahrt werden soll.
(...) Die Eltern entscheiden selbst, ob sie die Dokumentation bei einem Kitawechsel weitergeben oder nicht, betont die Senatsbildungsverwaltung. Auch beim Schuleintritt seien sie nicht gezwungen, das Sprachlerntagebuch vorzulegen. Es sei Eigentum der Eltern und nur ein pädagogisches Hilfsmittel.

Der Datenschutzbeauftragte sieht das anders, denn schließlich befinde sich die Dokumentation nicht im Elternhaus, sondern in der öffentlichen Kita.

(...)

Der Landeselternausschuss Kita sieht in dem Tagebuch einen wichtigen Bestandteil des Bildungsprogramms für Kitas. Allerdings sollten alle Eltern darauf achten, dass der erste Teil sorgfältig aufbewahrt ist, heißt es in einer aktuellen Mitteilung.

4.4.4 Auswertung von Beobachtungen

Durch die Auswertung der Beobachtung können Konsequenzen für die Arbeit gezogen werden.

Beobachtungsfehler ► S. 200

Ziel der Auswertung ist es, aus den gesammelten und dokumentierten Informationen Konsequenzen für die tägliche Arbeit mit den betreuten Menschen abzuleiten. Zu der Auswertung gehört der Austausch mit anderen Mitarbeiterinnen, den Eltern bzw. Angehörigen oder der beobachteten Person selbst. Auf diese Weise lassen sich z. B. Beobachtungsfehler erkennen und korrigieren. Außerdem erhält man ein umfassenderes Bild, da man auf unterschiedliche Informationsquellen und Sichtweisen zurückgreifen kann.
Um die gewonnenen Informationen auszuwerten, d. h. um einschätzen zu können, ob z. B. ein beobachtetes Verhalten entwicklungsgerecht ist oder ob Sie pflegerische Maßnahmen ergreifen bzw. einen Arzt hinzuziehen müssen, brauchen Sie Referenznormen. Diese ermöglichen es, Ihre Beobachtungen mit „Normalwerten“ zu vergleichen, um z. B. das Verhalten oder die körperlichen Veränderungen der betreuten Person beurteilen zu können (Abb. 1).

Gewichtstabelle			Größentabelle		
Alter	Mädchen	Jungen	Alter	Mädchen	Jungen
1. Monat	4.100 g	4.300 g	1. Monat	53 cm	54 cm
2. Monat	4.800 g	5.100 g	2. Monat	56 cm	57 cm
3. Monat	5.400 g	5.800 g	3. Monat	59 cm	60 cm
4. Monat	6.000 g	6.600 g	4. Monat	62 cm	63 cm
5. Monat	6.700 g	7.200 g	5. Monat	64 cm	66 cm
Abweichungen dürfen betragen: +/– 0,8 kg			Abweichungen dürfen betragen: +/– 4 cm		
6. Monat	7.400 g	7.900 g	6. Monat	66 cm	68 cm
7. Monat	8.000 g	8.400 g	7. Monat	68 cm	70 cm
8. Monat	8.500 g	8.800 g	8. Monat	70 cm	72 cm
9. Monat	8.900 g	9.200 g	9. Monat	72 cm	73 cm
10. Monat	9.300 g	9.700 g	10. Monat	73 cm	74 cm
11. Monat	9.600 g	10,2 kg	11. Monat	74 cm	75 cm
Abweichungen dürfen betragen: +/– 1,5 kg			Abweichungen dürfen betragen: +/– 4 cm		
12. Monat	9.800 g	10,4 kg	12. Monat	75 cm	76 cm
1 ½ Jahre	11,1 kg	11,6 kg	1 ½ Jahre	81 cm	82 cm
2 Jahre	12,2 kg	12,7 kg	2 Jahre	86 cm	88 cm
2 ½ Jahre	13,3 kg	13,7 kg	2 ½ Jahre	91 cm	93 cm
Abweichungen dürfen betragen:+/– 2,5 kg			Abweichungen dürfen betragen:+/– 6 cm		
3 Jahre	14,3 kg	14,7 kg	3 Jahre	96 cm	97 cm
3 ½ Jahre	15,2 kg	15,6 kg	3 ½ Jahre	100 cm	101 cm
4 Jahre	16,5 kg	17,0 kg	4 Jahre	104 cm	105 cm
Abweichungen dürfen betragen :+/–3 kg			Abweichungen dürfen betragen :+/– 7 cm		
4 ½ Jahre	17,4 kg	17,8 kg	4 ½ Jahre	107 cm	108 cm
5 Jahre	18,6 kg	19,2 kg	5 Jahre	111 cm	112 cm
Abweichungen dürfen betragen:+/– 3,5 kg			Abweichungen dürfen betragen:+/– 8 cm		

Abb. 1 Referenznormen in einer Größen- und Gewichtstabelle für Kinder bis 5 Jahre

Für die Feststellung von Entwicklungsverzögerungen und Förderbedarf in der Betreuung von Kindern und Jugendlichen mit Beeinträchtigungen können Entwicklungstabellen, z. B. das Entwicklungsgitter nach E. Kiphard, sinnvoll sein.

Kiphard, Ernst: Wie weit ist ein Kind entwickelt? Verlag Modernes Lernen, Dortmund 2006

Es gibt besonders auf die Entwicklung von Kindern und Jugendlichen bezogene Auswertungsinstrumente, die eine Orientierung darüber geben, wo diese sich in ihrer Entwicklung gerade befinden.

Michaelis, Richard: Die ersten fünf Jahre im Leben eines Kindes – Wie sich Ihr Kind entwickelt. Knaur, München 2006

Hier sind z. B.
die Grenzsteine der Entwicklung nach R. Michaelis (Abb. 2),
die Entwicklungstabelle nach K. Beller
oder Beobachtungsbogen zur Erfassung von Entwicklungsrückständen und Verhaltensauffälligkeiten bei Kindergartenkindern (ifp Bayern) zu nennen.

Daraus werden dann sinnvolle Angebote abgeleitet, die dem Kind oder Jugendlichen entsprechen und diese in ihrer Entwicklung fördern. Auch das Erkennen von Verhaltensauffälligkeiten und Förderbedarf wird damit möglich.

Alter	Körpermotorik	Handmotorik	Kognitiv	Sprache	Sozialisation
3 Monate	Sicheres Kopfheben in Bauchlage, Abstützen auf die Unterarme	Bringt Hände, Finger über die Körpermitte zusammen	Verfolgt bewegte Objekte mit den Augen	Schreit differenziert (Hunger, Unbehagen, Schmerz)	Anhaltender Blickkontakt. Lächeln auf Gesichter
6 Monate	Beugt Arme beim Hochziehen zum Sitzen. Hält den Kopf	Transferiert Dinge von einer Hand in die andere	Bringt Objekte von einer Hand in die andere/in den Mund. Verfolgt Aktivitäten	Bildet Laute für sich alleine und auf Ansprache (Dialog)	Nimmt Kontakt auf. Freude an nonverbaler, positiver Kommunikation
9 Monate	Sicheres, freies Sitzen mit geradem Rücken und Rumpfkontrolle	Gegenstände werden in einer oder beiden Händen gehalten	Intensive Hand-Mund-Augen-Erkundung von Objekten	Längere A-Laut-Reihen (wa-wa-wa-ra-ra-ra)	Unterscheiden von Personen, mit und ohne Fremdeln
12 Monate	Stehen gelingt sicher mit Festhalten an Möbeln oder Wänden	Pinzettengriff mit Daumen und Zeigefinger	Findet Objekt, das vor den Augen versteckt wurde, rasch wieder	Silbenverdopplung mit „a“ (Mama, Papa, Dada)	Initiiert soziale Interaktionen, führt sie fort und beendet sie
15 Monate	Gehen mit Festhalten an Händen oder an Möbeln/Wänden	Setzt zwei Klötzchen nach Aufforderung aufeinander	Prüft Objekte auf ihre einfachste Verwendbarkeit	Verwendet Mama/Papa sinngemäß. Pseudosprache	Reime, Fingerspiele, Nachahmspiele, rhythmische Spiele
18 Monate	Freies Gehen mit sicherer Gleichgewichtskontrolle	Gibt festgehaltene Gegenstände zurück, tut sie in ein Gefäß oder holt sie raus	Baut kleine Türme. Betrachtet Bilderbücher. Zeigt auf Bekanntes	Symbolsprache (wauwau) mit „Überdehnungen“ oder „Einengungen“	Einfache Gebote, Verbote werden verstanden und mehr oder weniger beachtet
2 Jahre	Kind rennt sicher, umsteuert dabei Hindernisse	Blättert Buchseiten einzeln um. Wickelt Bonbons aus	Kleine Rollenspiele (Puppe, Bär). Ansätze zu konstruktivem Spiel	Ein- bis Zweiwortsprache	Spielt für sich alleine im Raum, in dem sich die Mutter nicht aufhält
3 Jahre	Beidbeiniges Abhüpfen von einer untersten Treppenstufe	Greift kleine Gegenstände präzise mit den vordersten Fingeranteilen auf	Zeichnet Kopffüßler. Kommentiert, was gemalt wurde. „Als-ob“- und Rollenspiele	Drei- bis Fünfwortsätze. Ich / Du / Plural. Redet für sich beim Spielen	Hilft gerne bei Haus- und Gartenarbeit. Ahmt Tätigkeiten Erwachsener nach
4 Jahre	Koordiniertes Treten und Steuern eines Dreirades oder ähnlichen Fahrzeugs	Malstift wird korrekt zwischen den ersten 3 Fingern der Hand gehalten	W-Fragen. Hört zu beim Vorlesen. Verständnis bei Erklärungen	Satzreihungen mit „und dann“. Erzählt Erlebtes zeitlich und logisch in etwa richtig	Versteht, dass beim Spielen auch andere Kinder an der Reihe sind. Kann teilen
5 Jahre	Bewältigt Treppen beim Auf- und Abgehen freihändig und mit Beinwechsel ohne Schwierigkeiten	Benutzt Kinderschere. Kleben, einfaches Basteln möglich. Malt Vorlagen sauber aus	Intensives Rollenspiel auch mit anderen Kindern. Konstruktionsspiele mit und ohne Vorlagen	Praktisch fehlerfreie Aussprache. Berichtet Erlebtes in logischer Reihenfolge. Oft noch einfache Strukturen	Kooperiert im Spiel mit anderen Kindern. Versteht emotionale Äußerungen und kann trösten und helfen

Abb. 2 Grenzsteine der Entwicklung nach R. Michaelis

4.4.5 Beobachtungsfehler

Der Beobachtungsprozess kann u. a. durch folgende Beobachtungs- und Beurteilungsfehler gestört werden:

Einstellungsfehler

Die eigene Meinung wird vom Beobachter zum Maßstab genommen, und damit ist er sich nicht mehr darüber bewusst, dass er subjektiv ist.

Halo-Effekt (Pygmalion-Effekt)

Bestimmte Einzeleigenschaften oder besonders hervorstechende Merkmale werden auf die ganze Person verallgemeinert.

„Mildeeffekt“

Aus Mitleid werden negativ bewertete Verhaltensformen ausgeblendet.

Kontrastfehler

Hier wird besonders das beobachtet, was im Gegensatz oder Kontrast zu den Persönlichkeitsmerkmalen oder Werteinstellungen des Beobachtenden steht.

Vorrangeffekt (primacy-effect)

Der erste Eindruck, den wir gewonnen haben, beeinflusst das Bild der betroffenen Person entscheidend.

Der letzte Eindruck (recency-effect)

Häufig tragen wir die letzten Eindrücke, die wir machen, als besonders prägend mit uns. Sie können nachträglich unser Urteil über eine Person oder Situation beeinflussen.

4.5 Umsetzung von Beobachtungsergebnissen in praktisches Handeln – „Nutzen für den beruflichen Alltag“

Beobachtungsergebnisse bilden die Basis für professionelles Handeln im sozialen Arbeitsfeld. Nur durch bewusste Wahrnehmung von Kindern unterschiedlichster Altersstufen können Sie diese kennen lernen, individuell begleiten, beraten und betreuen.

Für alle Aufgabenbereiche ist die Beobachtung unerlässlich. Man kann ein Kind nicht betreuen und es in seiner Entwicklung fördern, wenn man ihm nicht vollkommen offen und unvoreingenommen gegenübertritt und es kennen lernt. Dies geschieht z. B. über eine unstrukturierte Beobachtung in der Eingewöhnungsphase in der Kindertagesstätte. Die Erzieherin macht sich ein Bild vom Kind. Und da sich Menschen fortwährend entwickeln, ist es auch wichtig, regelmäßig in gewissen Abständen erneut zu beobachten. Aus den Ergebnissen können Sie dann für das Kind anregende und fördernde Angebote entwickeln.

Die Auswertung der Beobachtungsergebnisse sollte immer im Austausch erfolgen.

Charlotta ist 16 Monate alt und neu in der Krippengruppe. In den ersten Tagen der Eingewöhnungszeit erobert sich die Kleine langsam den Gruppenraum. Immer wieder läuft sie dabei zu ihrer Mutter zurück und versichert sich ihrer Anwesenheit.
Die Erzieherin beobachtet, dass Charlotta besonders interessiert in der Bauecke spielt und darüber zunehmend sicherer in der neuen Umgebung wird. Sie nutzt diese Beobachtung, um das Mädchen mit gezielten Gruppenangeboten zum Bauen in Kontakt zu den anderen Kindern zu bringen.

Eingewöhnung ► S. 181

In der täglichen Arbeit helfen Beobachtungen, zu erkennen, wie der Umgang miteinander, z. B. in der Gruppe, funktioniert.

- Wer spielt mit wem?
- Gibt es Konflikte?
- Wie werden diese bewältigt?
- Sind vielleicht Hilfen von außen notwendig?
- Die Mitarbeiterinnen können so passgenaue Unterstützung leisten.

Kinder und Jugendliche durchlaufen sehr unterschiedliche Entwicklungsphasen. Beobachtungen sollten mit ihnen besprochen werden, um ihre ganz eigene Sicht mit aufnehmen zu können und das Verhalten somit besser zu verstehen. Auch die Zusammenarbeit mit den Eltern ist hier besonders wichtig. Im Gespräch mit Kindern, Jugendlichen oder Eltern sind aufgeschriebene Beobachtungen eine wichtige Grundlage, um die Situation zu verdeutlichen. Im Bereich der Kindertagesbetreuung werden Bildungstagebücher (z. B. Portfolios der Kinder) regelmäßig mit allen Beteiligten besprochen.

Portfolio ► S. 216

Beobachtungsergebnisse können auch die Grundlage für familienbezogene Hilfen sein. Eine besondere Herausforderung stellt die Beobachtung in der Familie dar. Mehrere Einzelpersonen bilden hier ein komplexes soziales Gebilde. Bei der Auswertung von Beobachtungsergebnissen muss daher auch der gesamte Zusammenhang berücksichtigt werden. Im Vorfeld sollte man sich die Lebensbedingungen der Familie genau ansehen. Dazu gehören auch die sozialen Kontakte wie Freunde oder Nachbarn.

Familie ► S. 163

Materialien für Montag besorgen:
- Gips
- Luftballons
- Tapetenkleister
- Zeitungen
OIL PASTEL
OIL PASTEL
G
im - men auf dem See,
G
D
in das Was - ser,
D
die Höh'.

Beschäftigungs- und Bildungsangebote für Kinder schaffen

1. Beschäftigungs- und Bildungsangebote – „Mehr als Sport, Spiel und Spaß“

1.1 Bedeutung von Beschäftigung und Bildung – „Warum ist es wichtig, etwas zu tun?“

1.1.1 Begriffsklärung Beschäftigung

Soziale Kontakte, Aktivität und sinnvolle Beschäftigung sind zentrale Elemente eines erfüllten Lebens. Aktivität ist ein Grundbedürfnis des Menschen in jeder Altersstufe. Haben wir nichts zu tun, fühlen wir uns nach einer gewissen Zeit nicht mehr wohl.

Bedürfnispyramide Maslow ► S. 114

Damit hängen viele andere Bedürfnisse zusammen, die häufig mit der Ausübung einer Beschäftigung einhergehen, z. B. der Wunsch nach sozialem Kontakt und Anerkennung.

Beschäftigungsangebote ziehen eine Tagesstrukturierung nach sich bzw. setzen diese voraus. Durch die zeitliche Festlegung von z. B. Bastelstunden oder Sportaktivitäten wird eine Unterteilung des Tages erreicht und es entwickeln sich darüber hinaus Gewohnheiten und Rituale. Allein das Bewusstsein, „am Tag etwas vorzuhaben“, erhöht die Lebensmotivation eines Menschen. Sinnvolle Beschäftigungen steigern damit die Lebensqualität. In der Arbeit mit Kindern ist das Angebot bildungsanregender und begleitender Aktivitäten ein zentrales Ziel. Bildung wird als Selbstbildung verstanden.

Motivation ► S. 114
Bildungsbereiche ► S. 212

Bildung kann definiert werden als „ein Prozess von Dauer, bei dem eine Person sich mit ihrer Umwelt sowie mit sich selbst auseinandersetzt. Bildung bedeutet grundsätzlich: stetige Veränderung der Person, und dies bezogen auf Wissen, Können und Verhalten. Betreuung versteht sich als Sorge, Hilfe, Unterstützung (engl. ‚care')." (Deutsches Jugendinstitut, 2007)

Bildung ist demnach kein Prozess, der sich ausschließlich in jungen Jahren bzw. in der Kindheit vollzieht. Bildung findet in allen Lebensaltern statt.

Bildung findet in jedem Alter statt.

Die ausgeführten Zielsetzungen machen das Angebot und die Gestaltung von Aktivitäten und Beschäftigungen zu zentralen Aufgaben für alle Mitarbeiterinnen in der Bildungs- und Betreuungsarbeit.

1.1.2 Alltag und besondere Anlässe

Man kann zwischen alltäglichen Verrichtungen und Beschäftigungen und den besonderen Anlässen unterscheiden.

Alltag
Fest terminierte, wiederkehrende Angebote im Ablauf des Tages, der Woche oder des Monats geben den Kindern Sicherheit. Eltern haben die Möglichkeit, z. B. durch Aushänge in der Kindertagesstätte, etwas über die Tagesgestaltung in der Einrichtung zu erfahren. Wichtig sind feste Zeiten und persönliche Ankündigung bzw. Vorstellung, z. B. auch von speziellen Angeboten wie einer Englisch-Gruppe.
Eine jahreszeitliche Raumgestaltung (Abb. 1) hilft auch kleinen Kindern, sich im Jahreslauf zu orientieren und ein Verständnis der Abfolge von Jahreszeiten zu entwickeln.

Abb. 1 Herbstliche Deko zu Halloween

Besondere Anlässe
Es gibt viele Anlässe für besondere Beschäftigungen, z. B. Geburtstag, Jahrestag, Feiertag oder konfessionelle Feste. Diese Termine strukturieren den Jahreslauf und schaffen „Highlights", auf die man sich freuen kann. Es ist wichtig, diese Anlässe auch in einem besonderen Rahmen zu begehen. Viele festliche Anlässe haben bereits Traditionen oder Rituale. So gehören zur Weihnachtsfeier der Weihnachtsbaum, dic Kerzen und ein Gottesdienstbesuch. Das „Geburtstagskind" erhält eine Torte, Geschenke, alle Gäste singen ein Geburtstagslied und gratulieren.

Feste ► S. 206

Abb. 2 Geburtstage sind besondere Anlässe im Jahreslauf.

1.1.3 Feste und Feiern im kulturellen Kontext

Kulturen ► S. 172

In sozialpädagogischen Einrichtungen sind oft viele verschiedene Religionen, Kulturen und Traditionen vertreten. Diese Vielfalt ist eine wichtige Bereicherung der pädagogischen Arbeit. Dabei ist es wichtig, dass die Kinder und Jugendlichen ihren eigenen kulturellen Hintergrund auch in den Alltag der Einrichtung aktiv mit einbringen und sich in wertschätzender Weise über Unterschiede und Gemeinsamkeiten austauschen.

! Erst seit dem 01.01.2005 ist Deutschland ein Einwanderungsland durch das Gesetz zur Steuerung und Begrenzung von Zuwanderung in die Bundesrepublik Deutschland (...). Die BRD ist also offiziell noch ein ganz junges Einwanderungsland.
(Dipl.-Pädagogin Anita Gruber, Institut für interkulturelles Training, Beratung und Fortbildung, Vortrag am 16.11.09 in Neumünster, Fachtag zur Kooperation mit Eltern und Kindertageseinrichtungen)

Der Umgang mit Gemeinsamkeiten und Unterschieden ist ein zentrales Thema in der interkulturellen Pädagogik.

Ziele von interkultureller Arbeit sind z. B.:
- die Anknüpfung an die kulturelle Lebenswirklichkeit der Kinder und Jugendlichen
- die Gleichwertigkeit verschiedener Kulturen in der pädagogischen Arbeit
- die Achtung der kulturellen Besonderheiten
- die Schaffung eines Klimas der Integration aller kulturellen Erfahrungen

Umgesetzt werden können diese Zielsetzungen auf unterschiedliche Weise, z. B. durch:
- Vermittlung von Traditionen und Bräuchen
- Mitbringen und gemeinsames Anschauen von Medien, wie z. B. Bücher, Filme
- kulturspezifische Haushaltstätigkeiten, wie z. B. das Kochen mit einer Tajine
- Einrichten eines Elterncafés mit interkulturellem „Stammtisch“
- Angebote zur Elternbildung, z. B. Sprachkurse
- kulturelle Feste und Feiertage

Medien ► S. 267

Elterncafé ► S. 41

Es ist wichtig, darauf zu achten, dass neben unseren christlichen Festen auch andere kulturelle Feste und Feiertage, wie z. B. das islamische Fastenbrechenfest oder Rosh Hashanah, das jüdische Neujahr, berücksichtigt werden. So kann sich jeder mit seinem Hintergrund wiederfinden und einbringen, aber auch etwas über die anderen Kulturen erfahren. Auf diese Art wird eine tolerante und akzeptierende Haltung gefördert.
Bewährt hat sich in vielen Kindertageseinrichtungen z. B. ein interkultureller Kalender, in dem wichtige Feste und Feiertage der Kulturen und Religionen vermerkt sind und so in der pädagogischen Arbeit berücksichtigt werden können:

Auf der Homepage des Bundesamtes für Migration und Flüchtlinge können Sie sich den aktuellen interkulturellen Kalender ansehen:
www.bamf.de
▹ Suchbegriff: interkultureller Kalender

Übergreifende Projekte zur interkulturellen Arbeit findet man auch unter www. bildungsserver.de

So kann man z. B. gemeinsam mit den Eltern ein herkunftslandtypisches Frühstück (Abb. 1) vorbereiten. Fragen der Kinder zu den bisher unbekannten Speisen, wie z. B. exotische Früchte, Getreidesorten, können Gesprächsanlässe sein und auch Ausgangspunkt für die Planung einer Projektwoche.

Projektplanung ► S. 210

Abb. 1 Interkulturelles Frühstücksbüfett

1.2 Planung und Durchführung von Angeboten – „Wir haben heute etwas vor“

1.2.1 Pädagogische Grundsätze

Planung, Durchführung und Auswertung von Bildungs- und Beschäftigungsangeboten sind zentrale Aufgaben in der Betreuung von Kindern und Jugendlichen.
Die Grundlage der Angebotsplanung sollte die Akzeptanz jedes Kindes in seiner Einzigartigkeit sein.
Bildungsarbeit ist geprägt von einer wertschätzenden Haltung gegenüber dem einzelnen Menschen und der Überzeugung, dass Entwicklung möglich ist.

Angebotsplanung sollte immer auf der Grundlage einer wertschätzenden Haltung erfolgen.

Unterschiede, z. B. im kulturellen Bereich oder durch die Geschlechtszugehörigkeit, lassen sich gewinnbringend für alle in die Planung von Angeboten einbinden. Eigene Erfahrungsräume werden erweitert und neue Sichtweisen angeregt.

Angebote für Kinder unter 6 Jahren
Nicht nur bei kleineren Kindern ist es wichtig, mit den Angeboten möglichst viele Sinne anzusprechen – Lernen ist ein ganzheitlicher Prozess. Dies bedeutet, dass verschiedene Entwicklungs- und Geschicklichkeitsbereiche des Menschen (Abb. 1) miteinander in Beziehung gebracht werden und dass ein Bereich auf den anderen einwirkt bzw. ohne den anderen nicht existieren kann (vgl. Fröhlich, 1993 und 1999).

Lernen ► S. 63

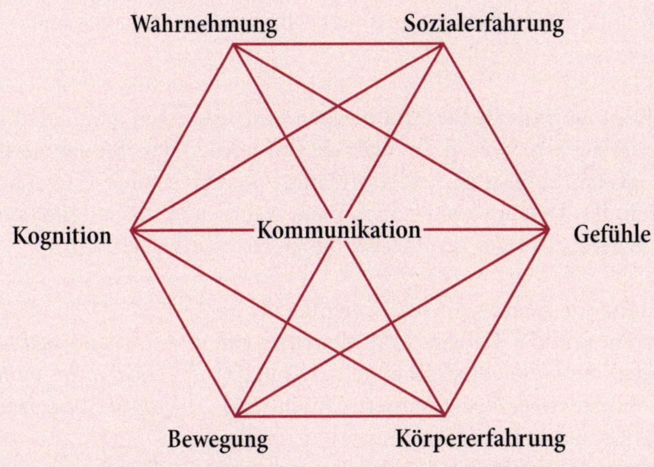

Nach Fröhlich/Bienstein in: Broschüre des Bundesverbandes, H. 1, 1999, S. 18

Abb. 1 Schema zum Begriff „Ganzheitlichkeit“

Abb. 2 Kinder begeistern sich auch für Bewegungsangebote.

Nutzen Sie die menschliche Kreativität und Fantasie in jedem Lebensalter. Kinder sind sehr begeisterungsfähig und motiviert (Abb. 2). Sie sind neugierig auf alles und möchten Dinge aktiv ausprobieren. Diese Grundlage gilt es besonders im Rahmen der frühkindlichen Bildung und Betreuung zu nutzen.
Um eine individuelle und gezielte Förderung der einzelnen Kinder zu gewährleisten, ist es notwendig, den aktuellen Entwicklungsstand und die aktuelle Lebenssituation zu erfassen, z. B. durch Beobachtung und den Austausch mit Eltern bzw. im Team. Im Gruppenkontext, z. B. einer Kindergartengruppe, ist es darüber hinaus wichtig, Unterschiede in den Entwicklungsständen zu berücksichtigen.

Beobachtung ► S. 189
Austausch mit Eltern ► S. 40
Team ► S. 90
Gruppe ► S. 118

Einbeziehung in die Angebotsplanung kann die Motivation der Jugendlichen zur Teilnahme an Aktivitäten erhöhen.

Angebote für ältere Kinder und Jugendliche
Das Jugendalter gilt als besonders „wechselhafte“ Lebensphase. Angebote werden häufig nicht mehr ganz so begeistert angenommen wie in der Kindheit. Das bedeutet, es wird eine höhere Motivationsleistung durch die Betreuerinnen notwendig, welche jedoch nicht zwingend Erfolg hat.
In jedem Fall ist es sinnvoll, alle Beteiligten in die Planung von Angeboten mit einzubeziehen, z. B. durch das Erfragen von Interessen, Fähigkeiten und Wünschen.

Bei Beschäftigungsangeboten ist es wichtig, die Kinder und Jugendlichen nicht zu über- bzw. unterfordern. Diese Balance sollte dabei genauso gewahrt werden wie die Einhaltung von Sicherheitsvorschriften, um z. B. Unfälle zu verhindern.
Darüber hinaus sind bei der Planung viele weitere Faktoren zu berücksichtigen. Das bedeutet, dass didaktische und methodische Aspekte betrachtet werden, um nichts Wichtiges zu vergessen und einen Überblick über die Organisation zu erhalten.

Unfallverhütung ► S. 295
W-Fragen ► S. 210

Kinder und Jugendliche mit Behinderungen ► S. 130

Angebote für Kinder und Jugendliche mit Beeinträchtigungen
Bei Kindern und Jugendlichen mit Behinderungen kommt es durch Erkrankungen oder Unfälle zu Einschränkungen in verschiedenen Bereichen. Die körperlichen, geistigen und psychischen Möglichkeiten der Betroffenen können beeinträchtigt sein, z. B. durch:

- angeborene körperliche Behinderungen, wie z. B. Spastiken, Lähmungen, Fehlbildungen
- erworbene körperliche Einschränkungen, wie z. B. rheumatische Erkrankungen
- geistige Behinderungen bzw. Lernbehinderungen
- psychische Erkrankungen, wie z. B. Depression
- Wahrnehmungsbeeinträchtigungen, wie z. B. vermindertes Hör- und Sehvermögen

Beschäftigungsangebote dienen der individuellen Förderung und erweitern das Erfahrungsspektrum.

Angebote sollen an individuelle Erfahrungen und Interessen anknüpfen und vorhandene Kompetenzen fördern. Im aktiven Tun werden den Teilnehmerinnen die eigenen Fähigkeiten aufgezeigt, Erfolgserlebnisse werden gefördert. Darüber hinaus können durch das Angebot bisher noch nicht wahrgenommener Aktivitäten neue Tätigkeiten angeregt werden, das Erfahrungsspektrum erweitert sich.

Normalisierungsprinzip ► S. 135

Im Sinne des Normalisierungsprinzips werden die soziale Integration und die Teilhabe von Menschen mit Behinderung an der Gesellschaft unterstützt, Kontakte zu anderen Menschen werden gefördert. Durch regelmäßige Aktivitäten findet eine Strukturierung des täglichen Lebens statt. Zusätzlich kann hierdurch eine Förderung der zeitlichen Orientierung des betreuten Menschen erreicht werden.

In Einrichtungen für Kinder und Jugendliche mit Behinderungen besteht oft eine klare Tagesstruktur. Gruppenbezogene Routinen, wie Essenszeiten und individuelle Termine (z. B. Therapien oder Arzttermine), müssen berücksichtigt werden. Beschäftigungsangebote sollten sich in das Raster des Tages- und Wochenablaufes einfügen und nicht mit anderen wichtigen Aktivitäten konkurrieren.

Dauer von Bildungs- und Beschäftigungsangeboten
Ein Bildungs- bzw. Beschäftigungsangebot kann unterschiedlich lange dauern:

Recht kurze Aktivitäten sind z. B.: • kleine Bastelarbeiten • Spielaktionen (z. B. Brettspiele, Kreisspiele (Abb.) • Vorlesen einer Geschichte	
Zeitintensiver sind z. B.: • themenbezogener Filmabend mit anschließender Diskussion, z. B. im Bereich Sexualerziehung, interkulturelles Zusammenleben • Nutzung einer Bewegungsbaustelle (Abb.)	
Einen hohen Zeitbedarf haben z. B.: • Thementage, z. B. über den Wasserkreislauf (Abb.) • Projektwochen zu einem bestimmten Motto, z. B. im Bereich interkulturelles Lernen oder Gesundheitsförderung	

Bei allen Angeboten für Kinder und Jugendliche sollte man auf die Motivation selbstgesteuerten Lernens achten. Hierzu ist es wichtig, dass die Teilnehmer neugierig und interessiert sind und zum selbstständigen Ausprobieren bzw. Experimentieren angeregt werden.

Im Internet finden Sie auf folgenden Seiten Anregungen für Beschäftigungsthemen:

www.kinderspiele-tipps.de
www.kindergaerten-in-aktion.de
www.kinderreimeseite.de

1.2.2 Strukturierte Angebotsplanung

Um eine geplante Beschäftigung durchzuführen, muss man sich im Vorfeld zu verschiedenen Fragen Gedanken machen. Die Vorbereitung kann unter Nutzung von W-Fragen erfolgen.

- *Was soll angeboten werden? Welches Thema soll das Angebot haben? (z. B. Musik, Meine Haustiere, Fit und gesund)*
- *Mit wem bzw. für wen soll die Beschäftigung angeboten werden? Welche Voraussetzungen bringt das Kind bzw. die Gruppe mit? (z. B. Jugendliche, Kinder, Jungen und Mädchen)*
- *Wozu wird dieses Angebot durchgeführt? Welches Ziel soll damit erreicht werden? (z. B. Förderung der Selbstständigkeit, mehr Abwechslung im Tagesablauf, Kennenlernen anderer Kulturen)*
- *Wer will das Angebot durchführen? Welche Fähigkeiten und Erfahrungen bringen die Kinder mit? (z. B. sportbezogene Kenntnisse)*
- *Welche Sozialform macht für das geplante Angebot Sinn? (z. B. Einzelbeschäftigung, Paar- oder Gruppenarbeit)*
- *Welche Möglichkeiten und Materialien stehen zur Verfügung? Was wird in der Einrichtung vorgefunden? (z. B. Gymnastikraum, Trommeln, Malutensilien)*
- *Wann soll das Angebot stattfinden? Welcher Zeitpunkt im Tagesablauf ist günstig? (z. B. nicht zu den Essens- bzw. Ruhezeiten)*
- *Wie kann das Angebot umgesetzt werden? Welche Methoden sollen angewandt werden? (z. B. Vormachen, Handführung, Kreisspiele)*

Nachbereitung von Angeboten ► S. 216

Nach der Durchführung eines Angebotes vergleicht man das Erlebte mit der Planung und kann so erkennen, welche Aspekte verwirklicht werden konnten oder wo etwas nicht so gut geklappt hat. Eine Entwicklung und Verbesserung der Angebote wird auf diese Weise möglich.

Über die Arbeit mit den W-Fragen hinaus kann man sich innerhalb des Teams oder für sich auch auf ein Planungsschema mit vorgegebenen Kategorien einigen. Dies erleichtert durch seine feste Struktur das Finden geeigneter Angebotsideen, z. B. für die aktuelle Gruppensituation.

Ideensammlung ► S. 214

Man kann die einzelnen Angebotsplanungen sammeln und hat so einen Fundus an Ideen, den man mit allen Kollegen nutzen kann.
Wie das für einzelne Beschäftigungsfelder umgesetzt werden kann, finden Sie unter den jeweiligen Themen. Es werden beispielhaft Angebote im nachstehend vorgestellten Muster in den verschiedenen Beschäftigungsbereichen geplant. Für folgende Bereiche finden Sie Angebotsplanungen:

Werkerziehung und Gestaltung ► S. 219
Musik und Musikerziehung ► S. 236
Sport und Bewegungserziehung ► S. 252
Medien und Medienerziehung ► S. 267

- Bereich Werkerziehung und Gestaltung: „Schweine backen aus Salzteig“ (S. 235)
- Bereich Musik und Musikerziehung: „Tänze aus Karneval der Tiere“ (S. 251)
- Bereich Sport und Bewegungserziehung: „Bewegungsparcours Zoospaziergang“ (S. 266)
- Bereich Medien und Medienerziehung: „Austellung: mein persönlicher Zoo“ (S. 281)

Angebotsplanung

Thema:
Welches Thema hat mein Angebot?
Zu welchen Motiven und Inhalten möchte ich mit den Kindern arbeiten?

Voraussetzungen:
Welche Voraussetzungen muss ich beim Kind berücksichtigen?
(z. B. Alter, Entwicklungsstand, Interessen)

Ziel:
Was ist das Ziel meines Angebotes?
(z. B. Kind soll den Umgang mit einer Schere erlernen, Bewegungsförderung)

Zeit:
Wieviel Zeit benötige ich? Wann/wie oft soll das Angebot stattfinden?
(z. B. einmalig zwei Stunden, jede Woche Dienstag von 10 bis 11 Uhr)

Methoden:
Welche Methoden wähle ich? (z. B. Serviettentechnik, Wischtechnik, Kreistanz)
Wie möchte ich mein Angebot umsetzen? (z. B. Muster zeigen, Vormachen, gemeinsames Tun, Bilder zeigen)

Materialien/Medien:
Welche Materialien/Medien benötige ich? (z. B. Plakatfarben, Scheren, CD mit Liedern)

Organisatorisches:
Was muss ich bei der Organisation noch bedenken?
(z. B. (Gymnastik-)Raum reservieren, Betreuung der anderen Kinder absprechen)

Präsentation:
Wie soll eine Präsentation der Ergebnisse aussehen?
(z. B. Aushang, Vorführung auf einem Elternabend, Film)

Bildungsbereiche strukturieren die Angebotsplanung in der Kindertagesbetreuung.

1.2.3 Ziele von Angeboten

In Einrichtungen für Kinder und Jugendliche sollen Lern- und Entwicklungsverläufe (also Bildungsprozesse) angeregt und begleitet werden.
In der Kindertagesbetreuung kann man die folgenden sechs Bildungsbereiche unterscheiden, zu denen jeweils altersangemessene Bildungsziele formuliert werden. Angebote, die den Kindern gemacht werden, sollen ein möglichst breites Spektrum der Bildungsbereiche abdecken. Darüber hinaus gehören auch wichtige Querschnittsthemen wie Partizipation (Teilhabe) der Kinder, Integration, geschlechtsbewusste und interkulturelle Erziehung dazu.

interkulturelle Erziehung ► S. 175

Bildungsbereich	Bildungsziele (Beispiele)	Angebote (Beispiele)
Sprache, Schrift und Kommunikation 	• Das Kind kann selber sagen, wie es heißt und wo es wohnt. • Die Kinder können zusammenhängend miteinander sprechen. • Das Kind ist in der Lage, kleine Reime, Gedichte und Lieder zu hören und mitzusingen.	• „Silbenspaziergang“: Jede Silbe eines laut gesprochenen Wortes wird mit einem Schritt und einem rhythmischen Klatschen o. Ä. begleitet. Hinterher überlegen alle, wie viele Silben sie gehört haben. • Hörspiel zu einem Bilderbuch erstellen • „Montagskreis-Geschichten“: Alle Kinder erzählen, was sie am Wochenende erlebt haben. • „Lesestunde“: regelmäßiges Angebot einer gemeinsamen (Vor-)Lesestunde mit Bilderbüchern, Büchern und Zeitschriften • Kreisspiele mit Gesang
Personale und soziale Entwicklung, Werteerziehung und religiöse Bildung 	• Das Kind nimmt Bedürfnisse und Wünsche anderer wahr. • Das Kind kann sich streiten und verfügt über Möglichkeiten zur Konfliktlösung. • Das Kind akzeptiert Regeln und Grenzen. • Das Kind trifft eigene Entscheidungen.	• Rollen- und Stegreifspiele • „Spielstationen“: Die Kinder können unter verschiedenen Angeboten zu einem Thema (z. B. Insekten) selbstständig wählen und unterschiedliche Erfahrungen in wechselnden Gruppen verknüpfen. • Erstellung von Fotos und Bildern der Kinder zum Thema „Wer bin ich und wer bist du?“ mit anschließendem Aushang in der Kita
Mathematik, Naturwissenschaft und Technik 	• Das Kind kann bis zehn zählen. • Das Kind kann unterscheiden, was ist mehr, weniger oder gleich viel. • Das Kind erkennt verschiedene geometrische Grundformen. • Das Kind geht sachgerecht mit einfachen Haushaltsgegenständen um.	• Nutzen alltäglicher Tätigkeiten (z. B. Tischdecken, Backen und Kochen) • Abzählreime • Zählspiele, Lege- und Suchspiele • Wahrnehmungs- und Schätzübungen: Ein Glas mit Erbsen o. Ä. wird im Gruppenraum aufgestellt. Alle schätzen, wie viele Erbsen sich darin befinden. Am Ende des Tages wird das Rätsel gelöst und ein Gewinner gekürt. • Durchführen von Experimenten: Umgießen einer vorher abgemessenen Wassermenge in verschiedene Gefäße. Warum erscheint die Menge mal geringer und mal größer?

Bildungsbereich	Bildungsziele (Beispiele)	Angebote (Beispiele)
Musische Bildung und Umgang mit Medien 	• Das Kind erkennt und singt einfache Melodien. • Das Kind bewegt sich zur Musik. • Das Kind beherrscht verschiedene Maltechniken. • Das Kind kennt Medien (z. B. Fernseher, Computer, Radio) und kann mit ihnen umgehen.	• „Kunstwerkstatt“ mit anschließender Ausstellung: Die Kinder können an verschiedenen Stationen mit unterschiedlichen Materialien (z. B. Wasserfarben, Kohle, Knete, Salzteig), z. B. zum Thema „Winter“, arbeiten. • Puppentheaterstück mit Einsatz von Instrumenten, Medien und Material (z. B. Handpuppen) • Rollenspiele und „Verkleide-Ecke“ • „Computerführerschein“: Die Kinder erlernen die Handhabung und wichtige Regeln für den Umgang mit dem Computer. Abschließend erhalten sie einen „Führerschein“, der es ihnen z. B. erlaubt, den Computerraum einmal in der Woche zu nutzen.
Körper, Bewegung und Gesundheit 	• Das Kind kann sich harmonisch und koordiniert bewegen. • Das Kind ist in der Lage, seine Emotionen (z. B. Wut, Freude, Angst) körperlich auszudrücken. • Das Kind führt unterschiedliche Bewegungen sicher aus (z. B. auf einem Bein hüpfen, rückwärts laufen). • Das Kind kann Körperteile benennen. • Das Kind kann gesunde und ungesunde Lebensmittel unterscheiden.	• Bewegungsspiele • Bastelangebote, z. B. Falten von Weihnachtssternen, Auffädeln von Schmuck • Werken: Bauen einer neuen Garderobenleiste für die Kita • Nagelbrett-Spiel: Wer den Nagel mit den wenigsten Schlägen versenkt, gewinnt. • „Budenbau“-Projekt • gesundes Frühstück: Alle Kinder bringen mit, was für sie ein gesundes Frühstück ist. Im gemeinsamen Gespräch und mit Hilfe eines vorbereiteten Plakates werden die mitgebrachten Lebensmittel „unter die Lupe genommen“. Eine Projektwoche zu gesunder Ernährung kann sich anschließen.
Natur und kulturelle Welten 	• Das Kind kennt die Natur und einzelne Abläufe (z. B. Wasserkreislauf) und Naturerscheinungen (z. B. Wetter). • Das Kind verfügt über Heimatwissen (Wo lebe ich?). • Das Kind erfährt Kunst und erlebt Ästhetik.	• Spaziergänge und Ausflüge in der Natur bei jeder Witterung • Projekte, z. B. zum Wasserkreislauf, Müllentsorgung, Tiere in unserem Wald • „Fingerreisen“ bzw. Quiz zum Thema „Kinder in der ganzen Welt“ unter Nutzung von Globen, Landkarten und Büchern • Fotoausstellung zum Thema „Hier wohne ich“ • Theater- und Museumsbesuche • Projektwochen zu verschiedenen Künstlern

1.2.4 Organisatorische Hinweise

Das Fehlen einer angemessenen personellen und finanziellen Ausstattung erschwert die Angebotsplanung.

Bei allen Angeboten im Bereich der Beschäftigung gilt es grundlegende Vorgaben zu berücksichtigen. Es bedarf z. B. eines angemessenen Personalrahmens, damit ein Beschäftigungsangebot auch von den Mitarbeiterinnen begleitet werden kann. Da eine Grundversorgung der betreuten Kinder und Jugendlichen (z. B. im Bereich der Pflege bei Kleinkindern) gewährleistet sein muss, geht Personalmangel häufig auf Kosten zusätzlicher Angebote, die allerdings das Erfahrungsspektrum erhöhen würden. Auch ein gewisser Finanzrahmen sollte vorhanden sein, um z. B. Materialien zu kaufen oder Eintrittsgelder zu bezahlen. So kann das Beschäftigungsangebot vielfältig und abwechslungsreich gestaltet werden.

Ab April in der Kita Sonnenhut: **KINDERYOGA**

Was?
Kindgerechte Yogabewegungen

Wann?
Jeden Mittwoch von 15 bis 16 Uhr

Wo?
Im großen Turnraum

Wer bietet es an?
Daniela Sommer (Yogalehrerin)

Machen Sie Ihre Angebote öffentlich. Es ist wichtig, sicherzustellen, dass alle Interessierten davon erfahren. In vielen Einrichtungen gibt es zu diesem Zweck Pinnwände, an denen geplante Aktivitäten und andere Termine (z. B. Elternabende) ausgehängt werden können. Auch die persönliche Einladung für ein Angebot ist gerade für Kinder wichtig, die noch nicht lesen können oder denen es leichterfällt teilzunehmen, wenn sie persönlich angesprochen und motiviert werden.

Ideensammlungen auf Karteikarten ermöglichen den Rückgriff auf bewährte und erprobte Angebote

Um bereits vorhandene Angebotsplanungen oder Ideen für zukünftige Angebote schnell parat zu haben, hat sich das Anlegen einer Ideensammlung bewährt. Auf Karteikarten notiert man die Planung und gegebenenfalls bereits vorhandene Erfahrungen (z. B. “ist eher für Kinder ab 5 Jahren geeignet“, „braucht einen ganzen Vormittag Zeit“).

Eine Systematik erleichtert es, ein passgenaues Angebot zu finden. Hierbei sind z. B. folgende Kriterien sinnvoll:

- Thema: z. B. Advent, Sommerfest, Farben
- Altersgruppe: z. B. für Unter-Dreijährige, für die Vorschulkinder
- Beschäftigungsart: z. B. Bastelideen, Bewegungsangebote, Lieder

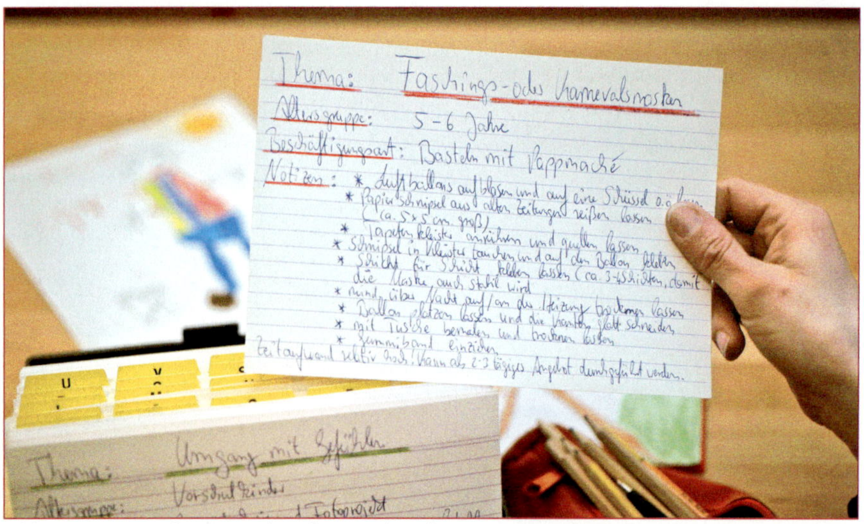

Abb. 1 Eine Sammlung von Ideen für Angebote kann mit Karteikarten angelegt werden.

Es gibt bei allen Vorteilen von Bildungs- und Beschäftigungsangeboten aber auch Grenzen oder Faktoren, die die Durchführung von Angeboten erschweren. Entstehen Probleme bei der Umsetzung der Angebotsplanung, so sollten verschiedene Lösungsmöglichkeiten in Betracht gezogen werden.

Mögliche auftretende Probleme	Mögliche Lösungen
Niemand meldet sich für das Angebot an. 	– das Angebot stärker bekannt machen, z. B. durch Aushänge – die Zielgruppe persönlich ansprechen und nach ihren Interessen fragen
Angemeldete Kinder kommen nicht zum geplanten Termin. 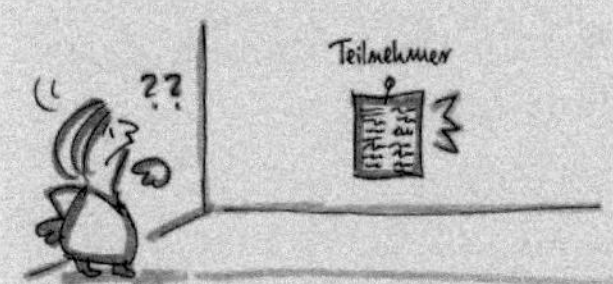	– Zeit und Ort im Aushang stärker hervorheben – Rücksprache mit den Fachkräften zu den Gründen halten und diese in der weiteren Planung berücksichtigen
Es kommen zu viele am Angebot interessierte Kinder. 	– das gleiche Angebot zu verschiedenen Zeiten anbieten (die Gruppe teilen) – klären, ob personelle Verstärkung möglich ist
Die Kinder sind vom Angebot überfordert. 	– Angebote mit unterschiedlichem Schwierigkeitsgrad vorbereiten – Rücksprache mit den Fachkräften zu den Fähigkeiten/zur Tagesform der Kinder halten

1.2.5 Arbeit im Team

Die Zusammenarbeit unterschiedlicher Mitarbeiterinnen erweitert das Angebotsspektrum und sichert die Fachlichkeit.

Ein Team besteht aus vielen Menschen mit unterschiedlichen Interessen und Talenten. Jede Mitarbeiterin hat die Möglichkeit, eine Aktivität zu gestalten, an der sie auch selber Freude hat. Dadurch können in einem Team sehr unterschiedliche Beschäftigungen angeboten werden, z. B. Chor, Speckstein-Skulpturen, Rolli-Sportgruppe, Skater-Treff, Theatergruppe.
Besonders gut lässt sich dieser Anspruch in offenen Gruppen verwirklichen. In festen Gruppen gibt es häufig vorgegebene Themen, z. B. orientiert am Jahreslauf. Eine feste Struktur kann hier wiederum hilfreich sein, eine gewisse Routine zu entwickeln.
Verschiedene Berufsgruppen (z. B. Psychologen, Kunsttherapeuten) bieten in manchen Institutionen für die Betreuung von Kindern und Jugendlichen mit Behinderungen eigene spezifische Angebote an. Nutzen Sie auch die Möglichkeiten, andere Fachleute in die Angebotsplanung einzubeziehen. Oft ist es in diesem Arbeitsfeld sinnvoll, z. B. Ergotherapeuten, Physiotherapeuten oder andere mit der Leitung einer Gruppe zu betrauen, besonders, wenn die individuellen Bedürfnisse der Teilnehmer und Teilnehmerinnen eine medizinische Fachausbildung voraussetzen.

Kinder und Jugendliche mit Behinderungen ► S. 130

1.3 Nachbereitung von Bildungs- und Beschäftigungsangeboten – „Gut gelungen oder doch nicht?“

1.3.1 Präsentieren von Ergebnissen

Beschäftigungsangebote oder Aktivitäten gliedern sich meist in drei Phasen:

- Aufwärmphase (10–15 min): In dieser Phase nehmen die Kinder oder Jugendlichen den Kontakt zueinander auf. Die Gruppenleitung kann über das stattfindende Angebot informieren und die Teilnehmer begrüßen.
- Aktivitätsphase (40–60 min): Das geplante Angebot wird in dieser Phase durchgeführt, dabei werden auch kleine Pausen eingeplant. Die Gruppenleitung gestaltet den Ablauf und ist Ansprechpartner für die Kinder oder Jugendlichen.
- Ausklangphase (10–15 min): In dieser Phase kann man sich die Ergebnisse des Angebotes ansehen, z. B. Bastelarbeiten oder ein einstudierter Tanz. Es wird noch einmal abschließend über das Angebot gesprochen, die Stimmung ausgewertet und, wenn möglich, auch ein Abschlussritual vollführt.

Die gemeinsame Auswertung des Angebotes stellt eine Weiterentwicklung sicher.

Darüber hinaus ist es im Anschluss an die Durchführung einer Aktivität, egal, mit welcher Altersgruppe, wichtig, das Erlebte in geeigneter Form aufzubereiten. Zur Präsentation des gemeinsam Erlebten bieten sich z. B. Aushänge am „Schwarzen Brett“ oder Aufführungen an.
Im Bereich der Kindertagesbetreuung werden die Beschäftigungsergebnisse (wie z. B. Kinderzeichnungen, Bastelarbeiten) häufig im Gruppenraum bzw. im Flur der Einrichtung ausgehängt und so für alle sichtbar gemacht.

Abb. 1 Präsentation von Arbeiten in einer Kindereinrichtung

Portfolios sind systematische Bildungsdokumentationen einzelner Kinder.

Außerdem lässt sich, z. B. durch eine Fotoserie vom Kinderyoga, der Spaß aller Beteiligten dokumentieren. Ein solcher Aushang wirkt auf andere Kinder motivierend, beim nächsten Mal mit dabei zu sein.

Portfolio ► S. 196

Um den individuellen Bildungs- und Entwicklungsprozess der einzelnen Kinder deutlich zu machen, werden ausgewählte Beschäftigungsergebnisse im Rahmen einer Bildungsdokumentation, z. B. als Portfolio, gesammelt und aufbewahrt.

1.3.2 Auswerten und verbessern

Auf der Basis der unterschiedlichen Erfahrungen aller Beteiligten und im Gespräch miteinander ist eine Weiterentwicklung aller möglich. Um ein Feedback zu einem Angebot zu erhalten, kann man verschiedene Möglichkeiten nutzen.

Persönliches, direktes Feedback:
Zum Beispiel im Gespräch mit den Teilnehmern: Diese Form ist sehr unmittelbar und findet häufig im Anschluss an eine Aktivität statt. („Wie hat es dir/Ihnen gefallen? Was war gut, was nicht? Welche Änderungsvorschläge gibt es?") Erhält man direktes Feedback im Gespräch, kann man Rückfragen stellen, wenn eine Aussage nicht klar war bzw. nicht verstanden wurde. Es sind spontane Äußerungen möglich, die vielleicht nach längerem Nachdenken oder Aufschreiben anders ausfallen würden. Nach der Sammlung und dem Austausch der Erfahrungen ist es sinnvoll, wichtige Ergebnisse bzw. Verbesserungsvorschläge und Lob schriftlich zusammenzufassen, um sie zur Weitergabe oder beim nächsten Mal nutzen zu können.

Für die Auswertung von Aktivitäten kann man auf persönliches und schriftliches Feedback zurückgreifen.

Abb. 1 Die Auswertung von durchgeführten Angeboten kann auch im Team erfolgen.

Schriftliches Feedback:
Zum Beispiel mit Hilfe eines Fragebogens oder eines „Briefkastens": Die Rückmeldungen sind hier häufig überlegter, nicht mehr so spontan. Wird ein Fragebogen verwendet, sollte darauf geachtet werden, dass ausreichend Platz für die Antworten vorgesehen ist, damit der Schreiber auch wirklich alles notieren kann, was ihm wichtig ist. Für den Feedback-Nehmer ergibt sich der Vorteil, dass er die Rückmeldungen auch später auswerten kann, da sie ihm bereits in schriftlicher Form vorliegen. Eine spontane Erwiderung bzw. Rückfrage ist jedoch nicht möglich.

Der Umgang mit nicht nur positiven Rückmeldungen zu einem Angebot setzt ein gewisses Maß an Kritikfähigkeit voraus. Oft ist es nicht leicht, mit Beschwerden oder anderen Formen der Kritik konstruktiv umzugehen. Besonders, wenn man sich mit der Angebotsplanung sehr viel Mühe gegeben hat, kann es enttäuschend sein, wenn es kein „voller Erfolg" wird.

Kritische Rückmeldungen sind eine Chance, Angebote weiterzuentwickeln.

Hilfreich sein können dann
- der Austausch im Team, z. B. mit erfahrenen Kolleginnen,
- das Training der eigenen Kritikfähigkeit und Selbstreflexion, z. B. durch Rollenspiele,
- das (verstärkte) Einbeziehen der Feedback-Geber in die weitere Angebotsplanung.

Zum Weiterarbeiten in den Arbeitsbüchern

Kinderpflege			
	Schwerpunkt	Lernsituation	Nr.
	• Planung und Gestaltung von Ausflügen • Einnässen • Aufsichtspflicht	„Ich muss ganz nötig!“	10
	• Feste und Feiern • Organisation und Gestaltung • Zusammenarbeit mit Eltern	„Da habe ich mir nun eine Menge Arbeit aufgehalst“	13
	• Umgang mit neuen Medien • Rechtliche Grundlagen • Mobbing • Einsatzort Schülercafe	„Im Internet kann doch jeder schreiben, was er will“	16
	• Bedeutung von Bewegung • Planung und Gestaltung von Bewegungsangeboten • motorische Entwicklung • Förderung der Motorik	„An der Sprossenwand hingen manche Kinder wie nasse Säcke“	17
	• gesunde Ernährung • Übergewicht • Planung und Gestaltung von Projekten	„Toast mit Schokolade“	20

2. Werkerziehung und Gestaltung – „Punkte, Linien, Flächen, Formen"

2.1 Bedeutung der Werkerziehung und Gestaltung – „Einfach nur Malen und Basteln?"

Malen und Basteln sind Möglichkeiten, sich mit der Welt zu beschäftigen und sie besser zu verstehen.

Auch mit bildnerischen und gestalterischen Tätigkeiten, wie z. B. Malen, Werken oder Basteln als Ausdrucksmöglichkeit, eignen Kinder sich die Welt an. Dazu sammeln sie jeden Tag eine Vielzahl von Erlebnissen und Erfahrungen, die sie in ihren Werken ordnen und verarbeiten. Die Kinder nutzen verschiedene Ausdrucksformen, um ihre Eindrücke zu verstehen und darzustellen. Sie zeigen uns damit ihre Sicht von der Welt.

Ausdrucksformen ▸ S. 230

! Sehr anschaulich wird die Kindersicht auf bestimmte Dinge am Beispiel des Kleinen Prinzen, der enttäuscht von den großen Leuten berichtet, denen er seine Zeichnung Nr. 1 zeigte:
„Ich habe den großen Leuten mein Meisterwerk gezeigt und sie gefragt, ob ihnen meine Zeichnung nicht Angst mache."

Sie haben ihm geantwortet: „Warum sollen wir vor einem Hut Angst haben?" Seine Zeichnung stellte aber keinen Hut dar. Sie zeigte eine Riesenschlange, die einen Elefanten verdaute. Er zeichnete dann das Innere der Schlange, damit es für die großen Leute deutlicher wurde.

Der kleine Prinz hatte in seiner Zeichnung gezeigt, wie er sich bildlich vorstellte, wie Boas ihre Beute im Ganzen verschlingen. Die Reaktion der Erwachsenen entmutigte ihn, weitere Bilder von Riesenschlangen zu zeichnen.
Der kleine Prinz fühlte sich unverstanden. Aus den Reaktionen und der Interpretation der Erwachsenen entnahm er, dass er nicht gut malen könnte, und das demotivierte und verletzte ihn.

Zum Weiterlesen:
Antoine de Saint-Exupéry:
Der Kleine Prinz,
Karl Rauch Verlag, Düsseldorf,
2000

Kinder benötigen zum einen Zeit und Raum, um sich individuell gestaltend auszudrücken, zum anderen aber auch ein förderndes Feedback, Akzeptanz und Unterstützung für ihre individuelle Kunst. Neue Materialien, Techniken oder Anregungen zur Wahrnehmung steigern den Spaß und das Darstellungsvermögen der Kinder. Dadurch entwickeln Kinder Selbstvertrauen und Selbstbewusstsein.

Raumkonzepte ▸ S. 226
Feedback ▸ S. 228
Materialien ▸ S. 226
Techniken ▸ S. 232

2.1.1 Künstlerisches Gestalten

Kunst ist der Prozess schöpferisch-ästhetischen Gestaltens, meist verbunden mit einem Ergebnis.

Was ist eigentlich Kunst?
Kunst ist nicht nur eine Sammelbezeichnung für Gestaltungsprodukte und -prozesse, sondern auch eine Art Medium, also ein Mittel, um das, was im Kopf ist, auszudrücken (vgl. dtv Lexikon 2006). Der Reiz liegt im Tun und in der Anerkennung durch andere. Künstlerische Arbeiten sind Ergebnisse eines kreativen Schaffungsprozesses, die keine bestimmte Funktion erfüllen müssen. Als zweidimensionale Ausdrucksmöglichkeiten eignen sich Arbeitsbereiche wie z. B. Malen, Zeichnen, Drucken und für dreidimensionale Arbeiten das Werken, z. B. mit Holz oder Ton.

Weitere Informationen zum Thema „Was ist Kunst?“ finden Sie unter:

www. lexolino.de oder unter www. humanistische-aktion. homepage.t-online.de

Welche Rolle spielt die Kunst für mich?
Als Erwachsene greifen wir auf unterschiedliche Erfahrungen im Umgang mit der Kunst zurück. Die meisten von uns haben als Kinder gerne gezeichnet, gemalt, geklebt oder gewerkelt. Einige waren auch in Museen und haben sich Werke berühmter Künstler angesehen.
Ob wir zufrieden oder frustriert auf unsere bildnerischen Ergebnisse zurückblicken, hängt auch davon ab, wie sie unterstützt und gewürdigt wurden. Die schlechten Noten im Kunstunterricht in der Schule führten vielleicht dazu, dass viele von uns sagen: „Malen kann ich nicht.“ Das kann sich natürlich auch auf die berufliche Tätigkeit und den Spaß an der Gestaltung auswirken.

Welchen Wert hat kindliche Kunst?
Kinderbilder folgen einer eigenen Ästhetik, sie sind individuell und sehr persönlich. Sie erzählen von dem, was Kinder wahrnehmen und erleben, was sie wissen oder denken, worüber sie sich freuen und wofür sie sich begeistern können. Manchmal erzählen die Arbeiten auch etwas über die Sorgen der Kinder.

Abb. 1 Snowboardfahrer in einem Bewegungsablauf, Phil, 6 Jahre

Abb. 2 „Ein Baum ist auf eine Kerze gefallen“, Carlo, 4 Jahre

Abb. 3 Meine Einschulung, Alissa, 6 Jahre

Kinder gehen spielerisch und experimentell mit Farben und Formen um, sie sind begeisterungsfähig und können uns damit anstecken. Durch die gestaltende Umsetzung ihrer Erlebnisse, Gefühle und Erfahrungen setzen sich die Kinder mit ihrer Umwelt auseinander. Je mehr sie beobachten, wahrnehmen und wissen, desto genauer können sie im Bild davon erzählen.

Kindliche Kunst ist wertvoll, weil
- … die Bilder von der Weltsicht der Kinder erzählen,
- … sie individuell ist und den Wert einer sehr persönlichen Ästhetik besitzt,
- … Kinder ihren Eindrücken aus dem Alltag einen Ausdruck im Bild verleihen, damit den Dingen weiter auf den Grund gehen und sie verarbeiten,
- … Kinder Lösungsmöglichkeiten zur Erklärung und zur Darstellung von Dingen und Sachverhalten entwickeln und sich damit selbst bilden.

2.1.2 Entwicklung der Kinderzeichnung

Kinder durchlaufen verschiedene Entwicklungsphasen, die sich auch in ihrem Mal- und Zeichenstil widerspiegeln. Dabei nimmt ihre Fähigkeit zur Darstellung von Details, Bewegungen und Körperhaltungen, Räumlichkeit und Proportionen immer mehr zu.
Um die Entwicklungsstufen der Kinderzeichnung einzuteilen, gibt es verschiedene Modelle, die sich in der groben Gliederung im Wesentlichen ähneln (vgl. M. Somazzi, 1999).
Die Entwicklungsphasen bauen in der Regel aufeinander auf. Dabei können Kinder aber auch einzelne Stufen überspringen oder auf vertraute Muster einer früheren Stufe zurückgreifen. Das heißt, wenn dem Kind das genaue Zeichnen eines Flugzeuges wichtig ist, kann der Pilot daneben vielleicht sehr einfach wie ein Strichmännchen aussehen. Dennoch bleibt die motorische und geistige Entwicklung des Kindes auch bestimmend für seine Zeichnungen und andere gestalterische Werke.

Entwicklung des Menschen ▸ S. 98

Die Entwicklung der Kinderzeichnung lässt sich in drei Phasen einteilen:
- Kritzelphase (vorgegenständliche Phase)
- erste Schemaphase (Übergang zum gegenständlichen Zeichen)
- zweite Schemaphase (Zeichen wie die Wirklichkeit)

Je nach Alter und Entwicklungsstand erweitern Kinder ihre Fähigkeiten im Zeichnen in drei großen Stufen.

Kritzelphase/vorgegenständliche Phase
Alter: etwa 1 bis 3 ½ Jahre
Charakteristika: Die Kinder haben Spaß an der Spur und der Bewegung.

Im Krippenalter entdeckt das Kind sich selbst und stellt fest, dass es Spuren hinterlassen kann. Mit Stiften, Kleisterfarbe, Sand und Eierpampe entstehen zufällige Linien, sogenannte Kritzelbilder (Abb. 4), manchmal sogar mit dem Mittagessen. Das Kind hat Spaß an der Spur, die es entstehen lässt, und an der großen Bewegung, die aus dem ganzen Körper und dem Arm entsteht. Diese zufälligen „Schmierbilder“ beginnen im Alter von etwa 8 bis 18 Monaten. Mit ungefähr zwei Jahren beginnen die Kinder mit kreisenden Linien, dem Urknäuel und einfachen Zickzacklinien. Diese werden später auch durch geschlossene runde und ovale Formen ergänzt. Manchmal erzählen Kinder ab zweieinhalb Jahren hinterher etwas zu ihrem Bild, entwickeln eine Geschichte und geben einen Sinn und einen Titel. Dieser kann sich aber kurz darauf auch wieder ändern. Das nennt man „sinnunterlegtes Malen“.

Abb. 4 Kritzelbild, Alissa, 2 Jahre

So können Sie die Kinder in dieser Phase unterstützen:
- Bieten Sie den Kindern Platz zum Matschen und Schmieren, indem Sie ihnen große Bögen Papier und nur eine begrenzte Farbpalette mit zwei bis drei Farben zur Verfügung stellen.
- Geben Sie den Kindern ungiftige, dicke Stifte oder Kreiden sowie wasserlösliche und preiswerte Farben wie Mehlkleisterfarben.
- Neben dem Pinsel oder den Händen können die Kinder Farbe beispielsweise auch mit Kämmen, Schwämmen, Walzen oder Stöcken auftragen.
- Das Spiel mit Zufallstechniken gibt den Kindern die Möglichkeit des experimentellen Umgangs mit Farben und ersten künstlerischen Techniken.

Das ungegenständliche Malen steht in der Kritzelphase im Vordergrund.

Zufallstechniken ▸ S. 230

Abb. 1 Kopffüßler, Alissa, 4 Jahre

Abb. 2 Röntgenbild

Erste Schemaphase/Übergang zum gegenständlichen Zeichnen
Alter: etwa 3 ½ bis 9 Jahre
Charakteristika: Die Kinder malen das, was sie über die Dinge wissen

Im Elementarbereich fängt das Kind an, erste menschliche Figuren zu zeichnen. In dieser Übergangszeit entstehen aus schematischen Kreisformen und Strichen sogenannte Kopffüßler (Abb. 1). Auch Tiere, Häuser oder Bäume setzen die Kinder im gleichen schematischen Muster mit geometrischen Elementen wie Strichen, Kreisen und Kastenformen zusammen.
Mit etwa 5 Jahren zeichnen die Kinder weiterhin Menschen und Tiere, zusammengesetzt aus einzelnen Körperteilen, aber immer genauer. Männliche und weibliche Figuren werden deutlich unterschieden. Details werden bedeutender, sodass Kleidung und Schmuck die Figuren immer klarer kennzeichnen. Wichtige Motive hebt das Kind durch die Größe hervor oder zeichnet aus verschiedenen Blickwinkeln. Eine Katze lässt sich deutlich als Katze erkennen, wenn der Körper von der Seite gezeigt wird, der Kopf aber von vorne mit dem Gesicht und zwei Ohren zu sehen ist. In dieser Altersstufe zeichnen die Kinder nicht das, was sie sehen, sondern das, was sie über die Dinge wissen. Dazu gehören auch Bilder, die das Innere von Autos (Abb. 2) oder Häusern zeigen, oder Figuren, die mehr oder weniger Finger haben. Dadurch erzählen die Bilder etwas davon, wie die Kinder ihre Umwelt wahrnehmen und was sie darüber wissen oder denken.

Kinder brauchen in der ersten Schemaphase vielerlei Anregungen und Möglichkeiten, um sich auszuprobieren.

Plastizieren ► S. 233
Drucken ► S. 231

So können Sie die Kinder in dieser Phase unterstützen:
- Regen Sie die Kinder zum Fragen, Wahrnehmen und Beobachten an. Lassen Sie die Kinder vor dem Malen erleben, wo z. B. bei einem Baum die Äste herauswachsen, dass es Zweige gibt, die Rinde eine Struktur hat und überhaupt Bäume sehr verschieden sein können. Dies erweitert das Wissen der Kinder und ermöglicht ihnen ein genaueres Malen.
- Bieten Sie den Kindern unterschiedliche Materialien, Techniken und Werkzeuge zum Malen, Zeichnen, Bauen, Plastizieren und Drucken an, mit denen sie experimentieren und gestalten können.

Zweite Schemaphase/Zeichnen wie die Wirklichkeit
Alter: etwa 8/9 Jahre bis 12/13 Jahre

Abb. 3 Konturierendes Zeichnen, Alissa, 8 Jahre

Ab dem Grundschulalter beginnen Kinder, Figuren ganzheitlich zu erfassen und diese immer weniger aus Einzelteilen aufzubauen. Stattdessen werden Beine und Bekleidung als Umriss komplett und mit fließenden Linien, der Kontur, wiedergegeben. Die menschlichen Proportionen werden realitätsnäher. Die Anatomie, Details, Bewegungen und typische Körperhaltungen sind für die Darstellung wichtig. Je älter die Kinder werden, desto größer wird ihr Bedürfnis nach einer realistischen Darstellungsweise (Abb. 3). Sie sind bemüht, die Dinge so abzubilden, wie sie in Wirklichkeit sind.

So können Sie die Kinder in dieser Phase unterstützen:
- Geben Sie technische Tipps und Hilfen zu Proportionen und Perspektive und regen Sie ältere Kinder zur genauen Beobachtung der Wirklichkeit an.

2.2 Förderung kindlicher Gestaltungsfreude – „Im Reich der Farben und der Fantasie“

Wenn Sie Kinder ab dem Kita-Alter zum bildnerischen Gestalten anregen und dabei unterstützen wollen, ist es wichtig, dass Sie sich über Ihre Ziele und die Wege dorthin Gedanken machen. Damit das künstlerische Arbeiten keine beliebige Aktion und Beschäftigung wird, ist es sinnvoll, die Gestaltungsideen an Themen aus dem Alltag der Kinder anzukoppeln.

Themen aus dem Alltag
► S. 224

Im Folgenden sollen einige Ziele der Kunst- und Werkerziehung genannt werden. Zudem werden verschiedene Anlässe und Impulse zum bildnerischen Gestalten vorgestellt.

2.2.1 Ziele der Werkerziehung und Gestaltung

Die Eigenständigkeit des Kindes zu fördern gilt als übergeordnetes Ziel. Dazu gehört es auch, Probleme anzugehen und Lösungen zu suchen. Im Gestaltungsprozess können die Kinder viele Kompetenzen entwickeln, die sie im Leben brauchen (vgl. E. Walder, B. Zschokke. Sehreise – In Kindern Malfreude wecken. Haupt Verlag 2006).

Kunst und Werkerziehung sind wichtig für die Persönlichkeitsentwicklung der Kinder.

Im Umgang mit Gestaltungsprozessen, Werkzeugen und Materialien üben sie:
- den Austausch mit anderen (Abb. 4), wenn sie über Dinge und Lösungswege sprechen
- Fragen zu stellen, genauer wahrzunehmen und Neues zu entdecken, wenn sie den Dingen auf den Grund gehen
- Ausdauer und Konzentrationsfähigkeit, wenn sie bei der Sache bleiben
- Enttäuschungen zu überwinden und die Frustrationstoleranz zu steigern, wenn etwas nicht gleich gelingt
- Feinmotorik und die Koordination von Auge und Hand zu trainieren (Abb. 5), wenn sie schneiden, kleben, malen, zeichnen oder hämmern
- schöpferisch tätig zu werden und Neuem offen und kreativ zu begegnen, wenn sie Techniken und Material erproben
- sich auszudrücken, wenn sie ihren Eindrücken eine bildhafte Form geben
- Selbstvertrauen zu entwickeln, wenn Dinge gelingen und wertgeschätzt werden

Abb. 4 Beim Sprechen über ein Bild kann man sich über vieles austauschen.

Abb. 5 Kinder trainieren ihre Feinmotorik z. B. beim Schneiden.

2.2.2 Anlässe und Impulse als Ausgangspunkte zur Werkerziehung und Gestaltung

Materialien als Ausgangspunkt

Materialangebot ► S. 226

Gerade in der freien Arbeit, wenn die Kinder nicht den Themen und Gestaltungsaufträgen der Erwachsenen folgen, sondern sich selbst auf den Weg machen, kann ein interessantes und verschiedenartiges Materialangebot die Fantasie und den Schaffensdrang der Kinder beflügeln.

Heute bringt die Erzieherin Lena eine große Kiste voll verschiedener Schachteln und Kartons mit. Begeistert schauen sich die Kinder die Schachteln an. Einige wollen sofort Türme daraus bauen. Nils stellt fest, dass die Schachteln unterschiedlich groß sind, und so beginnen die Kinder, alle Schachteln der Größe nach zu ordnen. Es entsteht eine lange Schachtelschlange.

Techniken als Ausgangspunkt

Gestaltungstechniken ► S. 232

Damit Kinder sich ausprobieren und vielfältig ausdrücken können, sollen sie verschiedene Gestaltungstechniken kennen lernen.

Die Vielzahl gelernter Techniken bildet für die Kinder einen Grundstock an Wissen und Erfahrungen, der ihre Ausdrucksmöglichkeiten erweitert.

Womit kann man Farbe außer mit dem Pinsel noch auftragen? Geht das auch mit Händen, Füßen, Spachteln, Walzen, Stöcken, Bürsten oder selbst gebauten Pinseln? Mit welchen Gegenständen kann man drucken? Welche Abdrücke hinterlassen Holzstücke, Blätter, Gummi, Knöpfe, Schnüre, Bänder, Stoffe oder Schrauben? Lässt sich mit Sand auch malen und wie wird er bunt? Kann ich meine Perlen auch selbst herstellen? Was ist eine Collage?

Die Erzieherin Lena bringt an diesem Morgen viele Zeitungen mit. Die Kinder überlegen, was man damit wohl anfangen könnte. Alina möchte viele Schnipsel daraus reißen. „Was machen wir nun damit?“, will Florian wissen. „Wir könnten sie auf große Bögen aufkleben“, meint Luis. „Und bemalen“, schlägt Anna vor. Die Erzieherin zeigt den Kindern die Möglichkeit, aus Streifen und Kreisen ein Schnipselbild als interessante Collage zu kleben. Angemalt wird daraus eine Wiese mit Marienkäfern.

Erlebnisse als Ausgangspunkt

Ausflüge auf den Markt, zur Post oder in den Zoo bieten ein breites Spektrum an Erfahrungsmöglichkeiten für die Kinder. Viele Beobachtungen und Fragen beschäftigen die Kinder vor Ort, aber auch im Anschluss danach. Das Erlebnis gewinnt noch mehr Tiefe, wenn es auch vorher und nachher in der Kita eine Rolle spielt.

Die große Gruppe der Kita Zwergenland macht einen Ausflug zur Post. Die Kinder schauen sich an, welche Briefmarken auf die Briefe geklebt werden müssen und wie verschieden die Marken aussehen. Die Kinderpflegerin Maja hat Briefumschläge mitgenommen, und nun entwerfen die Kinder ihre eigenen Briefmarken, die sie dann auf die Umschläge für die Einladungen zum nächsten Elternabend kleben.

Sinneserfahrungen als Ausgangspunkt
Entdeckungen, z. B. im Wald, am See, der Geruch und die Geräusche einer Sommerwiese, all dies können Sie mit Kindern neu entdecken und mit allen Sinnen erleben. Wie fühlen sich der Baum, die Ameise, der Tau am Morgen an? Wie riecht der Wald, der feuchte Boden, das Wasser im See? Wie sehen sie aus, die Blätter der Bäume, die Beeren, die Grillen? Von so einem Ausflug lässt sich eine Menge Material mitbringen, was den Forschergeist der Kinder und den Spaß an der Gestaltung fördert.

Die Erzieherin Lena geht mit den Kindern in den Wald, um Blätter, Stöcke oder Rinde zu sammeln. In der Kita packen die Kinder alle Schätze aus. „Ich habe ein großes Blatt mitgebracht“, erklärt Paul, „es ist gezackt und ganz rau, aber ich weiß nicht, wie es heißt.“ Lena holt Bücher und so vergleichen und benennen die Kinder ihre Fundstücke. Sie kleben Waldboxen, bauen Häuser, Flöße und Mobiles.

Kunst- und Werkbetrachtungen als Ausgangspunkt
Wer war schon einmal in einem Museum? Viele Menschen empfinden Museen als langweilige, stille Orte. Orte zum andächtigen Schauen. Aber da gibt es auch blaue Pferde oder eckige Instrumente, Bilder voller Farbflächen oder kleiner Punkte. Eigentlich gibt es in einem Museum viel zu entdecken. Warum ist denn das Pferd blau? Wer hat denn so etwas gemalt?
Künstler haben oft eine andere Sicht auf die Dinge und sie geben ihre Eindrücke ganz unterschiedlich wieder. Auch Kinder schon kann die Begegnung mit Kunstwerken zu eigenem bildnerischen Tun (Abb. 1) anregen. Sie schlüpfen in die Rolle der Künstler und sind angeregt, mit Farben und Formen zu experimentieren und neue Wege zu suchen.

Je nachdem, welcher Künstler und welche Technik im Vordergrund steht, können Kinder sich daran orientieren und eigene Werke komponieren.

Nina geht mit dem 5-jährigen Hanno und der 6-jährigen Lotta ins Museum und sie schauen sich ein Bild von Claude Monet an, der mit vielen Pinseltupfen seinen Garten gemalt hat. Wieder zu Hause möchten die drei das auch einmal ausprobieren und versuchen, mit Tusche und Pinseln Tupfbilder von Blumen aus ihrem Vorgarten anzufertigen.

Abb. 1 Von einem Kind gemaltes Bild im Stil von Pablo Picasso.

Kinderbücher als Ausgangspunkt
Kinderbücher bieten ein unendliches Spektrum an Themen, die Kinder interessieren und faszinieren. Sie vorzulesen zieht Kinder in den Bann. Prinzen und Prinzessinnen, Ritter, Drachen, Räuber, Märchenfiguren oder verschiedene Tiere erleben Schwierigkeiten, die auch den Kindern im Alltag begegnen. Die Buchfiguren suchen und finden meist Lösungen zur Verbesserung ihrer Situation, mit denen sich die Kinder identifizieren können. Im Gespräch entwerfen die Kinder eigene Lösungsansätze und Hilfen für die Figuren der Geschichte. Im Spiel oder in Zeichnungen setzen sie sich erneut mit den Figuren und deren Welt auseinander, erleben die Geschichte neu und haben die Möglichkeit, sich der Geschichte auf ihre Art zu nähern und sich mit ihren Lieblingsfiguren länger zu beschäftigen. Geschichten können gut als Anlass genutzt werden, ohne festzulegen, welche Figuren dargestellt werden sollen.

Lionni, Leo: Das größte Haus der Welt, Beltz Verlag, Landsberg, 2010

Sara bringt ein Bilderbuch mit: „Das größte Haus der Welt“ von Leo Lionni. Im Morgenkreis schauen die Kinder das Buch an und die Erzieherin liest die Geschichte vor. „Das große, bunte Haus der kleinen Schnecke ist bestimmt schwer“, vermutet Sascha. „Ob sie damit kriechen kann?“, überlegt Paul. Die Kinder malen viele Schneckenbilder und wollen draußen Schnecken suchen, beobachten und vergleichen.

2.3 Rahmenbedingungen und methodisch-didaktische Hinweise – „Von der Idee zum Kunstwerk“

Kinder brauchen für das kreative Gestalten klare Rahmenbedingungen.

Pädagogische Grundsätze ▸ S. 207

Die Kindertagesstätte bietet ein gutes und geschütztes Handlungsfeld, um sich in verschiedenen Bereichen zu erproben. Das gilt auch für das kreative Gestalten. Damit Kinder sich frei und kreativ ausdrücken können, brauchen sie Rahmenbedingungen, die Orientierung, Schutz, Unterstützung, Freiräume und Anerkennung zugleich bieten.
Zu diesen Rahmenbedingungen gehören folgende drei Bereiche:

- Der äußere Rahmen, der den Raum, das Material und die Werkzeuge betrifft. Die bereitgestellten Elemente müssen dem Alter und dem Entwicklungsstand der Kinder entsprechen und können ganz unterschiedlich umfangreich sein.
- Die Begleitung betrifft den Umgang der Erwachsenen mit den gestalterischen Prozessen und Werken der Kinder. Dabei ist die Rolle der Erzieherin in der freien und offenen Arbeit eine andere als bei der Anleitung von Gestaltungsprozessen.
- Ein geschütztes Handlungsfeld braucht einen Rahmen, der auch die Sicherheit und den Unfallschutz berücksichtigt. Diese Sicherheit steht in einem Spannungsverhältnis zu den Freiräumen, die für kreative Prozesse auch notwendig sind. Hier müssen Sie immer wieder neu beobachten, was Sie den Kindern schon zutrauen können und wo Vorsicht bei Materialien oder Werkzeugen geboten ist.

2.3.1 Raum, Material und Werkzeuge

Raum, dieser Begriff steht zum einen für den Platz, den die Kinder brauchen, um sich bewegen zu können, auch beim Gestalten. Dabei benötigen jüngere Kinder mehr Platz als ältere, weil sie aus dem Körper heraus arbeiten und nicht nur mit der Hand. Zum anderen steht Raum für ein Konzept, bei dem Werkprozessen ein bestimmter Ort in der Kita zugeordnet wird. Das Spektrum reicht dabei von einem mobilen Kunstkoffer bis zum Atelier. Denn nicht jede Einrichtung verfügt über einen speziellen Werkraum. Es existieren verschiedene Möglichkeiten der Ausstattung mit Materialien und Werkzeugen. Dabei erweitert sich die Liste der Basismaterialien für einen Kunstkoffer oder ein Kunstregal über weitere Standardmaterialien für eine Nischenlösung mit mehr Platz bis zur Materialvielfalt in einem ganzen Kunstraum oder Atelier. Hier gibt es dann sogar Platz für verschiedene Materialsammlungen und Arbeitsbereiche. Natürlich ist es auch möglich, das Materialangebot je nach Bedarf zu mischen, zu erweitern und dem Entwicklungsstand der Kinder anzupassen.

Raumkonzept	Material
Regal mit Basismaterialien Hinweis: Gestaltungsarbeiten, die mehr Schmutz hinterlassen, könnten im Bad oder draußen ausgeführt werden.	Frei zugänglich und auf der Höhe der Kinder sollten Basismaterialien zur Verfügung stehen: • Papiere verschiedener Größen, Stärken und Farben • Krepppapier, Transparentpapier • Stifte und Wachskreiden und/oder Wachsblöcke • große Tuschfarben, Unterlagen, Becher, dicke und dünne Pinsel, Malkittel, Mallappen • Scheren ohne Spitze (nicht in der Krippe verwenden) • Klebestifte (nicht in der Krippe verwenden) • Knetmasse, Bretter und Knetmesser aus Kunststoff • Locher, Tacker, Musterklammern (nicht in der Krippe verwenden) • Restekiste mit diversen Papieren und Schachteln • Stoffreste

Raumkonzept	Material
Gestaltungsecke mit mehreren Regalen und mit weiteren Standardmaterialien Hinweis: Hier sollten nicht alle Werkzeuge und Materialien für die Kinder frei zugänglich sein. Farben müssen für die Kinder abgefüllt werden. Die Arbeit mit Gips, Fixativ, Efaplast, aber auch mit Folien bedarf der Begleitung und Anleitung.	Die Basismaterialien können ggf. durch weitere Standardmaterialien ergänzt werden: • Packpapier, Tapete, Wellkarton • Alufolie, Frischhaltefolie, Goldfolie • Straßenkreiden, Zucker, Kohle, Pastellkreide, Fixativ, Filzstifte und Löschstifte, Goldstifte • Tempera- oder Gouachefarben in größeren Flaschen, Aquarell • Malpaletten oder Pappteller zum Mischen der Farben • Spachtel und Walzen • Universalklebstoff, Holzleim, Tapetenkleister, Tesafilm, Tesakrepp • Gips, Efaplast® (trocknet an der Luft) • Materialsammlung mit Schachteln, Perlen, Federn, Schnur, Wolle, Knöpfen, Verpackungen, Illustrierten usw. • Naturmaterialien
Atelier mit verschiedenen Werk- und Materielecken Hinweis: Die Vielfalt an Werkzeugen und Material macht es notwendig, mit den Kindern die Handhabung zu üben. Sägen sollten gezielt herausgegeben werden.	Werkecke Malerei: • Staffeleien, Maltisch, Malwand, große Malbretter • Trockenständer, Wäscheleinen • Jogurtbecher, Marmeladengläser für kleinere Farbmengen • große Malpapiere/Rolle, Karton, Pappen • Sammlung an Pinseln, Bürsten, Einwegspritzen ohne Nadeln, Fingerpinseln, Schwämmen • Pigmente, Batikfarben, weiße Wandfarbe als Grundierung, Binder • Tusche und Zeichenfedern Werkecke plastisches Arbeiten: Holzbereich: • Holz, Nägel, Schrauben • Werkzeug in Kindergröße: Handbohrer, Hammer, Sägen, Kombizangen, Kneifzangen, Feilen, Raspeln, Sandpapier • Holzreste, Baumscheiben, Bretter, Baumstamm zum Nageln, Leisten, Stöcke • Holzleim, Schraubzwingen, Schraubstöcke Tonbereich: • Ton in luftdichten Eimern mit Deckel zur Aufbewahrung • Brennofen • Engoben oder Glasuren • Teigrollen, Modellierhölzer, alte Löffel u. Gabeln, Hartfaserplatten als Unterlage • Knoblauchpressen Experimenteller Bereich: • Draht • Gips, Gipsbinden, Vaseline, Schüsseln, Gipsmulden • Küchenpapier, Seidenpapier, Toilettenpapier, Servietten • Pürierstab, Klebepistole, Bügeleisen • Styroporkugeln, -platten • Restekiste mit Eierkartons, Jogurtbechern, Kunststoffflaschen • Schachteln mit Korken, Kronkorken, Stoffresten, Luftballons

Finden Sie heraus, welche Themen die Kinder gerade interessieren, und machen Sie dazu Gestaltungsvorschläge.

Planung von Angeboten ► S. 210
Beobachtung ► S. 189
Feedback ► S. 94

2.3.2 Begleitung und Feedback zur Kunst von Kindern

Die Art der Begleitung kreativer Prozesse ist davon abhängig, ob Sie als Erwachsener ein Gestaltungsangebot planen und die Kinder konkret zu einem Thema oder einer Technik anleiten oder ob die Kinder eigenständig und ergebnisoffen arbeiten. In der freien Arbeit ist es Ihre Aufgabe, die Kinder zu beobachten und sie in ihrem individuellen kreativen Prozess zu unterstützen. Bei der angeleiteten Arbeit hingegen sollten Sie den Kindern Angebote vorstellen, ihnen Techniken, Material, Werkzeuge und auch thematische Bezüge anbieten. Mit Bezug zu den Fragen der Kinder und ausgehend von dem, was sie beeindruckt, was sie wissen und ausprobieren wollen, können sich ganz spezifische, kreative und ergebnisoffene Gestaltungsprozesse entwickeln.

Dazu ist es wichtig, wie Sie mit den Arbeiten der Kinder umgehen. Davon wird es auch abhängen, ob die Kinder Spaß am Gestalten haben und stolz auf ihre Werke sind. Man unterscheidet zwischen förderlichem und hemmendem Feedback bzw. förderlichen Handlungen und hemmenden Handlungen im Gestaltungsprozess (vergl. E. Hietkamp. Kunst erleben – Kunst begreifen. Cornelsen 1998).

Förderliches Feedback

Beobachten: Nehmen Sie sich zurück, wenn die Kinder selbstständig arbeiten. Das unterstützt den eigenen Weg der Kinder.

Loben: Wenn das Werk gut gelungen ist und das Kind seine Arbeit mag. Vorsicht vor falschem Lob.

Materialvielfalt: Je älter das Kind ist, desto größer darf die Auswahl sein. Kleine Kinder brauchen nur wenig Material (siehe S. 230).

Raumangebot: Kleine Formate und enge Tische schränken die Bewegung ein und können zu Konflikten in der Gruppe führen, weil Farbe auf fremde Arbeiten kleckst. Arbeiten Sie am Boden, an großen Tischen oder nur mit wenigen Kindern, damit alle genug Raum haben.

Würdigung: Gehen Sie nicht achtlos mit Kinderarbeiten um oder werfen Sie nichts einfach weg, denn jedes Bild ist ein Stück persönlicher Ausdruck. In Sammelmappen oder Portfoliokisten können alle Arbeiten aufgehoben werden.

Ausstellen: Treffen Sie keine Auswahl der „schönsten“ Arbeiten, sondern erhalten Sie die Motivation, indem Sie die Bilder aller Kinder zeigen.

Hemmendes Feedback

Fragen – „Was ist das denn?“ Solche Fragen könnten das Kind demotivieren, wenn Sie nicht erkennen, was es malt. Besser, Sie sagen: „Erzähl mir doch von deinem Bild!“

Nachfragen – „Ist das ein Hund?“ Vorsicht beim Interpretieren. Kommen Sie ins Gespräch, indem Sie beschreiben, was Sie sehen: „Du hast das aber sehr groß/klein gemalt!“ Das Kind kann dann dazu etwas erzählen.

Verbessern – du hast ja die Arme vergessen: Das ist verletzend. Vielleicht könnte das Kind in einem Gespräch selbst darauf kommen, z. B.: „Könnte das Kind auf dem Bild winken?“ Denken Sie daran: „Falsch“ gibt es nicht, nur andere Sicht- und Ausdrucksweisen!

Hineinmalen: Wenn ein Kind sagt: „Ich kann das nicht, malst du das?“, dann fehlen ihm oft nur Ideen oder Kenntnisse. Suchen Sie gemeinsam nach Lösungen. Abbildungen können hier helfen. Zeichnen Sie nicht in das Bild des Kindes hinein.

Schablonen: Schablonen sind beliebte Hilfsmittel. Sie erhöhen aber den Anspruch des Kindes und helfen dem Kind nur kurze Zeit weiter. Am Ende schmälern sie die Kreativität und das Zutrauen des Kindes.

Zeitrahmen: Sich beeilen zu müssen ist für kreative Prozesse schwierig. Das Kind sollte den Zeitrahmen bekommen, den es braucht.

Vergleiche: Vergleichen Sie die Arbeiten der Kinder nicht, denn das wird der individuellen Ausdrucksform und Entwicklung der Kinder nicht gerecht.

2.3.3 Sicherheit und Unfallschutz beim kreativen Gestalten

Kinder probieren gern alles aus. Das ist auch wichtig, denn dadurch lernen sie. Verschiedene Materialien und Werkzeuge sollten zunächst außer Reichweite der Kinder aufbewahrt werden. Unfallschutz und Freiheit in kreativen Prozessen sind kein Gegensatz, sondern etwas, das miteinander entwickelt wird. Wenn Kinder die Regeln zum Umgang mit Werkzeugen Stück für Stück kennen und diese beherrschen, dann haben sie die Freiheit erworben, kreativ und selbstständig damit umzugehen. Eine klare Struktur und sorgfältige Planung sind die Voraussetzungen für ein entspanntes gestaltendes Arbeiten für die Kinder und für Sie. Deshalb ist es wichtig, Techniken, Themen und Materialien an die Bedürfnisse und Fähigkeiten der Kinder anzupassen. Durch Überforderung und das Fehlen von Strukturen können Unlust und Chaos entstehen, die auch ein höheres Verletzungsrisiko bedeuten.

Lerntheorien ► S. 158

Zeigen Sie Kindern unter drei Jahren in Ruhe, wie man klebt oder schneidet. Material und Werkzeug müssen übersichtlich sein. Weniger ist mehr. Scheren, Klebstoff und Farben sollten zunächst unerreichbar aufbewahrt werden. Papiere und ungiftige Stifte können und sollen auch schon für die Kleinen frei zur Verfügung stehen. Achtung vor kleinen oder spitzen Werkstoffen, die in den Mund genommen und verschluckt werden können. Zu einer Umgebung, die für Kinder ab drei Jahren anregend ist, gehören altersgerechte Werkzeuge und Materialien, die auch selbstständig genutzt werden können und deshalb sichtbar und erreichbar aufbewahrt werden. Unter Anleitung erlernen die Kinder den sachgerechten Umgang mit den Werkzeugen und dem Schraubstock zum Festklemmen der Werkstücke. So dürfen die Großen mit etwa fünf Jahren z. B. auch schon alleine sägen oder nageln, wenn sie auch den Schraubstock benutzen. Ältere Kinder warten zu Beginn eines Angebotes, bis die Aufgabenstellung besprochen wurde, nach dem Motto: „Erst schauen, dann machen.“ Später können sie dann in der freien Arbeit auf diese Fertigkeiten zurückgreifen.

Abb. 1 Abgerundete Kinderschere

Im Umgang mit Werkzeugen und Arbeitsmitteln müssen Sie Folgendes beachten:
- Kennzeichnen Sie die Stellplätze der Scheren und Stifte im Regal mit Abbildungen. Becher für Stifte sollten zum Sortieren die gleiche Farbe wie die Stifte selbst haben.
- Benutzen Sie ungiftige, wasserlösliche Farben und Klebstoffe sowie abgerundete Scheren (Abb. 1) und spezielle Scherenständer.
- Benutzen Sie Buntstifte, die außen nicht lackiert sind, sodass keine Farbe abgekaut werden kann.
- Sorgen Sie dafür, dass jedes Kind seinen Arbeitsplatz wieder aufräumt und auch heruntergefallene Materialien oder Werkzeuge wieder aufhebt.
- Bewahren Sie Hammer, Nägel, Säge oder Raspel separat auf und geben Sie diese nur bei Bedarf heraus.
- Folien oder kleine Kunststofftüten, Fixative oder Lacke mit Lösungsmitteln, Gips oder Gipsbinden, Batikfarbe und Pigmente dürfen nur in Anwesenheit eines Erwachsenen benutzt werden.
- Hilfsmittel wie ein Pürierstab, eine Heißklebepistole oder ein Bügeleisen dürfen für Kinder nicht zugänglich sein und nur mit Ihnen gemeinsam genutzt werden.
- Werkstoffe wie Specksteine und Itonsteine dürfen ausschließlich im Freien bearbeitet werden. In manchen Einrichtungen sind sie ganz verboten.
- Für Notfälle muss ein vollständiger Verbandskasten zur Verfügung stehen, damit kleine Verletzungen versorgt werden können.

Abb. 2 Sichere Aufbewahrung von Scheren in einer Kita

Notfälle ► S. 419

2.4 Ausdrucksformen der Werkerziehung und Gestaltung – „Was kann ich mit Farbe, Papier und Holz anfangen?“

Weitere Ideen finden Sie bei: Reuys, Eva/Viehoff, Hanne: Jetzt kommer wir! Ideen und Spiele für die 1- bis 3-Jährigen . Don Bosco, München 2007 Oder Richter, Christine: Jeder ist ein Künstler. Prestel, München 2005

Welche Techniken und Materialien Sie mit Kindern in der angeleiteten Arbeit und in verschiedenen Alters- und Entwicklungsstufen nutzen können, soll im Folgenden dargestellt werden. Dabei ist eine präzise Planung, die auf die Bedürfnisse, Wünsche und entwicklungsbedingten Voraussetzungen der Kinder Bezug nimmt, wichtig für den Spaß und ein gutes Gelingen.

2.4.1 Gestaltungsarbeiten im Krippenbereich

Planung ► S. 210
Kritzelphase ► S. 221

Im Krippenbereich steht das spielerische Erleben verschiedener Materialien im Vordergrund und nicht das Ergebnis, obwohl auch die Werke der Kleinen für jedes Kind besonders wichtig und einmalig sind. Wenn die Kinder kritzeln, malen, die Farbe verschmieren, matschen, etwas formen, zusammensetzen und wieder verändern oder auseinandernehmen, dann gestalten sie mit allen Sinnen und oft mit großer Konzentration. Sie agieren ganz unterschiedlich und zeigen dabei ein Stück ihrer Persönlichkeit. Der Gestaltungsprozess ist für die Kleinen ein Spiel, verbunden mit Vergnügen und Neugier, wenn die Rahmenbedingungen stimmen.

Rahmenbedingungen ► S. 226

Bereiten Sie Gestaltungsarbeiten im Krippenbereich folgendermaßen vor:

- Decken Sie die Arbeitsflächen ab und ziehen Sie den Kindern Malkittel oder alte Hemden an, damit die Kleidung nicht schmutzig wird.
- Stellen Sie nur wenige Farben zur Verfügung (zwei Grundfarben, dazu evtl. Weiß und Schwarz) und portionieren Sie diese schon in kleine Schälchen um.
- Stellen Sie das Material, wie z. B. große Pinsel, Walzen oder Schwämme, übersichtlich bereit.
- Zeigen Sie den Kindern, wie sie z. B. mit dem Pinsel die Farbe auf das Papier bringen können, kleine Kinder lernen gut durch Nachahmung.

Lernen durch Beobachtung ► S. 160

Mit den folgenden Gestaltungsvorschlägen aus dem Bereich der Zufallstechniken können die Kinder spielerisch und fantasievoll neue Materialien und künstlerische Möglichkeiten entdecken. Zufällig und doch bestimmt machen die Kinder ästhetische und sinnliche Erfahrungen.

Murmelbilder 	**Material:** Kartondeckel, Murmeln, weißes oder farbiges Papier in Kartongröße (DIN A 4), dickflüssige Temperafarbe (oder Tusche), Pinsel, Wasser, Papiertücher oder Lappen **Technik:** Legen Sie das Papier in den Kartondeckel. Klecksen Sie Farbe auf das Papier oder tunken Sie die Murmeln in die Farbe. Legen Sie die Murmeln in den Deckel und geben ihn dem Kind in beide Hände. Die Murmeln werden im Deckel hin und her gerollt, sodass sie Farbspuren erzeugen. Im Garten oder im Bad können die Kinder auch Tennisbälle in Farbe tunken und über Tapetenbahnen rollen. So entsteht ein Gemeinschaftsbild.
Klatschbilder 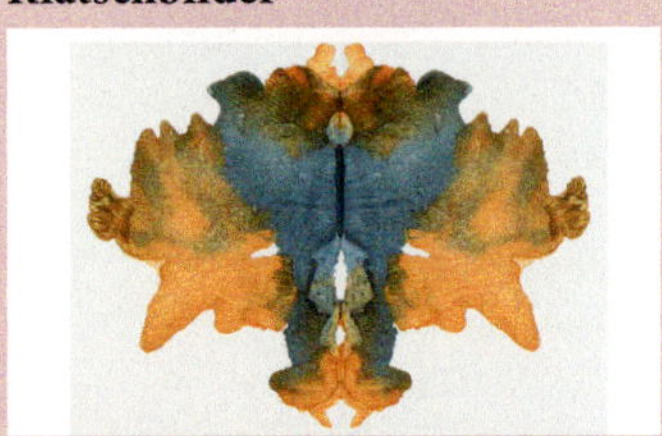	**Material:** Papier (DIN A 3/DIN A 4), Farben (Tusche oder Tempera), Pinsel, Wasser, Zeitung **Technik:** Falten Sie ein Papier einmal in der Mitte und öffnen Sie es wieder. Dann geben Sie Farbe auf das Papier, auch in die Mitte. Falten Sie das Papier wieder zusammen. Nun drücken und streichen sie außen über das gefaltete Papier. Ziehen Sie das Papier wieder auseinander und betrachten Sie das Ergebnis. Gemeinsam können auch ganz große Klatschbilder als Dekoration oder Kulisse für ein Sommerfest entstehen.

Rasierschaumbilder 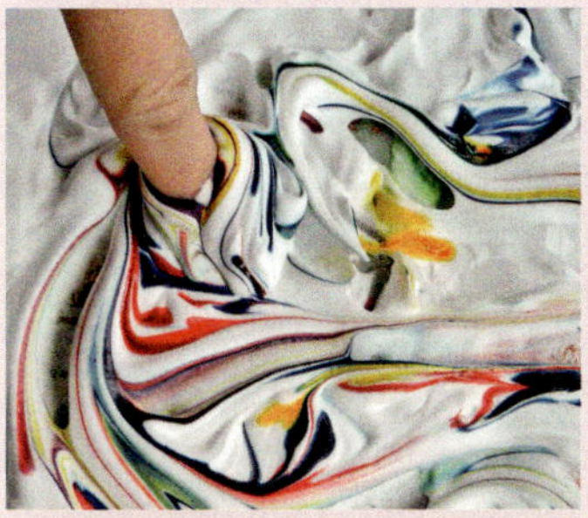	**Material:** raues Zeichenpapier, bunte Tinte, Lebensmittel- oder flüssige Ostereierfarbe, handelsüblicher Rasierschaum, Stöcke oder Pinselstiele, Pfannenwender aus Kunststoff, Küchentücher, Zeitung bzw. große Plastikmüllsäcke und vielleicht Einmalhandschuhe. **Technik:** Legen Sie die Zeitung dick aus und sprühen Sie Rasierschaum in der Größe des Zeichenpapiers auf die Zeitung. Streichen Sie den Schaum glatt. Tropfen Sie Farbe in den Rasierschaum und zeichnen Sie Muster mit verschiedenen Werkzeugen in den Schaum. Legen Sie dann das Zeichenpapier darauf und drücken es etwas an. Lassen Sie die Farbe kurz einwirken und heben Sie dann das Papier ab. Streifen Sie den restlichen Rasierschaum mit dem Pfannenwender ab und nehmen Sie Schaumreste mit den Küchentüchern ab. Kleinen Kindern macht es auch Spaß, nur mit Rasierschaum zu malen und zu matschen. Schön ist es auch, auf bunten oder spiegelnden Untergründen zu arbeiten.
Spachtelbilder/ Walzenbilder 	**Material:** Verschiedene Papiere (DIN A 3 / DIN A 2) , Kunststoffspachtel aus dem Baumarkt, Druckwalzen aus Gummi, Tesakrepp, Pinsel, Temperafarbe, Tusche oder Kleisterfarbe, Papiertücher, Zeitung **Technik:** Befestigen Sie das Zeichenpapier mit Tesakrepp am Untergrund. Geben Sie mit dem Pinsel Farbe auf ein dickes Stück Zeitung. Tunken Sie Spachtel oder Walze in die Farbe. Die Walze sollte durch die Farbe gerollt werden, damit sie überall gefärbt ist. Tragen Sie nun die Farbe nach Belieben mit dem Spachtel oder der Walze auf. Versuchen Sie gerade und gebogene Linien.
Tropf- und Klecksbilder 	**Material:** Großformatige Papiere, z. B. Packpapier, Tesakrepp, flüssige Temperafarbe, dicke Borstenpinsel, Wasser, Papiertücher und Lappen, Spritzen ohne Nadeln, kleine Kunststoffflaschen **Technik:** Breiten Sie die großen Papiere aus und kleben Sie diese an den Ecken fest. Portionieren und verdünnen Sie die Farbe. Mit dem Pinsel, einer Spritze oder auch Flaschen mit einem kleinen Loch spritzen Sie die Farbe auf das Papier. Als Variation kann mit älteren Kindern auch auf kleineren Formaten aus Japan- oder Batikpapier mit Seidenmalfarbe getropft werden. Dazu wird die flüssige Farbe mit kleinen Pipetten auf das Papier geträufelt. Ältere Kinder üben hier den Pinzettengriff, der auch beim Schreiben in der Schule wichtig ist.
Drucken und stempeln mit Händen und Füßen 	**Material:** Zeichenpapier, Tesakrepp, Fingerfarbe oder Kleisterfarbe, Zeitung, Pappteller **Technik:** Befestigen Sie das Zeichenpapier mit Klebeband, damit es sich beim Drucken nicht immer anhebt. Portionieren Sie die Farbe auf Zeitung oder einem Pappteller. Tunken Sie einzelne Finger, die Hand oder den Fuß in die Farbe und versuchen Sie mehrere Abdrücke hintereinander. Hier lässt sich eine Menge ausprobieren, z. B. mit Schwämmen, Pinseln, Wellpappe, Moosgummi, Kartoffeln.
Sandwanne/Tonwanne 	**Material:** Kunststoffwanne mit geradem Boden, Ton oder Sand, Wasser, kleine Kinder nutzen nur die Hände, ältere auch Harken, Tonwerkzeuge, Becher und Stöckchen. Ältere Kinder können dazu auch Muscheln oder kleine Steine verwenden. **Technik:** Stellen Sie eine Wanne mit Sand oder weichem Ton auf. Sie können kneten, quetschen, streichen, matschen, Löcher graben oder Wege bauen, Material abreißen und wieder ansetzen. Sand und Ton lassen sich gut mit allen Sinnen erfahren. Zuerst nur mit den Händen, später vielleicht auch mit Werkzeugen und anderen Materialien.

Die Nutzung vielfältiger Techniken und Themen unterscheidet die Gestaltungsarbeit im Elementarbereich von der im Krippenbereich.

Schöne Ideen finden Sie in: Seitz, Marielle: Kinderatelier. Klett Verlag, Stuttgart 2008

Anlässe und Impulse zur Gestaltung ► S. 224

2.4.2 Gestaltungstechniken im Elementarbereich

Da Kinder im Alter von drei bis vier Jahren mit dem gegenständlichen Zeichnen beginnen, ergeben sich im Elementarbereich neue, zusätzliche Gestaltungsmöglichkeiten. Neben der Begegnung mit noch unbekannten Techniken, Materialien und Werkzeugen können auch thematische Schwerpunkte gesetzt werden. Das unterscheidet die Arbeit im Elementarbereich sehr vom Krippenbereich.

Dennoch bleibt der Spaß am Tun der beste Motor für Kreativität, Fantasie und das Entdecken und Entwickeln von Problemlösungen. Allem voran lohnen sich immer die Beschäftigung mit einem bestimmten Thema, die Begegnung mit dem Material und die Sammlung von Themen, Gestaltungsvorschlägen und Ideen der Kinder. Die folgenden Beispiele sollen verschiedene Anregungen zu Inhalten, Materialien, Techniken und Gestaltungsmöglichkeiten aufzeigen.

Malerei/Nass-in-Nass-Technik 	**Material:** Dickes Zeichenpapier DIN A 4 oder DIN A 3, flüssige Aquarellfarbe (Tusche oder flüssige Temperafarbe), Schalen mit Wasser, Schwämme, Pinsel, Tesakrepp, Unterlagen **Vorgehensweise:** Befestigen Sie das Zeichenpapier auf der Unterlage. Mit einem Schwamm wird das Papier gleichmäßig stark angefeuchtet. Dabei sollten aber keine Pfützen auf dem Papier stehen bleiben. Mit einem dicken Pinsel kann eine Farbfläche z. B. gelb gemalt werden. Dabei verläuft die Farbe. Schließlich kommt eine zweite Farbe, z. B. Blau, dazu. Und wenn sie sich sehr nahe kommen, entsteht plötzlich Grün. Das Experiment kann gut mit der dritten Grundfarbe, Rot, erweitert werden. **Themenvorschläge:** Kinderbücher, z. B. „Das kleine Blau und das kleine Gelb“ von Leo Lionni Blumenwiese
Frottage/Durchreiben verschiedener Strukturen 	**Material:** Zeichenpapier, weiche Bleistifte oder Wachsstifte/Wachsblöcke, raue und strukturierte Materialien zum Unterlegen (z. B. Sandpapier, Stoff, Strukturtapete, Bretter, Unterlegscheiben) **Vorgehensweise:** Das Fühlen und Vergleichen der strukturierten Materialien ist spannend und sollte der Technik vorausgehen. Die Materialien werden einzeln unter das Papier geschoben. Anschließend wird mit einem Stift darübergemalt. Dazu den Stift flach halten und mit vielen Strichen dicht an dicht die ganze Fläche färben. Diesen Vorgang mit anderen Materialien wiederholen. Am Ende können auch gelungene Formen ausgeschnitten und aufgeklebt sowie neu kombiniert werden. **Themenvorschläge:** Mondlandschaft Fantasietiere

Herstellung eines Druckstocks/ Hochdruck

Material:
Eine feste Pappe als Untergrund, Material zum Aufkleben (Pappreste, Korkenscheiben, Stoffreste, Schnur…), Bastelleim, Druckfarbe, Druckwalzen, feste Pappe

Vorgehensweise:
Betrachten Sie mit den Kindern die Materialien und überlegen Sie gemeinsam, wozu man die gebrauchen könnte. Dann können die Materialien zugeschnitten und auf der Pappe zurechtgelegt werden. Tipp: Es ist gut, wenn die Materialien etwa die gleiche Höhe haben, damit alles gut abgedruckt werden kann. Alle Materialien werden aufgeklebt und der Klebstoff muss trocknen.
Zum Drucken wird die Druckfarbe mit einer Druckwalze auf der festen Pappe verteilt, bis die Farbe „schmatzt“. Anschließend wird das Materialbild, der Druckstock, mit der farbigen Druckwalze eingefärbt. Nun den Druckstock umgekehrt auf einen Bogen Papier legen. Mit einer sauberen Druckwalze darüberrollen. Abziehen. Fertig. Die ersten Drucke werden meist schwächer, weil der Druckstock die Farbe erst richtig aufnehmen muss.

Themenvorschläge:
Fabelwesen und Drachen mit vielen Dreiecken aus Pappe drucken
Landschaften mit Bäumen, Hügeln, Häusern

Plastizieren mit Ton, Teig, Modelliermasse

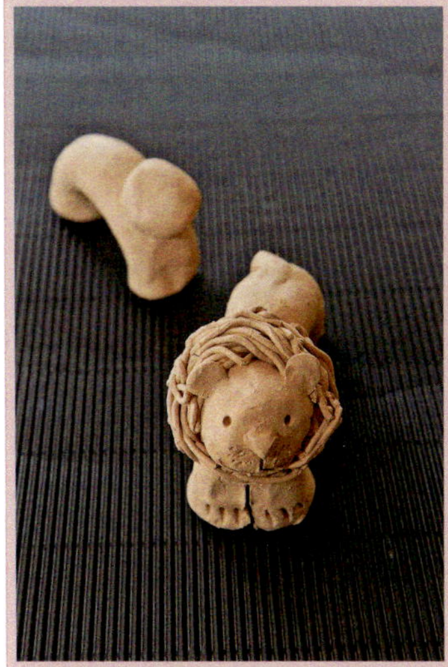

Material:
Unterlagen (Zeitung, Brettchen oder Pressspanplatten), Teigrolle, Knoblauchpressen, Modelliermasse, etwas Wasser, Modellierhölzer
Zum Modellieren eignen sich verschiedene Materialien. Für die Arbeit mit Ton brauchen Sie einen speziellen Brennofen. Es gibt aber auch lufttrocknende Modelliermassen wie z. B. Plastiform® oder Efaplast®. Schönes lässt sich aber auch mit essbarem Hefeteig oder Salzteig gestalten. Alle Materialien sind ungiftig. Mit Kugeln, Platten und Rollen geben Sie den Kindern einige Basiselemente, die der Schemaphase entsprechen.
Daraus entwerfen die Kinder zunächst liegende Reliefs, Figuren, Häuser. Verschiedene Werkzeuge (siehe oben) können hinzugenommen werden, um Abdrücke und Strukturen in die Oberfläche zu bringen.

Vorgehensweise:
Portionieren Sie das Material, sodass die Kinder handgroße Stücke verarbeiten können. Lassen Sie die Kinder fühlen und ausprobieren. Später zeigen Sie die Herstellung von Platten, Rollen und auch Kugeln. Modelliermassen lassen sich mit etwas Wasser besser verbinden und halten dann fester zusammen. Später können die fertigen Werke auch bemalt werden. Das Einreiben mit etwas Öl macht sie glänzender. Sonst ungiftige Lacke verwenden.

Themenvorschläge:
Als Themen eignen sich Tiere gut, z. B. Löwen. Es können auch ganze Szenen wie ein Aquarium, eine Igelfamilie oder ein Indianerdorf modelliert werden.

Exkurs Ton:
Bei der Arbeit mit Ton ist zu beachten, dass die Werkstücke nicht mehr als daumendick sein dürfen, sonst platzen sie beim Brennen. Dickere Objekte müssen von innen ausgehöhlt werden. Hohlräume brauchen ein kleines Luftloch. Als „Klebstoff“ bei der Arbeit verwendet man „Schlicker“, einen dünnen Tonbrei aus Wasser und Ton. Die einzelnen Teile müssen damit verbunden und gut verstrichen werden, so, als wären sie „angewachsen“.
Tipp: Wenn der Gegenstand zu dick geworden ist, können Sie unten einige kleine Löcher anbringen, sodass er gleichmäßig trocknen kann. Bevor der Ton im Brennofen gebrannt werden darf, muss er etwa eine Woche trocknen. In dieser Zeit sind die Werkstücke sehr empfindlich und zerbrechen schnell. Zum Trocknen weg- oder hochstellen! Später können die Objekte bemalt werden. Zum besonderen Glasieren benötigt man extra Glasuren und muss die Werkstücke erneut im Brennofen brennen.

Objektbau/dreidimensionales Gestalten mit Kleisterpapier

Material:
Verschiedene Alltagsmaterialien wie Schachteln, Kartons, Dosen, Röhren, Rollen, Pappen, aber auch Deckel, Kronkorken, Jogurtbecher, Klebeband, Schnur, Draht, Heißkleber, Zeitung, Tapetenkleister nach Anleitung, weiße Farbe zum Grundieren, Temperafarbe.

Vorgehensweise:
Verschiedene Materialien werden zu einem Objekt zusammengesetzt und verklebt, gebunden oder verdrahtet.
Um eine einheitliche Oberfläche zu schaffen, wird das Objekt mit Zeitungspapier kaschiert. Dazu wird Zeitung in handgroße Schnipsel gerissen. Mit dem Pinsel oder am besten mit dem Finger wird Tapetenkleister gleichmäßig auf die Schnipsel gestrichen. Anschließend werden die Schnipsel auf das Bauwerk geklebt. Mit geknülltem Kleisterpapier lassen sich auch Ornamente herstellen, die wiederum mit Schnipseln befestigt werden. Das fertige Objekt muss zwei bis drei Tage trocknen. Dann mit weißer Farbe grundieren, damit die Farben beim Bemalen gut zur Geltung kommen und die Druckerschwärze nicht mehr sichtbar ist. Vielleicht erfinden die Kinder dazu eine eigene Geschichte, modellieren Figuren aus Knete und nutzen die Objekte zum Spielen. Auch als Dekoration für Feste lassen sie sich nutzen.

Themenvorschläge:
Häuser nach der Arbeit des Künstlers Friedensreich Hundertwasser
Kartonmasken oder ganze Figuren

Kunst und Natur: Entdecken, sammeln und gestalten

Material:
Alles, was der Wald bereitstellt, je nach Jahreszeit: Zapfen, Eicheln, Laub, Steine, Moos, Blüten. Zum Verbinden: Heißkleber, Wolle, Blumendraht.

Vorgehensweise:
Fundstücke aus der Natur können gesammelt, verglichen, zugeordnet und benannt werden, bevor es ans Gestalten geht. Vielleicht bestücken Sie eine Fühlkiste paarweise mit den Fundstücken, sodass die Kinder tasten und Paare bilden (Fühl-Memory) können, oder sie suchen zu Fotos das passende Objekt.
Für das Gestalten nutzen Sie am besten einen „Träger“ in Form einer Kiste, einer Pappe oder auch eines Astes, denn hier können die Kinder ihre Fundstücke befestigen. Dazu werden die Materialien mit Fäden aufgehängt oder mit Ihrer Hilfe und einer Heißklebepistole befestigt. Auch mit Blumendraht können Teile verbunden werden. Die Fundstücke können sofort in der Natur zu Kunstobjekten arrangiert werden.

Themenvorschläge:
Fühlpfad oder Mandala mit verschiedenen Feldern und Materialien legen
Formen und Gesichter im Wald suchen, schmücken und verändern
Astskulpturen

Viele Ideen zu Landart finden Sie bei: Regina Besttle-Köhler u. Annemarie Stollenwerk: Sinneswerkstatt. Landart für Kinder. Ökotopia Verlag 2009

! Der englische Künstler Andy Goldsworthy (geb. 1956) nutzt Naturmaterialien für die Gestaltung harmonischer Werke in der Natur. Dazu verwendet er z. B. Muscheln, Blütenblätter oder Dornen. Er ist einer der wichtigsten Vertreter der Natur-Kunst, einer Variante der Kunstrichtung Landart. Seine vergänglichen Kunstwerke dokumentiert er mit der Kamera.

Angebotsplanung

Thema: Tiere auf dem Bauernhof

- Inhalte: Das Aussehen und Leben der Tiere
- Motive: Das Schwein und andere Tiere
- Gestaltungsprozess: Schweine backen aus Salzteig (oder auch Hefeteig)

Voraussetzungen:

- Alter: 3–5 Jahre
- Entwicklungsstand: erstes gegenständliches Gestalten
- Interessen: plastisches Gestalten mit Teigen

Ziel:

- taktiles Erleben im Umgang mit dem ungiftigen Teig
- Förderung der Feinmotorik durch das Ausschneiden von Kreisen aus Teig; Umsetzung des Themas „Schwein“

Methoden:

Gespräch: Wir wollen heute Schweine backen. Schweine haben besondere Kennzeichen – wisst ihr, welche?

Fotos von Schweinen zeigen: Kindern helfen, sich zu erinnern

Modell aus Pappe: Die genannten Kennzeichen (dicker Bauch, Schnauze, 4 Beine, Ringelschwanz) werden aus Pappe geschnitten und zu einem Schwein zusammengesetzt. Dann erkennen die Kinder, ob etwas fehlt oder anders sein muss.

Arbeitsschritte zeigen und erklären: Zuerst den Teig ausrollen, dann den Körper ausschneiden. Einen runden Kopf können wir mit einem Becher ausstechen. Dazu noch Ohren, Schnauze, Beine und Ringelschwanz gestalten. Für die Augen eignen sich Hülsenfrüchte (z. B. getrocknete Erbsen).

Organisatorisches:

- Angebot findet einmalig statt und dauert etwa zwei Stunden: zwischen dem Frühstück und dem Mittagessen (ca. 9.30 bis 11.30 Uhr)
- Küche und Backofen reservieren
- Betreuung für Kinder, die mit dem Backen fertig sind, organisieren
- Rezept heraussuchen, dafür mit den Kindern einkaufen gehen

Materialien/Medien:

- Salzteig zubereiten: Dazu Mehl und Salz im Verhältnis 1:1 mischen. Mit Wasser und einem kleinen Schuss Öl verkneten, bis der Teig geschmeidig ist. Dabei können einige ältere Kinder helfen.
- Weiterhin wird benötigt: Backofen, Backtrennpapier, Hülsenfrüchte zum Dekorieren

Präsentation:

Die fertigen Schweine können auf Papptellern arrangiert werden und, mit Folie abgedeckt, mit nach Hause genommen werden. In der Kita wird ein „Gemeinschaftsschwein“ aufgehängt. Dazu wird eine Präsentationswand mit den Kindern gestaltet, mit Fotos vom Bauernhof und der „Schweinebäckerei“ mit Rezept. Zusätzlich sammeln die Kinder auch Abbildungen von dem, was ein Schwein alles frisst, und gestalten daraus eine Collage. Gemalte Schweine oder andere Tiere vom Bauernhof ergänzen die Präsentation.

3. Musik und Musikerziehung – „Hier spielt die Musik“

3.1 Bedeutung von Musik – „Musik ist mehr als nur singen“

Die Musik ist seit Urzeiten Teil der menschlichen Kultur. Quer durch alle Kontinente sind Menschen mit Musik verbunden. Singen, Spielen und Tanzen scheint genetisch bedingt zu sein, liegt der Menschheit im Blut. Instrumente, Musik mit der Stimme und Ausdruck im Tanz ist überall dort, wo Menschen zusammenkommen. Musik verbindet. Musik ist universal.

3.1.1 Musikbegriff

Für das menschliche Ohr hörbare Töne sind die Grundlage von Musik.

Musik ist eine organisierte Form von Schallereignissen. Die Grundlagen der Musik sind für das menschliche Ohr hörbare Töne. Diese können durch verschiedenste Schallquellen erzeugt werden wie z. B.:

- die (menschliche) Stimme
- Instrumente jeglicher Art
- elektronische Klangerzeuger

Für Rhythmen und Melodien sind

- Klangfarbe,
- Lautstärke,
- Tonhöhe und
- zeitliche Dauer von Tönen entscheidend.

3.1.2 Kindliche Musikalität

Kinder kennen keine theoretische Definition von Musik. Sie werden durch ihre Umwelt angeregt und treten so mit ihr in Kontakt.
Bereits im Mutterleib reagieren Föten auf Musik. Haben sie das Licht der Welt erblickt, „machen“ bereits Säuglinge Musik – und das schon in frühestem Entwicklungsstadium. Sie strampeln und brabbeln zu lebhaften Rhythmen. Babys lassen sich durch leise gesungene Wiegenlieder beruhigen. Eltern entwickeln musikalische Rituale – überall auf der Welt. Erwachsene treten durch Musik mit ihren Kindern in persönliche Verbindung. Musik ist Träger von Emotionalität.
Für den aufmerksamen Beobachter wird schnell deutlich, wie sehr Gesang die Aufmerksamkeit von (Klein-)Kindern fesselt. Bis etwa in das Kindergartenalter hinein verfolgen sie gesungene Lieder eher innerlich. In einem späteren Entwicklungsstadium lernen sie dann, sich aktiv zu beteiligen und zeitgleich mit anderen in der Gruppe zu singen und mit Instrumenten rhythmisch zu begleiten.

Umwelt ► S. 101

Der Kontakt zur Musik beginnt bereits im Mutterleib.

Säuglinge ► S. 347

Sprechen durch Singen? Singen durch Sprechen?

Im Falle der kindlichen Orientierung zur Musik sticht ein Kandidat für den ominösen tieferen Sinn besonders ins Auge: der Spracherwerb. Wir müssen uns vergegenwärtigen, dass die Produktion auch nur eines einzigen Sprachlauts die Koordination vieler Millionen von Nervenzellen erfordert, die für die Wahrnehmung, Aufmerksamkeitssteuerung, Gedächtnis und motorische Kontrolle der Muskeln und Sehnen des vokalen Apparates, um nur einige wesentliche Komponenten zu nennen, zuständig sind. Das Lallen, Brabbeln und der Singsang von Säuglingen, besonders im „Dialog“ mit der Mutter, aber auch mit sich selbst (!) im Sinne der engen Kopplung von Ohr und Stimme, könnte als lustvolles Nebenprodukt des Stimmtrainings für die eigentliche Aufgabe, nämlich den allmählichen Erwerb der Kommunikationsfähigkeit mit der Umwelt und insbesondere mit der Welt der Erwachsenen, gedeutet werden. Da macht es Sinn, dass Säuglinge so früh wie möglich von sich aus mit dieser gewaltigen Aufgabe beginnen.

(Prof. Dr. Gunter Kreutz, www.familienhandbuch.de)

Sobald Kinder laufen können, bewegen sie sich zur Musik. Sie tanzen gern, zeigen Freude an rhythmischer Bewegung und nehmen Bewegungsabläufe interessiert auf. Bewegung bedeutet eine bewusste Willensentscheidung und ist somit eine Form des Denkens. Helfen Sie den Kindern, sich selbstbestimmt, freudig und kreativ in der Umwelt zu bewegen – sei es durch Singen, Tanzen oder Spielen.

Musik unterstützt das kindliche Denken, die Sprachentwicklung und die Fähigkeit des persönlichen Ausdrucks.

Bewegung ► S. 252

3.1.3 Ausdrucksfreude und ganzheitliches Erleben fördern

Gleich vorab: Entscheidend sind Kreativität und Unbefangenheit im Umgang mit Musik. Eigene Unsicherheit oder aber der eigene Perfektionsanspruch können zu einem engen, nicht immer förderlichen Musikkorsett führen. Bleiben Sie offen und frei für die Ideen der Kinder – und für Ihre eigenen. Reduzieren Sie Musik nicht auf das Darbieten kleiner Häppchen, die die Kinder bereitwillig aufnehmen sollen. Stellen Sie ihnen ein „Menüangebot“ zusammen, das dem Alter und (zunächst) den Vorlieben der Kinder entspricht.

Kinder brauchen Freiheit, um sich in musikalische Regeln einzufinden.

Abb. 1 Kinder mögen Bewegung zur Musik besonders gern.

Wo hole ich die Kinder musikalisch ab, welche Vorerfahrungen haben sie?
Lassen Sie die Kinder Instrumente ausprobieren und eigene Ideen zur Verklanglichung von Geschichten finden. Gehen Sie auf die Suche nach Geräuschquellen und entlocken Alltagsmaterialien charakteristische Klänge. Spielen Sie Musik (vor) und geben Sie den Kindern die Möglichkeit, sich frei dazu zu bewegen.
Kinder können von Ihnen etwas über Musik lernen, aber sie brauchen genauso die Möglichkeit, sich selbst in und mit der Musik zu entdecken. Beziehen Sie die Kinder ganzheitlich mit ein – in allen musikalischen Bereichen und mit all ihrem Ideenreichtum. Hilfreich ist die Betrachtung verschiedener Möglichkeiten:

- Musik hören
- Musik mit der Stimme
- Musik mit Instrumenten
- Musik erfinden
- Musik und Bewegung/Tanz
- Szenen und Aufführungen gestalten

Sehen Sie Musik aber nicht isoliert – binden Sie Musik in den Alltag der Kinder (z. B. Singen von Liedern während des Wickelns) ein und schaffen Sie Rituale (z. B. Geburtstagslied, Singen von Liedern bei der Begrüßung und Verabschiedung, Lieder singen bzw. Musik spielen beim Aufräumen).

3.2 Musiktheoretisches Grundwissen – „Wie funktioniert Musik eigentlich?“

Ihre Aufgabe ist es, den Rahmen für ein ganzheitliches Erleben von Musik zu schaffen. Dazu benötigen Sie kein umfangreiches sachkundiges Wissen. Sie brauchen in erster Linie Freude an der Musik und einen kleinen Grundstock an Wissen, damit Sie sich bei der Förderung der kindlichen Musikalität sicher fühlen können.

3.2.1 Elementare Musiklehre

Die einfache Notenschrift zeigt zwei Einflussgrößen: die Tondauer und die Tonhöhe.

Tonhöhe: Je höher die Note in der Notenzeile steht, desto höher wird sie gesungen bzw. gespielt. In der Regel sind die Töne in Tonleitern sortiert. Die sogenannten Dur-Tonleitern haben einen Umfang von acht Tönen.

Tondauer: Die Tondauer bezeichnet, wie lang ein Ton gesungen bzw. gespielt wird. Sie wird durch das Aussehen der einzelnen Noten ersichtlich.

Beim Spiel auf Melodieinstrumenten entstehen oft „schiefe Töne“. Wollen Sie in Ihrer Einrichtung die Kinder frei spielen lassen, achten Sie auf pentatonisch gestimmte Instrumente (Fünftonmusik). Alle angeschlagenen Töne klingen harmonisch zusammen. Das garantiert „wohlklingende Musik“ und Erfolg für jedes Kind.

! Haben Sie z. B. keine pentatonischen Xylophone in Ihrer Einrichtung, „bauen" Sie die vorhandenen einfach um. Jede Tonleiter hat acht Töne (vgl. C-Dur-Tonleiter). Die Dur-Pentatonik setzt sich aus den Stufen 1, 2, 3, 5, 6 der Dur-Tonleiter zusammen. In C-Dur wären das also die Töne c, d, e, g, a. Alle anderen Stäbe werden entfernt. Fertig ist das pentatonische Xylophon.

Abb. 2 Xylophone lassen sich durch herausnehmen der Stäbe leicht umbauen.

3.2.2 Die Stimme als Basisinstrument

Die Stimme ist ein Instrument, das jeder gesunde Mensch immer bei sich trägt. Im Umgang mit der (Kinder-)Stimme sind einige Dinge zu beachten:

- Beim Singen ist der ganze Körper beteiligt – nicht nur die Mundwerkzeuge, Lunge und Stimmlippen, sondern auch die gesamte Haltungsmuskulatur.
- Die Zwerchfellatmung, das „tiefe Einatmen in den Bauch" ohne Heben der Schultern, ist nur in locker aufrechter Haltung möglich.
- Ist der Körper richtig „aufgestellt" und beatmet, sind Übungen zum Einsingen, zur Erwärmung der Stimme notwendig. Planen Sie für die richtige Stimmerwärmung unbedingt genug Zeit ein.
- Die beim Singen erforderliche Muskulatur wird im natürlichen Wechsel angespannt und entspannt.
- Kinder haben eine höhere Tonlage als Erwachsene. Singen Kinder zu tief, klingt es schnell brummig und gedämpft – die Leichtigkeit und Reinheit der Stimme geht verloren. Scheuen Sie sich deshalb nicht, gerade auch Lieder in höherer Stimmlage auszuwählen.
- Die Stimme schläft länger als der Mensch. Es braucht ca. 2 Stunden, ehe die Stimmmuskulatur und die Stimmlippen erwacht sind und ihre volle Leistung erbringen können.

Lunge ► S. 413

Singen ► S. 244

Beim Singen ist es wichtig, auf die Atmung, die Körperhaltung und die Schwingung der Stimme zu achten.

Kindliche Erlebnisdimensionen

An vier kindlichen Grundfähigkeiten ist schnell zu veranschaulichen, dass Singen ein ganzkörperlicher Prozess ist und als solcher gefördert werden sollte. Bewegung, Ausdruck, Wahrnehmung und Kommunikation sind die Grundpfeiler des musikalischen Erlebens und Handelns.

Bewegung (S. 252)	Ausdruck
• Die Kinder stellen die Handlung des Liedes mit ihrem Körper dar – in Anspannung und Entspannung. • Der Gehörsinn reguliert die eigene Stimmproduktion und ist über das Gehirn mit Bewegungsabläufen eng verknüpft (Sensomotorik). • Die Gefühle beeinflussen den Klang der Stimme.	• auf motorischer Ebene (reine Funktion und Verwendung der Sprechwerkzeuge; nutzbar z. B. durch Reime und Rhythmicals) • auf klanglicher Ebene (Lautstärke und Klangfarbe der Stimme lässt Gefühle erkennen) • auf der Bedeutungsebene (sich durch Sprache mitteilen)
Wahrnehmung (S. 187)	**Kommunikation (S. 82)**
Beim Singen ist eine differenzierte Selbstwahrnehmung notwendig. Die Kinder müssen sich als Teil des umgebenden Raumes begreifen. Sie kontrollieren ihre Sprechwerkzeuge aktiv und nehmen ihre Gefühle wahr. Zwei Möglichkeiten stehen somit offen: • Das Kind transportiert seine Befindlichkeit in den Gesang. • Das Kind lässt sich von der Musik ergreifen und wird von ihr getragen. Beide Aspekte eröffnen vielfältige Möglichkeiten, Gefühle und Befindlichkeiten zu erkennen und zu beschreiben.	Beim gesprochenen Wort kommt es nicht nur auf den Inhalt an. Auch der Klang, die phonetische Komponente der Sprache, ist mitentscheidend für den Gehalt des Gesagten. „Was willst du denn hier?" kann freundlich oder abschätzend gemeint sein – ohne den klanglichen Kontext bleibt uns die Bedeutung verschlossen. Durch den bewussten Umgang mit der Stimme werden diese „Zwischentöne" der Sprache greifbarer. (nach Brünger)

3.2.3 Klangerzeugende Instrumente

Klangerzeuger sind Körperinstrumente, Musikinstrumente und Alltagsgegenstände.

Jeder Gegenstand, der Töne oder Geräusche hervorbringt, kann als klangerzeugendes Instrument bezeichnet werden. Es gibt eine Vielzahl von Möglichkeiten, Klangerzeuger einzuordnen. Sie finden hier eine Einteilung in Körperinstrumente, Musikinstrumente und Alltagsgegenstände.

<table>
<tr><th>Klangerzeuger</th><th>Beschreibung</th><th>Beispiele</th></tr>
<tr><td>Körperinstrumente
</td><td>Unter diesem Aspekt sind all jene Körperteile zusammengefasst, mit denen Geräusche und Klänge produziert werden können: Hände, Füße und Beine, Mund mit Lippen und Zunge, die Nase. Dem Fantasiereichtum der Kinder sind keine Grenzen gesetzt. Streng genommen gehört die Stimme auch zu den Körperinstrumenten.</td><td>• Stampfen (Füße)
• Klatschen (Hände)
• Patschen (z. B. Hände auf Oberschenkel)
• Schnippen (Finger)
• Schnalzen (Zunge)
• Pusten (Mund, Nase)
• Pfeifen</td></tr>
<tr><td>Musikinstrumente
</td><td>Darunter sind all jene Instrumente zusammengefasst, die bewusst für das Erzeugen von Musik gebaut wurden.
Instrumente, mit denen Rhythmen geschlagen werden, heißen Rhythmusinstrumente. Instrumente, mit denen Melodien gespielt werden können, heißen Melodieinstrumente.</td><td>Für Ihre Praxis wichtig ist die Unterscheidung nach der Benutzung durch den Spieler:
• Blasinstrumente (z. B. Flöte, Trompete, Mundharmonika)
• Streichinstrumente (z. B. Violine, Kontrabass)
• Zupfinstrumente (z. B. Gitarre, Ukulele)
• Schlaginstrumente (z. B. Trommeln, Glockenspiel)
• Tasteninstrumente (z. B. Klavier)</td></tr>
<tr><td colspan="3">Es kostet viel Zeit und Übung, ein Instrument hinreichend zu spielen. Will man Instrumente in die situative, eher beengte musische Arbeit mit Kindern einfließen lassen, bietet sich das sog. Orff-Schulwerk mit dem kleinen und großen Schlagwerk an. Dazu gehören:
• Klanghölzer, Trommeln
• Schellentrommeln, Schellen, Schellenringe
• Holzblocktrommeln, Rasseln, Maracas
• Becken, Triangeln
• Fingercymbeln, Kastagnetten
• Vielzahl an Geräuschmachern (Regenmacher…)
Dazu kommen noch Stabspiele wie Glockenspiele, Metallophone und Xylophone in den Tonlagen Sopran, Alt, Tenor und Bass. Es hat den großen Vorteil, dass mit wenig Voraufwand viele Kinder gleichzeitig musizieren können. Das Instrumentarium lässt viel Raum für Kreativität, gibt aber auch die Möglichkeit, Lieder anspruchsvoll zu begleiten.</td></tr>
<tr><td>Alltagsgegenstände
</td><td>Die wohl größte Ihnen zur Verfügung stehende „Instrumentengruppe“ sind Alltagsgegenstände.
Viele Instrumente lassen sich aus Alltagsgegenständen selbst bauen. Es bietet sich natürlich an, mit den Kindern auf Erkundungstour nach klingenden Gegenständen zu gehen.</td><td>• Eimer, Töpfe und Schüsseln mit Kochlöffeln
• Tonleiter aus Gläsern: je nach Füllstand der Gläser klingen diese verschieden
• Sitzfläche von Stühlen als Trommel
• Heizkörper, Schlüsselbund
• Bleistifte als Klanghölzer
• Kieselsteine und Walsnusshälften
• Säckchen mit Reis/Erbsen/Linsen
• quietschende Luft aus Luftballon lassen</td></tr>
</table>

3.3 Musik in der Praxis – „Gewusst wie – so kann ich Musik machen!“

Musik mit Kindern erfordert gründliche Vorbereitung. Das Wissen um eine Vielfalt an Möglichkeiten und Herangehensweisen ist der Grundstein dazu. Es ist in der täglichen Umsetzung nicht einfach, die Musik in ihre Teilaspekte zu gliedern. Sie werden in der Praxis merken, dass die im Folgenden erklärten Punkte immer wieder ineinander übergehen. Für absolute Musikneulinge bietet es sich dennoch an, die folgenden Punkte der Reihe nach in die Praxis umzusetzen, um ein Gefühl für den Umgang mit Kindern und musikalischen Inhalten zu bekommen. Haben Sie Erfahrung in einem der Bereiche, starten Sie dort. Sehen Sie die Gliederung als Bausteinsystem.

3.3.1 Klangspiele mit der Stimme, mit Instrumenten und Alltagsmaterialien

Erst das Ausprobieren und die Kenntnis um Möglichkeiten der Klangerzeugung schaffen Mut und Raum zum Experimentieren.

Stimme ► S. 244

Spiele mit Klängen sind urtypisch für alle Kinder – beobachten Sie „Ihre“ Kinder beim Spielen: Sie ahmen Tierlaute nach, fahren geräuschvoll mit Spielzeugautos oder lassen einen Turm mit lauter, stimmlicher Untermalung einstürzen. Nutzen Sie diese gegebenen Ressourcen gemeinsam mit den Kindern.
Dazu stehen Ihnen die Stimme, Instrumente, aber auch jegliche Alltagsmaterialien zur Verfügung. Klangspiele sind in nahezu jeder Situation einsetzbar und erfordern keinerlei musiktheoretische Kenntnisse. In Musikprofi-Kreisen ist es durchaus richtig, dass, wer gut improvisieren kann, sein Instrument zuerst sehr gut beherrschen muss. Haben Sie aber Mut, Ihr Improvisationstalent auch spielerisch zu entdecken.
Reichhaltig werden Klangspiele dann, wenn Sie mit den Kindern regelmäßig auf „Klangsuche“ gehen und ein Repertoire sammeln, auf das Sie zurückgreifen können. Durch dieses systematische Anbahnen und Erweitern werden Sie und die Kinder sicherer und kreativer in ihren Ausdrucksmöglichkeiten. Der Reiz liegt in der schier unendlichen Kombinationsmöglichkeit und Erweiterbarkeit von gefundenen Geräuschen. Zu Beginn empfiehlt sich, die Kinder mit Klangaufgaben zu betrauen. Einige Beispiele sind im Folgenden aufgelistet:

So können Sie leiten:	Das sagen/tun die Kinder:
1. Welche Geräusche kannst du mit deinem Mund machen/ findest du in deinem Mund?	schnalzen, schmatzen, pfeifen, klicken, schnarchen, grunzen, prusten, mit den Zähnen klappern, knirschen, summen, juchzen, ploppen (mit dem Finger), …
2. Versuche, drei unterschiedliche Geräusche auf diesen Instrumenten zu machen. • Stellen Sie verschiedene Instrumente zur Verfügung. • Dabei ist es völlig egal, ob die Kinder „richtig“ mit den Instrumenten spielen. Im Gegenteil – der Fantasie sind keine Grenzen gesetzt. 3. Welches Instrument hörst du? • Die Kinder raten mit geschlossenen Augen bzw. mit dem Rücken zu den Instrumenten.	Handtrommel: mit Handfläche trommeln, über das Trommelfell streichen, an die Seite klopfen, mit Fingernägeln auf das Fell klopfen Gitarre: einzelne Saite zupfen, auf den Korpus klopfen, über alle Saiten schlagen

So können Sie leiten:	Das sagen/tun die Kinder:
4. Was hörst du? • Zeigen Sie den Kindern verschiedene Alltagsmaterialien/gegenstände und lassen Sie die Kinder die Augen schließen und raten. • Lassen Sie dann die Kinder ausprobieren und erraten. • Es können nacheinander mehrere Geräusche gemacht werden und die Kinder müssen die Reihenfolge richtig wiedergeben.	• Papierrascheln • Alufolie • Steine • Töpfe • Kochlöffel • Besteck • Brotdosen öffnen/schließen • Reißverschlüsse
5. Wie hört sich das an? Was könnte das sein? An was denkst du bei dem Geräusch (Symbolisierung)? • Überlegen Sie gemeinsam, ob die gefundenen Geräusche Ähnlichkeiten mit „Originalgeräuschen“ haben oder für etwas Bestimmtes stehen könnten. Zur Unterstützung können Sie auch Bilder mitbringen (z. B. Regen, Elefant).	• knisterndes Papier = Feuer • viele Kinder klopfen auf Steine = Regen • Handtrommel = Gang eines Elefanten • Becken = Blitz • Metallophon = Fee/Elfe/Regenbogen

Lassen Sie sich viel Zeit für die Erkundung. Nur so können Sie gewährleisten, dass sich die Kinder einzelne Aspekte merken und sich trauen zu experimentieren. Am besten setzen Sie sich dazu mit den Kindern in einen Sitzkreis. Sie können die Kinder auch mit geschlossenen Augen in die Richtung deuten lassen, aus der sie die Klänge hören. Daran anschließend bietet sich an, die Gefühle und ihren Ausdruck anzusprechen. Ich kann mit den Instrumenten, vor allem aber auch mit dem Instrument „Stimme“, Gefühlslagen wie Traurigkeit oder Fröhlichkeit ausdrücken. Thematisieren Sie in der Experimentierphase auch weitere Aspekte von Tönen, z. B. laut und leise, hoch und tief, hell und dunkel, scharf akzentuiert und weich, lang und kurz.

Beispiel	Umsetzung
Klanggeschichten	Sie lesen oder erzählen z. B. ein Märchen und überlegen mit den Kindern, welche Geräusche an bestimmte Stellen passen (jemand erschrickt; Sterne stehen am Himmel; jemand reitet in die Stadt; es raschelt im Gebüsch).
Geräuschkulisse zu einem bestimmten Thema	Geben Sie den Kindern in einer kurzen Einstimmung (z. B. mit einer Fantasiereise) das Thema vor – „im Urwald“, „auf der Kirchweih“, „im Dunkeln“, „am Wasser“, „im Bienenstock“. Hier können Sie auch probieren, die Kinder mit dem Rücken zueinander aufzustellen und sie ohne spezielles Zeichen beginnen und enden zu lassen. Hilfreich ist auch, die Augen beim Ausprobieren zu schließen (steigert das Hörerleben) und jedem Kind nur zwei „Instrumente“ zu geben.
Gewitter-Klanggeschichte	Sie haben Bilder von Wettererscheinungen vorbereitet (z. B. Regen, Blitz, Donner, Sonnenschein, Regenbogen). Die Kinder überlegen, welche Geräusche jeweils passen. Jedes Kind hat ein Instrument und setzt es an passender Stelle ein. Das „Wetterorchester“ spielt nun die mit den Bildern vorgegebene Reihenfolge. Die Bilder können immer wieder verschieden gelegt und gespielt werden. Es könnte einen Dirigenten geben, der dem Orchester den Einsatz gibt.
Klangteppich	Alle Kinder spielen Instrumente und bilden einen durchgehenden, nicht abreißenden Teppich.
Klangkette	Töne an den Nachbarn weitergeben, evtl. schon jeder in seinem Rhythmus
Klangbilder	Nach gemeinsamen Vorüberlegungen zu verschiedenen Bildern „spielen“ die Kinder ein Bild und ein Kind muss es erraten. Für den Anfang bieten sich kontrastreiche Bilder an, um die Unterschiede klar hervorheben zu können.
Bewegungen mit Klängen unterstützen	Kinder führen eine (vorher festgelegte) Bewegung aus und die anderen untermalen mit Stimme/Instrumenten (z. B. auf den Stuhl setzen, jemanden umarmen, laufen/stampfen/trippeln, sich weit nach oben strecken).
Gefühle mit Klängen darstellen	Jedes Kind soll mit einem Gegenstand/einer Stimme seiner Wahl ein Gefühl darstellen und die anderen Kinder raten. Zwei Instrumente (= Kinder) treffen sich, streiten und vertragen sich wieder.

3.3.2 Rhythmus im Spiel

Aus der Klangerfahrung und dem Experimentieren mit Instrumenten erwächst in den meisten Fällen schon die Idee persönlicher Rhythmen im Kind. Jetzt geht es darum, die eigenen Ideen in Interaktion und Gemeinsamkeit zu bringen. Das Kind soll lernen, auf andere zu achten und auch nach Vorgaben zu spielen.

Einfache Übungen zur Hinführung sind z. B. Spiele, bei denen die Kinder den rhythmischen Baustein eines Mitspielers nachahmen sollen (Echo): Die Kinder laufen mit einem Instrument durch den Raum und treffen sich. Ein Kind spielt einen „Rhythmusbaustein" vor, das andere Kind macht es nach. Geben Sie dem Spiel einen besonderen Namen, z. B. „Zauberer im Klangwald".

Die Kunst besteht darin, der Gruppe einen gemeinsamen Puls zu geben.

Zum Üben und Festigen kleiner Rhythmusbausteine eignet sich das Call-and-Response-Verfahren (Vormachen – Nachmachen) mit Körperinstrumenten. Sie können es als „Bandprobe" oder „Trommlerrunde" bezeichnen, bei der alle Musiker im selben Takt spielen sollen. Das motiviert und lässt Raum für Fantasie. Die Kinder sitzen im (Stuhl-)Kreis und Sie geben rhythmische Bausteine vor, die die Kinder nachmachen. Hier sehen Sie einfache Rhythmusbausteine im 4/4-Takt (jeder Takt hat vier Viertelschläge bzw. die Entsprechung mit anderen Notenlängen). Je nach Notenlänge ergeben sich verschiedene Rhythmusbausteine.

♩	♩	♩	♩
K	K	K	K
♪ ♪	♪ ♪	♪ ♪	♩
lP rP	lP rP	lP rP	K
♪ ♪	♪ ♪	♩	♩
lP rP	lP rP	K	K
♩	♪ ♪	♩	♪ ♪
P	XP XP	P	XP XP
♩	♩	♩	♪♪
XP	XP	XP	F F

♩	♩	♪♪	♩
P	P	KK	K
♪ ♪	♩	♪ ♪	♩
lP rP	K	lP rP	K
♪ ♪	♩	♩	♩
KK	St	St	St
♩	♪♪	♪♪	♩
F	P P	P P	F
♪♪	♩	♩	♪ ♪
lP rP	XP	XP	lP rP

K = Klatschen mit beiden Händen
P= Patschen mit den Händen auf die Oberschenkel
lP= Patschen mit der linken Hand auf den linken Oberschenkel
rP= Patschen mit der rechten Hand auf den rechten Oberschenkel
St= Stampfen mit den Füßen
XP = Patschen mit überkreuzten Armen an die Oberarme
F = Klatschen mit den Fingerspitzen (leise!)

Quelle: Die Grundschulfundgrube Musik, Cornelsen Scriptor, S. 143

Wichtige methodische Hinweise:

- Verbinden Sie Rhythmus und Bewegung. Stellen Sie sich z. B. im Kreis auf und treten Sie im 4/4-Takt von einem Fuß auf den anderen 1-2-3-4, l-r-l-r. Fahren Sie einfach fort und vertrauen Sie auf den Nachahmungstrieb der Kinder. Haben Sie das Gefühl, dass die Gruppe im Grundmetrum (gleichmäßige und regelmäßig in einem Stück verlaufende Einteilung, z. B. 2/4-, 3/4-,4/4-Takt) eingeschwungen ist, können Sie fortfahren.
- Fangen Sie sehr langsam an – schneller wird die Gruppe sowieso.
- Geben Sie ein Startzeichen im Takt. Für den 4/4-Takt bietet sich folgender Spruch an: Ach-tung, Kin-der, / jetzt geht's los x
  1 2 3 4 / 1 2 3 4
- Beim „x" holen Sie Luft, geben ein Zeichen und starten.
- Ändern Sie zu Beginn nie die Taktart innerhalb einer Übungseinheit, da die Kinder sich schnell gefühlsmäßig einschwingen und sich sicher fühlen.
- Der Rhythmusbaustein soll gerade am Anfang sehr einfach nachzuspielen sein. Verzichten Sie auf Pausen und schnelle Wechsel.
- Wiederholen Sie sehr häufig – nur dann kann sich Erlerntes festigen. Zur Abwechslung können Sie denselben Baustein auch mit verschiedenen Körperinstrumenten spielen.
- Denken Sie an die Konzentrationsfähigkeit der Kinder. 10 Minuten Arbeit am Rhythmus jeden Tag sind wirkungsvoller als 45 Minuten am Stück pro Woche.

3.3.3 Rhythmus mit der Stimme erzeugen

Der Tonfall färbt die Aussage eines Sprechstückes.

Menschen sprechen miteinander und drücken sich mit Hilfe von Sprache aus. Neben den Wörtern sind auch Tonfall, Sprachrhythmus sowie Gestik und Mimik entscheidend für den Sinngehalt. Rhythmus kann auch mit dem Instrument „Stimme“ ausprobiert werden. Zusätzlich bietet die Stimme aber Raum für weitere Aspekte:

- Nutzung des natürlichen Sprachrhythmus in Wörtern zur Erarbeitung kleiner Sprechstücke
- deutliche Aussprache trainieren und überzeichnen
- Sprechstücke mit einer bestimmten Gefühlslage färben: einen Sprechvers wütend, fröhlich oder traurig sprechen (und die Kinder raten lassen)
- Klangaspekte wie laut–leise, langsam–schnell, kurz–lang, hoch–tief mit der Aussage eines Sprechstückes verbinden

Es gibt eine Vielzahl an Sprechstücken, Reimen und Versen, die bereits die ganz Kleinen leicht erlernen können. Kinder lieben Reime, denn sie prägen sich leicht ein. Achten Sie von Anfang an darauf, dass die Kinder die Länge der Silben durch häufige spielerische Wiederholungen einhalten.

3.3.4 Rhythmisches Gestalten mit Instrument und Stimme

Unter www.labbe.de/liederbaum/index.asp finden Sie Ideen zu Kinderliedern und Singspielen.

In der Verbindung von Instrumenten und Stimme entstehen vielfältige Möglichkeiten der Gestaltung – noch ganz ohne Melodie.
Sie werden es in Ihrer Einrichtung beobachten: Kinder merken sich Sprechverse, kleine Gedichte und rhythmische Sprechstücke schneller, wenn sie Bewegungen dazu ausführen. Diese können aus dem Inhalt des Sprechstückes stammen, aber auch die Bewegung der Körperinstrumente schafft Anreize. Es ist für viele Kinder leichter, zuerst den Sprechvers zu lernen und dann im Rhythmus zu spielen.

Körperinstrumenten ► S. 240

Einsatzmöglichkeiten des rhythmischen Gestaltens:

- Leiten Sie die Kinder an, den Einsatz von Körperinstrumenten mit Sprechversen zu kombinieren.
- Lassen Sie die Kinder das Sprechstück nur mit Instrumenten schlagen, die Kinder sprechen „im Kopf“ mit. Tipp: Formen Sie lautlos die Lippen dazu, das erleichtert das „Im-Takt-Bleiben“.
- Regen Sie die Kinder an, laut stampfend oder leise schleichend im Rhythmus des Sprechstückes durch den Raum zu gehen.
- Lehren Sie die Kinder Abzählreime. Diese eignen sich gut, um Dynamik im Sprechen und Spielen zu entwickeln.
- Teilen Sie die Kinder in zwei Gruppen ein: Eine Gruppe spricht das Stück, die andere antwortet als Echo mit Instrumenten und umgekehrt.
- Einschub von (improvisierten) Instrumentalbausteinen in einen Sprechvers

Es gibt weiterhin eine Vielzahl an kindgerechten Gedichten, Versen, Reimen und Sprechstücken. Auch hier lohnt sich der Blick ins Internet, z. B. unter www.kindergarten-workshop.de/index.html?/spiele/abzaehlreime/index.htm oder www.kidsweb.de/schule/abzaehlreime.html

Beliebte Abzählreime

Ene, mene, miste
was rappelt in der Kiste,
ene, mene, meck
und Du bist weg.

Mein Finger geht im Kreise
auf eine kurze Reise.
Und bleibt mein Finger stehen,
dann darfst du gehen.

3.3.5 Erarbeitung von Liedern

Aufwärmung

Für jeden Sportler gilt: Vor dem Training aufwärmen. Auch die Stimme erfordert besondere Aufmerksamkeit, bevor sie strapaziert werden kann. Ein (Kinder-)Chor beginnt mit einer Phase von Einsingübungen, die für kleine Kinder langweilig werden könnten. Dennoch sollten Sie darauf achten, wenigsten eine kleine Übungseinheit vor das eigentliche Singen zu setzen.

Die Stimme muss vor dem Singen genauso wie der Körper vorm Sport aufgewärmt werden.

Es bieten sich folgende Möglichkeiten zur Aufwärmung der Singstimme an:

- Führen Sie ein Ritual am Anfang jeder Musikzeit ein, z. B. eine Geschichte zum Aufwärmen der Stimme. Bei dieser Geschichte werden spielerisch die zum Singen benötigten Bereiche Haltung, Atmung, Stimmfunktionen und Muskulatur aufgewärmt. Erfinden Sie selbst eine Geschichte mit den Bausteinen, die zu Ihren Kindern passt.

Atmung ► S. 413
Muskulatur ► S. 254

1. Stunde: Geschichte zum Aufwärmen der Stimme

Es ist ein Nachmittag im Herbst. Du hast schon lange gespielt und brauchst jetzt eine Pause.	*Aufstehen, recken, strecken, gähnen*
Du gehst in den Garten und läufst zum Apfelbaum.	*Laufbewegungen*
Dort hängen viele rote Äpfel.	*aaah! (langgezogen)*
Da, noch mehr!	*aah! ooh!*
Du reckst dich und pflückst einen ab.	*recken, pflücken*
Du schnupperst: Er riecht köstlich!	*schnuppern – mmh!*
Du beißt hinein und kaust.	*Kaubewegungen*
Er schmeckt gut:	*Mmmmh, dabei Bauch reiben*
Doch da ist eine faule Stelle: (schnell ausspucken)	*bähhh! (energisch)*
Der Rest schmeckt aber wieder.	*Kaubewegungen*
Aber was ist das? Der schwarze Punkt?	
Ein Würmchen!	*Iiiiiih! (langgezogen)*
Vor Schreck wirfst du den Apfel weg.	*ausholende Armbewegung*
Als du dir gerade einen neuen aussuchen willst,	*nach oben recken*
ruft dich Mutter wieder ins Haus.	*Ooooooh! Schade!*

Quelle: Die Grundschulfundgrube Musik, Cornelsen Scriptor, S. 83/84

- Nutzen Sie die Vokale (a, e, i, o, u) als Starteinheit: Öffnen Sie eine (unsichtbare) Schatzkiste und holen Sie ein langes A heraus; holen Sie ein E von der Decke, ziehen Sie ein (kurzes) I aus der Hosentasche, ein O mit langer Geste hinter dem Fenster hervor und holen Sie ein langes U hinter der Uhr vor.

- Arbeiten Sie mit dem Raum – alle gehen durch das Zimmer: „Stell dir vor, du bist eine Biene und summst einen Ton. Wenn du keine Luft mehr hast, bleib kurz stehen und hole tief Luft in den Bauch. (Tipp: Mit der Hand auf dem Bauch wird das Einatmen spürbar.) Fliege dann mit einem neuen Ton weiter.“ Sie können die Biene auch durch Eisenbahn, Auto oder Wind ersetzen. Nutzen Sie dabei auch Singsilben (mo, nu, la, le, li, lu), die Sie vorgeben.

- Lassen Sie Melodien summen. Die Kinder sollen mit den Händen (in dem Fall ihren „Flügeln“) zeigen, ob sie gerade hoch oder tief summen/fliegen.

- Arbeiten Sie mit Bildern und Gesten: „Stell dir vor, du wirfst einen Ball bis an den Horizont - sch.“ „Du bist eine Eisenbahn - sch-f-sch-f-sch-f.“ Lassen Sie die Kinder die Hände auf den Bauch legen und die Aktivität des Zwerchfells spüren.

Zwerchfell ► S. 413

Liedauswahl

Lieder sollten kindgemäß ausgewählt und vermittelt werden.

Das Lied hat im Erleben der Kinder zentrale Bedeutung. Mit Liedern kann es sich ausdrücken, mitfühlen, Quatsch machen, verstehen und nachdenken, aber nur, wenn diese kindgemäß ausgewählt und vermittelt werden.

Mögliche Kriterien zur Auswahl eines Liedes für Ihre Kindergruppe können sein:
- Ist die Melodie leicht zu lernen?
- Bietet das Lied Raum für Kreativität und Bewegung?
- Berücksichtigt das Lied die Erfahrungs- und Erlebniswelt der Kinder?
- Ist die Wortwahl für das Alter der Kinder angemessen?
- Lassen sich alle vier Erlebnisdimensionen aktivieren?
- Spricht der Rhythmus die Kinder an?
- Bin ich als Vermittler überzeugt von dem Lied und kann ich es singen?

Vier Erlebnisdimensionen ▸ S. 239

Diese Seiten bieten Lieder mit Noten, Text und zum Anhören:

www.wdrmaus.de/lachgeschichten/lieder/

www.labbe.de/liederbaum/index.asp

Hier können Sie sich Ideen holen: www.spiellieder.de/index.htm

Wenn Sie ein Instrument spielen, erarbeiten Sie sich jegliches Notenmaterial selbst. Aber auch absolute Anfänger können sich Liederbücher mit dazugehörigen CDs besorgen und sich das Lied durch Anhören aneignen. Oftmals sind eine Version mit Gesang und eine Playback-Version pro Lied aufgenommen. In Büchereien gibt es inzwischen ein vielfältiges Angebot. Auch im Internet werden Sie fündig.

Liedvermittlung

Die wichtigste Grundlage zur Liedvermittlung ist, dass Sie von dem Lied überzeugt sind und es beherrschen. Nur dann fühlen Sie sich wohl und können frei auf die Kinder reagieren.

Es bieten sich verschiedene Zugänge an:
- über die Melodie
- über den Rhythmus
- über den Text
- insgesamt über das Gefühl eines Liedes

Methoden zur Liedvermittlung:

Vorsingen	Vor- und Nachsingen bestimmen die Liederarbeitung
Vorsingen mit rhythmischen Elementen	Sie schwingen die Gruppe im Rhythmus des Liedes ein und singen dann „im Takt" dazu.
Hörbeispiele	Nutzen Sie mitgebrachte CDs der Kinder. Empfehlung: anhören, mehrmals mitsummen, Text rhythmisch sprechen, häufig wiederholen
Rhythmisches Sprechen	Sprechen Sie das Lied im Rhythmus. Das bietet sich v. a. bei Liedern an, die den Sprachrhythmus aufgreifen. Ist dieser bekannt, wird die Melodie integriert.
Anzeigen der Tonhöhe	Die Kinder zeigen Ihnen mit den Händen, wann die Melodie hoch/tief ist. Dabei entsteht ein Bewegungsfluss, der sich für das Einprägen der Melodie gut nutzen lässt. Tipp: Geben Sie den Kindern leichte Tücher in die Hand und lassen Sie diese durch die Luft gleiten. Schon entstehen ein federleichter Gesang und eine erste Gestaltung.

Bewegung ▸ S. 252

! Am besten geeignet sind Lieder, die von Anfang an mit Bewegungen untermalt werden können. So schaffen Sie eine natürliche Verbindung zum Körper und werden dem Bewegungsdrang der Kinder gerecht. Für kleine Kinder ist weniger die Melodie als die darin ausgedrückten Emotionen entscheidend.

3.3.6 Lieder mit Instrumenten begleiten

Lieder können auf unterschiedliche Weise mit Rhythmusinstrumenten begleitet werden.

Es gibt verschiedene Varianten, Lieder mit Rhythmusinstrumenten zu begleiten:

- Sie spielen jeden Ton des Liedes mit = Liedrhythmus.
- Sie spielen den „Puls" des Liedes = Metrum/Betonungsmuster.
- Sie spielen betonte Silben/Töne = Taktakzente (z. B. im ¾-Takt 1 – 2 – 3).
- Sie spielen während des gesamten Stückes eine bestimmte Rhythmusfigur = rhythmisches Ostinato. Ostinati sind oftmals bei dem Musikstück angegeben.

Instrumente ► S. 240

Je kürzer die rhythmischen Schläge aufeinanderfolgen, desto kürzer soll das Instrument klingen (Triangel klingt lang, Holzblocktrommel kurz). In der Notenschrift heißt das: Achtelnoten lieber mit der Holzblocktrommel, halbe Noten mit dem Triangel spielen.
Hören Sie sich ein Lied mehrmals an oder singen Sie es für sich. Bei den meisten alten und modernen Kinderliedern drängt sich eine rhythmische Begleitung förmlich auf. Haben Sie zunächst keine Idee, klatschen Sie den Liedrhythmus. In vielen Liederbüchern sind bereits passende Möglichkeiten zur Begleitung angegeben.

Varianten der Liedbegleitung mit Melodieinstrumenten:

- Spielen der vollständigen Melodie des Liedes (muss in der Regel ein Erwachsener übernehmen; gut zur eigenen Stütze)
- Akkordbegleitung (z. B. mit der Gitarre)
- Bordun (Begleitung des Liedes mit dem 1. und 5. Ton der Liedtonart. Dabei kann der Spieler kaum „falsch" spielen.)
- Ostinato (ständige Begleitung des Liedes mit einem bestimmten Melodiestück, oftmals wird dies bei Musikstücken angegeben)

Melodieinstrumente ► S. 240

! Häufig existieren wenige Stabspiele in den Einrichtungen und alle Kinder wollen natürlich gleichzeitig damit spielen. Stellen Sie aus Pappe z. B. Ersatzxylophone her und lassen mit Bleistiftschlägeln darauf üben. Wechseln Sie nach einer Strophe im Uhrzeigersinn. So beschäftigen Sie ohne Stress und langweilige Einsatzpausen alle Kinder. Nehmen Sie benachbarte, nicht benötigte Stäbe heraus oder kennzeichnen Sie zu spielende Stäbe mit (leicht entfernbaren) Aufklebern.

3.4 Musik hören – „Was klingt denn da?"

Lärm und akustische Reizüberflutung machen krank.

Unsere Welt wird lauter und wir hören immer weniger. Denn sobald wir akustisch überflutet sind, blenden wir viele Geräusche aus. Es ist deshalb nötig, die Kinder zu bewusstem Hören und Verweilen hinzuführen. Wer genau hören will, braucht Zeit und Ruhe.

3.4.1 Hörgewohnheiten im Alltag der Kinder

Gruppe ▸ S. 118

Viele Radiosender bieten inzwischen durchdachte Kinderprogramme an. Sie können sich darüber informieren unter:

www.br-online.de/kinder/radio-tv/radiomikro/
www.lilipuz.de/

Die Hörgewohnheiten von Kindern erweitern sich mit zunehmendem Alter automatisch und systematisch und richten sich vorwiegend nach dem zur Verfügung stehenden Angebot. Deshalb ist es gerade bei einer neuen Gruppe interessant, Hörgewohnheiten herauszufinden.
Angebote zum Hören sind vielfältig und bunt, z. B.:

- Spielzeuge (z. B. Spieluhren, Spielsachen mit akustischen Signalen)
- Fernsehen und Radio
- Liedrepertoire der Eltern und Kontaktpersonen
- Musikgeschmack der Familie (z. B. Geschwister, Großeltern)
- Geräusche der Alltagsgegenstände (bereits ein raschelndes Papier oder ein Topfdeckel kann die Aufmerksamkeit fesseln)
- Umgebung (z. B. Verkehrslärm, Vogelgezwitscher)

Hier finden Sie alle möglichen Geräusche zum download:

www.hoerspielbox.de

In der Regel werden unruhige Kinder durch beständige, rhythmische Klänge beruhigt. Es kommt aber auch darauf an, in welcher Hörumgebung ein Kind lebt, was es situationsabhängig als „aufregend“ und beruhigend erlebt. Es ist sehr wichtig, den Kindern in einer ruhigen Umgebung neue Hörangebote zu machen.

3.4.2 Aktives Hören spielerisch fördern

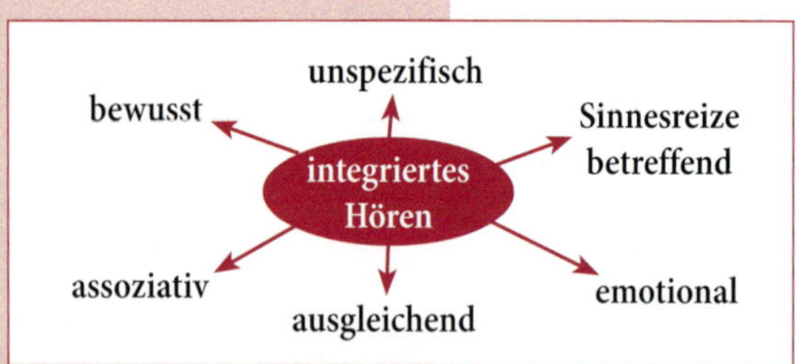

Abb. 1 Modell der rotierenden Aufmerksamkeit nach G. Mantel

Vielfach hat man den Eindruck, dass Menschen unserer Gesellschaft eher zum Weghören als zum Hinhören erzogen werden. Vielfach findet eine Dauerberieselung durch Umwelt statt, die durch Ausblenden erträglich wird. Stille ist ein rares Gut geworden. Wie aber wird nun ein Kind zum aktiven Hörer? Es gibt vielfältige Möglichkeiten, mit Kindern Klänge zu erforschen und Gegenstände zum Klingen zu bringen. Diese gilt es nun auch differenziert zu hören. Dazu brauchen wir Informationen darüber, wie Menschen hören (Abb. 1).

Klangspiele ▸ S. 341

Möglichkeiten zum Hörtraining

Hörlandschaften entdecken – Detektiv sein	Sammeln Sie mit den Kindern in einem bestimmten Raum oder einer Umgebung alle Geräusche, die Sie hören – Sie werden erstaunt sein, wie viele Sie finden!
Schönster Klang des Tages	Welcher Klang ist mir heute wichtig? Welcher Klang gefällt mir?
Geräusche raten	Nehmen Sie Geräusche aus der Umwelt auf und spielen sie vor – die Kinder raten.
Wo ist der Wecker?	Ein Wecker wird im Zimmer versteckt, den die Kinder suchen müssen.
Wo ist der Schlüssel?	Ein Schlüssel wird versteckt, den ein Kind suchen muss. Alle anderen Kinder summen leise, wenn der Sucher weit vom Schlüssel weg ist, und lauter, wenn er näher kommt.
Woher kommt der Klang?	Alle Kinder schließen die Augen. Ein Kind geht durchs Zimmer und macht irgendwann ein Geräusch. Die Kinder zeigen mit der Hand in die Richtung.
Reihenfolge von Geräuschen merken	Es sind drei Klangerzeuger sichtbar (Alltagsgegenstände, Instrumente,…) und sie werden deutlich hörbar gespielt. Dann schließen alle die Augen. Ein Kind spielt nun die Geräusche in beliebiger Reihenfolge. Die anderen Kinder müssen sich die Reihenfolge merken und verbalisieren.
Stimmen – Telefon	Trichter in einen Plastikschlauch stecken und los geht's: Kinder telefonieren mit sich selbst oder mit einem Partner.
Hör-Memory	Füllen Sie je zwei alte Filmdöschen mit dem gleichen Material und spielen Sie damit „Memory“.

3.4.3 Umgang mit Hörbeispielen

Bei Hörbeispielen geht es vorwiegend um den Umgang mit wenig alltäglicher Musik, z. B. klassischer Musik. Je nach privatem Hintergrund sind Kinder mehr oder weniger mit dieser Musik vertraut. Eine vorschnelle Begegnung überfordert die Kinder in der Regel. Sie brauchen Zeit, um sich die Musik und deren musikalische Aussage zu erobern. Überlegen Sie sich, was die Musik ausdrücken oder erzählen will, und stellen Sie dieses z. B. in Bildern, mit Instrumenten, pantomimisch oder in einer Geschichte dar. Inzwischen gibt es auch Bilderbücher zu bekannten Opern, die Sie parallel zum Hören einsetzen können. Denken Sie auch unbedingt daran, dass Kinder oft sehr emotional mit Musik umgehen.

Eine Begegnung der Kinder mit Hörbeispielen, z. B. mit klassischer Musik, braucht Zeit.

! Alles, was Kindern neu ist, wirkt anfangs befremdlich, verleitet zum Kichern oder Unruhigwerden. Lassen Sie sich nicht beirren. Sobald die Kinder mit einer neuen Musikrichtung vertraut sind, gehen sie entspannt damit um. Halten Sie das reine Zuhören anfangs kurz – es erfordert immense Konzentration.

Entscheidend für das produktive Umgehen mit musikalischen Werken ist das „handlungsbegleitete Werkhören“. Die Kinder lernen schnell, die neue Musik mit den Ohren zu „lesen“, und interpretieren frei. Integrieren Sie dann Gestaltungselemente, um Höreindrücke zu verarbeiten.

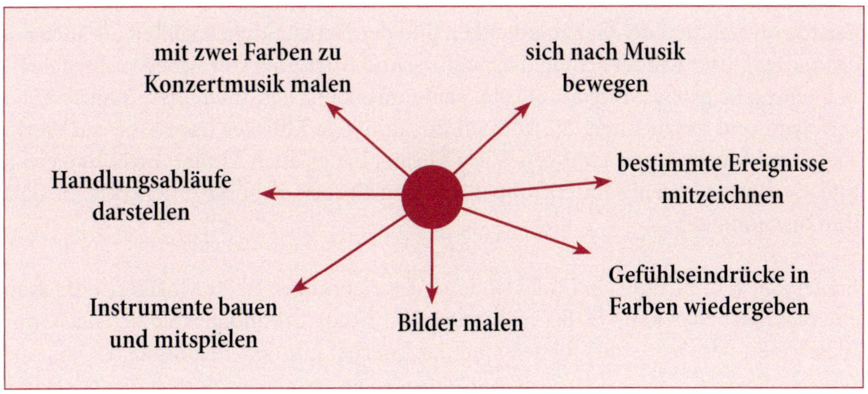

3.4.4 Gestalterische Umsetzung von Musik

Der Umgang mit Musik ist kaum nur isoliert zu betrachten – besonders und gerade auch, wenn Sie mit Kindern arbeiten. Je nach Musikstück und Schwerpunkt bieten sich vielfältige Gestaltungsmöglichkeiten an:

- szenisches Gestalten (Szenen aus einer Oper darstellen, ein Lied mit Schauspielern vorspielen und -singen)
- einen Tanz zu einem Musikstück erfinden
- ein Theaterstück oder Ausschnitte daraus mit Instrumenten begleiten
- Pantomime oder Schattenspiele mit Musik untermalen (Bewegungsabfolge wird mit Instrumenten begleitet)
- Puppenspiele (Marionetten werden durch Klänge zum Leben erweckt)
- Schwarzlichttheater
- sportliche Events mit Musik (Zirkus)
- Bilder (Dias, Fotos, Gemälde) mit Musik vorstellen
- zur Musik malen (Welche Farbe hat diese Musik? Welche Form? Was stellst du dir zu dieser Musik vor?)

Abb. 2 Stabpuppentheaterstücke können mit Musik lebendiger gestaltet werden.

Es ist sinnvoll, sich über die Materialausstattung in der Praxisstelle genau zu informieren und diese zu nutzen.

3.5 Rahmen für methodisches Handeln im Bereich Musik – „Grundlagen schaffen!“

3.5.1 Ausstattung in der Praxisstelle

Informieren Sie sich in Ihrer Einrichtung über die Möglichkeiten und die Ausstattung. Ihnen sollte ein Raum zur Verfügung stehen, der genug Bewegungsfreiheit für eine Musikgruppe bietet. Eine gute Möglichkeit ist es, sich einen Raum mit einer zweiten Gruppe an verschiedenen Tagen zu teilen.

Viele Einrichtungen haben bereits einen kleinen (privaten) Fundus an Musik-CDs und musikalischen Kinderbüchern. Nutzen Sie das vorhandene Angebot. Gerade für das Musikhören brauchen Sie auch Audiogeräte (z. B. CD-Player). Erkundigen Sie sich rechtzeitig danach und denken Sie auch an Zubehör wie z. B. Verlängerungskabel. Wenn Sie einen Instrumentenschrank in Ihrer Einrichtung haben: Schauen Sie sich die Aufteilung genau an – nichts ist ärgerlicher als Instrumente, die nicht mehr an ihrem Platz liegen. Sie können Instrumente auch selbst herstellen. Fragen Sie nach, ob Mittel dafür zur Verfügung stehen.

Instrumente ► S. 240

3.5.2 Einbeziehung musikalischer Ressourcen im Umfeld

Gerade im Rahmen der Ganzheitlichkeit und der Nachhaltigkeit sollten Sie auch auf das Umfeld Ihrer Kinder achten. Bestätigung und Anregung von außen kann manchmal eine sehr große Motivation sein, seine musikalischen Interessen intensiver zu verfolgen und auszubauen. Sie können ortsansässige Musiker fragen, ob sie Workshops und Musiktheater anbieten. Viele Theater bieten auch Kindervorstellungen an und Orchester lassen Kindergruppen bei den Proben zuhören und erklären dort ihre Instrumente.

Fragen Sie z. B. in Pfarreien oder anderen Einrichtungen nach Musikern, die man einladen/besuchen kann (z. B. für eine Orgelführung). Erkundigen Sie sich nach Musikvereinen vor Ort. Gute Quellen sind das Internet und das Telefonbuch.

3.5.3 Musikalische Aktivitäten in der Eltern- und Familienarbeit

Musik verbindet – Eltern, Kinder und Nationen.

Musik verbindet. Gerade in der Eltern- und Familienarbeit kann Musik ein Medium sein, das neue Zugänge und ein Gefühl der Zusammengehörigkeit schafft – innerhalb und außerhalb der eigenen Familie. Besonders wertvoll kann es sein, die kulturelle Vielfalt im Rahmen von Liedern und dem Spielen von (vielleicht) unbekannten Instrumenten für Kinder erlebbar zu machen.

Möglichkeiten für musikalische Aktivitäten mit den Eltern und Familien der Kinder:
- Eltern einladen, die ein Instrument spielen
- Eltern basteln gemeinsam Instrumente für die Klasse
- gemeinsamer „Lauschabend“
- Hausmusikabend mit Kindern, Schulkindern und Eltern
- Themennachmittag: Einige Lieder werden mit nach Hause gegeben und können (von den Eltern mit deren Instrumenten) schon „geübt“ werden – das schafft Sicherheit. Dann trifft man sich in der Einrichtung und musiziert zusammen. Anfängliche Barrieren fallen. Im Sommer kann ein musikalischer Themennachmittag auch am Lagerfeuer stattfinden.

Angebotsplanung

Thema: Musik hören und sich zur Musik bewegen – „Karneval der Tiere“ von Camille Saint-Saëns
- Darstellen aller Tierarten als bewegungsfreudige „Zirkuseröffnung“
- Darstellen von „Aquarium“ als Tanz

Voraussetzungen:
- sichere Fortbewegung und deutliches Hören
- je nach Entwicklungsstand Ausprägung der Fähigkeit, sich auch rhythmisch zur Musik zu bewegen

Ziel:
Die Kinder sollen Tiere aus Musikausschnitten erkennen und sich passend dazu bewegen.

Zeit:
- Dauer pro Einheit ca. 20–30 Minuten (evtl. weniger Tierarten, dafür intensiver)
- Möglichkeit der Vertiefung bzw. mehrere Einheiten: Stück „Das Aquarium“ als Tanz gestalten, dafür werden verschiedene Abschnitte innerhalb des Stückes erarbeitet.

Methoden:
- Entwicklung gemeinsamer Ideen für Bewegungen mit den Kindern, evtl. Vormachen und Nachahmen
- vorheriges Zeigen der Tierarten auf Bildkarten, um den Kindern die Möglichkeit zu geben, ihre Ideen und gefühlsmäßigen Einordnungsversuche zu kanalisieren
- Vorspielen einiger Tiermusiken (in gekürzter Fassung), um die Unterschiede deutlich zu machen
- Erzählen von charakteristischen Merkmalen der Tiere (z. B. Löwe schreitet königlich)
- Ausprobieren der Bewegungen im Raum
- Bereitlegen der Requisiten (z. B. Tücher) zur kreativen Nutzung
- Wenn alle Abschnitte bewegt dargestellt wurden, werden die Kinder in Tiergruppen eingeteilt.

Materialien/Medien:
- Tonträger mit Aufnahmen vom „Karneval der Tiere“, evtl. vorher Stücke am PC zusammenschneiden
- Abspielgerät (z. B. CD-Player), Bilder von Tieren, die behandelt werden sollen
- Verkleidungsgegenstände wie z. B. Masken, Federn, Schuppen
- Tücher zum Schwingen, blaue/grüne Tücher für die Darstellung von Wellen und Wasserpflanzen

Organisatorisches:
- großen Raum ohne Möbel reservieren
- Musikstücke vorher in Ruhe anhören und entscheiden, welche Abschnitten passen (evtl. einige Ausschnitte weglassen, die für die Kinder zu schwierig sind)
- Differenzierende Möglichkeiten, z. B. einige Kinder, die sich mit der Darstellung schwertun, können in der Mitte des Raumes das „Wasser“ spielen

Präsentation:
Vorführung auf einem Elternabend, im Altersheim oder für eine andere Kindergruppe
Projekt ist ideal als „wandernde Aufführung“, da nur wenige Materialien benötigt werden

4. Sport- und Bewegungserziehung – „Bewegung tut auch Kindern gut!“

Viele Bewegungsmöglichkeiten aus unserem Alltag sind nach und nach weggefallen.

Früher bewegten sich die Menschen ständig. Sie jagten Tiere, legten alle Wege zu Fuß zurück, bauten ihre Hütten selbst, pflügten ihre Äcker und wuschen von Hand. Heutzutage nutzen wir häufig das Auto und liegen oft vor dem Fernseher. Viele Arbeiten erledigen wir sitzend mit Hilfe von Technik, z. B. mit dem Computer.

So haben wir in den letzten 100 Jahren die meisten Bewegungsmöglichkeiten aus unserem Alltag entfernt. Kinder hielten sich früher viel draußen auf und hatten große Bewegungsräume zur Verfügung. Heute können sich gerade in Großstädten Kinder weniger frei außerhalb der Wohnung bewegen. Ein großer Teil der Kindheit findet in geschlossenen Räumen statt.

4.1 Bewegungsapparat – „Starke Knochen mit Schwung“

4.1.1 Bedeutung der Bewegung für die Gesundheit

Bewegung hält gesund und beugt Krankheiten vor.

Es ist eindeutig bewiesen, dass regelmäßige sportliche Aktivitäten einige körperliche Funktionen positiv beeinflussen, z. B.:

- Die Leistungsfähigkeit des Herzens wird gesteigert. Durch regelmäßige Bewegung werden Herzfrequenz und Blutdruck gesenkt. Das entlastet das Herz und schont die Blutgefäße.
- Die Atemmuskulatur wird gekräftigt und das Lungenvolumen vergrößert.
- Das Immunsystem wird gestärkt. Der Körper kann sich so besser gegen Infektionen wehren.
- Stoffwechselerkrankungen wie z. B. Diabetes mellitus oder Fettstoffwechselstörungen wird vorgebeugt.
- Die Knochen werden gestärkt.
- Sowohl das Wohlbefinden als auch die Persönlichkeit werden gefördert.
- Stress und Stressempfindlichkeit werden abgebaut.

Herz ► S. 415
Atmung ► S. 413
Immunsystem ► S. 405
Diabetes mellitus ► S. 399
Knochen ► S. 254

Um die „ideale Belastung“ für den eigenen Körper zu bestimmen, spielt die Frequenz des Herzschlages, also der Puls, eine zentrale Rolle. Die Pulsfrequenz (Zahl der Pulsschläge pro Minute) sollte bei ungefähr 180 Schlägen pro Minute minus dem Lebensalter liegen. Bei einem 5-jährigen Kind sollte die Pulsfrequenz also 175 Schläge pro Minute betragen (180 minus 5 Jahre). Dieser Wert ist ein Richtwert.

Puls ► S. 414

! Eine richtige Atmung ist beim Sport sehr wichtig. „Laufen ohne Schnaufen“ ist hier die Devise. Das heißt, man sollte sich bei der sportlichen Betätigung noch unterhalten und mühelos durch die Nase atmen können. So wird der Körper ideal belastet. Für denjenigen, der durch Bewegung gesund bleiben will, gilt: Es gibt kein „zu langsam“, sondern nur ein „zu schnell“. Man sollte sich lieber mäßig, aber regelmäßig bewegen. Die sportliche Betätigung sollte nicht zu kurz sein. Optimal ist eine Ausdauerbelastung von ca. 40 Minuten mindestens zweimal pro Woche.

4.1.2 Aufbau des Bewegungsapparates

Der Bewegungsapparat wird in den passiven und den aktiven Bewegungsapparat unterteilt. Zum passiven Bewegungsapparat gehören alle Knochen, Gelenke, Bänder und Knorpel; also alle Anteile des Bewegungsapparates, die bewegt werden. Der aktive Bewegungsapparat umfasst alle Anteile des Bewegungsapparates, die sich selbst bewegen, also Muskeln mit ihren Sehnen. Die Sehnen bewegen sich jedoch nicht eigenständig.

Gelenke ► S. 254
Muskeln ► S. 254

Passiver Bewegungsapparat	Aktiver Bewegungsapparat
↓	↓
Knochen Gelenke und Bänder Knorpel	Muskeln (Sehnen)

Wichtige Knochen des Menschen	Wichtige Muskeln des Menschen
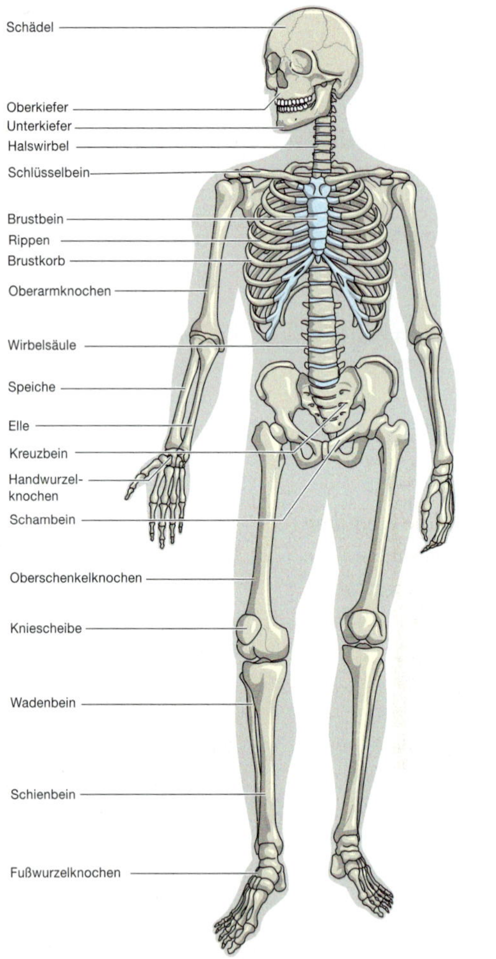	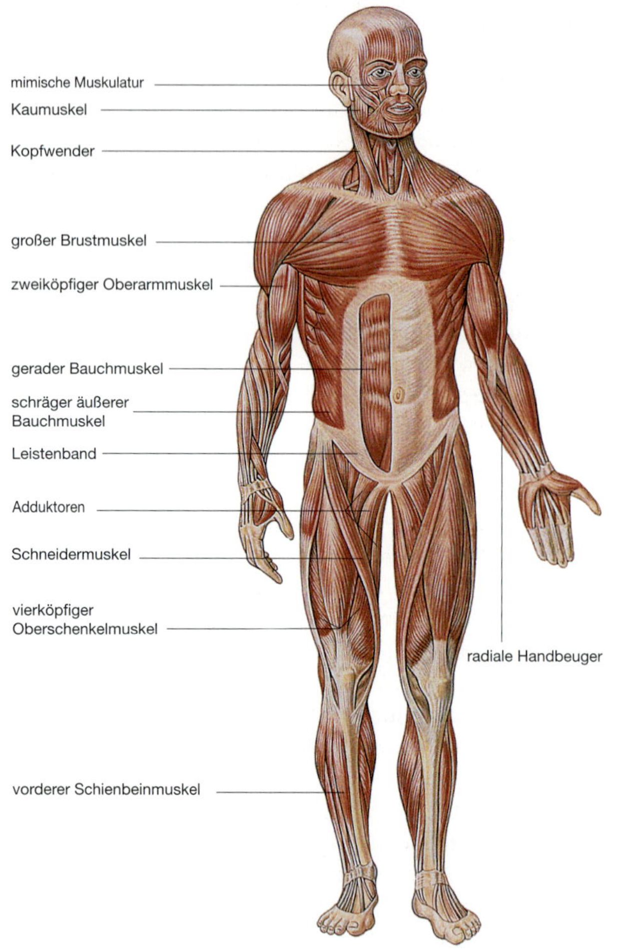

Unsere Knochen sind durch Gelenke miteinander verbunden.

Unsere Knochen müssen viele Belastungen aushalten. Daher müssen sie sowohl hart als auch etwas biegsam sein, um nicht zu leicht zu brechen. Knochen bestehen aus fester Grundsubstanz und Zellen, die diese feste Grundsubstanz bilden. Dieses besteht aus einem besonders strapazierfähigen Gerüst aus Eiweißfasern. Zwischen den Eiweißfasern sind Mineralien eingelagert. Diese machen den Knochen hart. Zu den wichtigsten Mineralien des Skeletts zählen Calcium, Magnesium und Phosphor. Damit unser Skelett zusammenhält und beweglich ist, sind die Knochen durch Gelenke verbunden.

Unsere Muskeln ermöglichen es, uns zu bewegen.

Unsere Muskeln beugen oder strecken durch Zusammenziehen ein Gelenk und ermöglichen es, dass wir uns bewegen. Alle Muskelfasern, aus denen die Muskeln bestehen werden dabei durch einen Nerv gesteuert.

Damit die Muskulatur mit dem Knochen verbunden werden kann, brauchen wir Sehnen. Sie verbinden die Muskeln mit den Knochen. Sehnen sind zum Teil sehr lang und ziehen über das Gelenk hinweg bis zu dem Muskel, der bewegt werden soll. Unsere Finger werden z. B. durch Sehnen bewegt, die von den Muskeln der Unterarme stammen. Wären die Sehnen nicht so lang und würden die Muskeln im Hand- und Handgelenkbereich liegen, wären feine Bewegungsabläufe, wie z. B. einen Stift in die Hand nehmen und schreiben, nicht möglich.

4.2 Förderung der Entwicklung des Kindes – „Immer in Bewegung“

Bewegung fördert die gesunde Entwicklung des Kindes.

Embryo ▸ S. 346

Bewegung von Anfang an

Bei einem Embryo kann man mit Ultraschall schon etwa ab der 7. Schwangerschaftswoche erste Bewegungen beobachten. Bewegung beginnt also schon im Mutterleib und ist bedeutend für körperliche Entwicklung und Wachstum, den Muskel- und Knochenaufbau sowie die Entwicklung des Nervensystems.
Die Natur hat Kleinkinder mit einem starken Bewegungs- und Spieldrang ausgestattet. Es ist wichtig, dass Kinder ihren Bewegungsdrang ausleben. Die geistig-seelische Entwicklung eines Kindes ist eng mit der Ausbildung körperlicher Fähigkeiten verbunden. Studien zeigen: Je mehr sich die Kinder im Schulalltag und im Unterricht bewegen können, desto besser sind die Lernerfolge. Die Aufmerksamkeit der Schüler und Schülerinnen ist höher und die Lernatmosphäre besser. Darüber hinaus sinkt die Gewaltbereitschaft.

Sport und Bewegungserziehung im Kindergartenalltag

Sport und Bewegung im Kindergarten schärfen das Wahrnehmungsvermögen, das z. B. im Straßenverkehr gebraucht wird. Außerdem wird der Gleichgewichtssinn geschult, eine wichtige Voraussetzung, um z. B. mit dem Rad zu fahren. Das Reaktionsvermögen verbessert sich. Es hilft, bei Gefahren schnell und richtig zu handeln. Wer Bewegungsabläufe trainiert, hat zudem weniger Unfälle durch Stolpern, Abknicken oder Ausrutschen und kann sich im Falle eines Sturzes besser abfangen.

Abb. 1 Sport und Bewegung sind wichtige Bestandteile für die kindliche Entwicklung.

Positive Auswirkungen von Bewegungserziehung sind z. B.:

- Kinder entwickeln ein Gefühl für ihre Gesundheit und ihren Körper.
- Kinder lernen, sich körperlich auszudrücken.
- Sinneswahrnehmungen werden verbessert und Körpererfahrungen erweitert.
- Kinder lernen, etwas auszuprobieren und Verantwortung zu übernehmen.

4.2.1 Förderung der sportmotorischen Fähigkeiten

Eine gezielte Bewegungsförderung kann sportmotorische Fähigkeiten schulen. Die sportmotorischen Fähigkeiten lassen sich in koordinative und konditionelle Fähigkeiten unterteilen. Unter Koordination versteht man das Zusammenspiel zwischen Motorik und Wahrnehmung. Unter Kondition versteht man das Leistungsvermögen bei Kraft, Ausdauer und Beweglichkeit.

Koordinative Fähigkeiten	Konditionelle Fähigkeiten
• **Umstellungsfähigkeit:** Anpassung an neue Situationen • **Rhythmisierungsfähigkeit:** Umsetzung akustischer Signale in Bewegungen • **Orientierungsfähigkeit:** Wahrnehmung der Lage des Körpers in der Umwelt • **Reaktionsfähigkeit:** schnelle Aufnahme und Verarbeitung von Signalen • **Gleichgewichtsfähigkeit:** Halten des Gleichgewichts	• **Kraft:** Erzeugung von Spannungen in der Muskulatur • **Ausdauer:** Widerstandsfähigkeit des Organismus bei körperlicher oder geistiger Belastung • **Schnelligkeit:** Durchführung von Bewegungen in möglichst kurzer Zeit, z. B. Reaktionsspiele • **Beweglichkeit:** Ausnutzung von Bewegungsmöglichkeiten der Gelenke

4.2.2 Förderung der Persönlichkeit

Das Selbstwertgefühl entwickelt sich durch positive Körpererfahrungen.

Positive Erfahrungen mit dem eigenen Körper und der eigenen Leistungsfähigkeit stellen die Basis für die Entwicklung eines positiven Selbstwertgefühls dar. Motorisches Handeln innerhalb einer Gruppe steht immer im Zusammenhang mit sozialen Fähigkeiten. Dementsprechend bewirkt motorische Förderung auch eine Förderung sozialer Kompetenz. Das Kind lernt z. B.,

Entwicklung der Motorik ► S. 104

- Verantwortung für ein positives soziales Klima in der Gruppe zu übernehmen,
- sorgsam mit Gefühlen anderer umzugehen,
- Unterschiede untereinander wahrzunehmen und zu akzeptieren, einander zu integrieren statt auszugrenzen,
- verschiedene Rollen in der Gruppe zu übernehmen,
- mit Regeln umzugehen, diese einzuhalten, zu hinterfragen bzw. bei Bedarf gemeinsam abzuändern,
- Konflikte zu vermeiden bzw. zu bewältigen.

4.2.3 Förderung der Wahrnehmung durch sinnliche Erfahrungen

Sinnliche Erfahrungen gelten als die Basis kindlichen Handelns.

Sinnliche Erfahrungen sind die Grundlage kindlichen Handelns (Abb. 1–3). Deshalb ist eine Förderung und Schulung der einzelnen Sinnesbereiche im Rahmen der Sport- und Bewegungserziehung in der Kindertageseinrichtung von großer Bedeutung.
Im Folgenden wird eine Unterscheidung in sogenannte „Grundwahrnehmungsbereiche“ vorgenommen, zu denen die körpernahen und die körperfernen Sinne gehören.

Körpernahe Sinne	Körperferne Sinne
kinästhetisches System (Bewegungssinn) vestibuläres System (Gleichgewichtssinn) taktiles System (Tast- und Berührungssinn)	auditives System (Gehörsinn) visuelles System (Sehsinn)

Das kinästhetische System, das vestibuläre System und das taktile System gehören zu den Nahsinnen der Wahrnehmung. Diese Nahsinne entwickeln sich beim Kind zuerst. Sie informieren über den eigenen Körper und seine Lage im Raum. Die Fernsinne (auditives und visuelles System) entwickeln sich erst später voll aus.

Abb. 1–3 Auch durch Körpererfahrungen auf dem Spielplatz, wie Balancieren, Schaukeln und Klettern, wird der Gleichgewichtssinn geschult.

Kinästhetische Wahrnehmung	Bewegungsspiele zur Förderung der kinästhetischen Wahrnehmung
Das **kinästhetische Sinnessystem** übermittelt dem Kind Informationen über Muskeln, Sehnen und Gelenke. Es umfasst die Empfindungen, die durch die Bewegungen des eigenen Körpers verursacht werden. Dadurch ist es möglich, den Auf- und Abbau der Muskelspannung zu kontrollieren, unterschiedliche Gelenkstellungen und damit unterschiedliche Bewegungsrichtungen einzelner Körperteile wahrzunehmen. **Körperpositionen** können so bewusst gehalten bzw. verändert werden. Kinästhesie ist für die Bewegungskoordination und für die Orientierung im Raum sehr wichtig.	**„Kaugummi“:** Zwei Kinder stehen einander gegenüber. Es wird ein Körperteil benannt. Dieses sollen die Kinder „aneinanderkleben“ und sich durch den Raum bewegen. (Variation: eine Hindernisbahn gemeinsam zurücklegen) **„Bibi Blocksberg“:** In der Mitte des Spielfeldes steht die „Bibi, die Hexe“ mit ihrem Besen. Die anderen Kinder teilen sich in vier Gruppen an den Ecken des Spielfeldes auf. Die Hexe fliegt nun mit ihrem Besen in eine Ecke und „verhext“ die Kinder, das heißt, sie müssen alles nachmachen, was die Hexe vormacht. Fliegt sie wieder weg, sind die Kinder erlöst und eine andere Gruppe wird verhext.
Vestibuläre Wahrnehmung	**Bewegungsspiele zur Förderung der vestibulären Wahrnehmung**
Das **vestibuläre Sinnessystem** ist eng mit dem kinästhetischen und dem visuellen Sinnessystem verbunden. Es ist für die Gleichgewichtsregulation des Körpers verantwortlich. Das Gleichgewichtsorgan befindet sich im Innenohr. Es reagiert auf Schwerkrafteinwirkung und auf Bewegungs- und Lageveränderungen des Körpers. Um Grenzen der eigenen **Gleichgewichtsfähigkeit** kennen zu lernen, ist es notwendig, das Risiko einzugehen, das Gleichgewicht zu verlieren. Zur Gleichgewichtsschulung gehören sich fallen lassen, sich abfangen, niederspringen und landen. Je besser das vestibuläre Sinnessystem geschult ist, desto sicherer kann sich das Kind in seiner Umwelt bewegen.	**„Papagei im Nest“:** Die Kinder stehen mit angelegten Armen auf einem Bein oder beiden Fußspitzen und versuchen, erst mit offenen, dann mit geschlossenen Augen das Gleichgewicht zu halten. Wenn sie es zu verlieren drohen, können sie versuchen, es durch „Armschlagen“ (wie Flügel) oder durch das Öffnen der Augen wiederherzustellen. **„Snowboard“:** Ein Kastenoberteil wird über mehrere Medizinbälle gelegt, sodass es zwar beweglich ist, jedoch stabil bleibt. Das Kind versucht, auf diesem Kastenoberteil das Gleichgewicht zu halten. (Variationen: Es werden mehrere Snowboards hintereinander gebaut. Das Kind versucht, verschiedene Gegenstände zu balancieren.)
Taktile Wahrnehmung	**Bewegungsspiele zur Förderung der taktilen Wahrnehmung**
Das **taktile Sinnessystem** reagiert auf Informationen, die über die Haut empfangen werden (Druck, Berührung, Temperatur, Schmerz). Das Kind differenziert so die unterschiedlichen Qualitäten von Materialien und Gegenständen (Gewicht, Feuchtigkeit, Temperatur und Oberflächenbeschaffenheit) seiner Umgebung. Es lernt, **Berührungen** zu tolerieren, als angenehm bzw. unangenehm zu empfinden und ihnen eine entsprechende Bedeutung zu geben. Diese allmähliche Differenzierung der Tasteindrücke trägt dazu bei, dass das Kind eine immer genauere Vorstellung von seinem Körper erhält. Übungen zur taktilen Wahrnehmung sollten vor allem die Hände und Füße beanspruchen. Besonders intensiv wird der Tastsinn bei geschlossenen Augen angesprochen.	**„Fühlbotschaft“:** Alle Kinder sitzen im Kreis und halten sich an den Händen. Es wird durch Drücken der Hand des nächsten Kindes eine Botschaft losgeschickt. Nach der Ankündigung „Ich schicke eine Botschaft an …“ schließen alle Kinder die Augen und warten auf einen Händedruck. Der Empfänger ruft „Angekommen!“, sobald ihn der Händedruck erreicht. **„Erlebnislauf“:** Eine Reihe von Springseilen wird verknotet und hintereinander ausgelegt. Entlang dieser Seile werden verschiedene Hindernisse (Hütchen, Bälle) und Untergründe (Matten, nasse Tücher) aufgebaut. Die Kinder gehen mit verbundenen Augen, geführt von einem Kind, an den Seilen entlang und nehmen die verschiedenen Eindrücke wahr.

Auditive Wahrnehmung	Bewegungsspiele zur Förderung der auditiven Wahrnehmung
Das **auditive Sinnessystem** ermöglicht eine Unterscheidung von Geräuschen, Stimmen, Klängen und Tönen. Es bildet die Grundvoraussetzung für den Spracherwerb. Das Hörorgan liegt im Mittel- und Innenohrbereich, in räumlicher Nähe zum Gleichgewichtsorgan. Der Raum-Lage-Sinn wird dadurch mit beeinflusst. Insbesondere die differenzierte Wahrnehmungsfähigkeit unterschiedlicher Geräuschquellen im Straßenverkehr sowie im Spielumfeld ist für die Sicherheit des Kindes von Bedeutung. Wie auch beim Tastsinn wird der Gehörsinn besonders bei geschlossenen Augen angesprochen.	**„Einfrieren“:** Die Erziehenden geben mit einem Instrument den Takt vor. So bedeuten z. B. laute Klänge schnelle Bewegungen und leise Klänge langsame Bewegungen. Stehen bleiben müssen die Kinder, wenn ein sehr lauter Ton erklingt. Sie werden zu eingefrorenen Eisfiguren und müssen in der Position verharren. **„Im Straßenverkehr“:** Auf ein Signal hin spielen die Kinder verschiedene Verkehrsmittel. Sie können Autos (Gangschaltung, Geräusche des Reifenquietschens), Busse (mehrere Kinder reihen sich hintereinander), Fahrräder (wildes Strampeln mit den Beinen in der Luft) etc. spielen.
Visuelle Wahrnehmung	**Bewegungsspiele zur Förderung der visuellen Wahrnehmung**
Das **visuelle Sinnessystem** reagiert auf **optische Reize.** Dadurch ist es möglich, die Umwelt zu strukturieren. Vorder- und Hintergrund, Nähe und Ferne, Größe, Farben, Formen sowie Höhe, Tiefe und Breite eines Raumes können so differenziert werden. Auf Grund ihrer Körpergröße können Kinder Situationen schlechter überblicken, da ihr Blickfeld kleiner ist. Gerade im Straßenverkehr und im Spielbereich sind das Einschätzen von Geschwindigkeiten und das Abschätzen von Entfernungen von großer Bedeutung.	**„Schöne Augen machen“:** Die Kinder bilden einen Kreis. Je zwei Kinder stehen hintereinander, nur eins hat keinen Partner. Dieses Kind versucht, einen neuen Partner zu bekommen, indem es einem Kind, welches im Kreis steht, schöne Augen macht. Der Partner, der hinter dem angeblinzelten Kind steht, versucht, das Kind festzuhalten. Wird der Partner festgehalten, muss das allein stehende Kind einem anderen Partner schöne Augen machen. **„Schattenspiele“:** Die Kinder spielen zu zweit. Ein Kind läuft, geht oder hüpft vorneweg. Das andere Kind versucht, seine Bewegungen nachzumachen.

4.3 Organisation von Sport- und Bewegungsstunden – „Alle auf der grünen Linie aufstellen!“

Den Erziehenden geben die didaktischen Prinzipien Hinweise zur Gestaltung der Bewegungssituationen. Bei der Gestaltung der Bewegungserziehung müssen ganz bestimmte methodische und didaktische Überlegungen berücksichtigt werden.
Bei der Gestaltung von Bewegungssituationen müssen bestimmte Vorüberlegungen gemacht werden.

Dazu gehört z. B.:
- Ausstattung des Bewegungsraumes bzw. der Sporthalle,
- Geräte und Materialien
- Vorüberlegungen zur Planung einer Bewegungsstunde

Planung ► S. 210

Zudem sollten alle Bewegungsangebote bestimmten Leitlinien oder Prinzipien gerecht werden.

4.3.1 Prinzipien der Bewegungserziehung

Kindgemäßheit
In Einrichtungen für Kinder sollen sich Bewegungsangebote grundsätzlich an deren Fähigkeiten, Interessen und Bedürfnissen orientieren (Abb. 1). Sie sollen zum Handeln herausfordern und nicht überfordern. Bei allen Angeboten müssen die intensiven Bewegungsbedürfnisse der Kinder berücksichtigt werden. Wenn Bewegungsangebote immer wieder etwas Überraschendes, Unerwartetes beinhalten, können Neugierde und Entdeckungsfreude der Kinder geweckt werden. Sie hängen aber auch an Bekanntem und Vertrautem, denn dies vermittelt Ordnung und Struktur.

Abb. 1 Kindgemäße Geräte auf einem Kindergartenspielplatz

Offenheit
Die Interessen der Kinder sollen situativ berücksichtigt werden. Auch bei genauer Planung der Methoden und Bereitstellung der Materialien, muss immer Platz für spontane Einfälle der Kinder vorhanden sein. Offenheit soll nicht Planlosigkeit bedeuten, sondern die flexible Handhabung der eigenen Planungen.

Freiwilligkeit und Entscheidungsfreiheit
Die Beteiligung an Angeboten soll Kindern grundsätzlich freigestellt werden. Die Geräte und Spielsituationen können die Kinder ausreichend auffordern sich einzubringen. Vor allem kleinere Kinder möchten erst einmal eine Zeit lang zusehen, bevor sie sich beteiligen. Die Erziehenden können zurückhaltende Kinder ermutigen, aber niemals überreden oder zu etwas zwingen. Die Entwicklung der Selbstständigkeit kann nur gefördert werden, wenn das Kind die Handlungen freiwillig leistet. Sich entscheiden zu können bedeutet immer, alternative Wahlmöglichkeiten zu haben. Der Entscheidungsspielraum sollte jedoch nicht zu groß sein.

Die Freiwilligkeit der Kinder bei Angeboten ist für die Entwicklung der Selbstständigkeit wichtig.

Erlebnisorientierung
Die unmittelbare Erlebniswelt motiviert Kinder besonders für die Bewegungserziehung. Deshalb können Bewegungsgeschichten die Angebote begleiten oder Impulse für Veränderungen im Spielgeschehen setzen. Gerade Vier- bis Fünfjährige begeistern sich für Symbol- und Rollenspiele. Die Bewegungshandlungen können oft in größere Spielhandlungen eingebunden werden. Die Geräte bekommen eine symbolische Bedeutung, z. B. wird die Sprossenwand zur Feuerwehrleiter. Bei solchen Spielen identifizieren sich Kinder mit Personen und können auch Handlungsalternativen ausprobieren. Zur kindlichen Fantasieentwicklung soll auch genügend Raum vorhanden sein. Durch die Kombination der Materialien und Geräte entstehen neue Erlebnisräume (Abb. 2), in denen Kinder „eigene" Welten bauen und sich mit der Bewegungsumwelt intensiv beschäftigen können.

Rollenspiele ► S. 107

Abb. 2 Ein Erlebnisparcours in einem Bewegungsraum

Selbsttätigkeit
Häufig räumen Eltern Kindern alle Schwierigkeiten aus dem Weg. Dadurch fördert man bei ihnen leicht eine konsumierende Haltung, die wenig Selbstaktivität herausfordert. Aber Handeln aus eigenem Antrieb ist für Kinder eine wichtige Voraussetzung für die Entwicklung des eigenen „Ich". Kinder sollen lernen, selbst die Initiative zu ergreifen und Verantwortung zu übernehmen.
Die Erziehenden können durch Impulse den Kindern weitere Handlungsmöglichkeiten aufzeigen. Sie führen den Blick der Kinder auf Alternativen in der Benutzung der Geräte, sie regen neue Ideen an oder unterstützen das Zusammenspiel der Kinder.

4.3.2 Rahmenbedingungen für Bewegungsangebote in Kindereinrichtungen

Kindereinrichtungen sollten für Bewegungsangebote sowohl einen Bewegungsraum als auch ein Außengelände zur Verfügung stellen.

Die Förderung und der Ausgleich der motorischen und sensorischen Fähigkeiten und Fertigkeiten ist eine immer wichtiger werdende Aufgabe pädagogischer Einrichtungen. Dabei ist es entscheidend, dass die Förderung möglichst der gesamten Bewegung und die Aneignung vieler Bewegungsformen sowie die Motivation der Kinder, die im Bewegungsbereich zuvor negative Erfahrungen machten, gefördert werden. Gerade bei schwächeren Kindern bewirken insbesondere kurze spielerische Bewegungspausen für die gesamte Gruppe, die oft flexibel in die Tagesabläufe eingeschoben werden können, gute Ergebnisse. Motorisch gut entwickelte Kinder profitieren stark von sinnvoll und abwechslungsreich gestalteten Außengeländen, die zu selbstständiger Bewegung motivieren. In einer Kindereinrichtung müssen dazu verschiedene Rahmenbedingungen, wie z. B. ein Raum für Bewegungsaktivitäten, aber auch verschiedene Geräte mit Aufforderungscharakter zum Bewegen, gegeben sein.

Bewegungsraum

Der Bewegungsraum sollte möglichst nah am Gruppenraum liegen, damit Bewegungsspiele direkt in den Tagesablauf eingebaut werden können. Er wirkt wie eine Vergrößerung des Gruppenraums, wenn er direkt vom Gruppenraum aus zugänglich ist. Oft werden insbesondere Lauf- und Kreisspiele gespielt. Ein ebener und rutschfester Bodenbelag trägt zur Sicherheit bei. Hindernisse wie z. B. Säulen im Laufbereich sind wenig sinnvoll. Die Bewegungsförderung sollte über das ganze Jahr hinweg angeboten werden können. Da die Wetterverhältnisse eine Nutzung des Außengeländes nicht immer zulassen, sollte eine nutzbare Bewegungsfläche im Kindergartengebäude geschaffen werden.

Unfallverhütung ► S. 263

Dies ist auf drei Arten möglich:

- Gestaltung des Gruppenraumes: In einem sehr großen Gruppenraum kann eine Spielfläche von Einrichtungsgegenständen frei gehalten oder zumindest frei geräumt werden. Die Spielfläche für ein Kreisspiel sollte mindestens etwa 25 m^2 groß sein.
- Ein großer Flur kann ebenfalls als Innenbewegungsraum genutzt werden, wenn er entsprechend gestaltet ist. Für Lauf- und Kreisspiele sind meist quadratische Spielflächen nötig. Garderoben oder Schränke sollen am besten in separaten Nischen angeordnet sein, um die Bewegungen nicht zu behindern.
- Am besten ist die Planung eines ausreichend großen eigenen Bewegungsraumes mit Abstellflächen für Geräte. In Phasen freier Bewegungszeit können die Kinder auch selbständig bekannte Bewegungsspiele organisieren oder frei spielen. Spielgeräte, z. B. kleine Kästen oder Balken, haben einen hohen Aufforderungscharakter, sodass alle, auch jüngere, körperlich schwächere Kinder, sie nutzen.

Das Außengelände muss viele unterschiedliche Bewegungserfahrungen zulassen. Dazu gehören Schrägen in unterschiedlichen Winkeln, Hügel, Klettergerüste und auch Möglichkeiten zu Sprüngen aus unterschiedlichen Höhen. Das Gleichgewichtsvermögen entwickelt sich bis zum 5. Lebensjahr intensiv. Deshalb müssen unterschiedliche Möglichkeiten zum Balancieren zur Basisausstattung gehören, also Balken, Mauern oder auch Halbkugeln.

Abb. 1 Außengelände einer Kindereinrichtung mit vielen Bewegungsmöglichkeiten

Geräte und Materialien

Bei Kindern gehen Spiel- und Bewegungsanregungen oft von Spielgeräten aus. Kinder sind neugierig und wollen wissen, wie es funktioniert. Durch Bewegungsgeräte lassen sie sich schnell zum Ausprobieren auffordern und finden oft Spielideen im Umgang mit dem Material.

Im spielerischen Umgang mit den Geräten lernen Kinder schnell die Materialeigenschaften kennen und sich den gerätespezifischen Besonderheiten anzupassen. Sie müssen auch Gelegenheit haben, Geräte so einzusetzen, wie es ihren Vorstellungen und Fähigkeiten entspricht.

Verschiedene Spielgeräte bieten Kindern Bewegungsanregungen und fordern zum Ausprobieren auf.

Um für alle Kinder immer neue und angemessene Bewegungsanregungen zu schaffen, sollten die Geräte transportabel und vielfältig kombinierbar sein.

- Kleingeräte (Abb. 2), wie verschiedene Bälle oder Reifen, bieten Gelegenheit zu vielfältigen Bewegungserfahrungen und fördern auch die soziale Entwicklung.

- Pappkartons, Papprollen unterschiedlicher Größe, Zeitungspapier, Jogurtbecher bieten als Alltagsmaterialien (Abb. 3) vielfältige Bewegungsanregungen. Dies lässt sich auch mit niedrigem Aufwand verwirklichen.

- Ebenso können Naturmaterialen (Abb. 4), also Zapfen, Kastanien, Steine, Äste auch für Wahrnehmungs- und Bewegungsspiele genutzt werden. Sie bieten viele Anlässe, sich selbstständig zu bewegen.

Abb. 2 Bewegungsspiel mit Bällen

Abb. 3 Bewegungsspiel mit Papprollen

Abb. 4 Bewegungsspiel mit Walnüssen

Ob Geräte teuer oder billig sind, spielt in der Bewegungserziehung in der Einrichtung keine große Rolle. Sie sollten vor allem für die Altersstufe (im Kindergarten 3- bis 6-Jährige) geeignet sein:

- Kinder dürfen in der Handhabung nicht überfordert werden, sondern sich möglichst selbständig damit beschäftigen können.
- Die Neugierde der Kinder muss geweckt werden.
- Wirken Geräte auch bewegungsanregend und auffordernd, werden die Fantasie und die Selbsttätigkeit herausgefordert.
- Sie sollten sehr vielseitig verwendbar sein, sodass schwächere und leistungsstärkere, jüngere und ältere Kinder gleichermaßen Betätigungsmöglichkeiten mit ihnen finden.

Geräte für die Bewegungserziehung sollten vielseitig verwendbar sein.

4.3.3 Ablauf einer Bewegungsstunde

Eine Bewegungsstunde gliedert sich in Erwärmung, Hauptteil und Schluss.

Angebotsplanung ► S. 210

Eine Bewegungsstunde wird grundsätzlich in einen Erwärmungsteil, einen Hauptteil und einen Abschluss gegliedert. Dabei sind abwechselnde Bewegungsanteile (z. B. schnell, langsam; Anspannung, Entspannung; leicht, schwer) und passende Bewegungselemente bzw. Bewegungsspiele wichtig. Planen Sie eine Bewegungsstunde vorher schriftlich, damit Sie zwischendurch nicht ins Stocken geraten.

	Beschreibung	Gestaltungsvorschläge
Erwärmungsteil (5–10 Min.)	Das **Aufwärmen** ist wichtig, um das Herz-Kreislauf-System in Schwung zu bringen und die Muskeln und Sehnen auf die Bewegung vorzubereiten. Dadurch wird die Verletzungsgefahr verringert. Die Kinder sollen sich austoben und Spannungen abbauen. Im Erwärmungsteil sollte gelaufen werden. Begleiten Sie das **Laufen** zur Erwärmung am besten **mit der Trommel oder Musik**.	**Variationen zum Laufen bei der Erwärmung:** schnell – langsam, laut – leise, vorwärts – rückwärts, Knie anheben – anfersen, Hopserlauf – Seitgalopp, Schlangenlinien, Laufen mit Anführer, auf Signal reagieren, z. B. Gegenrichtung, Drehung, hinsetzen, Sprint einbauen, Hindernisse aufbauen, **Fahrzeuge nachahmen:** Auto – 1. Gang, 2. Gang ..., Autobahn, rückwärts fahren, Ampel rot/grün; Zug – mehrere Kinder hängen sich aneinander an, Geräusche machen lassen; Fahrrad – Arme nach vorne strecken und imaginären Lenker festhalten, laufen und dabei die Knie anheben; Flugzeug – Arme zur Seite ausbreiten und laufen;
Hauptteil (20–25 Min.)	Im **Hauptteil** führen Sie z. B. ein neues Gerät ein, besprechen dieses und lassen die Kinder damit experimentieren. Bei **schwierigen Bewegungsabläufen** sollten Sie **Vorübungen** einplanen, z. B. beim Purzelbaum (auf der Matte einrollen, Kopf an die Brust, Rückenschaukel) oder beim Seilspringen (Schwungübungen mit dem Seil, federndes Hüpfen üben, Reaktionsübungen, Koordinationsübungen). Ordnen Sie die Übungen **von leicht nach schwer**, wechseln Sie von **Spannung zu Entspannung** und umgekehrt. Lassen Sie möglichst alle Kinder gleichzeitig an den Bewegungen teilhaben.	Der Hauptteil richtet sich nach einem Thema, z. B.: • „Turnen mit Keulen“ • „Erlebnisturnen im Zirkus“ • „Wanderung durch den Märchenwald“ Sie können z. B. mit Sprossenwand oder Kasten einen einfachen Parcours aufbauen und für die Kinder eine Bewegungsgeschichte erfinden. Beziehen Sie dabei die Kinder in die Bewegungsstunde mit ein und fragen Sie diese immer wieder nach Variationsmöglichkeiten. Bei der Gestaltung des Hauptteils sollten möglichst viele Muskelgruppen bewegt werden.
Schlussteil (5–10 Min.)	Zum **Abschluss** einer Bewegungseinheit wird den Kindern eine positive Erinnerung vermittelt. Bei einem ruhigen Hauptteil sollte am Schluss viel Bewegung stehen, bei einem anstrengenden Hauptteil ein ruhiger Ausklang folgen.	**Bewegungsspiele:** „Feuer, Wasser, Blitz“, „Jägerball“, „Fuchsschwanz fangen“, „Komm mit, lauf weg“, Wett- oder Staffelspiele. **Ausscheidungsspiele** möglichst vermeiden, um schwächere Kinder nicht zu demotivieren. **Ruhige Spiele:** Entspannungsspiele, wie z. B. Fantasiereisen, Tennisballmassagen **Kreisspiele:** z. B. „Schau nicht um, der Fuchs geht um“, „1, 2, 3 im Sauseschritt“

Eine gute Vorbereitung der Bewegungsstunde erleichtert den Ablauf.

Allgemeine Hinweise zu sportlichen Aktivitäten in der Kindertagesstätte

- Lüften Sie den Bewegungsraum vor der Bewegungseinheit gut! (18 °C sind ideal).
- Legen Sie alles, was Sie für die Bewegungsstunde brauchen, bereit (Bälle in einer Kiste aufbewahren, damit sie nicht wegrollen können).

- Achten Sie darauf, dass die Kinder Kleidung und Schuhe ordentlich ablegen und Turnkleidung sowie Turn- oder Gymnastikschuhe anziehen. Lassen Sie die Kinder nicht in Socken turnen, da Rutschgefahr besteht.
- Wählen Sie für die Bewegungseinheit abwechslungsreiche Übungen aus, z. B. lebhafte Übungen mit ruhigen Übungen abwechseln; Gemeinschaftsübungen mit Einzelübungen abwechseln. Achten Sie bei Einzelübungen darauf, dass alle Kinder drankommen und möglichst alle Kinder beschäftigt sind.
- Sie können Übungen auch abändern, z. B. um den Reifen gehen, dann hüpfen, dann auf einem Bein hüpfen. Lassen Sie die Kinder Übungen und Variationen finden.
- Machen Sie selbst mit und bewegen Sie sich, wenn es irgendwie möglich ist. Aber lassen Sie dabei die Kinder nie aus den Augen.
- Geben Sie den Kindern auch Hinweise, wozu die Übung gut ist und worauf sie besonders achten müssen. Überprüfen Sie die Ausführung der Übungen.

Hinweise zur Unfallverhütung bei sportlichen Aktivitäten
- Sorgen Sie für genug Platz und eine übersichtliche Raum- und Gruppenaufteilung.
- Beseitigen Sie störende Geräte vor der Bewegungsstunde und untersuchen Sie den Raum auf Gefahrenquellen. Überprüfen Sie z. B. die Standfestigkeit von Toren. Decken Sie spitze Kanten mit Matten ab.
- Geben Sie an den Geräten Hilfestellungen für die Kinder.
- Achten Sie auf die Richtungsangabe bei Roll- und Wurfbewegungen.
- Sorgen Sie für Ordnung und Disziplin, besonders zwischen den Übungen.
- Stellen Sie Plastiktrinkflaschen bereit und legen Sie ausreichend Trinkpausen ein.
- Denken Sie bei der Bewegung im Freien an Sonnenschutz und passende Kleidung.
- Halten Sie ein Erste-Hilfe-Set und ein Notruftelefon in unmittelbarer Nähe bereit.

Abb. 1 Aufstellungsformen

4.3.4 Aufstellungsformen und Ansagen

Überlegen Sie sich vor der Bewegungseinheit, welche Aufstellungsform für welche Übung die passende ist. Um bei allen Aufstellungsformen die Kinder im Blickfeld zu haben, sollten Sie immer den Rücken zur Wand haben. Die Informationsübermittlung bzw. Ansage zwischen Erziehendem und Kindern kann auf drei Grundformen zurückgeführt werden.
- verbal (Ansage, Bewegungsbeschreibung)
- optisch (Demonstration)
- kinästhetisch (Bewegungsaufgabe, Bewegung erfühlen lassen)

Überlegen Sie, ob eine längere Ansage durch eine Demonstration der Übung verkürzt oder teilweise ersetzt werden kann. Halten Sie sich bei Ansagen an folgende Hinweise:
- Geben Sie einen Impuls, der die Ansage ankündigt.
- Warten Sie ab, bis alle Kinder ruhig sind und Blickkontakt zu Ihnen haben.
- Wählen Sie eine besondere Aufstellungsform, z. B. alle Kinder sitzen, alle Kinder treffen sich im aufgemalten Kreis oder auf der Langbank.
- Sprechen Sie laut, deutlich und langsam.
- Beschränken Sie Ihre Ansage auf ein Minimum (3 Sätze oder 1 Min. Sprechzeit).
- Trennen Sie Ansage und Demonstration.

„Sagst du es mir,
so vergesse ich es.
Zeigst du es mir,
so merke ich es mir
vielleicht.
Lässt du mich teilnehmen,
so verstehe ich es!“

(Chinesisches Sprichwort)

4.4 Entspannung – „Der Ausgleich zur Bewegung“

Ein Gleichgewicht zwischen Anspannung und Entspannung ist auch bei Kindern die Grundlage für Gesundheit und Wohlbefinden.

Grundlage für Gesundheit und Wohlbefinden ist das Gleichgewicht zwischen Anspannung und Entspannung, Stress und Erholung bzw. Aktivität und Ruhe. Das Gleichgewicht ist oft bei Kindern gestört, da die heutigen Lebensbedingungen belastend sind. Die eigenen Energien einzuteilen ist immer wichtiger. Dazu leisten Entspannungsübungen einen wichtigen Beitrag.

Der Kreislauf wird durch Entspannungsübungen positiv beeinflusst. Es stellen sich Ruhe und Gelöstheit ein. Gerade bei Kindern ist es wichtig, auch einen altersgemäßen Zugang zur Entspannung zu finden. Durch Übungen zur Körperwahrnehmung und Anspannungs- und Entspannungszustände des eigenen Körpers spüren die Kinder ihren Körper und lernen, ihre Kräfte einzuteilen. Entspannungsübungen bei Kindern im Vorschulalter können in aktive Bewegungsphasen eingebettet werden. Sie sollen jedoch klar abgegrenzt von Ruhephasen sein. Kinder sind recht offen für bildhafte Anleitungen zur Körpererfahrung, Fantasiereisen oder auch Entspannungsgeschichten.

Unter
www.entspannung-plus.de
▹ Entspannung für Kinder
▹ Fantasiereisen
finden Sie einige Anregungen für Fantasiereisen mit Kindern.

Beispiele für Entspannungsübungen

Körpererfahrungsübung: Die Kinder liegen ganz locker auf einer Matte. Sie sprechen in ruhigen Worten Anregungen, wie z. B.: „Wir sind schwer wie ein Elefant. Die Beine und die Arme liegen schwer auf der Matte.“ Oder: „Wir fühlen uns leicht wie ein Vogel. Der Körper fühlt sich ganz leicht und schwerelos an.“ Diese Übung kann auch während des Laufens im Raum durchgeführt werden.
Stilleübung: Die Kinder hören auf die Geräusche, die durch offene Fenster eindringen, oder auf das Ertönen eines Musikinstruments. Sie haben dabei die Augen geschlossen.
Massage: Die Kinder massieren sich gegenseitig mit verschiedenen Materialien, z. B. Tennis-/Igelbälle (dabei nicht auf der Wirbelsäule massieren). Dazu kann leise Musik im Hintergrund laufen.
Malermeister: Die Kinder malen auf dem Rücken des Partners mit den Händen Buchstaben oder Bilder. Der Partner errät, was ihm das erste Kind auf den Rücken gemalt hat. Dabei können die Finger mal etwas mehr und mal weniger aufdrücken. Im Anschluss wechseln die Kinder die Positionen.

Die Kinder können sich auf Entspannungsübungen besser einlassen, wenn ihre Entspannungsfähigkeit regelmäßig geübt wird. Entspannungsphasen lassen sich in die Bewegungsstunde, aber auch in den Kindergartenalltag einbauen. Durch den Wechsel zwischen Entspannung und Anspannung wirken die Körperwahrnehmung und der Entspannungseffekt besser.

Ein ruhiger äußerer Rahmen ist Grundvoraussetzung für Entspannungsübungen.

Für Entspannungsübungen sollte ein bestimmter äußerer Rahmen hergestellt werden:
- Sorgen Sie für eine angenehme Raumtemperatur und abgedunkeltes Licht.
- Stellen Sie eine ruhige und freundliche Atmosphäre her.
- Nutzen Sie beruhigende und meditative Musik.
- Stellen Sie jedem Kind eine Unterlage (z. B. Decke, Matte) zur Verfügung.
- Orientieren Sie sich bei der Entspannungsphase an den Bedürfnissen der Kinder.
- Strahlen Sie selbst Ruhe aus, sprechen Sie mit leiser, langsamer Stimme und sitzen Sie ruhig im Raum.

4.5 Förderung motorisch auffälliger Kinder – „Schau, was ich kann!“

Jedes dritte Kind braucht motorische Förderung

Die Entwicklung der Städte und die Herausbildung neuer Lebensstile haben gerade in den vergangenen 30 Jahren dazu geführt, dass immer mehr Kinder motorisch auffällig sind, so die Autoren eines Gutachtens.

- Nach Erkenntnissen von Sportpädagogen hat mehr als die Hälfte der Kinder und Jugendlichen Haltungsschäden.
- Ein Drittel der Grundschulkinder zeigt deutliche Schwächen in der Gesamtkörperkoordination und schneidet bei Ausdauerleistungen wie zum Beispiel einem 6-Minuten-Lauf unterdurchschnittlich ab.
- Mindestens ein Drittel aller Grundschulkinder, manche Experten gehen sogar von 50 Prozent aus, bedarf gezielter motorischer Förderung.
- Außerdem zeigen bis zu 30 Prozent der Kinder auffälliges Verhalten, ein knappes Fünftel ist übergewichtig.

Quelle: Bundesarbeitsgemeinschaft Mehr Sicherheit für Kinder e.V., 9.12.2009/www.gesundheit.de/familie/kindheit-und-jugend/gesunde-kinder/geschickte-kinder-sind-sicherer; Download vom 30.3.2010

In Kindertagestätten findet motorische Förderung meistens in einer Gruppe statt. Hier sollte ein positives soziales Klima hergestellt werden, also eine entspannte, freundliche Atmosphäre, in der sich jedes Kind wohlfühlt. Gerade in der Arbeit mit motorisch auffälligen Kindern, die oft auch verhaltensauffällig sind, stellt dies eine erhebliche Anforderung an die pädagogischen Fähigkeiten: Bedeutend ist Freundlichkeit und Humor, Geduld, Frustrationstoleranz, Konfliktfähigkeit und Konsequenz im Verhalten. Dazu kommt die Bereitschaft mit den Eltern oder anderen Bezugspersonen eines Kindes, Ärzten, Psychologen oder anderen tätigen Therapeuten zusammenzuarbeiten, um die Förderung dem gesamten Lebensumfeld des Kindes anzupassen und möglichst wirksam gestalten zu können.

Kinder mit Verhaltensauffälligkeiten ► S. 138
Frustrationstoleranz ► S. 113

Wenn Kinder motorische Auffälligkeiten haben, dann kann man davon ausgehen, dass sie reichlich Erfahrung haben mit Misserfolgen, negativen Reaktionen ihrer Umwelt bis hin zu sozialer Ausgrenzung aus der Gruppe der Gleichaltrigen. Inhalte, die den Bedürfnissen der Kinder entgegenkommen und ihnen Erfolgserlebnisse versprechen, vermeiden weitere Misserfolge und mangelnde Motivation für Bewegung, Spiel und Sport. Übungen zur Wahrnehmungsförderung erweisen sich oft als gut geeignet, weil sie dem üblichen Sportverständnis mit Wettkampfcharakter weniger entsprechen. Sie werden weniger mit Misserfolg oder auch Angst in Verbindung gebracht. Generell ist es wichtig, dem Kind zu zeigen, was es alles kann, und ihm damit Mut zu machen, sich auch den Aufgaben zu stellen, die es sich nicht zutraut. Motorische Förderung muss an den Stärken eines Kindes ansetzen, damit es lernt auch an den Schwächen zu arbeiten.

Motorisch auffällige Kinder haben oft Erfahrung mit Misserfolgen und negative Reaktionen der Umwelt.

Förderung der Wahrnehmung ► S. 256

Wichtige Zielsetzungen in der Arbeit mit motorisch auffälligen Kindern:

- Förderung der realistischen Selbsteinschätzung
- Betonung individueller Leistungsfortschritte
- Vermeidung von Leistungsvergleichen innerhalb der Gruppe
- Vermittlung von Selbstvertrauen und Erfolgszuversicht
- Einsicht in die Notwendigkeit ausdauernden, geduldigen Übens
- Bereitschaft, auch Misserfolge und eigene Schwächen zu akzeptieren und gegenüber Erfolgen und persönlichen Stärken realistisch zu werten

Motorische Förderung muss an den Stärken der Kinder ansetzen.

Angebotsplanung

Thema: Bewegungsparcours Zoospaziergang

Voraussetzungen:

Überprüfung bzw. Beachtung der sportmotorischen Fähigkeiten und der Wahrnehmungsfähigkeiten der Kinder; Abstimmung des Angebots auf die Fähigkeiten der Kinder, indem einzelne Übungsstationen mehrfach aufgebaut werden, z. B. hoher Kasten für große und mutige Kinder und niedriger Kasten für kleine und ängstlichere Kinder zum Runterspringen; längere bzw. kürzere Laufstrecken usw.

Ziel:

- Kinder lernen verschiedene Tiere, die im Zoo leben, kennen.
- Schulung der kognitiven Fähigkeiten: Durch die gleichzeitige Bewegungsausführung merkt sich das Kind die Tiere, Bewegungen und Tierlaute über verschiedenen Sinne.
- Anregung der Fantasie, indem verschiedene Tierarten nachgemacht werden und Variationen vom Kind eingefordert werden
- An Bewegungsstationen trainieren Kinder sportmotorische und Wahrnehmungsfähigkeiten.

Zeit:

ca. 2 Stunden, Abstimmung mit anderen Angeboten, evtl. folgt zeitnah oder vorher ein Ausflug in den „echten“ Zoo

Methoden/Ablauf:

Die ganze Stunde wird mit der Erlebnisgeschichte „Zoo“ gelenkt.
Aufwärmen: Wir fahren in den Zoo (verschiedene Laufarten; Fahrzeuge nachmachen); im Zoo begrüßen wir die einzelnen Tiere und machen diese mit Bewegungen und Tierlauten nach (z. B. stampfen die Elefanten laut auf den Boden, haben einen „Arm“-Rüssel, rufen „Tööröőö“, Elefantenpolonaise – alle fassen sich am Rüssel usw. Variationen der Kinder mit einbeziehen)
Hauptteil: An den einzelnen Bewegungsstationen werden die sportmotorischen Fähigkeiten und die Wahrnehmungsfähigkeiten der Kinder gefördert, z. B. klettern die Kinder wie Affen die Sprossenwand „Baum“ hoch, schwingen sich mit den Langseilen von Bank zu Bank über einen „tiefen Wassergraben“ usw.
Schluß: Wir fahren wieder zurück in die Sporthalle, den Bewegungsraum; zur Entspannung gibt es dann noch das Spiel „Malermeister“ (S. 264)

Materialien/Medien:

- Musikanlage (z. B. Musik für die Erwärmung, verschiedene Tierlaute, Geräuschen aus dem Zoo, Fantasiereise Tiere)
- evtl. große Tierbilder, die an den Stationen aufgehängt werden können
- Sportgeräte zum Aufbau der einzelnen Stationen, z. B. Affenhaus (Langbänke, Sprossenwand, Weichbodenmatten, Langseile); Löwendressur (Reifen, Keulen; Tücher); Aquarium (Weichbodenmatte, Schwimmnudeln, Bälle); Eisschollenstation (große und kleine Kästen, Turnmatten); Hindernislauf (Hütchen, Seile, Reifen)

Organisatorisches:

Turnraum reservieren, Nutzung des Parcours für die andere Gruppe absprechen, Auf- und Abbau der Geräte einplanen, Betreuung der anderen Kinder absprechen

5. Medien und Medienerziehung – „Mit TV, PC und Internet lernen"

5.1 Medien – „Was gibt es da überhaupt so?"

Über sogenannte Medien können Informationen an die Gesellschaft per Ton und Bild (audiovisuell) übertragen werden. Somit stellt jedes Medium ein Kommunikationsmittel zwischen einem Sender und einem oder mehreren Empfängern dar.

5.1.1 Medienarten

Durch Massenmedien wird Massenkommunikation ermöglicht.

Massenmedien

Die Medien werden heutzutage meist unter dem Sammelbegriff „Massenmedien" verwendet, da durch die technische Vervielfältigung an eine nahezu unbegrenzte Zahl von Menschen Informationen vermittelt werden können. Ein Massenmedium ermöglicht, dass eine indirekte Kommunikation mit sehr vielen Empfängern stattfinden kann. Es wird Information an die „Masse" verbreitet. Indirekt deshalb, weil zur Informationsverbreitung technische Hilfsmittel nötig sind. Deutlich wird das Phänomen der Massenmedien am Beispiel eines Schauspielers: Er müsste jahrelang täglich in einem Theater auftreten, um die gleiche Zuschauerzahl zu erreichen wie mit einem einzigen Fernsehauftritt. Bei Medien unterscheidet man im Wesentlichen vier Arten:

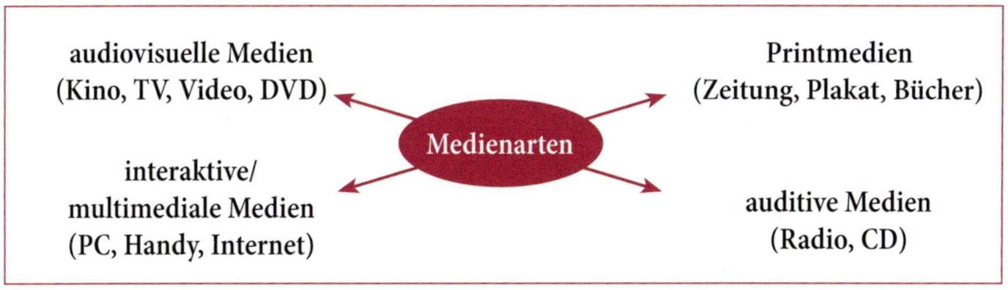

5.1.2 Aufgabe der Medien

Der Einfluss der Massenmedien insbesondere auf die Heranwachsenden ist enorm.

Die Massenmedien haben für die Gesellschaft eine bedeutende Rolle. Ihr Einfluss auf die Menschen und ganz besonders auf die jungen Heranwachsenden ist enorm. Die Wirkung der Medien ist um ein Vielfaches stärker als die von Bildungseinrichtungen. Folgende Aufgaben werden Medien zugesprochen:

- Massenmedien haben die Aufgabe, die Nutzer über kulturelle, politische, wirtschaftliche und andere Geschehnisse zu informieren. Die Berichterstattung sollte ohne große Wertung erfolgen, z. B. in der Tageszeitung, in Nachrichtensendungen
- Da das Informieren nur bedingt objektiv erfolgen kann, tragen die Medien immer auch automatisch zur Meinungsbildung bei. Sie beeinflussen und festigen die Einstellung einer Person, z. B. als Zeitungskommentar oder in einer TV-Reportage. Medien können nie die ganze Wirklichkeit darstellen, sondern lediglich einen Ausschnitt zeigen. Daher wird ihnen auch eine Kritik- und Kontrollfunktion zugesprochen. So decken sie u. a. Geheimnisse in Wirtschaft und Politik auf, z. B. in Reportagen und Dokumentationen.
- Zu den weiteren Aufgaben der Massenmedien zählt die Unterhaltung, z. B. durch Spielshows, Spielfilme oder Romane.

5.1.3 Rechtliche Bestimmungen im Bereich der Medien

Medien gewährleisten eine freie Meinungsäußerung.

In Deutschland herrscht Pressefreiheit, was bedeutet, dass Medien frei ihre Meinung äußern dürfen und somit eine freie Meinungsbildung gewährleisten sollen. Allerdings findet die Meinungs-, Informations- und Pressefreiheit nach Artikel 5 Grundgesetz ihre Schranken in den Vorschriften der allgemeinen Gesetze, den gesetzlichen Bestimmungen zum Schutz der Jugend und in dem Recht der persönlichen Ehre. So steht im Artikel 5 GG:

Auf folgende Vorschriften wird im Bereich der Medien u.a. Bezug genommen:
- Vertragsrecht (BGB)
- Urheberrecht (UrhG)
- Strafrecht (StGB)
- Jugendschutz (JuSchG)
- Datenschutz (BDSG)
- Telemedienrecht (TMG)
- Telekommunikationsrecht (TKG)
- Informations- und Kommunikationsdienste Gesetz (IuKDG)

§ Grundgesetz Artikel 5:
(1) Jeder hat das Recht, seine Meinung in Wort, Schrift und Bild frei zu äußern und zu verbreiten und sich aus allgemein zugänglichen Quellen ungehindert zu unterrichten. Die Pressefreiheit und die Freiheit der Berichterstattung durch Rundfunk und Film werden gewährleistet. Eine Zensur findet nicht statt.
(2) Diese Rechte finden ihre Schranken in den Vorschriften der allgemeinen Gesetze, den gesetzlichen Bestimmungen zum Schutze der Jugend und in dem Recht der persönlichen Ehre.

Internet ► S. 272

Auf Grund der explosionsartigen Ausbreitung der multimedialen Kommunikationsmedien häufen sich in den letzten Jahren die strafrechtlichen Verfahren. Die seit den 1960ern existierenden Gesetze zur Verantwortung für die transportierten Inhalte lassen sich auf die neuen Medien nur schlecht übertragen. Vor allem aus der Angst heraus, dass sich gerade das Internet zum rechtsfreien Raum entwickeln werde, wurde mit dem sog. Informations- und Kommunikationsdienste Gesetz (IuKDG) – auch Multimedia-Gesetz genannt – ein neuer gesetzlicher Rahmen geschaffen.

Weitere Informationen zum Thema „Gesetzlicher Jugendmedienschutz“ unter:
www.kjm-online.de
www.bundespruefstelle.de

KJM: „Deutschland sucht den Superstar“ verstößt erneut gegen Jugendschutzbestimmungen

(21.01.2010) Die erste „Casting“-Folge der neuen Staffel von „Deutschland sucht den Superstar“ (RTL-Tagesprogramm, 9. Januar 2010) verstößt gegen die Bestimmungen des Jugendmedienschutz-Staatsvertrags. Es liegt eine Entwicklungsbeeinträchtigung für Kinder unter zwölf Jahren vor. Zu diesem Ergebnis kam die Kommission für Jugendmedienschutz (KJM) in ihrer gestrigen Sitzung in München. Neben dem herabwertenden Verhalten der Jury problematisierte die KJM vor allem die redaktionelle Gestaltung durch RTL, die die Kandidaten gezielt lächerlich macht und dem Spott eines Millionenpublikums aussetzt. Besonders deutlich wurde das in dieser Folge in der Szene um einen Kandidaten, der mit einem Fleck auf der Hose gezeigt wurde. RTL erweckte in der Inszenierung den Eindruck, der Kandidat könne seine Körperfunktionen nicht kontrollieren. Dies wurde ausführlich thematisiert, mehrfach gezeigt und mittels verschiedener Inszenierungstechniken lächerlich gemacht. „Hier werden nicht nur beleidigende Äußerungen und antisoziales Verhalten als normale Umgangsformen präsentiert. Hier werden Verhaltensmodelle vorgeführt, die Häme und Herabwürdigung anderer als völlig legitim darstellen (…)“, so der KJM-Vorsitzende Prof. Dr. Wolf-Dieter Ring.

(…) Nachdem die KJM im Jahr 2008 gegen mehrere „Casting“-Folgen der fünften Staffel von DSDS ein Bußgeld von insgesamt 100 000 Euro verhängt hatte, legt RTL die „Casting“-Folgen von DSDS vor Ausstrahlung der Freiwilligen Selbstkontrollen Fernsehen (FSF) vor.

www.kjm-online.de ; 03/2010

5.1.4 Veränderung der Medienlandschaft

Der rasante Fortschritt der Kommunikations- und Informationstechnologien hat die Medienlandschaft weltweit tiefgreifend verändert. Vor allem die Aspekte der Digitalisierung und der Vervielfachung von Angeboten haben einen maßgeblichen Einfluss auf das Nutzungsverhalten der Menschen und auch der Kinder bezüglich der Massenmedien.

Vor allem durch die Technisierung hat sich die Medienlandschaft gravierend verändert.

Neue Medien
Unsere Gesellschaft scheint sich mehr und mehr über eine Zunahme und Vernetzung der Informationen zu definieren. Der wachsende Informationsbedarf führt zwangsläufig zu einem gesteigerten Informationsangebot. Um dieser Informationsflut gewachsen zu sein, bedarf es neuer, zeitbezogener Medien. Während anfangs auch das Radio und das Fernsehen als „neues" Medium bezeichnet wurden, gebraucht man diesen Begriff etwa seit Mitte der 1990er in erster Linie für alle interaktiven und digitalen Medien. Mögliche Gründe für die Veränderung der Medienlandschaft sind:

- Der Hauptnutzungsaspekt von Medien sind die Nachrichten. Die neuen Medien ermöglichen eine höhere Aktualität.
- Neue Medien können aktiv genutzt und mitgestaltet werden (z. B. Chatten, Blogs). Das heißt, es gibt nicht nur eine „One-Way-Nutzung".
- Die Nutzung neuer Medien wird immer billiger (z. B. durch Flatrate-Angebote).
- Ältere Menschen und Menschen in ländlichen Gegenden können sich besser mit anderen vernetzen.
- Neue Medien werden zunehmend gebündelt, z. B. TV, Internet, Telefon („Triple Play").
- In der Arbeitswelt werden die neuen Medien gebraucht, z. B. für Terminvereinbarungen, Bewerbungen, Videokonferenzen etc.
- Neue Medien unterliegen einem Modetrend: Wer auf dem neuesten Stand (z. B. Handy, ipod, Laptop etc.) ist, ist chic!

Wie sich das Nutzungsverhalten der Menschen in Zukunft entwickeln wird, ist nur bedingt abschätzbar. Die Endgeräte wie z. B. Handy, PC bieten gleichzeitig mehrere Zugänge und werden mobiler. Außerdem hat die Medienentwicklung der letzten Jahre gezeigt, dass Jugendliche als Innovatoren maßgeblich an der Veränderung der Nutzungsmuster beteiligt sind.

Weitere Informationen zum Thema „Veränderte Mediennutzung bei Jugendlichen" unter:

www.media-perspektiven.de
www.mpfs.de
(JIM- Studie (12- bis 19-jährige) und KIM- Studie (6- bis 13-jährige))

Entwicklung der Mediennutzung mindestens mehrmals pro Woche Angaben in Prozent

	Jahrgang 1985/86		Jahrgang 1989/90		Jahrgang 1995/96
	12-/13-J. 1998	18-/19-J. 2004	12-/13-J. 2002	18-/19-J. 2008	12-/13-J. 2008
Fernsehen	97	85	95	86	91
Radio	79	81	82	75	69
Zeitung	38	62	39	60	22
Zeitschriften	51	35	40	30	33
Bücher	49	36	49	39	51
Computer	48	78	62	90	82
Internet	4	60	36	87	72

Quelle: JIM 1998, 2008, Media Perspektiven 12/2008 ©

Medienkompetenz umfasst Wissen über Medien und deren Nutzung sowie die Gestaltung und kritische Analyse der verschiedenen Medien.

5.2 Medienkompetenz – „Wie kann ich die Medien nutzen?“

5.2.1 Begriffsklärung Medienkompetenz

Unter Medienkompetenz versteht man die Fähigkeit, sich in der Medienwelt zurechtzufinden und sich verantwortungsvoll darin zu bewegen und aktiv zu kommunizieren. Medienkompetente Kinder und Jugendliche können sich einerseits Medien zu Nutze machen und andererseits auch kritisch mit der enormen Informationsflut auseinandersetzen. Diese Medienkompetenz und Urteilsfähigkeit wird sicherlich nicht durch Verbote erreicht. Medien und der Umgang mit ihnen helfen den Heranwachsenden, die Welt zu strukturieren, zu deuten und zu beurteilen. Das Ziel der Medienkompetenz lautet: „Ich regiere die Medien, nicht die Medien mich!“ Eltern sowie Bildungseinrichtungen müssen beim Kompetenzerwerb unterstützend eingreifen, indem sie den Kindern gezielt Medienerlebnisse ermöglichen.

Angebote der Mediennutzung ► S. 280

5.2.2 Mediennutzung von Kindern und Jugendlichen

Zahlreiche Studien zur Mediennutzung von Kindern und Jugendlichen zeigen, dass ihnen heute ein großes Medienangebot zur Verfügung steht und sie in einem familiären Umfeld aufwachsen, in dem eine „mediale Vollversorgung“ mit Fernseher, Computer und Handy besteht.
Vor allem das Kommunikationsmedium Internet erfreut sich unter Jugendlichen immer größerer Beliebtheit. Die meiste Zeit verbringen sie in sozialen Netzwerken, sog. Online-Communities, oder halten Kontakt über E-Mail oder Chat. Auch das Spielen von Konsolen- und Onlinespielen ist weit verbreitet. Mittlerweile haben auch fast alle Jugendlichen ein eigenes Handy, das sie neben dem Telefonieren und dem Versenden von SMS auch zum Musikhören und Fotografieren nutzen. Die tägliche Nutzung von Internet und Handy ermöglicht eine rasche Verbreitung von Daten und Bildern zwischen den beiden Medien.
Kinder werden schon sehr früh mit den verschiedenen Medien konfrontiert. Je nach Alter und Entwicklungsstand des Heranwachsenden kann der sinnvolle Medieneinsatz für dessen Entwicklung förderlich sein. Nicht selten sind Kinder allerdings durch Medienerlebnisse völlig überfordert und entwickeln Ängste.
Folgende Grafik verdeutlicht, ab wann die unterschiedlichen Medien sinnvoll eingesetzt werden können.

Abb. 1 Schon im Kindesalter ist das Handy überall mit dabei.

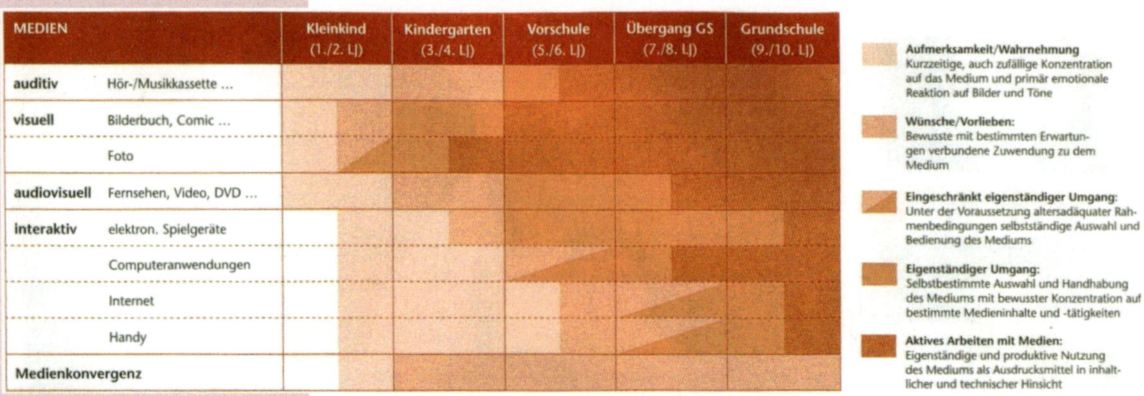

Quelle: Durchgeb(k)lickt? Kinder und Medien (6/2007)

5.2.3 Chancen der Mediennutzung

Schon im frühesten Alter werden Kinder mit den verschiedensten Medien konfrontiert. Bereits im Kindergartenalter haben sie jede Menge Erfahrungen mit Fernseher, CD-Player oder auch dem Computer gemacht. Grundsätzlich bieten alle Medien, wenn sie je nach Altersgruppe und Entwicklungsstand des Kindes sinnvoll eingesetzt werden, eine Chance, den richtigen Umgang mit ihnen zu lernen. Insbesondere der Einfluss der Familien spielt hier eine entscheidende Rolle, da die ersten Medienkontakte einen nachhaltigen Einfluss auf das Medienverhalten des Kindes haben.

Der sinnvolle Einsatz von Medien ist für die Entwicklung des Heranwachsenden förderlich.

Familie ► S. 163

Fernsehen, Kino, Video und DVD
Das Fernsehen gilt bereits seit Jahrzehnten als das Leitmedium in unserer Gesellschaft, weshalb es häufig auch als „neues altes Medium“ bezeichnet wird. Es gehört ebenso wie Kino, DVD und Video zu den audiovisuellen Medien. Heute wachsen die meisten Kinder ganz selbstverständlich mit diesem Medienangebot auf, da es ein wesentlicher Teil unseres Alltags geworden ist. Fernsehen übt deshalb eine große Faszination auf Kinder aus, weil es für sie eine Art „Fenster zur Welt“ ist. Musik, Geräusche, bunte und bewegte Bilder laden sie ein zum Träumen und Dinge zu sehen, die ihnen im Alltag nur bedingt geboten werden. Fernsehsendungen, in denen Anknüpfungspunkte zum alltäglichen Leben bestehen, sind für sie besonders ansprechend. In den Sendungen und Filmen suchen Kinder und Jugendliche förmlich nach Medienhelden und Identifikationsmöglichkeiten. Diese Medienfiguren helfen ihnen sogar, die alltäglichen Anforderungen, die an sie gestellt werden, zu bewältigen.

Hinweise zum Umgang mit dem Medium Fernsehen:
- Setzen Sie den Fernseher nicht als Belohnung oder Bestrafung ein, denn sonst bekommt das Medium einen besonderen Reiz.
- Besprechen Sie mit den Kindern klare Regeln zum Fernsehgebrauch. Was wird geguckt? Wann? Wie lange?
- Lassen Sie die „Flimmerkiste“ nicht einfach so nebenbei laufen.
- Zeigen Sie Interesse an den Fernsehvorlieben des Kindes, indem Sie Sendungen oder Filme gemeinsam schauen und anschließend darüber sprechen.
- Platzieren Sie keinen Fernseher im Kinderzimmer, da dann keine Kontrolle mehr möglich ist.
- Achten Sie auf Altersfreigaben (Angaben der FSK) und problematische Inhalte von Sendungen.

Weitere Materialien zum Thema „Freiwillige Selbst-kontrolle der Filmwirtschaft“ finden Sie unter:

www.fsk.de
www.spio.de

! In Deutschland müssen nach dem Jugendschutzgesetz (§ 14 JuSchG) alle Filme, die öffentlich gezeigt werden, eine Alterskennzeichnung (Abb. 2) erhalten. Diese Altersfreigabe-Einstufung erfolgt durch die Freiwillige Selbstkontrolle der Filmwirtschaft (FSK). Sie ist nicht als Empfehlung zu verstehen, sondern als reine Freigabe, die den betreffenden Film für eine bestimmte Altersgruppe als geeignet erscheinen lässt.

Abb. 2 Symbole der FSK

Im Unterschied zu Erwachsenen erleben Kinder Fernsehen anders. Wie lange und welche Sendungen vertretbar sind, hängt immer vom Kind und dessen Entwicklungsstand ab. Mögliche pädagogische Empfehlungen sind:

< 3 Jahre	4–5 Jahre	6–9 Jahre	10–13 Jahre	> 14 Jahre
Babys und Kleinkinder brauchen kein Fernsehen.	Eine kurze Sendung (20–30 Minuten), aber nicht täglich.	45–60 Minuten am Tag sind akzeptabel.	Nicht mehr als neun Stunden pro Woche.	„Wertvolle" Inhalte ansehen.
Fernsehen schadet eher der Entwicklung als dass es sie fördert. Die schnelle Abfolge von Bildern überfordert die Kinder regelrecht.	Vorschulkinder können Zusammenhänge in Filmen noch nicht erkennen. Sie picken sich Einzelheiten heraus, die für sie interessant sind. Ihre Gefühle werden stark erregt.	Einfache Filmhandlungen werden verstanden. Schwierig wird es, wenn Rückblenden und Zeitraffer verwendet werden. Die Kinder können zwischen Fiktion und Realität trennen.	Die Kinder können logisch denken und den Handlungen gut folgen. Sie können sich allerdings von den Inhalten noch nicht distanzieren. Dies ist vor allem bei Gewalt und Sexualität problematisch.	In der Pubertät sind viele unsicher und haben eine instabile Werteordnung. Verherrlichung von Diskriminierung, Gewalt, Drogenkonsum, Ausländerfeindlichkeit etc. sind für die Entwicklung gefährlich.

Weitere Materialien zum Thema „PC- Nutzung mit Kindern" finden Sie unter:

www.klick-tipps.net
www.internet-abc.de
www.cyberzwerge.de
www.tivi.de

Computer, Internet und Spiele

Fast alle Jugendlichen verfügen in Deutschland über einen PC-Zugang, den sie täglich nutzen. Der Umgang mit dem Computer und dem Internet nach Online- und Offline-Aktivitäten lässt sich nur schwer trennen. Der Computer bietet zunehmend mehr Möglichkeiten des Einsatzes. Zu den Tätigkeiten am Computer gehören die Bereiche Kommunikation (E-Mails, Blog, Chat, Messenger), Information (für private, schulische und Ausbildungszwecke), Spiele (PC-, Konsolen und Online-Spiele), konsumbezogene Nutzung (E-Commerce) und Unterhaltung (Videos, Musik, Bilder). Das Kind am PC ist somit nicht mehr nur Zuschauer bzw. Zuhörer, sondern besitzt selbst handelnde Kompetenz.

Abb. 1 Für Kinder gibt es auch sehr wertvolle PC-Spiele.

In den USA gibt es mittlerweile schon Lern- und Spielprogramme für Babys ab drei Monaten. Aber kann ein Kind wirklich sinnvoll damit umgehen? Fest steht, ein Kind kann, muss aber keine PC-Erfahrungen sammeln. Eine in diesem Sinne „verpasste" Zeit gibt es nicht. Die empfohlene maximale PC-Zeit bei Grundschulkindern beträgt ca. 20–30 Minuten am Stück, wobei das Kind nicht täglich spielen sollte. Laut Expertenmeinung sollten Kinder unter 10 Jahren grundsätzlich nicht ohne Aufsicht ins Internet, da Schutzeinrichtungen für den PC alleine nicht ausreichen. Im Alter zwischen 10 und 13 Jahren geht eine tägliche Nutzungszeit von 60 Minuten und für Jugendliche ca. 90 Minuten in Ordnung. Allerdings muss von den Eltern und betreuenden Personen immer die gesamte Medienzeit berücksichtigt werden. Das heißt, wer schon lange vor dem PC saß, soll nicht mehr stundenlang fernsehen und andersherum.

„Abgemacht! Netz-Regeln für Kinder und Eltern" gibt es als PDF-Download unter

www.bmfsfj.de

Wenn Kinder ihre ersten Computerspiele spielen, sollten die Eltern sie unbedingt dabei begleiten, um sie Schritt für Schritt heranzuführen. Ähnlich wie beim Medium Fernsehen gilt auch hier: Spiele sollten nicht als erzieherische Maßnahme (Bestrafung oder Belohnung) eingesetzt, die Alterskennzeichnung sollte unbedingt beachtet und gemeinsame Regeln zum Spiel sollten vereinbart werden. Eine verantwortungsvolle Begleitperson ist der beste Schutz und Filter im Internet.

Handy

Neben dem PC und dem Fernsehen gehört das Handy zu den technischen Entwicklungen, die sich in den letzten Jahren am deutlichsten verändert haben. Laut der JIM-Studie (2009) haben 95 % aller 12- bis 19-Jährigen in Deutschland ein eigenes Handy. Das Handy ist – psychologisch gesprochen – der Teddybär der Jugendlichen, der ihnen den Übergang vom Nesthocker zum Nestflüchter erleichtert. Es gibt ihnen so Sicherheit, Geborgenheit und Zugehörigkeit und ermöglicht ihnen gleichzeitig, extrem mobil zu sein und sich in neue fremde Welten zu begeben. Längst benutzen Jugendliche ihre Mobilfunkgeräte für weit mehr als nur zum Telefonieren. Sie schreiben Nachrichten (SMS), machen Fotos und Filme, hören mit ihnen Musik oder nutzen sie als Spielkonsole und gehen über sie ins Internet. Mobilfunktelefone dienen zwar in erster Linie der Kommunikation, sie stehen allerdings auch für die Identität und den Geschmack des Besitzers. Design, Ausstattung, Logos und Klingeltöne spielen dabei eine wesentliche Rolle in der Selbstdarstellung gegenüber den anderen.

Mobiltelefone bzw. Handys werden vor allem bei Jugendlichen für weit mehr als nur zur Kommunikation genutzt.

Hinweise zum Umgang mit dem Medium Handy:

- Überlegen Sie vor dem Handykauf für ein Kind genau, wofür es gebraucht wird. Daraus ergibt sich das Handymodell und ob ein Handyvertrag oder ein Handy mit Guthabenkarte (Prepaid) sinnvoll ist.
- Vergleichen Sie im Vorfeld die Preislisten der Mobilfunkbetreiber. Die Angebote für Handykosten ändern sich fast permanent.
- Schützen Sie das Handy mit einem PIN-Code (Geheimnummer zum Einschalten), damit keiner unberechtigt damit telefonieren kann.
- Stellen Sie Regeln für die Nutzung des Handys mit dem Kind zusammen auf.
- Speichern Sie wichtige Nummern, wie z. B. Notruf für Polizei, Feuerwehr und Krankenwagen, sowie die Nummern der Eltern oder Geschwister ab.
- Sagen Sie dem Kind, dass es sich beim Telefonieren möglichst kurzfassen soll. Das senkt sowohl die Strahlenbelastung als auch die Gebühren.
- Achtung vor sog. SPAM-SMS. Antworten Sie keinen unbekannten Nummern oder Nachrichten, da es unter Umständen sehr teuer werden kann.
- Veröffentlichen Sie die Handynummer nicht an unbekannte Personen bzw. im Internet.
- Achten Sie bei der Nutzung auf gesetzliche Regelungen. Niemand darf durch Anrufe, SMS oder Fotografieren verletzt oder beleidigt werden. So ist z. B. das Abspielen von Gewaltszenen gesetzlich verboten – auch wenn man die Szenen nicht selbst aufgenommen hat.
- Achtung vor Kostenfallen! Lesen Sie bei der Werbung für Logos, Klingeltöne und andere Downloads immer auch das Kleingedruckte in den Verträgen. Häufig verbergen sich hinter den Angeboten immense Zusatzkosten.
- Sehen Sie gemeinsam mit dem Kind regelmäßig Rechnungen ein, um nicht den Überblick über die Handykosten zu verlieren. Sie können mit dem Kind auch Tagebücher über das Telefonverhalten führen.

Weitere Informationen zum Thema „Handynutzung von Kindern und Jugendlichen“ unter:

www.handysektor.de
www.trackyourkid.de
www.handywissen.info
www.klicksafe.de
www.handy-in-kinderhand.de
www.fsm.de
www.izmf.de

Happy Slapping ► S. 275

Abb. 2 Spezielle Kinderhandys bieten nur die nötigsten Funktionen.

Die Frage, ab welchem Alter die Nutzung eines Handys sinnvoll ist, beantworten Pädagogen durch eine Gegenüberstellung von Für und Wider. Letztlich obliegt die Entscheidung den Eltern, die hinterfragen sollten, welche Gründe hinter dem Handywunsch des Kindes stecken. Eine mögliche Orientierung wäre:

< 10 Jahre	11–14 Jahre	15–18 Jahre
In dieser Altersstufe sollte eine Handynutzung gut überlegt sein. Unter Umständen macht höchstens ein „Notfallhandy“ Sinn. Bei der Anschaffung eines speziellen Kinderhandys sollte man sich im Vorfeld gut über die Handhabung und Gesundheitsgefährdung des Modells informieren.	Mit Eintritt in die weiterführende Schule nimmt die Bedeutung des Handys als Kommunikationsmedium stark zu. Es sollte jedoch eine Kontrolle der Kosten, z. B. über Telefonkarten, sowie das Thematisieren von Gefahren bei der Nutzung durch die Eltern stattfinden.	Das Handy ist wesentlicher Bestandteil des täglichen Lebens. Es dient als Datenspeicher, Adressbuch, Terminkalender, Telefon und Spielkonsole. Die Jugendlichen sollten hier unbedingt die Regeln des Jugendmedienschutzes kennen und beachten.

Eltern sollten ihren Kindern keine Geräte in die Hand geben, die sie selbst nicht verstehen oder bedienen können. Für jüngere Kinder reicht meist ein „Einsteigerhandy“ mit den wesentlichen Grundfunktionen aus.

5.2.4 Gefahren der Mediennutzung

Nicht sachgemäßer Medieneinsatz schadet der kindlichen Entwicklung.

Neben den vielen guten Seiten können aus der Nutzug der neuen Medien auch zahlreiche Gefahren und Probleme entstehen – vor allem für Kinder und Jugendliche. Die Frage, die sich stellt, ist: Was schadet der kindlichen Entwicklung?

Weitere Informationen unter:

www.klicksafe.de
www.jugendinfo.de
▹ Gewaltprävention
www.gewaltverzicht.com

Aggression und Gewalt(verherrlichung)

Darstellungen von Gewalt und Aggression wirken vor allem dann jugendgefährdend, wenn sie verherrlicht oder als ein erfolgreiches Konfliktlösungsmittel gezeigt werden. Aktuell gibt es mehrere Studien, die sich des Themas „Medien und Gewalt“ angenommen haben. Wie groß der tatsächliche Einfluss von Gewaltdarstellungen auf die Entwicklung von Heranwachsenden ist, wird dabei sehr kontrovers diskutiert. Einig sind sich die Studien hingegen in folgendem Punkt: Das Erleben von Gewalt in den Medien wirkt im Zusammenspiel mit ungünstigen Bedingungen zumindest kurzfristig Gewalt fördernd. Als nicht förderliche Bedingungen bzw. Risikofaktoren gelten unter anderem:

- ungünstige Milieubedingungen (z. B. anhaltende eigene Gewalterfahrungen, delinquente Jugendkultur)
- Leistungsversagen (z. B. Misserfolge in Schule und Beruf)
- Alkohol- und Drogenmissbrauch
- ein niedriger Bildungsgrad
- Entfremdung von sozialen Normen und Werten

Normen ▸ S. 56
Werte ▸ S. 56

In Anlehnung an Studien von Winterhoff-Spurk (1999) lassen sich zur Frage von Gewaltdarstellungen in den Medien folgende Aussagen formulieren:
(1) Auf der Basis amerikanischer Inhaltsanalysen zum Fernsehen kann man annehmen, dass ein US-Kind pro Tag etwa 20 Gewaltdarstellungen im Fernsehen beobachtet, sodass es bis zum 12. Lebensjahr auf ca. 80 000 Gewaltdarstellungen kommt (…) Sieht das Kind nur Kindersendungen, kommt es sogar auf die dreifache Anzahl – nämlich 240 000 Gewaltdarstellungen (Trickfilm-Effekt). (Vgl. Gerbner/ Gross 1980.)
(2) Auch in Deutschland wurden verschiedene Inhaltsanalysen zu Gewaltdarstellungen im Fernsehen durchgeführt. Dabei wurden auch Aggressionen gegen Tiere und Gegenstände mitgezählt sowie materielle, soziale und ökologische Schäden berücksichtigt. Auf dieser Basis enthielten 4 500 Minuten von Kindern genutzter Sendezeit ca. 250 Minuten Gewaltdarstellungen. Die so geprüften 75 Stunden beinhalteten insgesamt 706 Gewalthandlungen. (Vgl. Krüger 1996) Quelle: www.learn-line.nrw.de

Gewalt bezeichnet im Allgemeinen den Einsatz von physischem oder psychischem Zwang gegenüber Menschen oder Gegenständen. In Zusammenhang mit den neuen Medien tritt Gewalt meist in einer subtilen Form auf, die psychisch ausgeübt wird. Folgende Begrifflichkeiten tauchen in Verbindung mit medialer Gewalt auf:

- Cyber-Bullying, Cyber-Stalking oder Cyber-Mobbing: Hierbei werden Personen mit Hilfe elektronischer Kommunikationsmittel drangsaliert und bloßgestellt. Die Täter verbreiten ihre Gemeinheiten über das Handy oder das Internet.
- Happy-Slapping: Ein selbst gedrehtes Video einer Körperverletzung, die überwiegend nur wegen des Filmes begangen wird, wird über andere Handys oder das Internet weiterverbreitet.

In den Medien tritt Gewalt häufig in einer Form auf, die psychisch ausgeübt wird.

Handy ► S. 273
Internet ► S. 272

Rassismus und politischer Extremismus

Gerade mit der wachsenden Bedeutung des Internets als Informations- und Kommunikationsplattform haben auch politisch extreme Gruppierungen ihr Gedankengut zunehmend online verbreitet. Auf zahlreichen „Hassseiten" im Internet wird ein feindliches Klima gegenüber gewissen Gruppen geschaffen und versucht, Anhänger zu rekrutieren und zu radikalisieren. Besorgnis erregend ist für Aktivisten im Jugendschutz die Tatsache, dass sich Verfassungsfeinde immer mehr auch in Social Communities bewegen und ihre Seiten sehr jugendaffin gestalten. Auch das Handy ist dabei ein wichtiges Instrument für „Cyber Hate" (Hass, der über das Internet verbreitet wird) geworden. So werden entsprechende Klingeltöne, MP3s, Videos, Logos oder Hintergrundbilder in Umlauf gebracht.

Kinder und Jugendliche, die das Internet nutzen, können ungewollt auf Webseiten stoßen, auf denen für eine bestimmte Gruppierung oder Weltanschauung geworben wird. Unsichere und noch nicht urteilsfähige Heranwachsende können durch extremistische Propaganda sehr leicht beeinflusst werden.

Weitere Informationen unter:
www.innenministerium.bayern.de
www.nazis-im-internet.de
www.jugendschutz.net

Fanatismus

Das Internet ist ein Verbreitungsmedium, das leider auch vielen Fanatikern Raum für ihre gefährlichen Weltanschauungen bietet. Hier können sie – von ihrer Idee besessen – ihre Meinung nahezu ungebremst kundtun. Dieser Fanatismus kann, muss aber nicht politisch oder religiös begründet sein. Extreme Gruppierungen gibt es mittlerweile auf jedem Gebiet, z. B. zum Thema „Essstörungen".

Vor allem Internetforen werden heutzutage missbraucht, um fanatische Ideen zu verbreiten. Die Fanatiker suchen bewusst den Kontakt zu Jugendlichen, da diese in ihrer Identität noch nicht so gefestigt sind und sich noch leichter manipulieren lassen.

Essstörungen ► S. 401

Erotik, Sexualität und Pornografie

Die Möglichkeiten, sich im Fernsehen oder gerade übers Internet entsprechendes Bild- und Videomaterial zu beschaffen, werden immer größer. Das Gesetz verbietet es zwar, Darstellungen von sexuellen Handlungen für Kinder und Jugendliche zugänglich zu machen, allerdings können junge Nutzer oft mit einem einfachen Mausklick die „Kindersicherung" umgehen. Oft passiert die Konfrontation mit „nackten Tatsachen" auch ungewollt, z. B. als unerwartetes Ergebnis einer Suchmaschine. Diese Darstellungen können die persönliche Entwicklung Heranwachsender nachhaltig negativ beeinflussen, indem sie ein gestörtes Verhältnis zur Sexualität hervorrufen oder eine falsche Wertevorstellung vermitteln.

Fernsehen ► S. 271

Weitere Informationen unter:
www.chatten-ohne-risiko.net

Entwicklung der Sexualität ► S. 116

Computer- und Cybersex

Unter Computersex – oder auch „Cybersex" genannt – bezeichnet man sämtliche virtuelle Formen, die mit Hilfe des Internets bzw. Computers ausgelebt werden. Dazu gehört auch das Anschauen pornografischer Bilder im Netz, z. B. über Chats, oder auch der Austausch sexuell anzüglicher E-Mails.

Häufig werden jedoch auch Kinder und Jugendliche Opfer von sexueller Belästigung und Diskriminierung in den sog. Chatrooms. Die Täter suchen gezielt diesen Weg aus, um ihre sexuellen Fantasien auszuleben. So ergab eine Studie der Züricher Stadtpolizei, dass Kinder und Jugendliche, die in einem Chatroom für unter 15-Jährige kommunizieren, im Durchschnitt nach 2,6 Minuten sexuell angemacht werden. 89 % aller Chatroom-Besucher zwischen 7 und 17 Jahren haben schon sexuelle Anmachen erlebt (www.schaugenau.ch).

```
<*boy*>       trägst du schon bh's?
<janine13>    nöööö
<*boy*>       knackarsch?
<janine13>    klar, bin sportlerin
<*boy>        schon mal sex gehabt?
<janine13>    nöö, noch net
<*boy*>       hättest du denn gern?
<janine13>    klar, wenn ich mal jemand gut
              kenn
```

Abb. 1 Auszug aus Internet Chat (Quelle: www.chatten-ohne-risiko.net)

Mediensucht

Hohes Suchtpotenzial haben die Medien Computer, Internet, Fernsehen und Handy.

Internet ► S. 272
Fernsehen ► S. 271
Handy ► S. 273

Die Mediensucht lässt sich der Kategorie der „nicht stoffgebundenen Süchte" zuordnen. Hier handelt es sich um Verhaltensweisen, die Suchtcharakter annehmen können, ohne dass dabei unbedingt ein Suchtmittel eingenommen werden muss. Suchtpotenzial haben z. B. Computer, PC-Spiele, Internet, Fernsehen oder Handy. Allein bei Jugendlichen im Alter von 15 Jahren muss laut einem Forschungsbericht des KFN (Kriminologisches Forschungsinstitut Niedersachsen) deutschlandweit von ca. 15 000 computerspielsüchtigen und weiteren 23 000 suchtgefährdeten Mädchen und Jungen ausgegangen werden. Die Grenzen, ab wann eine Person süchtig ist oder „nur" suchtgefährdetes Verhalten zeigt, sind eher fließend und häufig schwer voneinander abzugrenzen.

Weitere Informationen unter:

www.onlinesucht.de
www.nextline.de
▹ Gesundheit
www.klicksafe.de
▹ Suchbegriff: Internetsucht

Mögliche Hinweise, die auf das Vorliegen eines krankhaften Medienverhaltens deuten, sind:

- Die Betroffenen können sich im Umgang mit dem Gerät nicht mehr kontrollieren. Sie können die verbrachte Zeit mit dem Medium nicht mehr abschätzen und steuern.
- Das Medium, meist der Computer, wird nicht mehr ausgeschaltet – häufig mit der Begründung, die langen Startzeiten zu reduzieren.
- Oft sind Hardwarekomponenten bzw. Ersatzteile mehrfach vorhanden, um im Falle eines Ausfalls diesen sofort kompensieren zu können.
- Andere Interessen und Kontakte werden vernachlässigt. Außerdem finden bestimmte Tätigkeiten, wie z. B. Essen, nur noch vor dem PC oder Fernseher statt.
- Entzugserscheinungen treten auf, sobald die Person das Medium nicht nutzen kann, z. B. Angstzustände, Reizbarkeit, schlechte Laune, Nervosität, Aggression.

aggressives Verhalten ► S. 140

Werbung und die Kostenfalle

Werbung und Merchandising-Produkte sind heutzutage allgegenwärtig. Für die Hersteller von Konsumgütern sind vor allem Kinder eine wichtige Zielgruppe, da sie einerseits einen erheblichen Einfluss auf das Konsumverhalten ihrer Eltern haben und andererseits schon in jungen Jahren über eigene Finanzmittel verfügen. Noch nie konnten Minderjährige über so viel Geld verfügen wie heute. Eine Statistik der Bundesregierung kam zu folgenden Ergebnissen:

- 6- bis 13-jährige Kinder erhalten durchschnittlich 23,- Euro monatlich Taschengeld und
- 14- bis 19-Jährige haben bereits mehr Geld zur freien Verfügung als 55- bis 59-Jährige, wenn man bei ihnen die Lebenshaltungskosten abzieht.

Kinder haben einen erheblichen Einfluss auf das Konsumverhalten ihrer Eltern.

Egal ob beim Fernsehen oder im Internet, die Werbespots zielen genau auf die Wünsche und Träume der Kinder ab. Mit immer neuen Tricks nutzen findige Marketing-Fachleute die Neugier und Unerfahrenheit von Kindern aus, um ihnen ihr Taschengeld zu entlocken. Das Problem ist, dass Kinder oft noch nicht in der Lage sind, Werbung als solche zu erkennen und die Absicht von Werbung zu verstehen, weshalb sie leicht zu Opfern werden und in die Kostenfalle geraten.

Abb. 2 Durch Werbespots im Fernsehen werden bei Kindern Kaufwünsche geweckt.

Trotz der offensichtlichen Gefahren in der Mediennutzung muss bedacht werden, dass Medien für Jugendliche heutzutage eine nicht zu unterschätzende soziale Funktion haben und sie diese deshalb auch brauchen. Medien werden fast überall und fast zu allen Tageszeiten – meist auch gleichzeitig – genutzt. Dennoch sind junge Heranwachsende den Medien nicht hilflos ausgeliefert, sondern müssen sich einen sinnvollen Umgang mit ihnen aktiv aneignen.

Weitere Informationen unter:

www.chatten-ohne-risiko.net

Um den Heranwachsenden einen kompetenten und verantwortungsbewussten Umgang mit den neuen Medien zu vermitteln, ist die ganze Gesellschaft – Familie, Freunde, Bildungseinrichtungen – gefordert.

Datenschutz und Datensicherheit

Das „world wide web" – das Land der unbegrenzten Möglichkeiten. Hier kann man sich schnell und bequem informieren, Kontakte aufnehmen, Meinungen austauschen, Nachrichten übermitteln, spielen oder einkaufen. Vielfach werden dabei umfangreiche persönliche Daten abgefragt, wie z. B. Alter, Geschlecht, Wohnsitz, E-Mail-Adresse, persönliche Vorlieben etc. Leider wissen Kinder häufig nicht, dass sie mit dem Preisgeben persönlicher Daten im Internet ein nicht kalkulierbares Risiko eingehen. Häufig werden diese Daten zu Werbezwecken weiterverkauft und eine Fülle von Spam ist die Folge. Besonders gefährlich ist das Preisgeben persönlicher Daten in Chats. Sie werden auch von Erwachsenen besucht, die dann die Kinder bedrängen oder sexuell belästigen können.

Für Kinder sichere und empfehlenswerte Internetseiten sind:

www.pixelkids.de
www.diddl.de
www.lizzynet.de
www.blinde-kuh.de
www.oliswildewelt.de

Sexuelle Belästigung im Internet ► S. 276

5.2.5 Konzepte der Medienerziehung

Es existieren verschiedene Ansätze der Medienerziehung.

Wie erziehe ich Kinder nun zu einem sinnvollen Umgang mit den (neuen) Medien? Die einen Pädagogen fordern ein rigoroses Verbot und versuchen, die Kinder und Jugendlichen konsequent vor den schlechten Einflüssen der Medien abzuschirmen und zu bewahren. Andere hingegen würden die Heranwachsenden im Umgang mit den Medien völlig sich selbst überlassen. Die Medienerziehung kann verschiedenen Konzepten folgen. Sie werden nicht zuletzt immer dann in Frage gestellt, wenn es um die Gefahren der Mediennutzung geht. Werner Sacher unterscheidet sechs pädagogische Konzepte, die die Kinder einen adäquaten Umgang lehren sollen:

Bewahrpädagogischer Ansatz: Dieser Ansatz sieht vor, die Kinder und Jugendlichen konsequent vor den schlechten Einflüssen der Medien abzuschirmen, was häufig einhergeht mit der Ablehnung neuerer Medien. Man geht davon aus, dass die Kinder der Medienflut nahezu schutzlos ausgeliefert und total überfordert sind. Aufgabe der Eltern und der Bildungsinstitutionen ist es, vor den negativen Einflüssen zu bewahren und zu behüten.

Behütend-pflegender Ansatz: Kinder und Jugendliche sollen vor vermeintlich schädlichen Einflüssen der Medien durch gesetzliche Bestimmungen geschützt werden. Wertvolle Schriften und Filme werden hingegen hervorgehoben und gepflegt.

Bedürfnisorientierter Ansatz: Der Ansatz hinterfragt die Gründe für das Nutzen bestimmter Medien und kommt zu dem Ergebnis, dass Kinder und Jugendliche durch den Medienkonsum ihre Grundbedürfnisse befriedigen möchten und können. Insbesondere die „neuen" Medien bieten ihnen Sinneserregung, Spannung, Ansehen und Orientierungsmöglichkeiten.

Weitere Informationen unter:

www.schau-hin.info
www.teachsam.de
▹ Pädagogik
▹ Medienpädagogik

Kritischer Ansatz: Der kritische Ansatz verlangt die Emanzipation der Öffentlichkeit. Das bedeutet, dass die Zuschauer einen stärkeren Einfluss auf Medien bzw. Programme haben sollten, um diese so zu verbessern. Die Nutzer werden vom bloßen Konsumenten zum Beobachter erzogen, der die Medien kritisch analysiert.

Handlungs- und kommunikationsorientierter Ansatz: Das Konzept versucht, bisherige Ansätze zu vereinen und zusätzlich die zwischenmenschliche und gesellschaftliche Kommunikation mit aufzunehmen. Kinder und Jugendliche sollen selbstbestimmt mit den Medien handeln und ihre Kommunikation mit Hilfe der Medien verbessern.

Integrativer Ansatz: Dieser Ansatz wurde speziell für die schulische Medienarbeit entwickelt, indem er außerschulische Medienerlebnisse mit dem Unterricht verknüpft. Schüler dürfen sämtliche Medien ohne pädagogische Vorbehalte im Unterricht verwenden. Durch diese Unterrichtspraxis sollen die Lehrkräfte mehr über die außerschulische Mediennutzung und Medienpraxis der Schüler erfahren, um diese besser beurteilen zu können.

Folgende Ziele sind jedoch allen Ansätzen der Medienerziehung gemein:

- Unterstützung beim Erlangen von Handlungsstrategien im Umgang mit Medien
- Förderung eines positiven Umgangs mit Medien
- Schutz vor den Gefahren der Medien und deren Folgen

Die Erziehung im Bereich Medien sollte hierbei immer an den Erlebnissen junger Mediennutzer orientiert sein – das heißt an die aktuelle Lebenssituation, die Bedürfnis- und Gefühlslage, den Erfahrungsstand sowie das Entwicklungsniveau der Heranwachsenden anknüpfen.

Norbert Neuß schrieb zum Einsatz von Computern in der Kindertagesstätte:

[...] Um beurteilen zu können, ob der Einsatz des Computers sinnvoll ist oder nicht, liefern die Aktivitäten der Kinder beim Spielen am Computer selbst wichtige Hinweise. Folgende ‚sichtbaren Aktivitäten‘ zeigten Kinder beim Computern. Sie wurden hier grob vier Oberkategorien zugeordnet:

Kognitiv-koordinative Aktivitäten
- Lernen der Hand-Auge-Koordination beim Bedienen der Maus
- Merken von Lösungswegen; z. B. geben Kinder anderen Kindern Hinweise über mehrere Spielschritte
- Zuhören, kombinieren und umsetzen; d.h. bei vielen Spielen müssen Kinder genau zuhören, was der Sprecher erzählt, damit sie den nächsten Spielschritt gehen können
- Konzentration: z. B. sprechen einige Kinder die Texte, die sich wiederholen, mit oder sie erinnern die Funktionen der unterschiedlichen Schaltflächen

Emotionale Aktivitäten
- Staunen und neugierig sein: „Was passiert wohl als Nächstes?“
- Erfolgserlebnisse haben oder frustriert sein
- Spannung und Entspannung beim Spielen
- Stolz sein und Ergebnisse präsentieren: „Guck mal, wie weit ich schon bin!“

Soziale Aktivitäten
- Sich gegenseitig beim Lösen von Aufgaben durch Applaus oder sprachliche
- Kommentare zu motivieren
- Gegenseitiges Helfen, z. B. indem die Schaltflächen erklärt werden oder auf dem Bildschirm etwas gezeigt wird, was der Spieler an der Maus noch nicht gesehen hat. Häufig werden auch sprachliche Hinweise („Probier doch mal das“) gegeben.
- Sich durchsetzen, z. B. wenn ein Kind zu lange am Computer sitzt und die getroffenen Regeln nicht einhält
- gemeinsam lachen und sich freuen und miteinander über die Spiel sprechen

Ästhetisch-sinnliche Aktivitäten
- Mitsingen und Mitpfeifen von Melodien und Mitklatschen von Rhythmen
- Tanzen, sich im Takt bewegen, wenn die spielbezogenen Melodien ertönen
- Zeichnen am Computer, ausdrucken und basteln; Anmalen von Vorlagen, die im Spiel zum Ausdrucken vorgeschlagen werden
- Die spielimmanenten Geschehnisse werden mit biografischen Erfahrungen der Kinder und externen Spielen verbunden.

Diese Aktivitäten sagen etwas über positive Lerneffekte beim gemeinsamen Computern der Kinder aus. Insofern gelten auch die üblichen Vorwürfe, Kinder würden vor dem Computer vereinsamen sowie ein fantasieloses, bewegungsloses und sprachloses Dasein fristen, für den Einsatz im Kindergarten kaum. Um sich davon selbst zu überzeugen, rate ich Kindergärten dazu, selbst ein Computer-Pilotprojekt zu starten und dies wissenschaftlich begleiten zu lassen.

(Quelle: Computereinsatz in Kindertagesstätten, Norbert Neuß, erschienen in medien praktisch (2) 2001, S. 19–23.)

5.3 Angebote der Mediennutzung und -produktion – „Wie setze ich Medienerziehung praktisch um?"

Weitere Informationen unter:

www.mediaculture-online.de
www.lehrer-online.de
▷ Medienerziehung
www.medienzentrum-muc.de
www.goldenerspatz.de
www.alm.de
▷ Themen
▷ Medienkompetenz

Da Kinder schon sehr früh mit sämtlichen Medien konfrontiert werden, ist eine angepasste Medienerziehung unumgänglich. Dabei ist es von großer Wichtigkeit, die genutzten Medien für die Heranwachsenden durchschaubar zu machen und die Medienerlebnisse gemeinsam mit ihnen aufzuarbeiten. Medienerziehung erfüllt vor allem dann ihren Zweck, wenn die Kinder die ihnen zur Verfügung gestellten Medien selbsttätig und kreativ nutzen können. Eine aktive Medienarbeit stellt allerdings bestimmte Voraussetzungen an die Zielgruppe, weshalb die Arbeit mit bestimmten Medien immer auch von den Fertigkeiten und Fähigkeiten der Kinder abhängt.
Im Folgenden werden Möglichkeiten einer aktiven Medienerziehung aufgezeigt:

Audioarbeit Das Medium „Audio" ist für den Einstieg sehr gut geeignet, da es nur einen Sinn anspricht. Schon Dreijährige kennen den Kassettenrekorder bzw. CD-Player meist von zu Hause und können diesen selbstständig bedienen. Beispiele für die Praxis: • Kinder werden als Reporter losgeschickt, um kleine Interviews zu machen oder in der Natur Geräusche aufzunehmen. • Kinder sprechen eine Bilderbuchgeschichte nach und nehmen ein Hörspiel auf. • Kinder hören gemeinsam ein Hörspiel an und spielen bestimmte Szenen nach. • Kinder zeichnen Szenen aus einem Hörspiel nach.	**Fotoarbeit** Das Medium „Foto" ist den meisten Kindern im Vorschulalter schon vertraut. Insbesondere die Nutzung von Digitalkameras bietet die vielfältigsten Möglichkeiten. Beispiele für die Praxis: • Kinder machen Fotos zu bestimmten Themen, z. B. Essen, Zoo etc. • Kinder erstellen Bilderrätsel, indem sie Nah- bzw. Detailaufnahmen von Gegenständen machen. • Kinder „arbeiten" als Fotografen, z. B. bei Theateraufführung, Sommerfest, Ausflug etc. • Kinder fertigen eine Fotokollage an, z. B. Vorstellung der Kindergruppe, Fußballmannschaft etc.
Videoarbeit Das Erstellen von „Videos" stellt hohe Anforderungen an die Kinder, da Bild und Ton miteinander verknüpft werden müssen. Vor der Kamera zu agieren fällt vielen noch schwer. Beispiele für die Praxis: • Kinder erstellen mit Hilfe der sog. Trickbox einen kurzen Trickfilm. • Kinder machen Fernsehsendungen nach und nehmen sich dabei auf Kamera auf, z. B. Nachrichten, Werbung etc. • Kinder spielen Puppentheater und nehmen dieses auf.	**Computerarbeit** Die Arbeit mit dem „PC" setzt in aller Regel die Lesefähigkeit voraus, obgleich mittlerweile viele Programme durch ihre grafische Benutzeroberfläche auch von Kleinkindern bedienbar sind. Beispiele für die Praxis: • Kinder schauen (selbst gemachte) Fotos an und bearbeiten diese. • Kinder malen am PC mit Zeichenprogrammen. • Kinder machen Lern- oder Sprachspiele.

Angebotsplanung

Thema: Mein persönlicher Zoo!

Die Kinder gestalten eine Ausstellung für ihren persönlichen Zoo. In dem Zoogehege leben die Tiere in ihrer natürlichen Vegetation/ Umgebung. Die Zoos können nach verschiedenen Kriterien geplant und gebaut werden, z. B. sortiert nach Kontinenten, nach Tierarten (Vögel, Reptilien etc.) usw.

Voraussetzungen (beim Kind):

Alter: je nach Komplexität der Ausstellung, eher Angebot für die Vorschüler
Interesse an der Tier- und Pflanzenwelt; Grundkenntnisse im Umgang mit Medien

Ziel:

Die Kinder finden Gefallen an der Tier- und Pflanzenwelt.
Die Kinder lernen, wie eine Ausstellung konzipiert wird und welche Gestaltungsmöglichkeiten es gibt.
Die Kinder können sich Informationsquellen erschließen. Sie lernen im spielerischen Umgang mit den neuen Medien, sich eigenständig Informationen zu beschaffen.
Die Kinder organisieren sich in der Kleingruppe und arbeiten arbeitsteilig. Sie haben Freude an der Teamarbeit und der Kooperation mit Klassenkameraden.
Die Kinder ergreifen Eigeninitiative und bringen sich in den Arbeitsprozess mit ihren Fähigkeiten ein.

Zeit:

Die Gestaltung der Ausstellung kann zeitlich variabel umgesetzt werden.

Methoden:

Die Kinder können bei der Umsetzung klassische und neue Medien kombinieren.
Begutachten von bereits existierenden Ausstellungen.; Besuch eines Zoos oder Tierparks
Fotografieren und Videos von Tieren (im Zoo).
Einladen eines Referenten, z. B. Tierpfleger/in, Zoodirektor/in, Tierarzt/ärztin etc.
Zeichnen von Entwürfen und Bauplänen für die Tiergehege
Recherche im Internet nach Tierbildern, Ausdrucken dieser und gestalten von Werbeplakaten für den Zoo

Materialien/Medien:

Tierbücher, Atlanten, Lexika, Infomaterialien aus Zoos
Computer mit Internetzugang und Drucker; Fotoapparat und Videokamera
Materialien zum Basteln (Plakate, Stifte, Schere, Kleber etc.)

Organisatorisches:

Die Kinder müssen vor allem anfangs bei der Internetnutzung begleitet werden.
Anlegen eines Medientagebuches, in dem die Kinder festhalten, welche Medien sie genutzt haben.
Externe Termin, wie z. B. Besuch im Zoo oder Referentenvorträge, im Vorfeld koordinieren.

Präsentation:

Die Kinder stellen am Ende des Projekts ihre Ausstellung, z. B. auf einem Elternabend oder auf dem Kita-Fest vor.

Mittwoch :
Katzenklo putzen !!!
Einkaufszettel:
Milch
Klopapier
Kaffeefilter
O-Saft
Cornflakes
Spaghetti
Zwiebeln
Äpfel
Möhren
Blaubeerkuchen
• 650g Blaubeeren
• 4 Eier
• 270g Zucker
• 180g zerlassene Butter
• 100ml Öl
• 150ml Milch
• 1 Vanilleschote
• 400g Mehl
• 2 TL Backpulver
• 1 Prise Salz
• 1 abgeriebene Zitronenschale
• 1 abgeriebene Orangenschale
Susi
Thomas
Ben
Energie
Hersteller
Modell
Niedriger Verbrauch
Hoher Verbrauch
VBB
Monatskarte
10-Uhr-Ticket
gültig: Jan 2009
Berlin AB
BAL
010109 1711
51,00 E
120445 0761

Einen Haushalt führen

1. Haushaltsführung – „Was kann ich mir leisten?“

1.1 Haushaltsbuch – „Die Übersicht behalten“

Geht es Ihnen in manchen Monaten auch so? Sie haben gerade Ihren Lohn erhalten und ein Großteil des Geldes ist für Dinge vorgeplant oder schon wieder weg. Somit kommt das Gefühl auf, dass ein Monat sehr lang sein kann. Nichts ist schlimmer, als den Überblick über seine Einnahmen und Ausgaben zu verlieren. Deshalb müssen Sie die finanzielle Seite im Haushalt im Auge behalten. Dabei hilft z. B. ein Haushaltsbuch. Darin werden Einnahmen und Ausgaben festgehalten. Hier können:

- fixe Ausgaben, die jeden Monat in gleicher Höhe anfallen, wie z. B. Miete, Versicherung, Telefon, Internet und
- variable Ausgaben, die in unterschiedlicher Höhe anfallen, wie z. B. Essen, Kosmetik oder Kosten für die Freizeitgestaltung, unterschieden werden.

1.2 Brutto und Netto – „Was bleibt vom Lohn übrig?“

Wenn Sie eine Arbeit haben, erhalten Sie jeden Monat Entgelt (Lohn oder Gehalt) auf Ihr Konto. Ausgezahlt wird Ihnen nur der Nettolohn, Geld, das Ihnen zum Leben zur Verfügung steht. Schauen Sie sich Ihre Lohn- oder Gehaltsabrechnung genauer an, sehen Sie die Brutto-Netto-Differenz. Beim Bruttolohn sind noch keine Abzüge wie Lohnsteuer, Solidaritätsbeitrag oder gesetzliche Sozialversicherungsbeiträge vorgenommen worden.

Nach bestimmten Abzügen vom Bruttoentgelt erhält man den Betrag des Nettoentgelts.

1.2.1 Lohn- und Gehaltsabrechnung

Jeden Monat bekommen Sie von Ihrem Arbeitgeber eine Lohn- oder Gehaltsabrechnung. Darauf sind im Detail alle Abzüge aufgelistet, die der Arbeitgeber sofort abführen muss. Diese Abzüge können sehr unterschiedlich ausfallen. So spielt z. B.

- der Familienstand,
- die Anzahl der Kinder oder
- der Wohnsitz eine wesentliche Rolle.

Unter www.lohnspiegel.de
▹ Brutto-Netto-Rechner
können Sie Ihr Nettogehalt ausrechnen.

Wenn Sie einer Religionsgemeinschaft angehören, die Steuern erhebt, zahlen Sie die Kirchensteuer (8–9 % der zu zahlenden Lohnsteuer).

Im nachfolgenden Beispiel wird die Gehaltsabrechnung einer ledigen, kinderlosen 22-jährigen Kinderpflegerin mit einem Bruttogehalt von 1.300,- € abgebildet.

Bruttogehalt			**1.300,00 €**
Abzüge	Lohnsteuer	–61,41 €	
	Krankenversicherung	–102,70 €	
	Pflegeversicherung	–15,93 €	
	Rentenversicherung	–129,35 €	
	Arbeitslosenversicherung	–18,20 €	
	Abzüge gesamt:	–327,59 €	**–327,59 €**
Nettogehalt			**972,41 €**

… laut Lohnsteuertabelle 2010

! Während der Weltwirtschaftskrise im Jahr 2008 musste die Bundesregierung Maßnahmen ergreifen, um die Konjunktur anzukurbeln und Entlastungen für die Bürger zu schaffen. So beschloss die Regierung mit dem 2. Konjunkturpaket im Januar 2009, dass der Krankenkassenbeitrag ab 1. 7. 2009 auf 14,9 % reduziert wird.
Die Beiträge kommen in den sogenannten Gesundheitsfond. Von dort erhalten alle Kassen einen einheitlichen Beitrag. Wird ein positives Ergebnis der Krankenkasse erzielt, können sie ihren Versicherten eine Prämie auszahlen. Ist allerdings das Ergebnis negativ, so können sie von ihren Versicherten nochmals zusätzlich maximal 1 % Zuschlag vom beitragspflichtigen Bruttolohn fordern.
Weitere Entlastungen, besonders für Familien, beschloss die Bundesregierung mit dem Wachstumsbeschleunigungsgesetz zum 1. Januar 2010.

1.2.2 Versicherungen

Um gegen die Risiken bei Krankheit, Pflegebedürftigkeit und Alter geschützt zu sein, gibt es gesetzliche und private Versicherungen. Auf staatlicher Seite entstanden die sogenannten fünf Säulen der gesetzlichen Sozialversicherung in Deutschland. Zusätzlich sind für jeden Bürger Individualversicherungen möglich.

Das soziale System in Deutschland besteht aus fünf Pflichtversicherungen.

Bruttoentgelt ► S. 285

Fünf Säulen der gesetzlichen Sozialversicherung
Die Pflichtversicherungen helfen Ihnen, wenn Sie krank sind, einen Unfall hatten, pflegebedürftig werden oder später Rente beziehen. Dafür müssen Sie jedoch vor allem im Arbeitsleben Ihre Beiträge leisten. In erster Linie durch die Versicherungsbeiträge, die abhängig von Ihrem Bruttoentgelt entrichtet werden.

Fünf Säulen der gesetzlichen Sozialversicherung				
Krankenversicherung Beitrag: 14,9 % – 7,0 % zahlt der Arbeitgeber (AG) und 7,9 % der Arbeitnehmer (AN) Leistungen: – übernimmt Kosten bei Vorsorgeuntersuchungen, für Arzt- und Zahnarztbesuche, Krankenhausaufenthalt, Zuschuss bei Medikamenten – Krankengeld und Mutterschaftsgeld	**Rentenversicherung** Beitrag: 19,9 % – 50 % zahlt der AG und 50 % der AN Leistungen: – Rehabilitation, Kuren, Heilbehandlungen – Altersrente, Erwerbsunfähigkeitsrente, Witwenrente, Halb- und Vollwaisenrente	**Unfallversicherung** – wird vom Arbeitgeber zu 100 % allein bezahlt Leistungen: – Maßnahmen zur Verhütung von Unfällen – Rehabilitationen, Kuren, Heilbehandlungen – Verletztengeld, Rente, Witwen-, Halb- und Vollwaisenrente	**Arbeitslosenversicherung** Beitrag: 2,8 % – 50 % zahlt der AG und 50 % der AN Leistungen: – Arbeitsvermittlung – Berufsberatung – Arbeitslosengeld, Arbeitslosengeld II, Kurzarbeitergeld, Schlechtwettergeld, Übergangsgeld bei Insolvenz eines Betriebes	**Pflegeversicherung** Beitrag: 1,95 %* – 50 % zahlt der AG und 50 % der AN (2,25 % in Sachsen) Leistungen: – Leistungszuschüsse bei häuslicher, ambulanter, teilstationärer und stationärer Pflege in Form von Pflegegeld, Sachleistungen und Hilfsmitteln

* Kinderlose Arbeitnehmer ab einem Alter von 23 Jahren zahlen einen Zuschlag in Höhe von 0,25 %.

Individualversicherungen
Die gesetzlichen Sozialversicherungen decken nicht alle Risiken ab. Ergänzungen sind durch private Versicherungen zu empfehlen. Die Beiträge und die Leistungen der Privatversicherungen können sehr unterschiedlich ausfallen. Je höher das Risiko ist, desto höher sind die Beiträge. Eine gewissenhafte Überprüfung der zusätzlich privat benötigten Versicherungen kann viel Geld und Ärger ersparen.

Individualversicherungen	
Personenversicherungen	**Sachversicherungen**
Berufsunfähigkeitsversicherung	Haftpflichtversicherung
Kapitallebensversicherung	Kfz-Haftpflichtversicherung
Risikolebensversicherung	Rechtsschutzversicherung
private Unfall-, Renten- und Krankenversicherung	Hausratversicherung

1.2.3 Steuern

Steuern sind festgelegte Abgaben des einzelnen Bürgers, die vom Staat erhoben werden, um seine Aufgaben und Funktionen zu finanzieren, z. B. den Ausbau der Infrastruktur (z. B. Bau von Straßen) sowie Maßnahmen der Familien- und der Bildungspolitik (z. B. Elterngeld, Schulen).
Bereits im Mittelalter existierten Steuern. Damals wurden andere Bezeichnungen benutzt, wie „Zehntel“ oder Kopfsteuer. Im Laufe der Entwicklung wurden neue Steuern erhoben, wie z. B. die Salzsteuer, die Einkommensteuer, die Zuckersteuer, die Teesteuer, die Kaffeesteuer, die Biersteuer oder die Spielkartensteuer. Sie galten den damaligen Luxusgütern. Durch die Abgaben von Erzeugnissen oder Ernteerträgen wurden die Kirche und ihre Grundherren mitversorgt. Einige der Steuern wurden hinfällig und andere abgeschafft. Heute erhebt der Staat die Steuern auf direktem oder indirektem Weg.

Weitere Informationen über die Geschichte der Steuern finden Sie unter:
www.bundesfinanzministerium.de

Direkte und indirekte Steuern

Steuern werden auf direktem oder indirektem Weg vom Staat erhoben.

Direkte Steuern werden unmittelbar abgeführt. Dazu zählen z. B.:	Indirekte Steuern werden über Dritte abgeführt. Dazu zählen z. B.:
• Einkommensteuer	• Umsatzsteuer
• Körperschaftssteuer	• Mineralölsteuer
• Hundesteuer	• Tabaksteuer
• Kfz-Steuer	• Versicherungssteuer
• Jagdsteuer	• Lotteriesteuer

Bundes- und Landessteuern
Die direkten und indirekten Steuern werden entweder dem Bund oder dem Land zur Verfügung gestellt, sodass deren Ausgaben finanziert werden können.

Nach Grundgesetz Art. 106 Abs. 1 stehen z. B. folgende Einnahmen dem Bund zu:	Nach Grundgesetz Art. 106 Abs. 2 stehen z. B. folgende Einnahmen den Ländern zu:
• Mineralölsteuer	• Vermögenssteuer
• Tabaksteuer	• Erbschaftssteuer
• Stromsteuer	• Biersteuer
• Branntweinsteuer	• Kraftfahrzeugsteuer

Neben den getrennten Einnahmen von Bund (gesamte Bundesrepublik) und Ländern (jeweiliges Bundesland) gibt es auch gemeinsame Einnahmen. Dazu zählen laut Grundgesetz Art. 106 Abs. 3:
- die Einkommenssteuer,
- die Körperschaftssteuer und
- die Umsatzsteuer.

Weiterhin gibt es noch die Gemeindesteuern. Hierzu zählen laut Grundgesetz Art. 106 Abs. 6 die Gewerbesteuer, Grundsteuer, Jagdsteuer, Vergnügungssteuer, Fischereisteuer und die Hundesteuer (Abb. 1).

Abb. 1 Hundebesitzer zahlen für ihr Tier Hundesteuer.

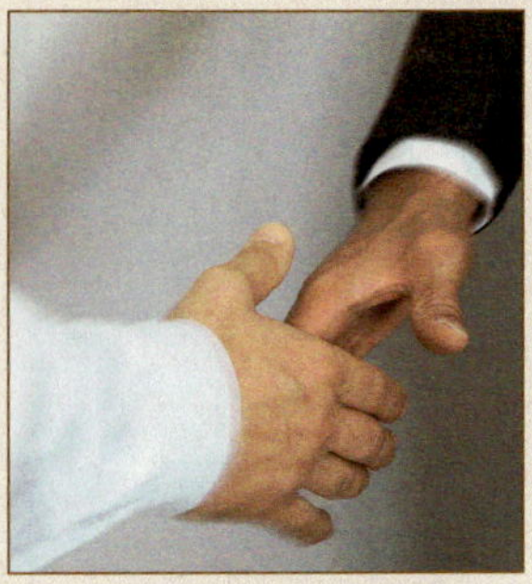

Abb. 1 Auch durch einen Handschlag kann ein Vertrag zu Stande kommen.

Die Rechtsfähigkeit besitzt der Mensch von der Geburt bis zum Tod.

Orientierungswerte für Taschengeld finden Sie unter:

www.jugendamt.nuernberg.de/downloads/taschengeld.pdf

1.3 Verträge – „Verträge kommen von vertragen"

Damit ein Vertrag zu Stande kommt, benötigt man zwei übereinstimmende Willenserklärungen. Diese können z. B. mündlich, schriftlich, durch das Ablegen der Ware an der Kasse, durch das Abheben des Geldes am Automaten, durch ein Kopfnicken oder am Telefon geäußert werden. Aber nicht jeder Vertrag ist dadurch rechtskräftig abgeschlossen. Der Gesetzgeber sagt dazu etwas im Bürgerlichen Gesetzbuch (BGB).

1.3.1 Rechtsfähigkeit und Geschäftsfähigkeit

Die Rechtsfähigkeit (BGB § 1) beginnt für jeden Mensch ab der Geburt. Daraus ergeben sich die Rechte (z. B. Menschenrechte) und Pflichten (z. B. Schulpflicht) eines jeden Menschen. Die Rechtsfähigkeit bezieht sich nicht nur auf natürliche Personen (lebende Menschen) sondern auch auf juristische Personen, z. B. Genossenschaften, Vereine, Stiftungen oder Kapitalgesellschaften.

Neben der Rechtsfähigkeit benötigen wir ebenfalls die Geschäftsfähigkeit, um Verträge abschließen zu können (BGB §§ 104 ff.). Die Geschäftsfähigkeit bedeutet, dass Sie Rechtsgeschäfte, z. B. einen Vertrag, rechtswirksam abschließen können.

Es werden drei Stufen der Geschäftsfähigkeit je nach Lebensalter unterschieden:

Stufe	Geschäftsfähigkeit	Erklärung
1	Geschäftsunfähigkeit	Geschäftsunfähig sind Kinder von 0 bis 7 Jahren bzw. Menschen mit einer dauerhaften geistigen Behinderung. Sie dürfen keine Rechtsgeschäfte vornehmen, diese wären auch nicht gültig (nichtig). Es handeln stattdessen die gesetzlichen Vertreter.
2	beschränkte Geschäftsfähigkeit	Beschränkt geschäftsfähig sind Kinder und Jugendliche im Alter von 7 bis 18 Jahren. Sie dürfen nur Rechtsgeschäfte mit Einwilligung des gesetzlichen Vertreters vornehmen. Hier gibt es auch Ausnahmen, z. B. Ausgaben in Höhe des Taschengeldes, wenn diese sofort bar bezahlt werden.
3	volle Geschäftsfähigkeit	Alle Menschen ab 18 Jahren dürfen Rechtsgeschäfte uneingeschränkt vornehmen und sind somit voll geschäftsfähig.

Verträge können bei Kindern und Jugendlichen im Alter von 7 bis 18 Jahren, durch die Regelung im BGB § 110, rechtwirksam abgeschlossen werden. Der sogenannte Taschengeldparagraph erlaubt Kindern und Jugendlichen ohne Zustimmung der Personensorgeberechtigten in Höhe ihres Taschengeldes Dinge zu kaufen oder Leistungen in Anspruch zu nehmen zu denen sie berechtigt sind.
Bei größeren Anschaffungen sind geschlossene Verträge schwebend unwirksam. Erst wenn die Zustimmung des Personenberechtigten vorliegt, ist der Vertrag rechtskräftig.

1.3.2 Übersicht über verschiedene Verträge

Verträge können in mündlicher oder schriftlicher Form abgeschlossen werden. Um jedem Streit bei Verträgen aus dem Weg zu gehen, sollte möglichst die schriftliche Form bevorzugt werden. Die schriftliche Form eines Vertrages ist z. B. beim Kauf einer Immobilie vorgeschrieben.

Verträge sollten immer in schriftlicher Form abgeschlossen werden.

Vertrag	Erklärung	Regelung	Beispiel
Kaufvertrag	Der Verkäufer muss die Sache in einem mangelfreien Zustand übergeben. Der Käufer hingegen muss die Sache annehmen und bezahlen.	BGB §§ 433- 514	Einkauf von Lebensmitteln im Supermarkt
Darlehensvertrag	Der Gläubiger kann für einen vereinbarten Zeitraum dem Schuldner einen Geldbetrag oder eine Sache zum Gebrauch überlassen. Der Schuldner ist verpflichtet, den Geldbetrag oder die Sache in gleicher Art, Güte und Menge zurückzuerstatten.	BGB §§ 607- 610	Kredit von der Bank
Dienstvertrag	Der Dienstberechtigte muss die vereinbarte Vergütung zahlen. Der Dienstverpflichtete hat die Pflicht, die versprochenen Dienste zu leisten.	BGB §§ 611- 630	Fernunterricht, Zahnreinigung
Werkvertrag	Der Unternehmer ist verpflichtet, die Sache fehlerfrei herzustellen oder gemäß Vertrag zu ändern. Der Besteller muss die vereinbarte Vergütung zahlen.	BGB §§ 631-650	Änderung einer Hose, Reparatur einer Jacke

Wichtige Verträge sind z. B. der Mietvertrag und der Arbeitsvertrag. Gerade der Erstabschluss solcher Verträge ist für junge Menschen sehr bedeutend. Das gibt ein Gefühl von Unabhängigkeit vom Elternhaus.

Mietvertrag
Der Mietvertrag ist im BGB (§§ 535–580) geregelt. Im Vertrag können z. B. folgende Kriterien geregelt werden:
- Vertragspartner (Vermieter–Mieter)
- Mieträume, Nutzungsdauer und Kündigungsfristen
- Höhe der Miete und Betriebskosten sowie Zeitpunkt der Zahlung
- Reinigung
- Zustimmungen durch den Vermieter (z. B. Untervermietung, Tierhaltung)
- Ausbesserungen und bauliche Veränderungen
- Betreten der Wohnung durch den Vermieter

Weitere Informationen über das Thema Verträge finden Sie im BGB.

! Laut Deutschem Mieterbund ist jede zweite Betriebskostenabrechnung falsch. Es werden Posten abgerechnet, die der Vermieter selbst tragen muss. Deshalb ist es für Sie sehr wichtig, die Abrechnung genau zu überprüfen. Dabei kann Ihnen die Betriebskostenverordnung helfen. Oder Sie wenden sich gleich an den Mieterbund.

Weitere Informationen zur Betriebskostenabrechnung erhalten Sie unter:
www.bundesrecht.juris.de

Aus einem Arbeitsvertrag ergeben sich für den Arbeitnehmer und den Arbeitgeber gewisse Rechte und Pflichten.

Arbeitsvertrag

Ein Arbeitsvertrag wird zwischen Arbeitgeber und Arbeitnehmer bei abhängig beschäftigten Arbeitsverhältnissen abgeschlossen. Hier ist der Arbeitgeber zur Zahlung der vereinbarten Vergütung verpflichtet und der Arbeitnehmer ist verpflichtet, die vereinbarte Arbeit zu leisten. Es ergeben sich weitere Rechte und Pflichten. Zu den Pflichten des Arbeitgebers gehören z. B. die Fürsorgepflicht, die Gewährung von Urlaub und die Pflicht, ein Zeugnis auszustellen. Der Arbeitnehmer hat z. B. die Pflicht zur Verschwiegenheit und Treue. Bevor Sie einen Arbeitsvertrag unterschreiben, sollten Sie ihn auf folgende Inhalte überprüfen:

- Wer sind die Vertragspartner?
- Welche Tätigkeiten habe ich auszuführen?
- Wie hoch fällt meine Vergütung aus?
- Wo befindet sich mein Arbeitsort?
- Wie ist meine wöchentliche Arbeitszeit?
- Wann fängt meine tägliche Arbeitszeit an?
- Wie viele Urlaubstage stehen mir im Jahr zu?
- Erhalte ich Nebenleistungen, wie z. B. Urlaubsgeld oder Prämien?

(Zutreffendes ankreuzen, Nichtzutreffendes bitte streichen)

§ 1 – Vertragschließende

Zwischen ______________________________

______________________________ als Arbeitgeber

und ______________________________, geb. am ______________

zzt. wohnhaft ______________________________ als Angestellten

wird nachstehender Anstellungsvertrag geschlossen, in welchem die Parteien als „Arbeitgeber“ bzw. „Angestellter“ bezeichnet sind. – Jede Veränderung der Wohnanschrift hat der Angestellte dem Arbeitgeber sofort mitzuteilen.

§ 2 – Tätigkeit / Probezeit

Der Angestellte wird als ______________________________

____

zum Dienstantritt am ______________________________ angestellt. Die Probezeit beginnt am ______________ und endet am ______________

Während der Probezeit kann das Anstellungsverhältnis beiderseits gekündigt werden mit einer Frist von ☐ zwei Wochen ☐ ______________

Die Gültigkeit dieses Anstellungsvertrages ist davon abhängig, dass spätestens bei Dienstantritt durch den Angestellten ordnungsgemäße Arbeitspapiere übergeben werden.

Besondere Obliegenheiten des Angestellten sind: ______________________________

____

____

Der Angestellte erklärt sich bereit, im Bedarfsfall einer Versetzung in einen anderen Verantwortungsbereich innerhalb des Hauses zuzustimmen oder eine andere zumutbare Tätigkeit zu übernehmen.

Der Angestellte hat seine ganze Arbeitskraft dem Unternehmen gewissenhaft zu widmen. Jede weitere Berufstätigkeit, auch wenn es sich um eine selbständige Tätigkeit oder eine geringfügige Nebenbeschäftigung handelt, bedarf der schriftlichen Zustimmung durch den Arbeitgeber.

Der Angestellte hat die Arbeitszeit pünktlich einzuhalten und an der Verbesserung und Verbilligung aller Erzeugnisse, der Arbeits- und Vertriebsverfahren mitzuarbeiten. Der Angestellte hat über die ihm bekannt gewordenen oder anvertrauten Geschäftsvorgänge, sowohl während der Dauer des Dienstverhältnisses als auch nach dessen Beendigung, Dritten gegenüber Stillschweigen zu bewahren und darf sie auch persönlich nicht auf unlautere Art verwerten. Dies gilt insbesondere für Kunden- und Lieferantenlisten, Umsatzziffern, Bilanzen und Angaben über die finanzielle Lage des Betriebes.

Der Angestellte verpflichtet sich, an Schulungs- bzw. Weiterbildungsmaßnahmen teilzunehmen, soweit der Arbeitgeber diese für notwendig erachtet und die Kosten übernimmt.

Die Annahme irgendwelcher Geschenke, Vergünstigungen in offener oder versteckter Form von Lieferanten oder Kunden ist dem Angestellten verboten; er ist verpflichtet, jeden solchen ihm gegenüber gemachten Versuch dem Arbeitgeber unverzüglich mitzuteilen.

§ 3 – Gehalt / Arbeitszeit

Der Angestellte erhält monatlich nachträglich ein Gehalt von brutto ***EUR*** ______________

Auf das Anstellungsverhältnis finden folgende einschlägige Tarifverträge ☐ in der jeweils gültigen ☐ nur in der derzeitigen Fassung Anwendung: ______________________________

______________________________ Tarifgruppe: ______________.

In diesem Anstellungsvertrag getroffene Regelungen gehen tariflichen Bestimmungen vor.

Der das Tarifgehalt etwa übersteigende Teil des Gehaltes ist keine Leistungszulage und wird ohne Rechtspflicht unter dem Vorbehalt des jederzeitigen Widerrufs und der Anrechnung bei Gehaltstarif-Erhöhungen gewährt. Vom Arbeitgeber gewährte Gratifikationen gelten nur als freiwillige Leistungen des Arbeitgebers, auch wenn sie wiederholt und ohne ausdrücklichen Hinweis auf die Freiwilligkeit erfolgen, und begründen keinen rechtlichen Anspruch für die Zukunft.

Gehaltsabtretungen sowie -verpfändungen bedürfen zu ihrer Wirksamkeit der ausdrücklichen Zustimmung des Arbeitgebers.

Die Arbeitszeit beträgt ______ Stunden wöchentlich ☐ unabhängig von Tarifverträgen ☐ abhängig vom obigen Tarifvertrag.

Der Angestellte ist verpflichtet, im Rahmen der gesetzlichen bzw. tariflichen Bestimmungen auf Verlangen des Arbeitgebers Mehrarbeit (Überstunden) sowie Wechselschicht zu leisten. Mehrarbeit kann durch freie Tage ausgeglichen werden.

Abb. 1 Muster eines Arbeitsvertrages

Bei einem Arbeitsverhältnis kommen verschiedene Gesetze wie z. B. Kündigungsschutzgesetz, Mutterschutzgesetz, Bundesurlaubsgesetz und Lohnfortzahlungsgesetz zum Tragen.

1.4 Umgang mit Geld – „Ohne Moos nix los“

1.4.1 Zahlungsmöglichkeiten

Früher wurde Ware gegen Ware getauscht. Heute erfolgt der Tausch auf anderen Wegen und Geld übernimmt die Funktion des Tauschmittels. Es gibt verschiedene Arten von Zahlungsweisen.

Abb. 2 Münzen und Banknoten benötigt man zur Barzahlung.

Barzahlung: Die Bezahlung erfolgt durch Münzen und Banknoten (Abb. 2). Für kleine Einkäufe im Alltag ist diese Zahlungsform ideal. Die Vorteile sind, dass der Zahlende (Kunde) und der Zahlungsempfänger (Verkäufer) kein Girokonto benötigen. Es fallen keine Kontoführungsgebühren an. Außerdem ist diese Zahlungsart schnell und unkompliziert.

Halbbare Zahlung: Bei dieser Zahlungsmöglichkeit muss entweder der Zahlende oder der Zahlungsempfänger ein Konto besitzen. Beispiele hierfür sind Barschecks oder Zahlungen per Nachnahme. Bei Bestellungen per Nachnahme muss die bestellte Ware gleich beim Postboten bezahlt werden. Bei Barschecks lässt sich der Empfänger den Geldbetrag bar auszahlen.

Bargeldlose Zahlung: Diese Zahlungsmöglichkeit funktioniert virtuell, ohne Münzen bzw. Banknoten. Der Zahlende und der Zahlungsempfänger müssen ein Girokonto besitzen. Das sogenannte Buchgeld wird von einem Konto zum anderen Konto elektronisch überwiesen. Verfahren dieser Zahlungsmöglichkeiten sind z. B.

- das Lastschriftverfahren (bei regelmäßigen Abbuchungen durch Einzugsermächtigung vom Konto, z. B. Handykosten),
- der Dauerauftrag (bei gleich bleibenden Abbuchungen über einen bestimmten Zeitraum, z. B. Sparraten auf ein Sparkonto, Miete) und
- die Überweisung (bei unregelmäßigen Zahlungen, z. B. Rechnung, Abb. 3).

Die Belege für alle Zahlungen sollten für Reklamationen sorgfältig aufbewahrt werden.

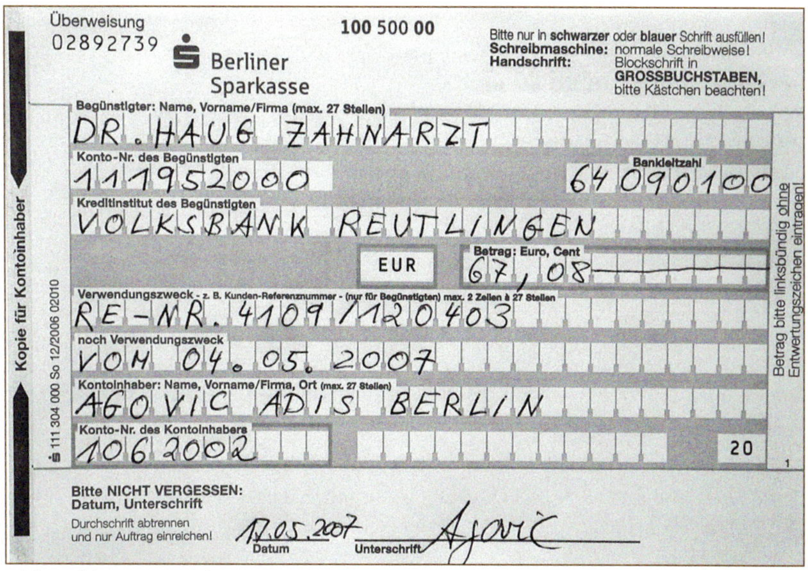
Überweisung
02892739
Berliner Sparkasse
100 500 00
Bitte nur in **schwarzer** oder **blauer** Schrift ausfüllen!
Schreibmaschine: normale Schreibweise!
Handschrift: Blockschrift in **GROSSBUCHSTABEN,** bitte Kästchen beachten!
Begünstigter: Name, Vorname/Firma (max. 27 Stellen)
DR. HAUG ZAHNARZT
Konto-Nr. des Begünstigten
111952000
Bankleitzahl
64090100
Kreditinstitut des Begünstigten
VOLKSBANK REUTLINGEN
EUR
Betrag: Euro, Cent
67,08
Verwendungszweck - z. B. Kunden-Referenznummer - (nur für Begünstigten) max. 2 Zeilen à 27 Stellen
RE-NR. 4109/120403
noch Verwendungszweck
VOM 04.05.2007
Kontoinhaber: Name, Vorname/Firma, Ort (max. 27 Stellen)
AGOVIC ADIS BERLIN
Konto-Nr. des Kontoinhabers
1062002
20
Kopie für Kontoinhaber
Betrag bitte linksbündig ohne Entwertungszeichen eintragen!
111 304 000 So 12/2006 02010
Bitte NICHT VERGESSEN: Datum, Unterschrift
Durchschrift abtrennen und nur Auftrag einreichen!
12.05.2007
Datum
Unterschrift

Abb. 3 Überweisungsformular

Bei allen Zahlungen ist es wichtig, sämtliche Belege sorgfältig aufzubewahren. Diese müssen bei Reklamationen und Garantieansprüchen vorgezeigt werden.

1.4.2 Geldanlagemöglichkeiten

Informationen über Bundeswertpapiere finden Sie unter:
www.bundeswertpapiere.de

Waschmaschine ► S. 326

Was machen Sie mit Geld, das am Ende des Monats übrig bleibt? Ausgeben? Eine Alternative wäre, das Geld anzulegen. So erhalten Sie Zinsen für das angelegte Geld. Zinsen sind Beträge, die Sie nach einem vereinbarten Zeitraum für die „Lagerung“ Ihres Geldes von der Bank erhalten. Sie haben für Notsituationen etwas gespart und können darauf zurückgreifen. Vielleicht benötigen Sie Geld für Anschaffungen, z. B. den Kauf einer Waschmaschine. Für das Anlegen des Geldes gibt es verschiedene Möglichkeiten.

Sparbuch	Bei dieser Sparform sind die Zinsen, aber auch das Risiko gering. Dafür können Sie Ihr Geld jederzeit am Bankschalter abheben oder auch Einzahlungen tätigen.
Sparkarte	Für diese Sparform wird ein Unterkonto von Ihrem Girokonto eingerichtet. Die Zinsen und das Risiko sind gering. Sie können jederzeit Aus- oder Einzahlungen am Automaten tätigen.
Festzinssparen	Höhere Geldbeträge (meist ab 5.000,– €) können für einen festgelegten Zeitraum (ab 6 Monaten) angelegt werden. Dafür gibt es höhere Zinsen. Nach dem vereinbarten Zeitraum können Sie wieder über Ihr Geld verfügen.
Bausparen	Hierbei schließen Sie einen Vertrag über eine bestimmte Bausparsumme, z. B. für den Bau eines Hauses, ab. Sie zahlen regelmäßig einen Betrag auf das Bausparkonto ein. Ist die Mindestbausparsumme eingezahlt, können Sie sich Ihr Guthaben auszahlen lassen und den Differenzbetrag zur Bausparsumme als Darlehen mit geringer Verzinsung in Anspruch nehmen.
Aktien	Sobald Sie Aktien erwerben, sind Sie Miteigentümer eines Unternehmens. Macht das Unternehmen Gewinn, erhalten Sie eine Dividende (Gewinnanteil dieser Aktie). Macht das Unternehmen aber Verluste, sinkt der Wert Ihrer Aktie und Sie müssen Verluste beim Verkauf der Aktien hinnehmen oder auf künftige Wertsteigerungen hoffen.
Bundeswertpapiere	Sie können Ihr Geld auch beim Staat anlegen, z. B. als Tagesanleihe, Bundesschatzbriefe, Finanzierungsschätze. Die Mindestbeträge, die Verzinsung und die Laufzeit sind sehr unterschiedlich.

1.4.3 Finanzierungsmöglichkeiten

Falls Sie keine Rücklagen haben, sind Sie bei Anschaffungen auf Fremdkapital, z. B. durch Ratenkredit der Bank, angewiesen.

Dispositionskredit	Dieser Kredit wird auch Überziehungskredit genannt, bei dem Sie Ihr Girokonto bis zu einer vereinbarten Summe (ca. 3 Nettolöhne) überziehen können. Dabei fallen hohe Zinsen an, die quartalsweise vom Konto abgezogen werden.
Ratenkredit (Anschaffungsdarlehen)	Für die Genehmigung eines Ratenkredites wird Ihre Bonität (Zahlungsfähigkeit einer Person) vorausgesetzt. Ist sie nicht gegeben, benötigen Sie eine Bürgschaft. Bei einem Ratenkredit fallen Zinsen und eine Bearbeitungsgebühr an. Die monatliche Rate bleibt für den gesamten Zeitraum gleich.
Leasing	Leasing ist einem Mietvertrag ähnlich. Sie bekommen für einen vereinbarten Zeitraum einen Gegenstand zur Nutzung, z. B. ein Auto. Dafür müssen Sie eine Leasingrate bezahlen. Nach Ablauf des Vertrages gehört Ihnen der Gegenstand jedoch nicht.

2. Wohnen – „Endlich eine eigene Bude!“

2.1 Checkliste Einrichtung – „Alles, was man braucht“

Nun ist es so weit. „Hotel Mama“ ist Geschichte und Sie möchten eine eigene Wohnung. Alleine nach Hause kommen, für sich einkaufen, selbst entscheiden, was man kochen oder wie man sein Zuhause einrichten möchte, sein eigener „Herr“ sein. Aber wie soll das Traumheim aussehen? Und welche Dinge sind wichtig?

Einkauf ► S. 299

Die persönlichen Vorstellungen von der eigenen Wohnung sind sehr unterschiedlich. In erster Linie soll sie gemütlich, praktisch, schön sein und man muss sich in ihr wohlfühlen können. Doch was brauchen Sie dazu? Die nachfolgende Tabelle zeigt eine Übersicht über alle notwendigen Dinge eines neuen Haushaltes. Sie dient als Hilfestellung und kann nach eigenen Wünschen ergänzt werden.

Vorstellungen von der eigenen Wohnung sind unterschiedlich, aber man benötigt eine gewisse Grundausstattung.

Flur	Schuhschrank, Garderobenschrank, Schuhanzieher
Wohn- und Arbeitsbereich	Wohnzimmerschrank, Schreibtisch, Schreibtischstuhl, Couch/ Sessel, Tisch Uhr, Gläser, Fernseher, Radio, evtl. DVD- Player
Küche	Spüle, Schränke mit Abstellfläche, Tisch, Stühle Gläser, Geschirr, Auflaufform, Besteck, Messer, Sparschäler, Töpfe, Brettchen, Schüsseln, Sieb, Flaschen- und Dosenöffner, Korkenzieher, Zuckerdose, Suppenkelle, Schneebesen, Reibe, Zitronenpresse, Knoblauchpresse, Gewürzstreuer, Brotkorb, Brotkasten, Küchenwaage Geschirrhandtücher, Topflappen, Tischwäsche, Besen, Handfeger, Schaufel, Abfalleimer, Wischeimer, Schrubber, Bodenputztücher, Flaschenbürste, Polier- und Geschirrtücher (Abb. 1) Kühlschrank, Herd, Kaffeemaschine, Toaster, Wasserkocher, Pürierstab, Handrührgerät, evtl. Geschirrspüler
Bad	Schrank, Spiegel, Schmutzwäschekorb Toilettenbürste, Handtücher, Föhn
Schlafzimmer	Kleiderschrank, Bett, Nachtschrank Kleiderbügel, Bettwäsche, Bettdecke, Kopfkissen
Sonstiges	Teppiche, Beleuchtung, Gardinen, Vorhänge, Bilder, Dekoration, evtl. Blumen oder Pflanzen Wäschekorb, Wäscheständer, Klammern, Bügelbrett, Bügeleisen

Abb. 1 Eine Auswahl an Putzutensilien sollte in keinem Haushalt fehlen.

! Alle Geräte im Handel müssen dem Geräte- und Produktsicherheitsgesetz entsprechen. Kombinationsgeräte (z. B. Kühlschrank mit integriertem Gefrierschrank) sind gegenüber Einzelgeräten zum Teil günstiger, haben aber den Nachteil, dass bei einem kleinen Teildefekt alle anderen kombinierten Geräte auch nicht mehr funktionieren.

Abb. 1 Kind mit Eltern in seinem Kinderzimmer

Familie ► S. 163
Patchworkfamilie ► S. 165
Säugling ► S. 347

Kinder fühlen sich in ihrem eigenen Reich mit passenden Möbeln wohl.

2.2 Wohnen und Leben mit Kindern – „Wo man sich wohlfühlt“

Die ursprüngliche Bedeutung des Wortes „wohnen“ ist „zufrieden sein“. Im Wohnraum hat man seinen Lebensmittelpunkt. Man möchte sich wohlfühlen, egal, wo man wohnt und lebt. Gerade Kinder benötigen für ihre Entwicklung ein stabiles Zuhause. Diese Voraussetzungen erhalten sie im günstigsten Fall in ihrer eigenen Familie oder in einer gut funktionierenden Patchworkfamilie.

Babys, Kleinkinder und Kinder haben beim Wohnen bestimmte Bedürfnisse. Wenn es für einen Säugling noch ausreichend ist, ein Bett im Schlafzimmer der Eltern zu haben, benötigen Kinder mehr und mehr ihr eigenes Reich. Wenn möglich, haben sie also ein Kinderzimmer (Abb. 1) für sich oder teilen sich einen Raum mit ihrem Bruder oder ihrer Schwester. Dort sollte auf kindgerechte Möbel (z. B. kleiner Tisch und passende Stühle) und ausreichend Platz für Kleidung und Spielsachen geachtet werden.

Durch verschiedene Ursachen, z. B. Scheidung, finanzielle Probleme, psychische Probleme der Eltern, Kindesvernachlässigung oder im schlimmsten Fall dem Missbrauch von Kindern, können Kinder außerhalb ihrer Familie, z. B. bei Pflegefamilien, in SOS-Kinderdörfern oder in Heimen, aufwachsen.

Pflegefamilien	Die Kinder kommen zeitlich befristet oder für immer zu Pflegefamilien. Die Kinder haben dann zwei Familien, die Pflegefamilie und ihre leibliche Familie. Die Pflegefamilie sollte immer den Kontakt zur leiblichen Familie ermöglichen. Die Betreuung findet in der Pflegefamilie im Rahmen eines normalen Familienlebens, meist auch mit den leiblichen Kindern der Pflegeeltern und in enger Zusammenarbeit mit dem Jugendamt statt. Das Sorgerecht verbleibt bei den leiblichen Eltern. Allerdings kann die Pflegefamilie Sozialleistungen wie z. B. das Pflegegeld beantragen. Das Pflegegeld wird für den Unterhalt und die Erziehung der Kinder gezahlt. Der Pflegesatz richtet sich nach dem jeweiligen Bundesland und dem Alter des Kindes.
SOS-Kinderdorf	Die Struktur eines SOS Kinderdorfes ähnelt einem kleinen Dorf. Die Kinder erhalten dort eine „Ersatzfamilie“. Diese besteht aus fünf bis sechs anderen Kindern und der Kinderdorfmutter oder dem -vater, welche für ihre oft schwierige Aufgabe qualifiziert sind. Gemeinsam leben sie in einem Haus, wo die Kinder meist auch ein eigenes Zimmer haben. Durch die Unterbringung in einer familienähnlichen Situation erhalten die Kinder Sicherheit, Verständnis und Liebe. Das Personal arbeitet eng mit dem Jugendamt zusammen und ist angehalten, den Kontakt zu den leiblichen Eltern zu pflegen.
Kinderheim	Eine andere Möglichkeit, ein Kind außerhalb seiner leiblichen Familie unterzubringen, ist das Heim. Wenn die Fürsorge des Kindes gefährdet ist, kann der Staat eingreifen. Die Rechtsgrundlagen sind begründet nach BGB § 1666 oder SGB VIII § 34. Die Kinder werden meist in Gruppen von ca. zehn Kindern untergebracht und haben oft ein eigenes Zimmer. Betreut werden die Kinder von unterschiedlichen Erziehern. Deshalb kann eine enge Beziehung erst nach längerer Zeit aufgebaut werden. Die Kinder haben wie auch in der eigenen Familie Rechte und Pflichten. Zu ihren Pflichten im Heim gehören die Erledigung bestimmter Aufgaben, die Einhaltung von Ausgangszeiten und die Abmeldung beim Verlassen des Heimes. Auf der anderen Seite können sie ihre Freunde oder Familie besuchen, Besuch empfangen oder erhalten nach ihrem Alter entsprechendes Taschengeld. Auch hier arbeiten die Erzieher eng mit dem Jugendamt zusammen.

2.3 Unfallschutz – „Lieber vorbeugen als hinfallen“

2.3.1 Vorbeugung von Unfällen im Haushalt

Viele Unfälle passieren zu Hause.

Die meisten Unfälle passieren im Freizeitbereich und im privaten Haushalt. Die Hauptursachen sind Fehlverhalten und Überschätzung der eigenen Fähigkeiten. Beachten Sie im Haushalt folgende Kriterien zur Vorbeugung von Unfällen:

Allgemeine Sicherheitshinweise

- Planen Sie Ihre Arbeiten sorgfältig.
- Halten Sie Ordnung und sorgen Sie für ausreichende Beleuchtung.
- Beseitigen Sie alle Stolperfallen, z. B. durch Kabelverlängerungen, fixierte Teppiche.
- Lassen Sie keine Kerzen unbeaufsichtigt brennen.

Sicherheitshinweise beim Umgang mit elektrischen Geräten

- Unterbrechen Sie vor der Reinigung von Geräten immer den Stromkontakt.
- Lassen Sie niemals elektrische Geräte unbeaufsichtigt arbeiten.
- Lassen Sie defekte Geräte reparieren.
- Verwenden Sie einen Fingerschutz.

Sicherheitshinweise bei der Speisenzubereitung

- Heben Sie heruntergefallene Arbeitsgeräte und Speisereste sofort wieder auf.
- Wischen Sie verspritztes Fett mit Lappen und Reinigungslauge (Mischung aus Reinigungsmittel und Wasser) auf.
- Verwenden Sie bei der Zubereitung den Krallengriff und keine stumpfen Messer.
- Lassen Sie keine Messer im Spülbecken liegen.
- Löschen Sie heißes Öl niemals mit Wasser, sondern ersticken Sie es, z. B. mit einem Deckel.
- Verwenden Sie Topflappen.

Sicherheitshinweise bei der Reinigung

- Lesen Sie die Gebrauchsanweisungen von Reinigungsmitteln sorgfältig und beachten Sie die Hinweise.
- Bauen Sie keinen Turm mit Tisch und Stuhl, verwenden Sie eine Leiter.
- Füllen Sie niemals Reinigungsmittel in Getränkeflaschen um, da dies zu gefährlichen Verwechslungen führen kann.

Abb. 2 VDE-Prüfzeichen

Abb. 3 GS-Prüfzeichen

Der Verband der Elektrotechnik, Elektronik und Informationstechnik e.V. (VDE) prüft elektrische Geräte und vergibt das VDE-Zeichen (Abb. 2) als Synonym für höchste Sicherheitsstandards. Das Siegel Geprüfte Sicherheit (GS, Abb. 3) bescheinigt, dass ein Produkt den Anforderungen des Geräte- und Produktsicherheitsgesetzes (GPSG) entspricht.

Sicherheitszeichen machen uns auf Gefahren aufmerksam.

2.3.2 Sicherheitszeichen

Für die Sicherheit im Alltag und in der Arbeitswelt gibt es sogenannte Sicherheitszeichen. Dazu gehören Gefahrensymbole, Verbots- und Rettungszeichen.

Gefahrensymbole
Gefahrensymbole finden Sie z. B. auf Reinigungsmitteln. Diese Reinigungsmittel müssen Sie mit Vorsicht verwenden. Sie können Ihre Gesundheit gefährden, aber auch schädlich auf die Umwelt wirken. Es ist deshalb sehr wichtig, dass Sie auf die Hinweise auf der Verpackung achten.

umweltgefährlich

reizend

giftig

ätzend

leicht entzündlich

Seit Dezember 2008 gibt es neue Kennzeichnungen der Gefahrstoffe. Bis 2017 dürfen die alten Kennzeichnungen in Orange je nach Inhaltsstoff jedoch noch bestehen.

Verbotszeichen
Überall dort, wo Gefahren drohen, werden diese Zeichen sichtbar angebracht; sie untersagen ein bestimmtes Verhalten, das diese Gefahren auslösen kann.

Zutritt für Unbefugte verboten

Essen und Trinken verboten

Mobilfunk verboten

Verbot für Personen mit Herzschrittmacher

Feuer und offenes Licht verboten

Rettungs- und Fluchtwegszeichen
Diese Schilder sind grün gekennzeichnet und weisen Ihnen den Weg aus einer Gefahrenzone bzw. zeigen Ihnen, wo Sie Hilfe erhalten.

Rettungsweg Notausgang

Erste Hilfe

Notruftelefon

Krankentrage

Notarzt

2.3.3 Maßnahmen zur Unfallverhütung im Kindesalter

Die Unfallverhütung bei Kindern nimmt einen besonderen Stellenwert ein. Kindern fehlt auf Grund ihrer Körpergröße und der fehlenden Erfahrungen das Bewusstsein für Gefahren. Trotz aller Gefahren darf ein Kind jedoch nicht zu stark in seinem natürlichen Entdeckungsdrang gebremst werden. Ein Kind lernt aus seinen eigenen Erfahrungen und den Hinweisen der Eltern bzw. betreuenden Personen. Alle Gefahren können Sie nicht ausschalten, Sie können diese aber reduzieren.

Gefahren für Kinder können nur reduziert, jedoch nicht komplett ausgeschaltet werden.

Allgemeine Maßnahmen zur Unfallverhütung im Kindesalter
- Seien Sie durch Ihr Verhalten ein Vorbild für die Kinder, die Ihnen anvertraut sind.
- Bewahren Sie Medikamente (Vergiftungsgefahr) und Plastiktüten (Erstickungsgefahr) nicht in Reichweite der Kinder auf.
- Achten Sie beim Kauf von Geräten auf Kindersicherungen und auf die Prüfzeichen GS oder TÜV.
- Kaufen Sie Einrichtungsgegenstände mit abgerundeten Kanten und standfester Aufstellung.
- Versehen Sie Ihre Wohnung mit Kindersicherungen (an Steckdosen (Abb. 2), Fenstern (Abb. 1), Schränken und Treppen (Abb. 3)). Der Sprossenabstand des Schutzgitters am Treppenaufgang darf nicht größer als 6,5 cm sein.
- Achten Sie auf rutschfesten, weichen, warmen und trittsicheren Bodenbelag.

GS ► S. 295
TÜV ► S. 300

Unfälle verhüten im Kinderzimmer
- Beim Kinderbett oder Laufgitter muss der Gitterabstand zwischen den Gittersprossen mindestens 4,5 cm, höchstens aber 6,5 cm betragen.
- Der Abstand zwischen Lattenrost und Oberkante Gitter muss beim Bettchen mindestens 60 cm betragen.
- Befestigen Sie Hoch- bzw. Etagenbett sicher an der Wand.
- Lassen Sie ein Baby niemals allein und unbeaufsichtigt auf dem Wickeltisch liegen.
- Verwenden Sie eine ausreichend große Wickelauflage mit erhöhten Seitenteilen.
- Verwenden Sie geprüftes und altersgerechtes Spielzeug. Achten Sie bei Kleinkindern auf verschluckbare Kleinteile.

Abb. 1 Fensterschloss

Abb. 2 Steckdosenschutz (rechts)

Abb. 3 Treppengitter

Unfälle verhüten in der Küche
- Versehen Sie den Herd mit einem Herdschutzgitter.
- Lassen Sie Griffe von Pfannen oder Töpfen nicht über den Herd herausragen.
- Lassen Sie nie spitze und scharfe Gegenstände ungesichert liegen.
- Stellen Sie Elektrogeräte (z. B. Wasserkocher) so, dass das Kind diese nicht am Kabel herunterziehen kann.
- Beim Decken des Tisches ist darauf zu achten, dass Sie möglichst keine Tischdecke verwenden, an der ein Kind ziehen kann. Alle Gegenstände auf dem Tisch sollten so platziert sein, dass diese nicht in erreichbarer Nähe des Kindes liegen.
- Kontrollieren Sie beim Anreichen der Nahrung die Temperatur des Essens und der Getränke.
- Leeren Sie regelmäßig den Mülleimer.
- Befestigen Sie gegebenenfalls den Hochstuhl am Tisch.

Abb. 1 Alpenveilchen gehören zu den giftigen Zimmerpflanzen.

Kleine Kinder sollten nie unbeaufsichtigt in der Badewanne sein.

Unfälle verhüten im Wohnzimmer

- Vermeiden Sie giftige Zimmerpflanzen wie Alpenveilchen (Abb. 1), Azalee und Gummibaum oder stellen Sie diese auf einen höheren Schrank.
- Verzichten Sie möglichst auf Tischdecken und Tischläufer, da sich das Kind daran hochziehen kann.
- Lassen Sie keine gefährlichen Stoffe wie Alkohol, Zigaretten (auch Zigarettenkippen im Aschenbecher) und auch Duftöle liegen.
- Bewahren Sie Feuerzeuge, Streichhölzer, Reißnägel, Knöpfe, Stricknadeln, kleine Kugeln oder Knopfbatterien außerhalb der Reichweite von Kindern auf.

Unfälle verhüten im Badezimmer

- Lassen Sie Kinder nie unbeaufsichtigt im Bad. Schon wenige Zentimeter Wasser reichen aus, dass die Kleinkinder ertrinken können.
- Verwenden Sie vor und in der Wanne rutschfeste Matten.
- Überprüfen Sie immer mit dem Badethermometer die Wassertemperatur (37 °C) und lassen Sie erst die gesamte Wassermenge einlaufen, bevor das Kind in die Badewanne geht.
- Räumen Sie alle Elektrogeräte, z. B. Föhn im Bad sicher weg.
- Regulieren Sie den Heißwasserzufluss so, dass es zu keinen Verbrühungen kommen kann.
- Bewahren Sie alle Reinigungs- und Pflegemittel sowie Medikamente in abschließbaren Schränken auf.

Unter www.kindergesundheit-info.de/fuer-eltern/kindersicherheit/kindersicherheit05 finden Sie weitere Informationen zur Kindersicherheit im Kindergarten- und Vorschulalter.

Unfälle verhüten im Garten

- Verschließen Sie immer den Geräteschuppen und das Gartentor.
- Versehen Sie Ihre Regentonne mit einem Deckel, um ein Hineinfallen zu vermeiden.
- Räumen Sie die Gartengeräte nach Gebrauch sofort wieder weg.
- Überprüfen Sie regelmäßig die Spielgeräte, z. B. die Schaukel, auf Mängel.
- Verzichten Sie bei der Gestaltung des Gartens auf einen Teich oder sichern Sie diesen besonders ab.
- Bei der Bepflanzung auf giftige Pflanzen wie, z. B. Goldregen, Kaiserkrone, Maiglöckchen, Osterglocke oder Tulpen verzichten.
- Pflanzen Sie Mischkulturen an und beachten Sie die Fruchtfolge, um ein Düngen vermeiden zu können.

Abb. 2 Spielplatz, der sicher in einem Wohngebiet liegt

Unfälle verhüten im Straßenverkehr

- Seien Sie ein Vorbild und verhalten Sie sich nach den Regeln der Straßenverkehrsordnung. Überqueren Sie die Straße über den Fußgängerüberweg oder machen Sie an der Bordsteinkante Halt. Schauen Sie nach links und rechts.
- Laufen Sie mit Ihrem Kind den Schulweg ab. Weisen Sie es auf Gefahren hin.
- Lassen Sie Kinder bis zum 10. Lebensjahr mit dem Rad auf dem Fußweg fahren.
- Gehen Sie auf die Perspektive, das Wahrnehmungsvermögen und die fehlende Gefahrenerkennung von Kindern ein.

Unfälle verhüten auf dem Spielplatz

- Überprüfen Sie im Vorfeld den Spielplatz auf Sauberkeit und den Zustand der Spielgeräte (z. B. auf herausragende Nägel, scharfe Kanten und Ecken).
- Wählen Sie, wenn möglich, einen Spielplatz aus, der nicht nah an einer Straße liegt (Abb. 2).

3. Versorgung des Haushalts – „Mit Köpfchen eingekauft und gut gegessen"

3.1 Einkauf – „Augen auf beim Warenkauf"

Ein Einkauf muss gut durchdacht und geplant werden. Nur so lassen sich Geld, Zeit und Wege sparen. Denn schnell mal nach der Arbeit etwas einzukaufen bedeutet Stress. Dadurch kommen Dinge wahllos in den Korb oder es werden zusätzliche Lebensmittel eingekauft, die man nicht benötigt.

3.1.1 Tipps für den Einkauf

Mit einem geplanten Einkauf können Sie Geld, Zeit und Wege sparen.

Mit den nachfolgenden Tipps können Sie einen entspannten Einkauf erleben.

- Holen Sie sich Informationen über Werbung ein und vergleichen Sie Preise.
- Gehen Sie niemals hungrig einkaufen, denn so kaufen Sie eventuell Dinge, die Sie gar nicht kaufen wollten.
- Schreiben Sie immer einen Einkaufszettel.
- Achten Sie auf das Mindesthaltbarkeitsdatum und das Zutatenverzeichnis.
- Kaufen Sie Saisonware, z. B. Erdbeeren im Juni/Juli und nicht im Dezember, die Saisonkalender helfen Ihnen dabei.
- Achten Sie auf preisgünstigere Ware, die in den unteren Regalen liegt.
- Überprüfen und vergleichen Sie die Qualität der Waren, kaufen Sie z. B. keine verbeulten Konserven oder Obst mit Druckstellen.
- Vermeiden Sie aufwändige Verpackungen, diese belasten die Umwelt und können die Produkte unnötig teuer machen.
- Heben Sie die Quittungen für eventuelle Reklamationen auf.

Mindesthaltbarkeitsdatum ► S. 302
Saisonkalender ► S. 306

Abb. 1 TÜV-Siegel

Reinigungsmittel ▸ S. 318

Weitere Informationen finden Sie unter:
www.blauer-engel.de
www.din.de
www.vdtuev.de

Abb. 2 Blauer Engel

Da es eine für den einzelnen Kunden unüberschaubare Auswahl an Produkten (z. B. Lebensmittel, elektrische Geräte, Reinigungsmittel und Kleidung) gibt, hat der Gesetzgeber zum Schutz der Verbraucher Verordnungen für den Verkauf erlassen. Diese Vorschriften verpflichten Hersteller bzw. den Händler, die für eine Kaufentscheidung notwendigen Informationen über die Produkte zu kennzeichnen.
Solche Verordnungen sind z. B.

- die **Lebensmittelkennzeichnungsverordnung** (Zutaten, Mengen, Abb. 3)
- die **Preisangabenverordnung** (Auspreisen der Produkte, d. h. der Grundpreis in Kilogramm oder Liter und der Endpreis),
- das **Textilkennzeichnungsgesetz** (Kennzeichnung der verwendeten Rohstoffe in der Kleidung) und
- die **Gefahrstoffverordnung** (z. B. Gefahrensymbole auf Etiketten von Reinigungsmitteln).

Neben den Verordnungen können sich Verbraucher zusätzlich an Gütezeichen, den sogenannten freiwilligen Angaben des Herstellers, orientieren. Dazu zählen unter anderem: Pflegesymbole in Kleidung, DIN (Siegel des Deutschen Instituts für Normung), GS (Siegel Geprüfte Sicherheit), TÜV (Siegel des Technischen Überwachungsvereins, Abb. 1), Blauer Engel (Abb. 2) und das Umweltgütezeichen.

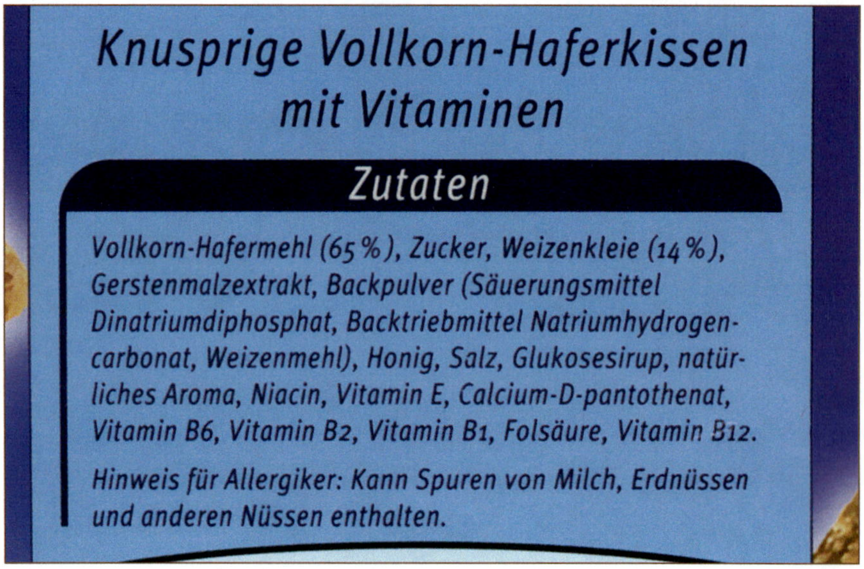

Abb. 3 Zutatenliste auf der Verpackung

§ Schreiben die Hersteller auf ihren Verpackungen z. B. „fettarm“ oder „reich an Vitaminen“, sind das nährstoffbezogene Angaben. Seit 2007 sind Hersteller laut EU- Verordnung verpflichtet, eine Nährwerttabelle anzugeben.
Außerdem müssen sie seit 2005 auf allen verpackten Waren die zwölf häufigsten Allergieauslöser vermerken, z. B. Eier, Soja, Milch, Nüsse, Fisch, Krebstiere oder glutenhaltige Getreideprodukte.

Beim Verkauf von losen Waren (z. B. Gemüse) müssen folgende Angaben kenntlich gemacht werden:

- Name des Lebensmittels
- Herkunftsland
- Güteklasse nach EU-Qualitätsnorm
- Preis pro Grundmenge (z. B. Kilo, Stück, Liter)

3.1.2 Einkaufsmöglichkeiten

Die Entscheidung, wo Sie am besten einkaufen, ist von verschiedenen Faktoren abhängig. Leben Sie z. B. auf dem Land, gibt es wenige Möglichkeiten, große Warenhäuser aufzusuchen. Wohnen Sie aber in der Stadt, ist es viel aufwändiger, frische einheimische Produkte direkt vom Erzeuger zu erwerben. Die nachfolgende Tabelle zeigt einige Einkaufsmöglichkeiten mit ihren Vor- und Nachteilen.

Einkaufsmöglichkeiten	Vorteil	Nachteil
Fachgeschäfte (z. B. Fleischer, Bäcker, Elektroartikel)	Spezialisierung auf eine Produktgruppe mit einer großen Auswahl. Bedienung vom Fachpersonal, umfangreiche Beratung, hohe Qualität, Reparaturservice ist möglich.	Die Produkte sind teurer im Vergleich zu Produkten im Supermarkt oder Discounter.
Fachmärkte (z. B. Baumarkt, Möbelmarkt)	Die Auswahl der Produktgruppen ist sehr groß. Die Produkte sind eher günstig.	Wenig Beratung und Service, wenig Fachpersonal.
Direktkauf bzw. Kaufen beim Erzeuger (z. B. Eier, Honig, Obst)	Sehr frische Ware. Oft biologischer Anbau bzw. artgerechte Haltung der Tiere.	Sie befinden sich meist auf Dörfern oder in Kleinstädten, deshalb größere Anfahrtswege.
Warenhäuser (z. B. Uhren, Schmuck, Lebensmittel, Elektro- und Sportartikel)	Auf verschiedenen Etagen befinden sich die Produktgruppen; Gastronomie und z. T. Kinderbetreuung wird angeboten.	Wenig Beratung und Service. Die Produkte können eher teuer sein. Sind meist in Großstädten zu finden.
Discounter	Bieten ein sehr großes Sortiment an Lebensmitteln. Die Produkte sind sehr günstig. Die Präsentation der Produkte ist zweckmäßig.	Kaum Beratung, Service und Fachpersonal.
Supermärkte	Bieten neben Lebensmitteln noch Haushaltswaren, Kosmetik und Blumen an.	Wenig Beratung, Service und Fachpersonal.
Katalog-Versandhandel (z. B. Kleidung, Möbel, elektrische Geräte)	Sehr bequem (die Ware wird von zu Hause bestellt und angeliefert), großes Sortiment, Ratenzahlung möglich.	Bei Ratenzahlung können Sie den Überblick verlieren und sich überschulden. Keine Beratung, es kann zu Lieferverzögerungen kommen. Zusätzliche Versandkosten.
Internet-Versandhandel	Sehr bequem (Preisvergleiche können direkt von zu Hause durchgeführt werden, Ware kann bestellt werden und wird angeliefert).	Kein Vor-Ort-Service, keine Beratung, evtl. Probleme im Zahlungsverkehr (Missbrauch) und bei der Lieferung. Zusätzliche Versandkosten.

3.1.3 Einkaufen mit Kindern

Beachten Sie die nachfolgenden Hinweise für das Einkaufen mit Kindern:

- Bevor es zum Einkaufen geht, lassen Sie das Kind die Toilette aufsuchen.
- Vereinbaren Sie mit Ihrem Kind Regeln, z. B. dass es sich genau eine Kleinigkeit aussuchen darf und nicht mehr. Während des Einkaufens sollten Sie dann konsequent bleiben.
- Wählen Sie einen Wochentag und eine Uhrzeit für aus, wo weniger Menschen einkaufen (z. B. am Morgen oder in der Wochenmitte). Somit wird der Einkauf entspannter.
- Führen Sie Groß- oder Monatseinkäufe möglichst allein durch.
- Achten Sie darauf, dass bei Kindern beliebte Waren (z. B. Süßigkeiten, Spielwaren oder Zeitschriften) in den unteren Regalen oder im Kassenbereich zu finden sind.
- Beziehen Sie Kinder durch kleine Aufgaben mit in den Einkauf ein, sie können z. B. bestimmte Lebensmittel holen oder den Einkaufswagen schieben.
- Benutzen Sie zum Bezahlen eine süßigkeitenfreie Kasse.

3.2. Lagerung von Lebensmitteln – „Ein guter Rat: VorRAT“

3.2.1 Vorratshaltung

Weitere Informationen zur Lebensmittelkennzeichnung unter www.vzs.de

Wer kennt das nicht, es ist keine Zeit zum Einkaufen oder überraschend steht Besuch vor der Tür. In solchen oder anderen Situationen ist jeder froh, einen Vorrat angelegt zu haben. Aber wie lagert man Lebensmittel am besten, ohne dass diese zu schnell verderben? Die Lebensmittelverpackungen geben Auskunft über Lagerdauer und erforderliche Lagerbedingungen.

Abb. 1 Verpackungsaufdrucke weisen auf das Mindesthaltbarkeitsdatum hin.

Grundsätze für das Lagern von Lebensmitteln

- Halten Sie die auf der Verpackung abgedruckten Lagerbedingungen und Lagerdauer (Mindesthaltbarkeitsdatum) unbedingt ein.
- Bewahren Sie Lebensmittel in Vorratsbehältern auf. Die Vorratsbehälter müssen lebensmittelecht, gut verschließbar, leicht zu reinigen und beschriftbar sein.
- Kontrollieren Sie die Vorräte regelmäßig.
- Beachten Sie das Prinzip der Vorratshaltung: „First in, first out“. (Was zuerst reinkam, muss zuerst raus. Das bedeutet, neue Ware wird hinter der alten eingeordnet).
- Lebensmittel aus angebrochenen Verpackungen sollten Sie umfüllen, abdecken und kühl aufbewahren (sonst entwickeln z. B. in Konserven gelagerte Lebensmittel einen Metallgeschmack oder Milchprodukte nehmen schnell den Geschmack von anderen Lebensmitteln an.)

„Weniger ist mehr.“ Auch bei der Vorratshaltung ist das ein Grundsatz.

Bei der Vorratshaltung gibt es einen Grundsatz: „Weniger ist mehr.“ Das heißt, in jedem Haushalt sollte ein Grundsortiment an Lebensmitteln und Getränken vorhanden sein, wie z. B. Mehl, Zucker, Salz, Reis, Nudeln, Hülsenfrüchte, Konserven (Fisch, Gemüse, Obst), Käse, Butter, Wurst, Öl, Milch, Mineralwasser und Fruchtsaft.

Kühlschrank ► S. 303
Vorratsschrank ► S. 304

In vielen Haushalten sind die Lagermöglichkeiten begrenzt. Deshalb sollte schon beim Einrichten der Wohnung auf Platz für einen Vorratsschrank geachtet werden. Um eine optimale Lagerung für einen 4-Personen-Haushalt zu gewährleisten, reichen schon ein Kühlschrank (240 Liter) mit Gefrierfunktion und ein Vorratsschrank für Konserven, Getränke und Trockenprodukte aus.

! Werden Lebensmittel, vor allem Frischprodukte, falsch gelagert, können sich die darin befindlichen Bakterien schneller vermehren. In acht Stunden können so aus einem Bakterium mehr als 16 Millionen Bakterien werden.

3.2.2 Kühlschrank

Ein übersichtlich eingeräumter Kühlschrank hat den Vorteil, dass Sie sofort erkennen, was noch benötigt wird, und dass die Kühlschranktür nur kurz geöffnet bleibt. Damit verbraucht er weniger Energie und dies spart wiederum Kosten.
Die nachfolgende Abbildung zeigt eine mögliche Lagerung im Kühlschrank.

Abb 2. Kühlschrank

Weitere Informationen zur Lebensmittellagerung im Kühlschrank finden Sie unter:
www.kuehlschrank-infos.de
▹ Temperaturzonen
oder unter
www.1000-haushaltstipps.de
▹ Küchentipps
▹ Lebensmittel im Kühlschrank

! Um größere Vitaminverluste zu vermeiden, sollte Obst und Gemüse immer frisch gekauft oder nur kurz gelagert werden. Nicht alle Obst- und Gemüsesorten sind für das kühle Lagern geeignet. Südfrüchte, Äpfel, Erdbeeren, Kartoffeln und Tomaten gehören nicht in den Kühlschrank.

Vitamine ▸ S. 397

Kühlschränke werden meist als Kombination mit Gefrierfunktion im Handel angeboten. Die Gefrierfunktion wird durch die Anzahl der Sterne gekennzeichnet.
*1-Stern-Fach: –6 °C, ca. zwei Tage können Lebensmittel aufgewahrt werden.
**2-Sterne-Fach: –12 °C, ca. eine Woche können Lebensmittel gelagert werden.
***3-Sterne-Fach: –18 °C, Lagerung laut Verpackung möglich.
****4 Sterne-Fach bis –24 °C, Lebensmittel sind mehr als drei Monate lagerfähig.

Besonderheiten bei der Lagerung von Säuglingsnahrung
Grundsätzlich sollte die Säuglingsnahrung immer frisch zubereitet werden. Doch es gibt Situationen, in denen dies nicht möglich ist, z. B. wenn Sie mit einem Baby unterwegs sind. Die Nahrung muss frisch angerührt oder kühl aufbewahrt werden. Angerührte Milchreste dürfen nicht aufgehoben, sondern müssen entsorgt werden.

3.2.3 Vorratsschrank

Der Vorratsschrank wird für das Lagern von Trockenprodukten (wie z. B. Mehl, Nudeln, Reis) sowie Konserven, Milch und Getränke benötigt. Hierfür ist es notwendig, dass die Produkte übersichtlich geordnet, in geeigneten Behältern gelagert und zweimal im Jahr auf das Mindesthaltbarkeitsdatum kontrolliert werden.

Lagerdauer und Mindesthaltbarkeitsdatum von Lebensmitteln
Die Lagerdauer gibt an, wie lange Lebensmittel aufbewahrt werden können, bevor sie ungenießbar sind. Dabei handelt es sich um Erfahrungswerte, die durch Tests bestimmt wurden. Das Mindesthaltbarkeitsdatum auf der Packung gibt detaillierte Auskünfte über die Lagerdauer eines bestimmten Lebensmittels.

Lebensmittel		Kühlschrank	Vorratsschrank	Bei Raumtemperatur	Lagerdauer
Eier		•			20 Tage
Butter		•			1 Monat
Marmelade	(geöffnet)	•			5 Wochen
	(ungeöffnet)		•		2 Jahre
Fleisch, Geflügel		•			1 Tag
Hackfleisch, Fisch		•			sofort verzehren
Wurst	(frisch)	•			2–3 Tage
	(verpackt)	•			3–4 Wochen
Käse, Sahne	(geöffnet)	•			2–3 Tage
	(ungeöffnet)	•			4 Wochen
Jogurt		•			3 Wochen
Tomatenmark, Ketchup	(geöffnet)	•			4 Wochen
	(ungeöffnet)		•		2 Jahre
Fischkonserven	(geöffnet)	•			sofort verzehren
	(ungeöffnet)	•			2 Jahre
Salat		•			2 Tage
Gurke, Paprika, Suppengrün, Zitronen		•			3 Tage
Milch	(geöffnet)	•			2 Tage
	(ungeöffnet)		•		3 Monate
Mehl, Kartoffel- und Maismehl, Zucker, Reis			•		1 Jahr
Kartoffeln, Zwiebeln				•	1 Woche
Brot, Brötchen				•	2 Tage
Konserven			•		2–3 Jahre

Weitere Informationen unter:
www.bundesrecht.juris.de

Das Lagern von Lebensmitteln in der Gemeinschaftsverpflegung wird durch gesetzliche Bestimmungen geregelt. Das fängt bei der Dokumentation der Warenannahme an und hört bei der Rückstellprobe der Speisen auf. Solche Bestimmungen sind z. B. in der Lebensmittelhygieneverordnung sowie DIN 10508 und 10526 verankert.

Kartoffeln sollten kühl und dunkel gelagert werden. Die Keime oder auch grüne Stellen der Kartoffel enthalten eine größere Menge an Solanin. Solanin ist ein natürliches Gift, das Magenbeschwerden, Erbrechen, Herzrhythmusstörungen, Krämpfe und Bewusstlosigkeit auslösen kann. Es ist außerdem auch in grünen, unreifen Tomaten enthalten.

3.3 Techniken der Speisenzubereitung – „Essen hält Leib und Seele zusammen“

3.3.1 Küchentechnische Fachbegriffe

Fachbegriff	Erklärung
Ablöschen	Dem Lebensmittel (z. B. Gemüse) wird beim Bratvorgang heiße Flüssigkeit (z. B. Brühe) unter Rühren zugegeben, um es nach dem Anbraten durchzugaren. Auch bei der Herstellung einer Grundsoße spricht man vom Ablöschen. Mehlschwitze wird mit Flüssigkeit aufgefüllt und gerührt.
Abschrecken	Das heiße und gegarte Lebensmittel (z. B. Nudeln) wird sofort nach dem Garprozess unter kaltem Wasser abgespült.
Auslassen	Durch Wärmezufuhr werden tierische Fette (z. B. Speck) ausgebraten und flüssig.
Binden	Durch Zugabe eines Mehl-Wasser-Gemisches wird das Lebensmittel (z. B. Soße) angedickt.
Blanchieren	Das Lebensmittel (z. B. Brokkoli) wird für 1–2 Minuten gekocht und anschließend mit kaltem Wasser abgeschreckt.
Einweichen	Das Lebensmittel (z. B. getrocknete Pilze) wird roh für einige Stunden in kaltem Wasser eingelegt. Dabei kommt es zur Volumenzunahme.
Fond	Hier spricht man auch von konzentrierter Brühe.
Gratinieren	Die bereits gegarten Lebensmittel werden z. B. mit Käse überbacken.
Karamellisieren	Der Zucker wird in einem Topf erhitzt, dadurch wird er braun.
Legieren	Zur Verfeinerung und Geschmacksverbesserung wird Sahne oder Ei in nicht kochende Lebensmittel eingerührt.
Marinieren	Durch das Einlegen oder Einreiben des Lebensmittels (z. B. Fleisch) mit einer würzigen Flüssigkeit erhält es einen kräftigen Geschmack.
Mehlschwitze	Im Fett angedünstetes Mehl, wird mit heißer Flüssigkeit abgelöscht.
Panieren	Das Lebensmittel (z. B. Fleisch) wird gewürzt, in Ei und dann in Paniermehl gewendet.
Pellen	Die Schale eines Lebensmittels (z. B. Kartoffel) wird fein abgezogen.
Pochieren	Das Lebensmittel (z. B. Fisch) wird bei einer Temperatur unter 100 °C schonend gegart.
Prise	Ist die Menge, die sich zwischen Daumen-, Zeige- und Mittelfinger befindet (z. B. eine Prise Salz).
Quellen	Das Lebensmittel (z. B. Reis) wird roh in kochendes Wasser gegeben und gegart. Dabei kommt es zur Volumenzunahme.
Reduzieren	Das Lebensmittel (z. B. Soße) wird so lange erhitzt, bis die gewünschte Menge an Flüssigkeit aus dem Topf verdampft ist.
Schlagen	Luft wird als Lockerungsmittel unter das Lebensmittel (z. B. Sahne) geschlagen.
Schwenken	Die verzehrfertigen Lebensmittel (z. B. Gemüse) werden mit Butter oder einer Marinade durchmischt.
Sieben	Das Lebensmittel (z. B. Mehl) wird vor der Weiterverarbeitung durch ein Sieb gegeben.
Stocken	Das flüssige Lebensmittel (z. B. Eigelb) wird durch Hitzeeinwirkung, z. B. durch ein Wasserbad, fest.
Stürzen	Das Lebensmittel, das in einer Form gegart wurde, wird als Ganzes herausgenommen (z. B. Pudding).
Unterheben	Die Speise (z. B. Kuchenteig) wird vorsichtig mit einer luftgelockerten Masse, z. B. Eischnee, vermischt.
Wasserbad	Für ein Wasserbad benötigt man zwei Töpfe. Im ersten wird Wasser zum Kochen gebracht. Im zweiten befindet sich das Lebensmittel (z. B. Schokolade). Der zweite Topf wird in den ersten gestellt. Ohne dass das Lebensmittel mit dem kochenden Wasser in Kontakt kommt, wird es geschmolzen, aufgeschlagen oder gestockt.
Wässern	Beim Wässern wird das Lebensmittel in kaltes Wasser gelegt. Dadurch schwemmt man unerwünschte Stoffe aus (z. B. bei Innereien).
Zerlassen	Durch geringe Wärmezufuhr werden feste Lebensmittel (z. B. Butter) flüssig gemacht.

3.3.2 Saisonkalender für Obst und Gemüse

Ernährungsempfehlungen ► S. 391
Vitamine ► S. 397
Mineralstoffe ► S. 397
Ballaststoffe ► S. 396

Obst und Gemüse sollten nach Ernährungsempfehlungen wegen ihrer Vitamine, Mineralstoffe und ihrer Ballaststoffe mehrmals täglich auf den Tisch gelangen. Diese vorteilhaften Inhaltsstoffe sind vor allem in frischem saisonalem Obst und Gemüse zu finden. In der Saison sind die verschiedenen Sorten zudem günstig einzukaufen, da sie nicht über große Strecken aus fernen Ländern transportiert werden müssen. Saisonkalender geben Auskunft, wann Obst und Gemüse Erntezeit hat.

Frisches saisonales Obst und Gemüse hat einen hohen Vitamin-, Mineralstoff- und Ballaststoffgehalt und ist dabei günstig einzukaufen.

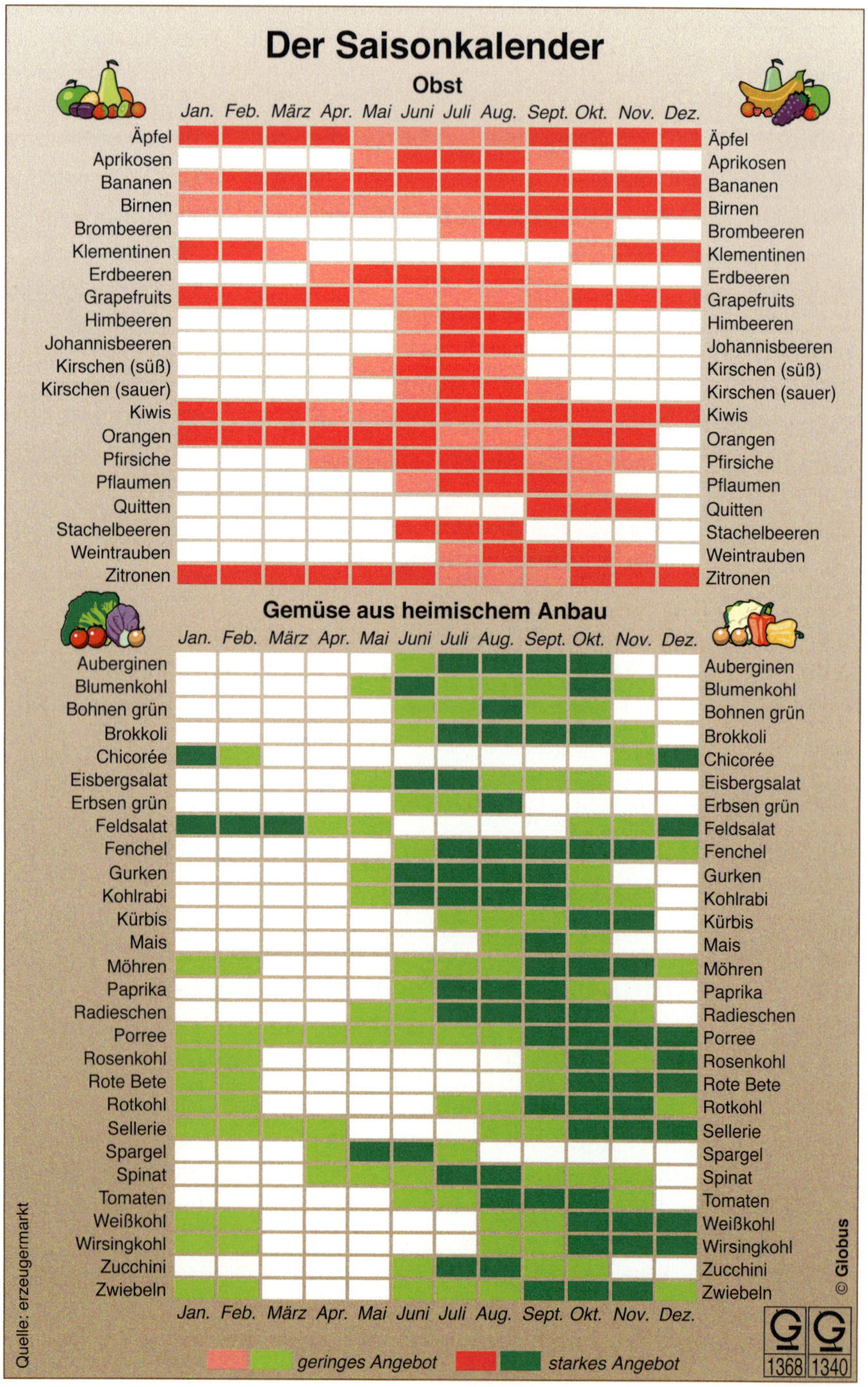

3.3.3 Portionsgrößen

Tabellen mit Portionsgrößen geben darüber Auskunft, welche Menge eines Lebensmittels pro Person beim Zubereiten eines Gerichtes benötigt wird.

Tabellen mit Portionsgrößen helfen bei der Planung eines Gerichtes.

Mengenangaben
Die Menge entspricht einer erwachsenen Person und bezieht sich auf die Rohware. Für die Portionsgröße eines 5-jährigen Kindes berechnen Sie ⅓ der angegebenen Menge, bei einem 10-jährigen Kind ungefähr die Hälfte. Dabei sollten Sie immer auch den Entwicklungsstand des Kindes berücksichtigen.

	Hauptgericht	**Vorsuppe**	
Suppe/Eintopf	500 ml	200 ml	
	Hauptgericht	**Beilage/Snack**	**Suppeneinlage**
Kartoffeln	250 g	200 g	125 g
Reis	100 g	50 g	30 g
Teigwaren	100 g	60 g	30 g
Gemüse	250 g	200 g	125 g
Salat	500 g	150 g	
Pikantes Gebäck	¼ Blech	⅛ Blech	
Fleisch	mit Knochen 150 g	ohne Knochen 125 g	Hackfleisch 100 g
Fisch	mit Kopf 250 g	als Filet 150 g	
Obst	frisch 200 g	Kompott 100 g	
Süßspeise	125 g		

3.3.4 Herstellen von Speisen

Die Herstellung von Speisen verläuft in drei Schritten, der Vorbereitung, der Zubereitung und dem Anrichten.

Vorbereitungsarbeiten
Zu den Vorbereitungsarbeiten gehört das Säubern und Zerkleinern von Lebensmitteln. Dabei spielt die Auswahl der Hilfsmittel eine große Rolle. Schon der Einsatz eines Messers beim Schälen von Gemüse kann große Vitaminverluste bedeuten. Die wertvollsten Vitamine liegen unter der Schale des Gemüses. Das Verwenden eines Sparschälers ist hier zu empfehlen.

Abb. 1 Vitaminverluste bei knackigem Gemüse können verringert werden.

Einige Tipps, wie vor allem Vitaminverluste bei Lebensmitteln verringert werden können:
- Waschen Sie Lebensmittel immer vor dem Putzen.
- Waschen Sie Lebensmittel nur kurz, aber gründlich.
- Zerkleinern Sie die Lebensmittel erst kurz vor dem Garen.
- Lassen Sie die Lebensmittel nicht im Wasser liegen (Wasser schwemmt die wasserlöslichen Vitamine aus).

Putzen ► S. 308

Die Tabelle stellt dar, wie Lebensmittel geschnitten, zerkleinert und so weiterverarbeitet werden, dass im Anschluss die Zubereitung erfolgen kann.

Vorbereitungsarbeiten

Vorbereitungsarbeit	Durchführung	Beispiele
Putzen	Es werden alle nicht verwertbaren Teile der Lebensmittel (z. B. verholzte Schale oder der Wurzelansatz) mit einem Messer entfernt.	Kohlrabi
Waschen	Es werden alle Verunreinigungen am Lebensmittel gründlich entfernt. Empfindliche Lebensmittel werden im stehenden Wasser gewaschen.	Beeren und Salat
Schälen	Unter Verwendung eines Sparschälers wird die Schale vom Lebensmittel entfernt.	Möhre
Schneiden	Um bei diesem Arbeitsschritt die Verletzungsgefahr so gering wie möglich zu halten, muss das Lebensmittel fest auf dem Brett liegen und der sogenannte Krallengriff sollte angewendet werden. Beim Schneiden wird, je nach Zubereitung, das Lebensmittel in Scheiben, Streifen, Stücke oder Würfel geschnitten.	Zwiebel
Hacken	Zunächst wird das Lebensmittel grob mit dem Messer zerschnitten und anschließend mit einem Wiegemesser zerkleinert.	Petersilie
Hobeln	Die Lebensmittel werden in feine Scheiben geschnitten.	Gurke
Raspeln	Durch das Raspeln entstehen aus dem ganzen Lebensmittel feine Streifen.	Möhre
Reiben	Die Lebensmittel werden sehr fein abgerieben. Manche Lebensmittel werden durch Reiben auch vollständig zerkleinert (z. B. Kartoffeln, Äpfel).	Zitrone
Passieren	Die Lebensmittel werden durch ein Sieb gestrichen.	Tomate
Pürieren	Die weichen, gegarten Lebensmittel werden mit einem Pürierstab zu einem Brei verarbeitet.	Kartoffel

Zubereitungsarbeiten
Nachdem die Vorbereitungen abgeschlossen sind, kann die eigentliche Zubereitung beginnen. Damit weitere Qualitätsminderungen so gering wie möglich gehalten werden und man gleichzeitig Energie spart, sollten folgende Kriterien beachtet werden:

- Die Kochtöpfe müssen mit der Kochstelle des Elektroherdes übereinstimmen, der Topfboden muss plan sein. Verwenden Sie immer einen Topfdeckel, um die Energie optimal zu nutzen.
- Wählen Sie ein für das Lebensmittel geeignetes Garverfahren aus.

Die Auswahl des Garverfahrens in der Zubereitung spielt eine wesentliche Rolle, um die Qualitätsminderung gering zu halten.

Die nachfolgende Tabelle gibt eine Übersicht zu den verschiedenen Garverfahren.

Garverfahren	Beschreibung	Ernährungsphysiologische Besonderheiten	Geeignete Lebensmittel
Backen 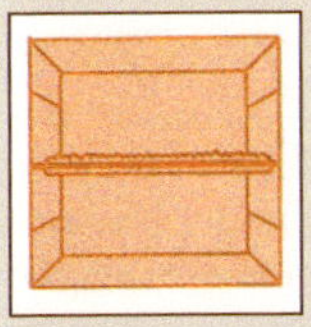	Die Lebensmittel werden in einem Backofen bei einer Temperatur ab 100 °C gegart und erhalten dadurch eine goldgelbe Farbe.	Die Lebensmittel sollten beim Garen keine zu starke Bräunung erhalten. Es besteht ein erhöhtes Risiko einer Krebserkrankung.	Gebäck, Auflauf, Kuchen
Braten in der Pfanne 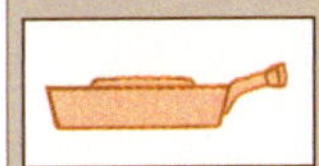	Die Lebensmittel werden mit Zugabe von Fett bei einer Temperatur von ca. 170 °C gegart.	Durch den Verzehr zu stark gebräunter Lebensmittel kann Krebs entstehen. Beim Braten Öle verwenden, weil sie hohe Temperaturen vertragen. Nicht geeignet für Personen, die Magenprobleme haben.	Geflügel, Fisch, Eier, Gemüse, Kartoffeln
Braten im Backofen 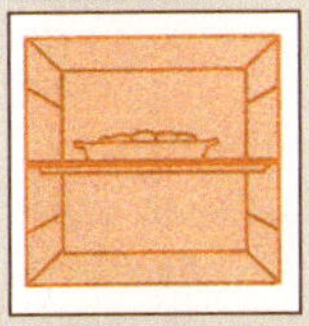	Die Lebensmittel werden mittels Backofen und Zugabe von Fett bei einer Temperatur bis zu 220 °C gegart.	Hier besteht die große Gefahr der Bildung von Acrylamid. Acrylamid steht unter Verdacht, Krebs auszulösen.	Geflügel, Hackbraten, Wild, Fisch
Dämpfen 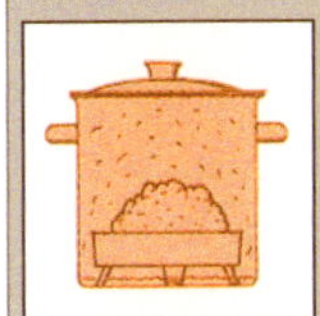	Die Lebensmittel werden durch Wasserdampf bei einer Temperatur von 100 °C gegart.	Vitamine und Mineralstoffe bleiben dem Lebensmittel weitgehend erhalten.	Klöße, Gemüse, Kartoffeln, Hefeklöße
Druckgaren 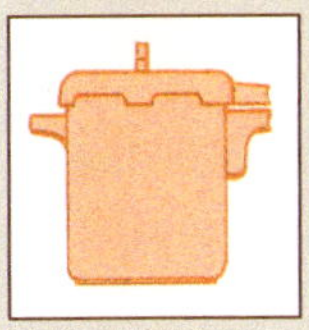	Die Lebensmittel werden unter Druck bei einer Temperatur bis 125 °C gegart.	Auch wenn die Garzeit verkürzt wird, treten Vitaminverluste auf.	Fleisch, Hülsenfrüchte, Geflügel, Kohl

Garverfahren	Beschreibung	Ernährungsphysiologische Besonderheiten	Geeignete Lebensmittel
Dünsten 	Die Lebensmittel werden unter Zugabe von wenig Fett und Flüssigkeit bei einer Temperatur von 100 °C gegart.	Dieses Garverfahren ist schonend zu den Lebensmitteln. Die Ausschwemmung der Vitamine ist gering.	Obst, Gemüse, Fisch, Kartoffeln
Frittieren 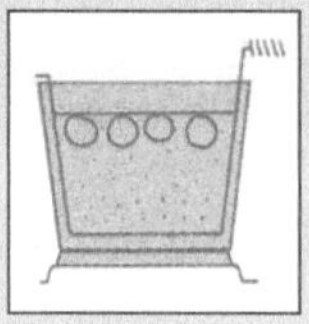	Die Lebensmittel werden mit viel Fett, sodass sie schwimmen, bei einer Temperatur von ca. 175 °C gegart.	Hitzebeständige Öle zum Fritieren verwenden, sonst bilden sich gesundheitsschädliche Stoffe. Fritierte Lebensmittel sind auf Grund des Fettgehaltes sehr kalorienreich.	Fleisch, Kartoffeln, Gemüse, Gebäck, Fisch, Geflügel
Garziehen 	Die Lebensmittel werden mit viel Flüssigkeit bei einer Temperatur von ca. 95 °C gegart.	Es treten große Nährstoffverluste auf, deshalb das Garwasser weiterverwenden.	Klöße, Eier, Fisch, Königberger Klopse
Grillen 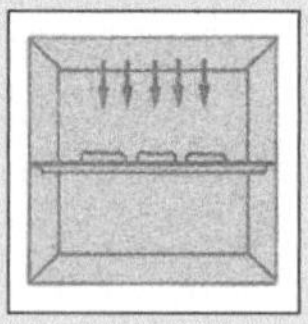	Die Lebensmittel werden mittels Kontakt- oder Strahlungsgrill und Zugabe von wenig Fett bei einer Temperatur von ca. 220 °C gegart.	Kein gepökeltes Fleisch grillen. Das darin befindliche Nitrit verbindet sich durch starkes Erhitzen mit dem Eiweiß zu Nitrosaminen. Dadurch erhöht sich die Gefahr, an Krebs zu erkranken.	Fleisch, Fisch, Gemüse
Kochen 	Die Lebensmittel werden mit viel Flüssigkeit (Lebensmittel sind dabei bedeckt) bei einer Temperatur von 100 °C gegart.	Die Nährstoffe in den Lebensmitteln werden herausgeschwemmt, deshalb das Garwasser weiterverwenden.	Teigwaren, Reis, Hülsenfrüchte, Tafelspitz, Knochen zur Brüheherstellung
Mikrowellengaren 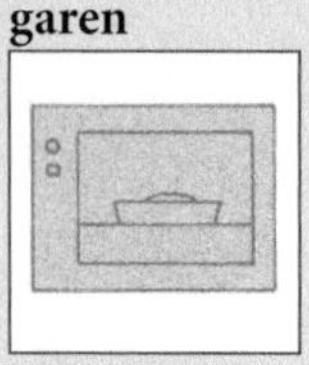	Die Lebensmittel werden mittels elektromagnetischer Wellen von innen nach außen bei einer Temperatur bis 100 °C gegart.	Es treten geringe Nährstoffverluste auf. Zum Wiederaufwärmen der Speisen besonders geeignet.	Fleisch, Gemüse, Kartoffeln, Reis
Schmoren 	Die Lebensmittel werden zunächst bei einer Temperatur von ca. 180 °C in wenig Fett angebraten und anschließend bei einer Temperatur von 100 °C mit wenig Flüssigkeit gegart.	Bei diesem Garverfahren muss darauf geachtet werden, dass die Bräunung nicht zu stark wird. Auch hier besteht Krebsgefahr.	Fleisch, Wild, Kohlrouladen

Anrichten
Nachdem die Speisen zubereitet sind, müssen sie dekorativ für den Tisch auf dem vorgewärmten Teller angerichtet werden, denn das Auge isst auch bei Kindern mit. Auch hier gibt es einige Regeln zu beachten:
- Dekorieren Sie die Speisen mit passenden essbaren Dekorationen.
- Verwenden Sie kindgerechtes Geschirr und Besteck, z. B. mit lustigen Motiven.
- Überfüllen Sie keine Teller oder Schüsseln.

Appetitlich angerichtete Speisen fördern den Genuss beim Essen.

Für die Dekoration kann z. B. verwendet werden:
- geschnitztes bzw. ausgestochenes Obst und Gemüse oder frische Kräuter
- Sahnehäubchen
- Zitronen- oder Orangenscheiben
- Schokoladenstreusel oder Mandelblättchen
- gekochte Eier und geröstete Brotwürfel

Abb. 1–4 Es gibt viele unterschiedliche Möglichkeiten, Speisen dekorativ und kindgerecht auf dem Teller anzurichten.

3.4 Zubereitung von Speisen für Kinder – „Hm…, das schmeckt mir lecker“

Nährstoffe ► S. 395
Geburt ► S. 347
Muttermilch ► S. 355

Wenn das Stillen nicht möglich ist, dann erhält man Säuglingsnahrung in verschiedenen Zusammensetzungen.

Essen gehört zu den Grundbedürfnissen eines jeden Menschen. Durch die darin enthaltenen Nährstoffe halten wir Körperfunktionen aufrecht und stärken uns. Bereits vor der Geburt wird das ungeborene Kind über die Nabelschnur mit allen notwendigen Nährstoffen versorgt. Nach der Geburt erhält das Neugeborene Muttermilch. Diese passt sich den Bedürfnissen des Kindes perfekt an.
Ist das Stillen nicht möglich, wird das Kind mit Säuglingsnahrung versorgt. Dem Alter entsprechend gibt es diese, je nach Zusammensetzung der Inhaltsstoffe, für die verschiedenen Lebensmonate mit der Bezeichnung „Pre“ („Anfangsmilch“ von der Geburt bis zum 4. Monat) bzw. „1 Säuglingsnahrung“ (von der 1. Woche bis zum 4. Monat), „2 Folgemilch“ (ab dem 5. Monat bis zum 7. Monat) und „3 Junior-Folgemilch“ (ab dem 8. Monat).

3.4.1 Zubereitung von Flaschennahrung

Für das Zubereiten einer Flaschennahrung müssen Sie folgendes beachten:
- Verwenden Sie frisches, abgekochtes Leitungswasser oder Mineralwasser, das für die Zubereitung von Säuglingsnahrung geeignet ist.
- Kochen Sie nach jedem Gebrauch die Flaschen, Sauger und den Ring ab.
- Auf allen Verpackungen von Milchnahrung finden Sie eine genaue Zubereitungsanleitung. Halten Sie sich genau daran.

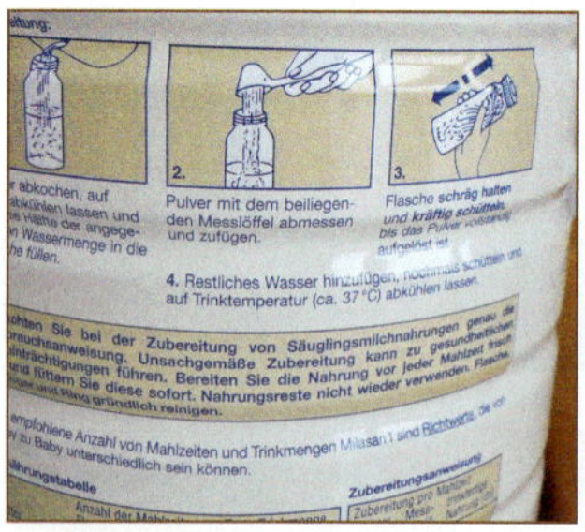

Abb. 1 Die Zubereitungsanleitung von industrieller Säuglingsnahrung finden Sie auf der Packung

Abb. 2 Abgepackte Flaschennahrung ist für verschiedene Altersstufen erhältlich.

3.4.2 Zubereitung von Breien und Kindergerichten

Trinktabelle ► S. 394
Lagerung von Lebensmitteln ► S. 302

Selbstgekochte Mahlzeiten für Kinder sind schnell und preisgünstig herzustellen.

Gewöhnen Sie Ihr Kind „schrittweise“ an feste Nahrung. Geben Sie ab Ende des 4. Monats zur Mittagsmahlzeit 1–2 Löffel Karottenbrei hinzu. Steigern Sie die Menge nach 3 Tagen auf 3–4 Löffel. Nach 2 Wochen können Sie bereits, wie bei der Mittagsmahlzeit beim Frühstück, Brei zugeben. Wenn Ihr Kind das gut verträgt, können Sie die Mittagmahlzeit komplett auf Brei umstellen. Langsam wird auch die Milchflasche am Nachmittag ersetzt. Ab dem 7. Monat können 3 Mahlzeiten aus fester Nahrung bestehen. Eine Mahlzeit sollte weiterhin aus einer Milchnahrung bestehen. Vergessen Sie nie, Ihrem Kind ausreichend Flüssigkeit zu geben.

Selbstgekochte Mahlzeiten sind schnell herzustellen, enthalten weniger künstliche Zusatzstoffe und sind meist günstiger. Zu empfehlen ist, dass das Kind 2–3 Tage lang den gleichen Brei zu essen bekommt. Stellen Sie deshalb mehrere Portionen her und frieren Sie diese in Portionsbecher ein.

Gerichte für Babys und Kleinkinder
Bei den nachfolgenden Rezepten handelt es sich um die benötigten Mengen für eine Portion. Diese können auch abgewandelt werden.

Karotten-Kartoffel-Brei
(5. Monat)

Zutaten:
50 g Kartoffeln (vorwiegend festkochende),
100 g Möhren, 5 g Butter

Kartoffeln und Möhren waschen, schälen und in kleine Stücke schneiden. Anschließend beides für ca. 8–10 min. dämpfen (S. 309).
Nach der Garzeit Gemüse in ein hohes Gefäß füllen und pürieren. Die Butter dazugeben und unterrühren.

Tipp: Die Konsistenz der Mahlzeiten sollte halbflüssiges Püree (Apfelmus, Kartoffelpüree) sein.

Puten-Gemüse-Brei
(6. Monat)

Zutaten:
70 g Kartoffeln (vorwiegend festkochende)
70 g Kohlrabi, 70 g Möhren, 30 g Putenbrustfilet,
5 g Butter, 75 ml Wasser

Gemüse waschen, schälen und in kleine Stücke schneiden. Putenbrustfilet waschen und abtupfen. Butter in einem Topf zerlassen, Putenbrustfilet darin kurz andünsten (S. 310) und auf einen Teller legen. Anschließend Gemüse andünsten, Brustfilet wieder dazugeben und mit Wasser ablöschen (S. 305). Für ca. 10 min. kochen lassen. Alles in ein hohes Gefäß füllen und pürieren.

Tipp: Faserreiche Lebensmittel wie Kohlrabi können püriert für Breie verwendet werden.

Grießbrei mit Apfel
(7. Monat)

Zutaten:
125 g Apfel (z. B. Golden Delicious),
25 g Grieß, 100 ml Milch, 5 g Butter

Apfel waschen, schälen, in Spalten schneiden und anschließend 4 min. dämpfen (S. 309). Apfelspalten in ein hohes Gefäß geben und pürieren. Milch in einen Topf geben, zum Kochen bringen und Grieß hineingeben. Für ca. 5 min. ausquellen (S. 305) lassen. Alles in einer Schüssel vermengen und mit Butter verfeinern.

Tipp: Sie können Ihrem Kind zum Brei auch Fingerfood in Form vom einem Stück Banane oder Milchbrötchen anbieten.

Zwieback- Bananenbrei
(8. Monat)

Zutaten:
75 ml heißen Tee, 20 g Zwieback (2 Stück)
75 g Banane

Zwieback auf einen tiefen Teller geben und mit dem Tee übergießen. Banane zerdrücken, zu dem aufgeweichten Zwieback geben und vermengen.

Tipp: Mahlzeiten für kleine Kinder, die noch nicht so gut kauen, können mit der Gabel fein zerdrückt oder in kleine Stücke geschnitten werden.

Milchreis mit Kirschstückchen
(9. Monat)

Zutaten:
ca. 270 ml Milch, 5 g Zucker,
30 g Rundkornreis, 50 g Tiefkühlkirschen

Milch mit Zucker zum Kochen bringen. Reis hinzugeben, umrühren und bei kleiner Hitze ca. 40 min. ausquellen (S. 305) lassen. Ab und zu umrühren. Kirschen auftauen lassen, pürieren und über den Milchreis geben.

Kartoffelbrei, Spinat und Rührei
(10. Monat)

Zutaten:
80 g Kartoffeln (vorwiegend festkochende),
100 ml Milch, ½ Tl Butter
80 g Spinat, 1 Tl Sahne, 1 Ei

Kartoffeln waschen, schälen und 8–10 min. dämpfen. Die Hälfte der Butter in einem Topf zerlassen und Spinat darin andünsten (S. 310). Sahne dazugeben und ca. 3 min. kochen lassen. Kartoffeln durch eine Kartoffelpresse drücken, Milch und den Rest der Butter hinzugeben und verrühren. Das Ei verquirlen, in eine beschichtete Pfanne geben und unter Rühren zum Stocken (S. 305) bringen.

Tipp: Die Mahlzeiten können auch grob mit der Gabel zerdrückt werden.

Gemüsereis mit Geflügelgeschnetzeltem
(12. Monat)

Zutaten:
20 g Reis, 90 ml Wasser, 50 g TK-Suppengemüse,
1 Tl Butter, 50 g Geflügelfleisch, 5 g Mehl, 90 ml Brühe

Die Hälfte der Butter zerlassen, Reis dazugeben, andünsten (S. 310), mit Wasser ablöschen (S. 305) und ca. 10 min. kochen. Suppengemüse hinzugeben und weitere 10 min. kochen lassen. Fleisch waschen, in kleine Stücke schneiden, Rest der Butter zerlassen, kurz anbraten und auf einen Teller legen. Mit Mehl und Brühe eine Mehlschwitze (S. 305) herstellen. Fleisch dazugeben und ca. 5 min. durchgaren.

Tipp: Kochen Sie für Kinder keine schwer verdaulichen Speisen und verwenden Sie Fett sparsam.

Nudeln mit Bolognese-Soße
(11. Monat)

Zutaten:
40 g Nudeln, 500 ml Wasser, 25 g Möhre, 25 g Sellerie,
50 g Hackfleisch, 100 ml passierte Tomaten, 1 Tl Öl

Nudeln im kochendem Wasser ca. 8–10 min. quellen (S. 305) lassen. Gemüse waschen, schälen und in kleine Würfel schneiden. Öl erhitzen, Gemüse darin andünsten. Hackfleisch dazugeben und kurz anbraten. Anschließend mit passierten Tomaten ablöschen (S. 305) und 10 min. kochen lassen.

Tipp: Kinder können die gleichen Speisen essen wie alle anderen. Vorsichtig würzen.

Weitere Rezepte für Babys
und Kleinkinder finden Sie im Buch
„Kochen für Babys – das erste Jahr" vom GU Verlag.

3.5 Hygienische Anforderungen an die Speisenzubereitung – „Kein Haar in der Suppe"

Lebensmittelhygiene

Haare in der Suppe oder Schimmelpilze im Brot sind wohl für niemanden eine angenehme Vorstellung. Darüber hinaus können verunreinigte bzw. verdorbene Lebensmittel sogar Gifte bilden und schwere Erkrankungen auslösen. Das Bundesinstitut für Risikobewertung berichtet, dass in Deutschland in jedem Jahr etwa 200 000 Erkrankungen durch verdorbene Lebensmittel bekannt werden. Besonders Säuglinge, Kleinkinder und alte Menschen sind gefährdet. Durch Hygienestandards konnten die Risiken in der industriellen Verarbeitung von Lebensmitteln vermindert werden. Auch die Lagerung und die Zubereitung tierischer Produkte ist risikobehaftet. Sie können dazu beitragen, die Gefahr, an Lebensmittelvergiftungen zu erkranken, weitgehend zu minimieren, indem Sie sich im Umgang und bei der Zubereitung von Lebensmitteln an folgende Vorschriften und Regeln halten:

Durch Lebensmittelhygiene lassen sich viele Krankheiten vermeiden.

Hygienevorschriften für Lebensmittel

1. Die Anlieferung von Speisen aus einer Zentralküche muss in geschlossenen Behältern erfolgen.
2. Es werden nur Lebensmittel in einwandfreier Qualität gekauft und verwendet.
3. Lassen Sie rohes Fleisch oder ungewaschenes Gemüse nicht mit verzehrfertigen Lebensmitteln in Berührung kommen.
4. Schneiden Sie keinen Salat auf dem Brett, das Sie gerade für Geflügel benutzt haben.
5. Entsorgen Sie Auftauwasser von Fleisch oder Geflügel sofort, lassen Sie es nicht mit anderen Lebensmitteln in Berührung kommen.
6. Bewahren Sie leicht verderbliche Lebensmittel immer gekühlt auf (Abb. 1).
7. Halten Sie Speisen nur kurze Zeit und nicht unter 65 °C warm.
8. Warme Speisen dürfen nicht längere Zeit (über 3 Stunden) aufbewahrt werden, sondern müssen bei Bedarf im Kühlschrank zwischengelagert werden.
9. Nehmen Sie gekühlte Lebensmittel erst kurz vor dem Verzehr aus dem Kühlschrank.
10. Frieren Sie angetaute Lebensmittel, insbesondere Eiscreme, nicht wieder ein.
11. Decken Sie Speisen immer ab (Abb. 2).

Abb. 1 Kühlkammer

Abb. 2 Abdecken der Lebensmittel mit Folie

Vorschriften zur Personalhygiene

- Halten Sie Ihren Körper und Ihre Haare sauber.
- Verwenden Sie täglich frische Kleidung, Geschirrtücher und Vorbinder.
- Tragen Sie bei der Arbeit in einer Großküche immer eine Kopfbedeckung.
- Halten Sie Ihre Fingernägel sauber und kurz geschnitten.
- Legen Sie vor Arbeitsbeginn in der Großküche Handschmuck und Armbanduhr ab.
- Rauchen Sie nicht in der Nähe der Lebensmittel. Rauch oder Asche in den Lebensmitteln ist gesundheitsschädlich.
- Waschen Sie vor Arbeitsbeginn, nach jedem Toilettenbesuch, nach dem Husten und Niesen die Hände.

4. Haushaltspflege – „Alles muss sauber sein“

4.1 Grundlagen der Haushaltshygiene – „Nicht nur sauber, sondern rein?“

Reinigungsverfahren ► S. 319
Desinfektion ► S. 382
Sterilisation ► S. 382

Um hygienisch zu leben und gesund zu bleiben, genügen für den Privathaushalt die üblichen Reinigungsmaßnahmen. Spezielle Maßnahmen zur Vorbeugung von Krankheiten, insbesondere Maßnahmen der Desinfektion und Sterilisation, sind nur in Krankenhäusern oder Gemeinschaftseinrichtungen notwendig.

Allergien ► S. 410
Erreger ► S. 403

Im normalen Haushalt bedeuten Hygiene und Sauberkeit nicht, dass die Wohnung keimfrei sein muss. Desinfektionsmittel sind im Haushalt nicht nötig. Nur in seltenen Ausnahmefällen kann der Arzt bei gesundheitlichen Problemen entsprechende Produkte empfehlen. Auch Kombinationspräparate zum Reinigen und Desinfizieren sind nicht sinnvoll. Mehr Sauberkeit bringen sie nicht und als Desinfektionsmittel wirken sie nicht ausreichend. Staatliche Gesundheitsbehörden warnen übrigens vor Reinigungsmitteln mit „antibakteriellen“ oder „antimikrobiellen“ Zusätzen. Diese stehen im Verdacht, Allergien auszulösen oder sogar die Entstehung besonders widerstandsfähiger Erreger zu begünstigen.

4.2 Haushaltsreinigung – „Reinigen nach Plan“

4.2.1 Reinigungsarbeiten

Im Schmutz fühlen sich Bakterien sehr wohl und haben ideale Lebensbedingungen. Das kann zu Krankheiten führen und Allergien auslösen. Durch eine regelmäßige Reinigung Ihrer Wohnung beugen Sie dem vor und erhalten Ihre Gesundheit. Außerdem fühlen Sie und Ihre Gäste sich sicherlich in einer sauberen, aufgeräumten Wohnung viel wohler als in Schmutz, Staub und Dreck.

Bakterien ► S. 403

Reinigungsarten

Eine Reinigung erfolgt täglich, wöchentlich oder in noch größeren Abständen. Man unterscheidet in Sicht-, Unterhalts- und Grundreinigung. Wenn Sie Reinigungsarbeiten in Wohnheimen oder fremden Haushalten durchführen, sollten Sie immer auf die Bedürfnisse der dort lebenden Menschen eingehen.

Reinigungsarten werden in Sicht-, Unterhalts- und Grundreinigung unterschieden.

Sichtreinigung	Unterhaltsreinigung	Grundreinigung

Es handelt sich vorwiegend um Aufräumarbeiten von Dingen, die Sie sehen. Die Sichtreinigung wird dann erledigt, wenn sie anfällt, mehrmals in der Woche, täglich oder mehrmals täglich. Dazu gehören Tätigkeiten wie z. B. • Gegenstände oder Geschirr wegräumen, • Oberflächen (z. B. Tisch) abwischen, • Müllbehälter entleeren, • Betten machen, • verwelkte Blumenblätter beseitigen oder • Spinnweben entfernen.	Hier handelt es sich um alle Aufräum- und Reinigungsarbeiten, die im Alltag wiederkehren und meist einmal in der Woche erledigt werden sollten, z. B. • Staub saugen, • Wäsche bügeln, • Staub wischen, • Fußböden reinigen, • Kühlschrank auf verdorbene Lebensmittel kontrollieren und auswischen, • WC, Waschbecken, Dusche /Badewanne reinigen oder • Schuhe putzen.	Bei der Grundreinigung werden alle Einrichtungsgegenstände und Geräte intensiv gereinigt. Diese Reinigungsart benötigt viel Zeit und wird deshalb in größeren Abständen (z. B. 2- bis 3-mal im Jahr) durchgeführt, wie z. B. • Reinigung von Geräten wie E-Herd, Geschirrspülmaschine, • Fenster- und Türenreinigung, • Abtauen des Gefrierschrankes, • Schränke innen und außen reinigen, aussortieren und wieder einräumen.

Nehmen Sie sich fünf Minuten Zeit, um alles für die Reinigung Ihrer Wohnung vorzubereiten. Räumen Sie alle Flächen frei, die abgewischt, gereinigt oder gesaugt werden müssen. Tragen Sie alles zusammen, was Sie zum Reinigen benötigen, damit Sie nicht immer wieder loslaufen müssen, um z. B. den vergessenen Lappen zu suchen.

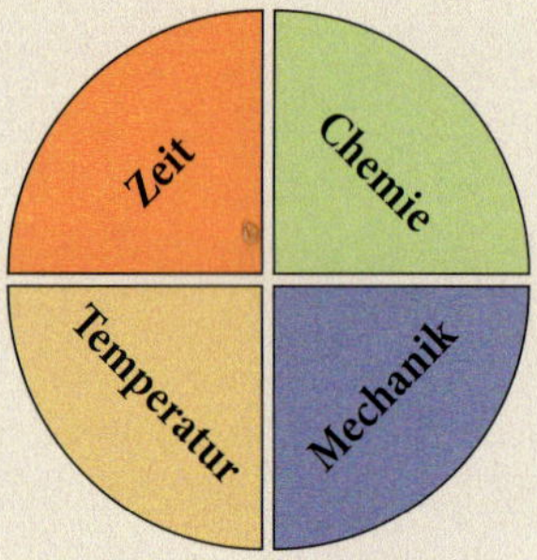

Abb. 1 Reinigungsfaktoren

4.2.2 Reinigungsfaktoren

Zu den Reinigungsfaktoren gehören:
- Mechanik (z. B.: Wie kräftig reinigen Sie mit einem Spülschwamm einen Topf?)
- Chemie (z. B.: Welchen chemischen Reiniger verwenden Sie?)
- Temperatur (z. B.: Wie heiß muss das Wasser sein , mit dem Sie den Boden wischen?)
- Zeit (z. B.: Wie lange müssen Sie ein Reinigungsmittel einwirken lassen?)

Die vier Faktoren sind abhängig voneinander. Wenn Sie z. B. bei der Topfreinigung weniger Reinigungsmittel verwenden, müssen Sie dann mit dem Topfschwamm kräftiger reinigen und mehr Zeit und Kraft (Faktor Zeit und Mechanik) aufbringen. Unter Umständen können dadurch im Topf Kratzer entstehen. Sie können aber auch Kraft sparen, indem Sie sehr verkrustete Verschmutzungen vor dem Reinigen mit heißem Wasser (Faktor Temperatur) für eine Weile einweichen lassen (Faktor Zeit). Informieren Sie sich darüber, welche Reinigungsmittel und Reinigungsgeräte Sie für welche Materialien verwenden können.

Reinigung verschiedener Materialien ► S. 320

4.2.3 Reinigungsmittel

Reinigungsmittel, auch Putzmittel genannt, sind Stoffe zur Reinigung verschiedener Gegenstände und Objekte. Bei vielen Verschmutzungen, z. B. bei Bratenfett in einer Pfanne, ist die Zugabe von Reinigungsmitteln (z. B. Geschirrspülmittel) unumgänglich, um die Verschmutzung (z. B. das Bratenfett) zu lösen. Um das richtige Reinigungsmittel einzusetzen, müssen Sie die Art des Schmutzes oder Flecks bestimmen. Verschmutzungen können Sie mit verschiedenen Reinigungsverfahren beseitigen.

Reinigungsverfahren ► S. 319

Neben den Reinigungsmitteln benötigen Sie Arbeitsgeräte, z. B.:
- Besen, Handfeger, Schaufel, Eimer
- Putzlappen, Schwamm, Bürste
- Wischgerät (z. B. Wischmopp)
- Geschirrtücher, Fensterleder

Umgang mit Reinigungsmitteln
Reinigungsmittel enthalten oft Inhaltsstoffe, die der Gefahrstoffverordnung unterliegen. Deshalb müssen sie mit Gefahrensymbolen gekennzeichnet werden. Die Gebrauchsanweisung gibt Hinweise über Dosierung und Handhabung des Reinigungsmittels sowie über Schutzmaßnahmen, z. B. ob Handschuhe getragen werden sollten oder ob beim Einsatz dieser Reinigungsmittel das Fenster geöffnet werden muss. Bewahren Sie Reinigungsmittel für Kinder unzugänglich auf, da z. B. durch fälschliche Einnahme Vergiftungen auftreten können. Belassen Sie deshalb Ihre Reinigungsmittel auch nur in der Originalverpackung, füllen Sie keinen Reiniger in Getränkeflaschen oder Ähnliches um. Die Gefahr der Verwechslung mit einem Lebensmittel ist groß.

Gefahrensymbole ► S. 296

Abb. 2 Reinigungsmittel mit dem Symbol für reizende Inhaltsstoffe

! Als Alternative für Reinigungsmittel können Sie auch „Hausmittel“ einsetzen. Kalkflecken in Ihrem Bad können Sie z. B. mit Essig oder Zitrone entfernen. Die Fugen von Fliesen bekommen Sie wieder weiß, indem Sie diese mit Zahnbürste und Backpulver behandeln.

Reinigungsverfahren

Die Reinigungsverfahren lassen sich in Trocken-, Feucht- und Nassreinigungsverfahren unterteilen. Diese Verfahren unterscheiden sich in ihrer Anwendung und ihrer Intensität.

Trockenreinigungsverfahren	Feuchtreinigungsverfahren	Nassreinigungsverfahren
Dieses Verfahren wird angewendet, wenn es sich um groben, nicht anhaftenden Schmutz handelt. Für fast alle Oberflächen, auch textiler Art (z. B. Teppich oder Sofa), geeignet.	Dieses Verfahren wird angewendet, um feinen, leicht anhaftenden Schmutz zu beseitigen. Für empfindliche Oberflächen, wie z. B. Parkett, Laminat oder versiegelten Kork, geeignet.	Es handelt sich um ein intensives Reinigungsverfahren, bei dem anhaftender, hartnäckiger Schmutz entfernt wird. Für unempfindliche Oberflächen, wie z. B. PVC- oder Steinböden, geeignet.

Es wird bei diesem Verfahren viel Staub aufgewirbelt.	Der Staub wird bei diesem Verfahren gebunden.	Dieses Verfahren ist sehr gründlich, aber auch sehr arbeits- und zeitintensiv.
Arbeitsgeräte Staubsauger, Besen, Handfeger und Schaufel	**Arbeitsgeräte** Wischgerät, Wischtücher	**Arbeitsgeräte** Eimer, Wischgerät, Wischbezug, Presse, Handfeger und Schaufel
Die Reinigung mit dem Besen wird auf der der Tür gegenüberliegenden Seite begonnen und bewegt sich in Türrichtung. Mit dem Staubsaugen beginnen Sie rechts neben der Tür und arbeiten weiter nach links.	Die Wischtücher dürfen nur leicht feucht sein. Zuerst die Außenkanten des Raumes wischen. In der rechten Raumseite beginnen. Reinigung schlangenförmig zur Mitte des Raumes in Türrichtung fortsetzen, dann die linke Raumseite wischen.	Dieses Verfahren geschieht in zwei Arbeitsgängen. Der erste Arbeitsgang ist das Trockenreinigungsverfahren (z. B. Fegen des Bodens), dann wird der Boden wie beim Feuchtreinigungsverfahren mit nassem Wischbezug (z. B. Lappen) gewischt. Die Feuchtigkeit kann im Anschluss mit einem trockenen Tuch aufgenommen werden.
Vorsicht: Bei empfindlichen Oberflächen kann es zur Kratzerbildung kommen.	Vorsicht: Gefahr bei Verwendung von zu viel Flüssigkeit. Die Oberflächen können aufquellen.	Vorsicht: Fußboden muss gegen Feuchtigkeit unempfindlich sein, vor allem an Kanten und Stößen.

Reinigung von verschiedenen Materialien

Im Haushalt gibt es verschiedene Materialien, wie z. B. Glas, Keramik, Kunststoff, Holz, Metall und Leder. Jeder dieser Werkstoffe stellt an die Reinigung andere Anforderungen. Das ist auf die Oberflächenbeschaffenheit und damit die Empfindlichkeit der Materialien zurückzuführen. Deshalb ist es sehr wichtig, die Reinigungsmittel, Arbeitsgeräte und das Reinigungsverfahren auf das jeweilige Material abzustimmen. Daneben sollten Sie auch den Verschmutzungsgrad berücksichtigen. Die Tabelle auf der nächsten Seite gibt Ihnen dazu eine Übersicht.

Was reinige ich?	Womit reinige ich?	Wie reinige ich?	Besonderheiten
Gläser	Geschirrspülmittel, Spülschwamm, Spültuch, Bürste, fusselfreies Geschirrtuch	Gläser spülen, nachspülen, kurz abtropfen lassen und sofort abtrocknen	Es können Trübungen und Kratzer des Glases entstehen.
Fenster	Allzweckreiniger, Spiritus, Essig, Fensterleder, fusselfreies Geschirrtuch, Fensterabzieher mit Einwascher, Handfeger und Kehrschaufel, Abfalleimer, Eimer mit warmem Wasser, Sicherheitsleiter	Von oben nach unten und von innen nach außen in folgender Reihenfolge reinigen: zuerst abkehren, Rahmen, Scheiben und Fensterbrett, dann Griffe und Scharniere	Fenster können „blind“ werden, wenn diese bei direkter Sonneneinstrahlung gereinigt werden.
Tassen, Teller, Schüsseln aus Keramik	Geschirrspülmittel, Essig, Salz, Spülschwamm, Spültuch, Geschirrtuch	Geschirr spülen, nachspülen, kurz abtropfen lassen und abtrocknen	Gegen Tee- oder Kaffeeränder helfen Essig und Salz.
Waschbecken, Dusche, Badewanne, Toilette, Fliesen	Allzweckreiniger, Scheuermilch, Essig, Salz, Backpulver, Reinigungsschwamm, Allzwecktuch, Geschirrtuch, Zahnbürste	Gegenstände mit Reiniger und Schwamm oder Allzwecktuch abreiben und gründlich nachspülen. Hartnäckige Verschmutzungen mit Zahnbürste beseitigen	Bei hartnäckigem Schmutz Scheuermilch verwenden. Kalkränder behandeln Sie mit Essig und Salz.
Schüsseln, Vorratsdosen aus Kunststoff	Geschirrspülmittel, Allzweckreiniger, Spültuch, Spülschwamm, Geschirrtuch	Gegenstände spülen, nachspülen und anschließend abtrocknen	Für die Reinigung kein Scheuermittel verwenden
Pfannen (beschichtet, z. B. mit Teflon)	Geschirrspülmittel, dunkles Geschirrtuch, Spültuch, evtl. Holzspieß o. Wattestäbchen	Gegenstände abwaschen, nachspülen, kurz abtropfen lassen und abtrocknen. Ecken und Stiel mit Holzspieß oder Wattestäbchen reinigen	Keine kratzenden Reiniger verwenden. Beschichtung ist nicht kratzfest. Beschädigungen sind gesundheitsschädlich.
Holzbrettchen	Geschirrspülmittel, Allzweckreiniger, Scheuermittel, Bürste, Spültuch, Geschirrtuch	Bretter abwaschen, Verschmutzungen mit Bürste und Scheuermittel entfernen, nachspülen und abtrocknen. Anschließend Bretter an der Luft trocknen lassen	Bretter nur mit der Hand spülen und nicht im Wasser liegen lassen. Sie quellen sonst auf. Trocknen an einer Heizung kann das Holz spalten.
Möbel, poliert, aus Holz	Möbelpflegemittel, Bienenwachs, Staubtuch, weiches Allzwecktuch, weiches Poliertuch	Gegenstände abstauben, Möbelpflegemittel auf das Allzwecktuch geben und mit der Maserung auftragen. Mit Poliertuch polieren	Für die Reinigung von Holzmöbeln möglichst kein Wasser verwenden, damit das Holz nicht quillt
Kochgeschirr, Besteck aus Edelstahl	Geschirrspülmittel, Scheuermilch, Spültuch, weicher Topfschwamm, dunkles Geschirrtuch	Gegenstände spülen, bei Bedarf mit Scheuermilch abreiben, nachspülen, kurz abtropfen lassen und sofort abtrocknen. Edelstahl bekommt sonst Flecken.	Edelstahl mit der Bezeichnung 18/10 ist spülmaschinengeeignet. Bei Verkrustungen Gegenstände einweichen. Kein Scheuerpulver oder grobe Topfschwämme verwenden

4.3 Haushalte mit besonderen hygienischen Anforderungen – „Wenn Struppi mit dabei ist ...“

4.3.1 Sauberkeit und Hygiene in Heimen

In Heimen wie z. B. Kinderheimen, gibt es generelle Vorschriften in Bezug auf Hygiene, die in den Hygieneplänen der jeweiligen Einrichtung festgehalten sind. Einige generelle Aussagen zu Sauberkeit können in Bezug auf Sozialräume, Geräte, Sanitärräume und den Umgang mit Tieren gemacht werden.

Kinderheime ► S. 294
Hygienepläne ► S. 383

Hygiene der Sozialräume
In Gemeinschaftsräumen, im Essenraum, Fernsehraum oder Sportraum genügt eine wöchentliche Grundreinigung.

Grundreinigung ► S. 317

Hygiene von Geräten und Hilfsmitteln
Gemeinsam benutzte Materialien oder Geräte, wie z. B. Waschschüssel, Kinder-WC-Sitz oder Töpfchen sollten nach Benutzung mit Flächendesinfektionsmittel gereinigt bzw. abgewischt werden.

Hygiene in Sanitärräumen
Zu den Sanitärräumen zählen Bäder, Duschen und Toiletten. Die Feuchtigkeit ist hier deutlich höher als im Wohnbereich, damit erhöht sich auch die Keimzahl. Besonders auf Resten von Waschwasser, Speichel, Zahnpastaspuren und Seifenstücken vermehren sich die Krankheitserreger schnell. Toilettenbecken und Toilettenbürste sind stark mit Darmbakterien belastet. Normalerweise reicht eine tägliche Reinigung mit Sanitärreiniger aus. Wenn die Toilette von mehreren Kindern benutzt wird bzw. im Falle einer Magen-Darm-Infektion kann eine routinemäßige Desinfektion des Sanitärbereichs angeordnet werden. Dann werden nach der Reinigung auch die Wischtücher desinfizierend bei mindestens 60 °C gewaschen.

Desinfektion ► S. 382

Hygiene im Umgang mit Tieren
Wenn Tiere in Kindereinrichtungen gehalten werden, können sie in sozialer und psychologischer Hinsicht viele Vorteile bringen. Unter den erzieherischen Gesichtspunkten stehen die fürsorgliche Betreuung und Pflege von Tieren sowie die Einbindung in Verantwortung im Vordergrund. Dennoch müssen auch gesundheitliche Aspekte berücksichtigt werden, denn Tiere bergen auch das Risiko für Infektionen oder Allergien. Aus hygienischer Sicht müssen deshalb viele Grundvoraussetzungen geschaffen werden, z. B.:

- unbedingte Sauberkeit der Räume, Fußböden und der Käfige sowie der Trink- und Futterbehälter der Tiere
- regelmäßiges Lüften und feuchtes Wischen der Räume, in denen man Tiere hält
- artgerechte Haltung, regelmäßige Untersuchung und Impfung der Tiere durch den Tierarzt
- Überwachung der Tierpflege durch das Personal der Einrichtung
- gründliche Händehygiene nach dem Umgang mit den Tieren
- Kinder sollten die Tiere nicht küssen

Infektionen ► S. 404
Allergien ► S. 410

Abb. 1 Besonders für Kinder mit emotionalen Auffälligkeiten kann der Kontakt mit Tieren wichtig sein.

In Hygieneplänen in der Kita sind Hygienemaßnahmen festgelegt.

Hygienepläne ► S. 383

4.3.2 Sauberkeit und Hygiene in Kindereinrichtungen

In einer Kindertagesstätte sind bestimmte Verhaltensweisen in Bezug auf Sauberkeit und Hygiene vor allem in den Aufenthaltsräumen und im Sanitärbereich von Bedeutung. In Gemeinschaftseinrichtungen wie einer Kita liegen sogenannte Hygienepläne mit bestimmten Vorgaben vor.

Hygiene in den Aufenthaltsräumen

Läuse ► S. 370

- Reinigen Sie Spiel- und Kuschelecken täglich.
- Versehen Sie Kleiderablage bzw. Kleiderhaken mit personengebundenen Motiven (Abb. 1), um die Übertragung von Läusen zu vermeiden.
- Saugen Sie Teppiche und Polster täglich ab.
- Reinigen und desinfizieren Sie Spielgeräte regelmäßig.
- Wechseln Sie Bettwäsche in Kindereinrichtungen zweimal im Monat und waschen Sie diese bei mindestens 60 °C, um Schmutz und Bakterien zu entfernen.

Abb. 1 Kleiderablage in einer Kita

Bakterien ► S. 403

Hygiene im Sanitärbereich

- Achten Sie darauf, dass keine Stückseifen benutzt werden, da sich auf diesen Bakterien vermehren können. Nagelbürsten, Kämme und Handtücher werden nicht gemeinschaftlich benutzt.
- Führen Sie nach Benutzung der Wickelkommode eine Wischdesinfektion durch, da durch Bakterien in Stuhl und Urin Krankheiten übertragen werden können.
- Versehen Sie Zahnbecher und Zahnbürsten mit personengebundenen Motiven (Abb. 2), damit jedes Kind seine eigene Zahnbürste für die Mundpflege benutzt. Tauschen Sie benutzte Zahnbürsten regelmäßig gegen neue aus.

Abb. 2 Zahnputzbecher in einer Kita

Desinfektion ► S. 382

Mundpflege ► S. 375

Sauberkeit und Hygiene in Großküchen

hygienische Anforderungen an die Speisenzubereitung ► S. 315

Neben den hygienischen Anforderungen in der Speisenzubereitung sind folgende Kriterien für die Sauberkeit in Großküchen, sowohl in Kindertagesstätten als auch in Wohnheimen, von Bedeutung:
- Halten Sie Küche, Wirtschaftsräume und Arbeitsmittel sauber (z. B. Krümel im Brotkorb oder Spritzer an Schränken regelmäßig entfernen).
- Entfernen Sie Abfälle mindestens einmal täglich.
- Reinigen Sie Ihren Arbeitsplatz zwischendurch immer wieder, verwenden Sie dafür saubere Wischtücher bzw. Einwegtücher.
- Verwenden Sie in der Küche für die Hände und das Geschirr jeweils verschiedene Hand- bzw. Wischtücher. Lassen Sie die Spül- und Geschirrtücher gut trocknen, in feuchter Wärme vermehren sich Bakterien nämlich besonders schnell.
- Wischen Sie Türklinken, Kontaktflächen und Fußböden täglich nach Arbeitsende feucht. Reinigen und desinfizieren Sie Küchenschränke monatlich.

5. Wäsche- und Textilpflege – „Kleider machen Leute"

Der Wäschekreislauf besteht aus dem Waschen, dem Trocknen, dem Bügeln und dem Legen der Wäsche.

Folgende Arbeiten werden bei der Wäsche- und Textilpflege nacheinander durchgeführt: das Waschen, das Trocknen, das Bügeln und das Legen der Wäsche.

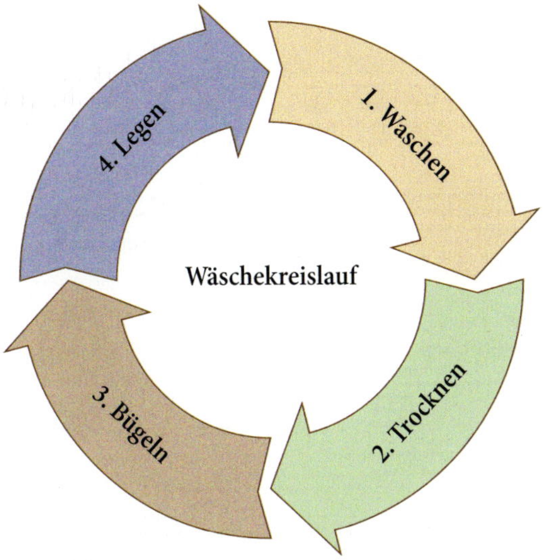

5.1 Waschvorgang – „Sehen statt Übersehen, sonst Nachsehen"

Der Waschvorgang beinhaltet
- das Vorsortieren der Wäsche,
- die Vorbehandlung der Wäsche,
- die Auswahl des Waschmittels und des Waschprogramms.

Vorbehandlung der Wäsche ► S. 324
Auswahl des Waschmittels und des Waschprogramms ► S. 325

5.1.1 Vorsortieren der Wäsche

Ein entscheidender Faktor beim Waschen von Wäsche ist das Vorsortieren. Hier sollten Sie sehr sorgfältig arbeiten, sonst haben Sie zusätzliche Arbeiten zu erledigen.
- Kontrollieren Sie vor dem Waschen immer alle Taschen, damit keine Kleinteile die Waschmaschine zerstören oder Fusseln eines Papiertaschentuches über die gesamte Wäsche verteilt werden.
- Verschließen Sie Knöpfe und Reißverschlüsse der Kleidung, damit keine unnötigen Beschädigungen auftreten. Bei Bettwäsche reicht es, wenn Sie jeden zweiten Knopf schließen und die Wäsche auf links wenden.
- Entkrempeln Sie Ihre Textilien, vor allem die Ärmel und Hosenbeine, damit diese optimal gereinigt werden. Bänder sollten Sie nur locker verknoten.
- Verwenden Sie für kleine oder empfindliche Wäschestücke (z. B. für BHs) einen Wäschesack, damit z. B. keine Bügel aus dem BH die Waschmaschine beschädigen.
- Sortieren Sie die Wäsche nach Hell und Dunkel, um Verfärbungen zu vermeiden. Haben Sie bestimmte Wäschestücke noch nie gewaschen, waschen Sie diese separat, sonst kann die restliche Wäsche verfärben.

Pflegesymbole geben an, wie ein Kleidungsstück gewaschen, getrocknet und gebügelt werden sollte.

Pflegesymbole von Textilien

In allen Kleidungsstücken befinden sich innen am Halsausschnitt oder an der Innennaht eingenähte Etiketten. Darauf sind auch die sogenannten Pflegesymbole abgebildet. Sie können ablesen, wie Ihre Textilien gewaschen, getrocknet und gebügelt werden sollten, damit das Material keinen Schaden nimmt. Außerdem können die Pflegesymbole zu einer Kaufentscheidung beitragen. Darf z. B. eine Bluse nur durch eine spezielle Reinigung gesäubert werden, entstehen zusätzliche Kosten und der Kauf ist nicht ratsam.

Waschen (Waschbottich)	95	95	60	60	40	40	40	30	30	30		
	Normalwaschgang	Schonwaschgang	Normalwaschgang	Schonwaschgang	Normalwaschgang	Schonwaschgang	Spezialschonwaschgang	Normalwaschgang	Schonwaschgang	Spezialschonwaschgang	Handwäsche	nicht waschen

Die Zahlen im Waschbottich entsprechen den maximalen Waschtemperaturen, die nicht überschritten werden dürfen. Der Balken unterhalb des Waschbottichs verlangt nach einer (mechanisch) milderen Behandlung (z.B. Schongang). Er kennzeichnet Waschzyklen, die sich z.B. speziell für pflegeleichte und mechanisch empfindliche Artikel eignen. Der doppelte Balken kennzeichnet Waschzyklen mit weiter minimierter Mechanik, z.B. für Wolle.

Bleichen (Dreieck)	Chlor- und Sauerstoffbleiche zulässig	nur Sauerstoffbleiche zulässig, keine Chlorbleiche	nicht bleichen

Bügeln (Bügeleisen)	heiß bügeln (200 °C)	mäßig heiß bügeln (150 °C)	nicht heiß bügeln (110 °C) Vorsicht beim Bügeln mit Dampf	nicht bügeln

Die Punkte kennzeichnen die Temperaturbereiche der Reglerbügeleisen.

Professionelle Textilreinigung (Reinigungstrommel)	P	P	P	F	F	
	professionelle Textilreinigung normales Verfahren	professionelle Textilreinigung Schonverfahren	professionelle Textilreinigung Spezial-Schonverfahren	professionelle Textilreinigung normales Verfahren	professionelle Textilreinigung Schonverfahren	nicht professionell reinigen

Die Buchstaben sind für den professionellen Textilpfleger bestimmt. Sie geben einen Hinweis auf die in Frage kommenden Lösemittel.
Der Balken unterhalb des Kreises verlangt bei der Reinigung nach einer Beschränkung der mechanischen Beanspruchung, der Feuchtigkeitszugabe und/oder der Temperatur.

Trocknen im Tumbler (Wäschetrockner)	Trocknen im Tumbler möglich, normale Temperatur, normaler Trockenzyklus	Trocknen im Tumbler möglich, niedrige Temperatur, normaler Trockenzyklus	nicht im Tumbler trocknen

Die Punkte kennzeichnen die Trocknungsstufe im Tumbler (Wäschetrockner).

Abb. 1 Übersicht über die Pflegesymbole

5.1.2 Vorbehandlung der Wäsche

Der meiste Schmutz lässt sich zwar durch Waschmittel entfernen, es gibt jedoch auch Flecken auf Kleidungsstücken, die man vor der Wäsche in der Waschmaschine behandeln sollte. Die folgenden Hinweise helfen Ihnen dabei, hartnäckige Flecken zu entfernen:

- Behandeln Sie die Flecken am besten sofort nach dem Missgeschick.
- Anhaftende Flecken können Sie vom Kleidungsstück entfernen, indem Sie diese vorsichtig mit einem Messer abschaben, z. B. Ei.
- Viele Fleckenmittel unterliegen der Gefahrstoffverordnung, weil sie z. B. eine reizende Wirkung haben. Deshalb Vorsicht beim Umgang, lesen Sie die Gebrauchsanweisung sorgfältig.
- Ist ein Einsatz von Fleckenmitteln notwendig, sollten Sie das Fleckenmittel an einer unsichtbaren Stelle (z. B. am Saum) ausprobieren. Dort können Sie eventuelle Farbveränderungen testen.
- Geben Sie das Fleckenmittel nicht direkt auf das Kleidungsstück. Verwenden Sie zum Auftragen ein Tuch und eine Unterlage, auf der das Kleidungsstück liegt.

Gefahrstoffverordnung ► S. 300

Abb. 2 Verschiedene im Handel erhältliche Fleckentferner

Fleckenbehandlung der Wäsche

Art des Fleckes	Behandlung
Blut	Waschen Sie den Fleck sofort mit kaltem Wasser aus.
Butter, Öl, Make-up, Lippenstift	Behandeln Sie diese Flecken mit Gallseife.
Gras	Behandeln Sie Grasflecken mit Spiritus oder Entfärber.
Harz	Geben Sie das Kleidungsstück in heiße Buttermilch und lassen diese einwirken.
Kaugummi	Frieren Sie das Kleidungsstück einige Stunden im Gefrierschrank ein. Anschließend lässt sich der Kaugummi gut abheben.
Kerzenwachs	Legen Sie über die Flecken ein Blatt Löschpapier und bügeln Sie über den Fleck. Das Wachs wird weich und zieht in das Löschpapier.
Klebstoff	Klebstoffflecken entfernen Sie vorsichtig mit Nagellackentferner.
Obst	Behandeln Sie Obstflecken mit Zitronensaft oder warmer Buttermilch.
Rotwein	Geben Sie sofort Salz auf den frischen Rotweinfleck, es zieht die Flüssigkeit aus dem Kleidungsstück.

5.1.3 Auswahl des Waschmittels und des Waschprogramms

Abb. 3 Verschiedene Waschmittel

Waschmittel

Waschmittel werden in flüssiger, gelartiger, pulveriger, gepresster Form (z. B. Tabs) oder als „Perls" im Handel angeboten. Sie enthalten waschaktive Substanzen, die Verunreinigungen in Textilien lösen. Welche Form und welche Art von Waschmittel Sie verwenden, hängt immer von den zu waschenden Kleidungsstücken ab. Waschen Sie z. B. Ihre schwarze Wäsche mit pulverförmigen Waschmitteln, kann es Rückstände des Waschpulvers auf der Wäsche geben. Hier besser ein flüssiges oder gelartiges Waschmittel verwenden. Die wichtigsten Waschmittel sind:

- Vollwaschmittel: Es eignet sich vor allem für weiße oder pastellfarbige Wäsche. Es enthält u.a. optische Aufheller und Bleichmittel. Dadurch erhalten Sie strahlend weiße Wäsche und die Farbe der pastellfarbigen Wäsche wird aufgefrischt.
- Colorwaschmittel: Es wird für Buntwäsche verwendet und frischt die Farben der Wäsche auf. Gegenüber dem Vollwaschmittel enthält es keine optischen Aufheller oder Bleichmittel, so sieht Ihre Buntwäsche nicht alt aus.
- Feinwaschmittel: Dies ist für empfindliche bunte Wäsche geeignet. Es enthält wie Colorwaschmittel keine optischen Aufheller oder Bleichmittel.
- Woll- und Seidenwaschmittel: Diese waschen besonders schonend und enthalten keine Enzyme. Da auch viele Flecken aus Eiweiß bestehen, enthalten Waschmittel normalerweise Enzyme, die Eiweiße angreifen. Wolle und Seide bestehen jedoch auch aus Eiweiß. Enzyme können nicht unterscheiden, ob es sich um einen Fleck oder um Wolle oder Seide handelt.

Informieren Sie sich über den Härtebereich Ihres Wassers beim zuständigen Wasserwerk Ihrer Stadt oder Gemeinde. Danach können Sie das Waschmittel richtig dosieren. Bei hohem Härtegrad des Wassers müssen Sie eventuell zusätzlich einen Enthärter verwenden, der auch die Heizstäbe Ihrer Waschmaschine schont.

Waschmaschine ► S. 326

Eine Zugabe von Weichspüler zum Waschmittel ist nicht unbedingt notwendig. Dieser enthält zwar Duftstoffe, die die Wäsche weich und duftend machen, belastet jedoch durch genau diese Stoffe die Umwelt und kann auch Allergien auslösen.

Allergien ► S. 410

In einer Waschmaschine wird die Wäsche in einer Trommel gewaschen und geschleudert.

Waschmittel ► S. 325

Waschmaschine

Eine Waschmaschine ist ein elektrisches Haushaltsgerät zur Reinigung von Textilien. In Deutschland ist die Trommelwaschmaschine, die durch die Ladeluke von oben (Toplader) oder von vorne (Frontlader) mit Wäsche befüllt wird, am häufigsten zu finden. Das Waschmittel wird in die Waschmittelschublade gegeben. Diese besteht aus drei Kammern. Kammer 1 wird für die Vorwäsche, speziell für bestimmte Fleckenmittel, genutzt. In die Kammer 2 kommt das Waschmittel für die Hauptwäsche. Der Weichspüler oder besondere Wäschestärke werden in die Kammer 3 gefüllt. Diese Kammer erkennen Sie am Symbol mit der Blume.

Abb. 1 Programmwahl an einer Waschmaschine

Pflegesymbole ► S. 324

Bevor der eigentliche Waschvorgang beginnen kann, müssen Sie das Waschprogramm und die Waschtemperatur an der Waschmaschine einstellen. Die Programmwahl der Waschmaschine richtet sich nach dem Verschmutzungsgrad und der Beschaffenheit der Wäsche. Meist reicht das Normalwaschprogramm aus. Im Anschluss an das Waschprogramm wird die Wäsche geschleudert, das heißt, durch schnelles Drehen der Waschtrommel wird überschüssiges Wasser aus den Textilien herauskatapultiert. Die Schleuderumdrehungen pro Minute können Sie auch an der Waschmaschine einstellen, je höher die Schleudergeschwindigkeit, desto weniger feucht ist die Wäsche. Textilien aus Wolle oder anderen empfindlichen Materialien sollten mit weniger Umdrehungen geschleudert werden.

Unter www.waesche-waschen.de finden Sie viele Tipps zum Waschen und ein Waschlexikon.

Allergien ► S. 410

Kinder haben eine sehr empfindliche Haut. Kommen sie oft mit bestimmten Stoffen in Kontakt, können sie Allergien entwickeln. Bei der Wäschepflege für Kinder ist darauf zu achten, dass Sie Waschmittel mit der Aufschrift „Hautverträglichkeit dermatologisch getestet“ und „parfümfrei“ verwenden. Damit wird eine gute Hautverträglichkeit gewährleistet.

5.2 Textilien schrankfertig machen – „Saubere Wäsche und doch nicht anziehfertig ?“

5.2.1 Trocknen von Textilien

Das Trocknen der Wäsche schließt sich unmittelbar an das Waschen an. Dazu gibt es zwei Möglichkeiten: das Aufhängen der Wäsche auf einer Wäscheleine mit Wäscheklammern oder das Trocknen der Wäsche in einem elektrischen Wäschetrockner.

Abb. 2 Wäsche im Wind auf der Leine

Abb. 3 Wäscheständer

Trocknen auf der Wäscheleine
Die idealsten Bedingungen für das Trocknen der Wäsche sind Wärme, Luftzirkulation (Wind) und eine geringe Luftfeuchtigkeit. Diese sind am besten im Sommer im Freien zu finden. Doch nicht jeder hat die Möglichkeit, seine Wäsche draußen auf der Wäscheleine (Abb. 2) aufzuhängen, deshalb muss diese im Trockenraum oder in der Wohnung, z. B. auf einem Wäscheständer (Abb. 3), getrocknet werden. Die Wäsche wird mit Wäscheklammern auf der Leine aufgehängt. Dies ist eher zeit- und arbeitsintensiv, schont aber die Umwelt, da kein Strom verbraucht wird.
Beachten Sie beim Aufhängen Ihrer Wäsche folgende Hinweise:
- Schlagen Sie Ihre Wäsche vor dem Aufhängen aus, somit entstehen weniger Falten und Sie benötigen weniger Zeit beim Bügeln.
- Hängen Sie Ihre Wäsche so auf, dass Sie später die Abdrücke der Klammern kaum sehen, z. B. auf einem Bügel oder am Bund oder Saum.
- Seien Sie großzügig beim Aufhängen, lassen Sie zwischen den Wäschestücken viel Platz, damit die Wäsche schneller trocknen kann.
- Setzen Sie Ihre farbige Wäsche nicht der direkten Sonneneinstrahlung aus, da die Farben sonst verblassen.

Bügeln ► S. 328

! Nehmen Sie Ihre Wäsche von der Leine, wenn diese noch etwas feucht ist, so lässt sie sich leichter bügeln. Die Wäsche sollte dann jedoch sofort gebügelt werden und nicht feucht in einem Wäschekorb bleiben, da sonst Stockflecken entstehen. Lüften Sie Ihre Wohnung gut, wenn Sie die Wäsche auf dem Wäscheständer trocknen.

Trocknen im Wäschetrockner
Ein Wäschetrockner ist ein elektrisches Gerät, das sehr viel Energie verbraucht. Die Luft in der Trocknertrommel wird erwärmt, dadurch kann sie der Wäsche die Feuchtigkeit entziehen. Durch die Verwendung eines Wäschetrockners sind Sie unabhängig vom Wetter.
Beachten Sie beim Trocknen im Wäschetrockner Folgendes:
- Achten Sie auf die Pflegesymbolkennzeichnung, ob Ihre Wäsche für das Trocknen im Wäschetrockner geeignet ist und welches Programm Sie wählen müssen.
- Legen Sie Ihre Wäsche locker in die Trommel. Achten Sie dabei auf das Fassungsvermögen des Wäschetrockners.
- Nehmen Sie die Wäsche nach dem Trocknungsprogramm sofort aus dem Trockner und säubern Sie diesen nach Gebrauchsanweisung von Flusen und anderen Verschmutzungen.

Pflegesymbole ► S. 324

! Es empfiehlt sich, wenn Sie die Wäsche noch bügeln müssen, das Programm „bügelfeucht“ zu wählen, damit ersparen Sie sich das Einsprühen der Wäsche.

Einsprühen der Wäsche ► S. 328

Um Kleidung zu glätten, benötigt man ein Bügeleisen und ein Bügelbrett mit Bezug.

Pflegesymbole ► S. 324

Abb. 1 Hemden im Schrank

5.2.2 Bügeln von Textilien

Das Glätten von Textilien mittels Hitze und Druck nennt man Bügeln oder auch Plätten. Dazu benötigt man ein Bügeleisen und ein Bügelbrett mit einem Bügelbezug. Das Bügeleisen besteht aus einer heizbaren Platte und einem Griff, moderne Dampfbügeleisen besitzen auch einen Wassertank. Die für den jeweiligen Stoff auf dem Pflegesymbol empfohlene Temperatur kann mit einem Wahlschalter eingestellt werden.

Folgende Hinweise für leichteres Bügeln sollten Sie beachten:

- Richten Sie Ihren Bügelplatz so ein, dass Sie ausreichend Licht und Platz haben, um von rechts nach links arbeiten zu können.
- Legen Sie Wäschestücke mit hoher Bügeltemperatur nach unten und die mit niedrigerer nach oben in den Wäschekorb, denn das Bügeleisen heizt sich nach und nach auf.
- Sortieren Sie die Wäsche nach Größe und Form.
- Sprühen Sie die Wäsche mit einer Sprühflasche und warmem Wasser ein. Ziehen Sie sie anschließend in Form oder streichen sie auf dem Bügelbrett glatt.
- Besonders große Wäschestücke (z. B. Bett- oder Tischwäsche) können Sie auch in der Mitte falten und doppelt gelegt bügeln.
- Legen Sie die gebügelten Stellen des Wäschestückes vom Körper weg über das Bügelbrett.
- Nutzen Sie die gesamte Bügelbrettbreite bzw. die Form des Bügelbrettes aus.
- Lassen Sie die gebügelten Wäschestücke auskühlen.

Für schwierige Kleidungsstücke, wie z. B. Hemden oder Blusen, empfiehlt sich folgende Reihenfolge beim Bügeln:

- Bügeln Sie zuerst alle doppelten Stoffteile (Passe, auch Schulterstücke genannt, Kragen, Manschetten, Knopflochleiste und Kopfleiste) zuerst von links, dann von rechts.
- Bügeln Sie anschließend die Ärmel. Bügeln Sie dabei immer vom weiten Ärmelteil zum engen.
- Bügeln Sie zum Schluss die rechte Vorderseite, das Rückenteil und die linke Vorderseite.

5.2.3 Legen von Textilien

Je nach Schrankgröße und Kleidungsstück werden gebügelte Textilien entweder ordentlich zusammengelegt (Abb. 2) oder auf einen Kleiderbügel in den Schrank gehängt (z. B. Hemden, Blusen; Abb. 1).

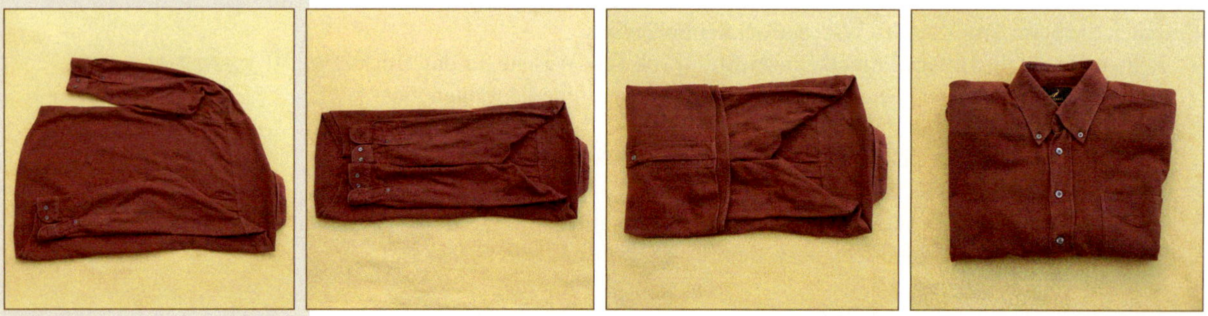

Abb. 2 Zusammenlegen eines Hemdes

6. Umweltbewusstsein – „Auf der Erde sind wir Gäste“

6.1. Umweltgerechtes Verhalten im Haushalt – „Kleine Dinge machen den Unterschied“

Umweltgerechtes Verhalten bedeutet, dass Sie in Ihrem alltäglichen Leben darauf achten, mit gegebenen Ressourcen (z. B. Strom, Wasser) sparsam umzugehen und die Welt, in der Sie leben, nicht zu sehr zu belasten.

Das Bundesministerium für Umwelt, Naturschutz und Reaktorsicherheit informiert über Klimaschutz, Umwelt und Energie unter:

www.bmu.de

Allgemeine Umwelttipps

- beim Neukauf von Elektrogeräten auf die Energieeffizienzklasse achten
- regelmäßiges Abtauen des Kühlschrankes
- Sortieren der Lebensmittel im Kühl- und Gefrierschrank
- bewusst Auto fahren, Fahrgemeinschaften bilden, öffentliche Verkehrsmittel nutzen
- Energiesparlampen verwenden, Standby-Modus unterlassen
- Heizkörper nicht verdecken und Räume nicht überheizen
- Spülstopp beim WC einbauen
- Brotboxen und Trinkflaschen verwenden
- Duschen statt Baden

Umwelttipps bei der Reinigung und Wäschepflege

- Hausmittel verwenden, wie z. B. Essig/ Zitrone zum Entkalken
- Wäsche auf die Leine hängen statt Wäschetrockner verwenden
- Waschtemperatur von 95 °C auf 60 °C senken
- Waschmaschine voll beladen
- Flecken sofort behandeln
- genaue Dosierung von Reinigungs- und Waschmitteln
- Vorwäsche vermeiden und auf Weichspüler verzichten
- Einzelteile mit der Hand waschen

Umwelttipps für den Einkauf

- auf überflüssige Verpackungen verzichten, Nachfüllpackungen bevorzugen
- Einkaufskorb oder Stoffbeutel verwenden
- Mehrwegverpackungen kaufen und Großeinkäufe tätigen
- beim Direktvermarkter kaufen, Transportwege werden so eingespart
- Saisonware kaufen
- keine Kleidung kaufen, die nur chemisch gereinigt werden kann

Umweltgerechtes Verhalten bei der Speisenzubereitung

- Restwärme nutzen und Topfdeckel verwenden
- Topfboden muss mit der Größe der Herdplatte übereinstimmen
- anfallenden Müll trennen
- wenn möglich, mehrere Portionen herstellen und evtl. einfrieren
- Speisereste nicht über das WC entsorgen

Umwelttipps im Umgang mit Blumen und Garten

- Komposthaufen anlegen, so entsteht wertvolle Erde
- Regenwasser zum Blumengießen verwenden
- sparsamer, gezielter Chemikalieneinsatz
- biologisch abbaubare Insektenvernichter verwenden, am besten natürliche Fraßfeinde (z. B. Marienkäfer gegen Blattläuse)

Kühlschrank ► S. 303
Reinigung ► S. 317
Wäschepflege ► S. 323
Wäschetrockner ► S. 327
Waschmaschine ► S. 326
Flecken ► S. 324

6.2 Sichtbar Energie sparen – „Für die Umwelt“

Das Umweltbundesamt für Mensch und Umwelt veröffentlicht unter:

www.umweltbundesamt.de
Informationen zu Umweltbewusstsein, Energiesparen und Klimaschutz.

Der Gesamtenergieverbrauch in Deutschland ist im Vergleich zu anderen Ländern hoch. Niemand kann auf Energie verzichten, denn sie gehört zu unserem modernen Leben dazu. Die meisten Geräte im Haushalt funktionieren nur mit Energie in Form von Strom. Bei der Gewinnung von Strom, z. B. im Kohlekraftwerk, entstehen durch die Verbrennung von Kohle viele Schadstoffe, die die Umwelt und das Klima belasten. Außerdem ist unser Vorrat an Brennstoffen wie Kohle und Erdöl nicht unendlich. Wir müssen also sehr gewissenhaft mit der zur Verfügung stehenden Energie umgehen und sie sparsam verwenden. Dazu gehört neben einem umweltgerechten Verhalten im Haushalt auch, dass man z. B. beim Kauf von Elektrogeräten auf bestimmte Kennzeichnungen an energiesparenden Geräten wie dem Energielabel (Abb. 1) achten sollte.

umweltgerechtes Verhalten im Haushalt ► S. 329

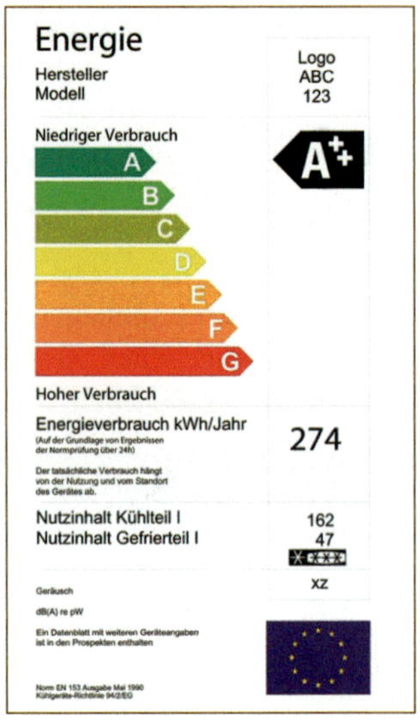

Abb. 1 Energielabel eines Kühl-Gefrier-Kombinationsgerätes

6.3 Abfälle richtig entsorgen – „Da gehört es hin“

Durch eine sorgfältige Mülltrennung im Haus und das Sortieren von Wertstoffen können viele „Abfälle“, wie z. B. Glas oder Papier, wiederverwertet werden.

Abb. 2 Glascontainer

Wohin gehört welcher Müll?	
Glascontainer	weißes, braunes und grünes Glas (z. B. Flaschen, Konserven- und Marmeladengläser); blaues Glas wird im Container für grünes Glas entsorgt
Papiercontainer	z. B. Papier, Pappe, Kartonagen, Zeitungen, Zeitschriften
Gelbe Tonne (Grüner Punkt)	z. B. Konservendosen, Getränke- und Milchkartons, Jogurtbecher, Folien, Duschgel- und Haarwaschmittelflaschen, Zahnpastatuben, Margarinebecher
Bioabfalltonne	z. B. Gemüse- oder Obstschalen, Eierschalen, Kaffeesatz, Gartenabfälle
Restmülltonne	z. B. Staubsaugerbeutel, Asche, Babywindeln, gekochte Essensreste
Altkleidercontainer	z. B. getragene Kleidung, Schuhe
Sperrmüll	z. B. Betten, Matratzen, Schränke, Wäschekörbe, Regale, Polstermöbel, großes Spielzeug
Sondermüll	z. B. Altöl, Farb- und Lackreste, Energiesparlampen

Abgelaufene oder angebrochene Medikamente werden in Apotheken zurückgenommen. In Verkaufsstellen gibt es Sammelbehälter, in denen Batterien entsorgt werden können. Einige Regionen in Deutschland bieten die „Gelbe Tonne plus“ an. Dort können außer Metallen, Verpackungen, Kunststoffen oder Verbundstoffen auch Töpfe, Besteck, kleine Elektrogeräte (z. B. Bügeleisen, Toaster, Handy), Spielzeug und Schlüssel entsorgt werden.

Zum Weiterarbeiten im Arbeitsbuch

Betreuung und Pflege von Kindern, Jugendlichen und Familien			
	Schwerpunkt	Lernsituation	Nr.
	• umwelt- und kostenbewusste Haushaltsführung • Ekel • Einsatzort Familie	„Diese Familie hat den totalen Öko-Tick!“	18
	• Formen von Familie • Gestaltung des Tagesablaufs • sichere Umgebung für Kinder unter drei Jahren	„Das Kind muss doch an Reizüberflutung zu Grunde gehen“	19
	• Hautbeobachtung • Parasitenbefall • Hygiene	„Krabbelnde Plage“	20
	• Unfallschutz • Notfallmaßnahmen • Abläufe in der Kindertagesstätte	„... mit einer Platzwunde über der Nase“	23

(alle
Nebenhöhlen –
(alle Zehen)
Augen
Ohren
Lungen
Die Natur ist die beste Apotheke.
Sebastian Kneipp
Broschüren zur Kindergesundheit zum kostenlosen Anfordern bei:
BZgA, 51101 Köln oder www.bzga.de oder Fax 0221/8992257
Unsere Kinder Best.-Nr.: 11070000
Kinder schützen – Unfälle verhüten Best.-Nr.: 11050000
U7 – Gesund groß werden Best.-Nr.: 11122000
U9 – Alles klar für die Schule Best.-Nr.: 11123000
9 Chancen für Ihr Kind Best.-Nr.: 11121000
Impfungen – Sicherer Schutz vor Infektionskrankheiten für Kinder Best.-Nr.: 11128000
Yoga-Schnupperstunde am Donnerstag 19 Uhr (Schreinerstraße 17)
Leistungszentrum · Solarium · Squash
MEMBERCARD
Outdoor-Sport · Gesundheitstraining
Aerobic · Indoor-Cycle · Wirbelsäulengymnastik
Bonusheft
Zahngesundheitsuntersuch
Name:
Hartleb
Vorname:
Kay
Geburtsdatum:
Zahnarzttermin besorgen !!!

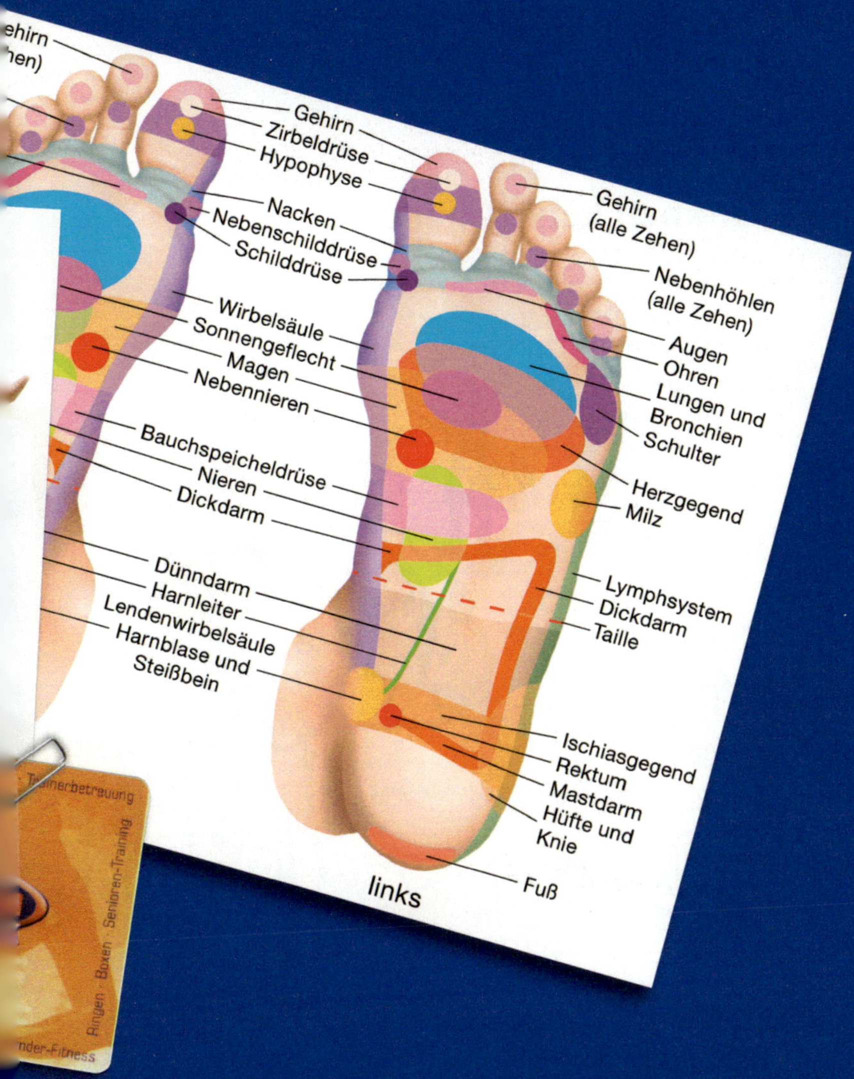

Gesundheit von Kindern erhalten und fördern

1. Das gesunde Kind – „Gib Krankheit keine Chance!“

1.1 Gesundheitsbegriff – „Was bedeutet Gesundheit eigentlich?“

1.1.1 Definition Gesundheit

Gesundheit bedeutet mehr als die Abwesenheit von Krankheit.

Gesundheit ist viel mehr als die bloße Abwesenheit von Krankheiten. Um den Begriff Gesundheit genau zu erfassen, wird häufig die folgende Definition der Weltgesundheitsorganisation (WHO) genutzt: „Gesundheit ist der Zustand vollständigen körperlichen, seelischen und sozialen Wohlbefindens.“ Aber was heißt das genau? Sind Sie z. B. krank, wenn Sie unter Liebeskummer leiden, weil Sie sich dann seelisch wirklich schlecht fühlen? Ist ein junges Mädchen mit leichter Akne krank, weil sie ihre Pickel ganz schlimm findet? Ist ein Herztransplantierter krank, der zahlreiche Medikamente nehmen muss, sich aber gut fühlt und voll arbeiten kann?

Jeder Mensch hat seine eigene Vorstellung davon, was für ihn Gesundheit bedeutet, und viele ändern ihre Meinung noch mehrfach im Leben. Gesundheit gehört zu den wichtigsten Gütern des Menschen. Sie wünschen anderen „viel Gesundheit zum Geburtstag“ oder ein „gesundes neues Jahr“ an Silvester. In anderen Situationen trösten sie sich mit „Hauptsache, wir sind gesund“.

Aber nicht nur das körperliche Befinden allein ist für unsere Gesundheit verantwortlich. Verschiedene Faktoren und Bedingungen tragen zur Gesunderhaltung bei, und bei Notfällen geht es oft nicht nur darum, die Gesundheit, sondern das Leben überhaupt zu erhalten.

Gesundheitsbeeinflussende Faktoren ► S. 336
Notfälle ► S. 419

1.1.2 Modell der Salutogenese

Es existieren verschiedene Modelle, um Gesundheit und Krankheit und deren Entstehung zu verstehen. Eines davon ist das Modell der Salutogenese von Antonovsky.

Das Modell der Salutogenese sucht nach den Gründen, wie und warum Menschen gesund bleiben.

Der Gesellschaftswissenschaftler Aaron Antonovsky entwickelte in den 70er-Jahren den Begriff der Salutogenese, was so viel bedeutet wie Gesundwerdung oder Ursprung von Gesundheit. In seinem Konzept fragt er nicht nach den Ursachen von Erkrankungen wie beim Pathogenese-Modell (Warum und wie werden Menschen krank?), sondern nach den Gründen, warum und wie Menschen gesund bleiben oder wie sie es wieder werden.

Antonovsky benutzt für die Gesundheitsentstehung das Bild eines Menschen, der sich in einem Fluss bewegt. Er gerät dabei im Laufe seines Lebens in Stromschnellen, muss Wasserfälle überwinden, gelangt auch in ruhigere Zonen – aber überlebt die Gefahren nur, wenn ihm ausreichend persönliche Widerstands- und Schutzfaktoren zur Verfügung stehen. Auch braucht der Mensch eine der Gesundheit zuträgliche Grundeinstellung. Wichtig ist z. B., dass der Mensch in seinem Leben Ziele hat, für die er sich gern einsetzt. Auch dass er das eigene Leben als geordnet, sinnvoll und stimmig erlebt, trägt zur Salutogenese bei. Der Mensch muss das Gefühl haben, Aufgaben, die das Leben stellt, lösen zu können, und über innere und äußere Hilfsquellen (Ressourcen) verfügen, die er zur Bewältigung von schwierigen Situationen einsetzen kann.
Ein wichtiger Begriff bei Antonovsky bezeichnet das „Kohärenzgefühl“. Es beschreibt, dass der Mensch Sinn im Leben braucht und innere und äußere Grundsicherheiten besitzt, um innerlich er selber zu bleiben und sich außen zu „verankern“, indem er Unterstützung und Halt findet in Familie und Freundeskreis. Das Kohärenzgefühl wird besonders gut entwickelt, wenn uns in der Kindheit und Jugend viele innere Starkmacher (z. B. gute Erfahrungen und Bestätigung) und äußere Stützen (z. B. intaktes Familienleben) zur Verfügung stehen. Dies gibt uns Sinn und macht uns stark und krisenfest.

Familie ► S. 163

Antonovsky stellt die Frage, warum Jugendliche, die z. B. von ihren Eltern geschlagen werden oder sonstige dauerhafte Dramen erleben, trotzdem „gesund“ bleiben können oder werden. Anstatt ausschließlich krank machende Einflüsse zu betrachten und zu bekämpfen, legt er das Hauptaugenmerk auf den Gesundungsweg, also auf die Stärkung eigener Kräfte und Fähigkeiten, die gegen schwächende Einflüsse widerstandsfähig machen. Jede Maßnahme zur Erhaltung und Förderung der Gesundheit muss also die körperliche und seelische Widerstandskraft fördern.

1.2 Einflüsse auf die Gesundheit – „Was hält mich gesund, was macht mich krank?“

Faktoren wie das eigene Verhalten, das soziale Umfeld, die Umwelt und die genetischen Anlagen haben Einfluss auf die Gesundheit.

1.2.1 Verhaltensfaktoren

Bewegung ▸ S. 252
Immunsystem ▸ S. 405
gesunde Ernährung ▸ S. 384
Ernährungsempfehlungen ▸ S. 391

Bewegung
Körperliche Aktivität (Abb. 1) ist zur Prävention von Erkrankungen, insbesondere Herz-Kreislauf-Erkrankungen, sehr förderlich. Das Immunsystem wird gestärkt, wodurch die Abwehrkräfte gegen vielerlei Erkrankungen erhöht werden.

Ernährung
Neben genug Bewegung ist eine gesunde Ernährung (Abb. 2) von entscheidender Bedeutung für die Gesundheit. Dies bedeutet, ausgewogen und abwechslungsreich zu essen und sich mit allen notwendigen Nahrungsbestandteilen ausreichend zu versorgen.

Abb. 1 Sportliche Aktivität

Stressbewältigung
Jeder Mensch erlebt Stress, die natürliche Reaktion des Körpers auf jede Art von Anforderung, die uns das Leben stellt; auch Druck, Angst und Spannung. Eine gewisse Dosis Stress macht das Leben spannend und fordert uns heraus. Ständiger und überfordernder Stress kann dem Menschen aber schaden und ihn krank machen. Es ist wichtig, das Gleichgewicht zwischen Fordern und Überfordern zu finden.

1.2.2 Soziale Faktoren

Abb. 2 Gesunde Ernährung

Armut
Wer wenig Geld zur Verfügung hat, ernährt sich häufiger falsch oder mangelhaft. Und wer krank ist, wird meist auch arm. Dauerhaft bzw. chronisch kranke Personen haben es schwerer, in das Erwerbsleben integriert zu werden. Es gibt also einen Zusammenhang zwischen Armut, mangelnder Bildung und schlechterem Gesundheitszustand. In Deutschland nimmt auch die Kinderarmut stetig zu (Quelle: Armutsbericht der Bundesregierung 2008). Die Folge sind Entwicklungsverzögerungen, z. B. bei der Sprachentwicklung oder den intellektuellen und psychomotorischen Fähigkeiten.

Sprachentwicklung ▸ S. 108

Arbeitslosigkeit
Menschen, die dauerhaft ohne Arbeit sind, haben oft einen schlechteren Gesundheitszustand als Berufstätige (Quelle: Robert-Koch-Institut). Auch die Kinder sind betroffen: Sie sind häufiger entmutigt, können sich schlechter konzentrieren und zeigen sich psychisch labiler; es fehlt ihnen ein positives Beispiel, das Freude an Arbeit vorleben kann. Auch Suchtkrankheiten sind bei Arbeitslosen häufiger.

Alleinerziehende
Alleinerziehende Mütter und Väter gelten als gesundheitlich stärker belastet als Eltern, die gemeinsam ihre Kinder großziehen. Es sind nicht nur die finanziellen Probleme. Krank machen auch Zukunftsängste und Überforderungen, den Alltag alleine meistern zu müssen. Oft müssen Kinder zu früh eine Erwachsenenrolle spielen und „vernünftig sein“.

1.2.3 Umweltfaktoren

Auch Umweltfaktoren können unsere Gesundheit beeinträchtigen. Hierzu zählen:

Physikalische Einflussgrößen
Ein physikalischer Einfluss auf unsere Gesundheit ist Lärm. Dauerhafte Belastung, z. B. durch Baulärm, Straßenlärm oder die Geräuschkulisse einer Kindergartengruppe, kann krank machen. Auch wer fünf Stunden bei einer Musiklautsstärke von 95 Dezibel in der Disko oder auf einem Konzert (Abb. 3) verbringt, kann irreversibel (dauerhaft) sein Hörvermögen schädigen. Bei lange anhaltender lauter Musik sterben die Hörzellen ab. Selbst MP3-Player können eine Lautstärke von 100 Dezibel entwickeln und schwerhörig machen. Nach Rockkonzerten besuchen Jugendliche häufig Hals-Nasen-Ohren Ärzte: Sie leiden an Hörminderung und Ohrgeräuschen (Tinnitus).

Abb. 3 Rockkonzert

Biologische Einflussgrößen
Biologische Einflüsse können z. B. Mikroorganismen sein. Dazu gehören Bakterien, Viren, Pilze und Protozoen. Diese kleinsten Organismen können den Menschen anstecken (infizieren) und Krankheiten auslösen.

Mikroorganismen ► S. 403

Chemische Einflussgrößen
Chemische Einflüsse wie Gifte in der Nahrung (z. B. Pestizide) oder giftige Bestandteile der Atemluft (z. B. Smog durch Industrie- und Autoabgase, Abb. 4) sowie chemische Drogen und Zigaretten gehören zu den chemischen Einflüssen auf unsere Gesundheit.

Abb. 4 Smog

Elektromagnetische Felder
Elektrotechnische Anlagen wie Hochspannungsleitungen (Abb. 5), Mobiltelefone, schnurlose Telefone, WLAN (schnurloses Surfen im Internet) und Mikrowellenherde erzeugen elektrische, magnetische oder elektromagnetische Felder. Es gibt Menschen, die darauf sehr sensibel reagieren und davon krank werden. Es ist bis heute wissenschaftlich strittig, ob bzw. wie sich der sogenannte Elektrosmog auf den Körper auswirkt.

Abb. 5 Hochspannungsleitung

1.2.4 Genetische Faktoren

Bei der Entstehung vieler Krankheiten wie z. B. Diabetes mellitus, Herz-Kreislauf-Erkrankungen und Allergien spielen Erbfaktoren (angeborene Neigungen) eine Rolle. Meistens kommt es zur Erkrankung, wenn zu den angeborenen Anlagen zusätzlich noch andere krank machende Faktoren hinzukommen.
Bei einer Person, die angeborene Anlagen für die Zuckerkrankheit (Diabetes mellitus Typ 2) besitzt, kann z. B. Übergewicht zum Ausbruch der Krankheit führen. Früher hielt man das Erbgut für völlig unbeeinflussbar; heute weiß man, dass z. B. Erlebnisse, Ernährung, Fähigkeiten und Verhalten Spuren in unserem Erbgut hinterlassen können.
Man nennt diesen neuen Teil der Biologie Epigenetik. Das heißt, unsere Lebensweise und viele Umwelteinflüsse können prägender sein, als wir bisher annahmen.

Diabetes mellitus ► S. 399

1.3 Entwicklung eines gesunden Kindes – „Alles im grünen Bereich?“

Die gesunde Entwicklung eines Kindes lässt viel Spielraum für individuelle Abweichungen zu.

Entwicklung ► S. 99
Umweltfaktoren ► S. 337
Erziehung ► S. 150

Jedes Kind entwickelt sich individuell sehr unterschiedlich. Alle Angaben zur „normalen“ bzw. gesunden Entwicklung sind daher immer nur ein Richtwert. Auch begrenzte Abweichungen von diesen Richtwerten sind damit durchaus „normal“ und gesund. Die Entwicklung der meisten Kinder verläuft in einem aufeinander aufbauenden Schema. Aber auch hier gibt es zahlreiche Ausnahmen und Abweichungen. Einen großen Einfluss auf die gesunde Entwicklung eines Kindes haben Umweltfaktoren. Zu diesen Faktoren gehören unter anderem kulturelle Einflüsse, Umweltbedingungen und die Art der Erziehung.
Aus diesen Gründen kann es auf die Frage, wie groß, wie schwer und wie weit bzw. gut entwickelt ein Kind zu einem bestimmten Zeitpunkt sein sollte, keine absolute Aussage geben. Allerdings lassen sich aus auffälligen Entwicklungsverzögerungen und Störungen häufig Rückschlüsse auf Krankheiten ziehen.

Krankheiten ► S. 407

Gesunde körperliche Entwicklung

körperliche Entwicklung ► S. 104
Vorsorgeuntersuchung ► S. 348
Referenznormen ► S. 198

Die körperliche Entwicklung eines Kindes ist gut zu erkennen. Gerade wenn man ein Kind über einen längeren Zeitraum nicht gesehen hat, fällt einem auf, wie sehr es gewachsen ist (Abb. 1). Die körperliche Entwicklung wird im Rahmen der Vorsorgeuntersuchung dokumentiert und mit der „normalen“ Entwicklung verglichen. Kleinere Abweichungen sind üblich; sie können aber auch – besonders wenn sie plötzlich auftreten – Zeichen einer Erkrankung sein. Veränderungen der individuellen Entwicklung sind oft bedeutsamer als kleinere Abweichungen von Durchschnittswerten. Weichen die Maße eines Kindes deutlich vom altersgemäßen Durchschnitt ab, so wird eine Entwicklungsstörung vermutet.

Die „Normalität“ der Entwicklung des Körpergewichtes und der Körpergröße wird anhand von Wachstumskurven, sogenannten Somatogrammen (Abb. 2), und anderen Referenznormen eingeschätzt.

Abb. 1 Oscar mit 6 Monaten (oben) und im Alter von 4 Jahren

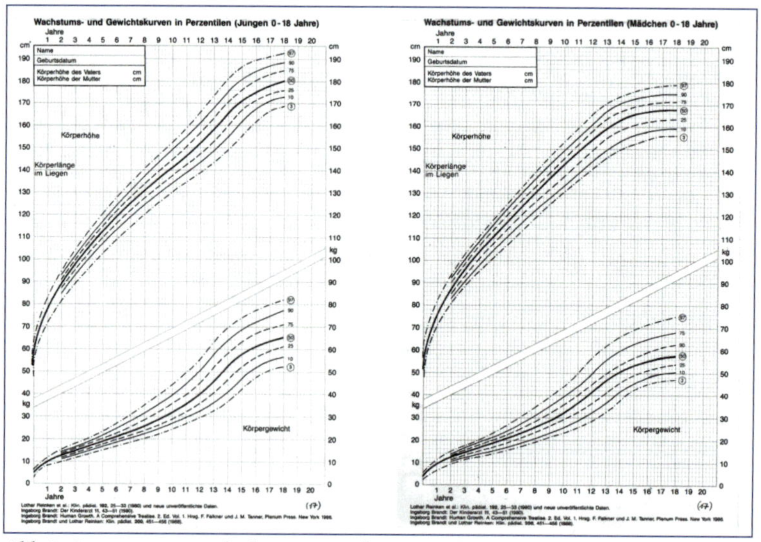

Abb. 2 Somatogramme der körpertypischen Werte bei Jungen (links) und bei Mädchen (rechts))

Auch die Körperproportionen ändern sich im Wachstumsverlauf. Diese Änderung wird Gestaltwandel genannt. Die Länge der Beine im Verhältnis zur gesamten Körperlänge beträgt beim Neugeborenen ein Drittel, beim Erwachsenen ca. die Hälfte. Das Verhältnis von Körperlänge und Kopfhöhe beträgt beim Neugeborenen 4:1 und beim Erwachsenen 8:1.

Der Gestaltwandel beschreibt die natürliche Veränderung der Körperproportionen eines Kindes.

Gestaltwandel
Veränderung der Körperproportionen im Verlauf der Entwicklung

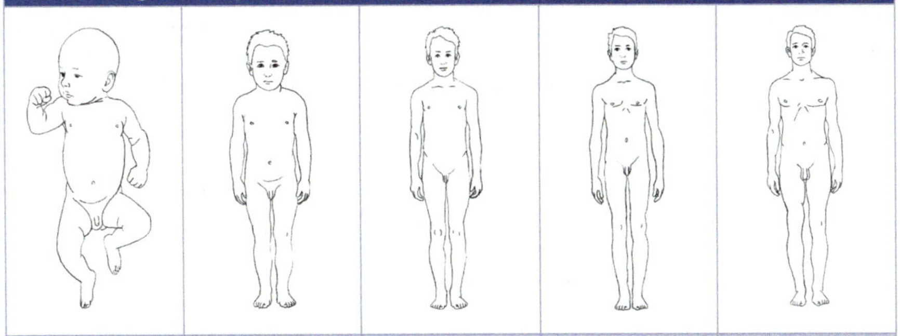

Neugeborenes	2 Jahre	6 Jahre	12 Jahre	25 Jahre

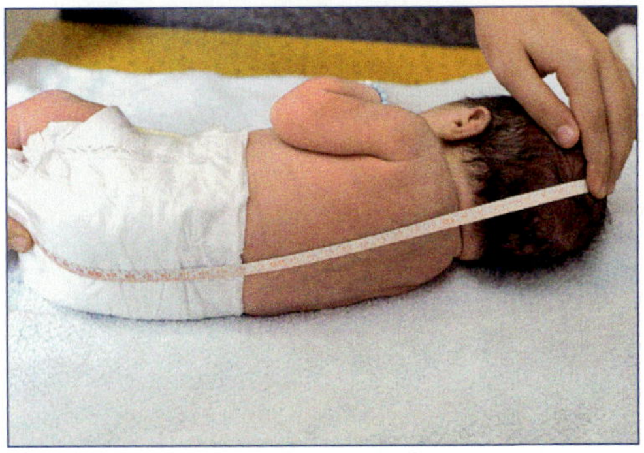

Abb. 3 Längenmessung beim Säugling

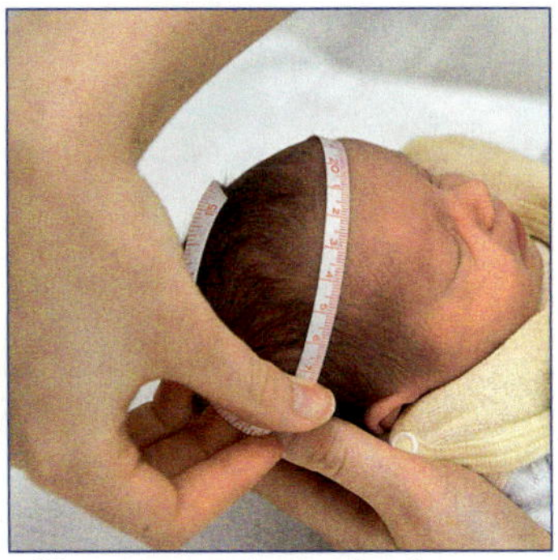

Abb. 4 Messen des Kopfumfangs beim Säugling

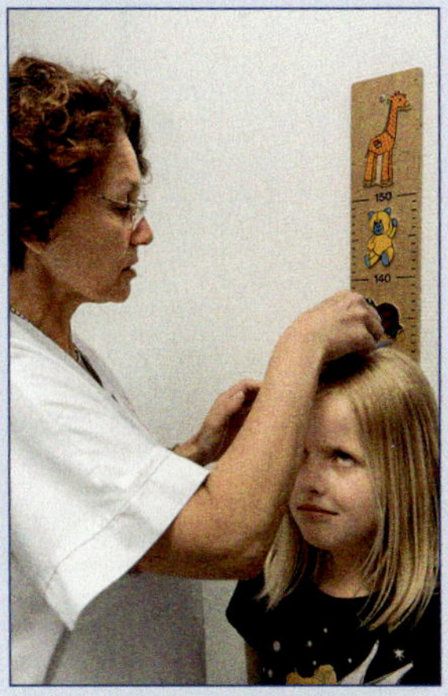

Abb. 5 Längenmessung eines Kindes an der Messlatte

Gesunde motorische Entwicklung

Mit der körperlichen geht die motorische Entwicklung einher. Diese wird auch als Bewegungsentwicklung bezeichnet. Die Bewegungsentwicklung beginnt bereits im Mutterleib. Die Motorik eines Neugeborenen umfasst Reaktionen, Reflexe und koordinierte Bewegungen. Ob sich ein Neugeborenes gesund entwickelt, wird unter anderem auch anhand der motorischen Fähigkeiten des Kindes überprüft. Mit zunehmendem Alter lernt das Kind, seine Bewegungen zu steuern, und übt sich in der selbstständigen aufrechten Fortbewegung. Nach der Entwicklung des Greifens und des Gehens verbessert sich die Koordination zunehmend. Die Motorik des Kleinkindes ist noch leicht störbar und wird zunehmend sicherer. Im Schulalter ist der Gleichgewichtssinn stabil und die manuelle Geschicklichkeit ausgeprägt.

Anhand der motorischen Entwicklung kann festgestellt werden, ob sich ein Neugeborenes gesund entwickelt.

motorische Entwicklung ► S. 104
Reflexe ► S. 104
wichtige Meilensteine bei der motorischen Entwicklung ► S. 104

Einen Entwicklungskalender mit den Entwicklungsschritten bis zum 18. Lebensmonat eines Kindes finden Sie unter:

www.bzga.de
▹Suchbegriff: Entwicklungskalender

Wahrnehmung eines Säuglings ► S. 349
sensorische Wahrnehmung ► S. 349

Gesunde sensomotorische Entwicklung

Das Zusammenspiel von sensorischen (Wahrnehmen von Sinneseindrücken) und motorischen Leistungen ermöglicht die Steuerung und Kontrolle von Bewegung. Diese Zusammenarbeit ist eng verknüpft mit der seelisch-geistigen Entwicklung. Schon das Neugeborene nimmt in dieser Lebensphase seine Umwelt wahr. Sensorische Wahrnehmungen wie Sehen, Hören, Riechen, Schmecken und der Gleichgewichtssinn prägen sich zunehmend aus. Von großer Bedeutung ist auch der Tast- und Temperatursinn.

! Ob ein Kind sich motorisch oder sensomotorisch gesund und „normal“ entwickelt, können Fachärzte oder Physiotherapeuten mit Hilfe von Testverfahren beurteilen.
Diese Entwicklungsdiagnostik soll frühzeitig Entwicklungsschwierigkeiten, Entwicklungsabweichungen oder Ressourcen eines Kindes erkennen.

motorische, sensomotorische Entwicklung ► S. 104

Der Lebensbereich eines Kindes erweitert sich in der Säuglingszeit durch die motorische und die sensomotorische Entwicklung:

2. Lebensmonat
Der Säugling hört und sieht zunehmend zielgerichtet. Das Lächeln als Reaktion auf Zuwendung beginnt sich auszuprägen.

3. Lebensmonat
Der Säugling wendet sich Umweltreizen intensiver zu, wie z. B. Schall- und Lichtquellen. Er kann Gesichter erkennen, greift nach Gegenständen und führt sie zum Mund (Hand-Augen-Koordination). Bewegungen werden gezielter und sind weniger Ausdruck von Reflexen.

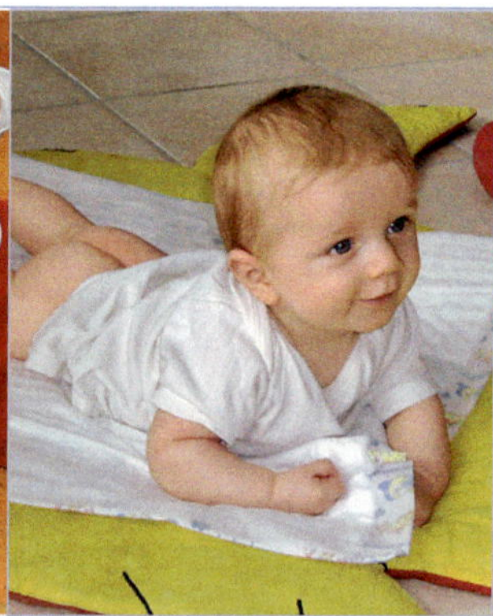

6. – 7. Lebensmonat
Mit dem Sitzen und dem Kriechen gewinnt der Säugling neue Perspektiven. Er unterscheidet vertraute von fremden Menschen.

8. – 12. Lebensmonat
Das Kind erlernt den Gebrauch von Werkzeug und zieht gezielt Gegenstände zu sich her.

Die Lallperiode und die Nachahmungsphase gehen dem eigentlichen Spracherwerb voraus.

Entwicklung der Sprache ► S. 108
Lallperiode ► S. 108
Mimik ► S. 78
Gestik ► S. 78

Gesunde Sprachentwicklung

Kinder finden sich nach ihrer Geburt in einer sprachgeprägten Welt wieder und lernen weitgehend selbstständig sprechen. Das tun sie, um mit anderen in gezielten verbalen Kontakt zu treten. Dem eigentlichen Spracherwerb geht die sogenannte Lallperiode voran. Diese ist durch eine Aneinanderreihung von gleichen Lauten gekennzeichnet. Ihr folgt die Nachahmungsphase, in der Lautkomplexe ohne Sinngehalt (für den Zuhörenden) formuliert werden. Anschließend entwickelt sich die Sprache, wobei das Wortverständnis dem Sprechen lange vorausgeht. Das Wortverständnis entwickelt sich in Kombination mit der Beobachtung von Mimik, Gestik und Tonfall.

Gesunde kognitive (geistige) Entwicklung

Die kognitive Entwicklung beschreibt die Veränderung im Verhalten des Kindes vom hilflosen Neugeborenen zum eigenständig denkenden Menschen. Es entwickelt sich also die Fähigkeit des Erkennens und Lernens.
Nach dem Schweizer Psychologen Jean Piaget kann die kognitive Entwicklung eines Kindes in vier Stufen gegliedert werden.

kognitive Entwicklung ► S. 106

Jean Piaget ► S. 106

Gesunde psychosoziale Entwicklung

Die psychosoziale Entwicklung umfasst die Entwicklung von Emotionen, Moral und Persönlichkeit. Sie beginnt bereits kurz nach der Geburt. Das Kind sucht die Nähe der vertrauten Person und nimmt Blickkontakt auf. Die Interaktion ist durch Nachahmungsvorgänge bestimmt. In der 4.–6. Lebenswoche bildet sich das soziale Lächeln aus. Als soziales Lächeln bezeichnet man die Fähigkeit des Säuglings, mit einem Lächeln auf seine Umgebung zu reagieren. Diese Reaktion erfolgt besonders dann, wenn der Säugling Gesichter von anderen Menschen sieht. Im 8./9. Lebensmonat beginnen die Kinder zu fremdeln. In der Phase des Fremdelns entwickelt das Kind Ängste und Misstrauen gegen Personen, die dem Kind nicht oder nur sehr wenig bekannt sind.

Entwicklung des Sozialverhaltens ► S. 112

Die Phase der Ängstlichkeit gegenüber fremden Personen stellt bei Kindern im 8.–9. Lebensmonat einen normalen Abschnitt der Entwicklung dar.

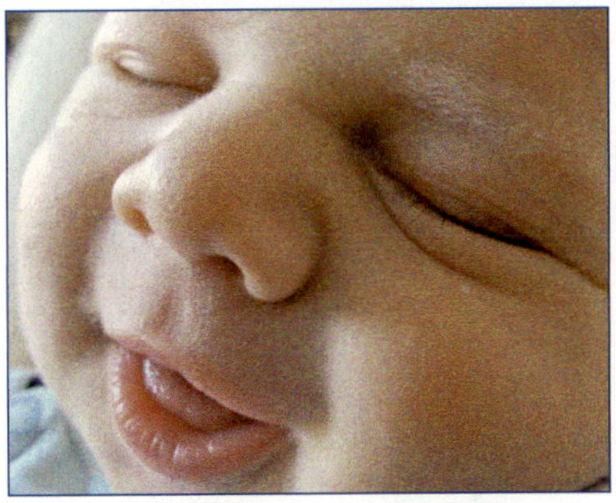

Abb. 1 Als reflexhaftes „Engelslächeln“ bezeichnet man die Vorstufe des sozialen Lächelns bei Neugeborenen.

Abb. 2 Das gezielte soziale Lächeln bei Babys zeigt sich als Reaktion auf bekannte Gesichter.

Kleinkinder sind noch nicht in der Lage, ihre Emotionen zu kontrollieren. Ihre Gefühle schwanken häufig sehr stark.
Die ersten Loslösungsprozesse vom Elternhaus erfahren Kinder in der Regel beim Besuch des Kindergartens oder anderer Kindereinrichtungen. Die soziale Orientierung des Kindes richtet sich nun stark nach Altersgenossen und Erziehern aus. Trotzreaktionen kommen häufiger vor und erfordern Geduld und emotionales Geschick von Seiten der Eltern oder Bezugspersonen. Das Trotzen ist Bestandteil der Entwicklung des eigenen Willens und damit des Selbstbewusstseins.
Erst im Schulalter lernen Kinder langsam, ihre Emotionen zu kontrollieren. Sie lernen jetzt komplexe Emotionen wie Stolz, Scham, Schuld oder Neid kennen.

Erzieher, andere Bezugspersonen und Gleichaltrige stellen für die Kinder wichtige soziale Bezugspunkte dar.

Kindergarten ► S. 32

! Die Früherkennungsuntersuchungen U2–U9 und J1 dienen der rechtzeitigen Erkennung von Störungen der körperlichen, geistigen und sozialen Entwicklung. Diese Untersuchungen sollten Eltern mit ihrem Kind unbedingt wahrnehmen.

Früherkennungsuntersuchungen ► S. 348

2. Säuglingspflege – „Am Anfang des Lebens“

2.1 Schwangerschaft und Geburt – „Ein Kind entsteht“

Unser Hormonsystem reguliert viele Organfunktionen.

Hormonsystem

Alle Vorgänge rund um die Entstehung, Geburt und Entwicklung eines Kindes unterliegen der Steuerung durch Hormone. Aber Hormone haben im menschlichen Körper noch weit mehr Aufgaben.

Hormone sind Botenstoffe, die in den Hormondrüsen gebildet und von dort in das Blut abgegeben werden. Mit dem Blut gelangen die Hormone in den ganzen Körper und wirken dort als eine Art „Nachrichtenübermittler“. Sie übermitteln den Zellen „Informationen“ und sagen, was diese tun sollen, z. B. einen bestimmten Stoff produzieren. Hierzu müssen die Hormone an Rezeptoren der Zielzellen andocken, auf die sie passen. So regulieren die Hormone den Stoffwechsel und die Organtätigkeiten, z. B. regulieren die Schilddrüsenhormone viele Vorgänge im Körper, Insulin reguliert den Blutzuckerspiegel und die Geschlechtshormone regulieren Pubertät, Geschlechtsmerkmale und Sexualfunktion.

Insulin ► S. 399
Blutzuckerspiegel ► S. 399

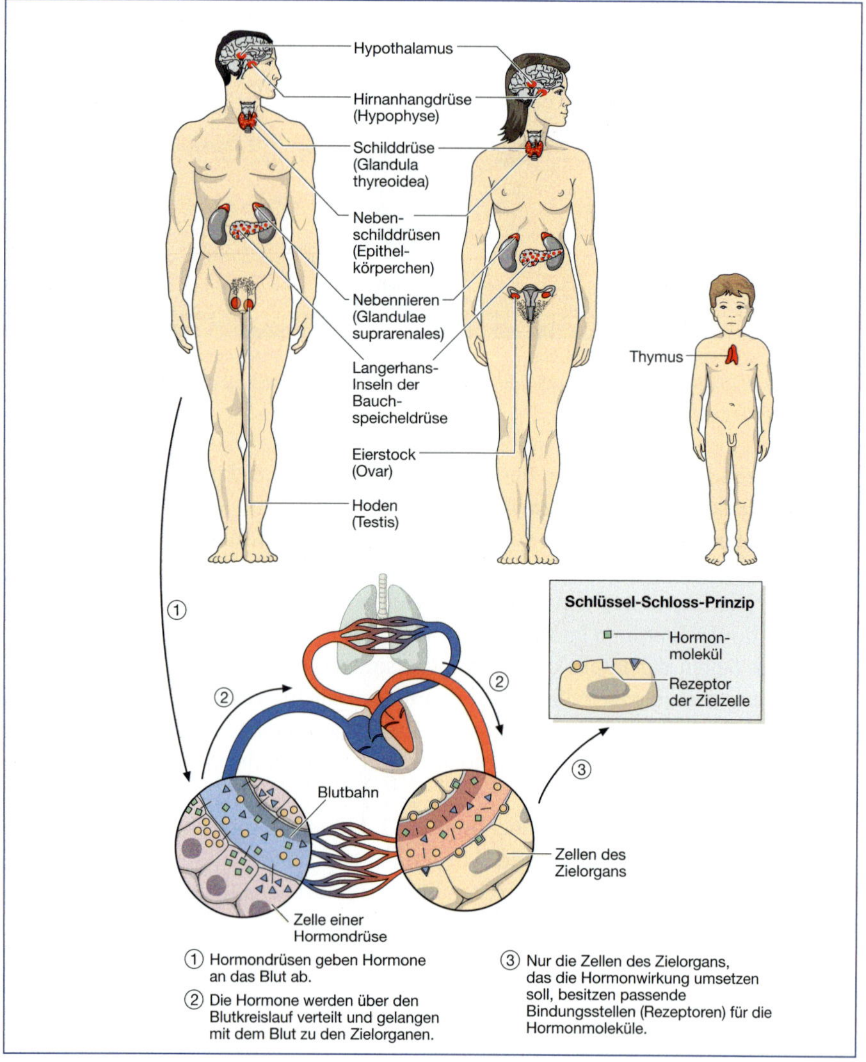

Abb. 1 Übersicht der Hormondrüsen

Steuerung des Hormonhaushaltes
Während des gesamten Lebens steuert der Hypothalamus, ein spezieller Teil des Gehirns, unseren Hormonhaushalt. Der Hypothalamus misst ständig die im Blut vorhandenen Hormone. Ist die aktuell gemessene Hormonkonzentration gering, regt er durch Freisetzungshormone (Releasinghormone) die Hypophyse (Hirnanhangdrüse) an, den Hormondrüsen Dampf zu machen. Die Hypophyse reagiert auf die Befehle des Hypothalamus, indem sie durch Stimulierungshormone die Hormondrüsen, z. B. die Schilddrüse, die Nebenschilddrüse, die Nebenniere und die Keimdrüsen, aktiviert. Diese führen dann den Befehl von „oben“ (Hypophyse) bzw. von „ganz oben“ (Hypothalamus) aus und bilden mehr Hormone.

Der Hypothalamus steuert unseren Hormonhaushalt.

2.1.1 Geschlechtsorgane

Unter Geschlechtsorganen versteht man alle Organe, die die Fortpflanzung ermöglichen, indem sie Keimzellen bilden, aufbewahren bzw. weiterleiten sowie der Befruchtung, der Einnistung bzw. „Pflege“ der befruchteten Eizelle und der Geburt dienen.
Weibliche Keimzellen sind die Eizellen, welche im Eierstock (Ovar) gebildet werden. Unter männlichen Keimzellen versteht man die Spermien, deren Bildung in den Hoden (Testis) erfolgt. Eierstöcke und Hoden werden deshalb auch als Keimdrüsen bezeichnet. Neben den Keimzellen produzieren diese Keimdrüsen auch Geschlechtshormone. In den männlichen Keimdrüsen wird das Geschlechtshormon Testosteron gebildet. Bei der Frau produzieren die Eierstöcke die weiblichen Hormone Östrogen und Progesteron, die den Verlauf des Menstruationszyklus regulieren.

Hoden (Testis) ► S. 344

Menstruationszyklus ► S. 344

Weibliche Geschlechtsorgane
Die inneren Geschlechtsorgane (Abb. 2) der Frau bestehen aus den Eierstöcken (Ovarien), den Eileitern (Tuben), der Gebärmutter (Uterus) und der Scheide (Vagina). Die äußern Geschlechtsorgane der Frau werden zusammenfassend als Scham oder Vulva bezeichnet. Dazu gehören die großen und kleinen Schamlippen, der Kitzler (Klitoris) und der Scheidenvorhof.
Die weibliche Brust (Abb. 3) gehört auch zu den äußeren Geschlechtsorganen. Die Brustdrüse besteht aus dem Drüsenkörper und der Brustwarze. Jede der beiden Brüste setzt sich aus zirka 15 strahlenförmig angeordneten Einzeldrüsen zusammen. Die Milchausführgänge dieser Einzeldrüsen enden alle in der Spitze der Brustwarze. Eine unterschiedlich große Menge Fettgewebe gehört zum normalen Brustaufbau.

Man unterscheidet bei der Frau und beim Mann zwischen inneren und äußeren Geschlechtsorganen

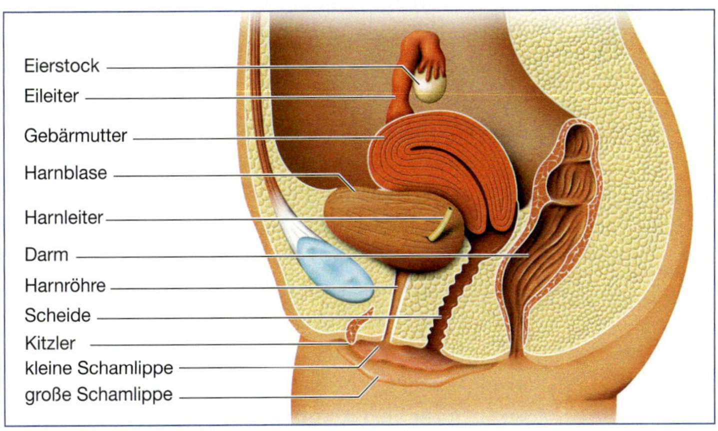

Abb. 2 Längsschnitt durch das weibliche Becken mit den Harn- und Geschlechtsorganen

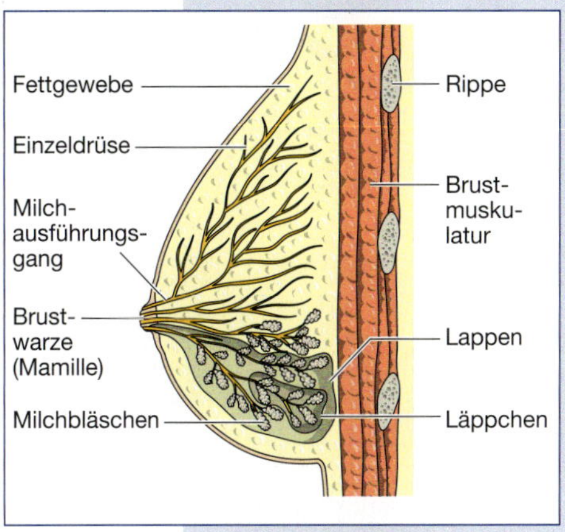

Abb. 3 Weibliche Brust

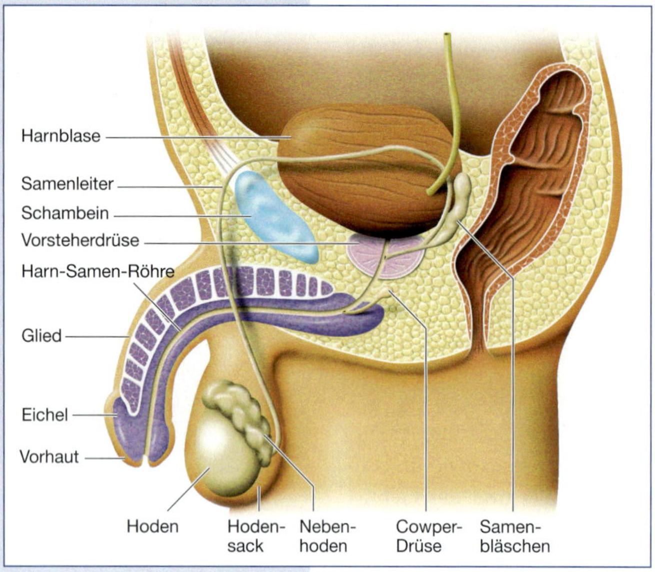

Abb.1 Längsschnitt durch das männliche Becken mit den Harn- und Geschlechtsorganen

Männliche Geschlechtsorgane

Die Geschlechtsorgane des Mannes (Abb. 1) bestehen zunächst aus dem sichtbaren Glied (Penis) und dem Hodensack (Scrotum). Man spricht hier, wie bei der Frau, von den äußeren Geschlechtsorganen. Das Glied verfügt über Schwellkörper, die sich mit Blut füllen können und das Glied dadurch aufrichten. Außerdem findet man am Glied die Eichel und in der Regel auch die Vorhaut. Im Hodensack befinden sich zwei Hoden und zwei Nebenhoden, die zu den inneren Geschlechtsorganen gezählt werden. Dazu zählen weiterhin die Vorsteherdrüse (Prostata), das Samenbläschen und die Cowper-Drüse. Diese Drüsen bilden Sekrete, aus denen sich mit den im Hoden gebildeten Spermien das männliche Sperma zusammensetzt.

2.1.2 Menstruationszyklus und Befruchtung

Die erste Menstruation wird Menarche genannt und setzt durchschnittlich mit 13 Jahren ein.

Geschlechtorgane der Frau ► S. 343
Hypophyse ► S. 342

Die sich monatlich wiederholenden, zur Blutung führenden Vorgänge in den inneren Geschlechtorganen der Frau werden als Menstruationszyklus bezeichnet. Sie sind notwendig, damit eine Frau schwanger werden kann. Die Menstruation setzt mit durchschnittlich 13 Jahren ein.

Ein Menstruationszyklus dauert ca. 28 Tage (Abb. 3). Abweichungen um eine Woche (mehr oder weniger) sind gleichfalls normal. Er wird von verschiedenen Hormonen der Hypophyse gesteuert. Jeder Zyklus beginnt mit der Menstruationsblutung. Sie dauert ca. 3 bis 7 Tage und ist ein Zeichen dafür, dass im vorausgegangenen Zyklus keine Befruchtung der Eizelle stattgefunden hat.

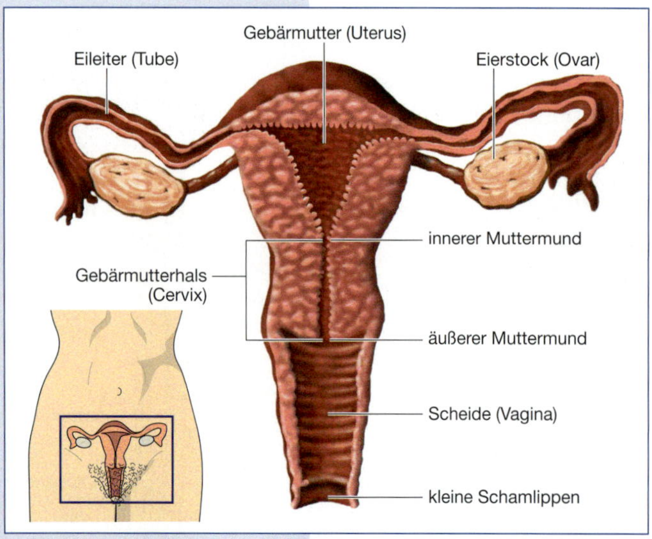

Abb. 2 Innere Geschlechtsorgane der Frau

Bei der Menstruation wird die innerste Schicht der Gebärmutter, das heißt die oberste Lage der Gebärmutterschleimhaut, zusammen mit der unbefruchteten Eizelle ausgestoßen. Dabei werden die Blutgefäße, die in der Schleimhaut verlaufen, wie bei einer Wunde geöffnet, sodass sowohl Blut als auch Gewebe abgestoßen werden.

Während der Menstruation beginnt im Eierstock erneut eine Eizelle zu reifen. Die Eizelle befindet sich in einer Hülle, dem Eibläschen oder Follikel. Dieser Follikel bildet das Geschlechtshormon Östrogen. Da der Follikel während der Eireifung immer größer wird, bildet er auch immer mehr Östrogen, je reifer die Eizelle wird.

Das Östrogen wird ins Blut abgegeben und gelangt so auch zur Gebärmutter, wo es dafür sorgt, dass die mit der Blutung abgestoßene Schleimhaut der Gebärmutter wieder neu aufgebaut wird und zur Vorbereitung einer möglichen Schwangerschaft heranwächst.

Ungefähr in der Mitte des Zyklus (also ca. am 14. Tag) ist die Eizelle ausgereift. Der Follikel produziert jetzt sehr viel Östrogen. Die hohe Östrogenkonzentration im Blut teilt der Hypophyse mit, dass ein sprungreifes Eibläschen vorhanden ist, sodass der Eisprung ausgelöst wird. Dabei verlässt die Eizelle das Eibläschen. Der Eileiter ist darauf vorbereitet, nimmt die herausgesprungene Eizelle auf und befördert sie langsam in Richtung Gebärmutter. Wenn eine Frau um diesen Zeitpunkt herum ungeschützten Geschlechtsverkehr hat, wandern die Spermien des Mannes bis in die Eileiter und befruchten die Eizelle.

Bei der Befruchtung erreicht die schnellste Samenzelle (Spermium) die Eizelle und dringt in sie ein. Beide Keimzellen verschmelzen dabei miteinander. Die befruchtete Eizelle wandert dann in die Gebärmutter und nistet sich dort ca. am 6. Tag nach der Befruchtung ein. In der Gebärmutter wird nun der Mutterkuchen (Plazenta) ausgebildet, der für die Versorgung des Kindes während der Schwangerschaft sorgt. Die Frau ist schwanger und ein Kind wächst heran.

Ein Menstruationszyklus beginnt mit dem ersten Tag der Regelblutung und dauert ca. 28 Tage.

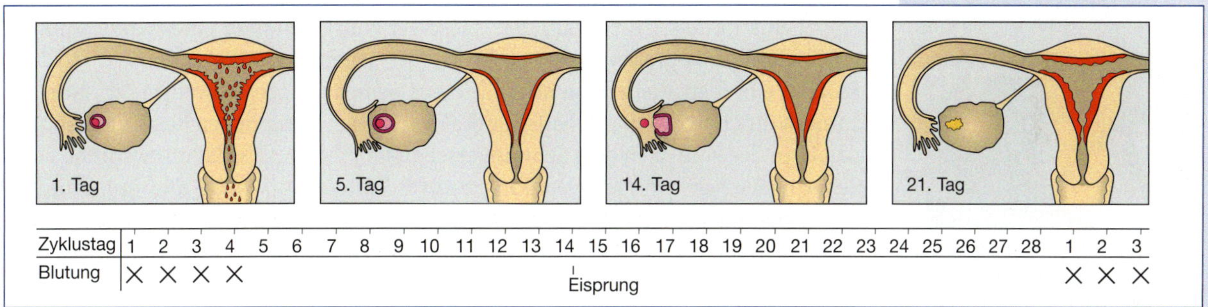

Abb. 3 Menstruationszyklus

Nach dem Eisprung wandelt sich der im Eierstock verbliebene Rest des Follikels zum Gelbkörper um. Der Gelbkörper bildet das Hormon Progesteron und gibt es ins Blut ab. Dies bewirkt am Uterus, dass sich die Schleimhaut auflockert und stärker durchblutet wird. Dabei sondern die Drüsen der Schleimhaut vermehrt Sekret ab. Ist die Eizelle nicht befruchtet worden, stirbt der Gelbkörper nach zwei Wochen ab und es wird kein Progesteron mehr gebildet. Dadurch wird die Schleimhaut der Gebärmutter abgestoßen. Es setzt also wieder eine Periodenblutung ein.

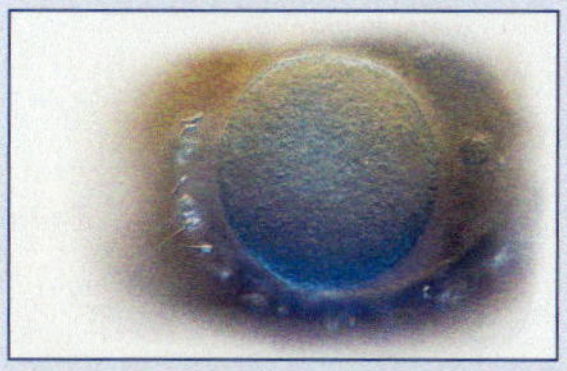

Abb. 4 Die Spermien haben die Eizelle erreicht. Vergrößerung 100fach.

! Auf den Vorgängen beim Menstruationszyklus beruht die Wirkungsweise der Antibabypille. Dem Körper werden Geschlechtshormone zugeführt, sodass so viel Östrogen und Gestagen im Blut ist, dass die Hypophyse keinen Anlass sieht, auf die Keimdrüsen (Eierstöcke) anregende Hormone auszuschütten. Da aber die Eibläschen im Eierstock ohne diese Hypophysenhormone nicht reifen können, kann es nicht zum Eisprung, also auch zu keiner Befruchtung kommen.

Um das 50. bis 52. Lebensjahr herum endet die Zeit, in der Menstruationszyklen bei einer Frau ablaufen. Die letzte Regelblutung nennt man Menopause. Die hormonelle Übergangsphase von der fruchtbaren Lebensphase zum Alter wird als Klimakterium (Wechseljahre) bezeichnet. Die Eierstöcke schrumpfen allmählich, die Hormonproduktion nimmt ab. Die Sekretproduktion der Scheide lässt nach und es kann leichter zu Reizungen und Infektionen kommen. Das Bedürfnis nach Zärtlichkeit und Sexualität kann jedoch bis ins hohe Alter hinein bestehen bleiben.

Die Umstellungsphase, in der der weibliche Körper die fruchtbaren Jahre beendet, wird als Klimakterium bezeichnet.

2.1.3 Schwangerschaftszeichen und Schwangerschaftsnachweis

Eine Schwangerschaft beginnt mit der Empfängnis (Konzeption). Empfängnis bedeutet, dass eine Eizelle befruchtet wird. Für die Dauer der Schwangerschaft gibt es zwei Zählweisen:

- vom ersten Tag der letzten Menstruation bis zur Geburt: 40 Wochen= 280 Tage
- von der Empfängnis bis zur Geburt: 38 Wochen= 266 Tage

In der Regel wird die Rechnung mit 40 Schwangerschaftswochen (SSW) bevorzugt.

Es werden sichere und unsichere Schwangerschaftszeichen unterschieden.

Woran merkt eine Frau, dass sie schwanger ist? Das erste Schwangerschaftszeichen ist das Ausbleiben der Menstruation. Beschwerden wie z. B. morgendliche Übelkeit, Brustspannen, Dunkelfärbung und Anschwellen der Brustwarzen sind unsichere Schwangerschaftszeichen. Sie stellen sich meist erst nach Ausbleiben der Regelblutung ein. Diese Symptome können allerdings, genau wie das Ausbleiben der Menstruation, auch andere Ursachen haben und beweisen eine Schwangerschaft damit nicht sicher. Sichere Schwangerschaftszeichen sind der Nachweis eines Embryos oder Fetus mittels Ultraschall, der Nachweis von Herztönen eines Kindes mittels CTG (Cardiotokografie) (Abb. 1) oder die Geburt eines Kindes.

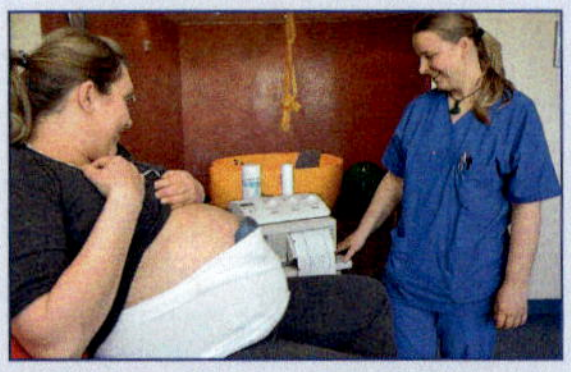

Abb. 1 Mittels CTG lassen sich der Herzschlag des ungeborenen Kindes und die Wehentätigkeit der werdenden Mutter registrieren.

Möchte eine betroffene Frau schnell sicher wissen, ob sie schwanger ist, führt sie zumeist einen Schwangerschaftstest durch. Die handelsüblichen Tests untersuchen den Urin der Frau nach dem Schwangerschaftshormon HCG, das nur während einer Schwangerschaft gebildet wird. Ein positives Testergebnis sollte aber immer durch den sicheren Nachweis mittels Ultraschall bestätigt werden. Die unschädliche Ultraschalluntersuchung liefert nicht nur den sicheren Schwangerschaftsnachweis, sondern zeigt auch, ob sich der Embryo richtig in der Gebärmutter befindet.

2.1.4 Entwicklung des Kindes im Mutterleib

In den ersten drei Monaten der Schwangerschaft nennt man das ungeborene Kind Embryo, danach wird es Fetus genannt.

In den ersten drei Schwangerschaftsmonaten nennt man das Ungeborene in der Gebärmutter Embryo, dessen Entwicklung Embryogenese. Die Organe werden bis Ende des dritten Monats angelegt, danach ist die Organentwicklung abgeschlossen. Ab jetzt folgt die Zeit des Reifens und Wachsens, das ungeborene Kind wird nun bis zu seiner Geburt Fetus genannt.

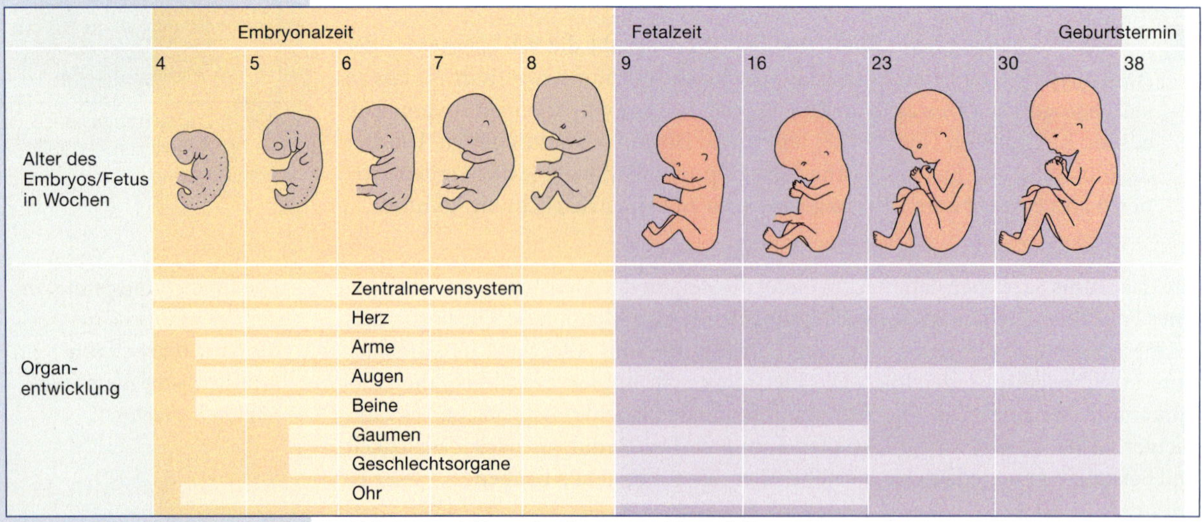

Abb. 2 Entwicklung der Organe im Mutterleib

! Schwangerschaftsabbrüche aus nicht-medizinischen Gründen sind in Deutschland nach § 218 Strafgesetzbuch verboten. Medizinische Gründe liegen vor, wenn die Schwangerschaft das Leben bzw. die Gesundheit der Schwangeren gefährdet. Die Durchführung ist jedoch auch ohne medizinische Gründe unter bestimmten Voraussetzungen in der Frühschwangerschaft (bis Ende der 12. SSW) straffrei.

Weitere Informationen zum Thema Schwangerschaftsabbruch finden Sie unter

www.profamilia.de

2.1.5 Geburt

Die Geburt, die Ausstoßung des Kindes aus der Gebärmutter durch die Geburtswehen, kündigt sich oft durch das sogenannte Zeichnen an. Dabei wird der Schleimpfropf, der während der Schwangerschaft den Muttermund der Gebärmutter verschloss, ausgeschieden. Er erscheint dann häufig im Slip der Schwangeren und gilt als Zeichen für die allmähliche Weitung des Muttermundes.
Auch ein Blasensprung kann den Beginn der Geburt anzeigen. Dabei platzt die Fruchtblase, die das Kind umgeben hat. Das Fruchtwasser, in dem das Kind während der Schwangerschaft schwamm, tritt über die Scheide aus. Wehen bezeichnen das regelmäßige Zusammenziehen der Gebärmuttermuskulatur. Sie werden häufiger und stärker.

Gebärmutter ► S. 344

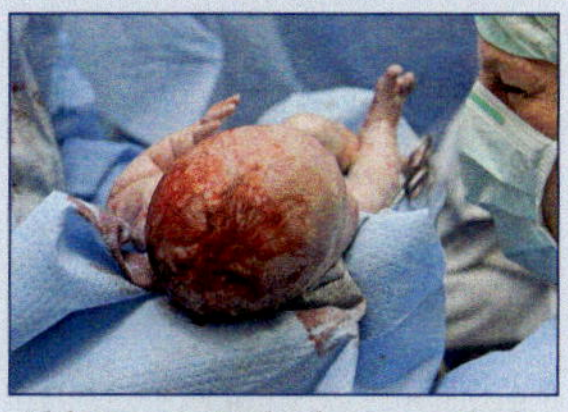

Abb. 3 Ein Baby kurz nach der Geburt

Die Zeit ab Beginn der Wehentätigkeit bis zur vollständigen Öffnung des Gebärmuttermundes nennt man Eröffnungsperiode. Anschließend folgt die Austreibungsperiode, in der das Kind den Mutterleib verlässt. Dies geschieht unter den Presswehen. Es handelt sich dabei um heftige, in kurzer Folge auftretende Wehen, während derer die Gebärende kräftig aktiv mitpresst.
Sobald das Kind den Mutterleib verlassen hat, ist es kein Fetus mehr, sondern ein Neugeborenes. Es wird der Mutter auf den Bauch gelegt, damit der Körperkontakt nicht zu plötzlich abbricht. Die Nabelschnur wird durchschnitten. Das Ende am Nabel des Kindes wird abgeklemmt. Das andere Ende der Nabelschnur führt zur Plazenta, die sich immer noch in der Gebärmutter befindet und sich in der Nachgeburtsperiode ablöst. Die Plazenta wird nach der Ablösung durch die Scheide „geboren". Dazu dienen die Nachwehen.

Die Geburt lässt sich unterteilen in die Eröffnungsperiode, die Austreibungsperiode und die Nachgeburtsperiode.

Bindung ► S. 112
Nabelpflege ► S. 358

2.1.6 Das gesunde Neugeborene

Neugeborene werden in drei Gruppen unterteilt:
- reife Neugeborene: Kinder, die nach der 37. SSW und vor der 41. SSW geboren wurden
- frühgeborene: Kinder, die vor der vollendeten 37. SSW geboren wurden
- übertragene Neugeborene: Kinder, die nach der Vollendung der 42. SSW geboren wurden

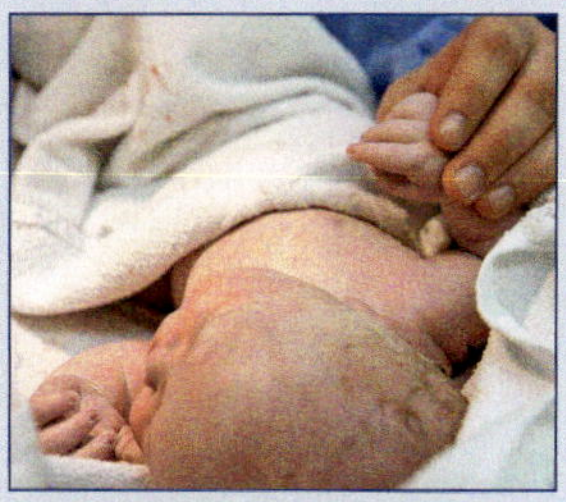

Abb. 4 Sofort nach der Geburt wird der Zustand des Kindes beurteilt.

Die Neugeborenenperiode dauert 28 Tage nach der Geburt an. Gesunde und reife Neugeborene weisen bestimmte Merkmale auf. So besitzen sie z. B. eine rosige Hautfarbe und Fingernägel, die die Fingerkuppen überragen. Ihr Schreien ist kräftig und der Knorpel der Ohren ist vollständig ausgebildet. Anhand dieser und weiterer Merkmale können sich Arzt oder Hebamme von der Gesundheit des Neugeborenen überzeugen. Der Zustand des Kindes wird sofort nach der Geburt, nach 5 und 10 Minuten im sogenannten APGAR-Test beurteilt. Dieses Beurteilungsschema erfasst rasch den Gesundheitszustand des Kindes, dabei werden Aussehen, Atmung, Bewegungstätigkeit, Reflexe und Puls des Säuglings untersucht.

2.1.7 Vorsorge im ersten Lebensjahr und darüber hinaus

Früherkennungs-untersuchungen sollen Erkrankungen und Defekte erkennen um diese rechtzeitig behandeln zu können.

Die Kindervorsorgeuntersuchungen sind seit 1971 Pflichtleistungen der gesetzlichen Krankenkassen. Durch die Untersuchungen sollen mögliche Defekte und Erkrankungen frühzeitig erkannt und Behandlungen eingeleitet werden. Dies betrifft v. a. Erkrankungen, die die Entwicklung des Kindes gefährden. Die Untersuchungen werden im „Gelben Heft“ des Gemeinsamen Bundesausschusses (GBA) durch den untersuchenden Kinderarzt dokumentiert. Jungen Eltern wird die Notwendigkeit der Kindervorsorgeuntersuchungen dargelegt und die Aufzeichnungen im „Gelben Heft“ erläutert. Bei allen Untersuchungen werden Körpergröße und -gewicht gemessen und der Allgemeinzustand beurteilt.

Sofort nach der Geburt wird das Neugeborene im APGAR- Test eingeschätzt. Die U1 erfolgt innerhalb der ersten 24 Stunden und kann auch von einer Hebamme durchgeführt werden. Kinderärzte führen die U2 zwischen dem 3. und 10. Lebenstag durch. Am 5. Lebenstag erfolgt das Neugeborenenscreening, die Suche nach bestimmten Stoffwechselerkrankungen. Die Kinder müssen zuvor 3 Tage mit Milchnahrung ernährt werden, um Stoffwechselstörungen erkennen zu können, dabei wird Blut aus der Ferse des Kindes entnommen.

Ausführliche Informationen über die Durchführung der Kindervorsorgeuntersuchungen finden Sie unter:

www.g-ba.de/institution/themenschwerpunkte/frueherkennung/kinder

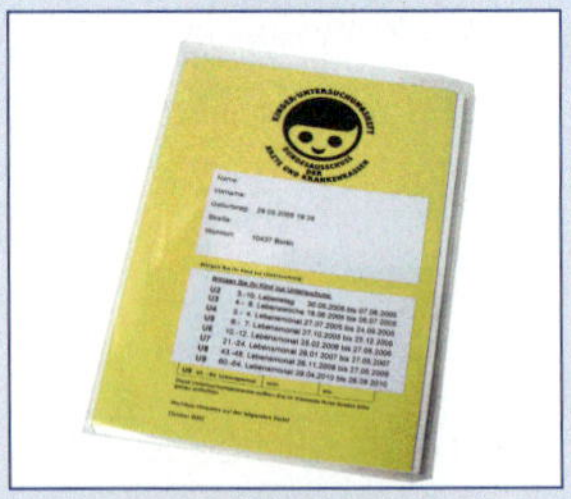

Abb. 1 In dieses Untersuchungsheft wird durch die Kinderärztin der Entwicklungsstand des Kindes eingetragen.

Weitere Schwerpunkte der Untersuchungen gehen aus der folgenden Tabelle hervor.

	Alter	Untersuchungsschwerpunkt
U1	unmittelbar nach Geburt im Kreißsaal	Atmung, Herzschlag, Hautfarbe, Reflexe, Vitalität, Fehlbildungen
U2	3.–10. Lebenstag	Stoffwechselstörungen (z. B. Eiweißstoffwechsel – sogenannter Guthrie-Test / Zuckerstoffwechsel und Schilddrüsenfunktion), evtl. Hörtest und Ultraschalluntersuchung des Hüftgelenkes
U3	4.–6. Lebenswoche	körperliche Entwicklung / Bewegungsmöglichkeiten / Verhalten des Kindes
U4	3.–4. Lebensmonat	Sehstörungen / Hörstörungen / Bewegungsverhalten / Ernährung und Verdauung / Impfungen
U5	6.–7. Lebensmonat	altersgerechte Bewegungsfähigkeit und Geschicklichkeit / Ernährung / Impfungen
U6	10.–12. Lebensmonat	Entwicklung der Motorik / Hören, Sehen und Sprechen des Kindes / Verhalten/Impfungen
U7	21.–24. Lebensmonat	Entwicklung von Gehen, Bücken, Aufrichten, Sehen, Hören, Sprechen / soziale Kontaktfähigkeit / Impfungen
U7a	34.–36. Lebensmonat	Hör- und Sehstörungen / Sprechen und Verstehen
U8	43.–48. Lebensmonat	Sprachentwicklung / Hör- und Sehstörungen / motorische Störungen
U9	60.–64. Lebensmonat	vor dem Eintritt in die Schule: geistige Entwicklung / körperliche Vitalität / Hören, Sprechen, Sehen / soziale Kontaktfähigkeit
U10/J1	13.–14. Lebensjahr	körperliche Gesundheit/Pubertätsfragen/Impfstatus
J2	16.–17. Lebensjahr	Pubertäts- und Sexualstörungen / Haltungsstörungen / Diabetes-Vorsorge / Sozialisations- und Verhaltensstörungen

Die meisten Früherkennungsuntersuchungen sind mit den aktuell empfohlenen Impfungen kombinierbar. Welche Impfungen aktuell von der Ständigen Impfkommission (STIKO) empfohlen werden, können Sie auf der Internetseite des Robert-Koch-Instituts nachlesen:

www.rki.de

2.2 Besondere Bedürfnisse des Säuglings – „Für einen guten Start ins Leben“

2.2.1. Wahrnehmung des Säuglings

Der Mensch verfügt über fünf Sinne, mit denen er seine Umwelt wahrnimmt. Bei ungeborenen Kindern sind diese Sinne schon alle, mehr oder weniger stark ausgeprägt, vorhanden. Diese Sinne erlauben dem Neugeborenen, zu sehen, zu hören, zu riechen und zu schmecken, Berührungen wahrzunehmen und Schmerz zu fühlen. Allerdings sind die Sinne noch nicht vollständig ausgeprägt und müssen sich deshalb im Laufe der nächsten Lebensmonate weiterentwickeln.

Schon vor der Geburt verfügt das Ungeborene über funktionsfähige Sinne.

Sinne ► S. 187

Tastsinn	Der Tastsinn ist der Sinn, der sich als Erstes entwickelt. Er ist auch nach der Geburt am besten ausgeprägt und schon im Mutterleib von großer Bedeutung. Durch die Enge der Gebärmutter erfährt das Ungeborene intensiven Hautkontakt, dieser vermittelt dem Kind Sicherheit und Geborgenheit. Nach der Geburt ist dieser intensive Kontakt plötzlich nicht mehr vorhanden, deshalb ist es für das Neugeborene nun umso wichtiger, engen Haut- und Körperkontakt zur Mutter zu haben. Neugeborene nehmen Tastreize mit dem ganzen Körper, aber auch bevorzugt mit Mund, Lippen und Zunge auf.
Sehsinn	Der Sehsinn ist nach der Geburt der am wenigsten entwickelte Sinn des Neugeborenen. Der Säugling kann nur unscharf sehen. Am schärfsten kann das Neugeborene Dinge oder Gesichter sehen, wenn diese ca. 20 cm Abstand zu seinen Augen haben. Zunächst kann das Kind Helldunkelkontraste, aber auch einfache Muster und Formen erkennen. Besonders gerne betrachten Neugeborene gesichtsähnliche Formen. Dabei wird das Gesicht der Mutter bevorzugt. Die Leistung des räumlichen Sehens kann der Säugling ca. ab dem 3.–4. Lebensmonat vollbringen. In dieser Zeit beginnt das Kind damit, entfernte Gegenstände zu sehen. Außerdem ist es nun möglich, Bewegungen von Dingen oder Personen mit den Augen zu folgen. Mit Beginn des 7. Lebensmonats kann der Säugling Dinge erkennen, die deutlich außerhalb seiner Reichweite liegen, es beginnt nun gezielt danach zu greifen.
Geruchssinn	Ungeborene können ca. ab der 28. SSW Gerüche wahrnehmen. Das Neugeborene kann noch nicht zwischen angenehmen und unangenehmen Gerüchen unterscheiden. Der Geruchssinn ist der wichtigste Orientierungspunkt. So erkennt es die Mutter durch den Geruch des mütterlichen Fruchtwassers. Dies ist wichtig für den Aufbau einer Bindung zwischen Mutter und Kind. Mütter sollten deshalb zunächst darauf verzichten, ihren Körpergeruch durch Deodorants und Parfüms zu verändern.
Geschmackssinn	Der Geschmackssinn ist eng mit dem Geruchssinn verknüpft. Genau wie die Fähigkeit, unterschiedliche Gerüche wahrzunehmen, können Neugeborene schon Lebensmittel geschmacklich unterscheiden. So kann man beobachten, dass Säuglinge auf Süßes und Salziges mit einem Saugreflex oder ablehnend auf saure und bittere Nahrung reagieren.
Hörsinn	Schon das ungeborene Kind nimmt im Mutterleib Geräusche, wie z. B. den Herzschlag der Mutter, wahr. Das Gehör ist also schon vollständig angelegt, muss aber nach der Geburt noch ausreifen. Dieser Ausreifungsprozess kann dadurch unterstützt werden, dass die Bezugspersonen sehr viel mit dem Säugling sprechen, gleichzeitig wird dadurch der Spracherwerb des Kindes unterstützt. Säuglinge bevorzugen harmonische Geräusche und Melodien, wie sie z. B. beim Vorsingen von Liedern entstehen oder von Spieluhren erzeugt werden. Nach der Geburt reagiert bzw. erschrickt das Kind nur bei plötzlichen lauten Geräuschen. Nach ca. 3–5 Wochen erfolgt eine Reaktion auf Ansprache. Es kann auch vorkommen, dass der Säugling mit den Augen nach der Quelle von bekannten Geräuschen sucht. Die Stimme der Mutter hat eine beruhigende Wirkung auf das Kind. Mit 2–3 Monaten bewegt der Säugling den Kopf in die Richtung, aus der Geräusche kommen. Wenn das Kind ca. ein halbes Jahr alt ist, beginnt es, beunruhigt auf fremde Geräusche zu reagieren. Seit Januar 2009 wird nach der Geburt ein sogenanntes Neugeborenen-Hörscreening durchgeführt. Mit dieser Untersuchung sollen Hörschäden bei Neugeborenen rechtzeitig erkannt werden.

2.2.2. Kompetenzen in den ersten zwölf Lebensmonaten

Neugeborene verfügen über eine Vielzahl frühkindlicher Reflexe, die das Überleben und die Entwicklung sicherstellen.

Reflex ► S. 104

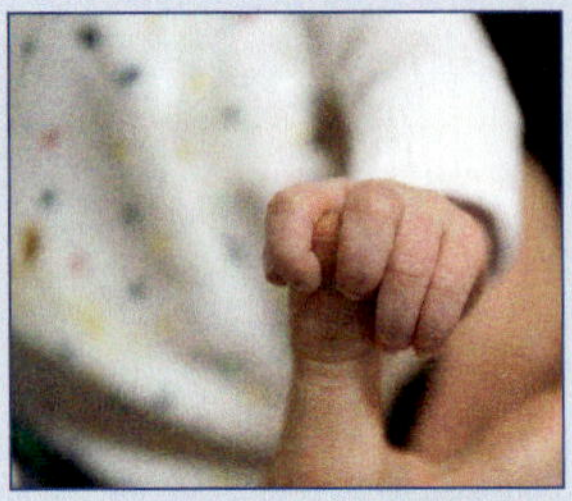
Abb. 1 Greifreflex beim Neugeborenen

Meilensteine der motorischen Entwicklung ► S. 104

Reflexe

Neben den beschriebenen Sinnen verfügt das Neugeborene über Reflexe, die in den ersten Lebensmonaten wichtig für seine Entwicklung sind. Unter einem Reflex versteht man eine automatische und unwillkürliche Reaktion auf einen Reiz. Reflexe sichern dem Säugling das Überleben, indem sie z. B. die Nahrungsaufnahme oder das Atmen unterstützen. Oft bilden Reflexe auch die Voraussetzung für das Erlernen bestimmter Fähigkeiten. Viele dieser Reflexe gehen in den ersten vier Lebensmonaten verloren.

Saugreflex	Greifreflex	Moro-Reflex	Schreitreflex
Werden Lippen und Gaumen berührt, beginnt das Kind zu saugen und zu schlucken.	Wird beim Neugeborenen durch die Berührung der Handinnenfläche ausgelöst, greift es mit der Hand.	(auch Umklammerungsreflex) typische Streck- und Beugebewegungen der Arme und Beine, wenn das Kind sich erschreckt	Hält man das Kind aufrecht, so dass die Füße den Boden berühren, beginnt der Säugling einen Fuß vor den anderen zu setzen.

Motorische Kompetenzen

Bei der Entwicklung der motorischen Kompetenzen zeigen sich teilweise große zeitliche Unterschiede zwischen den einzelnen Kindern. Die motorischen Kompetenzen können gefördert werden durch z. B.:

- die Möglichkeit zum Strampeln in Rückenlage (ca. Ende des 2. Lebensmonats)
- Streicheleinheiten, Massagen und die Beschäftigung mit dem Kind
- den Wechsel von Bauch- und Rückenlage des Kindes (ca. Ende des 3. Lebensmonats)
- die sichere Möglichkeit zur eigenständigen Drehung auf die Seite (ca. 6. Lebensmonat) und von Bauch- in Rückenlage (ca. 7. Lebensmonat), das heißt, den Säugling nicht unbeaufsichtigt auf Wickeltisch, Bett oder Sofa lassen
- das Greifen kleiner Gegenstände (ab ca. 8. Lebensmonat) mit dem Scherengriff (mit Daumen und Zeigefinger)
- das Greifen kleiner Gegenstände (ab ca. 9./10. Lebensmonat) mit dem Pinzettengriff (die Fingerkuppen werden beim Greifen genutzt)
- die Unterstützung des freien Stehens (ca. Ende 10. Lebensmonats)
- die Schaffung einer sicheren Umgebung für Erkundungstouren während des Robbens und Krabbelns sowie während der ersten Steh- bzw. Gehversuche

Unfallverhütung ► S. 297

Abb. 2 Baby krabbelt im Vierfüßlerstand

Abb. 3 Erste Gehversuche an der Hand

2.2.3 Kommunikation mit dem Säugling

In den ersten Wochen nach der Geburt ist das wichtigste Kommunikationsmittel zwischen Mutter und Kind der Hautkontakt. Die nonverbale Kommunikation steht im Vordergrund. Neugeborene benötigen Berührungen, die ihnen Orientierung geben und außerdem den eigenen und den fremden Körper spürbar werden lassen. Aber auch die Stimme spielt schon eine wichtige Rolle. Die vertraute Stimme der Mutter beruhigt das Neugeborene. Mit zunehmendem Alter gewinnt die sprachliche (verbale) Kommunikation an Bedeutung.

nonverbale Kommunikation ► S. 84

Hörsinn ► S. 349
sprachliche (verbale) Kommunikation ► S. 83

Kommunikationsmöglichkeiten eines Säuglings
Die Kommunikation mit den Bezugspersonen ist für das Neugeborene wichtig zur Ausbildung seines Selbstbildes und seines Selbstbewusstseins. So reagieren die Kinder auf ein scheinbar ausdrucksloses oder gefühlskaltes Gesicht schon sehr früh mit Unbehagen und beginnen zu weinen. Fast alle Menschen lächeln beim Anblick eines Babys und unterstützen es so in seiner Entwicklung.
Die Signale, die Neugeborene aussenden, werden für Eltern oder betreuenden Personen mit wachsender Erfahrung leichter lesbar. Es gibt eine Reihe von Signalen, die auf ein bestimmtes Befinden bei Neugeborenen und Säuglingen hinweisen:

Bestimmte Signale bedeuten bei allen Säuglingen dasselbe. Sind diese Signale bekannt, erleichtert das den Umgang mit dem Kind.

Signale des Säuglings	Mögliche Bedeutung
leicht gebeugte, entspannte Körperhaltung	entspanntes Wohlbefinden
stark angezogene Arme, angewinkelte Beine	Abwehr/Bauchschmerzen
gespreizte Finger	Unwohlsein und Anspannung
leicht geöffnete Hände	Wohlbefinden
Blick abwenden/ Kopf wegdrehen	Unbehagen und Stress
Arme neben dem Kopf, lockere Faust	Wohlgefühl/satt
suchende Kopf- und Lippenbewegung	Hunger
Gähnen oder Schluckauf	Müdigkeit oder Stress
Grimassen machen	Schmerzen
Lächeln mit geschlossenen Augen	Wohlbefinden und Geborgenheit

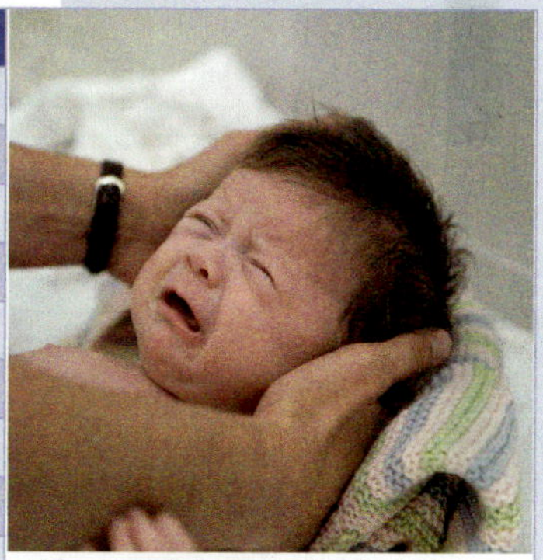

Abb. 4 Viele Signale des Säuglings lassen sich deuten.

Wenn Kinder schreien, kann das unterschiedliche Ursachen haben. Hat das Baby z. B. Hunger, ist das Schreien durchdringend, ausdauernd und wirkt zornig. Wenn das Kind unbequem liegt oder Schmerzen hat, schreit es schrill, laut und eventuell panisch. Schreit das Baby eher rhythmisch und klagend, ist es wahrscheinlich müde. Langeweile wird durch Quengeln ausgedrückt. Ist das Baby krank und fühlt es sich unwohl, hat das Schreien einen gereizten Ton und klingt teilweise wimmernd.

Unterstützung der Sprachentwicklung
Wie sich das Sprachvermögen eines Kindes entwickelt, liegt zu einem großen Teil in den Händen der Eltern und direkten Bezugspersonen. Schon im Mutterleib ist es sinnvoll, mit dem Kind zu sprechen. Das Ungeborene gewöhnt sich so an den Klang der mütterlichen und väterlichen Stimme. Nach der Geburt ist diese Stimme ein wichtiger Orientierungspunkt für das Kind. Deshalb sollten Eltern oder Bezugspersonen sehr viel mit dem Kind sprechen. Dabei müssen sie aber keine „Babysprache“ verwenden, sondern sollen in einem ruhigen und liebevollen Ton mit dem Kind reden. Gelegenheiten dazu bieten sich im Alltag reichlich. So kann z. B. jede Handlung, vom Stillen bis zum Wickeln, erklärt werden. Auch das Vorsingen von Kinderliedern bringt die Babys in ihrer Sprachentwicklung voran.

Für eine gute Sprachentwicklung benötigt das Baby zahlreiche Anregungen und Möglichkeiten, Sprache zu erleben.

Stillen ► S. 355
Wickeln ► S. 360
Sprachentwicklung ► S. 108

2.2.4 Bedeutung sozialer Beziehungen für den Säugling

Informationen zum Thema soziale Beziehungen und Emotionen finden Sie unter:

www.familienhandbuch.de Stichwort „Kindliche Entwicklung“

Bindung ► S. 112

Aufbau von Vertrauen und Bindung

Damit ein Neugeborenes ein gesundes Bindungsverhalten und Vertrauen entwickeln kann, benötigt es die richtige Zuwendung von Seiten der Bezugspersonen. Bindung bedeutet Aufbau einer engen sozialen Beziehung zu einem Menschen, der bei einem Neugeborenen in der Regel die Mutter ist. Der Säugling braucht das Gefühl von Zuverlässigkeit und Sicherheit, um dieses natürliche Bindungsverhalten auszubilden.

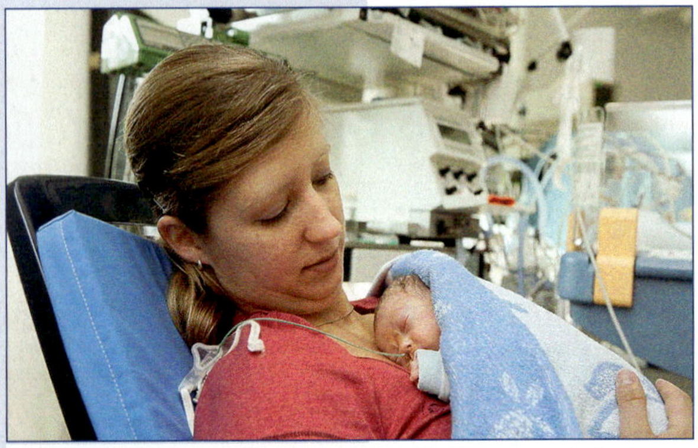

Abb. 1 Bei Frühgeborenen nutzt man die Känguru-Methode, um die körperliche Nähe und den Hautkontakt zu gewährleisten.

Die Bindung an die Bezugsperson erfolgt beim Neugeborenen über den Hautkontakt und den Geruch. Eltern unterstützen die weitere Ausbildung der Bindung dadurch, dass sie für das Kind eine ruhige und berechenbare Umgebung schaffen. Sie reagieren auf die Bedürfnisse des Kindes und befriedigen diese. Durch diese Atmosphäre der Zuverlässigkeit erfährt das Kind Sicherheit und lernt Vertrauen. Diese Lernprozesse fußen auf der Grundlage des sozialen Lernens. Eine gute Bindung erleichtert dem Kind seine gesamte weitere Entwicklung, da sie sich positiv auf die Ausreifung der Nervenzellen und des Gehirns des Kindes auswirkt.

Der Aufbau einer guten Bindung zu den Eltern in den ersten Lebenswochen beeinflusst die gesamte Entwicklung des Kindes positiv.

Tastsinn ► S. 349
Geruchssinn ► S. 349
soziales Lernen ► S. 113
Lernen durch Beobachtung ► S. 160
soziales Lächeln ► S. 341
Sinne ► S. 187

Säuglinge lernen auch durch Beobachtung. Die Eltern oder Bezugspersonen sind für das Kind somit in einer Vorbildrolle. Kinder fühlen sich unwohl, wenn von den Bezugspersonen Stress und Hektik ausgeht. Säuglinge ab der 6. Lebenswoche lächeln alle freundlichen menschlichen Gesichter an. Dieses Lächeln dient der Kontaktaufnahme und wird als soziales Lächeln bezeichnet. In dieser Zeit werden alle näheren (Eltern) und entfernten (Tante, Onkel) Bezugspersonen angelächelt.

2.2.5 Formen emotionaler Zuwendung

Gefühle entwickeln sich

Das Neugeborene verfügt nach seiner Geburt über alle Sinne und kann deshalb schon wichtige Dinge aus seiner Umwelt wahrnehmen. Die Reaktion auf diese Wahrnehmungen durch den Ausdruck von Gefühlen ist aber noch eingeschränkt und muss sich im Laufe der Zeit erst vollständig entwickeln. In den ersten sechs Wochen kann das Kind nur zwischen angenehmen und unangenehmen Empfindungen unterscheiden. Das Gefühl, Hunger zu haben, erscheint dabei unangenehm, von der Mutter im Arm gehalten zu werden ist dagegen äußerst angenehm.

Säuglinge reagieren sehr sensibel auf unbehagliche Situationen wie z. B. Nervosität und Unruhe der Eltern.

Nach der sechsten Lebenswoche beginnt das Kind die Emotion Freude zu spüren. Untersuchungen haben gezeigt, dass Kinder in diesem Alter fröhliche Gesichter lieber anschauen als ausdruckslose. Ärger und Trauer entwickeln sich ab dem 4. Monat und im Alter von 6–8 Monaten kommt das Empfinden von Furcht dazu. In dieser Zeit beginnen die Kinder zu fremdeln. Ab dem 9. Monat ist das Kind in der Lage, zu erkennen, auf welche Situationen die Bezugspersonen z. B. ärgerlich oder fröhlich reagieren.

Fremdeln ► S. 112

Emotionale Zuwendung zum Säugling

Säuglinge benötigen das Gefühl der Sicherheit, Geborgenheit und Verlässlichkeit. Nur wenn diese Grundbedürfnisse durch die unmittelbaren Bezugspersonen erfüllt werden, kann der Säugling sein Selbstwertgefühl aufbauen. Das dadurch erworbene Gefühl der Selbstsicherheit benötigt das Kind, um die zahlreichen Entwicklungsaufgaben in den ersten Lebensmonaten zu bewältigen. Eltern können diese Entwicklung positiv beeinflussen und sollten bestimmte Verhaltensweisen zeigen bzw. meiden:

Das Erleben von Sicherheit, Geborgenheit und Verlässlichkeit ist für das Kind in den ersten Lebensmonaten von absolut wichtiger Bedeutung.

Positive Verhaltensweisen	Negative Verhaltensweisen
• Seien Sie für das Kind verlässlich. • Reagieren Sie sofort auf das Weinen des Säuglings. • Geben Sie dem Kind Geborgenheit und Zärtlichkeit durch Körperkontakt, Streicheleinheiten, Massagen und Kuscheln. • Bieten Sie dem Kind Konstanz und Stabilität durch einen regelmäßigen Tagesablauf (z. B. immer gleiche Mittagsschlafzeit) oder Rituale (z. B. Gutenachtlied). • Loben Sie das Kind und bieten Sie ihm eine positive Mimik, das heißt, lächeln Sie das Kind oft an. • Nehmen Sie die Bedürfnisse des Kindes, z. B. nach Ruhe, ernst.	• Bestrafungen und „Nein“-Sagen sowie Vorträge über falsches Verhalten kann der Säugling noch nicht verstehen. So verunsichern Sie das Kind. • Schimpfen Sie nicht mit dem Säugling. • Der Säugling mag keine Unruhe und Hektik (z. B. häufiger Ortswechsel, zu viel Besuch), vermeiden Sie diese. • Liebesentzug und das Ignorieren des Kindes (z. B. schreien lassen, weil Sie das Kind nicht verwöhnen möchten) sind unangebracht. • Bewahren Sie das Kind vor lauter, unpassender Umgebung (z. B. eine Party von Erwachsenen).

Liebe und Zuwendung fürs Baby

Kann man Babys überhaupt zu sehr verwöhnen? Ja, aber auf keinen Fall mit viel Liebe und Zuwendung!

Die Theorie „Verwöhn das Baby nicht so, lass es ruhig mal schreien, das stärkt die Lunge“ ist längst überholt. Ein Baby hat immer Gründe, wenn es schreit. Wer das missachtet, riskiert, das Vertrauen des Babys zu verletzen. Dass Trösten das Weinen noch verstärkt, gilt zumindest nicht für ein Baby unter einem Jahr - im Gegenteil. „Weinende Kinder brauchen Trost und sollen ihn auch bekommen“, sagt Hartmut Kasten, Professor für Entwicklungspsychologie und Frühpädagogik. […]

Quelle: www.familie.de (http://www.familie.de/baby-liebe/) 5.3.2010

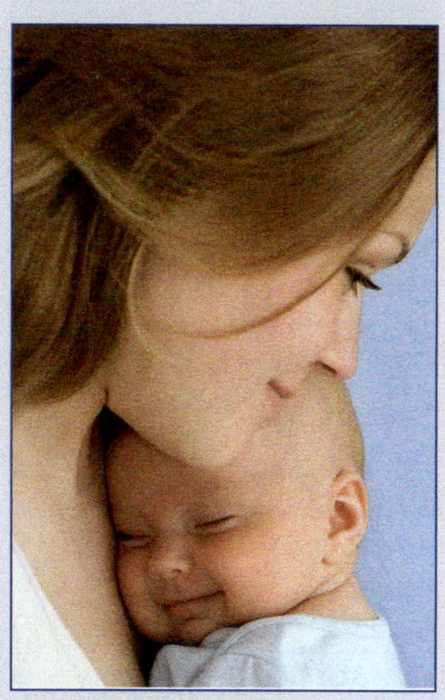

Abb. 2 Zuwendung ist für Babys lebenswichtig.

! Immer wieder hört man in den Medien, dass ein Säugling durch ein Schütteltrauma zu Tode gekommen ist. Junge Eltern oder Pflegende sind oft starkem Stress und vielen Belastungen ausgesetzt. Besonders belastend finden viele es, wenn der Säugling oft und lange schreit. Aus lauter Verzweiflung und Überforderung schütteln die Personen das Kind dann, in der Hoffnung, dass es dadurch aufhört zu schreien. Dieses Schütteln, auch wenn es nur fünf Sekunden andauert, kann beim Kind schwere Schäden hervorrufen oder tödlich sein.

2.3 Tägliche Versorgung eines Säuglings – „Von A wie Aufmerksamkeit bis W wie Wickeln"

2.3.1 Grundausstattung für die Versorgung eines Säuglings

Bei der Anschaffung von Babyartikeln muss darauf geachtet werden, dass die Gegenstände den gängigen Sicherheitsnormen entsprechen.

Werdende Eltern stehen einem fast unüberschaubaren Angebot an Produkten für ihr zukünftiges Kind gegenüber. Viele stellen sich dann die Frage, was benötigt das Baby wirklich und was ist überflüssig oder sogar schädlich. Grundsätzlich sollte bei Anschaffungen für das Kind auf geprüfte Sicherheit der Produkte Wert gelegt werden. Diese erkennt man an den Prüfsiegeln vom TÜV (Technischer Überwachungsverein) oder dem GS-Prüfzeichen (geprüfte Sicherheit). Das gilt auch, wenn Eltern gebrauchte, abgelegte Gegenstände von anderen Kindern annehmen.

TÜV ► S. 300
GS-Prüfzeichen ► S. 295

Abb. 1 Baby mit Baumwollmützchen

Abb. 2 Baby in einem Autokindersitz

Schlafplatz ► S. 362

Was benötigt man als Grundausstattung für einen Säugling?	
Ausstattung für die Körperpflege • Babybadewanne aus Kunststoff oder Babybadeeimer • Badethermometer • Waschlappen • eventuell spezielle milde Babybadezusätze • Badehandtücher mit Kapuze • Gesichts- und Körpercreme oder Babyöl und spezielle Pflegeprodukte (Wundschutzcreme) für den Windelbereich • Babybürste, Nagelschere, Wattestäbchen, Zellstofftücher, Fieberthermometer • Wickelkommode oder Wickelaufsatz • Windeleimer, Wegwerfwindeln oder Stoffwindeln mit Windeleinlagen und Überziehhöschen	**Wäscheausstattung** • ca. 8 kurz- und langärmelige Bodys (Kleidergröße 50/56 und später 62/68) • mehrere Jäckchen • mehrere Pullover • mehrere Strampler • Jogginganzüge • mehrere Schlafanzüge • Babysöckchen, evtl. Überziehschuhe • Mütze (im Sommer als Sonnenschutz, im Winter als Kälteschutz; Abb. 1) • Sommerjacke • warmer Overall • Handschuhe
Ausstattung für die Ernährung eines Säuglings • Messbecher • Messlöffel • Trichter • Milchflaschen inklusive richtigem Sauger, Deckel und Schraubverschluss • Flaschenbürste • evtl. Babyflaschenwärmer • evtl. Sterilisator • Lätzchen, Spucktücher	**Ausstattung für den sicheren Transport** • Kinderwagen mit abnehmbarem Oberteil/Babyschale • später Sportkarre/Buggy • Wickeltasche mit Wickelutensilien und frischer Kleidung • Auto-Babyschale/Kindersitz (Abb. 2) • Babytragetuch oder Baby-Carrier **Ausstattung für den Schlafplatz** • Kinderbett • Laken • Schlafsack

2.3.2 Tagesgestaltung

Für Neugeborene und Säuglinge ist ein regelmäßiger und konstanter Tagesablauf wichtig, damit sie sich gesund entwickeln. Besonders in den ersten Lebenswochen verbringt das Neugeborene die meiste Zeit des Tages schlafend.

Schlafen ► S. 362

Gerade in den ersten Lebensmonaten geben die Kinder den Rhythmus vor, der in erster Linie aus Schlafen und Essen besteht. Für Eltern ist es wichtig, sich während der Wachphasen intensiv mit dem Kind zu beschäftigen und es hinzulegen, wenn Anzeichen von Müdigkeit beobachtet werden. Bei Neugeborenen beträgt die Zeitspanne zwischen den Mahlzeiten ca. vier Stunden. Dies kann aber bei jedem Kind unterschiedlich sein. Nach der Mahlzeit ist Gelegenheit, mit dem Kind zu spielen, zu kuscheln oder ihm Lieder vorzusingen. Zeigt das Neugeborene Anzeichen von Müdigkeit, wird es schlafen gelegt.
Auch der Zeitpunkt der Körperpflege, z. B. das Baden, muss gut überlegt sein. Diese muss sich gut in den Tagesablauf des Kindes einfügen. Das Kind sollte weder hungrig noch müde sein, noch kurz vorher gefüttert worden sein. Häufig wird das Säuglingsbad am frühen Abend durchgeführt, um einen Übergang zur Schlafphase zu schaffen.

Säuglinge verfügen noch nicht über einen Tag-Nacht-Rhythmus und müssen diesen durch die Eltern erst erlernen.

Spielen ► S. 363

Kinder müssen ihren eigenen Schlafrhythmus und die Unterscheidung von Tag und Nacht erst lernen. Auch hierbei helfen Rituale, die schon im Säuglingsalter eingeführt werden können. So ist es sinnvoll, das Kind jeden Abend zur gleichen Zeit für das Bett fertig zu machen. Nach einer Kuschelzeit wird das Kind hingelegt. Wenn Säuglinge nachts erwachen und schreien, ist es wichtig, dass die Bezugspersonen gleich für das Kind da sind. Diese Verlässlichkeit benötigt es zur Ausbildung von Vertrauen.

Bei allen Ritualen ist es wichtig, dem Kind keinen Tagesrhythmus aufzudrängen.

Frische Luft tut auch Säuglingen gut. Deshalb sollte ein Spaziergang zum täglichen Programm für das Kind gehören. Mit der richtigen Kleidung kann weder Kälte noch die Sonne dem Kind etwas anhaben.

2.3.3 Ernährung eines Säuglings

Stillen

Die bevorzugte Nahrung für das Neugeborene stellt die Muttermilch dar. Sie versorgt das Kind mit allem, was es benötigt. So ist die Muttermilch immer in der richtigen Temperatur vorhanden und frei von Krankheitserregern. Das Kind bekommt die richtige Menge an Kalorien, und das auf eine kostengünstige Art. Auch der Infektionsschutz des Kindes (Immunsystem) wird durch die Muttermilch aufgebaut. Außerdem wird durch das Stillen an der Brust der Kontaktaufbau zwischen Mutter und Kind gefördert.

Durch das Stillen wird das Kind mit allem versorgt was es benötigt. Außerdem fördert der enge Kontakt die Mutter- Kind-Bindung.

Kalorien ► S. 395
Immunsystem ► S. 405
Brust ► S. 343

Künstliche Säuglingsnahrung

Ist es nicht möglich, ein Kind zu stillen, muss auf künstliche Säuglingsnahrung zurückgegriffen werden. Kuhmilch oder andere tierische Milch ist zur Ernährung eines Kindes im ersten halben Jahr nicht geeignet, da das kindliche Verdauungssystem die darin enthaltenen Proteine und Mineralien nicht verarbeiten kann. Der künstlichen Nahrung fehlen auch wichtige Inhaltsstoffe zum Aufbau des kindlichen Immunsystems. Auf der Packung der Säuglingsnahrung finden Sie Angaben zur altersabhängigen Trinkmenge pro Tag sowie zu den Inhaltsstoffen.

Anreichen von Säuglingskost

Säuglinge sind nicht in der Lage, Nahrung selbst zu sich zu nehmen. Sie benötigen die Unterstützung durch eine andere Person. Die Nahrung wird zu jeder Mahlzeit frisch zubereitet. Reinigen Sie sich vor dem Anreichen gründlich die Hände.

Beim Eingeben von Nahrung gibt das Kind die Geschwindigkeit und die Menge vor.

Zum Anreichen der Nahrung hält man das Kind leicht geneigt und baut Blickkontakt auf. Die Zeit des Fütterns ist eine Zeit intensiver Kontaktaufnahme zum Kind. Durch diese Kontaktaufnahme ist es für den Erwachsenen leichter erkennbar, wann das Kind satt ist oder wann es den nächsten Bissen erwartet. Das Kind gibt das Esstempo an, es öffnet den Mund oder es dreht den Kopf weg; es schluckt die Nahrung nicht oder spuckt den Sauger aus, sobald es satt ist.

Beim Füttern mit einer Flasche sollte man diese im Winkel von ca. 45° halten. Die Nahrung darf nicht einfach einfließen, sondern das Kind muss sie aus der Flasche saugen. Dies wird durch die Lochgröße des Saugers reguliert. Je nach Konsistenz der Nahrung variiert die Lochgröße. Der Sauger muss immer vollständig mit Milch gefüllt sein. Sonst besteht die Gefahr, dass sich das Kind verschluckt. Nach Beendigung der Mahlzeit lässt man das Kind aufstoßen, um die mitgeschluckte Luft aus dem Magen entweichen zu lassen. Dazu legt man das Kind an die Schulter und klopft ganz sanft mit der flachen Hand auf den Rücken des Babys. Bei der Zubereitung der Flaschennahrung ist immer den Anweisungen des Herstellers zu folgen. In der Regel brauchen Babys für eine Flasche Nahrung ca. 15 Minuten.

Sterilisation ► S. 382

Abgepumpte Muttermilch oder Ersatzmilch wird im Flaschenwärmer auf 36–37 °C erwärmt. Wichtig ist, dass die Temperatur der Nahrung vor der Verabreichung überprüft wird. Dazu tropft man einige Tropfen aus dem Sauger auf die Innenseite des eigenen Handgelenkes. Es sollte kein Temperaturunterschied gefühlt werden. Nach der Mahlzeit müssen die Flasche und der Sauger gründlich gereinigt werden. Für die Flaschenreinigung wird eine Flaschenbürste verwendet, die ausschließlich für die Babyfläschchen verwendet wird! In den ersten Lebensmonaten müssen die zur Nahrungsanreichung verwendeten Gegenstände außerdem mindestens fünf Minuten abgekocht werden bzw. in einem Sterilisator sterilisiert werden.

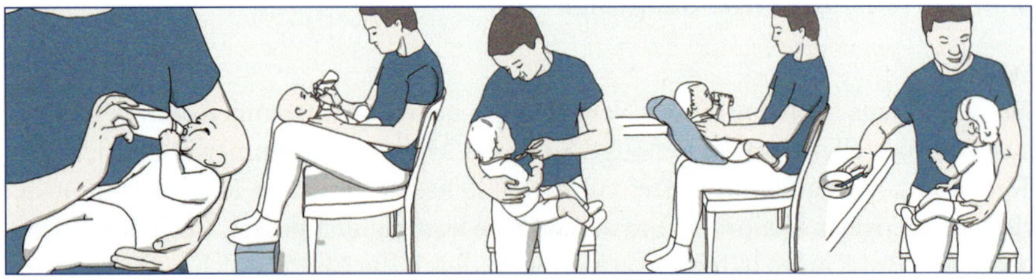

Abb. 1 Positionen zum Füttern von Säuglingen und Kleinkindern

Breikost ► S. 312

Erwachsene sollten beim Füttern nicht vom Löffel des Kindes probieren, es besteht die Gefahr, dass mit dem Speichel Kariesbakterien übertragen werden.

Beginnt das Baby, Breikost zu sich zu nehmen (frühestens ab dem 5. Lebensmonat), gelten ebenfalls spezielle Regeln. Vor der Verabreichung der Nahrung muss auch hier die Temperatur und zusätzlich der Geschmack überprüft werden. Wichtig ist, dass vom Erwachsenen zum Probieren der Kost ein extra Löffel verwendet wird, damit keine Kariesbakterien übertragen werden. Die Babys müssen das richtige Essen vom Löffel allerdings erst lernen und spucken den Brei zu Beginn häufig wieder aus. Das liegt daran, dass die Kinder bisher nur das Saugen zur Nahrungsaufnahme kennen. Deshalb sind beim Füttern des Babys mit dem Löffel Geduld und Ruhe notwendig.

2.3.4 Baden eines Säuglings

Während bei Erwachsenen das Bad mehr der Erholung und Entspannung dient, steht bei Säuglingen neben der Reinigung vor allem der Spaß im Vordergrund. Zu beachten ist der richtige Zeitpunkt für das Bad.

Für Säuglinge steht beim Baden der Spaß im Vordergrund.

Tagesgestaltung ► S. 355

Bei Säuglingen werden spezielle Babybadewannen oder Badeeimer (Abb. 2) genutzt. Der Badeeimer bietet den Vorteil, dass Säuglinge relativ stabil und sicher baden können. In der Regel können sich auch wasserscheue Säuglinge gut mit dieser Art des Badens anfreunden. Die Größe eines Badeeimers ist so bemessen, dass ein Säugling aufrecht in Hockhaltung darin Platz hat.

Abb. 2 Säuglingsbad im Badeeimer

Vor Beginn des Bades werden der Intimbereich und der Po mit warmem Wasser und einem Waschlappen gereinigt. Außerdem werden Pflegemittel und frische Sachen bereitgelegt. Wichtig ist eine angenehme Raumtemperatur, die ungefähr 23 °C betragen sollte. Das Wasser für ein Säuglingsbad soll körperwarm sein (36–37 °C). Säuglinge können ihre Körpertemperatur noch nicht gut regulieren und drohen schnell auszukühlen. Mit den Füßen zuerst wird das Kind in die Badewanne oder den Badeeimer gehoben. Hat es sich an die neue Umgebung gewöhnt, können die Beine losgelassen werden. In der Badewanne wird der Säugling dann nach folgendem Schema (Abb. 3–5) gewaschen und dabei sicher gehalten.

Pflegemittel ► S. 358

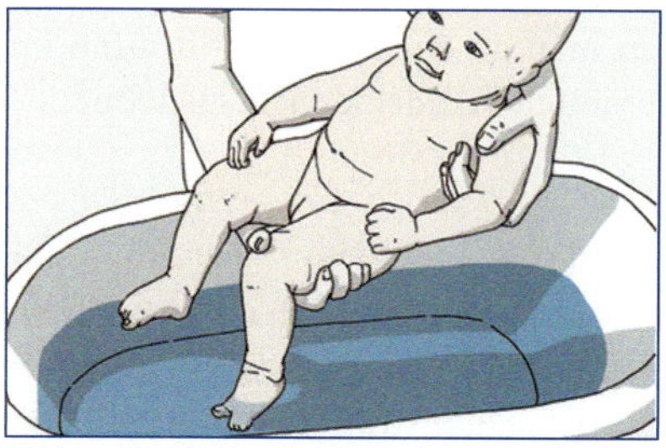

Abb. 3 Die linke Hand wird um den linken Oberarm des Kindes gelegt. Der Hinterkopf ruht damit auf dem Unterarm der erwachsenen Person. Mit dem rechten Arm greift man unter dem rechten Bein des Kindes durch und ergreift den linken Oberschenkel.

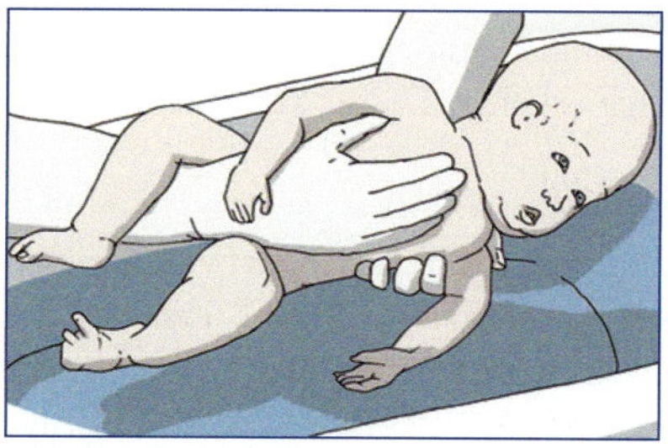

Abb. 4 Mit der freien Hand wird das Kind gewaschen und anschließend in die Bauchlage gedreht. Dazu greift die Mutter bzw. Pflegeperson mit ihrer rechten Hand den Brustkorb des Säuglings von der linken Seite.

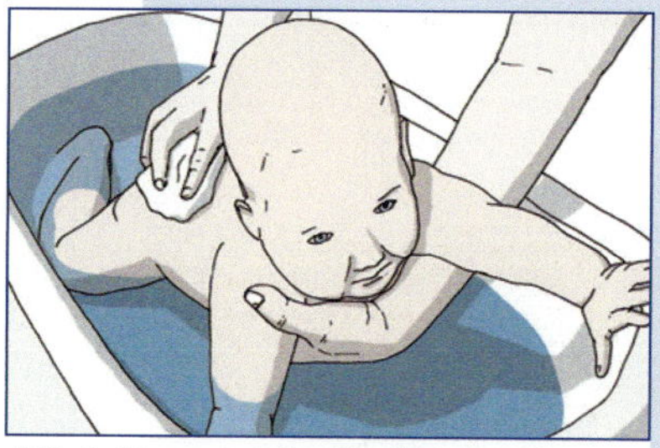

Abb. 5 Nun wird das Kind vom Rücken auf den Bauch gedreht und weiter gewaschen. Dabei liegt der Säugling mit dem Bauch auf dem Unterarm des Erwachsenen und wird mit der linken Hand am rechten Oberarm gehalten.

Ältere Säuglinge können in der Badewanne hingesetzt werden, müssen allerdings während des gesamten Badens am Oberarm festgehalten werden. Anschließend wird das Kind gut abgetrocknet. Beim Abtrocknen soll nicht gerieben werden, sondern es ist besser, die Haut sanft trockenzutupfen. Achten Sie darauf, dass alle Hautfalten gut trocken sind. Danach wird das Kind eventuell mit Pflegemitteln versorgt, gewickelt und angezogen.

Der Säugling darf nie alleine in der Wanne gelassen werden.

Wickeln ► S. 360

Babys müssen nicht jeden Tag gebadet werden, da die Haut austrocknen kann. Oftmals reicht auch eine einfache Wäsche aus. Badezusätze sind nur sehr sparsam zu verwenden. Klares Wasser ist oft ausreichend, allerdings lassen sich stärkere Verunreinigungen (z. B. Stuhlrückstände) damit nicht gut entfernen. Bei Kindern mit sehr trockener Haut ist es sinnvoll, in Absprache mit dem Kinderarzt Ölbäder oder rückfettende Badezusätze zu verwenden.

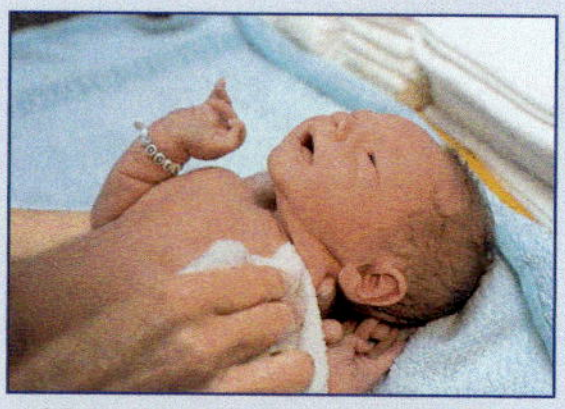

Abb. 6 Ein Säugling wird gewaschen

2.3.5 Haut- und Nabelpflege

Die Haut eines Neugeborenen ist noch sehr empfindlich und benötigt deshalb besonderen Schutz.

Hautpflege
Die Haut von Neugeborenen und Säuglingen ist noch nicht vollständig entwickelt und benötigt deshalb auch besonderen Schutz. Unmittelbar nach der Geburt wird die Haut des Kindes von der Käseschmiere bedeckt, welche die Haut des Kindes im Mutterleib vor dem Fruchtwasser geschützt hat. Diese Schutzschicht verliert das Neugeborene durch das Waschen sehr schnell.
Die Säuglingshaut ist sehr empfindlich gegen Austrocknung und Infektionen. Geschützt werden muss die Haut des Säuglings auch besonders vor Kälte und Sonne. Hier bieten sich für die ungeschützten Hautflächen (z. B. Gesicht) Kälteschutzcremes an. Gegen die Strahlung der Sonne hilft in erster Linie lichtdichte Kleidung und Sonnenschutzcreme.

Infektionen ► S. 404

Hautpflegeprodukte für Säuglinge müssen sorgfältig ausgewählt werden. Es wird sogar empfohlen, auf spezielle Pflegeprodukte für Säuglinge komplett zu verzichten. Nur die empfindliche Haut am Po muss vor dem Kontakt mit Stuhlgang und Urin geschützt werden, besonders, wenn die Haut an diesen Stellen wund ist. Dazu eignen sich spezielle Babycremes für den Windelbereich. Die Verwendung von Puder sollte vermieden werden.

Durch das Wundwerden im Gesäß- und Genitalbereich kann es auch zu einem Windelausschlag (Windeldermatitis) kommen, den man an einer heftigen Rötung im Pobereich erkennt. Dieser kann sich auf den gesamten Windelbereich ausdehnen.

Windeldermatitis ► S. 370

Nabelpflege
Das Kind wird nach der Geburt von der Nabelschnur getrennt. Der Nabelschnurrest trocknet ein und fällt nach ca. 7 Tagen ab. Die Nabelpflege kann offen oder geschlossen durchgeführt werden. Bei der geschlossenen wird der Nabel mit einem Verband bedeckt, bei der offenen nicht. Weiterhin muss zwischen trockener und feuchter Nabelpflege unterschieden werden. Bei der feuchten Pflege wird mit desinfizierenden Medikamenten gearbeitet, bei der trockenen Pflege wird der Nabel ohne Medikamente versorgt.

Bei der Nabelpflege muss der Nabel auf Infektionen untersucht werden!

Reinigen und desinfizieren Sie vor der Nabelpflege Ihre Hände gründlich. Der Nabel wird möglichst mit sterilem Wasser gereinigt und mit einer sauberen Mullkompresse sanft trockengetupft. Hierbei ist der Nabel auf eventuelle Infektionszeichen (Rötung/Schwellung/Fieber beim Kind) zu untersuchen. Wird eine Infektion vermutet, muss umgehend ein Kinderarzt aufgesucht werden. Wickeln Sie das Kind anschließend so, dass der Nabel offen bleibt. Dazu wird die Windel unterhalb des Nabels (Abb. 1/2) geschlossen.

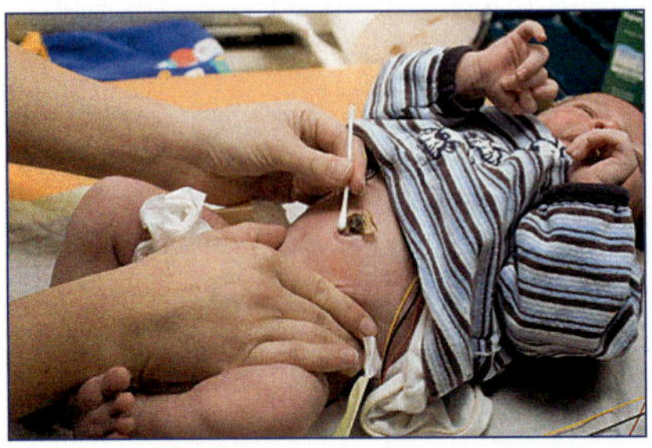

Abb. 1 Entfernung von Verkrustungen

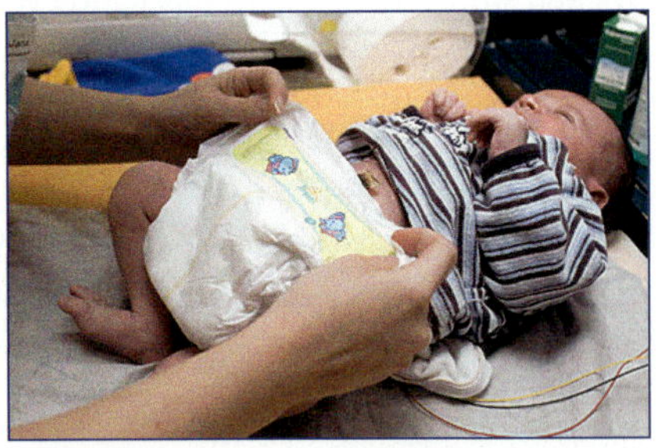

Abb. 2 Die Windel wird so gefaltet, dass der Nabel frei bleibt.

2.3.6 Pflege von Nase, Ohren, Fingernägeln und Zähnen beim Säugling

Nasen-, Ohren- und Fingernagelpflege

Säuglinge atmen anfangs ausschließlich durch die Nase. Deshalb muss diese immer frei von Verkrustungen oder Nasensekret sein. Für die Nasenpflege beim Säugling werden angefeuchtete Wattestäbchen oder zusammengedrehte, feuchte Papiertücher verwendet, mit denen die Nase sanft gereinigt wird. Bei der Reinigung darf nicht zu tief in die Nase eingedrungen werden.

Nasen-, Ohren- und Fingernagelpflege ► S. 374

Bei der Reinigung von Ohren und Nase besteht Verletzungsgefahr für das Kind, wenn zu weit in die Organe eingedrungen wird.

Die Pflege der Ohren darf keinesfalls mit Wattestäbchen erfolgen. Die Ohren werden bei einem gesunden Säugling nur äußerlich (Ohrmuschel) mit einem feuchten Waschlappen im Rahmen der normalen Körperpflege gereinigt. Dabei darf kein Wasser in die Ohren laufen.

Die Nägel des Säuglings werden mit einer abgerundeten Babynagelschere geschnitten. Der Schnitt erfolgt hier, im Gegensatz zu Kindern und Erwachsenen, immer gerade, nie rund.

Zahnpflege

Der Schutz der Milchzähne des Kindes ist von großer Bedeutung. So bereiten die Milchzähne den Kiefer des Kindes auf das Wachstum des bleibenden Gebisses vor. Sie dienen also als Platzhalter und beugen so Fehlstellungen der bleibenden Zähne vor.

Regelmäßige Zahnpflege beginnt mit dem Durchbruch des ersten Milchzahns.

Die Zahnpflege beginnt, sobald die ersten Milchzähne vorhanden sind. Bei Säuglingen wird dafür zunächst ein Wattestäbchen verwendet. Am besten lassen sich die Zähne reinigen, wenn sich das Kind in der Position zur Nahrungsaufnahme befindet oder auf dem Wickeltisch liegt. Die Zahnreinigung erfolgt sinnvollerweise von Beginn an abends, auch um den Säugling an einen geregelten Tagesablauf zu gewöhnen. Bei der Zahnpflege muss beachtet werden, dass Säuglinge noch nicht in der Lage sind, Zahnpasta auszuspucken. Deshalb muss spezielle Kinderzahnpasta verwendet werden.

Zahnpflege ► S. 375

! Eltern sollten beim Füttern des Säuglings darauf achten, dass sie Löffel oder die Sauger der Fläschchen nicht selbst ablecken. Dadurch können gefährliche Kariesbakterien auf das Kind übertragen werden.

Um die Entwicklung eines gesunden Gebisses beim Kind sicherzustellen, kommt es nicht nur auf die Zahnpflege an. Auch die Verwendung der richtigen Sauger für das Fläschchen hat einen Einfluss. Werden Sauger verwendet, die sich nicht dem Kieferbau des Kindes anpassen, oder wenn das Kind am Daumen lutscht, drohen Schäden bei der Entwicklung des Gebisses oder der Kieferknochen.

2.3.7 Wickeln eines Säuglings

Die Auswahl an Windeln für den Säugling ist in der heutigen Zeit sehr groß. Ob Wegwerfwindeln bzw. Höschenwindeln oder wiederverwendbare Stoffwindeln verwendet werden, ist oft eine Frage des persönlichen Geschmacks der Eltern. Doch egal, welche Art von Windeln verwendet wird, sie müssen alle die natürliche Spreizhaltung der Babybeine fördern, auslaufsicher sein und Stuhl sowie Urin aufnehmen. Die Breitwickelmethode (Spreizhaltung der Beine) ist wichtig, um einem Hüftschaden beim Kind vorzubeugen.

Breitwickelmethode ► S. 360

Zeitpunkt des Wickelns

Der Zeitpunkt für das Windeln ist individuell, oft wird das Kind aber vor den Mahlzeiten gewickelt. Für das Windeln sollten alle notwendigen Gegenstände bereitgestellt werden. Dazu zählen saubere Kleidung, Windeln, ein Waschlappen und etwas warmes Wasser sowie ein Abwurfbehälter. Die Verwendung von Babyfeuchttüchern ist umstritten, da sie die Haut des Kindes irritieren können.

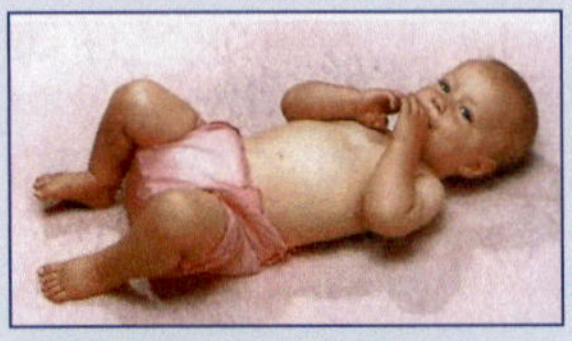

Abb. 1 Mit Breitwickelmethode gewickeltes Kind

Wird ein Kind gestillt, so ist es normal, wenn es in den ersten Lebenswochen 2- bis 3-mal täglich Stuhlgang hat. Bis zu 6-mal täglich kommt es zur Urinausscheidung. Nach der 6. Lebenswoche ändern sich die Stuhlgewohnheiten, und es ist durchaus normal, wenn der Säugling bis zu 10 Tage keinen Stuhlgang hat.

! Da die Knochen des Babys noch formbar sind, kann die Breitwickelmethode die Entwicklung eines gesunden Hüftgelenks positiv beeinflussen. Dazu werden die Kinder mit angehockten und abgespreizten Beinen gewickelt. So rutscht der Kopf des Oberschenkelknochens besser in die Mitte der Hüftgelenkpfanne.

Oberschenkelknochen ► S. 254

Auswahl der Windeln

Höschenwindeln sind komfortabel in der Anwendung und für das Kind, da sie gute Saugeigenschaften besitzen und gut passen.

Höschenwindeln sind praktisch und leicht anwendbar. Sie besitzen gute Saugeigenschaften und halten so die Haut des Babys trocken. Es gibt sie in verschiedenen Größen, was sicherstellt, dass die Windel immer gut passt. Dadurch halten die Windeln dicht und die Kleidung des Kindes wird nicht verschmutzt. Beim Anlegen der Einmalwindel ist darauf zu achten, dass die Hände fettfrei sind, da die Klebestreifen an den Windeln sonst nicht sicher halten.

Werden Stoffwindeln verwendet, sind zusätzlich noch Windeleinlagen, ein Windelvlies und ein Windelhöschen nötig. Die Technik des Windelns will gut gelernt sein und wird am besten von erfahrenen Fachkräften durch Übung vermittelt. Stoffwindeln müssen in der Waschmaschine bei 95 °C gewaschen werden.

Waschmaschine ► S. 326

Wickeltechnik

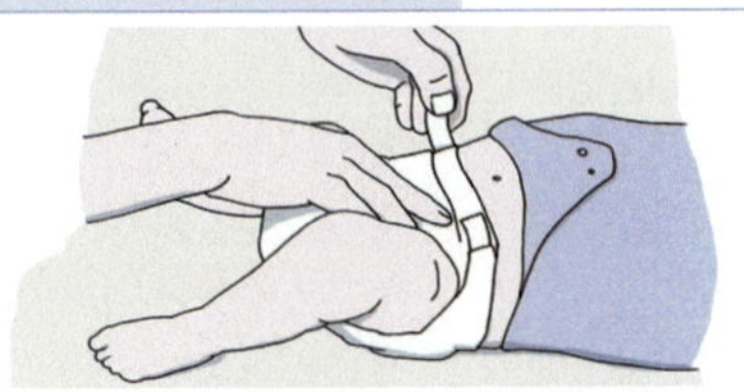

Abb. 2 Um das Kind sicher zu wickeln, liegt es auf dem Wickeltisch bzw. auf der Wickelauflage auf dem Rücken. Hosen und Unterwäsche werden ausgezogen und vorhandene Windeln geöffnet. Die Oberbekleidung wird leicht hochgeschoben.

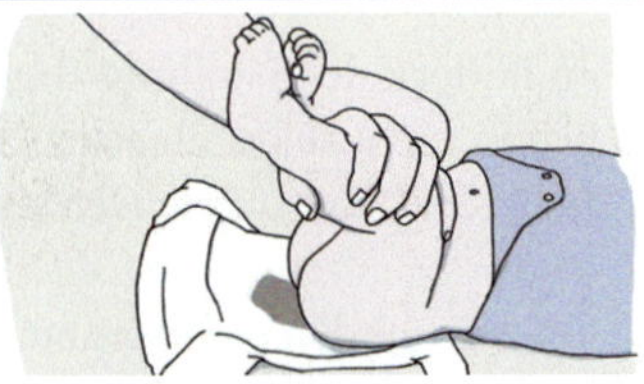

Abb. 3 Nun wird das Gesäß des Kindes angehoben, so ist die rechte Hand frei für das Wechseln der Windel. Mit der alten Windel werden noch grobe Verunreinigungen vom Gesäß entfernt, bevor diese entsorgt wird.

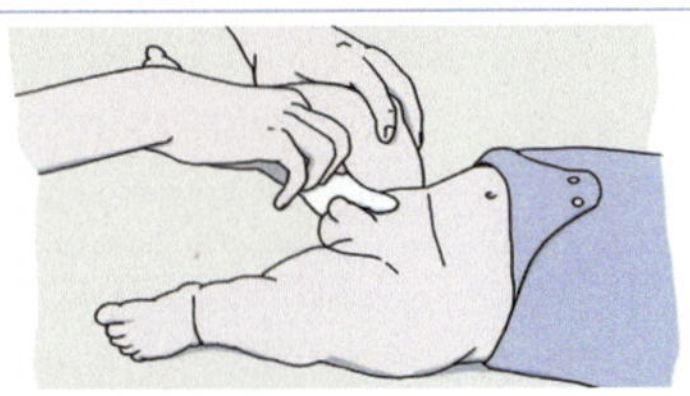

Abb. 4 Der Windelbereich wird mit einem nassen Lappen sanft gereinigt. Die Haut wird getrocknet und anschließend ist es sinnvoll, das Kind noch einige Zeit ohne Windel liegen zu lassen, um einem Windelausschlag vorzubeugen.

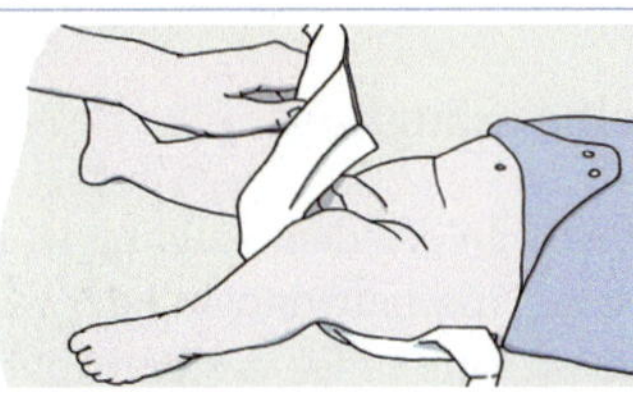

Abb. 5 Dann wird der hintere Teil der Windel (mit Klebestreifen) unter das Gesäß des Kindes geschoben, das dafür genauso angehoben wird wie beim Entfernen der Windel. Als Nächstes wird der vordere Teil der Windel zwischen die Beine des Kindes gezogen. Mit den Klebestreifen wird nun die Windel verschlossen.

2.3.8 Richtiges Tragen und Heben von Säuglingen

Die Bewegungsmöglichkeiten eines Menschen verändern sich im Laufe des Lebens. So zeigt ein Säugling erst wenige Bewegungsmuster. Die Bewegungen sind noch sehr unkoordiniert. Im Laufe des ersten Lebensjahres erlernt das Kind viele Bewegungsabläufe und benötigt dabei mehr oder weniger Unterstützung durch die Bezugsperson.

Beim Transfer von Säuglingen folgt man den natürlichen Bewegungsmustern des Kindes.

Beim Transfer eines Säuglings nimmt die Bezugsperson über Berührung Kontakt zum Kind auf und folgt bei der Bewegung in Geschwindigkeit und Kraftaufwand den natürlichen Bewegungsmustern des Kindes (Abb. 6 und 7).

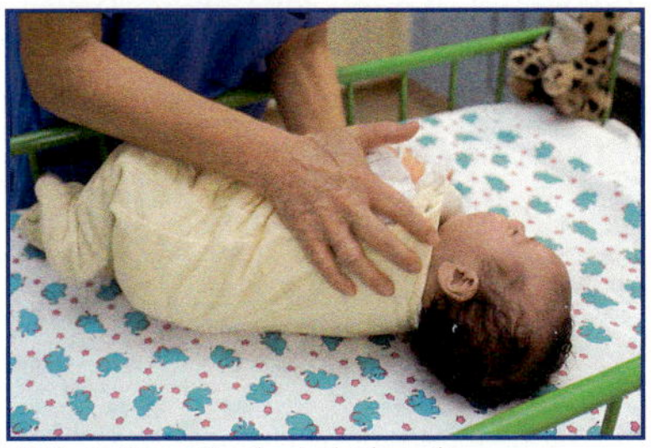

Abb. 6 Das Kind wird über die Schulter in Seitenlage gedreht und dann aufgenommen.

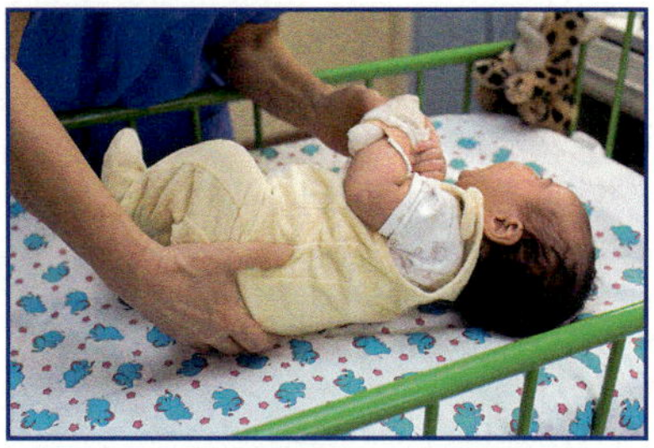

Abb. 7 Das Kind wird in seiner Eigenbeweglichkeit unterstützt, indem es beim Drehen von der Rücken- in die Bauchlage in der Hüfte unterstützt wird.

Abb. 8 Zum Aufrichten kommen Krabbelkinder über den Vierfüßlerstand und den Einbein-Knie-Stand.

Beim Tragen gibt es verschiedene Möglichkeiten, wie Sie das Baby halten können (Abb. 9 – 12). Wichtig ist, dass die physiologische Entwicklung des Bewegungsapparates durch das Tragen positiv beeinflusst wird. Beim Tragen auf der Hüfte oder im Tragetuch sind die Hüftgelenke so gespreizt, dass einer Fehlentwicklung vorgebeugt wird.

Das Baby kann in den ersten sechs bis acht Wochen seinen Kopf noch nicht halten, sodass Sie das Köpfchen beim Tragen mit der Hand stützen müssen.

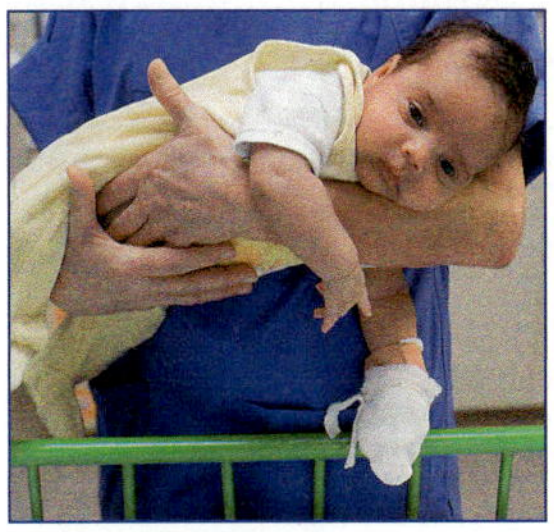

Abb. 9 Flugzeugposition

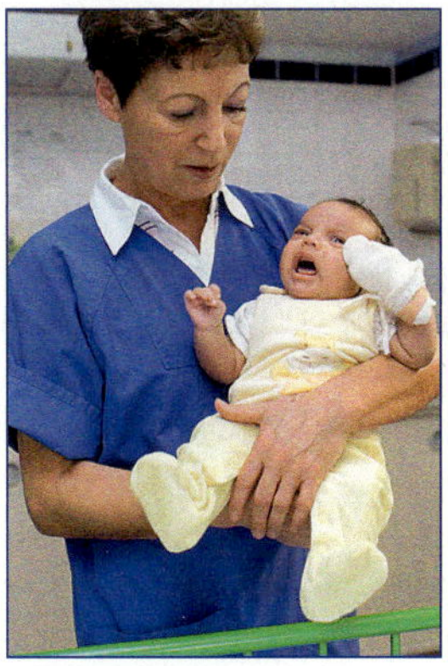

Abb. 10 Tragen vor dem Bauch

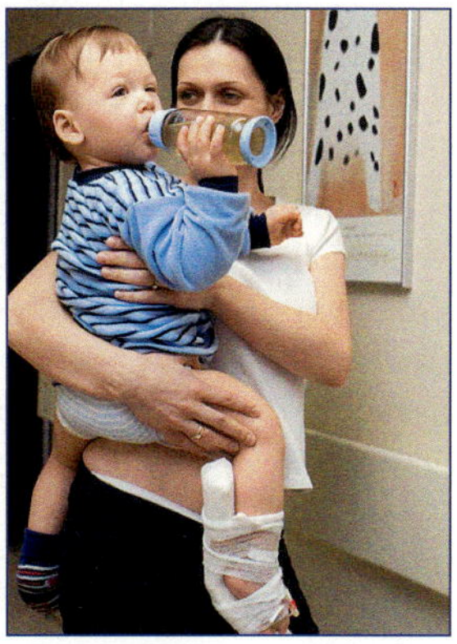

Abb. 11 Hüftsitz

Abb. 12 Tragen im Tragetuch

! Durch das Tragen, z. B. im Tragetuch, sind Babys nicht nur eher ruhiger und zufriedener, sondern sie trainieren dadurch auch gleich ihren Gleichgewichtssinn.

2.3.9 Schlafen und Betten

Schlaf dient der Erholung, wobei die Dauer und die Qualität von verschiedenen Faktoren beeinflusst werden.

Allgemeine Bedeutung des Schlafes

Schlaf ist ein Grundbedürfnis des Menschen, genauso wie Essen und Atmen. Er ist für den Menschen lebensnotwendig und dient als Aufbau- und Erholungsphase. Hat man ausgeschlafen, ist man leistungsfähiger und kann sich auf die Anforderungen des Alltags viel besser konzentrieren.

! Das Schlafbedürfnis ist bei den Menschen sehr unterschiedlich. Die Chronobiologie unterscheidet den Euletyp und den Lerchetyp. Jugendliche entwickeln sich meist in der Pubertät zum Euletyp, sind bis in die Nacht hinein aktiv, schlafen gerne lange und finden morgens schwer aus dem Bett. Das kann sich im Laufe des Lebens ändern. Der Lerchetyp wird abends früh müde und ist morgens zeitig wach und auch gleich leistungsfähig. Kenntnisse über den persönlichen Biorhythmus sind nützlich, auch um Lernphasen effektiv zu gestalten.

Schlafbedarf nach Lebensalter	
Neugeborene	ca. 20 Stunden pro Tag
2.–4. Lebensjahr	ca. 16 Stunden pro Tag
4.–7. Lebensjahr	ca. 12–14 Stunden pro Tag
8.–10. Lebensjahr	ca. 10–12 Stunden pro Tag
11.–14. Lebensjahr	ca. 9–11 Stunden pro Tag
15.–18. Lebensjahr	ca. 8–10 Stunden pro Tag
Erwachsene	ca. 6–8 Stunden pro Tag
alte Menschen	ca. 5–6 Stunden pro Tag

Schlaf von Neugeborenen und Säuglingen

Neugeborene können noch keinem Schlaftyp zugeordnet werden, da sie über den Tag verteilt Schlaf- und Wachperioden haben. Der Schlaf ist unabhängig von der Tages- oder Nachtzeit. Deshalb müssen Säuglinge das Ein- und Durchschlafen erst lernen. Das erfolgt in der Regel durch die Übernahme der Schlafgewohnheiten und des Schlafrhythmus der Eltern oder anderer Bezugspersonen.

Abb. 1 Kindergitterbett

Abb. 2 Stubenwagen

In den ersten Lebensmonaten verbringt das Neugeborene die meiste Zeit des Tages schlafend. So schläft ein 4 Wochen altes Kind bis zu 20 Stunden am Tag. Dieser Schlaf findet in Schlafphasen statt, die bis zu 4 Stunden dauern, um dann von kurzen Wachphasen (z. B. zur Nahrungsaufnahme) unterbrochen zu werden. Sinnvoll ist es, für das Kind ein Verwandlungskinderbett anzuschaffen. Dieses lässt sich an die veränderten Bedürfnisse des Kindes anpassen und kann so über einen längeren Zeitraum genutzt werden. Der Boden ist höhenverstellbar und die Seitengitter können teilweise herausgenommen oder ganz entfernt werden. Die Gitterabstände (Abb. 1) dürfen allerdings nicht zu groß sein. Wiegen oder Stubenwagen (Abb. 2) bieten für die Neugeborenen oft schon nach 8 Wochen keinen ausreichenden Platz mehr.

Unfallgefahren ► S. 295

Die Matratze darf nicht zu weich und nicht zu hart sein. Hier gilt es die richtige Mitte zu finden, um Schäden wie Skelettverformungen zu vermeiden. Auf die Matratze wird eine feuchtigkeitsundurchlässige, aber atmungsaktive Auflage gelegt. Abschließend wird die Matratze mit einem Spannbettlaken bezogen.

Babys sollten nur in einem Schlafsack schlafen.

Bewährt hat sich die Verwendung von Babyschlafsäcken. Diese geben dem Kind Bewegungsfreiheit und halten es gleichzeitig warm. Außerdem besteht nicht die Gefahr, dass das Kind unter die Decke rutscht und eventuell Schäden davonträgt. Babys benötigen keine Kopfkissen. Unter das Köpfchen des Kindes wird faltenfrei eine Mullwindel gelegt und links und rechts unter der Matratze straff eingespannt. Diese kann bei Bedarf, z. B. wenn das Baby gespuckt hat, leicht ausgewechselt werden. Für die Kinder wird heute ausschließlich die Rückenlage empfohlen.

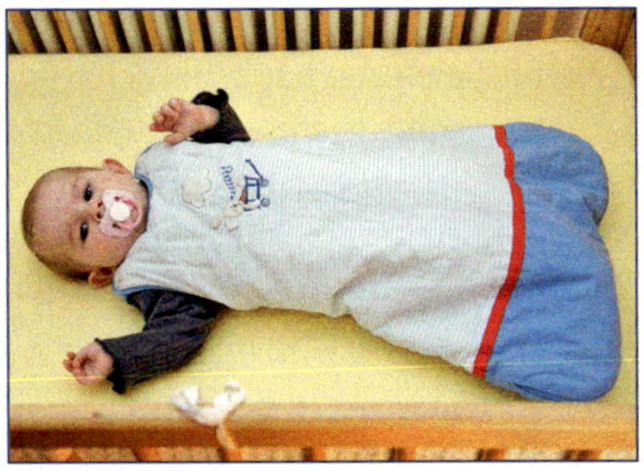

Abb. 1 Baby im Schlafsack

Während des Schlafens sollte das Kind mit einer Windel und einem Body/Schlafanzug bekleidet sein. Die optimale Raumtemperatur liegt bei 18 °Celsius. Das Kind benötigt im Bett keine Mützchen oder Ähnliches. Auf Plüschtiere, Kissen, weitere Unterlagen oder weiche Seitenpolster (sogenannte Nestchen) sollte dringend verzichtet werden.

Plötzlicher Kindstod

Der plötzliche Kindstod ist der plötzliche und unerwartete Tod eines Säuglings, für den keine direkte Ursache gefunden werden kann. Das Versterben tritt zumeist während der Schlafenszeit auf. In den Industrienationen ist der plötzliche Kindstod die häufigste Todesursache von Kindern. 2004 verstarben in Deutschland 323 Babys durch den plötzlichen Kindstod. 80 % der Fälle treten im ersten Lebensjahr auf, besonders gehäuft zwischen dem 2. und 4. Lebensmonat. Die Ursache ist unbekannt und es wird weiterhin danach geforscht. Bei Untersuchungen konnte jedoch festgestellt werden, dass bestimmte Aspekte den Kindstod vermeiden helfen können. Dazu gehören:

Weiter Informationen zum Plötzlichen Kindtod finden Sie auf der Homepage der Gemeinsamen Elterninitiative Plötzlicher Säuglingstod Deutschland e.V.

www.geps.de

Schlafen in Rückenlage im Schlafsack	Kühle Schlafumgebung (Raumtemperatur ca. 18 °C)	Rauchfreie Umgebung des Säuglings	Schlafen im elterlichen Schlafzimmer im eigenen Bett	Stillen

2.3.10 Spielzeug für Säuglinge

Das richtige Spielzeug ist altersgerecht, ungefährlich und leicht zu reinigen.

Im ersten Lebensjahr macht das Kind eine enorme Entwicklung durch. Mit dieser Entwicklung ändert sich auch das Spielzeug. Je nach Entwicklungsstand, z. B. bei der Motorik, kann das Kind verschiedene Arten von Spielzeugen verwenden. Generell lässt sich sagen, dass das Spielzeug für das Kind altersgerecht, ungefährlich und leicht zu reinigen sein soll. Auch hier gilt wieder, dass Eltern auf geprüfte Qualität achten sollten.

Sicheres Spielzeug

Sicheres Spielzeug hat keine scharfen, spitzen oder zerbrechlichen Bestandteile. Das Spielzeug sollte nichts enthalten, an dem das Baby sich strangulieren oder klemmen kann, und es sollte farbecht sein. Kleinteile (Perlen, Knopfaugen am Teddy), die das Kind eventuell verschlucken kann, sind ebenfalls gefährlich.
Bei der Auswahl des Spielzeugs muss immer daran gedacht werden, dass Kinder besonders in den ersten Jahren alles, auch ihr Spielzeug, in den Mund nehmen, weil sie so ihre Umgebung erfahren. Deshalb muss auf die Inhaltsstoffe des Spielzeugs geachtet werden.

Geschmackssinn ► S. 349

Abb. 1 Baby schaut sich ein Mobile an.

Krebsrisiko Kinderspielzeug

In Spielzeug sind höhere Schadstoffmengen erlaubt als in Autoreifen. Eltern sind verunsichert, Verbraucherschützer fordern Änderungen der neuen Spielzeugrichtlinie.

Knopfäugige Plüschtiere, rosa Puppenhäuser, ferngesteuerte Rennautos – Kinder wissen genau, was ihnen das Christkind oder der Weihnachtsmann unter den Baum legen soll. An gesundheitliche Gefahren durch das ersehnte Spielzeug denken sie natürlich nicht, die Schenkenden leider meist ebenso wenig. Dabei warnen Verbraucherschützer alle Jahre wieder vor Giftstoffen in Spielzeug: „ÖkoTest“ beanstandete Ende November zum Beispiel Plastikfiguren und Bundesligatrikots, in denen Weichmacher und eine Reihe anderer Schadstoffe gefunden wurden. Und das Bundesinstitut für Risikobewertung (BfR) ging nochmals mit Ergebnissen einer Stellungnahme vom Oktober an die Öffentlichkeit ...

Quelle: http://www.focus.de/gesundheit/baby/news/giftstoffe-krebsrisiko-kinderspielzeug_aid_461371.html vom 09.12.2009

Altersgerechtes Spielzeug

Zähne ► S. 375

Direkt nach der Geburt sind Spieluhren und Mobiles, die Musik machen und sich bewegen, sehr beliebt bei den Kindern. Neugeborene lieben es, diese Mobiles zu betrachten. Später sind dann Rasseln, Greifspielzeuge und Beißringe das Richtige für das Kind. Die Beißringe helfen auch, wenn das Kind die ersten Zähne bekommt, da es damit das Zahnfleisch massiert.

Spielzeuge, die angenehme Geräusche oder Musik machen, sind bei Säuglingen sehr beliebt.

Ab ca. 6 Monaten kann sich das Kind immer noch mit Spielzeugen wie z. B. Plüschtieren, Softbällen und Greifringen gut beschäftigen. Der Säugling trainiert seine Geschicklichkeit und wird die Dinge nach wie vor in den Mund nehmen. Sortierspiele können nun schon eingeführt werden. Bilderbücher sind immer sinnvoll, Eltern oder Betreuer können die Bücher zunächst gemeinsam mit dem Kind anschauen. Für das Bad sind Spritztiere ein großer Spaß.

Abb. 2 Baby mit einem Beißring

Ab dem 8. Monat fängt das Kind an, mit Klötzchen und Bausteinen zu hantieren. Beim Zusammensetzen dieser Steine schult das Kind seine Motorik. Dazu bieten sich auch sogenannte Motorikschleifen an. Lernspiele können nun verstärkt eingesetzt werden.

Mit Erreichen des 12. Lebensmonats kann das Kind ein Schaukelpferd oder ein Bobbycar benutzen. Gut finden Kinder in diesem Alter auch Spielzeug, das sie vor sich herschieben und hinter sich herziehen können.

2.4 Gesundheitsstörungen bei Säuglingen – „Wenn es dem Baby nicht gut geht“

Neugeborene und Säuglinge können noch nicht sagen, was ihnen wehtut, deshalb ist die Beobachtung durch die betreuende Person wichtig.

Neugeborene und Säuglinge können ihren Eltern oder Pflegepersonen nicht einfach Bescheid geben, wenn ihnen körperlich etwas fehlt. Eltern müssen ihr Kind deshalb gut beobachten und kennen lernen, um aus dem Verhalten des Kindes auf seine Gesundheit zu schließen. Geht es dem Säugling nicht gut und hat er Schmerzen, wird er sich in der Regel durch Schreien bemerkbar machen. Oft fällt es Eltern schwer, einzuschätzen, ob es sich um eine schwerwiegende Erkrankung oder eine vorübergehende Unpässlichkeit ihres Kindes handelt. Mit den meisten Unpässlichkeiten können erfahrene Eltern und Pflegepersonen gut allein zurechtkommen. Wenn aber Zweifel oder Unsicherheiten vorhanden sind, sollte ein Kinderarzt kontaktiert werden.

Schreien ► S. 351

Viele hilfreiche Anregungen und Tipps zur Hilfe bei Gesundheitsstörungen bei Säuglingen finden Sie unter:

www.familienhandbuch.de/cmain/f_Aktuelles/a_Gesundheit/s_961.html

Im Folgenden werden einige der häufigsten Gesundheitsstörungen bei Babys kurz dargestellt.

Allergien (S. 410)	Eine zunehmende Zahl von Säuglingen leidet unter Allergien. Diese zeigen sich bei Säuglingen häufig in Form von Verdauungsproblemen, die sich durch Erbrechen, krampfartige Schmerzen und Durchfall bemerkbar machen. Besonders Verdauungsprobleme können bei der Umstellung der Säuglingsnahrung auf Kuhmilchprodukte vorkommen. Häufig steckt Kuhmilch-Eiweißallergie dahinter. Wenn diese Art der Allergie vermutet wird, muss ein Arzt aufgesucht werden und die Nahrung auf spezielle Säuglingskost (sogenannte HA-Säuglingsmilch) umgestellt werden.
Blähungen	Blähungen kommen in den ersten 3–4 Lebensmonaten nicht selten vor und lassen sich mit Kümmel- oder Fencheltee behandeln. Eine sanfte Massage des Babybauchs kann die Blähungen ebenfalls lindern. Das Schaffen einer ruhigen und entspannten Umgebung für das Kind ist wichtig. Auch das Tragen des Kindes in der Fliegerposition kann helfen.
Dreimonatskoliken	Babys, die unter den sogenannten Dreimonatskoliken leiden, schreien oft lang anhaltend und heftig. Das Kind ist insgesamt sehr unruhig, und lässt sich auch nur sehr schwer beruhigen. Am häufigsten treten diese Schreiattacken am frühen Abend auf und enden mit dem 3. Lebensmonat. Die Ursachen sind nicht eindeutig feststellbar, aber es werden Probleme mit der Verdauung und eine Überreizung des Kindes angenommen. Deshalb sind die Maßnahmen an die bei Blähungen angelehnt. Ansonsten gilt es, eine ruhige Atmosphäre für das Kind zu schaffen.
Zahnungsbeschwerden (S. 375)	Der Zahndurchbruch geht bei Säuglingen oft mit Zahnungsbeschwerden einher. Die Säuglinge leiden dann eventuell unter Schmerzen, leichtem Fieber (max. 38 °C), vermehrtem Speicheln, gerötetem Zahnfleisch und einer erhöhten Reizbarkeit. Ein Beißring kann die Beschwerden lindern. Das Kauen harter Nahrungsmittel (z. B. einer harten Brotrinde) oder das Massieren des Zahnfleisches mit dem Finger sind ebenfalls mögliche Mittel zur Linderung.

Weitere Gesundheitsstörungen können sein:

- Bauchschmerzen: Hinter Bauchschmerzen können verschiedene Ursachen wie Blähungen, Verstopfungen oder Durchfall stecken.
- Husten: Husten äußert sich, wenn etwas verschluckt wurde, kann aber auch auf einen Infekt hindeuten.
- Hauterkrankungen: Hauterkrankungen beim Säugling sind z. B. Windeldermatitis oder auch Pilzinfektionen auf der Haut oder im Mund.
- Fieber: Dies tritt häufig in Verbindung mit Durchfall auf und muss bei Säuglingen nicht immer gleich etwas Schlimmes bedeuten.

Praxis-Spicker:
Bauchschmerzen ► S. 424
Durchfall ► S. 426
Hustenanfall ► S. 430
Hautausschlag ► S. 429
Fieber ► S. 427

Windeldermatitis ► S. 370

3. Gesundheits- und Hygieneerziehung – „Mehr als nur waschen“

3.1 Den Körper pflegen – „Wohlfühlen in der eigenen Haut“

Die Körperpflege gehört zu den Grundbedürfnissen eines Menschen. Wir führen diese selbstverständlich jeden Tag eigenständig durch. Wir wollen uns frisch fühlen, nachdem wir morgens aus den Federn springen, wir wollen gepflegt aussehen und diesen Eindruck auch in unserem sozialen Umfeld, z. B. bei Freunden oder in der Familie, hinterlassen.

Die Körperpflege ist ein individuelles Bedürfnis.

3.1.1 Sinn und Bedeutung der Körperpflege

In der modernen Gesellschaft gelten Körpergerüche als Belästigung. Bereits Kindern wird frühzeitig vermittelt, dass ein ungepflegter Körper zu sozialer Ausgrenzung führen kann. Nicht selten werden dabei Geschichten und Märchen, wie z. B. vom Struwwelpeter (Abb. 1), herangezogen. Körperpflege dient aber auch zur Gesunderhaltung. Das Waschen der Hände, insbesondere nach dem Toilettengang, kann vor ansteckenden Krankheiten schützen.

Abb. 1 Der Struwwelpeter

! Der Frankfurter Arzt Dr. Heinrich Hoffmann (1809–1894) verfasste 1845 die berühmte Geschichte vom Struwwelpeter, 1970 schuf Hansgeorg Stengel eine abgemilderte, modernere Form der Erzählungen.

Seht mal her, hier steht er,
so ein Struwwelpeter!
Haarschopf wüst und speckig,
Hemd und Hose fleckig.
Finger, Ohren und Gesicht
wusch er sich seit Wochen nicht.
Socken trägt er keine,
putzte niemals seine
schief gelatschten Treter.
Schäm dich, Struwwelpeter!

Quelle: „So ein Struwwelpeter“, Stengel, Hansgeorg; Schrader, Karl, Kinderbuchverlag Berlin, NA 2007

3.1.2 Wie pflege ich mich persönlich?

Wir sind von oben bis unten in Haut „eingepackt“.

Jeder pflegt sich nach persönlichen Bedürfnissen und Gewohnheiten, die das Alter, die Kultur und Religion, das Geschlecht sowie bestimmte Lebensumstände beeinflusst werden. Einen großen Einfluss auf die Körperpflegegewohnheiten hat außerdem unsere Erziehung.
Im Laufe des Lebens entwickeln wir hinsichtlich unserer Körperpflege verschiedene Vorlieben und Gewohnheiten. Während der eine ein entspannendes Bad am Abend liebt, bevorzugt ein anderer eine erfrischende Dusche am Morgen. Für den einen ist Körperlotion für die Hautpflege selbstverständlich, andere Menschen verwenden nur Wasser und Seife. Männer benutzen meist seltener Pflegemittel als Frauen, auch wenn es hier in den letzten Jahren eine Trendwende gab. Auch die jeweilige Stimmungslage und unser Befinden haben Einfluss auf die Durchführung der Körperpflege. So vernachlässigen viele Menschen ihre persönliche Hygiene, wenn es ihnen seelisch oder körperlich nicht gut geht.

Abb. 1 Duschen oder Baden?

Abb. 2 Seife oder Duschgel?

Hygiene ► S. 382

! Durch die wachsende Zahl von Migrantinnen in Deutschland sind auch in den Betreuungseinrichtungen sehr häufig Kinder mit Migrationshintergrund anzutreffen. Deshalb ist es wichtig, dass das Betreuungspersonal über religiöse Aspekte bei der Durchführung der Körperpflege informiert ist. So bevorzugen z. B. Menschen, die dem Islam angehören, das Waschen unter fließendem Wasser.

3.2 Unsere Haut – „Ein echtes Multitalent“

3.2.1 Funktionen der Haut

Unsere Haut ist mit einer Fläche von ca. 2 m² das größte Organ des menschlichen Körpers. Ihr Gewicht beträgt, je nach Körpergröße und -umfang, ca. 3–10 kg.

Die Haut kann durch ihren besonderen Aufbau vielfältige Funktionen ausüben.

Die wichtigsten Funktionen sind:

- Schutzfunktion

Unsere Haut grenzt die Innenwelt von der Außenwelt ab und schützt sich damit vor schädlichen Umwelteinflüssen, wie Kälte, Wärme, gefährlicher Strahlung oder Krankheitserregern.

- Sinnesfunktion

Die Haut hat spezielle Antennen, auch Rezeptoren genannt. Darüber nimmt sie Reize auf, wir spüren z. B. Kälte, Berührung oder Schmerz.

- Temperaturregulationsfunktion

Durch die Schweißabsonderung an die Hautoberfläche und deren Verdunstung kann sich der Körper abkühlen und die Körpertemperatur regulieren. Sie ist sozusagen unsere persönliche Klimaanlage.

- Kommunikationsfunktion

Über die Haut können wir kommunizieren, sie wird auch als Spiegel der Seele bezeichnet. Wir erröten z. B. vor Scham und erblassen vor Neid.

- Ausscheidungsfunktion

Über die Haut werden körpereigene Sekrete wie Schweiß und Talg abgesondert. Bis 10 Liter Schweiß kann ein Mensch am Tag abgeben.

Krankheitserreger ► S. 403
Schmerz ► S. 418
Körpertemperatur ► S. 416

3.2.2 Aufbau der Haut

Weitere Informationen zum Thema Haut finden Sie unter: www.2m2-haut.de

Die Haut besteht aus drei Schichten: der Oberhaut, der Lederhaut und der Unterhaut.

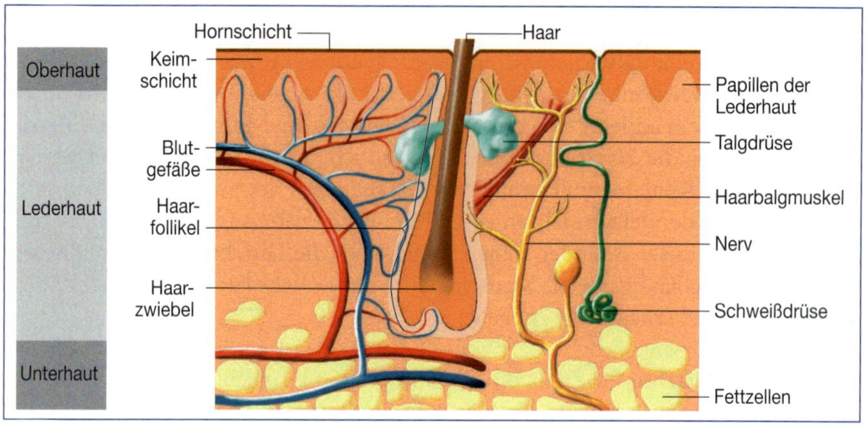

Die Oberhaut besteht aus der oberen Hornschicht, deren abgestorbene Zellen als Hautschuppen abgestoßen werden. In der darunterliegenden Keimschicht bilden sich ständig neue Zellen, die die abgestoßenen Zellen ersetzen. Dieser Prozess dauert etwa 30 Tage. Die Keimschicht enthält darüber hinaus besondere Zellen (Melanozyten), die Pigmente (Melanin) enthalten. Bei Sonnenstrahlung werden diese abgegeben und verleihen der Haut die braune Farbe. Die Urlaubsbräune ist in erster Linie ein Schutz unserer Haut vor Verbrennungen, da sich das Melanin wie ein Schirm über die Zellkerne der Haut legt.

Blutgefäße ► S. 415

Die Lederhaut ist fest mit der Oberhaut verbunden. Sie enthält feine Blutgefäße, die die Haut mit Sauerstoff und den nötigen Nährstoffen versorgen. Kollagenfasern und elastische Fasern verleihen der Haut Reißfestigkeit und die notwendige Elastizität. Von den Schweiß- und Talgdrüsen führen Gänge an die Oberfläche, wo diese Sekrete durch Hautporen abgesondert werden und auf der Hautoberfläche den sogenannten Säureschutzmantel bilden, der uns vor dem Eindringen von Krankheitserregern schützt.

Die Unterhaut besteht aus lockerem Bindegewebe und eingelagertem Fettgewebe, welches als Stoßdämpfer dient und den Körper gegen Kälte isoliert.

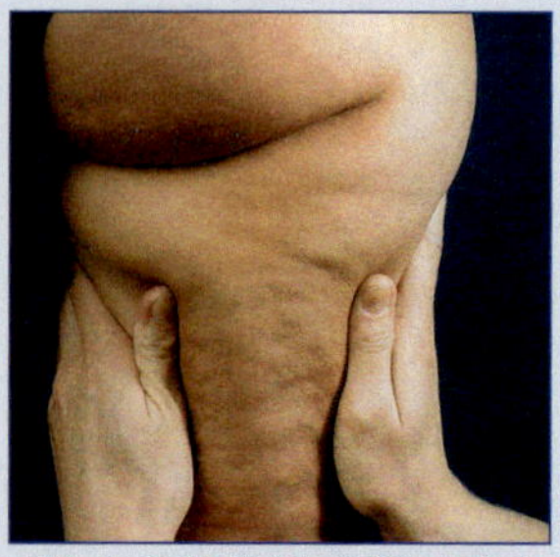

Abb. 1 Cellulite am Oberschenkel einer Frau

! Cellulite, auch Orangenhaut genannt, stellt ein kosmetisches Problem für viele Frauen dar. Cremes zeigen nur wenig Wirkung, da die Ursachen in einer Bindegewebsschwäche oder in einer vermehrten Einlagerung von Fettgewebe in der Unterhaut begründet sind. Mit einer Ernährungsumstellung sowie regelmäßigem Sport kann man diesem Problem eher zu Leibe rücken.

In allen Hautschichten sind spezielle Nervenzellen enthalten, die die Sinneseindrücke aus der Umwelt vermitteln. In den Fingerspitzen befinden sich besonders viele Tastkörperchen, die es erlauben, Gegenstände genau zu ertasten.

Hautanhangsgebilde ist der Fachbegriff für Organe, die mit der Haut verbunden sind. Dazu zählen Haare, Schweiß-, Talg- und Duftdrüsen, Finger- und Fußnägel.

3.2.3 Veränderungen und Krankheiten der Haut beobachten

Um frühzeitig Veränderungen der Haut wahrzunehmen und damit eventuelle Maßnahmen zur Erhaltung ihrer Funktion einzuleiten, sollten Sie die Haut von Kindern beobachten. Das können Sie z. B. beim Wickeln oder bei der Durchführung der Körperpflege tun.

Beobachtung ▸ S. 186
Körperpflege ▸ S. 372

Um Beobachtungen der Haut besser einschätzen zu können, sind Kenntnisse zu
- Hauttyp,
- Hautfarbe,
- Hautkrankheiten und
- Hautveränderungen von Bedeutung.

Hauttypen
Sie können Ihren Hauttyp bestimmen, indem Sie zwei Stunden nach dem Waschen einen Spiegel gegen Ihre Stirn drücken. Je nachdem, ob sich Fettspuren zeigen, handelt es sich um einen der im Folgenden beschriebenen Hauttypen:
- trockene Haut: feinporig, nicht glänzend, manchmal schuppig, juckt
- fettige Haut: großporig, glänzend, neigt zu Hautunreinheiten, z. B. Pickel
- Mischhaut: weist fettige Areale an Kinn, Stirn und Nase auf
- normale Haut: zart, feinporig, gut durchblutet

Bei der Auswahl von Haut- und Körperpflegemitteln müssen der Hauttyp und das Alter des Kindes berücksichtigt werden.
Die Haut von Säuglingen und Kindern ist fettarm, wasserreich und sehr empfindlich, da ihre Funktionsfähigkeit noch nicht voll ausgebildet ist. Durch den Wasserreichtum und die Fettarmut neigt die kindliche Haut schnell zur Austrocknung. Sie reagiert außerdem auf Reize wie Kälte oder Sonneneinstrahlung besonders sensibel.
Jugendliche Haut ist meist gekennzeichnet durch eine unausgeglichene Talgproduktion. An Stirn, Kinn und Nase zeigen sich Pickel oder Mitesser. Liegen viele, zum Teil entzündliche Mitesser vor, spricht man von Akne.

Hautfarbe
Die Hautfarbe des Menschen ist abhängig von der Anzahl der Pigmentzellen (Farbstoffkörner), von bestimmten Blutwerten (z. B. Hämoglobinwert), der Dicke sowie der Durchblutung der Haut. Veränderungen der Hautfarbe ergeben sich durch bestimmte äußere, situationsbezogene Einflüsse oder durch Krankheiten.

Veränderungen der Hautfarbe	Natürliche Ursachen	Krankheitsbezogene Ursachen
Rotfärbung	Hitze; körperliche Anstrengung; psychische Erregung (z. B. Scham, Aufregung)	Fieber; Buthochdruck (Hypertonie); Verbrennungen; Allergien
Blaufärbung	Kälte	Sauerstoffmangel im Blut bei Herz- und Lungenerkrankungen
Blässe	Mangel an Frischluft; psychische Erregung (z. B. Schreck)	Blutarmut (Anämie); Kreislaufversagen; Blutungen; Durchblutungsstörungen
Gelbfärbung	übermäßiger Verzehr von Karotten im Kleinkindalter; Neugeborenengelbsucht	zu hoher Gallenfarbstoff im Blut bei Leber- oder Gallenerkrankungen
Graufärbung	Sterbeprozess	Tumorerkrankungen

Hautveränderungen bei Kindern

Storchenbiss:

Eine harmlose Hautauffälligkeit bei Neugeborenen ist der sogenannte Storchenbiss.
Damit werden hellrote Flecken im Nackenbereich bezeichnet. Die Ursache ist eine Erweiterung der oberflächlichen Blutgefäße der Haut, die sich aber bis zum 1. Lebensjahr zurückbildet.

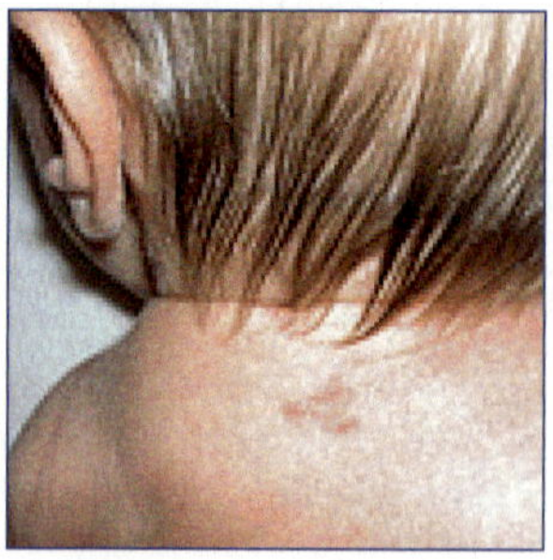

Milchschorf:

Neurodermitis ► S. 371

Beim Milchschorf handelt es sich um eine nässende, schuppende, entzündliche Hautveränderung auf dem Kopf des Säuglings. Meist im 3. Lebensmonat beginnend, verschwindet dieses Ekzem innerhalb des ersten Lebensjahres wieder. Wenn nicht, kann es auch das erste Stadium von Neurodermitis sein.

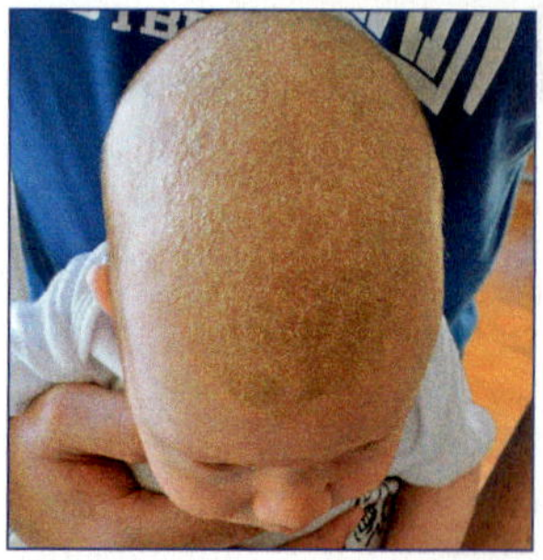

Windeldermatitis:

Urin ► S. 380
Stuhl ► S. 380

Dabei handelt es sich um eine Hauterkrankung, die durch die Feuchtigkeit von Urin und Stuhl entsteht, welche durch die Windel permanent auf die Haut einwirkt. Auf der geschädigten Haut können sich zusätzlich Pilze ansiedeln, die neben Rötung und Nässe auch einen massiven Juckreiz hervorrufen. Die Haut sollte so lange wie möglich ohne Windel sein. Zusätzlich wird mit entsprechenden Salben behandelt.

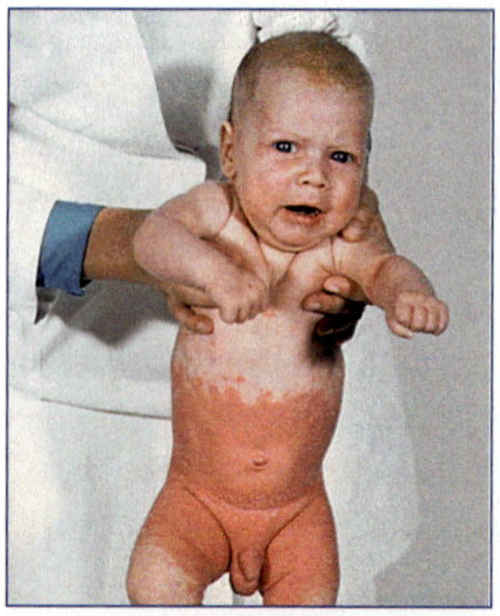

! Wenn die Kopfhaut juckt und kribbelt, kann das auch ein Zeichen für Läuse sein. Die Kopflaus ernährt sich von menschlichem Blut und sticht mit ihrem Rüssel durch die Kopfhaut. Ihr Speichel verursacht den Juckreiz. Jeder kann von diesen Tierchen befallen werden, denn es hat nichts mit mangelnder Körperhygiene zu tun. Sie wandern von Kopf zu Kopf und können daher in kurzer Zeit in Gemeinschaftseinrichtungen wie Schulen und Kindergärten übertragen werden.

Krankheiten der Haut

Neurodermitis oder atopes Ekzem 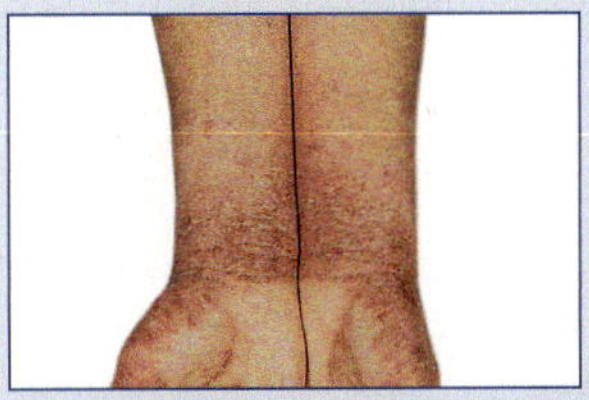	Bei einem atopen Ekzem handelt es sich um eine chronische Entzündung der Haut, mit zum Teil quälendem Juckreiz. Ursächlich geht man von einer genetischen Anfälligkeit für diese Krankheit aus, wobei Ernährung oder Stress den Verlauf der Erkrankung beeinflussen können.
Warzen 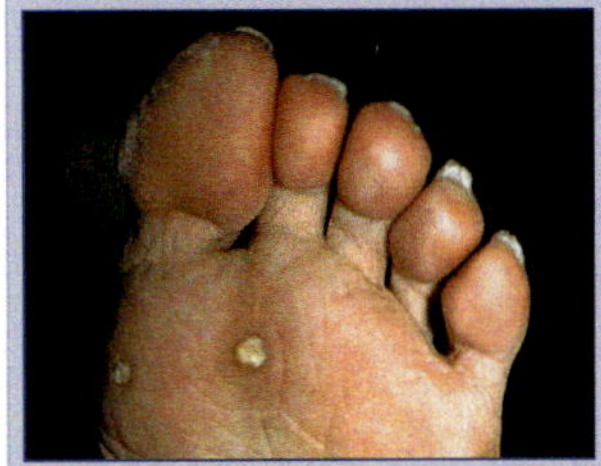	Warzen sind gutartige Hautneubildungen, die durch Viren hervorgerufen werden. Die Dornwarzen sind dabei ein weit verbreitetes Problem, vor allem an der Fußsohle oder dem Zehenballen. Diese Warzen sehen nicht nur unschön aus, sondern verursachen auch Schmerzen. Sie werden vom Arzt mit speziellen Tinkturen behandelt oder können auch operativ entfernt werden.
Pilzinfektionen 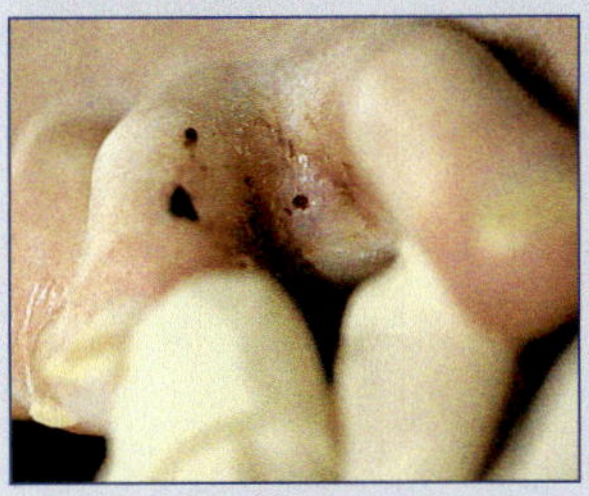	Pilzinfektionen, auch als Mykosen bezeichnet, können auf der Haut, den Schleimhäuten oder auch an den Nägeln sichtbar werden. Die Nägel verfärben sich gelb und verformen sich im Verlauf der Erkrankung. Hautmykosen entstehen häufig durch anhaltende Feuchtigkeit. Im Schwimmbad sollten Sie unbedingt Badelatschen tragen, da sich Pilzsporen im warmen, feuchten Klima sehr wohl fühlen und sich schnell vermehren. Eine Pilzerkrankung der Mundschleimhaut ist Mundsoor. Die durch weiße Beläge auf der Schleimhaut gekennzeichnete Erkrankung betrifft besonders Babys und Kleinkinder.
Hauttumore 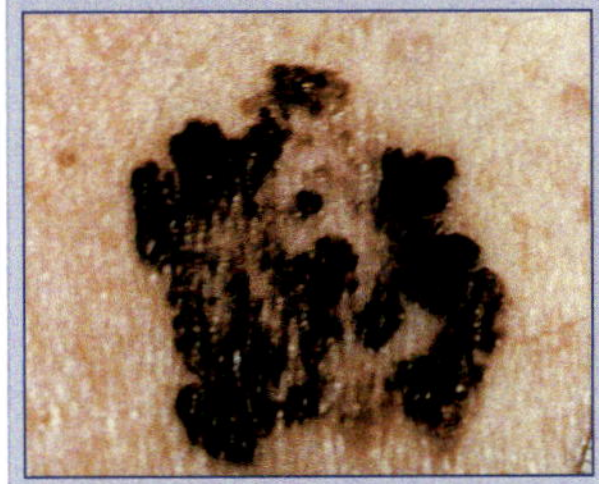	Hauttumore können in gutartiger oder bösartiger Form auftreten. Ursache kann übermäßige Sonnenbestrahlung sein. Jeder erlittene Sonnenbrand erhöht das Risiko, in späteren Jahren an Hauttumoren zu erkranken. Grundsätzlich sollten Sie die Mittagssonne meiden und frei liegende Hautpartien mit Sonnenschutzmittel (mindestens Schutzfaktor 25) eincremen. Besonders wichtig ist guter Sonnenschutz bei Babys und Kleinkindern (z. B. hoher Sonnenschutzfaktor und Verdecken der Haut durch Kleidung). Auch ein exzessiver Besuch von Solarien erhöht das Hautkrebsrisiko.

Viren ► S. 403

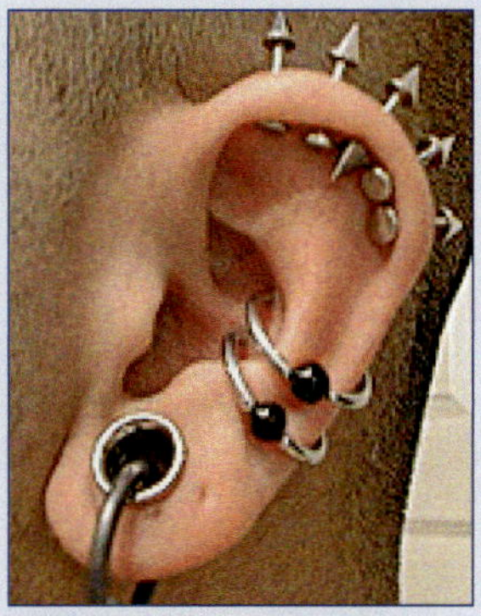

Abb. 1 Verschiedene Piercings am Ohr

! Seit Jahrtausenden haben Menschen durch Bemalungen, Tätowierungen und Piercings ihren Körper geschmückt. Piercings und Tätowierungen sind meist Ausdruck eines neuen Körpergefühls. Allerdings sollte man das Infektionsrisiko, z. B. für Hepatitis nicht unterschätzen. Ein Piercing kann auch zu Narbenbildung oder Nervenschädigung führen. Sterile Bedingungen und fachmännisches Vorgehen sind absolute Pflicht.

Wichtige Informationen zum Thema Kindeswohlgefährdung findet man beim Deutschen Jugendinstitut unter:

www.dji.de/
▹ Suchbegriff: Kindeswohlgefährdung

Gewaltdiagnostik bei der Beobachtung der Haut

Das deutsche Grundgesetz schreibt das Recht und die Verantwortung für die Erziehung und den Schutz des Kindes vor Gefahren den Eltern zu. Leider kann es aber vorkommen, dass Eltern diese Aufgabe nicht verantwortungsvoll umsetzen oder sogar bewusst dagegen verstoßen.
Kommt es zu Gewalt gegen ein Kind, wird diese entgegen vielen Annahmen nicht vorrangig von für das Kind unbekannten Personen verübt. Die Täter finden sich häufig im häuslichen Umfeld. Sie sind in der Regel nächste Angehörige, Freunde der Familie des betroffenen Kindes oder gar die Eltern selbst. In diesen Fällen wird von Kindesmisshandlung oder Kindesmissbrauch gesprochen.

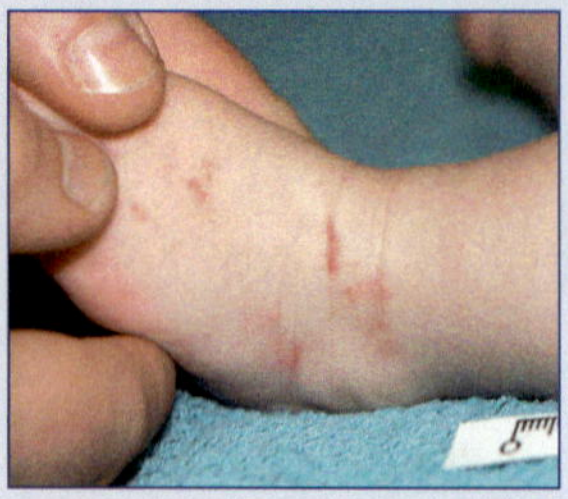

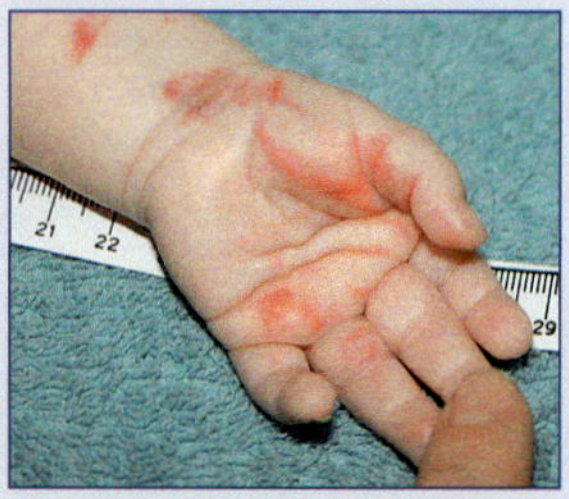

Abb. 1/2 Hämatome nach Misshandlung am Fuß/ an der Hand

Während der Betreuung eines Kindes stehen die betreuenden Personen in sehr engem Kontakt zum Kind. Bei der Durchführung oder Unterstützung der Körperpflege ist der Körper des Kindes in weiten Teilen unbekleidet zu sehen. An dieser Stelle kommt der Betreuungsperson eine besondere Rolle bei der Gewaltdiagnostik zu. Körperliche Misshandlungen zeigen Spuren am Körper wie z. B. Blutergüsse (Hämatome, Abb. 1 und 2), Verletzungen der Haut (z. B. Brandwunden und Striemen), Schwellungen oder Knochenbrüche. Werden solche Verletzungen festgestellt, müssen die Eltern oder die Bezugspersonen des Kindes durch die Fachkraft befragt werden. Informieren Sie Ihre Vorgesetzte und scheuen Sie nicht zu fragen, wie es zur Verletzung gekommen ist. In einem therapeutischen Team wird über das weitere Vorgehen beraten (Abb. 3).

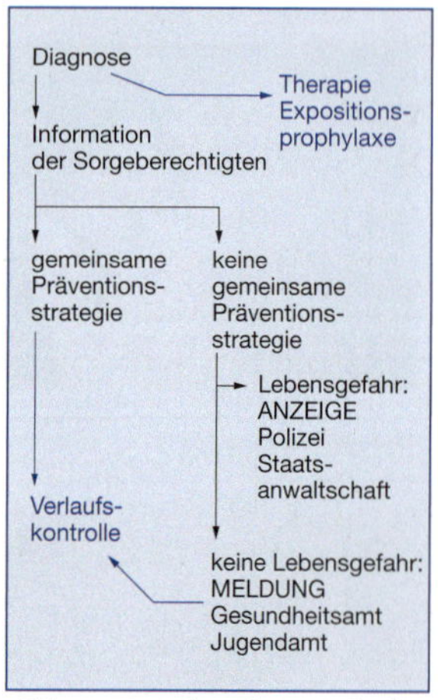

Abb. 3 Vorgehen bei Verdacht auf Misshandlung

„Niemand begeht einen größeren Fehler als der, der nichts tut, weil er glaubt, nur wenig tun zu können."
www.missbraucht.de

Kinder als Opfer von Misshandlungen bedürfen unseres besonderen Schutzes. Für sie ist es außerordentlich schwierig, zu verstehen, dass die sie peinigende Person gleichzeitig die nahestehende Bezugsperson (z. B. Vater, Mutter, Onkel) ist. Auf Grund ihrer kindlichen Liebe zur Bezugsperson haben sie Angst davor, dass diese bestraft wird und sie daran schuld sind.
Die Folgen für die betroffenen Kinder sind gravierend. Neben dem akuten Erleben der körperlichen und seelischen Schmerzen kommt es häufig langfristig zu Verhaltensänderungen oder -auffälligkeiten bis hin zu psychischen Erkrankungen. Körperliche Verletzungen können insbesondere bei Kindern bis zum Tod führen. Ein grausames Beispiel dafür ist das Schütteltrauma bei Säuglingen.

Schütteltrauma bei Säuglingen ► S. 353

3.3 Unterstützung bei der Haut- und Körperpflege – „Eine Hand wäscht die andere"

Die Techniken der Körperpflege lernen Kinder am besten durch Nachahmen der Erwachsenen.

Die tägliche Körperpflege ist von entscheidender Bedeutung für die Gesunderhaltung des Körpers. Kinder entwickeln erst ab einem bestimmten Alter die Fähigkeit zur selbstbestimmten Körperpflege. Deshalb sind sie darauf angewiesen, von den erwachsenen Bezugspersonen die Durchführung einer korrekten Pflege ihres Körpers vermittelt zu bekommen. Kleinkinder lernen das Waschen, Anziehen und Zähneputzen am besten durch Vormachen und Nachahmen. Deshalb ist die Vorbildwirkung der Eltern und aller anderen Bezugspersonen besonders zu betonen.

Die folgende Tabelle soll einen Überblick geben, über welche Fähigkeiten zur Körperpflege ein Kind in welchem Alter verfügt. Die Altersangaben stellen dabei nur ungefähre Werte dar, da Kinder sich individuell recht unterschiedlich entwickeln. Die Angaben gelten für gesunde Kinder.

Alter	Fähigkeiten zur Körperpflege
0–15 Monate	komplette Übernahme durch die Eltern oder Bezugspersonen
ab 15 Monate	Das Kind kann einfache Anweisungen befolgen.
ab 2 Jahre	Das Kind kann sich unter Anleitung selbst waschen und anziehen.
ab 4 Jahre	Das Kind kann die Körperpflege selbstständig übernehmen.

3.3.1 Durchführung der Körperpflege bei Kindern

Waschen des Körpers

Die Grundlagen der Körperpflege bei einem Kind unterscheiden sich nicht gravierend von denen eines erwachsenen Menschen. Kinder wie Erwachsene sollten sich zweimal täglich, am Morgen und am Abend, gründlich waschen. Bei Säuglingen und Kleinkindern bietet sich für die Körperpflege das Baden in einer Babybadewanne oder in einem Badeeimer an. Kindergartenkinder können sich in einer normalen Badewanne (Abb. 4) oder an einem Waschbecken waschen oder schon die Dusche benutzen. Die Kinder benötigen beim Ein- und Aussteigen aus der Wanne noch Hilfe und dürfen niemals unbeaufsichtigt gelassen werden, da sie eventuell beim Aufstehen in der Badewanne stürzen und unter Wasser tauchen können. Aus hygienischen Gründen kann das Gesicht außerhalb der Badewanne, z. B. vor oder nach dem Bad, mit einem Waschlappen gewaschen werden. Ebenso empfiehlt sich ein vorheriger Toilettengang bzw. die Reinigung des Intimbereichs.

Zweimal täglich, morgens und abends, sollten sich Kinder waschen.

Baden von Säuglingen ► S. 357

! Der Genitalbereich von kleinen Mädchen wird regelmäßig beim Baden oder auch beim Wickeln sanft gereinigt, dabei wischen Sie immer von der Scheide weg Richtung Anus. Bei Jungen wird der Penis gewaschen und abgetrocknet. Schieben Sie die Vorhaut zurück, reinigen Sie die Eichel und schieben Sie die Vorhaut nach vorn. Bis zum ersten Lebensjahr ist bei Jungen die Vorhaut mit der Eichel verbunden und darf nicht zurückgezogen werden!

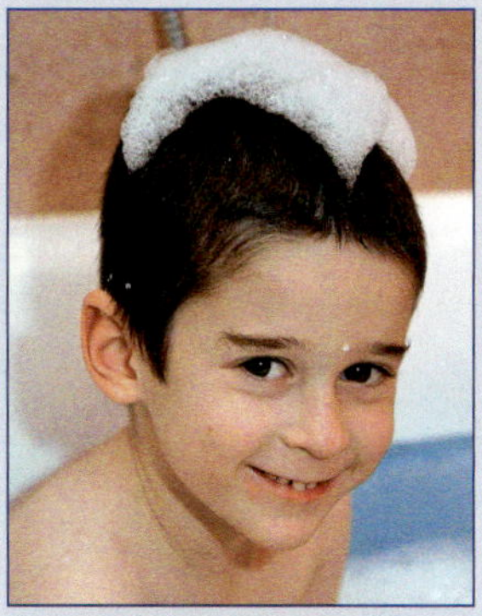

Abb. 4 Bei der Körperpflege in der Badewanne können auch gleich die Haare gewaschen werden.

Stellen Sie vor Beginn der Körperpflege sicher, dass der Raum nicht zu kalt ist (ca. 23 °C Raumtemperatur). Die Wassertemperatur (36–37 °C) muss mit einem Badethermometer und dem Unterarm sicher überprüft werden, damit sich die Kinder nicht mit zu heißem Wasser verbrühen können.

Bei empfindlicher Kinderhaut ist es wichtig, dass nur milde und kindergerechte Seifen oder Duschmittel verwendet werden. Nach dem Waschen kann die Haut eingecremt werden.

Neben der Ganzkörperwaschung sollen die Kinder das regelmäßige Händewaschen lernen. Achten Sie darauf, dass die Kinder sich nach dem Toilettenbesuch, vor dem Essen und nach dem Spiel im Freien die Hände waschen. Das Händewaschen wird immer unter fließendem Wasser mit Seife oder Waschlotion durchgeführt (Abb. 5). Verschmutzungen unter den Nägeln können mit einer Nagelbürste entfernt werden. Anschließend werden die Hände gründlich (auch in den Fingerzwischenräumen) abgetrocknet. Auch hier gilt, dass Sie als Erwachsener als Vorbild dienen.

Abb. 5 Waschbecken in angepasster Höhe ermöglichen Kindern das selbstständige Händewaschen.

Das Waschen der Haare sollte bei Kindern auf Grund der Angst vor Schaum in den Augen vorsichtig durchgeführt werden.

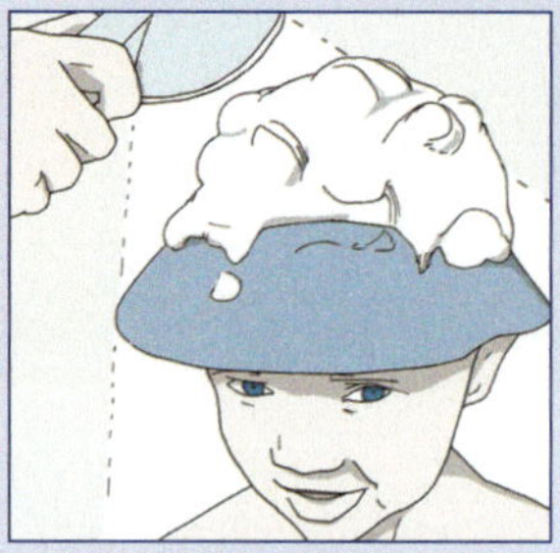

Abb. 1 Kind mit Haarwaschkranz

Haarpflege

Die Haare müssen regelmäßig gekämmt oder gebürstet werden. Ein besonders Problem stellt für viele Kinder das Haarewaschen dar, das ca. alle fünf Tage durchgeführt werden sollte. Kinder haben oft Angst davor, Schaum in die Augen zu bekommen, weil dies einen brennenden Schmerz auslösen kann. Erwachsene sollten diese Ängste ernst nehmen und die Haarwäsche sehr vorsichtig durchführen. Es bietet sich die Verwendung eines sehr milden Kindershampoos an. Weiterhin kann das Kind einen Waschlappen vor die Augen halten, um diese vor Schaum und Wasser zu schützen. Die Verwendung eines Haarwaschkranzes (Abb. 1) kann ebenfalls hilfreich sein. Um die Haare zu trocknen, eignet sich ein nicht zu heiß eingestellter Föhn.

Ohrenpflege

Eine spezielle Pflege der Ohren ist in der Regel nicht notwendig, da sie sich natürlicherweise selbst reinigen. Im Rahmen der täglichen Ganzkörperwaschung reicht die Reinigung der Ohrmuschel (äußeres Ohr) völlig aus. Zu beachten ist, dass Wasser und Seife nicht in das Ohr dringen dürfen.

! Oft werden zur Säuberung des Ohres Ohrstäbchen (Wattestäbchen) verwendet. Diese sollten jedoch nicht eingesetzt werden, um Verletzungen wie das Durchstoßen des Trommelfells zu vermeiden. Außerdem wird durch die Reinigungsstäbchen das vom Ohr produzierte Ohrenschmalz nicht – wie vorgesehen – nach außen transportiert, sondern nach innen befördert. Dort verklumpt es und führt zu Schmerzen und Hörstörungen.

Abb. 2 Kleinkinder lernen erst im Laufe des 4. Lebensjahres, sich die Nase selbstständig zu schnäuzen.

Nasenpflege

Auch die Nase verfügt über Selbstreinigungsmechanismen, die im Normalfall eine spezielle Pflege unnötig machen. Durch das „Laufen der Nase", das Absondern von Nasensekret, werden eingedrungene Partikel aus der Nase gespült. Mit Hilfe des Naseschnäuzens können Menschen diesen Vorgang bewusst unterstützen. Bei Säuglingen und Kleinkindern funktionieren diese Mechanismen noch nicht. Deshalb muss die Reinigung der Nase von einer betreuenden Person übernommen werden. Wird dies nicht getan, können Verkrustungen die Atmung über die Nase behindern. Gerade bei Säuglingen und Kleinkindern ist dieser Aspekt wichtig, da sie fast ausschließlich über die Nase atmen und sich noch nicht selbst schnäuzen können. Ältere Kinder muss man beim „Laufen der Nase" zum Naseputzen (Abb. 2) auffordern. Dabei müssen sie von der Betreuungsperson unterstützt werden.

Zur gründlichen Reinigung der Nase von Verkrustungen werden angefeuchtete Watteträger verwendet. Diese werden mit drehenden Bewegungen vorsichtig bis zum Auftreten der ersten Verkrustungen ins Nasenloch eingeführt (max. im Bereich der Nasenflügel) und die Verkrustungen auf diese Weise entfernt.

Abb. 3 Bei Säuglingen und Kleinkindern werden abgerundete Nagelscheren benutzt.

Nagelpflege

Die Finger- und Fußnägel müssen regelmäßig gepflegt werden. Die Fingernägel werden einmal wöchentlich geschnitten, bei den Fußnägeln reicht das Schneiden alle 14 Tage. Fingernägel werden oval rund und Fußnägel gerade geschnitten. Nagelränder oder Ecken werden mit einer Nagelfeile geglättet. Bei Kleinkindern und Säuglingen wird eine speziell gerundete Schere (Abb. 3) verwendet.

Unterstützung beim An- und Auskleiden
Babys werden mehrfach am Tag an- und ausgezogen. Das sollte an einem vorgewärmten Ort, am besten auf dem Wickeltisch, vorgenommen werden. Die Sachen werden bereitgelegt und die Öffnungen mit der eigenen Hand geweitet. Auf keinen Fall darf an den kleinen zarten Fingern oder Zehen gezogen werden. Da der Kopf des Babys im Verhältnis zum Körper sehr groß ist, sollte dieser immer mit einem leichten Mützchen bedeckt sein, um Wärmeverlusten vorzubeugen.
Besonders im Alter von zwei bis drei Jahren möchte das Kind viele Dinge selbst übernehmen. So wird das Kind sich auch selbst an- und ausziehen wollen. Beim Ankleiden im Kindergarten ist deshalb zu beachten, dass man dem Kind nicht alles abnimmt, sondern die Zeit einräumt, die es für das Anziehen benötigt. Die Anziehsachen sollen dabei für das Kind gut zugänglich sein. Das erfordert viel Geduld auf beiden Seiten, aber das Kind wird stolz sein, wenn es z. B. das erste Mal seine Schleife am Schuh selbst gebunden hat. Das Kind sollte bequeme Kleidung (Abb. 4) aus atmungsaktivem Material tragen. Dafür eignen sich besonders Stoffe aus Baumwolle oder auch aus Schurwolle. Nicht zu empfehlen ist Kleidung aus synthetischen Fasern, da diese nicht durchlässig für Hautfeuchtigkeit sind.

Abb. 4 Für das Herumtollen im Freien eignen sich wetterfeste, bequeme Sachen.

Das selbständige An- und Ausziehen ist für Kinder ein wichtiger Entwicklungsschritt.

Wickeln ► S. 360

3.3.2 Zahn- und Mundpflege

Entwicklung des Gebisses
Der Grund dafür, warum der Mensch einmal in seinem Leben auf natürliche Weise seine Zähne verliert und durch neue ersetzt, liegt im Wachstum. Es werden jeweils so viele Zähne im Mund aufgenommen, wie Platz vorhanden ist. Bei Kindern entwickelt sich zuerst das an den kindlichen Kiefer angepasste Milchgebiss. Es besteht aus 20 Zähnen. Im Alter von ungefähr 11 Jahren ist dann das Milchgebiss komplett verloren gegangen, während das Dauergebiss bereits nachgewachsen ist und durch weitere Zähne ergänzt wird. Es umfasst 28 Zähne und kann sich bis auf 32 Zähne ausdehnen, wenn die vier Weisheitszähne angelegt sind. Der erste Zahndurchbruch sowie der für den Menschen typische Zahnwechsel vom Milchgebiss zum Erwachsenengebiss erfolgen individuell sehr unterschiedlich. So erscheint der erste Schneidezahn ca. im 6.–8. Lebensmonat. Das Erwachsenengebiss entsteht im Alter von 6–8 Jahren.

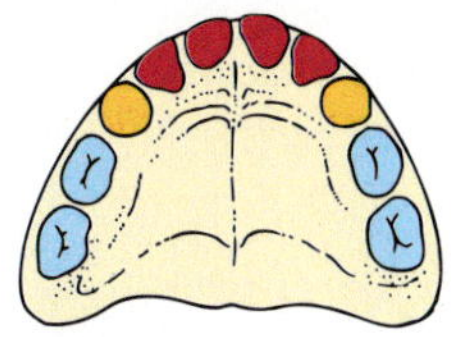

Abb. 5 Milchgebiss

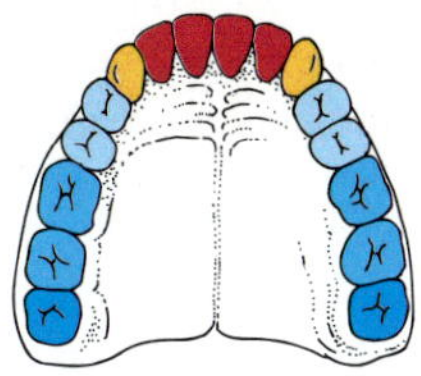

Abb. 6 Bleibendes Gebiss

Zahnpflege bei Kindern
Gesunde und gepflegte Zähne sehen schön aus und beugen Folgeerkrankungen vor. Eine regelmäßige und intensive Zahnpflege ist bereits vom Säuglingsalter an notwendig. Zur Säuberung der ersten Milchzähnchen kann ein Wattestäbchen oder eine weiche Zahnbürste benutzt werden. Mit diesen Hilfsmitteln sollten die Zähne einmal am Tag – am besten abends – gereinigt werden.
Ab dem zweiten Lebensjahr sollten die Milchzähne zweimal täglich geputzt werden. Sobald das Kind die Zahnbürste halten kann, sollte es spielerisch an die regelmäßige Zahnpflege gewöhnt werden. Eine Unterstützung und Kontrolle der Eltern ist wichtig, da erst zwischen dem vierten und sechsten Lebensjahr die Motorik des Kindes so weit entwickelt ist, um effektives Putzen zu gewährleisten.
Den größten Einfluss auf die Motivation zum Putzen haben Bezugspersonen wie Eltern oder ältere Geschwister. Viele Kleinkinder schauen sich von ihren Vorbildern verschiedene Verhaltensweisen ab. Da bildet die Zahnpflege keine Ausnahme. Regelmäßiges richtiges Zähneputzen sollte für alle Bezugspersonen des Kindes eine Selbstverständlichkeit und nicht eine lästige Pflicht sein.

Die Bezugspersonen des Kindes haben beim Erlernen der richtigen Zahnpflege eine Vorbildwirkung.

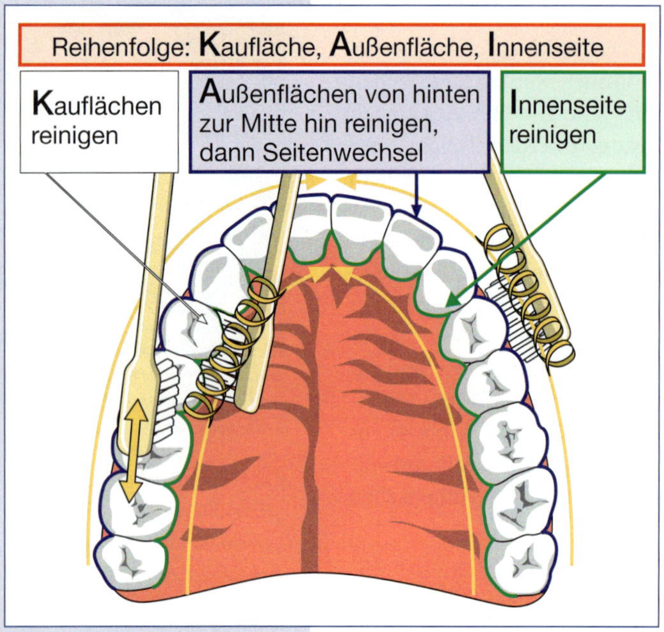

Abb. 1 Die Reinigung der Zähne erfolgt durch kreisende Bewegungen mit der Kurzkopfzahnbürste nach einem bestimmten Schema.

Zahnpflegetipps für Kinder:

- Zähne nach jeder Mahlzeit, wenigstens zweimal am Tag drei Minuten putzen
- fluoridhaltige Zahnpasta verwenden
- Zahnpflegekaugummis ohne Zucker kauen lassen
- richtige Putztechnik beachten (von rot nach weiß)
- Kauflächenversiegelung der dauerhaften großen Backenzähne beim Zahnarzt
- zweimal jährlich Kontrollbesuch beim Zahnarzt

Vom Kiefernorthopäden verordnete Zahnspangen werden unter fließendem Wasser gespült und in speziellen Behältern aufbewahrt. Bei einer festsitzenden Zahnspange, sogenannten Brackets, ist eine besonders gründliche Pflege notwendig.

! Bereits 53 % der fünf- bis siebenjährigen Kinder müssen mit einem ersten Loch im Zahn den Zahnarzt aufsuchen. Aber auch Säuglinge und Kleinkinder können infolge zuckerhaltiger und/oder säurehaltiger Getränke, die über Saugflaschen kontinuierlich auf die Zähne einwirken, an Karies erkranken. Dies wird als Nuckelflaschenkaries (Abb. 2) oder auch Nursing-Bottle-Syndrom bezeichnet.

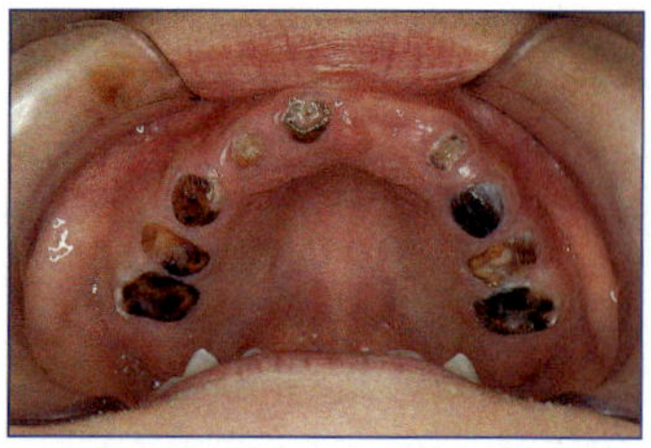

Abb. 2 Karies der Milchzähne

Der erste Zahnarztbesuch sollte im Alter von zwei Jahren erfolgen und eine angenehme Erfahrung sein.

Zahnuntersuchungen bei Kindern

Im Alter von etwa 2 Jahren sollte der erste Zahnarztbesuch erfolgen. Das Kleinkind lernt auf diese Weise eine Zahnarztpraxis kennen, ohne dass dieser Besuch mit schlechten Erfahrungen verknüpft wird. Günstig ist es, wenn das Kleinkind ältere, nicht ängstliche Geschwister oder Spielkameraden beim Zahnarztbesuch begleitet, da von ihnen eine Vorbildfunktion beim Untersuchen der Milchzähne ausgehen kann.

Für Kinder im Alter von 2 ½ bis 6 Jahren werden insgesamt drei zahnärztliche Früherkennungsuntersuchungen angeboten, die sehr wichtig für die Kariesprophylaxe sind: die erste, FU 1, zwischen dem 30. und 42. Lebensmonat, und die zweite Früherkennungsuntersuchung, FU 2, zwischen dem 49. und dem 72. Lebensmonat. Sollte der Zahnarzt bei einem Kind für das Milchgebiss ein hohes Kariesrisiko feststellen, wird im 6. Lebensjahr die FU 3 durchgeführt. Zwischen den einzelnen Früherkennungsuntersuchungen muss jeweils mindestens ein Abstand von 12 Monaten liegen. Bei den Untersuchungen geht es aber nicht nur um die Erkennung von Karies, Zahnfleischentzündungen und Kieferveränderungen, sondern vor allem um die Vermeidung dieser Erkrankungen.

Abb. 3 Gemeinsames Zähneputzen in der Kita unter Anleitung einer Erzieherin

3.4 Unterstützung bei der Ausscheidung – „Im Bad und WC ist alles okay"

3.4.1. Bedeutung der Ausscheidung für den Einzelnen

Ausscheidung ist ein täglicher, natürlicher Vorgang, bei dem Stoffwechselendprodukte den Körper verlassen, die ihn sonst schädigen würden. Es betrifft jeden und auch mehrmals am Tag. Wenn die Ausscheidung durch verschiedene Faktoren nicht wie gewohnt möglich ist, verursacht dies Unbehagen und unter Umständen sogar Krankheitsgefühle. Denken Sie nur an lange Auto- oder Busfahrten, bei denen Sie Urin oder Stuhl anhalten mussten. Auch Situationen, in denen die Intimsphäre nicht gewahrt werden kann, können sich auf die Ausscheidung auswirken. Das Erbrechen von Mageninhalt zählt auch zu den Ausscheidungen.

Stoffwechsel ► S. 388

3.4.2. Aufbau und Funktion der Ausscheidungsorgane

Ausscheidungsorgane sind diejenigen Organe, die eine Ausscheidung von nicht mehr benötigten oder schädlichen Stoffen bewirken. Dazu gehören

- der Darm (Ausscheidung von Stuhl),
- die Nieren (Ausscheidung von Urin),
- die Haut (Ausscheidung von Schweiß) und
- die Lungen (Ausscheidung von Kohlendioxid).

Haut ► S. 367
Lunge ► S. 413

Im Folgenden soll es um Darm und Nieren als Ausscheidungsorgane gehen.

Aufbau des Dickdarms

Die durch die Nahrung aufgenommenen Nährstoffe werden im Körper in kleinste Bausteine zerlegt, dann vom Dünndarm ins Blut aufgenommen und zu den Körperzellen transportiert. Im Dickdarm kommt es zur Eindickung des Darminhalts durch Wasserrückführung. Der Dickdarm (Abb. 4) zieht sich wie ein Rahmen um den Dünndarm, zuerst als aufsteigender Teil des Dickdarms, dann als quer verlaufender Dickdarm zur linken Oberbauchhälfte und anschließend nach unten in den linken Unterbauch. Dort schließt sich das Sigmoid an, das in die Ampulle und den Mastdarm (Rektum) übergeht und in den After (Anus) mündet.

Der Dickdarm dickt den Darminhalt ein.

Verdauungssystem ► S. 388

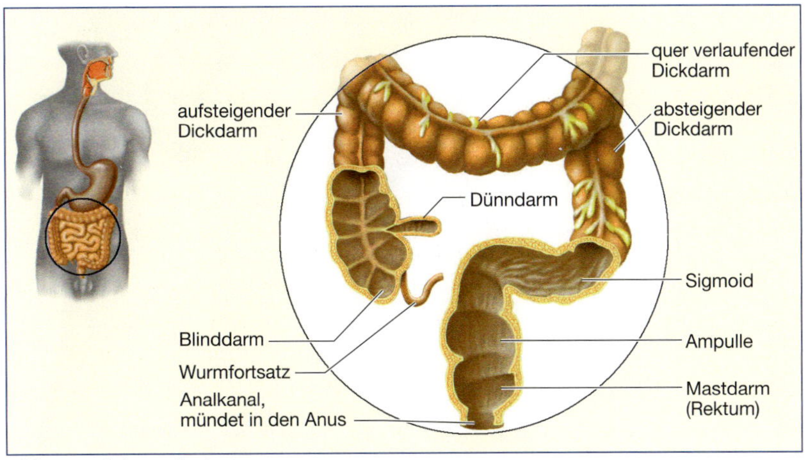

Abb. 4 Dickdarmabschnitte

Funktion des Dickdarms

In der Ampulle werden unverdauliche Nahrungsreste als Stuhl gesammelt, bis der Stuhlentleerungsreflex einsetzt. Wenn sich Ampulle und Mastdarm genug mit Stuhl gefüllt haben, verspürt der Mensch Stuhldrang. Der Anus ist durch einen äußeren und einen inneren Schließmuskel verschlossen. Bei der Stuhlentleerung erschlafft zuerst der innere Schließmuskel, danach der äußere Schließmuskel, dann wird der Bauchmuskel angespannt. Wenn Sie den Stuhlentleerungsreflex häufig willentlich unterdrücken, kann das zur chronischen Obstipation (Verstopfung) führen.

Obstipation (Verstopfung) ► S. 381

Die Nieren produzieren jeden Tag ca. 2 Liter Urin.

Aufbau und Funktion der Nieren und Harnblase

Die Nieren sind bohnenförmige Organe, in denen der Harn produziert und Wasser zurückgewonnen wird.

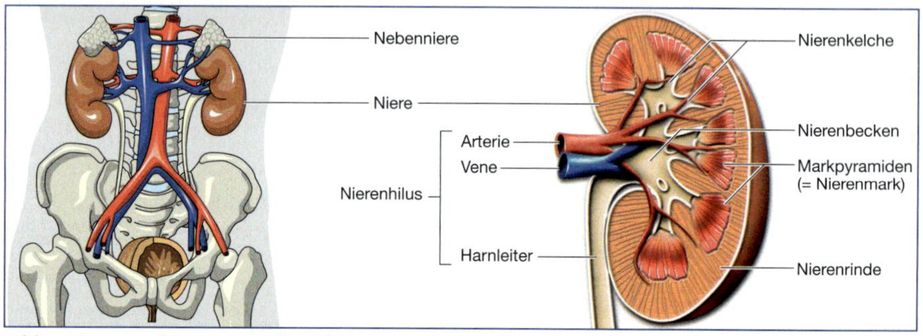

Abb. 1 Lage und innerer Aufbau der Nieren

Der Harn (Urin) wird durch den Harnleiter zur Harnblase transportiert. Die Harnblase ist ein muskuläres Hohlorgan und kann beim Erwachsenen ca. 500–1500 ml Urin speichern. Das Fassungsvermögen der Blase eines 7-jährigen Kindes beträgt ca. 240 ml. Dort wird der Urin gesammelt und durch die Harnröhre ausgeschieden. Die Harnblase besitzt einen inneren, unwillkürlichen Schließmuskel und einen äußeren, willkürlichen Schließmuskel, den Beckenbodenmuskel. Durch Anspannen dieses Muskels kann die Urinausscheidung willentlich beeinflusst werden.
Die Harnröhre der Frau ist wesentlich kürzer (3–4 cm) als beim Mann (20–25 cm). Frauen haben deshalb ein größeres Risiko, an Harnblasenentzündungen zu erkranken, da Krankheitserreger einen kürzeren Weg vom Harnröhreneingang zur Harnblase haben (Abb. 2/3).

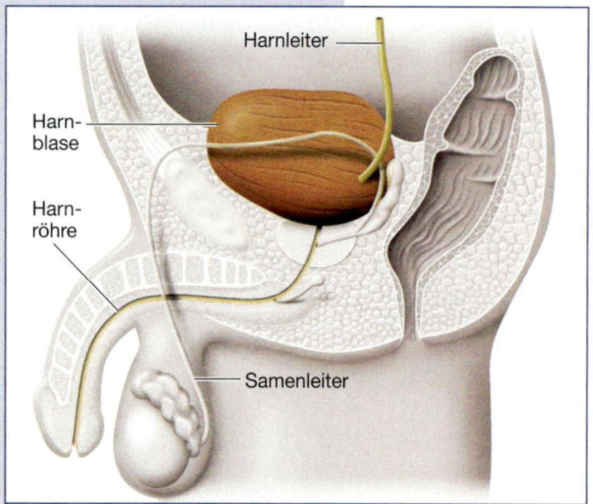

Abb. 2 Lage der Harnwege beim Mann

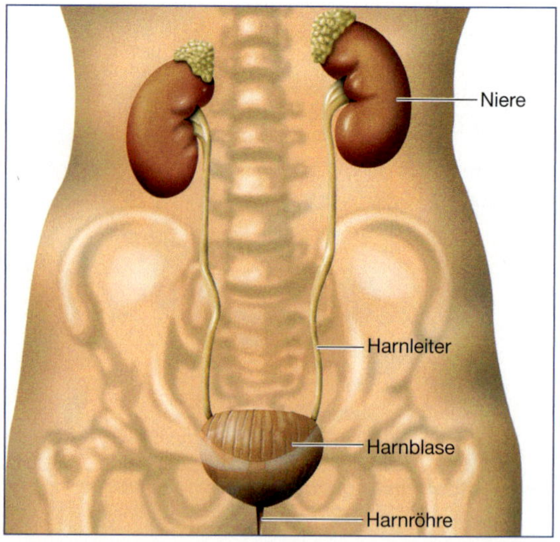

Abb. 3 Lage der Harnwege bei der Frau

3.4.3 „Sauberkeitserziehung“

Ab dem 3. Lebensjahr können Kinder Urin und Stuhlgang willkürlich ausscheiden.

Wohl kaum ein anderes Thema in der Kindererziehung wird so widersprüchlich diskutiert wie die Sauberkeitserziehung – also wann geht ein Kind auf den Topf und braucht keine Windeln mehr. Im Jahr 1965 wurde noch empfohlen, dass das Kind vom Beginn des zweiten Lebensjahres an sauber sein sollte. Eltern oder Bezugspersonen haben die Kinder konsequent nach diesem Ziel erzogen. Im Jahre 1990 war man hingegen schon der Meinung, dass jedes Kind bis spätestens zum dritten Lebensjahr von alleine sauber wird, allerdings nicht vor 1 ½ Lebensjahren. Heute werden junge Eltern dahingehend informiert, dass das Kind erst mit 26 Monaten seine Blasen- und Darmfunktion bewusst kontrollieren kann und jede vorherige Sauberkeitserziehung deshalb nur Dressur ist. Ein wichtiger Faktor bei dieser Zeitpunktverschiebung ist sicher die Veränderung der Windeln. Mussten 1960 die Stoffwindeln oft noch ohne Waschmaschine gewaschen werden, gibt es heute bequeme Wegwerfwindeln.

Erziehung ► S. 150

Abb. 4 Wegwerfwindeln erleichtern die Entscheidung, Kindern beim „Sauberwerden“ Zeit zu lassen.

! Die Sauberkeitserziehung bedeutet aber nicht nur das Erlernen der Kontrolle der willkürlichen Schließfunktion von After und Harnblase, sondern stellt einen entscheidenden Schritt in der Persönlichkeitsentwicklung des Kindes dar. Kinder sind stolz, wenn sie keine Windel mehr brauchen.

After ► S. 377
Harnblase ► S. 378

Die Sauberkeitserziehung setzt die Wahrnehmung eines Druckgefühls in Blase und After voraus und das Erkennen von Zusammenhängen zwischen dieser Wahrnehmung und der Entleerung. Das Kind lernt, diesen Vorgang nun willkürlich zu steuern. Am praktischsten wird in der warmen Jahreszeit mit der Sauberkeitserziehung begonnen, da sich die nassen Sachen leichter wechseln lassen. Kinder lernen am besten am Vorbild der Eltern, älterer Geschwister oder Kinder in der Kindertagesstätte, zur Toilette zu gehen. Eine Folge einer zu frühen oder zu strengen Sauberkeitserziehung ist die sogenannte „schüchterne“ Blase. Die betroffenen Menschen leiden unter Problemen beim Urinieren und können nur unter ganz bestimmten ruhigen und geschützten Bedingungen Urin lassen.

Urin ► S. 380

So können Sie das Kind beim Sauberwerden unterstützen:
- Setzen Sie das Kind erst auf den Topf, wenn es sicher sitzen kann.
- Verwenden Sie einen fest und sicher aufliegenden Toilettenaufsatz.
- Um sicher auf den Toilettenaufsatz zu steigen, ist eine kleine Fußbank hilfreich.
- Zwingen Sie das Kind nicht, auf den Topf oder die Toilette zu gehen.
- Das Kind soll sich während der Sitzung ganz auf die Körperwahrnehmung konzentrieren, deswegen soll es in dieser Zeit nicht spielen.
- Nachts sollte länger eine Windel verwendet oder als Matratzenschutz eine Gummiunterlage verwendet werden.
- Loben und unterstützen Sie das Kind beim Erfolg auf der Toilette. Nehmen Sie kleine Unfälle beim Sauberwerden in Ruhe hin, bestrafen Sie das Kind nicht.
- Nehmen Sie das Kind nach ca. 10 Minuten ohne Erfolg vom Topf.

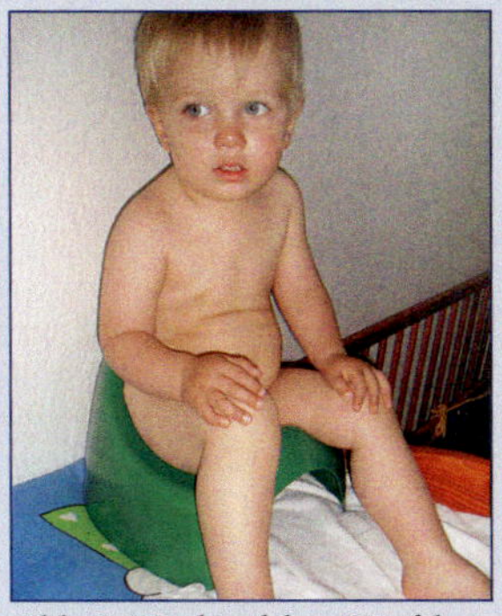

Abb. 5 Kind auf dem Töpfchen

! Die Harnblase des Kindes muss trainiert werden, das heißt, erst ab einer bestimmten Menge Flüssigkeit in der Blase ist ein Harndrang zu spüren. Um das Sauberwerden zu fördern, sollten Sie also nicht aufhören, dem Kind abends etwas zu trinken zu geben, oder es nachts aufwecken und zur Toilette bringen. Das Kind muss lernen, alleine aufzuwachen, wenn es den Harndrang verspürt.

3.4.4 Beobachtung der Ausscheidungen

Durch die Beobachtung von Ausscheidungen lassen sich Rückschlüsse auf Funktion oder Störungen von manchen Organen ziehen.

Durch die Beobachtung von Ausscheidungen lassen sich Rückschlüsse auf die Funktion oder Störung des Darms, der Leber, der Niere, der Harnblase oder des Magens ziehen. Diese Tätigkeit kann als unangenehm empfunden werden und Ekel auslösen. Die Fachkraft sollte über auffällige Beobachtungen informiert werden.

Beobachtung von Urin
- Häufigkeit und Menge der Urinausscheidung:

Die portionsweise Ausscheidung von Urin wird Miktion genannt. Sie variiert in Häufigkeit (Frequenz), Zeitpunkt und Menge. Für Erwachsene sind 4–6 Miktionen über den Tag verteilt mit nächtlicher Pause normal. Neugeborene haben in 24 Stunden 8–10 Miktionen, Säuglinge und Kleinkinder 12–16 Miktionen.
Die Normalmengen der Urinausscheidung sind sehr unterschiedlich und hängen von verschiedenen Faktoren ab, wie z. B. Ernährung, Trinkmenge, Schwitzen oder Erkrankungen. Bei einem gesunden erwachsenen Menschen sind es 1,5 bis 2 Liter am Tag. Ausscheidungsmengen darüber werden Polyurie (große Urinmenge) genannt, welche z. B. ein Hinweis auf Diabetes mellitus sein kann. Urinmengen unter 500 ml am Tag werden Oligurie genannt. Oligurie kann vorkommen bei hoher körperlicher Belastung, viel Schwitzen, bei Fieber oder Erbrechen. Es kann auch ein Hinweis auf Herz- oder Nierenerkrankungen sein.

Diabetes mellitus ► S. 399

- Urinbeschaffenheit:

Normaler Urin ist bernsteinfarben, unauffällig im Geruch und klar. Veränderungen im Aussehen oder Beimengungen sowie der Geruch können auf Erkrankungen oder Veränderungen in der Nahrungsaufnahme hinweisen.

Beobachtung von Stuhlgang
- Stuhlmenge und Häufigkeit der Stuhlentleerung:

Die Normalmengen für Stuhlgang sind sehr verschieden und hängen von der Ernährung ab, ungefähr sind es 100–500 g am Tag. Bei ballaststoffreicher Ernährung wird die Stuhlmenge größer und bei ballaststoffarmer Nahrung geringer. Gesunde und voll gestillte Säuglinge können bis zu 8-mal täglich den Stuhl entleeren. Allerdings ist es in diesem Fall auch noch normal, wenn bis zu 10 Tagen keine Stuhlentleerung erfolgt. Bei Kleinkindern und Schulkindern ändert sich die Häufigkeit der Stuhlentleerung. In diesem Alter können die Kinder 1- bis 3-mal täglich, oder auch nur alle 2–3 Tage den Stuhl entleeren.

Ernährung ► S. 384
Stillen ► S. 355

- Aussehen:

Der Stuhl, auch Kot oder Fäzes genannt, besteht zu 70–80 Prozent aus Wasser. Der Rest besteht aus Endprodukten des Verdauungsvorgangs wie z. B. Ballaststoffen sowie Schleim, Bakterien und Farbstoffen. Die braune Farbe erhält der Stuhl durch abgebaute Gallenfarbstoffe. Veränderungen von Stuhlgewohnheiten oder Aussehen von Stuhl können auf Erkrankungen hinweisen oder auch durch Lebensmittel oder Arzneimittel entstehen.

Verdauung ► S. 388
Ballaststoffe ► S. 396

! Kleine Kinder erkunden ihre Umgebung oft mit dem Mund, deshalb sind sie für die Ansteckung mit Würmern besonders gefährdet. Diese erfolgt über den Mund. Die Eier der Würmer werden durch unsaubere Hände aufgenommen, entwickeln sich im Darm weiter zu Larven und erwachsenen Würmern, die besonders nachts zum After wandern, dort Eier ablegen, starken Juckreiz verursachen und nach dem Kratzen wieder durch den Mund aufgenommen werden können.

Probleme bei der Stuhlausscheidung

Verstopfung/ Obstipation	
Wenn die Entleerung des Darmes nur selten, also etwa alle 3–4 Tage (eine Ausnahme bilden hier die Säuglinge), auftritt und der Stuhl hart ist, spricht man von einer Verstopfung oder Obstipation. Oft geht diese mit Schmerzen beim Stuhlgang einher. Ursache sind häufig kleine Risse in der Schleimhaut des Anus, dadurch wird der Stuhlgang für das Kind schmerzhaft und es hält den Stuhl zurück. Die verlängerte Verweildauer des Stuhls im Darm führt dazu, dass dieser immer mehr eindickt. Bei chronischer Obstipation ist die Ampulle stark erweitert und mit hartem Stuhl gefüllt.	Unterstützung bei Obstipation: Änderungen im Tagesablauf des Kindes oder Kuhmilchunverträglichkeit können zu einer Obstipation führen. Es ist wichtig, dem Kind viel zu trinken zu geben, z. B. ungesüßte Fruchtsäfte. Bei einer chronischen Obstipation muss unbedingt ein Kinderarzt aufgesucht werden. Vorbeugen lässt sich eine Verstopfung durch einen geregelten und festen Tagesablauf, z. B. feste Essens- und Toilettenzeiten. Ein guter Zeitpunkt für den Toilettengang ist etwa 15 bis 30 Minuten nach der Einnahme der Mahlzeiten. Dabei sollte dem Kind genügend Zeit und Ruhe eingeräumt werden.
Durchfall/ Diarrhoe	
Wenn bei Kleinkindern mehr als drei übel riechende, flüssige Stuhlentleerungen am Tag auftreten, spricht man von Durchfall oder Diarrhoe. Die Ursachen für eine Diarrhoe bei Kindern sind häufig Darminfektionen oder allergische Reaktionen auf Lebensmittel. Bei anhaltender Diarrhoe und geringer Flüssigkeitszufuhr besteht die Gefahr der Austrocknung. Je jünger des Kind ist, desto größer ist die Gefahr.	Unterstützung bei Diarrhoe: Wegen des hohen Flüssigkeitsverlustes muss das Kind reichlich Flüssigkeit zu sich nehmen, am besten Kamillentee und Gemüsebrühe. Die Haut am Po ist durch dünnflüssigen Stuhlgang stark belastet, eine Reinigung deshalb mehrmals täglich nötig. Bei Rötungen kann man dafür in Öl getränkte Tücher verwenden. Geben Sie dem Kind einen geriebenen Apfel. Dieser enthält Pektin, welches im Darm viel Wasser binden kann. Auch gekochte, pürierte Möhren und Kartoffeln oder Zwieback können Linderung verschaffen.

Ampulle ► S. 377

Beobachtung von Erbrochenem

Der Brechreiz wird z. B. ausgelöst durch ekelerregende Gerüche oder Anblicke, erhöhten Hirndruck bei Schädelhirntrauma, Vergiftungen oder Magen-Darm-Infektionen. Wenn gesunde Säuglinge eine halbe bis eine Stunde nach der Mahlzeit erbrechen, liegt in der Regel keine Erkrankung vor. Bei einem Herauslaufen von Nahrung aus dem Mund spricht man von atonischem Erbrechen, das kann auf eine Veränderung im Bereich des Mageneingangs hinweisen. Auch Erbrechen in hohem Bogen (spastisches Erbrechen) kann durch eine Veränderung im Bereich des Mageneingangs oder Magenausgangs hervorgerufen werden.

Abb. 1 Haltung des Kindes beim Erbrechen

Praxis-Spicker:
Übelkeit und Erbrechen
► S. 433

3.5 Hygiene – „Wie kann ich Erreger vermeiden?“

3.5.1 Hygienemaßnahmen

Zu den Maßnahmen der Hygiene gehören Reinigung, Desinfektion und Sterilisation.

Gesundheit ► S. 334
Reinigung ► S. 317
Erreger ► S. 403

Hygiene ist die Lehre von der Gesundheit und beinhaltet allgemeine Maßnahmen zum Erhalt der Gesundheit und spezielle Maßnahmen zur Vorbeugung von Krankheiten. Insbesondere sind damit Maßnahmen der Reinigung, Desinfektion und Sterilisation gemeint. Keime oder Erreger auf Oberflächen, an Gegenständen und Böden kann man mit diesen Verfahren vermindern, abtöten oder beseitigen.

Reinigung
Da Schmutz als Nährboden für Keime und Schädlinge dient, ist es wichtig, Kleidung, Arbeitsflächen, Fußböden regelmäßig zu reinigen.
Mit der Reinigung entfernen Sie Schmutz und Krankheitserreger mechanisch (z. B. durch Wischen) unter Verwendung von Wasser und Reiniger (z. B. Seife). Sie können dadurch eine Keimminderung erreichen, aber es werden keine Mikroorganismen abgetötet.

Desinfektion
Desinfizieren heißt, krank machende Mikroorganismen werden durch physikalische oder chemische Maßnahmen (z. B. Desinfektionsmittellösungen) in den Zustand versetzt, dass sie keine Schäden, also Infektionen, mehr verursachen können.

Was Sie bei der Desinfektion beachten müssen:
- Setzen Sie die Desinfektionsmittellösung mit kaltem Wasser an, um starke Dämpfe zu vermeiden, und beachten Sie die genaue Dosierung.
- Halten Sie die angegebene Einwirkzeit genau ein.
- Eine Sprühdesinfektion kann keine gleichmäßige Benetzung der Fläche erreichen, wischen Sie deshalb mit einem Tuch nach. Verwenden Sie die Sprühdesinfektion nur bei ansonsten schlecht zugänglichen Stellen.
- Mischen Sie das Desinfektionsmittel und den Reiniger nicht, da das Desinfektionsmittel unwirksam werden könnte.

Sterilisation
Sterilisieren heißt, alle Keime werden abgetötet. Das meistgenutzte Verfahren ist die Dampfsterilisation in einem Autoklav. Dabei wird das zu sterilisierende Material eine bestimmte Zeit hohen Temperaturen und unter Druck stehendem Wasserdampf ausgesetzt.

! Entwicklung der Hygiene in Einrichtungen des Gesundheitswesens
Bis Mitte des 19. Jahrhunderts wurden Sauberkeit und Desinfektion in Einrichtungen des Gesundheitswesens nicht als notwendig angesehen. Medizinische Geräte wurden nach Benutzung nicht gereinigt, sondern gleich wieder verwendet. Die hohe Sterblichkeit der Kranken wurde trotzdem nicht auf Unsauberkeit zurückgeführt. Man machte die schlechten Ausdünstungen für die Verbreitung von Krankheiten verantwortlich. Viele Menschen starben an Typhus oder Wundinfektionen.

Infektion ► S. 404

Ignaz Semmelweis (1818–1865) erkannte 1848 in Wien, dass die Ursache des Kindbettfiebers verunreinigte Hände und Instrumente waren. Er ordnete deshalb an, sich vor der Untersuchung der Mütter die Hände mit Chlorkalk zu waschen. Diese wirksame Maßnahme senkte die Sterblichkeit der Mütter von 12 % auf 1 %.

3.5.2 Hygieneprinzipien

Persönliche Hygiene
Eine schmutzige Haut voll Staub, Schweiß und anderen Körperausscheidungen ist eine optimale Grundlage für die Vermehrung von Bakterien und für nachfolgende Geruchsbelästigung. Deshalb gelten für die persönliche Hygiene und ein gepflegtes Auftreten vor allem im Beruf folgende Grundsätze:

- Duschen Sie täglich.
- Wechseln Sie täglich Ihre Unterwäsche.
- Waschen Sie mindestens einmal wöchentlich Ihre Haare.
- Binden Sie im Berufsalltag lange Haare zusammen.

Persönliche Hygiene und gepflegtes Auftreten sind nicht nur im Beruf wichtig.

Grundlagen der Händehygiene
Das Berufsleben in Betreuungs- und Pflegeeinrichtungen gefährdet besonders die Hände. Durch häufigen Kontakt mit Wasser und Reinigungsmitteln können sie schnell rissig werden. Diese Risse können wiederum Aufenthaltsort und Eintrittspforte für Krankheitserreger sein. Insbesondere Menschen mit anlagebedingter Hautempfindlichkeit müssen auf richtige Händehygiene und Handpflege achten. Auch im Haushalt und im Garten ist es wichtig, auf den Schutz der Hände, z. B. durch Hautpflegecremes, zu achten.

Mehr Informationen bietet die Berufsgenossenschaft für Gesundheitsdienst und Wohlfahrtspflege unter:

www.bgw-online.de
▹ Kundenzentrum
▹ Hauptsache Hautschutz

Händedesinfektion
Die Hände sind der wichtigste Überträger von Krankheitserregern. Die hygienische Händedesinfektion (Abb. 1) erfolgt mit einem Händedesinfektionsmittel (z. B. Sterillium), um Krankheitserreger abzutöten und Infektionsketten zu unterbrechen. Die Händedesinfektion dient dem Selbstschutz und Fremdschutz. In Betreuungseinrichtungen wird die Händedesinfektion in der Regel nach Kontakt mit infektiösem Material (Stuhl, Erbrochenem, Blut und Urin) durchgeführt. Das ist z. B. nach dem Windeln der Fall. Auch vor dem Anlegen von Pflastern oder Verbänden, nach der Entsorgung von Schmutzwäsche und vor der Speisenzubereitung und -verteilung müssen die Hände desinfiziert werden. Ob und in welcher Form die Händedesinfektion in Ihrer Einrichtung durchgeführt werden muss, erfahren Sie im Hygieneplan.

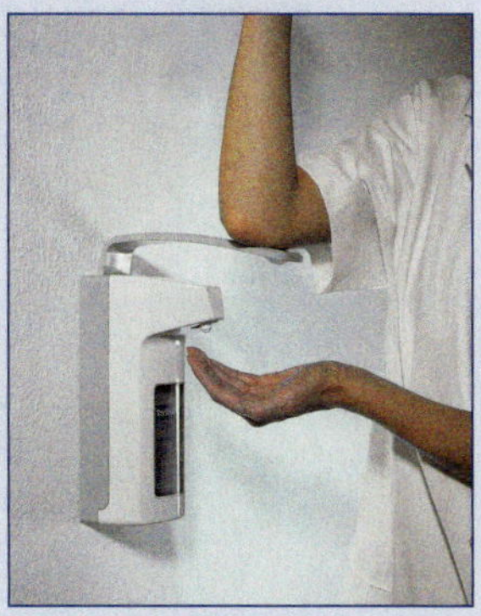

Abb. 1 Wandspender mit Händedesinfektionsmittel

Arbeits- und Schutzkleidung
Schutz und Sicherheit gibt Ihnen richtige Arbeitskleidung. Diese sollte im sozialen Bereich vor allem locker, bequem und pflegeleicht sein. Geschlossenes, rutschfestes Schuhwerk ohne hohe Absätze bietet Halt am Fuß. Auf großen Schmuck, z. B. lange Ketten oder große Ohrringe, sollte auf Grund der Verletzungsgefahr vor allem beim Spielen mit Kindern verzichtet werden.

Mehr Informationen zu Hygieneplänen in Kindertagesstätten finden Sie unter:

www.sichere-kita.de/_docs/pdf/Musterhygieneplan.pdf

Zum Weiterarbeiten im Arbeitsbuch

Kinderpflege			
	Schwerpunkt	Lernsituation	Nr.
	• Hautbeobachtung • Parasitenbefall • Hygiene	„Krabbelnde Plage“	20

4. Sich gesund ernähren – „Man ist, was man isst"

4.1 Ernährung heute – „Warum wir essen, wie wir essen"

Unsere Gedanken kreisen täglich rund 220-mal um das Thema „Essen", das haben Psychologen herausgefunden. Dabei geht es z. B. darum, was wir Leckeres für das Abendessen einkaufen und kochen sollen, wie viele Kalorien das Stück Schokolade hat oder dass die Erdbeeren auf dem Markt besonders appetitlich aussehen.
Unser Essverhalten und die damit verbundene endgültige Entscheidung „Ich will das jetzt essen" werden jedoch von sehr vielen unterschiedlichen Dingen beeinflusst.

Die Auswahl bestimmter Lebensmittel zur Ernährung hängt neben dem jeweiligen Angebot noch von zahlreichen anderen Faktoren ab. So werden die Ernährung und die damit verknüpften Ernährungsgewohnheiten heutzutage besonders durch die Erziehung, die Kultur bzw. Religion, den Lebens- und Arbeitsstil einer Person sowie die Medien und modische Trends beeinflusst.
Warum essen wir das, was wir essen, und so, wie wir es essen? Und warum fällt es uns so schwer, unsere Essgewohnheiten zu ändern? Nun, jeder von uns wächst mit einer bestimmten Esskultur auf, die sich daraus ergibt, dass bestimmte Nahrungsmittel akzeptiert werden oder nicht, dass es bei der Zubereitung oder dem Verzehr von Speisen Regeln gibt und dass die Mahlzeiten in mehr oder weniger großen Gemeinschaften eingenommen werden.

4.1.1 Beeinflussung der Essgewohnheiten durch Erziehung

„Iss deinen Teller leer, damit morgen die Sonne scheint." „Iss den Rest auf, damit du groß und stark wirst." Haben Sie schon mal solche Sätze gehört, die Kindern gesagt wurden? So wird früh Essverhalten anerzogen. Dabei wissen wir, dass Sonnenschein nicht davon abhängt, ob wir den Teller leeressen.

Neben derartigen Aussagen beeinflussen auch
- die Geschmacksprägung,
- Familienrituale am Esstisch und
- Tischsitten

das Essverhalten von Kindern.

Geschmacksprägung
Welche Vorlieben und Abneigungen bei Speisen Kinder und damit auch die späteren Erwachsenen haben, hängt sehr stark davon ab, welche Lebensmittel sie im Laufe ihrer Kindheit angeboten bekamen. Eltern sollten das Ernährungsspektrum ihres Kindes nie nur auf Pizza, Pommes und Pasta beschränken, denn je größer die Vielfalt der angenommenen Speisen ist, desto größer ist die Wahrscheinlichkeit, dass sich Kinder als Erwachsene gesund und vielseitig ernähren werden.

Essgewohnheiten werden anerzogen.

Einige Faktoren, die bestimmen, dass bei Kindern ein neuer Geschmack akzeptiert wird:
- die Möglichkeit, viele verschiedene Lebensmittel zu kosten (z. B. ein exotisches Obst oder fremdes Gemüse anbieten)
- die Erfahrung neuer Geschmackserlebnisse ganz ohne Druck (z. B. neues Gericht anbieten, aber ohne Zwang, es aufessen zu müssen)
- die Förderung der Selbstständigkeit beim Herstellen und Zubereiten von Speisen (Kinder z. B. Obst für den Obstsalat schneiden lassen)
- Vorbilder schaffen: von Personen, die man mag, übernimmt man auch Essgewohnheiten (z. B. das Lieblingsgericht der besten Freundin wird auch eher gegessen)
- angenehme Erlebnisse, durch die neu ausprobierte Speisen positiv besetzt sind (z. B. Essen im Urlaub, ein nettes Abendessen mit Freunden oder auf einer Feier)

Familienrituale am Esstisch
Esskultur ist immer Teil einer ganzen Familienkultur. Dazu gehören auch Tischsitten und Familienrituale bei den verschiedenen Mahlzeiten. So kann sich eine sogenannte Esskultur entwickeln, deren Ziel es ist, über bestimmte Rituale Identität, Geborgenheit und Gemeinsamkeit zu vermitteln. Zu den Familienritualen zählen z. B.:
- feste gemeinsame Essenszeiten (z. B. trifft sich die Familie immer zum gemeinsamen Abendessen und spricht über die Geschehnisse des Tages)
- ansprechend eingerichtete Räume (z. B. Esszimmer, Küche) und Dekoration (z. B. ein schön gedeckter Esstisch, Abb. 1)
- typische Familienspeisen zu gegebenen Anlässen (z. B. Marmorkuchen zum Geburtstag, Gänsebraten zu Weihnachten)
- Tischsitten und Regeln, die für das gemeinsame Essen gelten (z. B. wird erst gegessen, wenn alle etwas auf dem Teller haben, oder man steht erst auf, wenn alle Familienmitglieder mit dem Essen fertig sind)

Abb. 1 Ein einladender Frühstückstisch vermittelt Geborgenheit.

Jede Kultur hat ihre eigenen Essgewohnheiten.

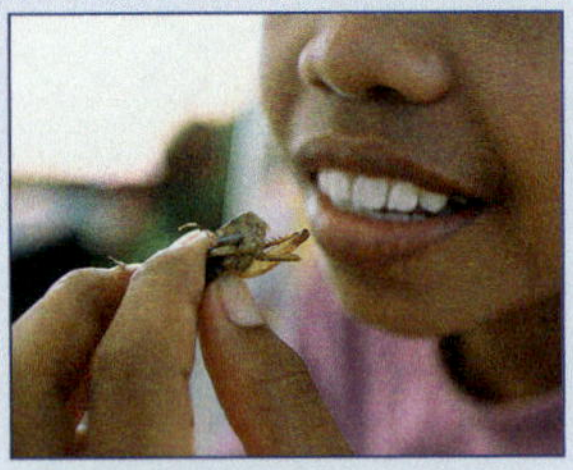

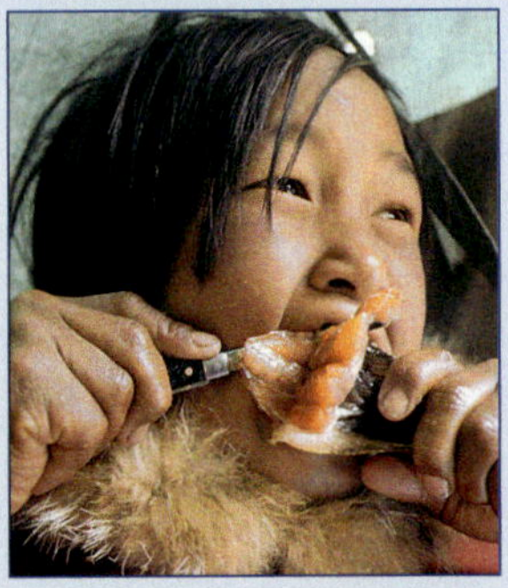

4.1.2 Beeinflussung der Essgewohnheiten durch Kultur und Religion

Unsere Essgewohnheiten sind auch von religiösen Bräuchen und dem jeweiligen Kulturkreis, in dem man aufwächst, abhängig. Nicht überall auf der Welt hat man dieselben Lebensmittel zur Verfügung. Entsprechend werden auch Mahlzeiten sehr unterschiedlich eingenommen. In Asien gibt es beispielsweise eine Nudelsuppe mit Stäbchen zum Frühstück, in Alaska knabbern die Eskimos getrockneten Fisch, in Kenia kann man sich Insekten schmecken lassen, in England wird oft ein deftiges Morgenmahl mit Würstchen, Speck sowie Eiern aufgetischt. Hier in Deutschland findet man meist noch Brötchen, Aufschnitt und Kaffee auf dem Frühstückstisch.

! **Andere Länder, andere Sitten: Esskulturen in der Welt**
In China unterscheiden sich die Traditionen beim Essen erheblich von den europäischen. Am Tisch darf geschmatzt und geschlürft werden. Es ist auch üblich, mit vollem Mund zu reden. Selbst Rülpsen ist manchmal erlaubt. Es wird gelacht und gerne laut geredet. Gäste oder ältere bzw. angesehene Personen werden besonders umsorgt. Man reicht ihnen die besten Stücke, meist mit den eigenen Essstäbchen. Bei Tisch entfernt sich der Chinese mit seinen Fingern ungezwungen die Fleischreste zwischen den Zähnen. Das Schnäuzen ist jedoch ein Tabu. Dafür sucht man die Toilette auf.

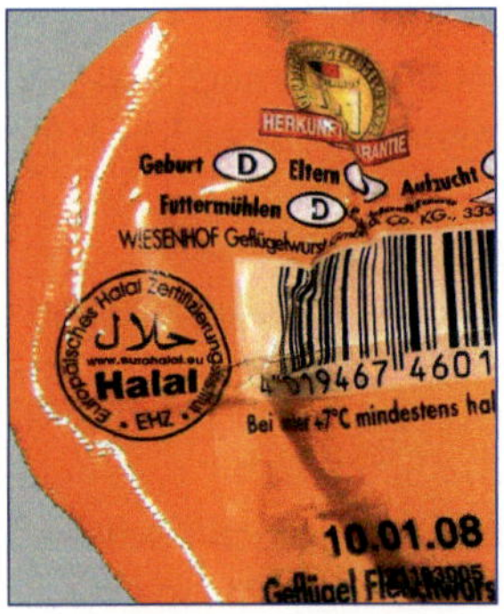

Abb. 1 Fleischprodukt, das mit der Aufschrift „halal“ gekennzeichnet ist

Religiöse Bräuche gibt es zum Beispiel im Judentum, wo kein Schweinefleisch gegessen werden darf, weil dieses Tier als unrein gilt. Für Muslime sind Alkohol und Schweinefleisch verboten. Somit wären Gummibärchen für Muslime gegebenenfalls tabu, sofern sie aus Schweinegelatine hergestellt wurden. Gläubige Muslime nehmen nur Nahrung zu sich, die „halal“ ist. Halal bedeutet: „rein und erlaubt“ (Abb. 1). Nach muslimischer und jüdischer Tradition wird Fleisch „geschächtet“. Das heißt, dass ein Tier so geschlachtet werden muss, dass es vollständig ausblutet.

Solche Sitten mögen einem vielleicht eigenartig erscheinen. Aber man sollte sich vor Augen halten, dass auch unsere Tischsitten aus verschiedenen Verboten und Geboten bestehen und ebenso traditionell gewachsen sind. So wurde in katholischen Regionen lange Zeit freitags kein Fleisch gegessen als Gedenken an das Leiden und Sterben von Jesus.

4.1.3 Beeinflussung der Essgewohnheiten durch Lebens- und Arbeitsstil

Der individuelle Lebensstil, das heißt die Art und Weise der Lebensführung, beeinflusst ebenfalls erheblich die Essgewohnheiten. In diesem Zusammenhang stellen sich folgende Fragen:

- Wie viele Menschen leben in meinem Haushalt?
- Wie viele Stunden verbringe ich zu Hause, auf der Arbeit, in der Schule usw.?
- Wie viele Mahlzeiten nehme ich zu Hause oder außerhalb ein?
- Wo nehme ich meine Mahlzeiten außer Haus ein? Am Schreibtisch, vor dem Fernseher, in der Kantine, im Restaurant oder im Imbiss?
- Koche ich meine Mahlzeiten selbst, wird für mich gekocht oder greife ich zu Fertiggerichten?
- Nehme ich meine Mahlzeiten in der Familie, allein, mit Freunden oder Kollegen ein?

Außerdem hängen die persönlichen Essgewohnheiten auch davon ab, wie viel Geld man für Lebensmittel im Monat ausgeben kann. Eine ausgewogene Ernährung kann relativ teuer sein.

Die persönlichen Essgewohnheiten sind abhängig von Lebens- und Arbeitsstil.

! Testkäufe ergaben: Ein 15-Jähriger, der sich ausgewogen ernähren möchte, benötigt täglich im Schnitt Lebensmittel im Wert von 4,68 €, wenn er im Discounter einkaufen geht, oder 7,44 €, wenn er sein Essen im normalen Supermarkt kauft. Beim Arbeitslosengeld II beträgt der Tagessatz für Jugendliche aber nur 3,42 €.

(Quelle: Forschungsinstitut für Kinderernährung [FKE], Dortmund 2007)

4.1.4 Beeinflussung der Essgewohnheiten durch Medien und modische Trends

Neben dem sozialen Umfeld, welches die Essgewohnheiten von Kindern und Jugendlichen nachhaltig beeinflusst, haben auch Medien und modische Trends einen nicht unerheblichen Einfluss auf die Esskultur der Menschen. So konnten zahlreiche Studien belegen, dass Werbekampagnen für ein bestimmtes Produkt, die über die Medien an die Konsumenten herangetragen werden, die Essensvorlieben lenken können. Viele Menschen machen ihre Lebensmittelauswahl davon abhängig, wie verheißungsvoll diese in den Medien angepriesen werden. So gelten prominente Werbeträger, wie z. B. die Boxerbrüder Klitschko und der Fußballstar Lukas Podolski, die für Süßigkeiten werben, auch aus ernährungstechnischer Sicht als Vorbilder und die beworbenen Produkte werden gekauft.

Ernährungsgewohnheiten unterliegen auch bestimmten Trends.

Medien ► S. 267

Zudem erleben wir immer wieder das Auf und Ab von Ernährungstrends, die, verstärkt durch ein Medienecho, unsere Essgewohnheiten beeinflussen. In Zeiten von „Gammelfleisch" oder „BSE" bekommen z. B. die Vegetarier starken Zulauf, zum Frühjahr versuchen Menschenmassen mit Hilfe von Schlankheits- und Diätprodukten verzweifelt, ihren Winterspeck loszuwerden. Und an heißen Sommertagen erfreuen sich die Hersteller von Eiscremes über eine Gewinnexplosion.
Ein ganz besonderer Trend unter Jugendlichen bereitete ab 2003 zunehmend mehr Eltern Sorge, als sich das Trinken sogenannter Alcopops (alkoholische Mischgetränke) großer Beliebtheit erfreute. Die deutschen Gesetzgeber versuchten der unerfreulichen Modeströmung mit einer Sondersteuer für Alcopops entgegenzuwirken. Der damit verbundene gesunkene Absatz hatte zur Folge, dass einige Hersteller ihre Alcopops-Produkte vom Markt nehmen mussten.

4.2 Stoffwechsel und Verdauung – „Warum essen wir?“

Abb. 1 Stoffwechsel in der Zelle. – Den ebenfalls zur Aufrechterhaltung des Stoffwechsels erforderlichen Sauerstoff (O_2) gewinnen wir durch Atmung.

In unserem Organismus arbeiten Organe und ihre Zellen ohne Pause, auch während des Schlafs. Für diese „Arbeiten“ (z. B. Verdauung, Atmung, Wachstum) benötigt unser Körper Energie und Baustoffe, die auch als Nährstoffe (z. B. Kohlenhydrate, Fette und Eiweiße) bezeichnet werden. Daneben gibt es noch die Wirkstoffe, zu denen Mineralstoffe und Vitamine zählen. Diese werden vom Körper in geringer Menge für bestimmte Aufgaben benötigt.

Arbeitsleistung unseres Körpers

Baustoffwechsel	**Energiestoffwechsel**
Aufbau und Erhaltung der Körpersubstanz (z. B. Muskelaufbau, Haarwuchs)	Aufrechterhaltung der Körperfunktionen (z. B. Körpertemperatur, Verdauung, Atmung)

Die Zerkleinerung der Nahrung in Nährstoffe wird als Verdauung bezeichnet und findet im Magen-Darm-Trakt statt.

Die genannten Nährstoffe führen wir unserem Körper mit der Nahrung zu. Damit sie zu den Körperzellen gelangen und dort genutzt werden können, müssen sie in kleinste Bausteine zerlegt werden. Diese Zerkleinerung der Nahrung in kleinere Grundbausteine heißt Verdauung und findet im Verdauungstrakt des Menschen statt. Die Verwertung der Nährstoffe in den Zellen wird als Stoffwechsel bezeichnet.

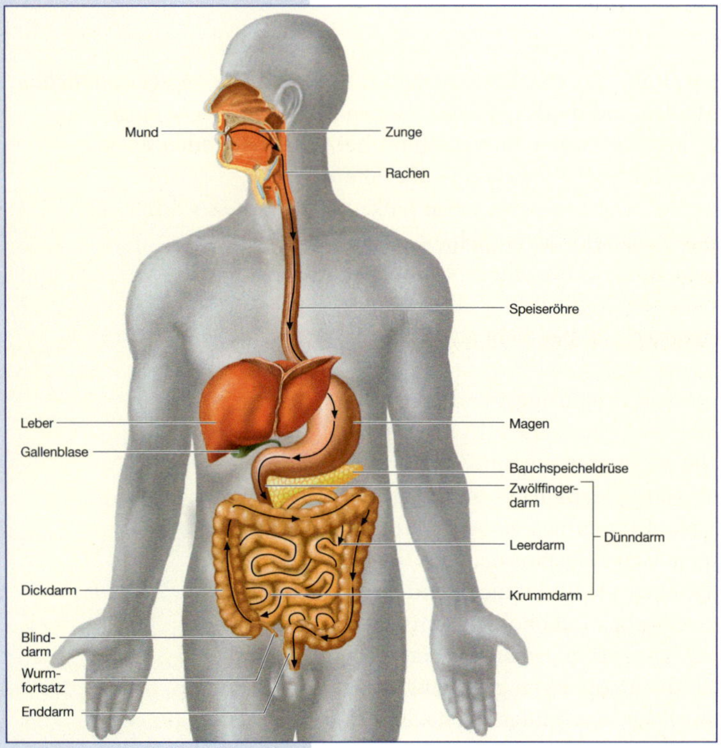

Der Verdauungstrakt (Magen-Darm-Trakt) umfasst sämtliche Organe, die die Zufuhr der Nahrung, die Zerkleinerung und die Aufnahme der Nährstoffe ins Blut (Resorption) sowie die Ausscheidung unverdaulicher Nahrungsbestandteile bewerkstelligen (Abb. 2).

Der Magen-Darm-Trakt ist im Prinzip ein langer Schlauch, der im Mund beginnt und im After endet. Die Verdauungssäfte werden in Drüsen (z. B. Bauchspeicheldrüse) gebildet und in Mund, Magen und Darm abgesondert. Anschließend werden die zerkleinerten Bestandteile ins Blut aufgenommen und zu den Körperzellen transportiert.

Abb. 2 Verdauungssystem des Menschen

Der erste Teil des Verdauungstraktes liegt im Kopf des Menschen. Hierzu zählen der Mund, die Speicheldrüsen und der Rachen:

- Der **Mund** nimmt die Nahrung auf. Dort wird sie durch Kauen zerkleinert.
- Die Speicheldrüsen produzieren den Speichel, der die Nahrung gleitfähig macht und damit das Schlucken erst ermöglicht. Die Enzyme des Speichels beginnen mit der Zerlegung der Kohlenhydrate (Zucker).
- Der Rachen leitet die Nahrung vom Mund in die **Speiseröhre**.

Der Verdauungstrakt beginnt im Mund und endet im After.

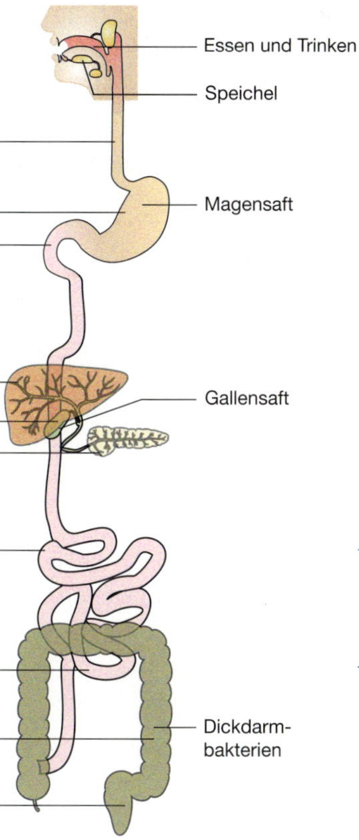

Der zweite Teil des Verdauungstraktes beginnt mit der Speiseröhre und umfasst alle Verdauungsorgane, die im Rumpf des Menschen liegen:

- Die **Speiseröhre** leitet die Nahrung vom Rachen in den Magen.
- Der **Magen** sammelt die Nahrung, tötet mit seiner Säure Keime ab und produziert Magensaft. Hier beginnt die Aufspaltung der Eiweiße.
- Dann geht die Nahrung in den **Dünndarm**. Er wird in drei Abschnitte eingeteilt:
  Zwölffingerdarm: Hier münden die Ausführungsgänge der Gallenblase und der Bauchspeicheldrüse. Diese Verdauungsdrüsen geben Enzyme ab, die die weitere Aufspaltung der Nährstoffe ermöglichen.
  Leerdarm und Krummdarm: Hier erfolgt die Aufnahme der gespaltenen Kohlenhydrate, Fette und Eiweiße sowie von Wasser und Vitaminen in das Blut.
- Der **Dickdarm** entzieht den unverdaulichen Nahrungsbestandteilen das Wasser, das in den anderen Teilen des Verdauungstraktes zur leichteren Spaltung der Nahrung zugesetzt wurde. Die unverdaulichen Reste werden mit Hilfe von Dickdarmbakterien (Darmflora) zersetzt und in gewissen Zeiträumen als Kot über den After ausgeschieden.

Kot ► S. 380
After ► S. 377

4.3 Die Bedeutung einer gesunden Ernährung – „Wie viel Essen brauchen wir?“

4.3.1 Energiebedarf

Energiebedarf = Grundumsatz + Leistungsumsatz

Der Energiebedarf des Menschen setzt sich aus dem Grundumsatz und dem Leistungsumsatz zusammen. Der Grundumsatz ist die Energiemenge, die ein Mensch in völliger Ruhe, nüchtern, bei 20 °C innerhalb von 24 Stunden durchschnittlich zur Aufrechterhaltung der Körperfunktionen benötigt. Er wird unter anderem durch das Alter, das Geschlecht und das Gewicht, aber auch durch das Klima und den persönlichen Stress beeinflusst.

Alter in Jahren	Körpergewicht in kg		Grundumsatz in kJ/kcal pro Tag	
	Mann	Frau	Mann	Frau
15 – 19	67	58	7 620/1 820	6 113/1 460
19 – 25	74	60	7 620/1 820	5 820/1 390
25 – 51	74	59	7 295/1 740	5 610/1 340
51 – 65	72	57	6 615/1 580	5 317/1 270
>65	68	55	5 903/1 410	4 899/1 170

Abb. 1 Grundumsatz – Übersicht

Die Energiemenge, die der Mensch täglich über den Grundumsatz hinaus – für körperliche Arbeit (z. B. berufliche Tätigkeit und Freizeitverhalten) – benötigt, wird als Leistungsumsatz bezeichnet.

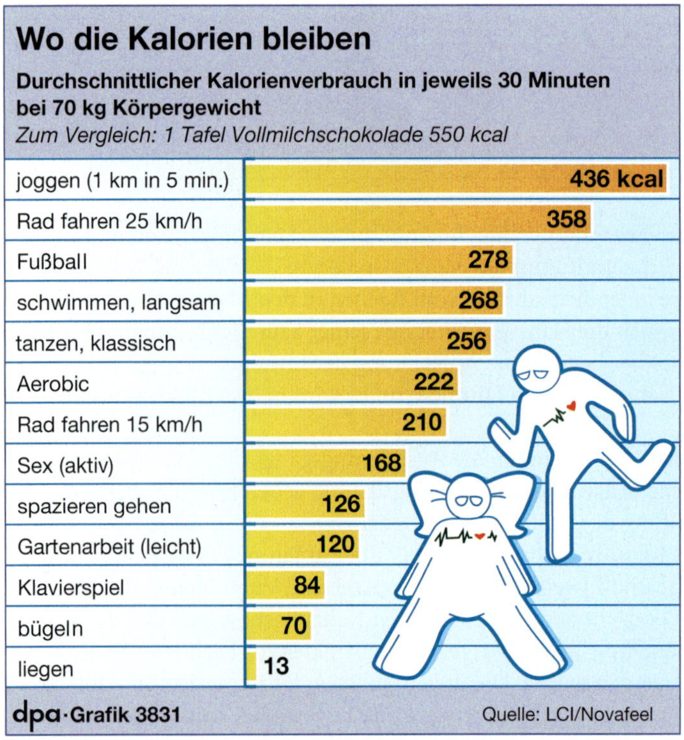

4.3.2 Empfehlungen zur gesunden Ernährung

In Deutschland gibt es verschiedene Institutionen, die Empfehlungen zur gesunden Ernährung veröffentlichen, z. B. im Auftrag vom Bundesministerium für Gesundheit. Dazu zählen:

- die Deutsche Gesellschaft für Ernährung (DGE)
- der aid infodienst (Verbraucherschutz, Ernährung, Landwirtschaft e. V.)
- verschiedene eingetragene Vereine (z. B. Deutsche Krebsgesellschaft e.V.)
- Krankenkassen und viele mehr

Die 10 Regeln der DGE für eine gesunde Ernährung und der Ernährungskreis
Die Deutsche Gesellschaft für Ernährung (DGE) hat auf der Basis aktueller wissenschaftlicher Erkenntnisse Regeln für eine vollwertige Ernährung entwickelt. Die Abbildung zeigt die empfohlene Zusammensetzung und das nötige Mengenverhältnis der Nahrungsmittel von sieben verschiedenen Lebensmittelgruppen. Der Ernährungskreis gibt die optimale Mischung der Lebensmittel in unserem Speiseplan an.

Seit 1956 werden die 10 Regeln für eine gesunde Ernährung von der DGE herausgegeben. Von Anfang an spielten die Abwechslung in der Lebensmittelauswahl und die Empfehlung, reichlich Vollkornerzeugnisse, Obst und Gemüse zu konsumieren, eine zentrale Rolle. Ausreichender Verzehr von Milch und Milchprodukten und eiweißhaltigen Lebensmitteln sowie Zurückhaltung bei der Energieaufnahme, beim Fett- und Alkoholkonsum – diese Aspekte waren immer von Bedeutung. In den ersten Jahren waren das „appetitliche und fröhliche Aussehen“ der Speisen und die „heitere Stimmung beim Essen“ ebenso wichtig wie der Hinweis, beim Speiseplan auch an den Geldbeutel zu denken und Marktangebote zu berücksichtigen. Ab 1970 nahm man die Empfehlung auf, die tägliche Nahrungsaufnahme auf mehrere Mahlzeiten zu verteilen. 1976 wurde der Aspekt des nährstoff- und geschmackschonenden richtigen Garens einbezogen. (nach „Die Geschichte der 10 Regeln der DGE“; Quelle: www.dge.de)

Anlaufstelle für Fragen zur gesunden Ernährung:

www.talkingfood.de
Auf www.was-wir-essen.de erfährt man, wie das Essen auf den Tisch kommt.

Mehr Informationen zu den 10 Regeln für eine gesunde Ernährung finden Sie unter:

www.dge.de
▹ Ernährung
▹ vollwertige Ernährung

Vollwertig essen bedeutet mehr als die richtige Auswahl der Lebensmittel.

Weitere Informationen zur Ernährungspyramide finden Sie unter:

www.aid.de

Die Ernährungspyramide des aid infodienstes

Der aid hat mit seiner Ernährungspyramide ein einfaches und alltagstaugliches System entwickelt, mit dem jeder – ohne umständliches Kalorienzählen – sein Ernährungsverhalten prüfen und optimieren kann. Das Ampelsystem, Portionsbausteine, die eigene Hand, große und kleine Teller helfen dabei, sich zurechtzufinden.

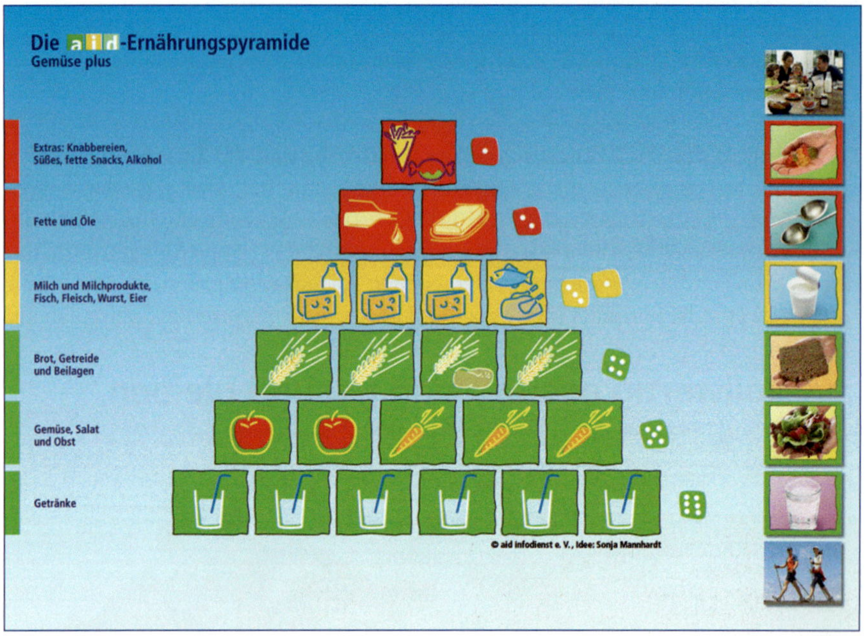

Weitere Informationen zur Kampagne „5 am Tag“ finden Sie unter:

www.5amtag.de

Die Kampagne „5 am Tag“

Unter der Schirmherrschaft des Bundesministeriums für Ernährung, Landwirtschaft und Verbraucherschutz sowie des Bundesministeriums für Gesundheit wurde die Kampagne „5 am Tag“ entwickelt. Sie empfiehlt 3 Portionen Gemüse und 2 Portionen Obst täglich – möglichst bunt und vielfältig –, um den Körper optimal zu versorgen. Die Kampagne „5 am Tag“ gibt viele Anregungen für die richtige Zusammensetzung des Speiseplans und wie man es schafft, am Tag 5 Portionen Obst und Gemüse zu essen.

Wie viel ist eine Portion?

Eine Portion messen Sie einfach mit Ihren Händen ab, dabei entspricht eine Portion einer Hand bzw. zwei Händen voll. Auch Kinder können eine Portion mit ihren Händen abmessen. So bekommen sie die auf ihren Bedarf abgestimmte Menge.

1 Portion Gemüse kann sein…	1 Portion Obst kann sein…
1 kleiner Kohlrabi, 1 Paprika oder 1 große Tomate 2 Hände voll Salat oder klein geschnittene Möhren 1 kleine Dose Erbsen oder Möhren oder Mais (ca. 125 g) 2 Hände voll tiefgekühlter Brokkoli, Spinat oder Champignons (ca. 125 g) 1 Glas Tomaten- oder Karottensaft	1 Apfel, 1 Banane, 1 Orange oder 1 Pfirsich 2 Hände voll Erdbeeren, Himbeeren oder Trauben 4 El Fruchtkompott ohne Zucker bzw. leicht gezuckert 2 Hände voll tiefgekühlte Beerenmischung 5 Trockenpflaumen oder getrocknete Aprikosen 1 Glas Fruchtsaft mit 100 % Fruchtgehalt

4.3.3 Besondere Formen der Ernährung

Vegetarische Ernährung (ovo-lakto-vegetarische Ernährung)
Insbesondere die Lebensmittelskandale der letzten Zeit und der allgemeine Trend zu einer natürlicheren und gesünderen Lebensweise haben viele Menschen dazu veranlasst, sich nach alternativen Ernährungsformen umzusehen. Zu den derzeit bekanntesten zählen der Vegetarismus und die Vollwerternährung, aber auch die ayurvedische Ernährung, die Makrobiotik oder die Rohkostlehre finden unter den alternativen Ernährungsformen immer mehr Anhänger.
Vegetarier sind Menschen, die bewusst keine Wurst und kein Fleisch und keinen Fisch essen. Nahrungsmittel wie Getreide, Obst, Gemüse und Hülsenfrüchte bilden die Grundlage der vegetarischen Ernährung, die durch Milchprodukte und Eier ergänzt wird. Bei der richtigen Kombination der Nahrungsmittel wird so der Bedarf an Kohlenhydraten, Fetten, lebensnotwendigen Eiweißen, Vitaminen und Mineralstoffen gedeckt. Der Mensch kann also durchaus auf Fleisch und Fisch verzichten, sofern er seine Nahrungsmittel ausgewogen zusammenstellt.
Untergruppen, die auch zum Vegetarismus zählen, sind die sogenannten Lakto-Vegetarier, die keine Eier, jedoch Milchprodukte essen, und die Veganer, die überhaupt keine Lebensmittel essen, die von Tieren produziert werden. Sie achten unter Umständen auch bei der Kleidung darauf, dass diese nicht aus Leder oder Pelz hergestellt ist.

Abb. 1 Mit dem V-Label werden in Europa für Vegetarier geeignete Produkte gekennzeichnet.

Abb. 2 Mit dem Bio-Siegel werden Erzeugnisse aus ökologischem Landbau gekennzeichnet.

Abb. 4 Große Gemüseauswahl auf einem Wochenmarkt

Vollwerternährung
Bei der Vollwerternährung werden vorwiegend lakto-vegetarische Nahrungsmittel gegessen, die möglichst frisch und wenig verarbeitet sind.
Wie bei der vegetarischen Ernährung werden Vollkornprodukte, Obst und Gemüse, Hülsenfrüchte, Kartoffeln sowie Milch und Milchprodukte bevorzugt. Zusätzlich werden auch geringe Mengen an Fleisch, Fisch und Eiern verzehrt. Menschen, die auf eine Vollwerternährung achten, nehmen ungefähr die Hälfte der Frischkost unerhitzt und unverarbeitet auf.
Die Umwelt- und Sozialverträglichkeit spielt bei vielen gesundheitsbewussten Verbrauchern ebenfalls eine Rolle. Das bedeutet konkret:

- Es werden bevorzugt kontrolliert biologische Erzeugnisse gekauft. Diese werden ohne Pestizide und synthetische Dünger hergestellt. Das entlastet die Böden und der Mensch nimmt dadurch weniger Umweltgifte zu sich.
- Die Nahrungsmittel stammen meist aus der Region und sind der Jahreszeit angepasst. Vollwertkostanhänger kaufen bewusst z. B. im Winter keine Erdbeeren, weil das bedeutet, dass sie von weit entfernten sonnigen Ländern eingeflogen werden müssen. Sie denken: Wer regional kauft, erspart der Umwelt lange Transportwege und unterstützt die heimischen Bauern.
- Umweltschonende Verpackungen oder unverpackte Lebensmittel werden bevorzugt.
- Möglichst werden Lebensmittel aus fairem Handel gekauft.

Abb. 3 Offizielles Zeichen für den fairen Handel – das FAIRTRADE-Gütesiegel

4.3.4 Ernährung von Säuglingen und Kindern

Die Ernährung von Säuglingen und Kindern soll nicht nur den Bedarf an lebensnotwendigen Nährstoffen decken, sondern auch der Prävention von Krankheiten dienen. Das Forschungsinstitut für Kinderernährung empfiehlt folgende Auswahl:

- reichlich: pflanzliche Lebensmittel (Getreide, Obst, Gemüse) und Getränke (vor allem Wasser, Tee)
- mäßig: tierische Lebensmittel (Milchprodukte, Ei, Fleisch, Fisch)
- sparsam: fettreiche Lebensmittel und Süßwaren

Informationen zur Ernährung in Schwangerschaft und Stillzeit finden Sie unter:

www.rund-ums-baby.de

Breikost ► S. 313
Stillen ► S. 355

Ernährungsempfehlungen für Säuglinge:

- Ab dem 5. Monat kann eine Milchmahlzeit durch Gemüsebrei ersetzt werden.
- Ab dem 6. Monat kann die abendliche Milchration durch einen Brei ersetzt werden. Dem Gemüsebrei der Mittagsmahlzeit kann nun 2-mal in der Woche gekochtes, zerkleinertes, mageres Fleisch zugemischt werden.
- Sobald die ersten Zähne da sind, können die Babys schon mal eine Brotkruste zum Knabbern bekommen. So erfolgt Schritt für Schritt der Übergang zur festen Kleinkinderkost und zur Familienkost.

! Stillen hat in den ersten Lebensmonaten mehr Vorteile als Flaschenkost. Die Muttermilch enthält Abwehrstoffe, ist leichter verdaulich und den Bedürfnissen des Babys angepasst. Gestillte Kinder werden seltener übergewichtig und ihr Allergierisiko wird gemindert. Manchen Müttern ist es nicht möglich, ihr Kind zu stillen. Dafür gibt es Säuglingsnahrung, die der Muttermilch angepasst ist.

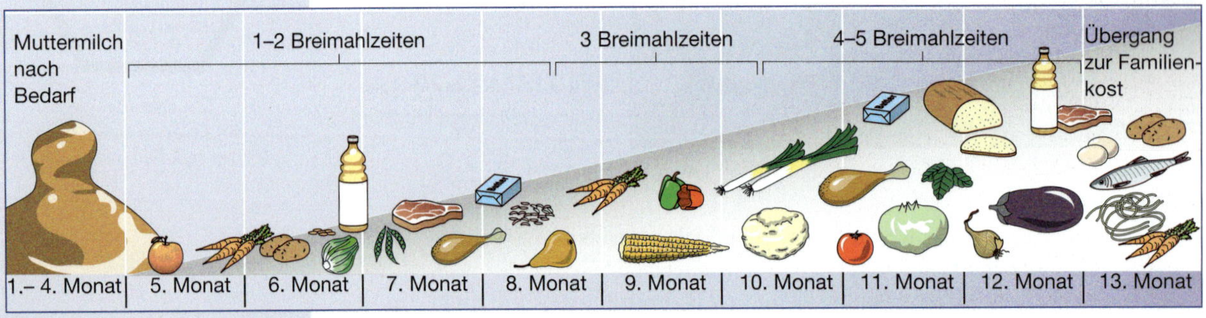

Abb. 1 Die Entwicklung der Ernährung vom 1. bis zum 13. Lebensmonat

Ernährungsempfehlungen für Kinder

- Der Bedarf an Flüssigkeit ist bei Kindern und Jugendlichen hoch. Deshalb auf ausreichend Flüssigkeitszufuhr mit ungesüßten oder wenig gesüßten Getränken (Wasser, Früchtetee oder verdünnte Säfte) achten.
- Bieten Sie täglich Milch bzw. Milchprodukte an. Dadurch wird der für den Knochenaufbau benötigte Kalziumbedarf gedeckt.
- Bauen Sie Zwischenmahlzeiten in Form von frischem Obst und Gemüse oder Vollkornprodukten ein.
- Die Energiezufuhr darf nicht zu hoch sein. Süßigkeiten nur in Maßen. Bieten Sie lieber eine Bananenmilch oder Obst an.

So viel sollten Kinder trinken

Alter	ml/Tag
ab 4 Monate bis unter 1 Jahr	mind. 400
1 bis unter 4 Jahre	820
4 bis unter 7 Jahre	940
7 bis unter 10 Jahre	970
10 bis unter 13 Jahre	1170
13 bis unter 15 Jahre	1330
15 bis unter 19 Jahre	1530

Unter: www.aid.de
▹ Ernährung
▹ Ernährungsfuehrerschein
finden Sie Informationen zum aid-Ernährungsführerschein für Kinder

4.4 Die Bestandteile unserer Nahrung – „Was steckt drin? “

4.4.1 Die Zusammensetzung der Nahrung

Unsere Nahrung besteht aus Nährstoffen, unverdaulichen Stoffen und Zusatzstoffen.

Im Laufe eines Lebens sind es ca. 60 Tonnen „Nahrungsmittel“, die wir aufnehmen – eine unvorstellbare Menge. Die Zusammensetzung dieser Nahrungsmittel besteht im Wesentlichen aus drei Säulen:

- Nährstoffe
- unverdauliche Stoffe (Ballaststoffe)
- Zusatzstoffe

Nährstoffe		
Energie und Baustoffe liefernde Nährstoffe	**nicht Energie liefernde, aber ebenfalls lebensnotwendige Nährstoffe**	
Eiweiß = Protein	Vitamine	Wasser
Kohlenhydrate (Stärke, Zucker)	Mineralstoffe und Spurenelemente	
Fette	sekundäre Pflanzenstoffe = Schutzstoffe aus Obst und Gemüse, essenzielle Aminosäuren und Fettsäuren	

Unverdauliche Stoffe

Ballaststoffe: unverdauliche Kohlenhydrate aus Pflanzen, die eine wichtige Rolle für die Darmfunktion spielen, indem sie als Quellstoffe das Volumen des Darminhaltes erhöhen, die Darmflora pflegen und Verstopfung verhindern. Ballaststoffe werden deshalb auch als „Darmbesen“ bezeichnet.

Zusatzstoffe

Natürliche oder chemische Stoffe, die Aussehen, Geschmack, Beschaffenheit und/oder Haltbarkeit der Lebensmittel verändern oder produktionsbedingt bzw. ungewollt in der Nahrung enthalten sind. Dazu zählen:
Farbstoffe, Gewürz- und Aromastoffe, Verdickungsmittel, Konservierungsstoffe, Antibiotika, Wachstumsförderer von Schlachttieren und Umweltgifte (z. B. Schadstoffe und Schwermetalle)

!

Die offizielle Einheit der Energie ist Kilojoule (kJ). Umrechnung: 1 kcal = 4,19 kJ.
Der Energiewert der Nährstoffe (Kohlenhydrate, Fette und Eiweiße) wird in der Regel in Kilokalorien (kcal) angegeben. Häufig wird von „Kalorien“ gesprochen, obwohl „Kilokalorien“ gemeint sind.
Achten Sie auch auf das Etikett! Für die Zutatenliste gilt: Zuerst steht die Zutat, die am stärksten im Produkt vorhanden ist. Weiter geht es dann in absteigender Reihenfolge. Ein gezielter Blick auf die Nährstoffangaben gibt Auskunft über die Kalorien sowie die Zusammensetzung des Nahrungsmittels.

Kohlenhydrate ► S. 396
Fette ► S. 396
Eiweiße ► S. 396

4.4.2 Die Inhaltsstoffe der Nahrung

Der Mensch braucht, um seinen Energiebedarf zu decken, eigentlich nur Traubenzucker. Trotzdem ist er auf einige andere Inhaltsstoffe aus unserer Nahrung angewiesen. Die folgende Tabelle verdeutlicht dies:

Abb. 1 Brot

Abb. 2 Speiseöl

Abb. 3 Käse

Betriebs- bzw. Brennstoffe	
Kohlenhydrate	**Enthalten in…**
Kohlenhydrate sind die Hauptenergielieferanten und somit bevorzugte Energiequelle des Körpers. Sie werden unterteilt in • Einfach- (z. B. Glukose, Fruktose), • Zweifach- (z. B. Laktose, Maltose), • Vielfachzucker (z. B. Stärke, Glykogen). Man braucht diese Energie, um Körperwärme zu erzeugen und um arbeiten zu können. Alle Kohlenhydrate müssen zuerst im Magen-Darm-Trakt zu Einfachzuckern abgebaut werden und können dann erst ins Blut aufgenommen werden. Bei Ballaststoffen handelt es sich um Kohlenhydrate, die im Dünndarm nicht aufgeschlossen werden können und somit den Dickdarm erreichen und dort u. a. für eine ausreichende Füllung sorgen. Ballaststoffe kommen nur in pflanzlichen Lebensmitteln vor, hauptsächlich in Getreide und Vollkorngetreideprodukten, Gemüse, Obst und Hülsenfrüchten. Achtung: Kohlenhydrate werden bei übermäßiger Aufnahme in Fett umgewandelt und im Fettgewebe gespeichert.	Brot (Abb. 1), Kartoffeln, Reis, Mais, Nudelgerichte, Gemüse, Hülsenfrüchte, Getreideprodukte etc.
Fett	**Enthalten in…**
Fette sind sehr energiereiche Stoffe, die sowohl in tierischer als auch in pflanzlicher Nahrung vorkommen. Fette liefern dem Körper Energie, dienen der Wärmeisolation, als Schutzpolster für die inneren Organe und das Nervensystem sowie als Lösungsmittel für Vitamine (z. B. Vitamin A). Die im Körper am häufigsten vorkommenden Lipide sind die „Neutralfette“ (=Triglyceride). Sie lassen sich im Blut bestimmen.	Butter, Margarine, Öl (Abb. 2), Nüsse, Wurst- und Fleischwaren, Milch, Käse etc.
Baustoff	
Eiweiß	**Enthalten in…**
Der Mensch braucht Eiweiß für die Erneuerung und das Wachstum von Zellen, für den Auf- und Umbau von körpereigenen Substanzen sowie den Ablauf aller Stoffwechselvorgänge (z. B. Atmung, Verdauung, Immunsystem) Sie werden eingeteilt in • pflanzliches Eiweiß und • tierisches Eiweiß.	Milch, Käse (Abb. 3), Joghurt, Quark, Eier, Fleisch, Nüsse, Hülsenfrüchte, etc.

Wirk- und Steuerstoffe		
Vitamine		
Vitamine werden für viele Stoffwechselvorgänge im Körper benötigt. Eine ihrer Aufgaben ist es, den Enzymen bei der Arbeit zu helfen. Sie wirken bereits in kleinsten Mengen.		
	Zuständig für...	**Enthalten in...**
Vitamin A	Sehvermögen, Wachstum	Leber, Eigelb, Milch, Butter
Vitamin B_1, B_2	Kohlenhydratstoffwechsel	Getreide, Fleisch, Soja, Hefe
Vitamin B_6	Eiweißstoffwechsel	Eigelb, Getreidekeime, Milch
Vitamin B_{12}	Aufbau der Erythrozyten	Fleisch, Leber, Eier, Milch
Vitamin C	Immunsystem	Zitrusfrüchte, Paprika, Salate
Vitamin D	Knochenaufbau	Fisch, Leber, Steinpilze, Eigelb
Vitamin E	Herz-Kreislauf, Zellschutz	Eier, Nüsse, Sonnenblumenkernen
Es gibt fettlösliche und wasserlösliche Vitamine. Die fettlöslichen können nur mit Hilfe eines fetthaltigen „Transporters“ (z. B. Öl) aus dem Darm in die Blutbahn aufgenommen werden. Zu den fettlöslichen Vitaminen gehören die Vitamine E, D, K, A.		
Mineralstoffe		
Mineralstoffe (= Mineralien) liefern zwar keine Energie, sind aber für einen reibungslosen Stoffwechsel nötig. Zu den wichtigsten Mineralstoffen gehören:		
	Zuständig für...	**Enthalten in...**
Kalzium	Knochenaufbau, Erregbarkeit von Nerven	Milch(produkte), Eigelb
Magnesium	Enzymaktivator, Erregbarkeit von Muskeln und Nerven	grünes Gemüse, Kartoffeln, Hülsenfrüchte
Natrium	Wasserhaushalt, Blutdruck	Kochsalz, Fleisch, Fisch, Käse
Kalium	Wasserhaushalt, Muskelspannung, Säure-Base-Haushalt	pflanzliche Lebensmittel, Kartoffeln, Banane, Naturreis
Kommen die Mineralstoffe nur in sehr geringen Mengen im Körper vor, bezeichnet man sie als Spurenelemente. Dazu gehören unter anderem:		
	Zuständig für...	**Enthalten in...**
Eisen	Blutbildung, Immunabwehr	Fleisch, Vollkornprodukte, Hülsenfrüchte, Spinat
Jod	Schilddrüsenfunktion, Gehirn	Seefisch, Eier, Milch, Speisesalz
Fluor	Härtung von Zahnschmelz	Trinkwasser, Schwarztee
Sekundäre Pflanzenstoffe		
Die sekundären Pflanzenstoffe tragen ihren Namen zu Unrecht, denn zweitrangig (sekundär) sind sie ganz und gar nicht. Sekundäre Pflanzenstoffe dienen den Pflanzen als biologische Abwehr-, Farb-, Duft- und Lockstoffe. Für den menschlichen Körper übernehmen sie viele Schutzfunktionen: • Sie beugen Krebs vor (z. B. durch Karotinoide), • Sie beugen vor gegen Herzinfarkt (z. B. durch Flavonoide), • Sie senken den Cholesterinspiegel (z. B. durch Phytosterine), • Sie wirken entzündungshemmend (z. B. durch Saponine) etc.		
Wasser		
Der Körper des Menschen besteht zu ca. 65–70 % aus Wasser. Wasser dient als Lösungs- und Transportmittel. Durch die Wasserabgabe über Urin, Schweiß, Stuhl und Atemluft verlieren wir täglich etwa zwei Liter Wasser. Diese verloren gegangene Flüssigkeitsmenge muss wieder zugeführt werden.		
Lebensmittelzusatzstoffe		
Lebensmittelzusatzstoffe sind Stoffe, die Lebensmitteln beigefügt werden, um deren Eigenschaften (z. B. Geschmack, Aussehen, Haltbarkeit, Verarbeitbarkeit) an die Wünsche des Konsumenten und Lebensmittelherstellers anzupassen. Zu den Zusatzstoffen gehören z. B. Farbstoffe, Gewürz- und Aromastoffe oder Konservierungsstoffe. Erkennen kann man diese Zusatzstoffe neben der tatsächlichen Bezeichnung auf der Verpackung auch als sogenannte „E-Nummer“.		

4.5 Besonderheiten der Essgewohnheiten bei Erkrankungen – „Was muss ich beachten?"

Physische und psychische Krankheiten wirken sich auf das Ernährungsverhalten aus.

Neben Einflüssen aus Erziehung, Kultur, Religion und Lebensstil können sich auch verschiedene physische (körperliche) und psychische (seelische) Krankheiten auf unser Ernährungsverhalten auswirken. Während es bei den körperlichen Krankheiten meist eine ärztliche Empfehlung zur Kost gibt, ist es bei den seelischen Krankheiten, die unsere Essgewohnheiten bedingen, oft so, dass man sich selbst bei der Aufnahme von Nahrung einschränkt oder unkontrolliert zu sich nimmt.

4.5.1 Ernährung bei akuten Beschwerden

Krankheiten ► S. 407

Auch ansonsten gesunde Kinder leiden im Verlauf ihrer Entwicklung wiederholt an einer Reihe von Krankheiten oder Gesundheitsstörungen, die vorübergehend ihr Wohlbefinden mehr oder weniger stark beeinträchtigen können und eine situationsangepasste Ernährung erfordern.

Beschwerden	Worauf muss man bei der Ernährung achten?
Fieberhafte Infekte	Die wichtigste Maßnahme ist es, den Wasser- und Elektrolytverlust sofort auszugleichen. Als Anhaltspunkt gilt: Pro einem Grad erhöhter Körpertemperatur zusätzlich mind. 500 ml Flüssigkeitszufuhr mehr am Tag. Geeignete Getränke sind – je nach Alter – Trinkwasser, Früchte- und Kräutertees sowie verdünnte Fruchtsäfte. Generell sollte die Nahrung, besonders vitamin-, mineralstoff- sowie eiweißreich sein, um die körpereigenen Abwehrkräfte zu unterstützen. Vor allem wenn Kinder keinen oder nur wenig Appetit haben, sollte man ihnen ihre Lieblingsspeisen und gesunde Snacks anbieten.
Schluckbeschwerden bzw. Schmerzen im Hals-Rachen-Raum	Auch hier sollte dringend darauf geachtet werden, dass die Kinder ausreichend trinken. Idealerweise werden Getränke angereicht, die eine Austrocknung der Halsschleimhaut lindern. Dazu gehören warme Getränke, wie Tees aus Pflanzenextrakten (z. B. Salbei, Kamille, Anis, Thymian etc.). Die Früchtetees und Säfte sind auf Grund ihrer Säure eher nicht förderlich. Zu feste Nahrung, die "nicht gut rutscht", sollte anfangs durch breiige Kostformen ersetzt werden. Dies können u.a. Griesbrei, Milchreis, Suppen, weich gekochtes und passiertes Gemüse sowie weiche Nudel- und Reisgerichte sein.
Durchfall (Diarrhoe)	Vorrangig muss für einen schnellen und ausreichenden Ersatz an Flüssigkeit, Mineralien und auch Energie gesorgt werden. Als Getränke empfiehlt sich grüner oder schwarzer Tee, da er eine „stopfende" Wirkung hat. Trockenes Gebäck, wie z. B. Salzstangen, Zwieback, Knäckebrot usw., wirkt ebenfalls stopfend. Zudem kann versucht werden, über eine leichte, fett- und zuckerarme Aufbaukost, die benötigten Mineralstoffe dem Körper wieder zuzuführen. Hierfür eignen sich kleine Portionen Kartoffeln, Karotten, Nudeln oder auch eine zerdrückte Banane. Bei starkem und lang anhaltendem (mehr als zwei Tage) Durchfall muss unbedingt ein Arzt aufgesucht werden.
Verstopfung (Obstipation)	Anstatt auf fette Fastfoodgerichte, Süßigkeiten und (faserarme) Weißbrotprodukte sollte mehr auf verdauungsfördernde Vollkornprodukte sowie Obst und Gemüse zurückgegriffen werden. Der Verzehr von ballaststoffreichen Lebensmitteln sollte jedoch immer mit dem Zuführen von genügend Flüssigkeit einhergehen. Auch saure Milchprodukte wie Joghurt, Kefir oder Buttermilch regen auf Grund ihres Milchzucker- und Milchsäuregehalts die Darmtätigkeit sanft an und fördern die Verdauung.
Blähungen (meist einhergehend mit Bauchkrämpfen)	Zur Linderung der Beschwerden trägt häufig schon das Vermeiden der schwer verdaulichen Lebensmittel bei. Zudem gibt es ein paar Gewürze und Pflanzenextrakte, die unterstützend gegen Blähungen eingesetzt werden können. So hat beispielsweise Fencheltee (oft in Kombination mit Anis oder Kümmel) eine entblähende Wirkung. Außerdem sorgen meist eine leichte Massage des Bauches und eine lauwarme Wärmflasche für Erleichterung bei den Kindern.

4.5.2 Diabetes mellitus

Damit die Körperzellen den für die Energiegewinnung notwendigen Zucker aufnehmen können, benötigen sie Insulin. Insulin ist ein Hormon, das in der Bauchspeicheldrüse gebildet wird. Dieses Hormon setzt sich an Rezeptoren der Körperzellen, öffnet die Zelle für den Zucker und befördert so den Zucker nach der Mahlzeit in die Zellen von Leber und Muskeln. Dort wird der Zucker zu Glykogen aufgebaut. Wenn die Glykogenspeicher voll sind, wird durch Insulin Zucker in Fett umgebaut.
Ein Insulinmangel bzw. eine Störung der Insulinwirkung wird als Diabetes mellitus bezeichnet. Es gibt unterschiedliche Diabetestypen.

Ursache des Diabetes mellitus ist eine fehlende oder verminderte Insulinproduktion der Bauchspeicheldrüse oder eine mangelhafte Insulinwirkung.

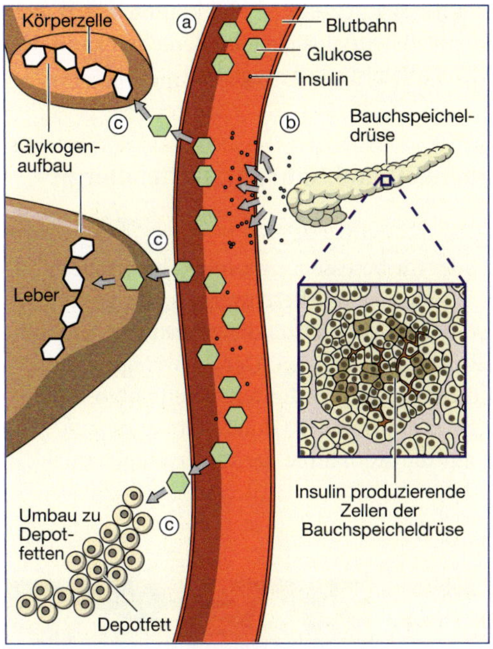

a) Zwei- und Vielfachzucker aus der Nahrung werden im Darm in Einfachzucker (Glukose) gespalten, die dann in die Blutbahn aufgenommen werden. Der Blutzuckerspiegel steigt an.
b) Die Insulin produzierenden Zellen der Bauchspeicheldrüse reagieren auf den Anstieg der Blutzuckerkonzentration mit einer Insulinausschüttung.
c) Das Insulin gelangt über die Blutbahn zu den Körperzellen (z. B. Muskel, Leber) und bewirkt dort die Aufnahme von Einfachzucker aus dem Blut in die Zellen – und somit die Senkung des Blutzuckerspiegels. Unter Insulinwirkung wird Einfachzucker im Muskel und in der Leber zur Speicherform Glykogen und im Fettgewebe zu Depotfett umgebaut.

Beim **Typ 1** zerstören Abwehrstoffe des Körpers die Insulin produzierenden Zellen der Bauchspeicheldrüse. Es wird dann kein Insulin mehr gebildet. Meist beginnt die Erkrankung schon im Kindes- oder Jugendalter. Es kann sich jedoch mit fortgeschrittenem Alter noch ein Typ-1-Diabetes entwickeln. Diese Patienten müssen sich immer Insulin spritzen oder eine Insulinpumpe dauerhaft am Körper tragen.

Beim Diabetes wird zwischen Typ 1 und Typ 2 unterschieden.

Beim Diabetes **Typ 2** kommt es durch ständige Überernährung zu einer andauernd hohen Insulinproduktion. Nach einiger Zeit werden die Rezeptoren der Zellen unempfindlich gegenüber Insulin. Die Bauchspeicheldrüse produziert immer höhere Mengen des Hormons. Irgendwann ist diese erschöpft und stellt die Insulinproduktion ein. Dadurch, dass heute immer mehr Kinder und Jugendliche zu viel essen und sich zu wenig bewegen, erkranken häufiger auch junge Menschen an dieser Diabetesform. Der Typ-2-Diabetiker ist nicht immer insulinabhängig.

Eine weitere Bedrohung für den Diabetiker sind die Spätfolgen. Der hohe Blutzuckerspiegel schädigt die Blutgefäße und vermindert so die Durchblutung verschiedener Organe. Dadurch kann es z. B. zu Herz-und Nierenerkrankungen, Erblindung sowie Amputationen kommen.

Weiterführende Infos zur Ernährung und zu den Folgen von Diabetes unter:
www.ernaehrung.de
▹ Ernährungstipps
▹ Diabetes mellitus

Vollwerternährung ► S. 393

Praxis-Spicker: Bewusstlosigkeit ► S. 425

Wie sollte sich ein Diabeteskranker ernähren?
Diabeteskranke, die Insulin spritzen, müssen die Insulin- und Kohlenhydratzufuhr genau aufeinander abstimmen. Ärzte und Ernährungsberater leiten die Betroffenen an. Für Diabetiker ist eine gesunde Vollwerternährung wichtig, die Vielfachzucker bevorzugt. Der Grund dafür ist, dass der Vielfachzucker nur langsam ins Blut aufgenommen wird. Demzufolge ist der Insulinbedarf nicht so hoch.

Wie sollten Sie im Berufsalltag mit diabeteskranken Kindern umgehen?
An Diabetes erkrankte Kinder sind ebenso leistungsfähig wie andere Kinder. Sie können alles mitmachen und brauchen keine Sonderstellung, wenn ihre Insulinzufuhr vom Arzt gut eingestellt ist. Wichtig ist, dass alle Beteiligten über die Krankheit Bescheid wissen. Sollte es zu einem Notfall kommen, z. B. bei auftretender Unterzuckerung, die mit Bewusstlosigkeit einhergehen kann, ist – wie bei allen Notfällen – sofortige Hilfeleistung gefragt.

4.5.3 Nahrungsmittelunverträglichkeit und Nahrungsmittelallergie

Nahrungsmittelunverträglichkeit
Der Körper hat die Fähigkeit verloren oder nie besessen, einzelne Nahrungsbestandteile zu verdauen oder zu verarbeiten. Er reagiert mit Beschwerden unmittelbar auf das Nahrungsmittel. Die Intoleranz ist meist nicht vollständig, sodass geringe Mengen des Nahrungsmittels weiter verzehrt werden können. Der Schweregrad der Erkrankung ist individuell sehr unterschiedlich. Am häufigsten treten Laktoseintoleranz oder eine Unverträglichkeit gegen Fruktose oder Gluten (Zöliakie) auf. Hier muss teilweise oder auch vollständig auf die Aufnahme der unverträglichen Stoffe verzichtet werden.

Allergien ► S. 410

Nahrungsmittelallergie
Der Körper reagiert auf bestimmte Lebensmittelbestandteile stark allergisch (z. B. Schwellungen und Rötungen im Gesicht, Magenkrämpfe), da eine spezifische Überempfindlichkeit gegenüber körperfremden Stoffen besteht. Bei einem wiederholten Verzehr bestimmter Lebensmittel bzw. deren Inhaltsstoffe kommt es zu einer Antigen-Antikörper-Reaktion, einer Abwehrreaktion des Immunsystems. Im Prinzip können fast alle Lebensmittel (z. B. Milch, Fisch, Nüsse) eine allergische Reaktion hervorrufen. Auch hier müssen die Menschen auf das Allergie auslösende Lebensmittel möglichst verzichten.

Abb. 1 Viele Menschen reagieren allergisch auf Fisch oder Meeresfrüchte.

! Seit November`07 ist eine Richtlinie 2007/68/EG über die Etikettierung bei verpackten Lebensmitteln in Kraft getreten, die es Betroffenen erleichtert, laktosehaltige Produkte zu erkennen. Sie schreibt vor, dass die 14 häufigsten Verursacher von Lebensmittelallergien und -unverträglichkeiten auf der Zutatenliste jedes Lebensmittels aufgelistet sein müssen.

4.6 Essstörungen und Adipositas – „Wann ist Essverhalten gestört?“

Mehr zu Essstörungen und Hilfe gibt es hier:

www.magersucht-online.de oder unter: www.bzga-essstoerungen.de

Neben körperlichen Beschwerden, welche die Essgewohnheiten beeinflussen können, gibt es auch psychische Störungen, die Auswirkungen auf das Essverhalten von Menschen haben. Hier ist es jedoch nicht einfach, eine klare Grenze zwischen einem gestörten Essverhalten und einer beginnenden Essstörung zu ziehen. Die häufigsten anerkannten Essstörungen sind die Magersucht (Anorexia nervosa), die Ess-Brech-Sucht (Bulimia nervosa) und die Fressattacken ohne nachfolgendes Erbrechen („Binge Eating Syndrom“).

4.6.1 Magersucht (Anorexia nervosa)

Die Betroffenen dieser psychischen Erkrankung essen sehr wenig und haben einen regelrechten Zwang zum Hungern. Ihre Gedanken und Interessen kreisen nur noch um die Kalorienmenge der Nahrung und die Gewichtsabnahme. Oft werden Appetitzügler und Abführmittel zur Hilfe genommen. Aber viele fühlen sich trotz des abgemagerten Körpers noch zu dick, haben stets Angst vor einer Gewichtszunahme und verleugnen ihre Krankheit. Meist leiden Mädchen und junge Frauen darunter.

Die körperlichen Folgen des Untergewichtes sind nicht zu unterschätzen: Verlangsamung der Herzaktion, Elektrolytstörungen, Ausbleiben der Regelblutung, Darmträgheit, Nierenversagen, Knochenabbau, Haarausfall sowie Vitamin- und Eiweißmangel. Die schwere Essstörung beginnt meistens in der Pubertät mit einer Diät. Bei ca. 10 % der Betroffenen führt die Krankheit zum Tod. Ärztliche Hilfe ist dringend notwendig, oft auch eine Zwangsernährung in einem Krankenhaus. In einer Behandlung wird versucht, das Essverhalten zu stabilisieren und die hinter der Krankheit stehenden psychischen Probleme zu bearbeiten.

Abb. 1 Die Betroffenen fühlen sich trotz Untergewichts noch zu dick.

4.6.2 Ess-Brech-Sucht (Bulimia nervosa, „Ochsenhunger“)

Bei der Ess-Brech-Sucht handelt es sich um eine Essstörung, die durch den Wechsel von Fressanfällen einerseits und dem Versuch einer Gewichtsreduktion andererseits gekennzeichnet ist. Charakteristisch ist der Kontrollverlust während der Fressattacken, wobei enorm viele hochkalorische Lebensmittelmengen verschlungen werden. Im Anschluss an einen derartigen Essanfall versuchen die Betroffenen, das Gegessene zu erbrechen und eventuell zusätzlich über den Missbrauch von Abführ- und harntreibenden Mitteln die Energiezufuhr auszugleichen. Nach dem Anfall schämen sich die Betroffenen für ihren „Kontrollverlust“ und sind sich durchaus über ihr gestörtes Verhalten bewusst. Betroffene sind häufig nur schwer erkennbar, da sie nicht wie bei der Magersucht extrem dünn, sondern trotz erheblicher Gewichtsschwankungen in der Regel normalgewichtig sind.
Durch das häufige Erbrechen können Speiseröhre, Magen, Mund und Zähne geschädigt werden. Die Störung im Elektrolythaushalt (Kalium-, Eisen- sowie Kalziummangel) kann wie bei der Magersucht zu Störungen der Herzfunktion führen und somit lebensbedrohlich werden. Auch Vitamin- und Eiweißmangel sind die Folge.
Ähnlich wie bei der Magersucht ist Bulimie eine psychische Erkrankung und auch hierbei haben meist Mädchen im Alter zwischen 18 und 25 Jahren eine übersteigerte Angst vor dem Dicksein. Es gibt aber auch tiefgreifende seelische Probleme, die Ursache sein können. Ärztliche Hilfe ist daher ebenfalls unbedingt notwendig.

Praxis-Spicker:
Übelkeit u. Erbrechen ► S. 433

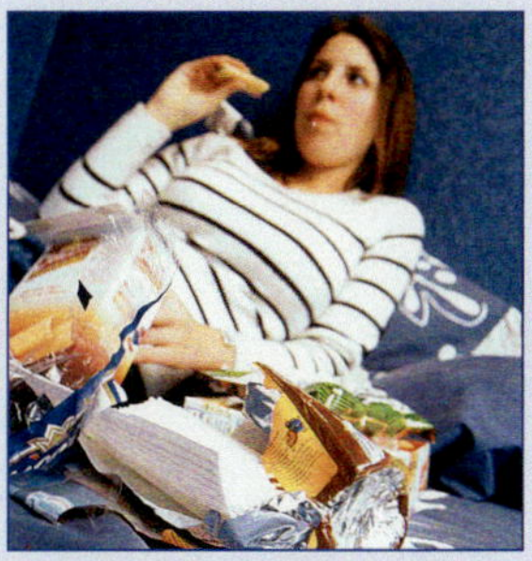

Abb. 2 Heimliches Essen ist typisch für Bulimie.

Starkes Übergewicht wird als Adipositas bezeichnet.

Alter	BMI
19–24 Jahre	19–24
25–34 Jahre	20–25
35–44 Jahre	21–26
45–54 Jahre	22–27
55–64 Jahre	23–28
>64 Jahre	24–29

Abb. 1 Empfohlener BMI nach Alter

Klassifikation	m	w
Untergewicht	<20	<19
Normalgewicht	20–25	19–24
Übergewicht	25–30	24–30
Adipositas	30–40	30–40
massive Adipositas	>40	>40

Abb. 2 Klassifikation des BMI

BMI = Gewicht [kg] / Größe [m]²

Ihren BMI können Sie ausrechnen lassen unter:

www.bmi-rechnet.net

4.6.3 Adipositas (Fettleibigkeit, Fettsucht)

Die Adipositas gehört nicht zu den Essstörungen im eigentlichen Sinne. Sie ist eine chronische Gesundheitsstörung, die sich durch eine übermäßige Ansammlung von Fettgewebe im Körper kennzeichnet (Body-Mass-Index >30). Ursache für die Fettleibigkeit kann neben ungesunder Ernährung und Bewegungsmangel auch eine Essstörung sein, nämlich die des Binge-Eatings. Hier wird eine große Menge Nahrungsmittel in einem begrenzten Zeitraum (z. B. zwei Stunden) gegessen. Im Gegensatz zur Bulimie wird das Gegessene jedoch nicht im Anschluss erbrochen, um den Fressanfall zu kompensieren. Adipositas kann zu Gesundheitsschäden wie z. B. Herz-Kreislauf- oder Stoffwechselerkrankungen (Diabetes mellitus).
Wenn die tägliche Kalorienzufuhr langfristig den Energieverbrauch des Körpers übersteigt, speichert der Körper den Nährstoffüberschuss im Fettgewebe und es entsteht Übergewicht.

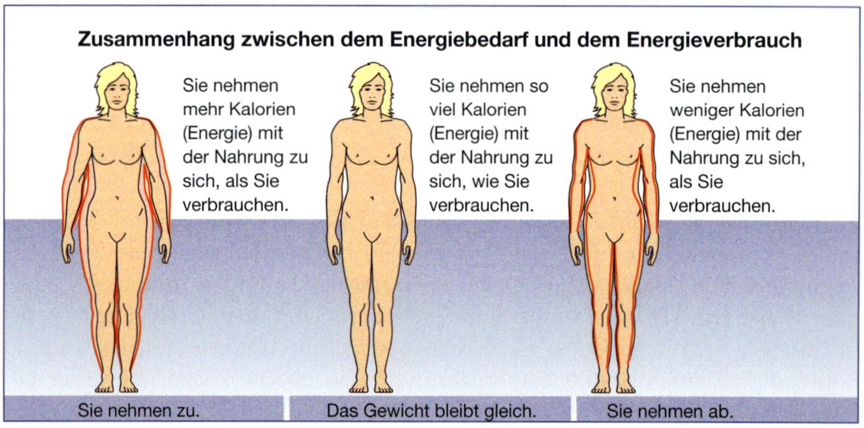

Der Body-Mass-Index und seine Schwächen
Mit Hilfe des Body-Mass-Index (BMI) können Sie eine Einschätzung Ihres Gewichts vornehmen. Dabei wird das Verhältnis von Körpergewicht zur Körpergröße berechnet. Er gilt als grobe Richtschnur, um ein Gewicht als „normal“ oder von der Norm abweichend zu betrachten. Der Body-Mass-Index gilt jedoch nur für Jugendliche ab 16 bzw. 18 Jahren und Erwachsene (für Kinder gibt es eigene Tabellen), dabei unterscheidet er nicht zwischen Fett- und Muskelmasse. Der Body-Mass-Index nimmt auch auf den Körperbau keine Rücksicht. Genauer bestimmen kann man Übergewicht, wenn man den Körperfettanteil oder den Bauchumfang misst.

Zum Weiterarbeiten im Arbeitsbuch

Kinderpflege			
	Schwerpunkt	Lernsituation	Nr.
	• gesunde Ernährung • Übergewicht • Planung und Gestaltung von Projekten	„Toast mit Schokolade“	21

5. Das kranke Kind – „Tränen trocknen, Pflaster kleben, Fieber messen…"

Das Kind ist nach seiner Geburt einer Vielzahl von Umwelteinflüssen ausgesetzt. Zum Schutz vor Krankheiten verfügt unser Körper über ein Immunsystem, welches sich aber erst vollständig entwickeln muss. Aus diesem Grund sind Kinder oft anfälliger für Krankheiten als Erwachsene. Bestimmte Krankheiten treffen, von einigen Ausnahmen abgesehen, fast ausschließlich Kinder. Diese Erkrankungen werden als Kinderkrankheiten bezeichnet.

Immunsystem ► S. 405

Kinderkrankheiten ► S. 407

Kinder können oft nicht exakt beschreiben, wo es ihnen wehtut und was genau nicht mit ihnen stimmt. Das gilt besonders dann, wenn das Kind auf Grund seines Alters noch nicht in der Lage ist zu sprechen. Für Betreuer von Kindern stellt ein krankes Kind deshalb eine besondere Herausforderung dar. Kranke Kinder benötigen nicht nur eine Behandlung der körperlichen Symptome – oft ist die Zuwendung zum Kind, Trösten, Kuscheln und Trocknen der Tränen, viel wichtiger.

5.1 Erreger von Infektionskrankheiten – „Bakterien, Viren und Co."

Infektionen werden durch Krankheitskeime verursacht. Unser Immunsystem schützt uns, damit sie im Körper keinen Schaden anrichten.

Die Welt um uns ist voll mit kleinsten, nur unter dem Mikroskop sichtbaren Lebewesen, den Mikroorganismen. Unser Immunsystem schützt uns vor diesen Eindringlingen, die sonst unseren Körper besiedeln und zerstören könnten. Für viele Mikroben ist der menschliche Körper ein wunderbarer Lebensraum.

Zu den Mikroorganismen zählen:

Bakterien 	Bakterien sind echte eigenständige Lebewesen. Sie sind überall in großer Anzahl verbreitet. Die meisten Bakterien sind für den Menschen harmlos, einige sogar nützlich (apathogene Bakterien. Die Darmbakterien sind zum Beispiel für die Verdauung notwendig. Es gibt jedoch auch Bakterien, die bei den Menschen Krankheiten auslösen. So verursachen z. B. Streptokokken eine Mandelentzündung (Angina). Diese Art von krankheitsauslösenden Bakterien wird in der Medizin als pathogene Bakterien bezeichnet und kann mit Antibiotika behandelt werden.
Viren 	Viren sind so klein, dass sie nur im Elektronenmikroskop zu erkennen sind. Sie vermehren sich innerhalb von Körperzellen. Da sie keinen eigenen Stoffwechsel haben, nutzen sie zu ihrer Vermehrung den Stoffwechsel einer lebenden Zelle. Infektionskrankheiten, wie z. B. Grippe, Aids, Hepatitis, Röteln, Masern, Mumps und Windpocken, sind Virusinfektionen. Aber auch Warzen sind ansteckend, da sie durch Viren verursacht werden.
Pilze 	Auch Pilze verursachen Erkrankungen (Mykosen). Sie befallen vor allem Haut und Schleimhäute. Eine bekannte Pilzerkrankung ist der Soor. Der Pilz Candida albicans setzt sich auf die Schleimhäute des Magen-Darm-Traktes. Es bildet sich ein weißlicher Belag.
Protozoen 	Protozoen bestehen aus einer einzigen Zelle (Einzeller). Erkrankungen durch Protozoen, wie z. B. Malaria oder die Schlafkrankheit, kommen eher in den Tropen vor und spielen in Deutschland nur eine geringe Rolle. Jedoch die Krankheit Toxoplasmose, die u. a. von Katzen übertragen wird, kann vor allem in der Schwangerschaft für den Menschen gefährlich werden und das ungeborene Kind schädigen.

5.1.1 Infektion und Krankheit

Praxis-Spicker: Fieber ► S. 427

Schmerzen ► S. 418

Von einer Infektion oder Ansteckung spricht man, wenn ein Erreger in den Körper eindringt und sich dort vermehrt. Der angesteckte Mensch ist nicht krank, scheidet jedoch Erreger aus und verbreitet sie somit. Die Erreger vermehren sich dann weiter im Körper. Diese Zeit nennt man Inkubationszeit. Kommt es zum Auftreten der Krankheitssymptome, wie z. B. Fieber, Schmerzen, Schnupfen, Husten, ist die Infektionskrankheit ausgebrochen.

Infektionen können kurz- oder langfristig verlaufen.

Infektionskrankheiten verlaufen unterschiedlich. Es gibt
- akute Infektionskrankheiten, die kurz und heftig verlaufen, wie z. B. Grippe,
- chronische Infektionskrankheiten, die über einen sehr langen Zeitraum oder ein Leben lang andauern, wie z. B. Aids.

5.1.2 Infektionswege

Mikroorganismen gelangen über verschiedene Infektionswege durch alle Körperöffnungen und durch kleinste Wunden der Haut bzw. über die Schleimhäute in den menschlichen Körper. Die Möglichkeiten, sich anzustecken, die sogenannten Infektions- oder Übertragungswege, sind vielfältig:

Tröpfcheninfektion

Einige Krankheitserreger werden durch die Luft transportiert. Beim Sprechen, Husten oder Niesen (z. B. beim grippalen Infekt) gelangen feinste Tröpfchen mit diesen Keimen in die Luft und können von anderen Menschen eingeatmet werden. Man nennt dies eine Tröpfcheninfektion.

Schmier- oder Kontaktinfektion

Nach dem Toilettengang oder nach dem Naseputzen können Erreger (z. B. von Magen-Darm-Infektionen) an den Händen hängen bleiben und werden dann an Türklinken oder anderen Gegenständen zurückgelassen. Der Nächste, der die Tür öffnet, hat damit die Krankheitserreger an seiner Hand. Diese dringen über Körperöffnungen, z. B. Mund, Nase oder Geschlechtsorgane, in den menschlichen Körper ein. Es handelt sich um eine Schmierinfektion.

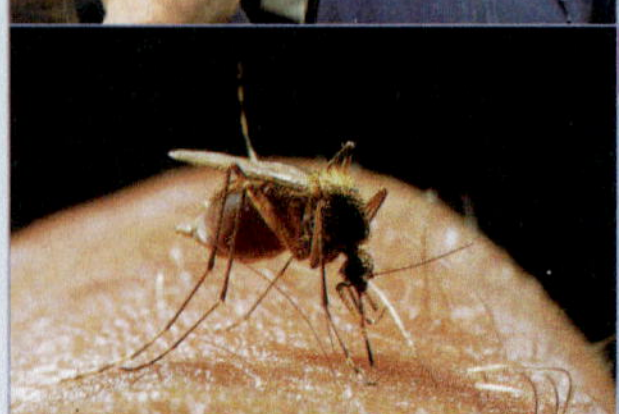

Parenterale Infektion

Manche Krankheitserreger gelangen durch Verletzungen, Geschlechtsverkehr (z. B. das HI-Virus), infizierte Nadeln oder Insektenstiche direkt in das Blut. Man spricht dann von einer parenteralen Infektion (eine Infektion unter Umgehung des Magen-Darm-Traktes) oder einer hämatogenen Infektion (Infektion über das Blut).

Lebensmittelinfektion

Nahrungsmittel können mit Krankheitserregern infiziert sein, ohne dass der Geschmack der Mahlzeit davon beeinträchtigt ist (z. B. Salmonellen). Es handelt sich um eine Lebensmittelinfektion. Auch verkeimtes Wasser kann zur Infektion führen bzw. Durchfall und Hepatitis hervorrufen.

! Beherzigen Sie in warmen Urlaubsländern zum Schutz vor Infektionen beim Essen die folgende Regel: Cook it, boil it, peel it, fry it or forget it (Koch es, schäle es, brate es oder vergiss es). Ungeschälte oder bereits zubereitete Rohkost sollte wegen der Gefahr einer Lebensmittelinfektion nicht gegessen werden.

5.2 Immunsystem – „Meine persönliche Abwehr"

5.2.1 Spezifische und unspezifische Abwehr

Ganz so einfach können die Mikroorganismen jedoch nicht in den menschlichen Körper eindringen. Zuerst einmal müssen sie verschiedene Verteidigungsmechanismen des menschlichen Immunsystems überwinden, bis sie sich einnisten können. Grundsätzlich unterscheidet man zwei verschiedene Arten, wie das Immunsystem auf Erreger reagiert:

- die unspezifische, angeborene Abwehr
- die spezifische, erlernte Abwehr

Mikroorganismen ► S. 403

Unspezifische, angeborene Abwehr

Die unspezifische, angeborene Abwehr ist von Geburt an vorhanden und richtet sich gegen alles, was dem Körper fremd erscheint. Manchmal reicht sie alleine jedoch nicht aus, um den Erreger unschädlich zu machen. Zu der unspezifischen, angeborenen Abwehr gehören zum einen die Barrieren des Körpers, die das Eindringen von Erregern in den Körper zu verhindern versuchen, und zum anderen lösliche Faktoren und Zellen, die Erreger abwehren.

Unsere Haut, Schleimhäute, Flimmerhärchen und Magensäure schützen uns davor, dass unerwünschte Mikroorganismen Infektionen verursachen.

Wie sehen nun die erstaunlichen Verteidigungsstrategien aus, die der Körper entwickelt, um das Eindringen von Erregern in den Körper zu verhindern?

Die unversehrte Haut bildet eine ausgezeichnete Schutzbarriere. Zusätzlich produzieren die Schweißdrüsen ein saures Sekret, den Säureschutzmantel. Dieser wehrt Bakterien ab, weil er ihre Vermehrung verhindert. Im Schleim der Schleimhäute, z. B. der Atmungsorgane, verfangen sich viele Mikroorganismen. Das Auge wird durch die Tränenflüssigkeit geschützt. In dieser befinden sich Stoffe, die die Zellwände von Bakterien auflösen. Die Flimmerhärchen in den Atemwegen erschweren das Eindringen von Erregern. Zusätzlich können durch Niesen und Husten Mikroorganismen nach draußen transportiert werden. Gelangen Erreger in den Magen, werden sie von der Magensäure abgetötet. Schaffen es die Mikroorganismen trotzdem bis in den Darm, treffen sie dort auf eine Vielzahl für die Verdauung notwendiger, nicht krankmachender Bakterien. Diese helfen, Erreger abzutöten, und erschweren die Ansiedlung anderer Mikroorganismen.

Haut ► S. 367
Säureschutzmantel ► S. 368

Erhöhte Körpertemperaturen werden wie folgt eingeteilt:

erhöhte Temperatur	37,5–38 °C
leichtes Fieber	38,1–38,5 °C
mäßiges Fieber	38,6–39 °C
hohes Fieber	39,1–39,9 °C
sehr hohes Fieber	40–42 °C

Atmungsorgane ► S. 413
Verdauung ► S. 388
Harnröhre ► S. 378
Urin ► S. 380

Die in der Scheide lebenden Bakterien produzieren Milchsäure, die vor eindringenden Mikroorganismen schützt. Dringen Erreger in die Harnröhre ein, werden sie durch den Urin meist hinausgespült.

Fieber ist eine wirksame Reaktion des menschlichen Organismus auf Infektionen. Durch die Temperaturerhöhung wird die Vermehrung der meisten Bakterien und Viren gestoppt, da diese ab einer Temperatur von 38,5 °C nicht mehr lebensfähig sind. Fieber bedarf besonderer Beobachtung, die Ursachen dafür müssen abgeklärt werden. Körpertemperaturen über 38 °C belasten den Kreislauf, ab 39,5 °C stark. Ab 42 °C kann Fieber tödlich sein.

Wenn Mikroorganismen in den Körper eindringen, stehen Fresszellen für die Abwehr bereit.

Gelingt es Mikroorganismen, trotz der Hindernisse in den Körper, also ins Blut oder Gewebe, einzudringen, werden sie in der Regel durch Phagozyten (Fresszellen) phagozytiert (gefressen) und damit unschädlich gemacht. Die wichtigsten Fresszellen sind die Makrophagen (Riesenfresszellen), die Erreger aufnehmen und in ihrem Zellinneren verdauen. Zusätzlich helfen im Blut gelöste Botenstoffe, körperfremde Stoffe zu vernichten.

Makrophagen ► S. 406
Blut ► S. 415

Spezifische, erlernte Abwehr

Manche Erreger sind sehr raffiniert und schaffen es, die unspezifische Abwehr zu überwinden und sich im Körper auszubreiten. Würde der Körper dies wehrlos geschehen lassen, könnten sich die Mikroorganismen so lange auf seine Kosten vermehren, bis der Organismus völlig erschöpft ist und stirbt.

Mikroorganismen ► S. 403

Das spezifische Abwehrsystem ermöglicht es dem Körper, jeden einzelnen Mikroorganismus gezielt zu bekämpfen. Schafft es das Immunsystem, einen speziellen Erreger zu bekämpfen, arbeitet es erfolgreich. Behält das Immunsystem diese Fähigkeit lebenslang, ist Immunität gegen diesen Mikroorganismus entstanden. Dies ist die erlernte spezifische Abwehr.

Spezifische, erworbene Abwehr bedeutet, dass der Körper den Erreger erkennt und ihn gezielt abwehren kann.

Das Immunsystem funktioniert ähnlich wie eine gut ausgebildete Polizei. Verschiedene Polizisten (Zellen des Immunsystems) arbeiten in der Verbrecherabwehr (Immunabwehr) zusammen und jeder übernimmt spezielle Aufgaben, um den „Einbrechern" (krankmachenden Mikroorganismen) das Handwerk zu legen.

Die Zellen des Immunsystems gehören alle zu den weißen Blutkörperchen, den sogenannten Leukozyten, die sich überall im Körper befinden.

Zellen des Immunsystems	Aufgabe
Makrophage (Fresszelle)	– Erkennen der besonderen Kennzeichen von Erregern (Antigenen) und Aktivierung des Immunsystems zur Abwehr von Erregern – Aufnahme und Zerkleinerung von Erregern
B-Lymphozyt	– Herstellung von Abwehrstoffen gegen Erreger, die als Antikörper bezeichnet werden
T-Lymphozyt	– Ausbildung von Helfer- und Killerzellen, die die Abwehr von Erregern unterstützen
T-Killerzelle	– Vernichtung von Eindringlingen (Erregern)
T-Helferzelle	– Aktivierung der T-Killerzellen und B-Lymphozyten zur Unterstützung der Abwehr von Erregern
T-Gedächtniszelle **B-Gedächtniszelle**	– Speicherung der besonderen Kennzeichen des Krankheitserregers (Antigens) und somit schnelle Erkennung bei erneuter Infektion

5.2.2 Infektionskrankheiten

Auch ein gesundes Immunsystem kommt gegen eine besonders hohe Anzahl starker Erreger nicht an. Jeder Mensch erkrankt daher gelegentlich an einer Infektionskrankheit. Man unterscheidet bakterielle und virale Infektionskrankheiten.

Bakterielle Infektionskrankheiten
Bakterielle Infektionskrankheiten werden durch Bakterien hervorgerufen und können mit Antibiotika behandelt werden. Diese Medikamente töten Bakterien ab oder hemmen deren Wachstum im menschlichen Körper. Bakterien können widerstandsfähig gegen äußere Einflüsse werden. Man bezeichnet diese Eigenschaft als Resistenz. Einige Bakterien haben z. B. eine Resistenz gegen häufig eingesetzte Antibiotika entwickelt. Damit dies nicht passiert, sollte Folgendes beachtet werden: Antibiotika sind nur dann einzunehmen, wenn sie vom Arzt verordnet sind. Antibiotika sind so lange und in der Dosierung einzunehmen, wie sie verordnet werden. Wird das Antibiotikum zu früh abgesetzt, besteht die Gefahr, dass der Erreger sich so verändert, dass er nicht mehr darauf reagiert (Resistenzentwicklung). Ein großes Problem stellt die Resistenz der Bakterien in Krankenhäusern dar. Dort überleben resistent gewordene Krankheitserreger auf der Kleidung oder Haut des Personals oder auf Gegenständen und können sehr leicht Patienten infizieren.

Bakterien ► S. 403

Virale Infektionskrankheiten
Viren sind nur innerhalb von Wirtszellen (z. B. den menschlichen Zellen) vermehrungsfähig, nicht außerhalb von Wirtszellen. Die infizierte und zur Virusvermehrung umfunktionierte menschliche Zelle produziert große Mengen Viren. Diese schädigen weitere Zellen, was zu einer Erkrankung führen kann. Da die Viren in die menschlichen Zellen eindringen, sind sie vor vielen Medikamenten geschützt. Eine Virusinfektion wird am besten durch Bettruhe und fieber- bzw. schmerzlindernde Medikamente auskuriert. Fieber sollte als eine positive Reaktion des Körpers gesehen werden, denn es trägt zur Heilung bei. Es existieren jedoch auch sogenannte Virostatika, Medikamente, die die Vermehrung der Viren im Körper hemmen. Sie wirken aber nur gegen manche Viren und können Nebenwirkungen und Resistenz erzeugen.

Fieber ► S. 416

! Unter dem Begriff Kinderkrankheiten werden sowohl bestimmte bakterielle wie auch virale Infektionserkrankungen verstanden. Diese Gruppe von Erkrankungen tritt bevorzugt im Kindesalter auf. Typischerweise hinterlassen Kinderkrankheiten nach der Erkrankung eine lebenslange Immunität, was auch erklärt, warum diese Erkrankungen so selten bei Erwachsenen auftreten. Diese Immunität tritt aber nicht bei allen Erkrankungen auf, sodass bestimmte Krankheiten auch öfters auftreten können. Es ist auch nicht grundsätzlich ausgeschlossen, dass Erwachsene an Kinderkrankheiten erkranken. Erkrankt eine erwachsene Person an einer Kinderkrankheit, muss aber immer mit einem schwereren Krankheitsverlauf gerechnet werden.

Viele Kinderkrankheiten hinterlassen nach der Erkrankung eine lebenslange Immunität.

Auf den folgenden Seiten finden Sie eine Übersicht zu den bekanntesten bakteriellen und viralen Infektionskrankheiten. Beispiele für typische Kinderkrankheiten sind mit einem Stern * gekennzeichnet.

Bakterielle Infektionskrankheiten

Infektions-krankheit	Übertra-gungsweg	Inkubations-zeit	Symptome	Vorbeugung und/oder Therapie	Besonderheiten
Angina (Scharlach)	Tröpfchen-infektion	2–4 Tage	Starke Schluckbeschwerden sind von Fieber und allgemeinem Krankheitsgefühl begleitet. Die Mandeln sind eitrig belegt und der Gaumen ist stark gerötet. Die belegte Zunge entwickelt sich innerhalb weniger Tage zu einer himbeerroten Zunge.	Durch die Einnahme von Antibiotika werden die Bakterien abgetötet und Komplikationen wie z. B. Nieren- und Herzklappenentzündungen vermieden.	Die Krankheit erzeugt keine Immunität, d. h., man kann wieder daran erkranken.
Haemophilus influenzae b *	Tröpfchen-infektion	bis zu 7 Tagen	Die Krankheit ist für Säuglinge und Kleinkinder besonders gefährlich. Der Erreger kann neben Mittelohr- und Lungenentzündungen eine eitrige Entzündung der Hirnhaut oder des Kehldeckels mit Schluckbeschwerden, hohem Fieber und Atemnot hervorrufen.	Vorbeugend werden Säuglinge und Kleinkinder geimpft. Ist die Krankheit ausgebrochen, werden die Kinder im Krankenhaus behandelt.	Als Folgeschäden können geistige und körperliche Behinderungen entstehen.
Keuchhusten (Pertussis) *	Tröpfchen-infektion	7–14 Tage	Drei Wochen kommt der Keuchhusten, drei Wochen steht er, drei Wochen geht er. Im ersten Stadium ist er nicht von einer Erkältung zu unterscheiden. Danach kommt es zu den typischen Hustenanfällen mit ziehendem Atemgeräusch und Atemnot sowie Erbrechen. Im letzten Stadium lassen die Hustenanfälle allmählich nach.	Impfungen sind dringend empfohlen, denn Antibiotika sind nur wirksam, wenn sie in der Inkubationszeit genommen werden. Danach ist nur noch eine Linderung der Symptome möglich.	Bei Säuglingen können statt der Hustenanfälle Erstickungen auftreten.
Wundstarr-krampf (Tetanus)	parentale Übertragung	3–21 Tage	Die Symptome entstehen durch das Nervengift der Bakterien. Einige Muskeln lassen sich nicht mehr bewegen, werden starr. Andere werden von Krämpfen geschüttelt.	Regelmäßige Impfung, da die Krankheit kaum zu behandeln ist.	50 % der Infizierten versterben bei vollem Bewusstsein.
Borreliose	Bakterium wird von der Zecke durch einen Stich übertragen	1 Tag bis mehrere Wochen	Typisch ist ein Hautausschlag (Wanderröte), der jedoch nur bei etwa der Hälfte der Patienten auftritt. Im weiteren Verlauf treten z. B. grippeähnliche Beschwerden und Gelenkbeschwerden auf, die von Gelenk zu Gelenk wandern können. Wird die Borreliose nicht rechtzeitig behandelt, kann sie zur chronischen Erkrankung der Muskeln, Nerven und Sinnesorgane führen.	Vorbeugend kann man schützende Kleidung tragen und Zeckenschutzmittel verwenden und die Haut nach Zecken absuchen. Man sollte sie dann möglichst schnell entfernen (z. B. mit einer Zeckenpinzette). Die Borreliose wird mit Antibiotika behandelt.	Zecken nicht vor dem Entfernen abtöten, da sie im Todeskampf ihren mit Bakterien gefüllten Inhalt abgeben.
Tuberkulose (Tbc)	Tröpfchen-infektion	19–56 Tage	Die Tuberkelbakterien können jedes Gewebe des Körpers befallen und bilden dabei die kennzeichnenden kleinen Knötchen (Tuberkel). Die Tbc kann in Stadien verlaufen und führt unbehandelt zur Zerstörung der Gewebe. Typische Symptome sind: Husten, leichtes Fieber, Nachtschweiß und Gewichtsverlust.	Behandelt werden die Patienten mehrere Monate mit verschiedenen Antibiotika.	Jeder Husten, der länger als zwei Wochen andauert, sollte von einem Arzt abgeklärt werden.
Salmonellose	Lebensmittel-infektion	20–24 Stunden	Symptome der Salmonellose sind Übelkeit, Erbrechen und wässriger Durchfall. Besondere Gefahr besteht für alte Menschen, Kinder und Immungeschwächte, da der große Flüssigkeitsverlust zur lebensbedrohlichen Austrocknung des Körpers führen kann. Außerdem kann der Erreger in die Blutbahn gelangen und eine ebenfalls lebensbedrohliche Blutvergiftung hervorrufen.	Kein Genuss von Speisen, die unvollständig gegarte Eier oder Geflügelteile enthalten (z. B. Tiramisu im Sommer). Die Patienten müssen ärztlich betreut und behandelt werden.	Salmonellosen sind meldepflichtig.

Virale Infektionskrankheiten

Infektionskrankheit	Übertragungswege	Inkubationszeit	Symptome	Vorbeugung und/oder Therapie	Besonderheiten
Mumps (Ziegenpeter) *	Tröpfcheninfektion	14–21 Tage	Die Erreger befallen die Ohrspeicheldrüse. Das führt zu einer schmerzhaften Schwellung, die zumeist mit leichtem Fieber einhergeht.	Die beste Vorsorge ist auch hier eine Impfung. Ist die Krankheit eingetreten, können nur die Symptome mit Schmerzmitteln behandelt werden.	Gefürchtete Komplikationen sind die Mumpsmeningitis und die Orchitis (Hodenentzündung), die zur Unfruchtbarkeit führen kann.
Röteln *	Tröpfcheninfektion	14–21 Tage	Neben den allgemeinen Krankheitsanzeichen wie Fieber, Schnupfen, Hals- und Kopfschmerzen sowie Lymphknotenschwellungen im Hals- und Nackenbereich kommt es zu einem Ausschlag, der am Kopf beginnt und sich über den Körper ausbreitet.	Es gibt keine Therapie. Diese ist in der Regel auch nicht notwendig. Wer die Röteln einmal gehabt hat, ist immun gegen die Erkrankung. Eine Schutzimpfung ist allgemein empfohlen und schützt auch andere (z. B. Schwangere) vor einer Ansteckung.	Röteln können bei Schwangerschaft sehr gefährlich sein, besonders in den ersten Monaten. Es besteht die Gefahr schwerster Missbildungen des Kindes.
Windpocken *	Tröpfcheninfektion. Es ist möglich, dass der Erreger mit der Luft übertragen wird, daher der Name Windpocken.	14–21 Tage	Zu Beginn treten allgemeine Krankheitssymptome wie Fieber und Kopfschmerzen auf. Auf der Haut entsteht ein Ausschlag in verschiedenen Stadien: wassergefüllte Bläschen, eingetrocknete Bläschen und Krusten. Der Ausschlag ist mit starkem Juckreiz verbunden.	Um den Juckreiz zu mildern, helfen juckreizstillende Medikamente. Zur Vorbeugung ist eine Impfung möglich. Nach überstandener Krankheit besteht lebenslange Immunität.	Das Virus verbleibt nach der Infektion in den Rückenmarksnerven. Bei einer Schwäche des Immunsystems kann er wieder aktiv werden. Er breitet sich dann gürtelförmig als Gürtelrose aus.
Poliomyelitis (Kinderlähmung) *	Schmierinfektion	5–14 Tage	Die Viren gelangen in das Rückenmark und schädigen dort die Nervenzellen. Es kommt z. B. zu Lähmungen der Beinmuskulatur.	Es gibt keine Medikamente gegen die Kinderlähmung. Vorbeugend ist eine Impfung allgemein empfohlen.	Spätfolgen können neben den Lähmungen ständige Gelenk- und Muskelschmerzen, Müdigkeit sowie Atemprobleme sein.
Frühsommer-Meningo-Enzephalitis (FSME)	Das Virus wird durch einen Zeckenstich übertragen.	14 Tage	Die Infektion führt zu Fieber und grippeähnlichen Symptomen, denen eine Entzündung des Gehirngewebes folgen kann.	Es können Maßnahmen zum Schutz vor Zecken ergriffen werden (siehe Borreliose). Es gibt eine Schutzimpfung gegen FSME. Therapiemöglichkeiten bestehen nicht.	Die Krankheit kann lebenslange Folgen haben und vor allem bei alten Menschen tödlich verlaufen.
Erkältungskrankheit (grippaler Infekt)	Tröpfcheninfektion	wenige Stunden bis Tage	Es kommt zu einer Erkrankung der Atemwege mit Husten, Schnupfen, Heiserkeit, Halsschmerzen, Fieber, Kopf- und Gliederschmerzen.	Es empfiehlt sich, den Körper zu schonen, ausreichend zu trinken und evtl. maßvoll abschwellende Nasentropfen und Schmerzmittel zu verwenden.	Drei Tage kommt sie, drei Tage steht sie, drei Tage geht sie. Behandlungen lindern, aber heilen nicht.
Grippe (Influenza)	Tröpfcheninfektion (siehe grippaler Infekt) mit dem Influenzavirus	Stunden bis 7 Tage	Wie bei dem grippalen Infekt handelt es sich um eine akute Erkrankung der oberen Atemwege. Jedoch verursacht das Influenzavirus viel stärkere Symptome: hohes Fieber, Rachenentzündung, Muskel- und Gliederschmerzen, Heiserkeit und Husten.	Bettruhe, Flüssigkeitszufuhr, Wadenwickel; Medikamente zur Fiebersenkung oder Schmerz- und Symptomlinderung können eingenommen werden. Es gibt vorbeugende Schutzimpfungen, die hier empfohlen sind.	Es gibt spezifische Virustatika. Bei Grippe leidet man wochenlang unter Abgeschlagenheit.
Masern *	Tröpfcheninfektion	8–14 Tage	Zirka 4 Tage nach den ersten Krankheitszeichen wie Fieber, Husten und weißlichen Flecken an der Wangenschleimhaut kommt es zu dem typischen nicht juckenden Masernausschlag, der von hohem Fieber begleitet ist.	Die beste Vorsorge gegen Masern ist die Schutzimpfung. Ist die Krankheit bereits eingetreten, kann man nur die Symptome mit fiebersenkenden und hustenstillenden Medikamenten behandeln.	Eine gefürchtete Komplikation der Masern ist die Gehirnhautentzündung, an der viele Patienten versterben oder bleibende Behinderungen zurückbehalten.

5.2.3 Allergien

Allergie bedeutet Überempfindlichkeitsreaktion. Dabei reagiert unser Abwehrsystem auf Substanzen, die eigentlich nicht krank machen.

Kennen Sie das? Jucken im Rachenraum, verbunden mit einer pelzig werdenden Zunge, nachdem Sie Erdbeeren gegessen haben? Nach kalten Wintertagen wird es endlich wieder warm, die Bäume treiben aus und die Pollen fliegen. Doch Sie möchten überhaupt nicht mehr aus dem Haus? Ihre Schleimhäute schwellen an, Sie müssen dauernd niesen und Ihre Augen tränen?
Hierbei handelt es sich um Allergien, unter denen Millionen von Menschen leiden. Bei einer Allergie kann das Immunsystem nicht mehr zwischen harmlosen Fremdstoffen (z. B. Eiweiß in Nahrungsmitteln) und gefährlichen Fremdstoffen (z. B. Krankheitserregern) unterscheiden. Das Immunsystem hält harmlose Substanzen, z. B. Eiweiße in Tierhaaren, für gefährlich und wehrt sich dagegen. Eine Allergie ist eine unangemessene Reaktion des Abwehrsystems auf an sich nicht schädliche Umweltsubstanzen. Diese allergieauslösenden Substanzen werden als Allergene bezeichnet. Fast jeder Stoff kann zum Auslöser einer Allergie werden:

Eiweiß ► S. 396

Tierhaare	Hausstaubmilbe	Pollen	Nahrungsmittel	Medikamente und Chemikalien
	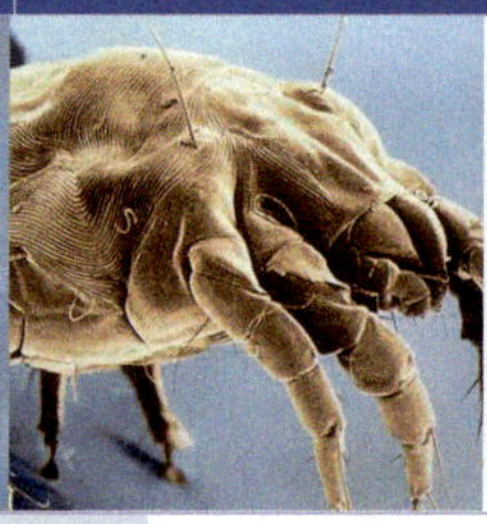			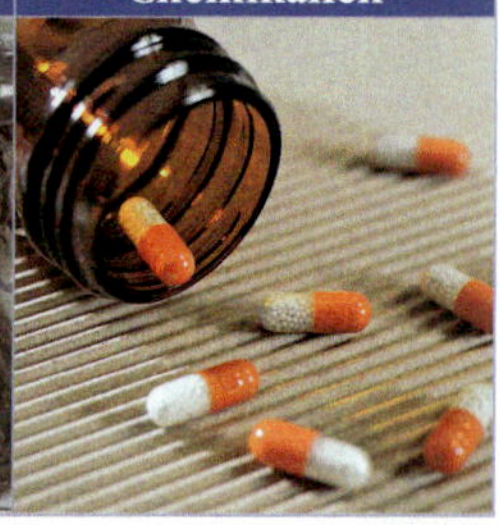

Zu den bekanntesten Allergien zählt der Heuschnupfen, der durch Pollen ausgelöst wird und sich mit Symptomen wie Juckreiz in der Nase, Laufen der Nase, Niesen, Tränen der Augen und Rötung der Bindehäute äußert. In vielen Fällen äußert sich die Allergie in Hautausschlägen, die hartnäckig wiederkehren.
Das allergische Asthma wird häufig durch Hausstaub, Schimmelpilze, Tierhaare, Federn und Pollen hervorgerufen. Diese Allergene führen zu einer Verengung der Atemwege. Allergien häufen sich in manchen Familien, denn es gibt eine erbliche Veranlagung für deren Ausbildung. Die Entstehung einer Allergie wird z. B. durch Stress, Rauchen oder seelische Belastung begünstigt. Aus einer Studie des Robert-Koch-Instituts aus dem Jahr 2008 geht hervor, dass sich Allergien bei Kindern immer mehr ausweiten.

Praxis-Spicker:
Hautausschlag ► S. 429

Atemwege ► S. 413

Mehr Informationen zu Allergien finden Sie über den Deutschen Allergie- und Asthmabund e.V. unter:
www.daab.de

! Vor allem wenn Eltern an Allergien leiden, wird empfohlen, die Kinder in den ersten sechs Monaten zu stillen und z. B. Fisch und Ei erst im Kleinkindalter zu geben. Dadurch verringert sich das Allergierisiko für die Kinder.
Rauchen während der Schwangerschaft sowie das Passivrauchen von Säuglingen und Kindern steigern das Risiko, an Allergien zu erkranken.
Die sogenannte „Urwaldhypothese“ geht davon aus, dass Kinder in den Industrienationen ihr Immunsystem durch die übertriebene Hygiene nicht ausreichend trainieren. Das Immunsystem braucht Kontakt mit bestimmten Umweltbakterien, damit es sich richtig entwickeln kann. Das „unbeschäftigte Immunsystem“ reagiert sonst übersteigert. Kinder, die auf Bauernhöfen aufwachsen und dadurch häufig mit Krankheitserregern in Berührung kommen, haben ein geringeres Risiko, an Allergien zu erkranken.

Hygiene ► S. 382

5.2.4 Schutzimpfungen

Neben der Stärkung des Immunsystems gibt es noch andere Maßnahmen, um der Entstehung von Infektionskrankheiten vorzubeugen. Die Schutzimpfung ist eine vorbeugende Maßnahme gegen verschiedene gefährliche Infektionskrankheiten. Man unterscheidet passive und aktive Schutzimpfungen.

Bei der aktiven Schutzimpfung wird der Impfstoff in Form abgeschwächter Krankheitserreger in den Körper gebracht, um ihn zur Bildung von Antikörpern und Gedächtniszellen anzuregen. Diese bleiben längere Zeit im Körper des Menschen erhalten. Kommt es später zu einer Infektion mit dem Erreger, gegen den geimpft wurde, können die Gedächtniszellen und Antikörper die eingedrungenen Mikroorganismen sehr schnell unschädlich machen. Die Krankheit bricht dann nicht aus.

Krankheitserreger ► S. 403
Antikörper ► S. 406

Immunität durch aktive Impfung

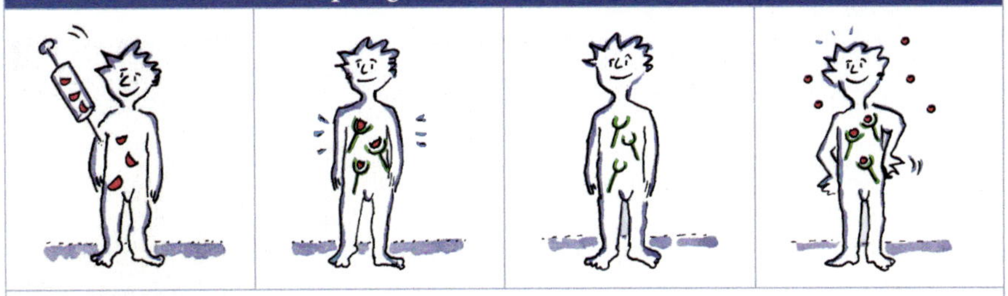

- Krankheitserreger
- Teil des Krankheitserregers bzw. abgetöteter/abgeschwächter Krankheitserreger
- Antikörper

Impfungen gegen folgende Krankheiten werden ab dem Säuglingsalter empfohlen:
- Tetanus
- Poliomyelitis
- Diphtherie
- Röteln
- Mumps
- Masern
- Keuchhusten
- Haemophilus influenza b
- Hepatitis B
- Pneumokokken
- Meningokokken

Ein passiver Impfstoff besteht aus Antikörpern gegen den Erreger. Diese Antikörper werden aus dem Blut von anderen Menschen (Blut-und Plasmaspendern) gewonnen und bei einer Infektion oder bei Ansteckungsgefahr gespritzt. Die Antikörper machen dann die eingedrungenen Krankheitserreger sofort unschädlich. Dieser Schutz hält jedoch nur kurze Zeit an.

Immunität durch passive Impfung

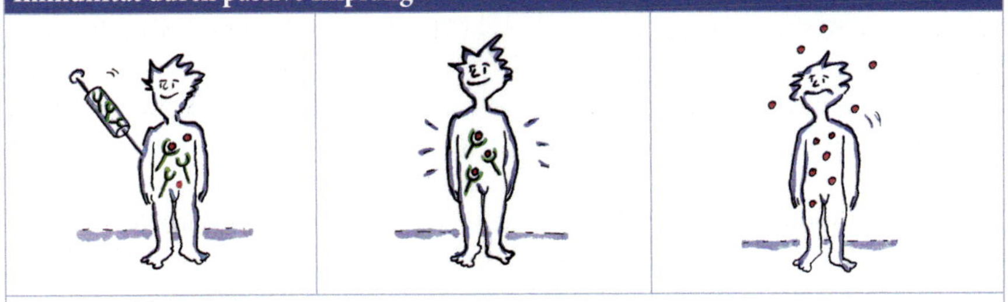

- Krankheitserreger
- fremde Antikörper

Den aktuellen Impfkalender für Säuglinge, Kinder, Jugendliche und Erwachsene finden Sie unter:

www.rki.de
▷ Infektionsschutz
▷ Impfen
▷ Impfungen A–Z
▷ Impfkalender und Impfempfehlungen der STIKO

Bei einer Simultanimpfung werden passive und aktive Impfstoffe zugleich geimpft.

! Menschen, die in ihrem Beruf viel Kontakt zu anderen Menschen haben, sollten sich im Herbst jedes Jahres gegen die echte Virusgrippe impfen lassen. Die sogenannte Grippeschutzimpfung bietet einen relativ hohen Schutz gegen diese Form der Grippe, aber viel wichtiger ist: Sie hilft, einen milderen, komplikationslosen Ablauf der Krankheit zu erreichen.

5.3 Handeln in Notfällen – „Sind Unfälle Zufälle?“

In Notfällen muss schnell gehandelt und Erste Hilfe geleistet werden.

Ein Unfall ist ein nicht vorhersehbares, auf den Menschen einwirkendes Ereignis, das zu einer Verletzung oder sogar zum Tode führen kann. Lebensbedrohliche Unfälle können zu Notfällen werden. Die lebenswichtigen Körperfunktionen (Bewusstsein, Atmung und Kreislauf) sind gestört oder aufgehoben. Nun müssen Sie schnell und richtig handeln, um ein Leben zu retten und/oder weiteren Schaden der betroffenen Person zu verhindern. Die in Notfällen durchzuführenden Maßnahmen nennt man Erste Hilfe. Sie müssen in einer bestimmten Reihenfolge, der sogenannten Rettungskette, durchgeführt werden:

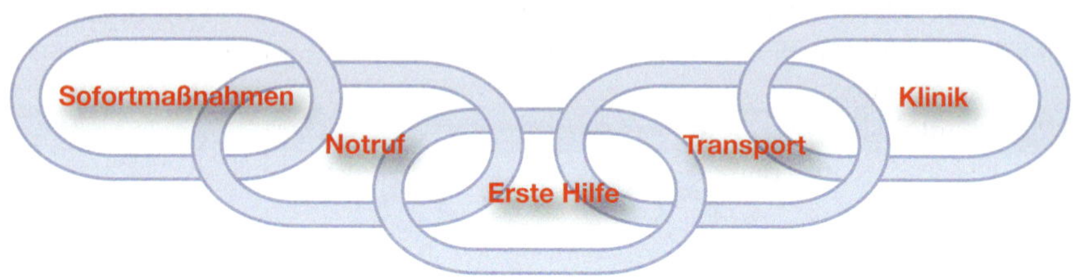

Abb. 1 Rettungskette

Ihre Aufgaben als Ersthelfer werden durch die drei ersten Glieder der Rettungskette beschrieben:

- Sie ergreifen lebensrettende Sofortmaßnahmen: prüfen Atmung und Puls (Vitalzeichenkontrolle), bringen den Betroffenen aus der Gefahrensituation heraus – z. B. wenn das Haus brennt – oder sichern die Unfallstelle bei Verkehrsunfällen ab.
- Sie melden schnellstmöglich den Unfall über den Notruf:
  Notrufnummern in Deutschland:
  Polizei/Unfall: 110 Feuerwehr: 112

Wenn Sie einen Notruf melden, ist es wichtig, dass Sie die „5-W-Fragen“ genau beantworten und Ihren Namen nennen:

Wo ist es passiert?	Geben Sie den Ort genau an, z. B. Feuerstraße 12, 2. Stock, Maier.
Was ist geschehen?	Schildern Sie die Situation genau: z. B. Brand, Sturz.
Wie viele Verletzte gibt es?	Geben Sie die Anzahl der betroffenen Personen mit ungefährem Alter an; z. B. ein ca. 8-jähriges Kind.
Welche Verletzungen liegen vor?	Sagen Sie, wie es um Verletzungen und lebensnotwendige Körperfunktionen (Atem, Puls, Bewusstsein) steht.
Warten auf Rückfragen	Legen Sie erst auf, wenn die Rettungsleitstelle Ihnen signalisiert, alle Informationen erhalten zu haben.

- Jetzt leisten Sie Erste Hilfe: Stillen Sie Blutungen bei offenen Verletzungen, ergreifen Sie Wiederbelebungsmaßnahmen bei Herz-Kreislauf-Stillstand oder führen Sie Maßnahmen der Schockbekämpfung durch. Bringen Sie den Verletzten ggf. in die stabile Seitenlage.
- Weitere Erstmaßnahmen und den Transport in die Klinik übernimmt der Rettungsdienst und/oder der Notarzt.
- Die betroffene Person wird nun im Krankenhaus versorgt.

5.3.1 Kontrolle der Vitalfunktionen

Zur Kontrolle der Vitalfunktionen zählen die Überprüfung der Bewusstseinslage, der Atmung und der Herz-Kreislauf-Funktion (Puls und Blutdruck). Zusätzlich wird an dieser Stelle die Messung der Körpertemperatur besprochen.

Die Überprüfung von Bewusstsein, Atmung und Herz-Kreislauf-Funktionen nennt man Kontrolle der Vitalzeichen.

Überprüfung des Bewusstseins
Bewusstlosigkeit ist für jeden Laien leicht feststellbar. Jeder Mensch – gleichgültig welchen Alters oder ob er schläft – lässt sich ansprechen und wird auf Ansprache die Augen öffnen. Reagiert die Person jedoch weder auf Ansprechen noch auf Anfassen, ist sie ohne Bewusstsein. Bei Bewusstlosigkeit besteht akute Erstickungsgefahr. Durch mangelnde Muskelaktivität kann die Zunge in den Rachen rutschen und die Atmung verhindern. Auch kann es wegen eventueller Störungen der Gehirnfunktion zum Erbrechen kommen. Das Erbrochene kann in die Atemwege gelangen und zum Ersticken führen.

- Alarmieren Sie den Rettungsdienst und weisen Sie darauf hin, dass es sich um eine bewusstlose Person handelt.
- Überprüfen Sie die weiteren Vitalfunktionen.

Kontrolle der Atmung
Unser Atemzentrum im Gehirn sorgt dafür, dass Sie automatisch regelmäßig ein- und ausatmen. An Ihrem 18. Geburtstag haben Sie ca. 141 Millionen Mal Luft ein- und ausgeatmet. Das ist auch notwendig, damit Ihr Körper ständig Nachschub an Sauerstoff bekommt und Kohlendioxid abgeben kann.

*Ein gesunder Erwachsener atmet ca. 15-mal in der Minute. Je jünger der Mensch ist, desto häufiger atmet er.
So atmen Kleinkinder etwa 25-mal pro Minute und Säuglinge 30-mal.*

- Reagiert eine Person durch Antworten oder sogar Schreien, besteht kein Atemstillstand. Jedoch muss geklärt werden, ob die Person ausreichend Luft bekommt. Überprüfen Sie, ob Atembewegungen durch Heben und Senken des Brustkorbes sichtbar sind.
- Fühlen Sie den Atem, indem Sie Ihre Wange nah an die Nase der betroffenen Person halten. Spüren oder hören Sie Atemgeräusche?
- Können Sie die Atmung so nicht feststellen, überprüfen Sie den Mund-Rachen-Raum auf Fremdkörper. Wenn Sie z. B. Erbrochenes entdecken, drehen Sie den Kopf des Betroffenen zur Seite, öffnen den Mund und entfernen Sie den Inhalt des Mundes mit Ihren Fingern.
- Atmet der Betroffene, bringen Sie ihn in eine stabile Seitenlage. Atmet er nicht, beginnen Sie unverzüglich mit der Atemspende.

Zu den oberen Atemwegen gehören Mund, Nase, Nasennebenhöhlen, Rachen (der Raum hinter Nase und Mund) und Kehlkopf. Durch Mund und Nase strömt die Atemluft auf zwei Wegen in den Rachen, von dort aus durch den Kehlkopf in die Luftröhre. Der Kehlkopf trennt die oberen und unteren Atemwege und ermöglicht durch seinen Verschlussmechanismus, dass wir gleichzeitig atmen und schlucken können: Der Kehldeckel verschließt beim Schlucken den Kehlkopf und damit die Luftröhre, sodass Speisen und Getränke nicht in die unteren Atemwege gelangen. Sprechen oder lachen wir beim Essen, gelangt fälschlich Nahrung in die Luftröhre und wir „verschlucken“ uns. Sofortiges Husten befördert Nahrungsstoffe wieder aus den Atemwegen hinaus.

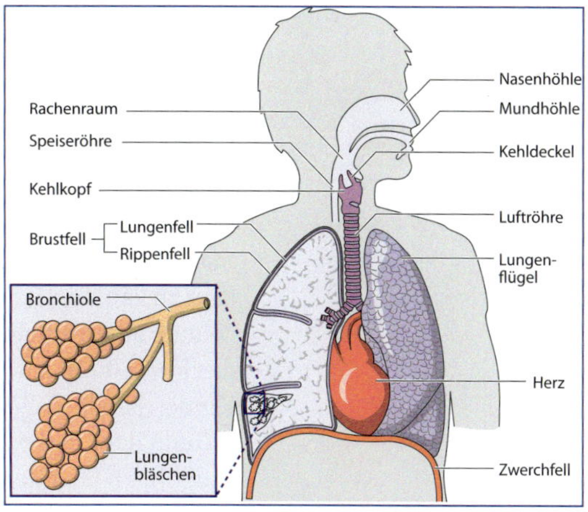

Die unteren Atemwege beginnen am Kehlkopf mit der Luftröhre. Die Luftröhre teilt sich in die zwei Hauptbronchien. Die Hauptbronchien verzweigen sich in den Lungenflügeln zu kleinsten Bronchien, den winzigen Bronchiolen. Die Bronchiolen verteilen die Luft dann weiter in die Lungenbläschen (Alveolen), in denen der Gasaustausch zwischen Luft und Blut stattfindet.
Über die oberen und unteren Atemwege gelangt ein Luftgemisch in die Lungen. Als äußere Atmung bezeichnet man den Gasaustausch in den Lungenbläschen, dabei tritt Sauerstoff aus den Lungenbläschen (Alveolen) in das Blut über und umgekehrt verlässt Kohlendioxid das Blut und tritt in die Lungenbläschen über. Der Sauerstoff, der nun im Blut ist, wird zu jeder einzelnen Zelle des Körpers weitergegeben, um dort an der sogenannten inneren Atmung teilzunehmen. Als innere Atmung bezeichnet man den Sauerstoffverbrauch in den Zellen, bei dem Nahrungsstoffe zur Energiegewinnung chemisch „verbrannt" werden. Bei der inneren Atmung entsteht aus Sauerstoff (O_2) Kohlendioxid (CO_2).

Herz-Kreislauf-Kontrolle

Herz-Kreislauf-Erkrankungen sind heute die häufigste Todesursache.

Von der Geburt bis zum Tod eines Menschen pumpt das Herz das Blut ca. zweitausendmal am Tag durch den Körper. Pausen macht das Herz nie, nicht einmal während wir schlafen. Sie haben sicher schon festgestellt, dass Ihr Herz schneller schlägt, wenn Sie sich anstrengen, z. B. beim Rennen. Das Herz muss schneller arbeiten, denn Ihre Muskulatur braucht mehr Sauerstoff und Nährstoffe.

Die Überprüfung der Herz-Kreislauf-Funktion geschieht durch Pulstasten.

- Bei ansprechbaren Verletzten tasten Sie mit Ihrem Zeige- und Ringfinger den Puls am Handgelenk.
- Bei Bewusstlosen kann der Puls besser an der Halsschlagader ertastet werden, da in Stresssituationen die Durchblutung in der Körperperipherie (den Organen, die weit vom Herzen entfernt liegen) häufig eingeschränkt ist.
- Bei Säuglingen und Kleinkindern kann der Puls am zuverlässigsten am Oberarm unterhalb der Achselhöhle getastet werden.
- Ihre weiteren Handlungen sollten Sie je nach Vorhandensein der Vitalfunktionen schnell und entschlossen durchführen.

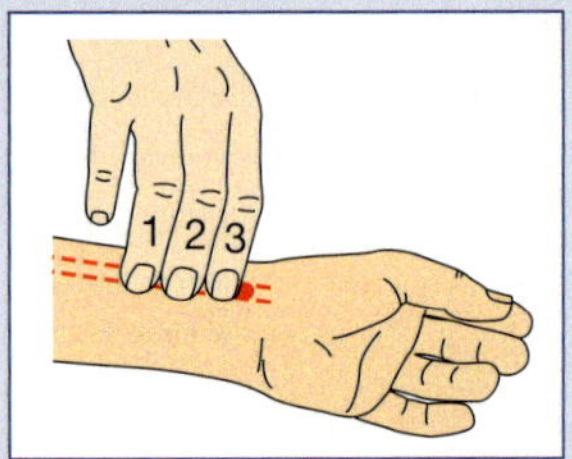

Abb. 1 Pulsmessung

Der beim Pulstasten zu erfühlende Puls ist eine durch die Pumpleistung des Herzens ausgelöste Druckwelle, die sich in den Arterien tasten lässt. Jeder Pulsschlag wird durch eine Kontraktion des Herzmuskels ausgelöst, Pulsfrequenz und Herzfrequenz sind daher prinzipiell gleich und werden pro Minute angegeben. Man kann den Puls an verschiedenen Körperstellen tasten; je näher eine Arterie am Herzen und an der Körperoberfläche liegt, desto besser. Die Speichenschlagader am Handgelenk (Abb. 1) oder die Halsschlagader sind solche geeigneten Stellen. Man legt drei Fingerkuppen leicht auf die Stelle, unter der sich die Arterie befindet. Der Daumen ist nicht zum Pulszählen geeignet, da er einen eigenen stark spürbaren Puls hat. Wenn man den Puls fühlt und dieser auch regelmäßig ist, reicht es, den Puls 15 Sekunden lang zu zählen und die Zahl dann mit 4 zu multiplizieren, um die Pulsfrequenz pro Minute zu ermitteln. Wenn man z. B. 20 Schläge in 15 Sekunden gefühlt hat, beträgt der Puls 80 (20 x 4 = 80). Der normale Ruhepuls eines Erwachsenen beträgt 60–80. Kinder haben dagegen einen höheren Ruhepuls, der bei ca. 90–100 Schlägen pro Minute liegt. Bei Kleinkindern ist ein Wert zwischen 100 und 120 normal und bei Säuglingen liegt der Puls oft bei über 120.

Aufbau des Herzens
Das Herz ist ein Hohlmuskel, der aus zwei Abschnitten – der rechten und der linken Herzhälfte – besteht. Jede Herzhälfte wiederum besitzt einen Vorhof (Atrium) und eine Herzkammer (Ventrikel) (Abb. 2). Durch die Herzscheidewand sind beide Herzhälften voneinander getrennt. Das Herz liegt etwa zu zwei Dritteln in der linken Körperhälfte. Dadurch, dass sich der Herzmuskel (Myokard) zusammenzieht, wird das Blut in den Körperkreislauf gepumpt. Die Muskelwand der linken Herzhälfte ist wesentlich dicker, da die linke Kammer das Blut durch den ganzen Körper pumpen muss. Das rechte Herz ist weniger muskelstark, da es das Blut nur bis zur benachbarten Lunge pumpt.

Das Blut wird durch das Herz-Kreislauf-System im Körper transportiert. Durch Arterien (Schlagadern, Pulsadern) fließt das Blut vom Herzen weg bis in die dünnsten Blutgefäße, die Kapillaren. Dort findet der Stoffaustausch zwischen Blut und Zellen statt. Von den Kapillaren fließt das Blut durch die Venen (Blutadern) zum Herzen zurück. Grundsätzlich gilt: Arterien transportieren das Blut vom Herzen weg, Venen transportieren das Blut zum Herzen hin. Der Sauerstoffgehalt des Blutes hat für die Unterscheidung von Venen und Arterien keine Bedeutung.

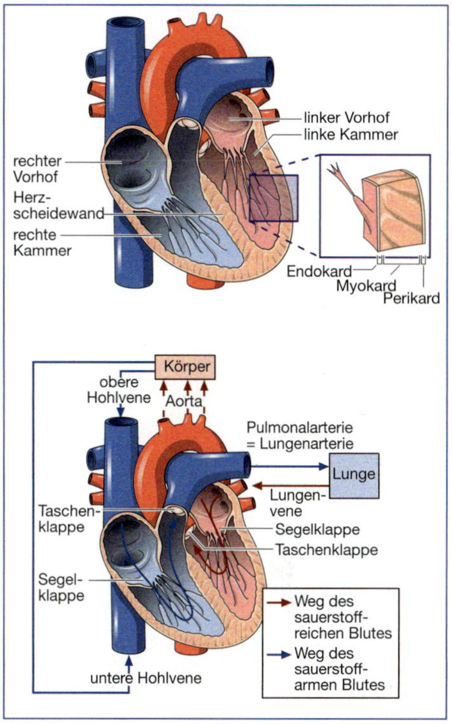

Abb. 2 Herzkammern mit Herzmuskulatur, Herzklappen und Blutgefäßen

Kleiner Kreislauf (Lungenkreislauf)
Der rechte Vorhof des Herzens sammelt das gesamte Blut aus dem Körper. Von dort gelangt das Blut durch die rechte Kammer und die Lungenarterie in die Lunge. Dort wird es mit Sauerstoff aus der Atemluft angereichert. Kohlendioxid wird in die Lunge abgegeben und ausgeatmet. Das sauerstoffreiche Blut gelangt über die Lungenvene in den linken Vorhof und wird in die linke Herzkammer weitergeleitet. Diese pumpt es in den Körper.

Großer Kreislauf (Körperkreislauf)
Aus der linken Herzkammer gelangt das Blut in die Hauptschlagader, die Aorta. Über die Aorta wird das Blut in die Körperarterien weitergegeben. Diese verzweigen sich immer mehr und werden zu kleinsten Arterien, den Arteriolen, die schließlich in Kapillaren übergehen. Hier wird der Sauerstoff an die Zellen abgegeben und Kohlendioxid in das Blut aufgenommen. Das sauerstoffarme Blut sammelt sich in den kleinsten Venen, den Venolen. Diese münden in die Venen und schließlich in die untere und obere Hohlvene. Die Hohlvenen sind die größten Venen des Körpers. Sie führen das Blut zurück zum rechten Herzvorhof. Hier schließt sich der kleine Körperkreislauf an.

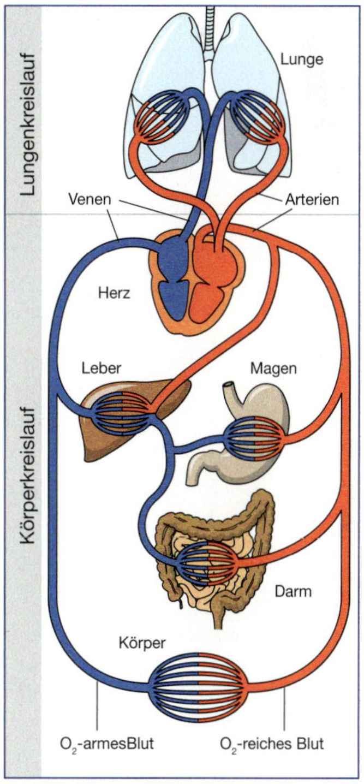

Abb. 3 Strömungskreisläufe

Kontrolle der Körpertemperatur
Ein Kind hat Fieber, wenn seine Körpertemperatur über 38,0 °C steigt. Die Körpertemperatur wird heute zunehmend mittels Infrarot-Ohrthermometern (Abb.1) gemessen. Diese Art der Messung ist schnell, genau und angenehm für das Kind. Weitere Möglichkeiten zur Bestimmung der Körpertemperatur sind die

After ► S. 377

- rektale Messung (im After),
- axillare Messung (in der Achselhöhle),
- sublinguale Messung (im Mund/ unter der Zunge).

Abb. 1 Infrarot-Ohrthermometer

Steht kein Infrarot-Ohrthermometer zur Verfügung, ist als Alternative die rektale Temperaturmessung am genauesten. Dabei muss die Thermometerspitze vorsichtig in den After eingeführt werden. Kleinkinder und Säuglinge liegen dafür am besten auf dem Rücken. Die Pflegerin fasst mit einer Hand die Füße des Kindes am Knöchel und hebt diese an. Anschließend kann das Thermometer mit der anderen Hand in den After eingeführt werden. Damit das Thermometer besser gleitet, kann die Spitze mit etwas Babyöl benetzt werden.

5.3.2 Erste-Hilfe-Maßnahmen

Aus der Prüfung der Vitalfunktionen bzw. deren Ergebnis ergibt sich Ihr weiteres Vorgehen. Sie müssen entweder nach Notwendigkeit Wunden versorgen, den Betroffenen in die stabile Seitenlage bringen oder mit der Atemspende beginnen.

Stabile Seitenlage
Bewusstlose sollten Sie bei vorhandener Atmung und Puls in die stabile Seitenlage bringen, damit die Atemwege frei bleiben, auch wenn sie erbrechen. So geht's:

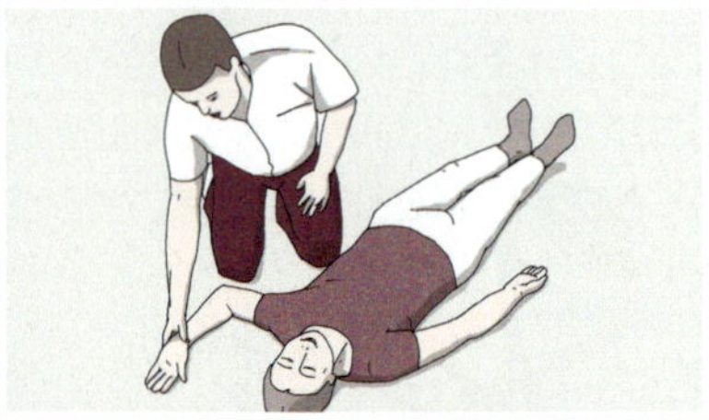
Abb. 2 Nehmen Sie ggf. die Brille der Betroffenen ab und strecken Sie deren Beine aus. Knien Sie sich neben die Betroffene.

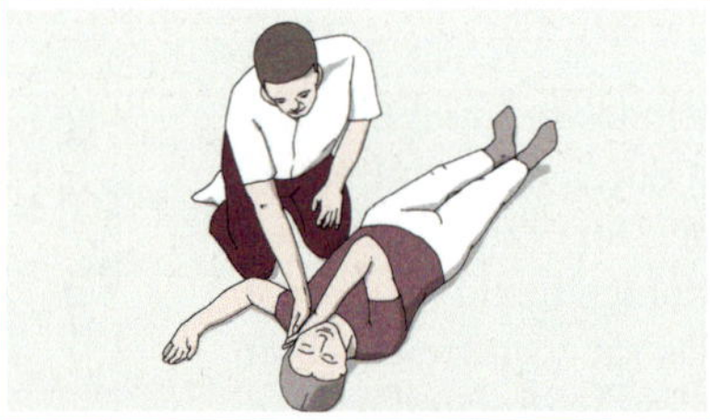
Abb. 3 Lagern Sie den zugewandten Arm der Betroffenen mit gebeugtem Ellenbogen rechtwinklig aus.

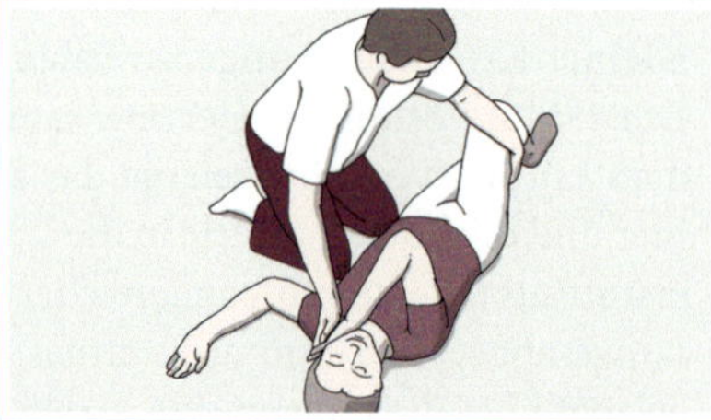
Abb. 4 Führen Sie den anderen Arm der Betroffenen über deren Oberkörper an die zugewandte Wange heran und fixieren Sie ihn dort.

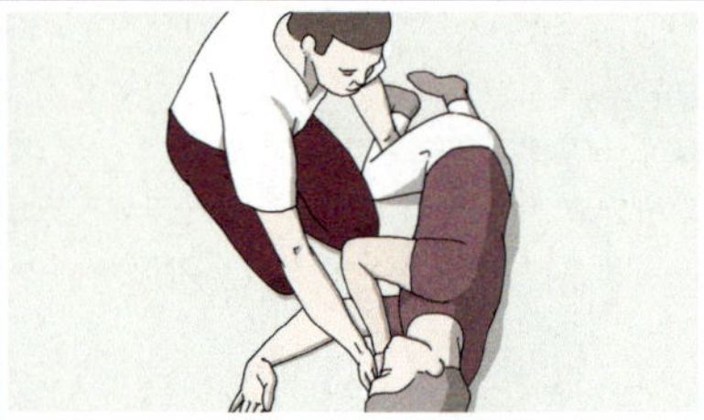
Abb. 5 Fassen Sie mit der anderen Hand das abgewandte Knie der Betroffenen und ziehen Sie es zu sich heran, sodass die Betroffene auf die Seite rollt. Beugen Sie das jetzt oben liegende Bein in Hüfte und Knie rechtwinklig und nutzen Sie es als Stütze für den Körper, sodass die Betroffene jedoch nicht auf dem unteren Bein liegt.

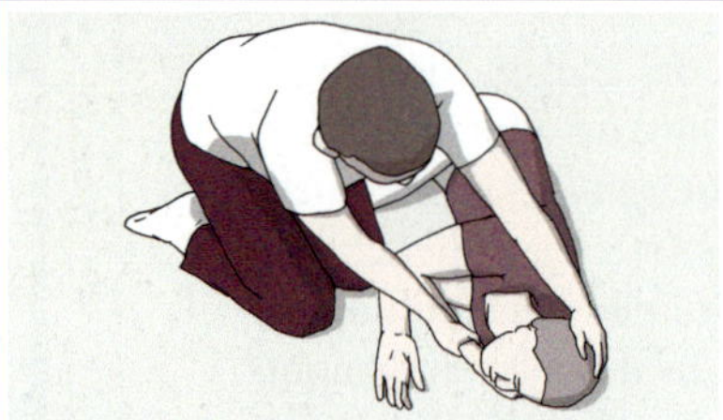
Abb. 6 Überstrecken Sie den Kopf zum Freihalten der Atemwege und überprüfen Sie die Atmung regelmäßig.

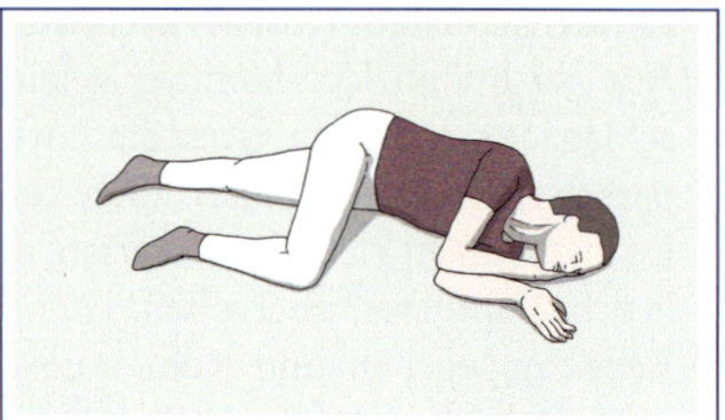
Abb. 7 Schützen Sie die Person ggf. vor Kälte.

Atemspende

Die Atemspende bei Säuglingen erfolgt immer von Mund zu Mund und Nase (Abb. 8). Bei größeren Kindern erfolgt eine Mund-zu-Mund-Beatmung, bei der die Nase des Kindes mit Daumen und Zeigefinger vorsichtig verschlossen wird. Der Helfer atmet normal ein und legt den Mund anschließend dicht um den Mund/den Mund und die Nase des Kindes. Nun wird für eine Sekunde gleichmäßig und mit nicht zu starkem Druck Luft eingeblasen. Ob die Beatmung korrekt ist, erkennt der Helfer daran, dass ich der Brustkorb des Kindes hebt. Anschließend holt der Helfer erneut Luft und wiederholt die Beatmung fünfmal. Dabei muss darauf geachtet werden, die Kopflage des Kindes wahrend der Beatmung nicht zu verändern. Nach den ersten fünf Atemspenden wird die Atmung überprüft, und die Beatmung gegebenenfalls fortgesetzt.

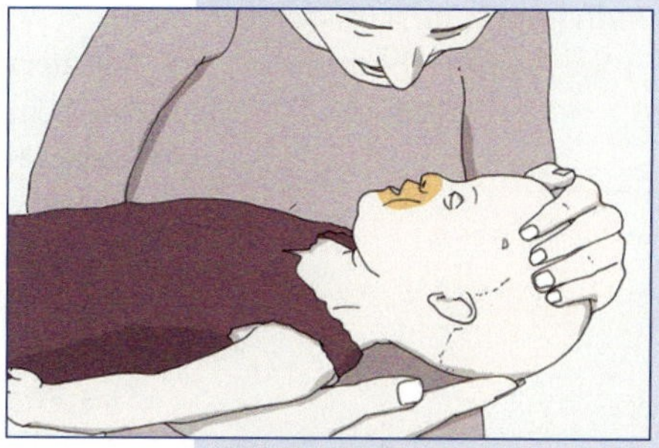

Abb. 8 Mund-zu-Mund-Nase-Beatmung

Herzdruckmassage

Ist neben dem Atemstillstand auch kein Puls mehr tastbar, müssen Sie eine Herz-Lungen-Wiederbelebung durchführen. Führen Sie diese Wiederbelebungsmaßnahmen durch, bis der Kreislauf wieder einsetzt bzw. bis der Rettungsdienst eintrifft. Knien Sie sich dafür neben das auf einer harten Unterlage liegende verunglückte Kind.

Bei Säuglingen wird die Herzdruckmassage nur mit Zeige- und Mittelfinger einer Hand durchgeführt (Abb. 9). Mit den Fingerkuppen wird das Brustbein des Säuglings nach unten gedrückt und anschließend wieder vollständig entlastet.

Bei Kleinkindern verwendet man den Handballen einer Hand für die Herzdruckmassage (Abb. 10). Der Helfer beugt sich über das Kind und drückt mit dem Handballen den Brustkorb zu ca. einem Drittel nach unten. Auch hier muss nach jeder Kompression eine vollständige Entlastung des Brustkorbes erfolgen.

Weitere Informationen zur Wiederbelebung von Kindern finden Sie auf der Homepage des Deutschen Roten Kreuzes unter:

www.drk.de/angebote/erste-hilfe-und-rettung/kleiner-lebensretter/wiederbelebung-bei-kleinkindern.html

Bei Kleinkindern und Säuglingen wird die Herzdruckmassage mit einer Frequenz von 100 Massagen pro Minute empfohlen. Das entspricht ca. zwei Massagen pro Sekunde. Nach jeweils 30 Herzdruckmassagen folgen zwei Beatmungen.

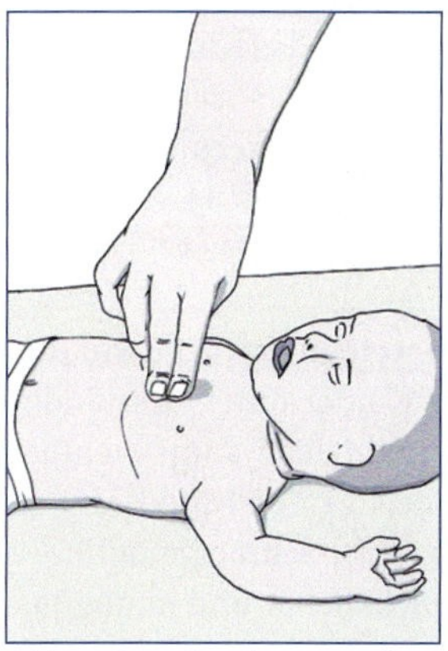

Abb. 9 Herzdruckmassage bei Säuglingen

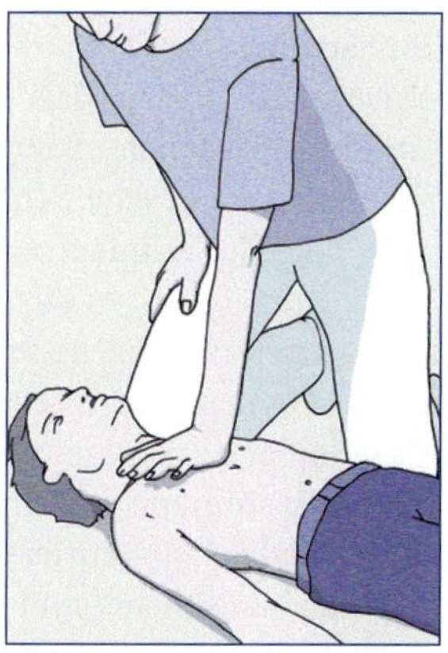

Abb. 10 Herzdruckmassage beim Kleinkind

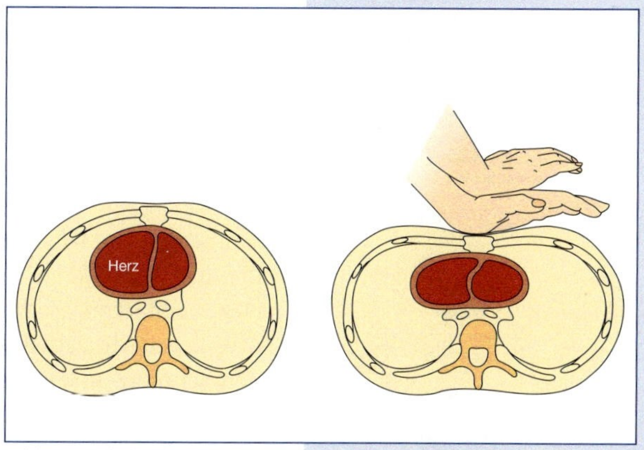

Abb. 11 Effekt der Herzdruckmassage

Schmerzerleben ist sehr individuell und wird durch viele Faktoren beeinflusst.

5.3.3 Mit Schmerzen bei Kindern umgehen

Schmerzempfindung

Die Schmerzempfindung ist für alle Menschen eine vertraute Erfahrung. Auf die Frage „Was ist Schmerz?" kann jeder eine Antwort finden, die jedoch ganz unterschiedlich ausfällt. Jeder hat irgendwann im Laufe seines Lebens Schmerzen gehabt und weiß, was für ein unangenehmes Gefühlserlebnis es ist. Schmerzen werden sehr verschiedenartig wahrgenommen, von der Häufigkeit bis zur Schwere.

Das Phänomen Schmerz setzt sich u.a. aus verschiedenen Faktoren wie Ort und Ausbreitung sowie Dauer und Verlauf des Schmerzes zusammen.
Bei Schmerzen wird zwischen akuten und chronischen Schmerzen unterschieden. Akute Schmerzen treten plötzlich auf und deuten auf ein aktuelles Problem im Körper hin. Diese Schmerzen sind für den Organismus wichtig, weil sie auf Erkrankungen hinweisen, die dann behandelt werden können. Im Gegensatz dazu sind chronische Schmerzen dauerhafte, ständige Schmerzen, die den Menschen oft ohne erkennbare Ursache quälen.

Kleinkinder können die Art und den Ort des Schmerzes oft noch nicht eindeutig benennen.

Schmerzen bei Kindern

Kinder sind, im Gegensatz zu Erwachsenen, oft nicht in der Lage, die Art und den Ort der Schmerzen genau zu benennen. Häufig haben sie „Bauchschmerzen", mit denen sie eine ganze Reihe von verschiedenen Schmerzen bezeichnen. So können Kleinkinder z.B. auch Halsschmerzen als Bauchschmerzen benennen. Erst ab dem 7. Lebensjahr beginnt sich bei Kindern eine Schmerzwahrnehmung zu entwickeln, die denen der Erwachsenen entspricht. Aus diesem Grund ist es für Eltern und Betreuer oft sehr schwer, den Ursprung von Schmerzen bei Kindern herauszufinden. Außerdem kann es vorkommen, dass Kinder den Schmerz verneinen, weil sie z.B. Angst vor einer Spritze haben oder befürchten, von der Mutter getrennt zu werden. Eine gute Beobachtung des Kindes ist unverzichtbar, wenn man herausfinden möchte, unter welchen Schmerzen das Kind leidet. Dazu ist es wichtig, auf Details wie Appetitlosigkeit, Blässe, Unmut, Quengeln, Weinen und Schreien usw. zu achten und dann alles zu einem sinnvollen Bild zusammenzufügen. So kann eine erfahrene Mutter z.B. an der Art, wie ihr Säugling schreit oft erkennen, was das Kind bedrückt. Fasst sich ein Kind beispielsweise oft an den Hals und weigert es sich, etwas zu schlucken, sind die vom Kind beschriebenen „Bauchschmerzen" vermutlich eher Halsschmerzen. Bei älteren Kindern kann eine Schmerzskala (Abb. 1) verwendet werden, um zu bestimmen, wie stark der Schmerz ausgeprägt ist.

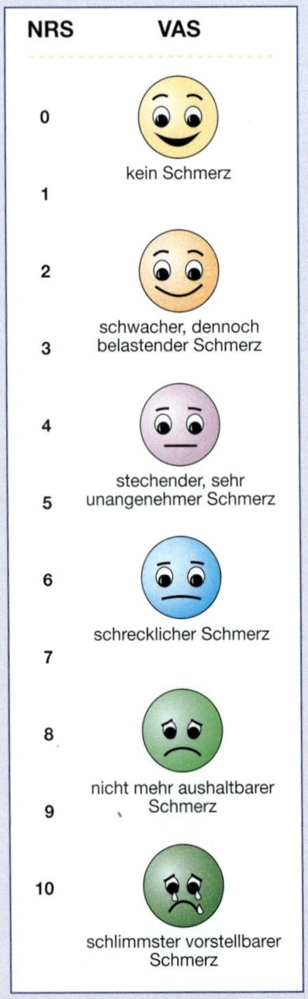

Abb. 1 Numerische Rangskala (NRS) im Vergleich zur Analogschmerzskala (VAS)

Schmerzen von Kindern müssen immer ernst genommen werden. Sprüche wie „Ein Indianer kennt keinen Schmerz" können das Leiden der Kinder unter Umständen noch verstärken. Sie fühlen sich nicht ernst genommen und haben dann eventuell Angst, weiterhin auf ihre Schmerzen aufmerksam zu machen. Leiden Kinder längere Zeit Schmerzen, kann das diese Kinder traumatisieren und ihr Schmerzempfinden verändern. Dann werden die Kinder ängstlicher und empfindlicher und in ungünstigen Fällen kommt es zur Entstehung von dauerhaften (chronischen) Schmerzen.

Leiden Kinder unter Schmerzen, brauchen sie Trost und Zuwendung. Sie benötigen dann eine vertraute Bezugsperson, die sie tröstet und ihnen körperliche Zuwendung gibt. Oft hilft es auch, dem Kind Ruhe zu geben und es schlafen zu lassen.

5.3.4 Notfallsituationen

Verbrennungen

Verbrennungen und Verbrühungen gehören zu den häufigsten Unfällen im Kindesalter. Beides sind Schädigungen des Gewebes durch Hitzeeinwirkung; bei der Verbrühung erfolgt die Hitzeeinwirkung durch heiße Flüssigkeit. Ähnlich wie bei Vergiftungen sind vor allem Kinder im ersten Entdeckungsalter zwischen 2 und 4 Jahren besonders gefährdet, da sie z. B. neugierig auf den Inhalt der heißen Töpfe auf dem Herd sind.

Zu den häufigsten Unfällen bei Kindern gehören Verbrennungen und Verbrühungen.

Kinderpflegerin Tina im Einsatz bei einer Familie ist bei der Vorbereitung des Mittagessens, während der 3-jährige Jan auf dem Boden in der Küche spielt. Plötzlich hört sie einen Streit von Jans Geschwistern aus dem Spielzimmer, sie geht zur Tür und hört den Topf mit kochendem Nudelwasser zu Boden fallen. Jan sitzt schreiend neben dem Topf, sein Pullover ist nass und die Hände sind, soweit sichtbar, deutlich gerötet.

Sofortmaßnahmen bei Verbrennungen und Verbrühungen:

- Bewahren Sie Ruhe und beruhigen Sie den Betroffenen.
- Kontrollieren Sie die Vitalfunktionen.
- Entfernen Sie bei Verbrühungen mit Wasser die Kleidung. Handelt es sich jedoch um eine Verbrennung, z. B. wenn Kleidung in die Wunde eingebrannt ist, sollten Sie die Kleidung nicht entfernen.
- Lassen Sie lauwarmes Wasser 15–20 Minuten auf die verbrannten Stellen rieseln. Halten Sie den restlichen Körper mit Decken warm.
- Rufen Sie die 112 an.
- Kann die Wasseranwendung nicht die ganze Zeit durchgehalten werden, decken Sie die Brandwunde mit einem sterilen Tuch (z. B. gebügeltes Geschirrhandtuch) ab. Befeuchten Sie das Tuch, nachdem Sie es auf die Wunde gelegt haben (keine nassen Tücher auf die Wunde legen und vor allem nicht andrücken, da Brandwunden sehr druckschmerzhaft sind).
- Geben Sie keine Salben, Puder oder sonstige Mittel auf die verbrannte Stelle.

Vitalfunktionen ► S. 413

Bei Verbrennungen kann sich ein Schock entwickeln, wenn 10–15 % der Körperoberfläche (Abb. 2) betroffen sind. Tödlich verläuft eine Verbrennung häufig, wenn 50 % der Körperoberfläche verbrannt sind.

Schock ► S. 423

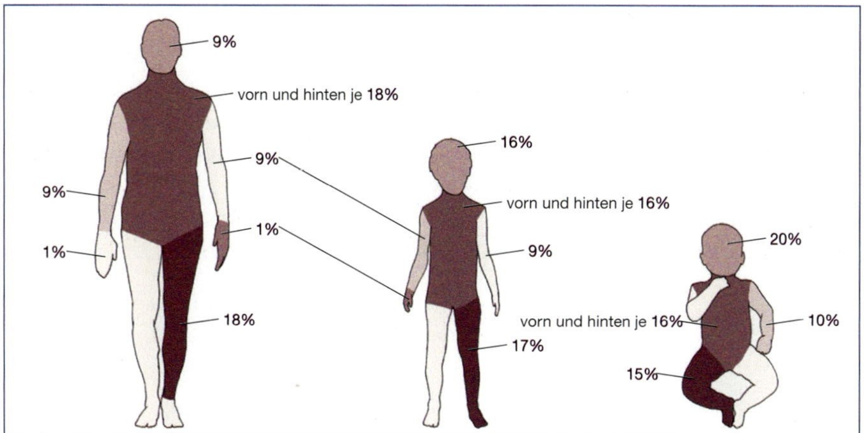

Abb. 2 Anteile der Körperoberfläche bei Erwachsenen (links), Kindern (Mitte) und Säuglingen (rechts)

Viele Vergiftungen könnten durch Vorsichtsmaßnahmen verhindert werden.

Unter www.apotheken.de ▷ Giftnotruf können Sie durch Eingabe Ihres Wohnortes oder Ihrer Postleitzahl die Nummer des entsprechenden Giftnotrufes recherchieren. Bringen Sie die Nummer gut sichtbar in der Nähe des Telefons an.

Vitalfunktionen ► S. 413
Erste-Hilfe-Maßnahmen ► S. 416

Vergiftungen

Die meisten Vergiftungen könnten durch Vorsichtsmaßnahmen verhindert werden. Auch hier droht die größte Gefahr Kindern im Entdeckungsalter, die an für sie erreichbaren Giftstoffen „naschen“. Kinder orientieren sich an bekannten Formen und Verpackungen. Sie meinen z. B. die Müslipackung zu kennen und verwechseln sie jedoch mit der Spülmaschinensalzverpackung. Die häufigsten Vergiftungsunfälle erfolgen durch Arzneimittel und Putz- und Reinigungsmittel. Aber auch Zigaretten, Pflanzenschutzmittel, Dünger und Giftpflanzen verursachen Vergiftungsfälle.

Ergreifen Sie bei einer Vergiftung folgende Maßnahmen:

- Kontrollieren Sie die Vitalfunktionen. Ist die betroffene Person ansprechbar und zeigt keine Besonderheiten bezüglich Atmung und Puls, fragen Sie diese nach anderen Anzeichen für eine Vergiftung (z. B. Übelkeit und Schmerzen). Sind die Vergiftungszeichen nicht erkennbar, rufen Sie die nächste Vergiftungszentrale Ihres Bundeslandes an und handeln Sie nach den Angaben der Vergiftungszentrale.
- Sind die Vitalfunktionen nicht erhalten, informieren Sie sofort den Notarzt und ergreifen Sie die Erste-Hilfe-Maßnahmen. Weisen Sie darauf hin, dass es sich bei dem Notfall um eine Vergiftung handelt. Halten Sie das Gift bzw. das eingenommene Mittel bzw. Reste oder die Packung bereit, um Fragen am Telefon beantworten zu können.
- Notieren Sie den Zeitpunkt der Gifteinnahme, das Produkt und die Menge, die eingenommen wurde. Beobachten Sie den Betroffenen und halten Sie die Verpackung des aufgenommenen Stoffes bereit. Erbricht der Betroffene, bewahren Sie das Erbrochene auf.
- Lösen Sie auf keinen Fall Erbrechen aus, denn so gelangt die ätzende Substanz ein weiteres Mal durch die Speiseröhre und verursacht hier Verletzungen. Geben Sie niemals Milch. Milch ist kein Gegengift und beschleunigt bei einigen Giften sogar die Giftaufnahme.

Krampfanfälle können viele verschiedene Ursachen haben.

Gehirn ► S. 64

Krampfanfälle

Ein Krampfanfall beruht auf einer Funktionsstörung von Teilen des Gehirns. 5–10 % der Bevölkerung erleben einmal im Leben einen Gelegenheitskrampf. Krampfanfälle können verschiedene Ursachen haben. Neben Vergiftungen und Unfällen kann auch Fieber der Auslöser sein. Ein Krampfanfall ist auf jeden Fall ein krankhaftes Geschehen, dessen Ursache ärztlich abgeklärt werden muss, auch wenn die meisten Anfälle nicht lebensbedrohlich sind.

Eine Broschüre der Deutschen Gesellschaft für Kinder- und Jugendmedizin e.V. (DGKJ) zum Thema Fieberkrampf finden Sie unter:

www.erste-hilfe-fuer-kinder.de/DGKJ-Fieberkrampf.pdf

Ergreifen Sie bei Krampfanfällen folgende Maßnahmen:

- Alarmieren Sie den Notarzt, der durch Gabe krampflösender Medikamente den Krampf unterbrechen kann. Versuchen Sie, die betroffene Person vor Verletzungen zu schützen, indem Sie z. B. Gegenstände aus dem Weg räumen, an denen sich die Person beim Fallen stoßen könnte.
- Kontrollieren Sie nach Abklingen des Krampfanfalles die Vitalfunktionen und führen Sie gegebenenfalls die Erste-Hilfe-Maßnahmen durch.

Blutende Verletzungen

Blutet eine Person aus einer Wunde ungewöhnlich stark und/oder kommt eine Blutung innerhalb weniger Minuten nicht zum Stillstand, besteht die Gefahr eines bedeutsamen Blutverlustes. Hohe Blutverluste können zum Schock und damit zum Tode führen; man spricht von Verbluten. Dem Körper fehlt das Transportmittel für den lebensnotwendigen Sauerstoff, dadurch kommt es zur Schädigung der lebenswichtigen Organe, wie z. B. Lunge, Niere und Gehirn.

Schock ► S. 423

Die Kinder der Gruppe 3 des Schulhortes Am Platanenweg spielen im Flur Fangen und balgen sich dabei. Der 8-jährige Thomas stößt dabei mit seiner Hand durch die gläserne Terrassentür und blutet stark am Handgelenk.

Ergreifen Sie bei blutenden Verletzungen folgende Maßnahmen:
- Bei allen kritischen Situationen ist zunächst der Notarzt zu alarmieren.
- Lagern Sie den verletzten Körperteil, wenn möglich, hoch und drücken Sie mit Zeige-, Mittel- und Ringfinger das zuführende Blutgefäß ab. Sie müssen so stark und gezielt drücken, dass die Blutung zum Stillstand kommt. Gelingt Ihnen das nicht, drücken Sie direkt mit dem Handballen auf die Verletzung.
- Die akute Gefahr ist so gebannt. Die Verletzung sollte jedoch weiter versorgt werden. Legen Sie einen Druckverband an (Abb. 1):
- Legen Sie eine Wundauflage (z. B. Kompresse) auf die Verletzung und befestigen Sie diese sofort mit zwei Umschlägen eines Verbandes (Binde). Da gezielt Druck auf die Verletzung ausgeübt werden muss, um die Blutung zu stillen, brauchen Sie nun ein Druckpolster. Hierzu können Sie ein geschlossenes Verbandpäckchen auf die Verletzung legen. Befestigen Sie dies durch den Verband, den sie jetzt unter Zug anlegen sollten. Verknoten Sie den Verband zuletzt direkt auf dem Druckpolster. Achten Sie darauf, dass Sie mit dem Druckverband keine Stauung, durch die sich z. B. der Arm blau oder rot verfärbt, erzeugen. Ist der Druckverband nach kurzer Zeit durchgeblutet, öffnen Sie ihn nicht, sondern befestigen Sie über dem ersten Druckpolster ein zweites.
- Ist die Verletzung versorgt, überprüfen Sie die Vitalfunktionen und ergreifen Sie bei Störungen Erste-Hilfe-Maßnahmen.
- Bei erhaltenen Vitalfunktionen ergreifen Sie Maßnahmen zur Kollaps- und Schockbekämpfung. Legen Sie hierzu die betroffene Person flach auf den Boden, lagern Sie die Beine leicht hoch und halten Sie die Person mit Decken warm.
- Befindet sich ein Fremdkörper (z. B. eine Glasscherbe) in der Wunde, entfernen Sie diese nicht. Es besteht die Gefahr, dass Gefäße, die durch den Fremdkörper verschlossen sind, eröffnet werden. Üben Sie in diesem Fall mit den Fingern Druck auf das verletzte Gefäß aus, ohne den Fremdkörper zu berühren.
- Überprüfen Sie den Impfschutz gegen Wundstarrkrampf (Tetanus).
- Bei Nasenbluten sollten Sie den Betroffenen mit leicht nach vorne gebeugtem Oberkörper aufrecht sitzen lassen, um den Druck des Blutes in den Gefäßen zu verringern. Zusätzlich sollten Sie kalte Tücher, z. B. ein nasses Geschirrhandtuch, in den Nacken legen und ein Tuch bzw. Gefäß zur Aufnahme des Blutes anhalten oder anreichen.

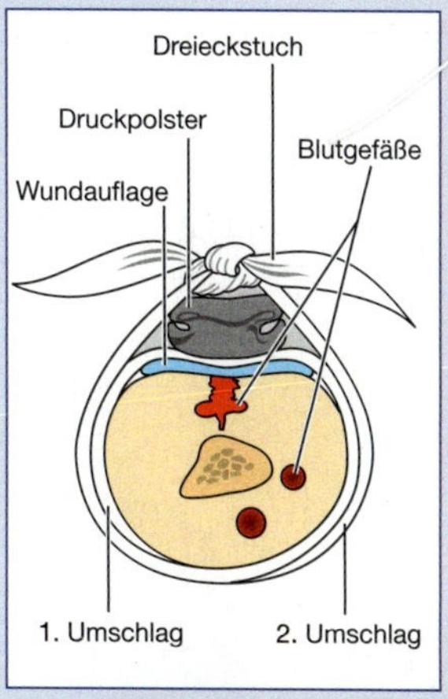

Abb. 1 Druckverband am Arm

Vitalfunktionen ► S. 413
Erste-Hilfe-Maßnahmen ► S. 416

Praxis-Spicker:
Nasenbluten ► S. 432

Zeichen für eine Atemwegsverlegung sind starker Husten oder Atembeschwerden.

Atemwege ► S. 413

Verlegung der Atemwege

Durch Fremdkörper können die Atemwege, z. B. während des Essens, verlegt, das heißt blockiert oder verstopft werden. Ein Zeichen dafür kann sein, dass sich die betroffene Person an den Hals fasst. Von einer leichten Atemwegsverlegung ist auszugehen, wenn die Person noch sprechen und atmen kann, aber stark husten muss. Kann sie weder sprechen noch normal atmen, besteht eine schwere Atemwegsverlegung.

Im Kindergarten spielt die 2-jährige Pauline mit kleinen Bausteinen auf dem Boden. Kinderpfleger Christian bemerkt plötzlich, dass Pauline einen Hustenanfall bekommt und nach Luft ringt. Ein kleiner Baustein steckt in ihrer Luftröhre und sie läuft blau im Gesicht an.

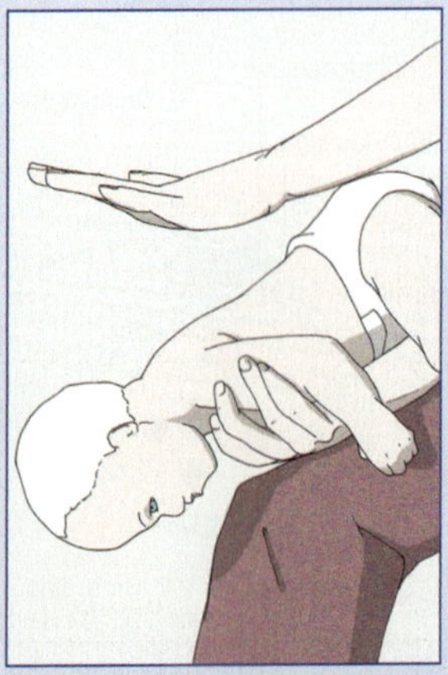

Abb. 1 Schlag auf die Schulterblätter bei Atemwegsverlegung

Ergreifen Sie bei Verlegung der Atemwege folgende Maßnahmen:

- Stellen Sie sich seitlich hinter die betroffene Person, beugen Sie deren Brustkorb weit nach vorn, stützen Sie mit einer Hand den Brustkorb und schlagen Sie mehrmals kräftig mit der flachen Hand zwischen die Schulterblätter. Kleine Kinder können Sie mit dem Bauch nach unten auf Ihren Oberschenkel oder über Ihren Arm legen (Abb. 1). Lassen Sie eine weitere Person parallel dazu den Notarzt alarmieren.
- Wird der Fremdkörper ausgehustet, lassen Sie die betroffene Person trotzdem von einem Arzt untersuchen, um weiteren Komplikationen vorzubeugen.
- Besteht die Atemnot weiter, so wiederholen Sie den Versuch, die Atemwege frei zu machen.

! Häufig wird am Tisch sitzenden Personen, die sich verschluckt haben, mit der Hand auf den Rücken geklopft. Diese Maßnahme sollte unterlassen werden, da ein eventuell in der Luftröhre steckender Fremdkörper zwar gelöst werden kann, aber die Gefahr besteht, dass er hierdurch tiefer in die Luftröhre rutscht.

Allergische Reaktionen rufen häufig Atemstörungen hervor.

Allergien ► S. 410
Schock ► S. 423

Allergische Reaktionen

Bestimmte Nahrungsmittel (z. B. Nüsse und Krabben) können schwere allergische Reaktionen auslösen. Atemstörungen stehen dabei im Vordergrund. Es kann sich jedoch nebenbei auch ein Schock entwickeln.

Im Kindergarten Sonnenhügel gibt es heute eine Erdbeernachspeise zum Mittagessen. Nach dem Essen klagt die 5-jährige Carolin über Übelkeit und Schwindel. Kurz darauf ringt sie nach Luft und fasst sich an den Hals.

Ergreifen Sie bei allergischen Reaktionen folgende Maßnahmen:

- Kontrollieren Sie alle Vitalfunktionen und rufen Sie den Notarzt.
- Lagern Sie die betroffene Person sitzend und öffnen oder entfernen Sie eng am Hals liegende Kleidungsstücke.
- Kontrollieren Sie bis zum Eintreffen des Notarztes die Vitalfunktionen und führen Sie gegebenenfalls Erste-Hilfe-Maßnahmen durch.

Vitalfunktionen ► S. 413
Erste-Hilfe-Maßnahmen ► S. 416

Gewalteinwirkung auf den Schädel

Bei allen Verletzungen im Kopfbereich und bei jeder Gewalteinwirkung auf den Kopf besteht die Gefahr der Mitverletzung des Gehirns.

Bei Gewalteinwirkungen auf den Schädel kann auch das Gehirn verletzt sein.

Gehirn ► S. 64

> Praktikantin Anja wickelt gerade den einjährigen Moritz, da schreit der kleine Jakob. Sie wendet sich Jakob zu. In diesem Moment fällt Moritz vom Wickeltisch. Für einige Sekunden zeigt er keine Reaktion, schreit nicht und bewegt sich nicht. Danach verhält Moritz sich wieder normal.

Ergreifen Sie bei Gewalteinwirkungen auf den Schädel folgende Erstmaßnahmen:

- Jede Person, die nach einer Gewalteinwirkung auf den Schädel auch nur für Sekunden bewusstlos ist, muss ärztlich behandelt werden. Unter Umständen verursacht ein im Gehirn hervorgerufenes Blutgerinnsel erst Stunden nach dem Ereignis eine lebensbedrohliche Situation. Alarmieren Sie den Rettungsdienst.
- Typische Zeichen von Kopfverletzungen sind Erinnerungslücken, Schwindel, Kopfschmerzen, Übelkeit und Erbrechen. Sorgen Sie dafür, dass die betroffene Person sich nicht weiter verletzt und ärztlich versorgt wird.
- Ist die Person weiterhin bewusstlos, alarmieren Sie den Rettungsdienst, kontrollieren Sie die Vitalfunktionen und leiten Erste-Hilfe-Maßnahmen ein.

Vitalfunktionen ► S. 413
Erste-Hilfe-Maßnahmen ► S. 416

Sofortmaßnahmen beim Schock

Bei jedem Verunglückten müssen Sie davon ausgehen, dass sein Zustand nicht nur durch die Verletzung selbst, sondern auch durch einen Schock (Schreck) als Folge der Verletzung beeinträchtigt ist. Es gibt verschiedene Formen des Schocks, viele beruhen jedoch auf einem Missverhältnis zwischen erforderlicher und tatsächlicher Blutversorgung des Körpers. Der mit dem Schock verbundene Blutdruckabfall hat eine unzureichende Versorgung der Körperzellen zur Folge, was zu lebensbedrohlichen Gewebeschäden und zum Tode führen kann.

Erkennen können Sie einen Schock an einer Erhöhung der Pulsfrequenz über 100 Schläge pro Minute und an einem Abfall des Blutdrucks. Betroffene mit Schock sind blass, kaltschweißig und unruhig. Die Unruhe kann sich bis zur Teilnahmslosigkeit wandeln und in Bewusstlosigkeit übergehen.

Abb. 2 Lagerung bei Blutvolumenmangel

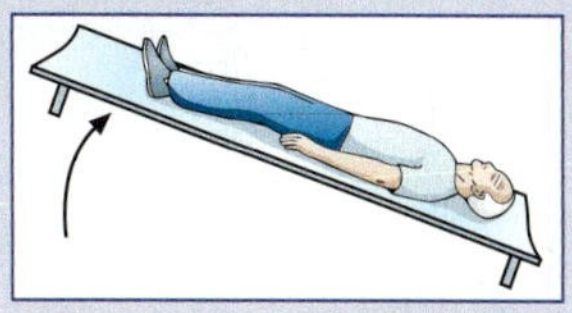

Abb. 3 Lagerung bei Blutvolumenmangel (Trendelenburglagerung)

Handlungsschritte:

- Beruhigen Sie die betroffene Person.
- Versorgen Sie die ursprüngliche Verletzung (z. B. Blutung, Verbrennung).
- Bringen Sie den Betroffenen in Schocklage, indem Sie ihn auf den Rücken legen und die Beine 20 bis 30 cm hoch lagern (Abb. 2 und 3).

Puls ► S. 414
Blutung ► S. 421
Verbrennung ► S. 419

Zum Weiterarbeiten im Arbeitsbuch

Kinderpflege			
	Schwerpunkt	Lernsituation	Nr.
	• Unfallschutz • Notfallmaßnahmen • Abläufe in der Kindertagesstätte	„… mit einer Platzwunde über der Nase"	22

Praxis-Spicker

Bauchschmerzen

WAS KANN ICH BEOBACHTEN?

- Kind wirkt blass und krank
- „Bauchschmerzen" werden geäußert (bei älteren Kindern)
- Kind schreit und lässt sich nur schwer beruhigen (bei Säuglingen)
- Weinen und Wimmern
- berührungsempfindliche Bauchdecke
- stark vorgewölbter/geblähter Bauch
- ausbleibender Stuhlgang
- hörbare Bauchgeräusche (Rumoren)
- Bauchschmerzen sind für viele Kinder häufig nur eine Beschreibung für alle anderen Arten von Schmerzen – vielfache Symptome können beobachtbar sein (z. B. Kind fasst sich an den Hals und möchte nichts schlucken - weist auf Halsschmerzen hin)

WAS IST ZU TUN?

- exakte Beobachtung des Kindes - welche Körperstelle tut wirklich weh?
- auf das Kind eingehen, Ruhe und Geborgenheit vermitteln, trösten
- das Kind bei Bedarf schlafen lassen
- bei Blähungen helfen Kümmel- oder Fencheltee
- sanfte Bauchmassagen lösen Blähungen und Krämpfe
- bei Säuglingen kann das Tragen des Kindes in der Flugzeugposition (S. 361) Blähungen lösen
- bei Verstopfungen auf ausreichende Flüssigkeitszufuhr achten und bei Säuglingen/ Kleinkindern Milchzucker zufüttern
- bei starken oder länger andauernden Schmerzen Kinderarzt aufsuchen

HINWEISE:

Bei Kindern bildet sich erst ca. ab dem 7. Lebensjahr ein Schmerzempfinden aus, welches dem der Erwachsenen ähnelt. Vorher äußern die Kinder oft pauschal Bauchschmerzen, auch wenn es gar nicht der Bauch ist, der ihnen Schmerzen bereitet. Bei Kleinkindern und Säuglingen verbergen sich hinter Bauchschmerzen oft Blähungen, Verstopfungen oder Durchfall.

MÖGLICHE URSACHEN:

- Infektionen des Magen-Darm-Traktes (z. B. Salmonellose)
- Unverträglichkeit von Nahrungsmitteln (z. B. von Kuhmilch)
- Verstopfung (z. B. durch Flüssigkeitsmangel)
- psychische Ursachen (z. B. Angst vor Trennung von den Eltern/unruhige Umgebung bei Säuglingen)
- Schmerzen in anderen Körperregionen, die das Kind auf den Bauch projiziert (z. B. Hals- oder Ohrenschmerzen)

Praxis-Spicker

Bewusstlosigkeit

WAS KANN ICH BEOBACHTEN?

- Kind fällt hin bzw. liegt am Boden
- nicht ansprechbar bzw. reagiert nicht auf Ansprache
- unfähig, die Umwelt wahrzunehmen
- Muskulatur ist entweder erschlafft oder es bestehen Krämpfe
- Atmung ist beschleunigt oder setzt aus
- lebenswichtige Schutzreflexe fehlen (z. B. Husten, Niesen, Würgen)
- keine Durchführung koordinierter Bewegungen möglich

WAS IST ZU TUN?

- Vitalzeichen (S. 411) überprüfen (Atmung und Puls)
- Erste-Hilfe-Maßnahmen (S. 416) einleiten (bei nicht vorhandenen Vitalzeichen)
- Atemwege freihalten
- Kind in die stabile Seitenlage (S. 416) bringen
- auf mögliche Verletzungen achten und ggf. versorgen
- sofort eine Erzieherin oder einen Arzt rufen bzw. Notruf absetzen
- Befragen von Augenzeugen zum Hergang

HINWEISE:

Die Ursachen, die zur Bewusstlosigkeit geführt haben, sind oft nur schwer zu erkennen. Bewusstlosigkeit ist eine schwere Komplikation!
Führen Sie erst nach der Absprache mit einer Fachkraft die Lagerung durch.
Reichen Sie dem Kind keine Flüssigkeiten oder Medikamente oral an.

MÖGLICHE URSACHEN:

- Störung der Hirnfunktion (z. B. durch Schädel-Hirn-Trauma, Hirnhautentzündung, Epilepsie/Krampfanfälle)
- allergische Reaktionen (z. B. nach Insektenstich)
- Vergiftungen (z. B. durch Alkohol, Drogen, Medikamente, verschluckte Reinigungsmittel)
- Unterkühlung
- Störung der Hirndurchblutung (z. B. durch Blutung, hohen Blutverlust)
- Stoffwechselstörungen (z. B. Diabetes mellitus, massive Leberschädigung)
- Herz-Kreislauf-Erkrankungen (z. B. Herzrhythmusstörungen)

Praxis-Spicker

Durchfall (Diarrhoe)

WAS KANN ICH BEOBACHTEN?

- Austrocknung der Haut (Exikose)
- verunreinigte Kleidung und Stuhlreste am Körper
- starker Geruch
- hohe Frequenz an Toilettengängen
- Darmentleerungen können mit Krämpfen einhergehen
- das Allgemeinbefinden kann erheblich beeinträchtigt sein: oftmals treten Appetitlosigkeit, Bauchschmerzen und Übelkeit auf
- Verzicht auf Essen und Trinken
- Abwesenheit, Antriebslosigkeit oder Unruhe
- Scham und Rückzug

WAS IST ZU TUN?

- Beobachtungen des Kindes auf eine mögliche Kreislaufschwäche, Stuhlentleerungen, Trinkverhalten, Hautspannung, (Wohl-)Befinden – dokumentieren und an die Fachkraft weiterleiten
- Flüssigkeitszufuhr erhöhen (z. B. Fenchel- oder Kamillentee, versetzt mit einer Prise Salz und einem Löffel Traubenzucker)
- anfangs keine Nahrungszufuhr – später Kostaufbau mit Karotten, geriebenem Apfel, Banane, Reis, Kartoffeln und Zwieback,
- Hautpflege der Analregion (Waschen nur mit milden Zusätzen, weiches Toilettenpapier, Trockenhalten und bei Bedarf Hautschutzcreme auftragen; regelmäßiges Wechseln der Windeln)
- exaktes Einhalten der Hygienevorschriften, um weitere Ansteckungen zu vermeiden
- bei Kindern mit Windeln: Heben Sie eine Stuhlwindel auf, um diese dem Arzt für eine Stuhluntersuchung zur Verfügung zu stellen

HINWEISE:

Je nach Schwere und Dauer einer Diarrhoe besteht die Gefahr der Austrocknung und des Kreislaufzusammenbruchs. Je jünger die Kinder, desto größer die Gefahr. Besonders bei Säuglingen muss bei starkem Durchfall schnell ein Kinderarzt aufgesucht werden. Verabreichen Sie Medikamente nur nach ärztlicher Anordnung.

MÖGLICHE URSACHEN:

- Darminfektion (z. B. Salmonellen)
- Nahrungsmittelunverträglichkeiten (besonders bei Säuglingen)
- Vergiftungen
- Stress und körperliche Belastungen (z. B. Angst bei Kindern)
- Medikamente (z. B. Antibiotika)

Praxis-Spicker

Fieber

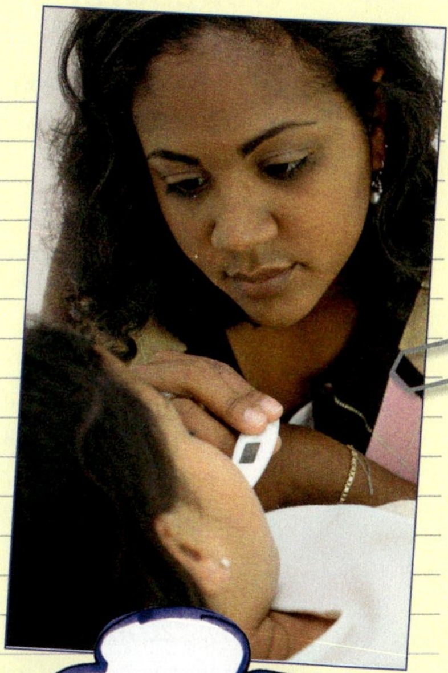

WAS KANN ICH BEOBACHTEN?

- glasige Augen
- verschwitzte Kleidung und Bettwäsche
- Schüttelfrost
- gerötete, heiße Haut, besonders im Gesicht
- Appetitlosigkeit
- erhöhtes Durstgefühl
- Lustlosigkeit, schnelle Erschöpfung und Kraftlosigkeit
- Unruhe
- Licht- und Geräuschempfindlichkeit
- Müdigkeit
- Kopf- und Gliederschmerzen
- Benommenheit/verlangsamte Reaktionen
- eventuell Krämpfe (beim Fieberkrampf)

WAS IST ZU TUN?

- Fieber messen (die rektale Messung ist am genauesten) und dies dokumentieren
- bei Schüttelfrost: Kind mit zusätzlicher Decke zudecken
- bei starkem Schwitzen: Kleidung und Bettwäsche nach Bedarf wechseln
- krankem Kind zur Seite stehen und für Ruhe und Abdunklung im Zimmer sorgen
- das Kind möglichst schlafen lassen
- das Kind benötigt viel Flüssigkeit - sinnvoll sind leicht gesüßte Früchte- oder Kräutertees
- Das Kind sollte nur leichte Kleidung tragen und mit einer dünnen leichten Decke zugedeckt werden - das verhindert einen Wärmestau.

HINWEISE:

Fiebersenkende Medikamente dürfen nur auf Anweisung eines Arztes angewendet und fiebersenkende Maßnahmen (z. B. Wadenwickel) nur nach Rücksprache mit einer Fachkraft durchgeführt werden. Es besteht immer die Gefahr von Kreislaufstörungen und/oder Nebenwirkungen. Die Körpertemperatur kann durch die Einnahme von Schmerzmitteln verfälscht werden.

MÖGLICHE URSACHEN:

- Infektionen (z. B. Grippe, Kinderkrankheiten, Entzündungen)
- hohe Temperatureinwirkungen und ihre Folgen (z. B. Hitzschlag oder Sonnenstich)
- Schädel-Hirn-Verletzungen (Schädigung des Temperaturzentrums)
- größere Verletzungen oder Verbrennungen (z. B. nach Operationen)

Praxis-Spicker

Gewebsverletzungen

WAS KANN ICH BEOBACHTEN?

- auffallende Wunden an Haut oder Schleimhaut
- sichtbares Blut
- „blaue Flecken"
- Schwellungen
- verminderte bzw. keine Nahrungsaufnahme (z. B. bei Verletzung im Mundbereich)
- das Kind zieht sich zurück (z. B. sitzt plötzlich still in einer Ecke)
- eingeschränkte Beweglichkeit der Extremitäten
- Schmerzen bei der Bewegung
- kaputte Kleidung (z. B. nach Stürzen)
- allgemeines Äußern von Schmerzen bzw. Schreien und Weinen

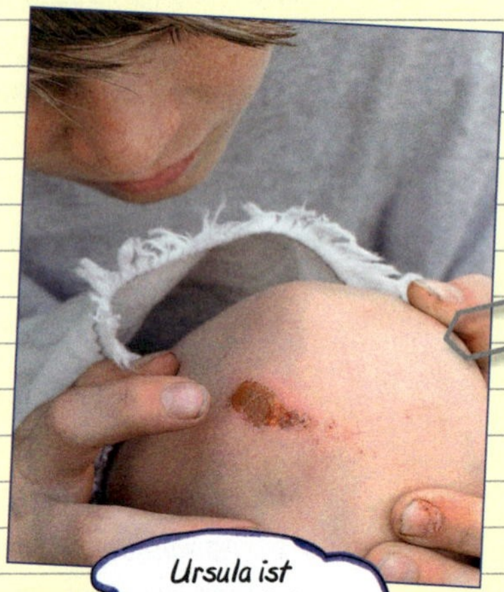

Ursula ist gestürzt und blutet am rechten Knie.

Ursula hat sich den Kopf gestoßen und blutet nun an der Stirn.

WAS IST ZU TUN?

- sofort Fachkraft informieren
- nach Notwendigkeit Maßnahmen der Ersten Hilfe einleiten
- Fremdkörper (wenn vorhanden) zunächst in der Wunde belassen
- Blutungen mit sauberen Materialien stillen
- Wunden sauber abdecken, Wunde nicht mit den Händen berühren
- Kind beruhigen und trösten
- verschmutzte Kleidung außerhalb des Wundgebietes entfernen
- bei Schwellungen ohne offene Wunden wird die Schwellung gekühlt
- bei frischen Verletzungen dokumentieren, wie, wann und wo sich das Kind die Verletzung zugezogen hat

HINWEISE:

Nicht eigenmächtig Salben, Puder oder „Hausmittel" auf die Verletzung auftragen oder auf eigene Faust einen Verband wechseln! Nehmen Sie ein Kind, das über Schmerzen klagt, immer ernst und gehen Sie der Ursache auf den Grund!

MÖGLICHE URSACHEN:

- Gewalteinwirkung (z. B. Stürze, Schnitte, Stiche, Bisse...)
- Hautkrankheiten (z. B. aufgekratzte Stellen bei Neurodermitis)

Praxis-Spicker

Hautausschlag

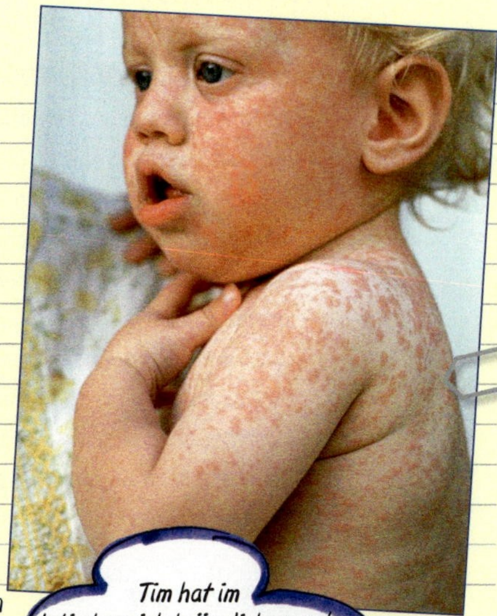

WAS KANN ICH BEOBACHTEN?

- geringer bis starker Juckreiz (Kratzspuren)
- trockene, gerötete und schuppende Hautstellen
- flächenhafte Rötung oder gerötete Flecken
- rosafarbene bis bräunliche rundliche Hautflecken
- Bläschen- oder Knötchenbildung
- Schwellungen
- Schmerzen in einem umschriebenen Bereich
- Unruhe
- nervöses Verhalten
- erhöhte Empfindlichkeit gegenüber äußeren Reizen

WAS IST ZU TUN?

- Fachkraft informieren (insbesondere bei Allergien, Schmerzen und Fieber)
- bei Allergien besteht die Gefahr eines Allergieschocks! betroffenes Kind muss gut beobachtet werden; gegebenenfalls die Beine hochlagern
- Anwendung von verordneten Arzneimitteln
- Beobachtung der betroffenen Hautstelle(n)
- im Windelbreich – exakte Hautpflege / regelmäßiges Wechseln der Windeln / viel Luft an die Haut lassen

HINWEISE:

Diese Hautveränderungen können sich auf einen fest umschriebenen Bereich (z. B. bei Gürtelrose) beziehen oder den ganzen Körper (z. B. bei Sonnenbrand) betreffen. Treten allgemeine Entzündungszeichen auf (Rötung, Schwellung, Schmerzen, Funktionseinschränkung, Überwärmung), können Betroffene erhöhte Temperatur (bis zum Fieber) entwickeln. Hauterkrankungen zeigen sich durch einen Hautausschlag in vielfältigen Formen. Hautausschläge können bei Kindern und Erwachsenen eine Erkrankung darstellen oder sie treten als sichtbare Krankheitszeichen für eine Grunderkrankung auf.

MÖGLICHE URSACHEN:

- Allergien (Unverträglichkeit, z. B. gegenüber einem Medikament oder Nahrungsmittel)
- Windeldermatitis, oft einhergehend mit einer Pilzinfektion
- Pilzinfektionen (z. B. an den Füßen / im Mundbereich)
- virale (z. B. Windpocken, Röteln, Masern, Scharlach) oder bakterielle (z. B. Akne) Infektionen
- Zeckenbiss
- Sonneneinwirkung (Sonnenbrand oder Sonnenallergie)

Praxis-Spicker

Hustenanfall

Tina hat plötzlich stark gehustet.

Tina hustet schon länger und seit kurzem sind starke Atemgeräusche zu hören.

WAS KANN ICH BEOBACHTEN?

- roter Kopf, geschwollene Blutgefäße am Hals
- Abhusten von Auswurf (z. B. eitriger Auswurf)
- Verschlucken von flüssigen oder krümeligen Nahrungsmitteln
- bei körperlicher Anstrengung nehmen Hustenanfälle zu
- schnelle, starke Ermüdung und plötzliche Leistungsschwäche
- starke Einatemgeräusche (z. B. zischendes Geräusch)
- erschwertes, verlängertes Ausatmen
- Atemnot kann auftreten / Kind erscheint erschöpft
- Nasenflügel erweitern sich beim Einatmen / evtl. bläuliche Verfärbung von Haut und Lippen
- Heiserkeit

WAS IST ZU TUN?

- regelmäßig für frische Luft sorgen / beim Anfall ist feuchte, kühle Luft hilfreich (z. B. Fenster aufmachen)
- Ruhe bewahren und das Kind beruhigen
- Auswurf beobachten (Eiter, Schaum, Blut, Zähigkeit, Verfärbung, Geruch weisen auf ernste Erkrankungen hin)
- verordnete Inhalation anwenden (z. B. mit ätherischen Ölen)
- ausreichend trinken, z. B. Heilkräutertees
- Brustwickel (z. B. Quarkwickel) können den Husten lindern
- Vitalzeichenkontrolle
- Bei Kindern, die jünger als 6 Monate sind, muss immer ein Arzt aufgesucht werden!

HINWEISE:

Nach 1 bis 2 Wochen Husten ist es keine banale Erkältung mehr und ein Arzt sollte den Grund für den Husten untersuchen. Bei einem plötzlich auftretenden Husten muss überprüft werden, ob das Kind keinen Gegenstand verschluckt hat. Eine Sonderform des Hustens ist der Krupphusten (Pseudo-Krupp), bei dem ein plötzlicher, harter und „bellender" Husten auftritt. Dabei atmet das Kind schwer und beim Einatmen sind zischende Geräusche zu hören. Außerdem tritt Atemnot auf.

MÖGLICHE URSACHEN:

- bakterielle und virale Infektionen (z. B. Pseudokrupp, Keuchhusten, Influenza, Lungenentzündung oder Bronchitis)
- Aspiration / verschluckte Gegenstände (z. B. Kleinteil von einem Spielzeug) / Verschlucken beim Essen und Trinken)
- Einatmen von Reizstoffen (z. B. Staub, Abgase, Zigarettenrauch)
- (allergisches) Asthma
- Allergien

Praxis-Spicker

Krampfanfall

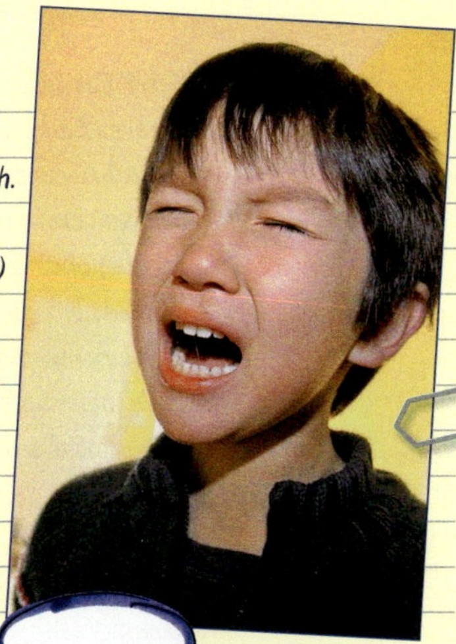

WAS KANN ICH BEOBACHTEN?

- Achten Sie auf Vorzeichen, wie z. B.: Betroffene sind kurz vorher besonders reizbar oder ängstlich / Stimmung und Verhalten ändern sich.
- Bewusstseinsstörungen (z. B. kurze Abwesenheit, allmählicher Orientierungsverlust bis Bewusstlosigkeit mit plötzlichem Hinstürzen)
- Person nicht ansprechbar, reagiert nicht wie üblich
- unkontrollierte Zuckungen oder extreme Streckung der Gliedmaßen
- bizarre Bewegungen, ziellose, wiederholte Bewegungen, z. B. Nesteln, Zupfen, Kauen, Umherlaufen bis zu 20 Minuten
- plötzliches Innehalten in einer Aktivität (bis zu 20 Sekunden)
- Veränderung des Gesichtsausdrucks, z. B. Erstarren, Grimassen
- Gedächtnislücken, keine Erinnerung an den Anfall
- Atempause, geweitete Pupillen, Einnässen, Speichelfluss, Schaum vor dem Mund während eines mehrminütigen Anfalls mit Bewusstseinsverlust
- blutige Lippen bzw. Zunge durch Zungenbiss

WAS IST ZU TUN?

- Ruhe bewahren, Kind nicht festhalten oder schütteln
- der Verlauf ist nicht durch „Erste Hilfe" zu beeinflussen
- Schutz vor Verletzungen, z. B. Kind hinsetzen oder in die Seitenlage bringen, Verletzung auslösende Gegenstände entfernen
- nichts zu essen oder trinken geben, keinen Gummikeil o. Ä. zwischen die Zähne schieben (die Gefahr des Zungenbiss besteht nur zu Beginn)
- Anfallsverlauf, Atmung und Bewusstsein beobachten und dokumentieren
- nach dem Anfall ruhen lassen, aber nicht alleine lassen; Ansprechbarkeit prüfen
- Anfälle von mehreren Minuten müssen häufig nach ärztlicher Anweisung medikamentös unterdrückt werden.

HINWEISE:

Schlafentzug, Flackerlichtreize, Giftstoffe können bei gefährdeten Personen Auslöser für einen Anfall sein. Eine typische Krampfform bei Kindern ist der Fieberkrampf. Hier kommt es durch den plötzlichen sehr hohen Anstieg der Körpertemperatur zu Krämpfen.

MÖGLICHE URSACHEN:

- schwere Infektionen und hohes Fieber
- Vergiftungen, z. B. auch durch Alkohol, giftige Substanzen, Medikamente
- Schlafentzug und Überanstrengung
- visuelle Reize (z. B. Flackerlicht)
- Stoffwechselentgleisungen (z. B. Diabetes mellitus)
- Hirnschädigungen (z. B. durch Unfallverletzungen, Hydrocephalus)

Praxis-Spicker

Nasenbluten

WAS KANN ICH BEOBACHTEN?

- sichtbares Blut am Nasenloch und an der Kleidung
- blutiges Taschentuch nach dem Naseputzen
- Äußern von Blutgeschmack im Mund
- Appetitlosigkeit
- plötzliche Unterbrechung der Beschäftigung
- Nasenbluten wird stärker bei schnellen Bewegungen und Bücken
- „Näseln" beim Sprechen durch Verkrustungen in der Nase vom häufigen Nasenbluten

WAS IST ZU TUN?

- Kind aufsetzen
- Kopf nach vorne beugen, sodass Blut nicht in den Rachen läuft
- Taschentuch vor die Nase halten
- Nasenflügel gegen die Nasenscheidewand drücken
- kalten, nassen Waschlappen in den Nacken bzw. auf die Stirn legen
- erkundigen, ob dem Kind schlecht wird
- gegebenenfalls (wegen Blutgeschmack) Mund mit Wasser ausspülen
- Blutmenge und Blutungsdauer beobachten

HINWEISE:

Wenn das Nasenbluten nach 15-20 Minuten immer noch nicht gestillt werden konnte, besteht die Gefahr eines größeren Blutverlustes. Das Austamponieren des Nasenlochs erfolgt erst nach Absprache mit der Fachkraft! Ist die Blutung gestillt, sollte die Person für einige Stunden nicht schnäuzen!

MÖGLICHE URSACHEN:

- Verletzungen von innen (z. B. durch Nasenbohren oder Fremdkörper)
- Austrocknung und Rissbildung der Nasenschleimhaut (z. B. durch zu häufiges Nutzen von Nasensprays)
- Verletzungen von außen (z. B. durch Anstoßen der Nase)
- zu heftiges Naseputzen
- Begleiterscheinung bei einem Schädelbasisbruch

Praxis-Spicker

Übelkeit und Erbrechen

WAS KANN ICH BEOBACHTEN?

- sichtbares Erbrochenes
- säuerlicher Geruch
- blasse und evtl. schweißnasse Haut
- Appetitlosigkeit
- keine Nahrungsaufnahme
- Lustlosigkeit
- Abgeschlagenheit
- Kraftlosigkeit
- Klagen über Unwohlsein und Bauchschmerzen

WAS IST ZU TUN?

- keinen Ekel vor dem Erbrochenen zeigen
- Kind bequem lagern (Oberkörper erhöht)
- beim Erbrechen wird das Kind gestützt
- Gefäße für Erbrochenes bereitstellen und ggf. auswechseln
- nach Erbrechen Mundpflege durchführen
- krankes Kind beruhigen und ihm zur Seite stehen – z. B. dem Kind über den Rücken streicheln
- beschmutzte Kleidung wechseln
- das Fenster öffnen und für Frischluft sorgen
- nach Absprache mit einer Fachkraft / dem Arzt für ausreichende Flüssigkeitszufuhr sorgen – sinnvoll sind leichte Tees, (z. B. Pfefferminze/Kamille, die zunächst nur löffelweise zugeführt werden)
- Fachkraft informieren

HINWEISE:

Anhaltendes Erbrechen kann zu einem Flüssigkeitsmangel und damit zur Austrocknung führen. Je jünger die Kinder sind, desto größer ist die Gefahr! Erbrechen muss dokumentiert werden! Wichtige Aussagen: Uhrzeit und Häufigkeit des Erbrechens sowie Menge und Aussehen des Erbrochenen, eventuell Probe nehmen (bei Vergiftungsverdacht).

MÖGLICHE URSACHEN:

- Infektionskrankheiten (Magen-Darm-Infekt)
- Vergiftungen (z. B. Lebensmittelvergiftung, Alkoholvergiftung)
- Erkrankungen des Gehirns (z. B. Hirnhautentzündung, Tumor)
- übermäßige Nahrungszufuhr
- Störungen des Gleichgewichtsorgans (z. B. Reisekrankheit)

abstrakt: Abstrakt zu denken heißt, dass man intensiv über Probleme nachdenken kann und sich eigene Lösungsstrategien überlegt.

Amputation: operative Abtrennung eines Körperteils

Anthroposophie: Die Anthroposophie wurde von Rudolf Steiner entwickelt. Dabei betrachtet man den Menschen in seiner Beziehung zum Übersinnlichen.

Aspekte: von lat. aspectus = Anblick, Ansicht; bezeichnen verschiedene Möglichkeiten der Betrachtung

Austamponieren: Ausstopfen, z. B. von Wunden

Auswurf: Sekrete der Schleimhaut der gesamten Atemwege

Autoklav: Dampfsterilisator. Dient der Sterilisation (Keimfreiheit) medizinischer Materialien, die **heißen** Dampf vertragen. Für empfindlichere Materialien gibt es andere Methoden, Keimfreiheit zu erzeugen.

Autonomie: bei Staaten Selbstständigkeit mit eigener Gesetzgebung, bei Menschen Unabhängigkeit

Autorität: Autorität ist das Ansehen und die Macht einer Person. Dadurch kann man Einfluss auf andere Personen nehmen.

Biografie: Beschreibung des Lebens eines Menschen

Brutto-Netto-Differenz: Unterschied zwischen den Summen Brutto und Netto

Bürgschaft: einseitig verpflichtender Vertrag, durch den sich der Bürge gegenüber dem Gläubiger eines Dritten (des sogenannten Hauptschuldners) verpflichtet, für die Erfüllung der Verbindlichkeiten des Dritten einzustehen. Der Gläubiger will sich durch die Bürgschaft für den Fall einer Zahlungsunfähigkeit seines Schuldners absichern. (§ 765 BGB)

Chronobiologie: Wissenschaft vom zeitlichen Ablauf und Rhythmus der Körperfunktionen

chronologisch: in einer zeitlichen Abfolge

Claude Monet: französischer Maler (1840–1926), der dem Impressionismus zugeordnet wird

Darmflora: Gesamtheit der Mikroorganismen, die sich im Darm befinden und für den Menschen, z. B. für die Verdauung und Vitamin-K-Bildung (also die Blutgerinnung) und das Abwehrsystem, sehr wichtig sind

dialogisierendes Lesen: Beim dialogisierenden Lesen versuchen Erwachsene, das Kind zu aktivieren, sich mit dem Buch auseinanderzusetzen. Das Kind soll Bilder benennen und umschreiben. Es kann weiter Beziehungen zwischen den Bildern herstellen oder auch eine Geschichte vorausdeuten.

Drittstaatenregelung: Menschen, die Asyl in der Bundesrepublik Deutschland suchen, aber über fremde Länder einreisen, in denen keine politische Verfolgung stattfindet, haben seit 1993 keine Möglichkeit mehr, als Asylberechtigte anerkannt zu werden. Die Drittstaatenregelung wurde 1993 in Deutschland angesichts sehr hoher Asylbewerberzahlen eingeführt.

Egozentrismus: Im Kleinkindalter sieht das Kind die Welt nur aus seiner eigenen Perspektive, weil ihm andere Maßstäbe fehlen.

Einwascher: Gerät für die Fensterreinigung, um die Glasflächen zu befeuchten, sodass der Schmutz leichter zu entfernen ist. Anschließend muss die Glasfläche mit einem Fensterabzieher abgezogen werden.

Ekzem: Hautausschlag

Elektrolythaushalt: Gleichgewicht des Wasser- und Salzgehaltes im Körper

Elektrolytstörung: Störung im Wasser- und Salzhaushalt des Körpers

Emotion: Emotionen sind Gefühle oder Erregungszustände, die das Verhalten von Menschen steuern oder beeinflussen. Sie äußern sich körperlich (z. B. Zittern, Schweißausbrüche) und seelisch (z. B. Freude, Trauer, Angst, Wut).

Empathie: einfühlendes Verstehen und Nachvollziehen fremden Erlebens

Engoben: farbgebende, keramische Masse, die auf den ungebrannten Ton aufgetragen wird

Entwicklungsaufgaben: Aufgaben im Rahmen der persönlichen Entwicklung und Reifung des Menschen, deren Bewältigung zu einer Veränderung und Stabilisierung der Persönlichkeit führt. Entwicklungsaufgaben verändern sich je nach Alter eines Menschen und stellen sich das ganze Leben hindurch.

Enzym: Katalysator, der die Reaktionen im Körper beeinflusst und beschleunigt

ergebnisoffen: Bei dieser Arbeitsweise gibt es kein vorgegebenes Produkt.

Ergotherapeut: Ergotherapeuten und -therapeutinnen unterstützen und fördern Menschen jeden Alters, die im Durchführen alltäglicher Handlungen, wie z. B. Körperpflege, Essen oder Ausführen feinmotorischer Aufgaben, eingeschränkt sind. Durch aktivierende Maßnahmen arbeiten sie mit den Patienten daran, deren motorische, kognitive, psychische und soziale Fähigkeiten zu trainieren, zu erhalten, weiterzuentwickeln oder wiederherzustellen.

Eurhythmie: Tanzkunst, die Rudolf Steiner mitentwickelte. Sie ist weniger artistisch und körperbetont als Ballett. Körper und Geist sollen dabei in Einklang kommen.

fairer Handel: Handel, bei dem die Preise für die gehandelten Produkte üblicherweise über dem jeweiligen Weltmarktpreis liegen. So soll den Produzenten ein höheres und verlässlicheres Einkommen als im herkömmlichen Handel ermöglicht werden.

Fassungsvermögen: Das Fassungsvermögen gibt z. B. an, wie viel kg Wäsche pro Waschgang in die Trommel gegeben werden können.

Fixativ: Fixiermittel für Zeichnungen, durch das die Oberfläche nicht mehr so schnell verwischt

Frischkost: rohe, ungekochte Nahrung

Fürsorgepflicht: Verantwortung zur Ergreifung aller Maßnahmen zur Gesunderhaltung der Arbeitnehmer, z. B. Arbeitsschutzmittel stellen, Belehrungen, Arbeitsanweisungen und Betriebsanweisungen, Weiterbildung

Gallseife: Seifenstück, das aus Kernseife und Rindergalle besteht

Gene: Gene sind die Erbanlagen des Menschen. Sie werden mit der Befruchtung gebildet und sind in den Zellen gespeichert.

Girokonto: ein von Kreditinstituten für Bankkunden geführtes Kontokorrentkonto zur Abwicklung des Zahlungsverkehrs. Zahlungen werden zu Gunsten und zu Lasten des Girokontos gebucht.

glutenhaltig: Lebensmittel/Nahrungsmittel, die Klebereiweiß enthalten. Klebereiweiß ist ein natürliches Protein. Viele Menschen haben eine Intoleranz gegenüber Gluten und es kann bei Aufnahme zu gesundheitlichen Problemen führen.

Hierarchie: eine in Über- und Unterordnung gegliederte Struktur

ideologisieren: zu einer Weltanschauung erheben

Individuum: Ein Individuum ist ein einzelner Mensch in der Gesellschaft. Durch seine Eigenheiten und Eigenarten wird er einzigartig.

Infrastruktur: Gesamtheit aller öffentlichen Einrichtungen und Institutionen eines Staates, z. B. Gebäude, Verwaltung, Behörden, Straßennetz und Telekommunikation

Inhalation: Einatmen von Arzneimitteln

Instinkt: Instinkte sind Verhaltensweisen, die von einem inneren Antrieb ausgelöst werden. Sie steuern insbesondere das Verhalten von Tieren. Der Mensch regelt sein Verhalten meist nicht aus einem inneren Antrieb, sondern entscheidet selbst.

institutionelle Rahmenbedingungen: Voraussetzungen innerhalb einer Einrichtung, die die Tätigkeit der Mitarbeiterinnen beeinflussen, z. B. Personalschlüssel, Raumausstattung

Insulinpumpe: medizinisches Gerät, das kontinuierlich über einen Katheter Insulin in den Körper leitet

integrativ: eingliedernd, anpassend, vereinend

Intelligenzquotient: Zahl, die das Verhältnis zwischen Intelligenz (geistiger Begabung) und Lebensalter ausdrückt. Der durchschnittliche IQ liegt bei 100.

Interaktion: Wechselbeziehung zwischen zwei oder mehreren Personen

Interpretationen: Erklärungen, Auslegungen, Deutungen

Kindbettfieber: Wochenbettfieber; eine schwere, ggf. tödliche Infektionskrankheit bei Müttern im Anschluss an die Entbindung. Die leere Gebärmutter ist nach der Geburt ein idealer Nährboden für Keime, die sich bis zur Blutvergiftung (Sepsis) vermehren können.

Kommunikationsverhalten: Unter Kommunikationsverhalten versteht man alle Verhaltensweisen, die dem wechselseitigen Austausch von Informationen aller Art dienen.

Kompetenz: Unter Kompetenz werden alle Fähigkeiten, Wissensbestände und Denkmethoden verstanden, die ein Mensch in seinem Leben erwirbt (Weinberg, 1996).

konfessionell: auf ein bestimmtes Bekenntnis (aus dem Lateinischen: confessio = Geständnis, Bekenntnis) bezogen

Konjunktur: zyklische Veränderungen einer Marktwirtschaft durch Schwankungen der Nachfrage, Preise, Beschäftigung, Produktion und Zinsen

Kontinenz: Fähigkeit, Stuhlgang und Harn zurückzuhalten und zu kontrollieren.

Krallengriff: Um beim Schneiden keine Verletzungen zu erleiden, wird das Lebensmittel mit den Fingern wie mit einer Kralle fixiert.

lebensmittelecht: unschädlich; keine geruchliche oder geschmackliche Wirkung auf Lebensmittel

Logopädie: behandelt Stimm-, Sprech- und Sprachstörungen

Mehlkleisterfarbe: Farbgemisch, das aus ½ Tasse Mehl und 3 Tassen Wasser angerührt und vorsichtig gekocht wird, bis die Masse durchsichtig ist. Mit Lebensmittelfarbe wird der Mehlkleister bunt und kann zum Malen genutzt werden.

Migrantenfamilien: Familien, die aus dem Ausland einwandern. Sie sind manchmal schwer im Inland zu integrieren.

multidisziplinär: Zusammenarbeit zwischen vielen Spezialisten

Muslime: Anhänger des Islam. Das Wort kommt aus dem Arabischen und bedeutet „der sich (Gott) Unterwerfende" oder „sich (Gott) Hingebende". Weltweit wird die Zahl der Anhänger, die auch als Moslems bezeichnet werden, auf 1,2 bis 1,4 Milliarden geschätzt. Damit sind sie nach den Christen die zweitgrößte Religionsgemeinschaft.

Nationalsozialismus: Hiermit wird in der deutschen Geschichte die Zeit der Diktatur der Nationalsozialisten unter Hitler von 1933 bis zum Ende des Zweiten Weltkrieges bezeichnet.

objektiv: unvoreingenommen, unabhängig von persönlichen Interessen und Gefühlen

ökonomisch: Ökonomisch steht für wirtschaftlich, also in welchem Verhältnis der Aufwand zum Ertrag steht.

oral: durch den Mund, auch: mündlich

Organigramm: Schaubild zur Verdeutlichung von Strukturen in einer Einrichtung

Pablo Picasso: spanischer Maler, Grafiker und Bildhauer (1881–1973), Mitbegründer des Kubismus

paraphrasieren: etwas so umschreiben, dass es besser verständlich wird, erklären mit anderen Worten

Patchwork: aus verschiedenen Teilen zusammengesetzt

personenbezogene und personenbeziehbare Daten: Angaben zu einer bestimmten Person bzw. Angaben, die einer bestimmten Person zugeordnet werden können

Pigmente: Farbstoff in Pulverform

Pilzsporen: hier: Keimträger

PISA-Studie: internationale Schulleistungsuntersuchung, die seit dem Jahr 2000 alle drei Jahre in den meisten Mitgliedstaaten der OECD und einer zunehmenden Anzahl von Partnerstaaten durchgeführt wird. Sie hat zum Ziel, alltags- und berufsrelevante Kenntnisse und Fähigkeiten 15-Jähriger zu messen.

plan: Topfboden ist eben, damit ein besserer Wärmeübergang von Kochstelle zu Topfboden gewährleistet ist

Portfolio: systematische Sammlung von Arbeiten zu einem Thema

psychische Störungen: Denken und Emotionen können einen Betroffenen in seinem Verhalten so stark beeinflussen, dass er nicht mehr wie andere Menschen am Alltagsleben teilnehmen kann.

psychosozial: soziale Gegebenheiten betreffend, die die Psyche beeinflussen

PVC: Abkürzung für Polyvinylchlorid, sehr widerstandsfähiger, strapazierfähiger und leicht zu reinigender Kunststoff, der unter anderem als Fußbodenbelag verwendet wird

Qualitätsmanagement: Gesamtheit aller Maßnahmen, die dazu beitragen, die Qualitätsziele einer Einrichtung/Organisation zu erreichen

Referenznorm: Bezugsnorm, die z. B. angibt, welche Stufe der Sprachentwicklung ein Kind mit 12 Monaten erreicht hat

Reklamation: Beanstandung einer Ware, wenn diese fehlerhaft ist

Rückstellprobe: Es werden täglich kleine Mengen der zubereiteten leicht verderblichen Speisen in der Gemeinschaftsverpflegung ab 30 Personen für mind. 5 Tage aufbewahrt (laut DIN 10526). Auf den Proben müssen Datum und Uhrzeit kenntlich gemacht werden. Beim Auftreten von Erkrankungen können die Rückstellproben Klarheit bringen, ob diese Speisen Ursache waren oder nicht.

Schächten: bedeutet, ein Tier nach ritueller – also religiöser – Vorschrift durch einen Schnitt in den Hals zu schlachten. Bezweckt wird damit, dass das Tier möglichst rückstandslos ausbluten kann, da der Verzehr von Blut sowohl im Judentum als auch im Islam verboten ist.

Schädel-Hirn-Trauma: Kopfverletzung, bei der das Gehirn und/oder der Schädelknochen verletzt werden, Schweregrade reichen von der einfachen Schädelprellung ohne Bewusstlosigkeit über die häufige Gehirnerschütterung ohne nachweisbaren Hirnschaden bis hin zu schwersten offenen Schädel- und Gehirnverletzungen.

Schizophrenie: Schizophrenie ist eine tiefgreifende psychische Erkrankung. Schizophreniekranke sind zum Teil nicht in der Lage, zwischen Wirklichkeit und den eigenen Vorstellungen zu unterscheiden.

schöpferisch: künstlerisch schaffend

Schweigepflicht: rechtliche Verpflichtung, in beruflichem Kontext anvertraute Daten nicht an Dritte weiterzugeben

Selbstbildung: Der einzelne Mensch ist aktiver Gestalter der eigenen Lern- und Bildungsprozesse.

Social Community: Soziale Netzwerke im Internet, über die man mit anderen Menschen in Kontakt tritt, z. B. Facebook oder MySpace

Sozialverhalten: alle zwischenmenschlichen Verhaltensweisen und Beziehungen. Sozialverhalten umfasst sowohl Formen des einträchtigen Zusammenlebens als auch konflikthaftes Verhalten.

Sozialwissenschaftler: untersucht das Verhältnis von Mensch und Gesellschaft, z. B. als Pädagoge, Soziologe, Sprachwissenschaftler

Spina bifida: auch „offener Rücken", Fehlbildung des Neuralrohres (Entwicklungsstufe des zentralen Nervensystems) zwischen dem 22. und 28. Tag der Embryonalentwicklung

Spiritus: 96 %iger Alkohol (Ethanol)

Stagnation: Bei Stagnation findet keine Entwicklung mehr statt.

standardisierte Verfahren: Methoden, die auf festgelegten Strukturen und Regeln beruhen. Sie dienen der Vereinheitlichung und Vereinfachung, z. B. von Beobachtungen oder Arbeitsprozessen.

Standards: eine Vorgehensweise, die sich als sinnvoll erwiesen hat und deshalb als relativ verbindlich gilt, Regeln und Normen

Standby-Modus: Betriebsbereitschaft eines Gerätes

stationäre Jugendhilfe: alle sozialpädagogischen Leistungen für Kinder und Jugendliche, die mit einem festen Aufenthalt außerhalb der Herkunftsfamilie einhergehen

Stimmmodulation: verschiedene Tonarten der Stimme nutzen, um die Sprache zu gestalten

Stockflecken: Schimmelflecken, die auf Grund von Feuchtigkeit und Wärme auftreten können. Sie stellen ein Risiko für die Gesundheit dar.

subjektiv: individuell beeinflusst, von persönlichen Interessen und Gefühlen bestimmt

Tajine: nordafrikanisches rundes Schmorgefäß aus gebranntem Lehm

trägerbezogen: auf den jeweiligen Träger der Einrichtung abgestimmt

Typhus: hoch fieberhafte bakterielle Infektionskrankheit, die mit schweren Durchfällen einhergeht

Verhalten: Summe aller Körperbewegungen, Körperhaltungen und des Ausdrucksverhaltens eines lebenden tierischen Organismus in seiner Umwelt

Vibration: Schwingung, Erschütterung (vgl. Vibrationsalarm der Handys)

weisungsgebunden: Der Arbeitgeber bestimmt wesentliche Merkmale der Tätigkeit des Arbeitnehmers, an die dieser sich halten muss.

Bildquellen

S. 16 project-photos S. 17/1 Krüper, W., Bielefeld S.17/2 www.hotel-tannenhof.de S. 26 Wirtz, P. Dormagen S. 27 Krüper, W., Bielefeld S. 30/1-4 Cornelsen Verlagsarchiv S. 31 akg images S. 32 Ullstein Bild/Ex-Press/Bärloch S. 34 Krüper, W., Bielefeld S. 35 Cornelsen Verlagsarchiv S. 40 Krüper, W., Bielefeld S. 41 Picture Alliance/Frank Leonhardt S. 43/1–2 Krüper, W., Bielefeld S. 48 Ullstaein Bild/ddp S. 52 Krüper, W., Bielefeld S. 53/1–2 Krüper, W., Bielefeld S. 54 Krüper, W., Bielefeld S. 58 Picture Alliance/AKGimages S. 60/1–2 Krüper, W., Bielefeld Shutterstock. S. 62 Krüper, W., Bielefeld S. 66/1–2 Krüper, W., Bielefeld S. 69 Krüper, W., Bielefeld S. 71 Krüper, W., Bielefeld S. 74/1–2 Krüper, W., Bielefeld S. 76 Krüper, W., Bielefeld S. 78/1–2 Krüper, W., Bielefeld S. 79/1–3 Krüper, W., Bielefeld S. 80/1 Cornelsen Verlagsarchiv S. 80/2 photothek/T.Köhler S. 80/3 Cornelsen Verlagsarchiv S. 80/4 project-photos S. 80/5 Krüper, W., Bielefeld S. 81 Krüper, W., Bielefeld S. 84/1–7 project-photos S. 87 Krüper, W., Bielefeld S. 88 project-photos S. 89/1–2 project-photos S. 90/1–2 Krüper, W., Bielefeld S. 92 project-photos S. 95 Krüper, W., Bielefeld S. 97 Krüper, W., Bielefeld S. 98/1–6 Project-photos S. 100 mauritius images/workbookstock S. 102 project-photos S. 103/1 project-photos S. 103/2 Lull, A. Berlin S. 103/3 Krüper, W., Bielefeld S. 104/1 mauritius images/(re)view S. 104/2 mauritius images/imagebroker/Klaus-Peter Wolf S. 104/3 corbis/duomo/corbis edge S. 104/4 mauritius images/imagebroker/Stefan Obermeier S. 105/1 project-photo S. 105/2 pixelio/Thommy Weiss S. 106/1–3 Krüper, W., Bielefeld S. 107/1–2 Krüper, W., Bielefeld S. 110 Krüper, W., Bielefeld S. 111 profilphoto/Marek Lange, Berlin S. 112 Krüper, W., Bielefeld S. 113 Krüper, W., Bielefeld S. 115 DRS(CH) S. 116/1 pixelio/I. Friedrich S. 116/2 Shutterstock S. 117 Kindergartenbox „Entdecken, schauen, fühlen", Materialien und Medien zur Körpererfahrung und Sexualerziehung für Kinder ab 3 Jahren, BZgA, Köln S. 118 Shutterstock S. 119 Ullstein-Bild S. 129/1 Krüper, W., Bielefeld S. 129/2 Shutterstock S. 132/1–2 Krüper, W., Bielefeld S. 134 Krüper, W., Bielefeld S. 136 Shutterstock S. 137 Shutterstock S. 140 Shutterstock S. 141 Shutterstock S. 142 Shutterstock S. 143 Shutterstock S. 144 Hoffmann, Heinrich: Die Geschichte vom Struwwelpeter S. 145 Shutterstock S. 147/1–3 Shutterstock S. 148 Shutterstock S. 149/1 pixelio/Rolf van Melis S. 149/2–5 Krüper, W., Bielefeld S. 151 Krüper, W., Bielefeld S. 152/1–3 Project-photos S. 154 www.holzfarm.de S. 155/1–2 www.montessori-shop.de S. 156 pixelio/Marianne Hauck S. 160/1–2 Project-photos S. 161 Project-photos S. 162 Cornelsen Verlagsarchiv S. 163/1–2 Shutterstock S. 166 Böhning, St., Berlin S. 167 Shutterstock S. 168 Project-photos S. 169 pixelio/Günter Havlena S. 170/1 Picture-Alliance/Schulte S. 170/2–4 Shutterstock S. 173 Shutterstock S. 176 Shutterstock S. 177/1 Krüper, W., Bielefeld S. 177/2 BZgA, Köln S. 179/1 Shutterstock S. 179/2 Krüper, W., Bielefeld S. 183 Shutterstock S. 184 Shutterstock S. 185 Krüper, W., Bielefeld S. 188/1–2 Cornelsen Verlagsarchiv S. 203 Krüper, W., Bielefeld S. 205/1–2 Project-photos S. 207 Krüper, W., Bielefeld S. 209/1 Krüper, W., Bielefeld S. 209/2 Picture-Alliance/dpa/Rolf Vennensernd S. 209/3 Picture-Alliance/dpa/Jan-Peter Kasper S. 212/1–3 Krüper, W., Bielefeld S. 213/1–3 Krüper, W., Bielefeld S. 214 Shutterstock S. 216 Picture-Alliance/dpa/Jan-Peter Kasper S. 217 Krüper, W., Bielefeld S. 218/1–3 Krüper, W., Bielefeld S. 219/1–2 Karl-Rauch-Verlag, Düsseldorf S. 220/1 Rott-König, P., Berlin S. 220/2 Puca, C., Berlin S. 220/3 Rott-König, A., Berlin S. 221 Rott-König, A., Berlin S. 222/1 Rott-König, A., Berlin S. 222/2 Rott-König, C., Berlin S. 222/3 Rott-König, A., Berlin S. 223/1-2 Shutterstock S. 224 Berten, P., Berlin S. 225 Grundschule Sendelbach S. 229/1 Shutterstock S. 229/2 Krüper, W., Bielefeld S. 231/1–4 Rott-König, C., Berlin S. 231/5 Krüper, W., Bielefeld S. 232/1 Berten, P., Berlin S. 232/2 Rott-König, C., Berlin S. 233/1 Rottkönig, C., Berlin S. 233/2 Krüper, W., Bielefeld S. 234/1 Krüper, W., Bielefeld S. 234/2 Rott-König, C., Berlin S. 238 Shutterstock S. 239 Shutterstock S. 240/1-3 Shutterstock S. 249 Shutterstock S. 255 Krüper, W., Bielefeld S. 256/1–3 Shutterstock S. 259/1-2 Krüper, W., Bielefeld S. 260 Krüper, W., Bielefeld S. 261/1-3 Krüper, W., Bielefeld S. 270 Shutterstock S. 271 FSK S. 272 Krüper, W., Bielefeld S. 273 Fotofinder/Holger André S. 277 Shutterstock S. 282/1-2 Project-photos S. 283 okapia/Christian Grzimek S. 287 Pixelio/knipseline S. 288 Project-photos S. 291 Project-photos S. 293 Pixelio/Lindenbaum S. 294 Shutterstock S. 296/1 www.wikipedia.de/phrood S. 296/2 www.wikipedia.de/ThorstenHenning S. 296/3 www.wikipedia.deEpop S. 297/1 Cornelsen Verlagsarchiv S. 297/2 Fotofinder/Mauritius images S. 297/3 Cornelsen Verlagsarchiv S. 298/1 pixelio/Ilse Dunkel S. 298/2 Krüper, W., Bielefeld S. 300 Anker, M., Berlin S. 302 Anker, M., Berlin S. 303 Hempel, B., Leipzig S. 304 Hempel, B., Leipzig S. 307 Project-photos S. 311/1–4 Hempel, B., Leipzig S. 312/1–2 Hempel, B., Leipzig S. 313/1–4 Hempel, B., Leipzig S. 314/1–4 Hempel, B., Leipzig S. 315/1–2 aid infodienst Peter Meyer S. 318 Hempel, B., Leipzig S. 319/1–3 Krüper, W., Bielefeld S. 312 Shutterstock S. 322/1–2 Krüper, W., Bielefeld S. 324 Hempel, B., Leipzig S. 325 Hempel, B., Leipzig S. 326 Pixelio/Gerd Altmann S. 327/1 Pixelio/Paul-Georg Meister S. 327/2 Pixelio/Gabi Schoenemann S. 328/1 Hempel, B., Leipzig S. 328/2–5 Krüper, W., Bielefeld S. 330/1 Berliner Energieagentur/Presse S. 330/2 Pixelio/Gabi Schoenemann S. 331/1 Alamy S.331/2 Shutterstock S. 331/3–4 Krüper, W., Bielefeld S. 332/1 Krüper, W., Bielefeld S. 332/2 medicalpicture/Begsteiger S. 333 Cornelsen Verlagsarchiv S. 336/1–2 Project-photos S. 337/1–3 Project-photos S. 338/1–2 Galert, J., Berlin S. 339/1–3 Krüper, W., Bielefeld S. 340/1–4 Lull, A., Berlin S. 341/1–2 Hartleb, R., Berlin S. 345 Nilson, L., Stockholm S. 346 Krüper, W., Bielefeld S. 347/1–2 Krüper, W., Bielefeld S. 350/1 Krüper, W., Bielefeld S. 350/2–3 Shutterstock S. 351 Krüper, W., Bielefeld S. 352 Krüper, W., Bielefeld S. 354 Krüper, W., Bielefeld S. 357 Lull, A., Berlin S. 358/1–2 Krüper, W., Bielefeld S. 360 tcsb, Bindlach S. 361/1–7 Krüper, W., Bielefeld S. 362/1 Shutterstock S. 362 Böhning, St., Berlin S. 363 Krüper, W., Bielefeld S. 364/1–2 Shutterstock S. 366 Beltz&Gelberg Verlag, Weinheim S. 368 Güll, S., Hamburg S. 370/1 Malinas Welt, Tettnang S. 370/2 Böhning, St., Berlin S. 370/3 arteria-photography, Kassel S. 370/4 Ullstein Bild/Peter Arnold Inc. S. 371/1 Dr. Edo Hoting, Hamburg S. 371/2–4 arteria-photography, Kassel S. 371/5 Art Worx Tattoo/Fort Smallwood, Maryland USA S. 372/1–2 PD Dr. Erler, Cottbus S. 373/1–2 Shutterstock S. 374/1 vario-images/toto-bergsteiger S. 374/2 Krüper, W., Bielefeld S. 375/1 Krüper, W., Bielefeld S. 376/1 Dr. F. Kleve, Kevelaer S. 376/2 Krüper, W., Bielefeld S. 379/1 Procter&Gamble Service GmbH S. 379/2 Krüper, W., Bielefeld S. 381 Krüper, W., Bielefeld S. 383/1 Bode-Chemie, Hamburg S. 383/2 Krüper, W., Bielefeld S. 385 Bildstelle/action press/REX FEATURES LTD. S. 386/1 images.de/biosphoto/Antoine Lorgnier S. 386/2 getty images/digital vision S. 386/3 getty images/John Eastcott&Yva/National geographic S. 386/4 www.wiesenhof.de S. 392/1–2 aid-infodienst S. 393/1 european vegetarian Union, Neukirch(CH) S. 393/2 Groger, U., Bielefeld S. 393/3 bio-siegel.de S. 393/4 European fairtrade S. 394 aid infodienst Peter Meyer S. 395 Cornelsen Verlagsarchiv S. 400 Project-photos S. 401/1 prisma/flonline S. 401/2 A1PIX S. 402 Krüper, W., Bielefeld S. 404/1 Project-photos S. 404/2 Cornelsen Verlagsarchiv S. 404/3 Bellmann, H. S.404/4 Cornelsen Verlagsarchiv S. 410/1 Project-photos S. 410/2 www.br-online.de/wissen-bildung/collegeradio/medien/biologie/staub/Bildarchiv/hausstaubmilbe-gross.jpg S. 410/3–5 Project-photos S. 416 Shutterstock S. 424 Shutterstock S. 425 Shutterstock S. 426 pixelio/gay S. 427 Shutterstock S. 428 Shutterstock S. 429 okapia/Lowell, Georgia/science source S. 430 Shutterstock S. 431 Shutterstock S. 432 Shutterstock S. 433 Shutterstock

Illustrationen
S. 18 Welz, N., Berlin S. 19 Welz, N., Berlin S. 20 Welz, N., Berlin S. 21 Welz, N., Berlin S. 22 Welz, N., Berlin S. 23 Welz, N., Berlin S. 24 Welz, N., Berlin S. 29 Welz, N., Berlin S. 39 Welz, N., Berlin S. 42 Welz, N., Berlin S. 45 Welz, N., Berlin S. 49 Welz, N., Berlin S. 54 Welz, N., Berlin S. 63 Welz, N., Berlin S. 64 Mair, J., München S. 67 Welz, N., Berlin S. 70 Welz, N., Berlin S. 72 Mair, J., München S. 82 Welz, N., Berlin S. 83 Welz, N., Berlin S. 84 Welz, N., Berlin S. 85 Welz, N., Berlin S. 86 Welz, N., Berlin S. 87 Welz, N., Berlin S. 91 Welz, N., Berlin S. 93 Welz, N., Berlin S. 94 Welz, N., Berlin S. 96 Welz, N., Berlin S. 98 Welz, N., Berlin S. 99 Welz, N., Berlin S. 100 Welz, N., Berlin S. 104 Mair, J., München S. 108 Welz, N., Berlin S. 113 Welz, N., Berlin S. 121 Welz, N., Berlin S. 124 Welz, N., Berlin S. 125 Welz, N., Berlin S. 138 Welz, N., Berlin S. 145 Welz, N., Berlin S. 158/1 Mair, J., München S. 158/2 Welz, N., Berlin S. 159 Welz, N., Berlin S. 161 Welz, N., Berlin S. S. 163 Welz, N., Berlin S. 164 Welz, N., Berlin S. 165 Welz, N., Berlin S. 178 Welz, N., Berlin S. 186 Welz, N., Berlin S. 187 Welz, N., Berlin S. 188 Welz, N., Berlin S. 190 Welz, N., Berlin S. 193 Welz, N., Berlin S. 195 Welz, N., Berlin S. 200 Welz, N., Berlin S. 204 Welz, N., Berlin S. 208 Welz, N., Berlin S. 215 Welz, N., Berlin S. 216 Welz, N., Berlin S. 217 Welz, N., Berlin S. 236 Welz, N., Berlin S. 241 Welz, N., Berlin S. 245 Welz, N., Berlin S. 247 Welz, N., Berlin S. 252 Welz, N., Berlin S. 253 Welz, N., Berlin S. 254 Mair, J., München S. 269 w S. 278 Welz, N., Berlin S. 284 Welz, N., Berlin S. 299 Welz, N., Berlin S. 302 Welz, N., Berlin S. 316 Welz, N., Berlin S. 317 Welz, N., Berlin S. 326 Welz, N., Berlin S. 333 Cornelsen Verlagsarchiv S. 334 Welz, N., Berlin S. 335 Welz, N., Berlin S. 339 Mair, J., München S. 342 Mair, J., München S. 343/1 Raichle, G., Ulm S. 343/2 Mair, J., München S. 344 Mair, J., München S. 345 Mair, J., München S. 346 Raichle, G., Ulm S. 356 Schlund, B., Hamburg S. 357 Schlund, B., Hamburg S. 360 Schlund, B., Hamburg S. 362 Welz, N., Berlin S. 363 Welz, N., Berlin S. 366 Welz, N., Berlin S. 367 Welz, N., Berlin S. 368 Faust, St., Berlin S. 369 Welz, N., Berlin S. 374 Schlund, B., Hamburg S. 376 Mair, J., München S. 377 Faust, St., Berlin S. 378 Mair, J., München S. 382 Welz, N., Berlin S. 384 Welz, N., Berlin S. 385 Welz, N., Berlin S. 388/1 Welz, N., Berlin S. 388/2 Mair, J., München S. 389 Mair, J., München S. 394 Mair, J., München S. 395 Welz, N., Berlin S. 399 Mair, J., München S. 402 Mair, J., München S. 403 Welz, N., Berlin S. 406 Welz, N., Berlin S. 411 Welz, N., Berlin S. 413 Mair, J., München S. 414 Mair, J., München S. 415 Mair, J., München S. 416 Schlund, B., Hamburg S. 417/1-3 Schlund, B., Hamburg S. 417/4 Mall, K., Berlin S. 419 Schlund, B., Hamburg S. 421 Mall, K., Berlin S. 422 Schlund, B., Hamburg S. 423 Krausen, S. Berlin

Wir danken für die freundliche Unterstützung bei der Entstehung der Fotos:

Bürgerhaus e.V.
Kindertagesstätte Knirpsenland, Berlin-Pankow
Kindertagesstätte Krümelkiste, Berlin-Pankow

Wie sagt man's am besten in Englisch?

How do you say it in English?

Was für eine Arbeit machst du? – *What is your job?*

Ich arbeite in einem sozialpädagogischen Assistenzberuf.
I work in childcare.

Ich bin Kinderpflegerin.
I am a childcare assistant.

Ich begleite Kinder in ihrem Alltag.
I look after children in their everyday lives.

Ich arbeite in / einer Kinderkrippe / in einem Kindergarten / in einem Schulhort.
I work in a crèche / in a nursery / at an after-school club.

Ich kümmere mich um Babys und Kleinkinder.
I look after babies and toddlers.

Ich arbeite in einem Kinderheim.
I work in a children's home.

Ich bin verantwortlich dafür, dass es den Kindern gut geht.
I am responsible for the welfare of the children.

Ich kümmere mich um Kinder mit Behinderungen.
I look after children with disabilities / special needs.

Achtung! *It is important to talk about "people with disabilities" / "special needs" and NOT disabled people. The disability does not define the person! Many people are offended by the word "disabled".*